U0649605

实说太平天国

盛巽昌 著

上海书店出版社
SHANGHAI BOOKSTORE PUBLISHING HOUSE

目　录

太平天国运动杂说(代前言) 1

第一卷　传道

第一编　洪秀全一家子 1

第二编　走在艰巨、漫长的科举道路上 7

第三编　认真传教,努力写作,做个合格的传教士 18

第四编　没有冯云山,就没有太平天国 26

1

第四卷 相持

第三十编　决定天国兴亡的安庆争夺战

第五卷　衰落

第三十一编　生为人杰,死亦慷慨,自古英雄出少年

第三十二编　皖南沦失和湘军水陆师东进

太平天国运动杂说（代前言）

一

太平天国运动是近代中国最大的一次农民运动，也是古今世界甚为罕见的一次农民运动。它的时间之延续，地域之广阔，参与人员之众多，都是少见的，因而必然引起后来的人们兴趣和注意。

百多年来，太平天国运动得到政治家、学者和方方面面人士高度赞扬、全面肯定，那是基于近代中国大清王朝的腐败、卖国，旨在推翻王朝统治的太平天国也必然得到有志之士赏识。伟大的民主主义革命家孙中山和黄兴、宋教仁就是把自己的事业，视为对太平天国运动的继承、发扬，也把太平天国行为作为革命理念。而后他们的继承者仍加以赞扬，这使太平天国运动深入文化戏剧和出版等传媒领域，经过艺术形象思维和学术的逻辑演释，他的历史定位更上层楼、再上层楼。

二

太平天国运动发生在近代中国走向世界经济一体化的初级阶段。当中国成为世界的一部分时，西方资本主义在竭力打开、拉大中国大门时，闭关自守的大清王朝却不知所措，缺乏转轨时期所具备的国际视野，在思想上、行动上都没有任何准备，在他统治、奴役的社会各阶层民众也仍执持常态性的准备和认识。哪里有压迫哪里就有反抗。破字当头。造反者仍是奉行传统的攻城掠地、封侯拜将的游戏法则，以单一的武器批判对抗、开展军事斗争，因而对于在特定条件时出现的西方资本主义势力就因忽视、冷待，而看不清、分不明了。太平天国领袖们始终缺乏理性认识。

三

洪秀全是近代中国早期从西方寻找真理的代表人物。他始接触的是宣传《圣经》的启蒙读物，对《圣经》也只能是一知半解，而一部西方二千年前的古书，也只是为他曲

1

解、改编;支配他的行动的,仍是传统的先秦文化,且还是久已背时、陈旧的,早已被抛弃的古籍,如《周礼》。所谓洪秀全创造的革命理念,仍是由他制作的天父天兄和古中国文化的部分理念相结合。天不变,道亦不变。洪秀全的这些理念,包括前期杨秀清、萧朝贵编造的天父天兄传言,只是造反,打天下时鼓动部众的一种工具。这些思想武器,在广西山区,在缺乏文化的未开发地区,尚有用武之地,但随之时空变迁,当进入文化经济发达地区,遇到有根深蒂固的正宗儒学文化,经过较量,终究就会败下阵来,曾国藩、胡林翼和左宗棠等活学活用儒家文化的精华部分,击溃了以半部圣经治天下的洪秀全和他建立的太平天国。

四

太平天国是一个创造,古今中外未有。它是一个采用非常态的社会架构。以国为家,以家为国,乃是以血缘非血缘圈构建为政治基础的,显示在家族和几个家族联合当家作主,领导一切、指挥一切,诸如把家族名号引为高官重爵,"国宗"、"王宗"、"王长兄"、"王次兄",等等,出将入相。它是一个以军事为基干所打造的各个大小政治实体,前期的东西南北诸王,乃以封建割据中国四疆,后期更封的大小王爷,凡在天京外各地,多有领地,有自己和家族管辖的政府、军队、民众和赋税。府中军中互为一体,凡机构设施一应俱全,俨然是国中之国,一路节度,一方诸侯。这是历史的倒退。

五

太平天国与中国中世纪的农民运动和所建立的政治制度,有一个非常别致的特色,那就是非常强化家族统治的世袭制度。它可以说广设世袭制,为保持既得利益,爵位可代代世袭、官职亦有世袭。特别是洪秀全和他的家族。天京内讧,乃是首义诸王和他的家族为权力和财产的分配再分配所引发的一场武斗。同患难易,共富贵难。洪秀全是政治家,懂得权术应变,不识字不懂时务的杨秀清终非敌手,韦昌辉头脑简单,石达开四肢发达,均非所敌。天京内讧,无是非,但有成败。洪秀全高屋建瓴,是最大的受益者。太平天国后期和晚期,也就是洪秀全及其家族与其他军事领袖及其家族,彼此的一场合作和倾轧。它削弱了自己,却有利于清王朝各路人马的围剿。

六

太平天国以官爵差别,突出政治生活、社会生活的等级化、特殊化,犹如宝塔形体制,它为各级官员的衣食住行,作了非常的规定,严格掌握,不得僭越,僭越是要杀头的。没有也不会有平等意念和行为,即使是地方乡官,虽一步之差,亦高于平民百倍,如乘轿官员,军帅有八人轿,两司马有双人轿。农民也热衷于等级,把人分为四等:一是享受世袭制的新兴贵族和官员;二是一般官员、将士;三是剪辫的草民百姓;四是奴。

七

太平天国妇女是最没有政治和社会地位的。洪秀全从《圣经》里抄来,宣扬天下妇女为姐妹之辈,这是遁词。天国前期,取消家庭(洪秀全诸王例外),男女分营;内讧后,有恩配、有家庭,但在民间仍搞女营。女营是劳改所,妇女集中管制,而妇女更是被用作犒赏、嘉奖将士,所谓结婚证书"合挥",就是领取女人配偶的买单。

八

太平天国区域无日不战,几乎没有后方。客观环境促使强化军事管制,但各级军事领袖亦是简单化地用战争常态管制城镇和民众,以至均采取军师旅卒,让全体军民一体化;并取消手工业、商业,亦民亦军,平时为民与馆衙,战时抽调为兵。如此作战,将不知兵,兵不知将,兵不知兵,人员虽多,全仗人海战术,稍有挫折,即溃不成军,此即后期晚期出现数万、十数万大军常为仅十分之一、数十分之一的劲敌击溃。

且军队无补给,将士不发饷,就地取材,就地取粮,所以太平天国所到之处,也与清军异曲同工,破坏了社会安定和生产。

自至南京后,太平天国兵源更多是以强制民众从军,这些农民离乡背井、妻离子散,由此太平军队伍中出现更多的投降。清方各路与太平天国作战的军队,如霆军,主要兵源就多来自太平降众。

九

圣库制度常态化。它从一切物质财富俱归圣库,必然使各级圣库陷为权力者的私库。破私立公,人无私财,那是对最基层人员。各级权力者必利用既有的权力借公为私,在财产分配再分配中,不断侵占各路财源,如攻城掠地的缴获品、抄没、掠夺豪绅富商的浮财。它必然使太平新兴贵族官僚成为雄踞一方的财阀,更多军事领袖有兵有钱,也就蔚为独立于天京政府的各路大小割据集团。据地自雄,这在天国晚期尤见严重,苏州郜永宽等诸王敢于对抗上司自霸,即是例一。

十

生之者寡,食之者众。太平天国高层和各级领袖,为显个人和家族的特殊身份和贵族化,以好逸恶劳,不思进取,于是也不注切下层将士和民众生活,极不注重改善社会,发展生产。他们生计主要是掠夺、没收和对社会上中层的大抄家和所谓的"打先锋"。这也使他们因缺乏保障性供应,长期处于疲敝境界。而大军作战和远征,更时为粮食不继受困;在外线要夺粮,在内线又是缺粮。太平天国所据大小城镇,包括武昌、九江、镇江、安庆和南京诸重镇,都是因缺粮,无兵将甘冒风险,愿前来援救而失陷的。

十一

太平天国从兴起、相持、衰落到失败,可以划分为四个阶段:(一)自金田起义到建都南京是兴旺时期,大军凯歌行进,从者如云,纪律严明;(二)自南京建都到天京内讧是相持时期,以区区十万之众,在大江南北无日不战;(三)从天京内讧到安庆失陷是衰落时期,太平各路人马为拯救天国而战斗,此时虽战线扩充至江浙,但败多胜少,而各路清军包括湘军得以在曾国藩统一指挥,有部署、有战略的协调作战;(四)安庆失陷后至天京陷落,天京上游失去,全赖李秀成部主力东西奔走,名城渐失,降将如潮,军无斗志。

四个阶段各不相同。初起的太平天国执持有反腐朽卖国的清王朝宗旨,很有一番救国救世的姿态，但灭亡前夕的太平天国，亦同样走在腐朽败落的死亡线上，它比之湘淮军却有很大的落差。

<h1 style="text-align:center">十二</h1>

太平天国是值得认识和研究的。它为我们提供了封闭世界和正走进世界中国农民的政治意向、文化心态，它的种种空想和行之不通的理想主义，又为后来的人们引为教训，如取消行业私有制、实行大小圣库制、男女集中营制以及全民军事化等等措施，这些源自先秦时期的治国平天下的理念，事实说明是根本行不通的。

太平天国的历史作用，是它沉重打击了清王朝的腐朽统治，同时促使了受中国传统文化熏陶的知识分子，开始摆脱旧的轨道，不再沉沦于旧体制，而是张眼看世界，向前走，寻找新的道路，于是有了后来的洋务运动和戊戌变法运动。

第一卷 传道

第一编 洪秀全一家子

他是五千年中国第一个自称太阳的人

太平天国十四年,第一创建人是洪秀全。

洪秀全本名火秀,据说是因为本命八字五行缺火,有相生相克之嫌。而按族谱辈分排行,取名仁坤。

洪秀全大名,名源于天,不同凡响。据他自称,乃是 1837 年大病做怪梦时,由"皇上帝"所赐,所谓"秀"字之后带"全",即如《太平天日》称,"天果更朕名为全也";后又继续神化,打扮自己,"天父上主皇上帝命主曰:尔名为全矣,尔经前几间名头一字犯朕本名,当除去。你下去凡间,时或称洪秀,时或称洪全,时或称洪秀全"(《王长兄次兄亲目共证福音书》)。"帝今命朕名为全"。

农耕社会造反,为说是受命于天,获取祥瑞,多拿自己改名换字,显示非俗世人,与众不同。

实则不然。

所谓 1837 年得梦病愈后改名"秀全",那是大大超前了。盖当时洪秀全风华正茂,还非常热衷于科举进阶,满心期望跳出草窝跃龙门,哪里有胸怀"人主"理念。这个自撰"秀全",最初公开出现,应该是在 1849 年初,甚至更迟些,也就是蓄意要兴王图霸、高举造反大旗时候。在此之前,包括在几次赴广州应试,所用的姓氏符号,只能是"洪仁坤"。

小名"火秀"本不常用。后来洪秀全为高捧"皇上帝",就假托"皇上帝"之命,将"火秀"之"火"回避了。洪秀全不识英语,对译述文字贫乏不通。他是在洋教士罗孝全处,接触到玛利逊或郭士立的旧约圣经中译本的。这部早年译本出现的"上帝"乃作"耶火华"。尔后的译本再不作"耶火华"而改作"耶和华"了。

洪秀全不知道,太平天国官员们都不知道,以至后来的太平天国为"火"字避讳,凡遇"火"字,均须改为"夥"或"炎"。

太平天国创建后,洪秀全为自己取了一个名字"日",日,也就是太阳。他的玉玺,

洪秀全像（据日本小岛晋治《洪秀全》）

洪秀全身长约 1.67m，据见到过他的罗孝全牧师称：他高大，体格强壮、五官端正、蓄有漂亮的经过很好修饰的黑胡，声音悦人。

就有"天王洪日"字样，重版本的洪秀全金田起义前行迹，也定名为《太平天日》，意思也就是"太平天王洪太阳"。

他是中国五千年第一个自命为"太阳"的人。

洪镜扬是"肉父"，即肉身之父也

1814 年 1 月 1 日（清嘉庆十八年十二月初十日），洪秀全出生在广东花县芙蓉嶂福源水村（俗称屋簷水村）的一个客家农户家里。几年后，洪家由福源水村迁至官禄埗村。

官禄埗村有四百余人，分属四个家族：巫、凌、钟、洪。其中洪氏家族人数最多，有三百余人。

洪秀全父亲叫洪镜扬。

洪镜扬的迁移，显然是为聚族而居，家族间有个照应，不再孤悬于福源水村一隅之地。他是自耕农，有几亩田，还有两头耕牛。官禄埗均是原野田畴，宜于农耕。洪家凭

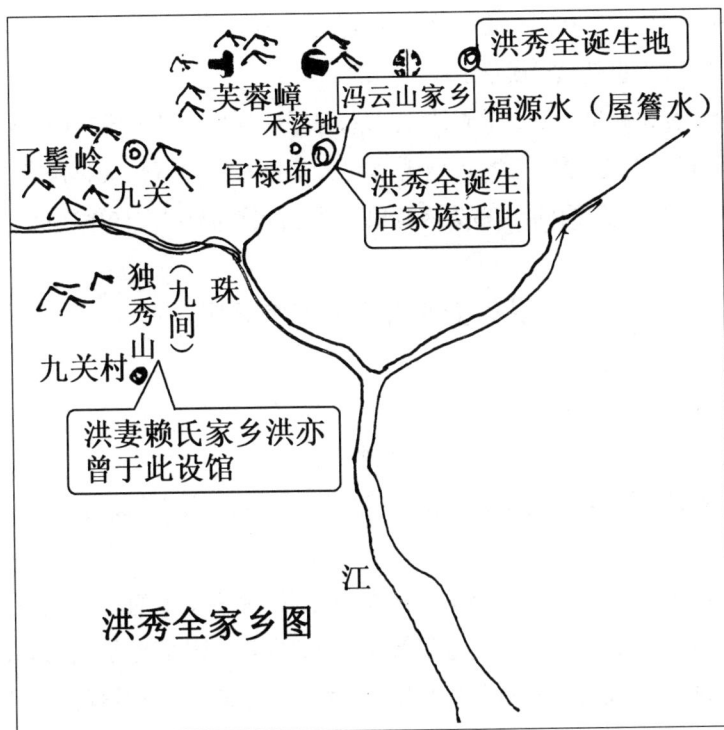

洪秀全家乡图

洪镜扬和两个儿子仁发、仁达劳作,亦可自给自足。

他是自耕农。

太平天国时代,很难细划阶级成分。

在二十世纪"文革"年代,有些权威著作,包括《辞海》,今为古用,曾为历史上农民造反领袖划阶级成分,如陈胜为雇农、吴广为下中农、李自成为贫农,而洪秀全是中农成分,也不说是上中农(富裕中农),意思是这位领袖出身可以,乃是团结对象,不是革命的对立面,在革命队伍里是信得过的。

洪镜扬病死于 1847 年(清道光二十七年)。洪秀全只是在《太平天日》等诏书里为证明自己梦见上帝事提到他。在做天王后,为了突出皇上帝爸爸,也无追封、推颂凡间生父的任何文字。

洪秀全自认自己不同寻常,乃是代表上帝父亲降生于"小天堂"、拯救世界的"万国之主"。他认为,既然天父皇上帝是为世人共戴,本人乃是上帝爱子,代天授命,理所当然的应是君临天下"为万国太平真主"(东王杨秀清答英使书),"视天下为一家,合万国为一体"，因而当他后来在天京金龙殿接见英、法、美各国外交官，用的文书是"诰谕"，"禀奏"，高踞于上，也就顺理成章了。

洪秀全为强化和皇上帝父子的神圣关系，似乎对其生父洪镜扬有意冷淡。日后他对兄长子侄加以封官进爵，且将从小抚养失去双亲的杨秀清伯父杨庆善"抚东功劳大"，追封为"开朝王伯、爵同南、赐天府称殿"，就是没有为自己父亲作追封。

洪秀全的母亲和同胞兄姐

洪镜扬先后娶有王氏和李氏。

王氏是广西贵县赐谷村人。李氏是本地人。

王氏早死，李氏跟着洪秀全直到南京，给了一个"君王母"的高贵称号。"君王母"即太后。

李君王母在南京荣华富贵，她的行迹罕有记载，现所发现的，乃是帮着洪秀全圆梦。1860年太平军攻打苏州前夕，也帮着洪秀全说天话。因而洪秀全在为庆贺苏州光复的诏旨里，特别提及："二月初七朕妈见，东西南王去诛妖，金龙殿前呼万岁，去打苏州实勤劳，于今苏福既收复"。俚句中的"朕妈"，就是这位李君王母。

李君王母这位广西老妈妈，天京陷落时，没有逃出天王府，想来是死于乱军之中了。这时她高寿当在七十上下了，是洪秀全家族中活得年龄最长的一人。

洪镜扬先后娶有二妻，洪秀全也有两位母亲。他是哪位母亲生育，诸说不一。

据洪仁玕说：洪秀全兄弟都是王氏所生，李氏无出。简又文先生广西实地调查，亦主此说。但据《李秀成供词》，李氏就生了一个儿子，那就是洪秀全，所谓天王三兄弟，"同父异母，长次兄是其前母所生"。

李氏，据汪士铎《乙丙日记》说，名叫李四妹。洪秀全幼年丧母，由李四妹抚育成长。本书从洪仁玕说。

洪秀全出生时，已有两个哥哥，即十岁的洪仁发和八九岁的洪仁达，一个小于八岁的姐姐洪辛英，小名叫凤。他排行第四，最小。

洪仁发、洪仁达哥儿俩在金田起义前已娶妻。《天兄圣旨》留有次嫂萧二妹字样。洪辛英嫁与同村钟芳礼。钟氏家族和巫、凌等家族，估计也是客家。洪家和钟家联姻，后来，洪秀全的大女儿洪天姣也许配与钟英（钟万信）。

李四妹、萧二妹和洪辛英，也都是大脚女。

早年洪秀全的妻子和儿女们

1836 年洪秀全第二次赴广州应试时，已是二十二三岁，早已娶妻。这是他第一位妻子、元配夫人。

这位洪太太早死，据调查，说她姓钟，也许就是姐夫钟芳礼本家的姑娘。但在此后记载洪秀全早期行迹的《太平天日》里没有记载。那是因为为了神化洪秀全的一场通天幻梦的自撰神话，此时钟姑娘已不在人世了。因此有学者指出，说后来洪秀全自己上天见上帝时，也见到这位正月宫，就是钟姑娘。当时洪秀全自天母天嫂处得知正月宫钟姑娘又替他怀了一个大胖娃娃，极为欢喜。天堂天伦之乐，乐不思凡。这使天父大为震怒，在遭到严加痛斥后，方才醒悟，为救世人于苦难，不得不再下凡。

洪秀全的连篇"天话"，是要表现他为世间万民幸福，不惜牺牲自己，正是众生的救星。

钟姑娘死前，为洪秀全留下一个小姑娘。

大姑娘洪天姣生于 1839 年。

钟姑娘死后，洪秀全又娶一个女人，又生了一个小姑娘。这个妻子死了后，洪秀全再续娶的女人叫赖莲英，邻近九关村人。

据《太平天日》，赖莲英乃是 1837 年洪秀全第三次赴广州时所娶。洪秀全应试落第归来那场发狂病做幻梦时，她已怀孕，因而洪天姣姐妹应是她所生育，与十年后牛的洪天贵福是同胞姐弟。但洪天贵福供状却说，"并有两姐三妹，均不同母的。"我很怀疑《太平天日》记述是作了变格，作者冯云山，也许后来又经洪秀全钦定，将两个女儿生母全数放在赖莲英名下。洪秀全等人善于篡改文字，使一些常识也令后来人搞得糊涂，不知所云。

赖莲英是洪秀全第三任妻子，也是一位大脚女人。

应该说，赖莲英是 1848 年续娶的，翌年就生育了洪天贵福。

赖莲英在洪秀全称天王后，被封为又正月宫。洪秀全既然自命名为"太阳"，就把妻子们封为各种大小月亮。《天父诗》即确定赖氏的宫廷地位为群妻之首，即众多月亮中的大月亮。但她事实上未能在天王府后宫里总揽三宫六院，这是因为洪秀全夫权思想很浓,从不把她放在正妻位置。据洪天贵福供状,在天京时,有一次她与洪秀全第四号女人余月亮吵架,大小老婆勃豀,这本是多妻社会家庭常有之事,洪秀全却为表示公正,各打五十大板,把她们分别挂起,隔离了好些天。

太平天国高层从来没有实行男女平等。

要说有,那就是多妻时用数码编号,而不设所谓的"妾"。

第二编　走在艰巨、漫长的科举道路上

洪秀全及他的家人所持的信念,仍是要通过科举道路,改变人下人的现状

一举成名天下知,光宗耀祖跳龙门。农耕社会普通农家努力耕读,寻求进身之路,通常有二:一是当兵;二是走科举道路。当兵要用在有战争时,可能会立功建勋。一将功成万骨枯,那是要付出生命代价的;很多的耕读之家,为改变现状,跻身于士大夫官宦集团,只能是苦读书,靠科举。

洪秀全幼时,相当聪颖,洪镜扬望子成龙,节衣缩食送他上蒙馆读书,盼望儿子跳进龙门,改换门庭,光宗耀祖。他也懂得父亲的拳拳苦心,因而读书非常用功,儒家经典背得滚瓜烂熟。相传与他同桌的同学,就是后来太平军围攻长沙省城的湖南巡抚骆秉章。有天,洪秀全情绪激动地说:"我总有一天要造反,推翻它。"骆说:"你要造反,我就打倒你!"

后来两人的话都得到应验。

出生在花县大地主家庭的骆秉章要比洪秀全年长二十岁。洪秀全尚在牙牙学语时,他已是进士及第、金榜题名了。此说当然是好事者无稽之谈,是据后来的洪秀全兴王图霸来印证他早有造反的叛逆性格。

事实上,当时的洪秀全非常老实,一心读书,意在科举,并无丝毫叛逆之心。

从孩提到少年,洪秀全先后读了几家私塾。十三岁时经过县试,一举中式童生。

1829年,十五岁的洪秀全,首次离乡赴广州府城应试,但名落孙山。

没有规矩,不成方圆。洪秀全循规读书,所读的书无非也是旧时私塾必读的四书

清代秀才考试制度

清代中式秀才,须经三级考试,在县城考七场,得中者为童生,再经府考七场,乃赴道考,道考中式方可为秀才;但府考不中者亦可径赴道考。

花县属广州府,广州又属广肇罗道,所以洪秀全等均须赴广州考。

五经,但他后来所作的书稿和诗文,大有天马行空、独来独往的风格,了无一点科举考试的程式,而且水准低俗,如太平天国颁布的五百首《天父诗》,名虽为诗,多不押韵,为说教的俗话。洪秀全缺乏传统文化的底蕴,作文写作自以为是,按本人意愿率性而作。

他必然被筛选了下来。

初试失利,洪秀全打道回乡,寒窗数年一场空,何以生计,就在家乡当了塾师。

他和家庭所持的信念,仍是要通过走科举道路,成为人上人的。

悠悠春秋,七年塾师生涯,七年寒窗攻读。1836年,洪秀全满怀信心,再赴广州应试。他的自我感觉良好,以为必取录无疑,不料仍未中式。这使他非常伤心。

据称此次应试,洪秀全是初场名列榜上,终试榜发,又名落孙山。

但此次赴广州,洪秀全另有意外收益,一是于大儒朱次琦处听讲;二是获得《劝世良言》。

朱次琦是粤东大儒,时在城内六榕寺聚徒讲学。洪秀全在参听几次讲学中,深化了公羊三世说、礼运大同篇的理念,对古代中国社会的认识大有进益,这对他日后宣扬的平等、平均观念以及太平天国官制、军制的制订都有影响。

《劝世良言》乃是在应试期间,某日于龙藏街贡院前,得传教士散发的一部小册子。

洪秀全说梦中见到穿黑大袍、满口金须的天父上帝

1837年,洪秀全第三次赴广州应试,又落第了。

一而再,再而三,他的运命多舛,希望之为虚望,正与绝望相同,致使心神沮丧,引起身子不爽,步履艰难,不得不雇轿抬回乡里。卧床不起,病情见重,无医能诊。心病还须心药医。家人无法劝导,只有听之自然。

洪秀全由于病转高烧,神志昏聩,浮想金榜题名、荣华富贵,却又是一场空,不禁产生了许多光怪陆离的幻觉。这是他十多年来,朝夕梦呓应试及第所向往的一种神经折射。

梦由心生,他说了不少昏话。

这些杂乱无章、似语非语的昏话,在他苏醒后,有条不紊编成故事,说给家人和洪仁玕等听。后来竟形成了一篇有头有尾、情节起伏的大块文章。据后来洪仁玕与韩山

文述说,洪秀全在病愈和他谈及幻梦等说:

"洪秀全称幻梦中从东方大道登上天堂,由天母引见,见到身穿黑龙袍、满口金须拖在腹上的天父上帝。天父上帝指出,凡间多有妖魔,而且高天三十三天亦闯进妖魔,又指出,此妖魔头,凡间人称阎罗妖,又称东海龙蛇。天父上帝还鞭挞孔丘,令他不得再下凡害人。还与洪秀全金玺一、刀一,斩杀妖魔。洪秀全在天兄耶稣和众小妹支持下,斩杀妖魔多多。"

天父上帝还封洪秀全为"太平天王大道君王全"。

洪秀全大病四十余天,病后神志清楚。

据洪仁玕记载,他还吟诗数首。

> 龙潜海角恐惊天,暂且偷闲跃在渊。
> 等待风云齐聚会,飞腾六合定乾坤。
>
> 鸟向晓兮必如我,我今为王事事可。
> 身旁金乌灾尽消,龙虎将军都辅佐。
>
> 手握乾坤杀伐权,斩邪留正解民愚。
> 眼过西北江山外,声振东南日月过。
> 展瓜似嫌云路外,腾身何怕汉程偏。
> 风雪鼓舞三千浪,易象飞龙定有天。

这些诗句都是自喻为龙(皇帝),抒发平国定天下大志。据当时洪秀全理念,无非是考秀才未竟,心中纳闷,厌郁成病而已,决不会因此有跳跃式的思维,就此萌发造反、兴王图霸的。兴王图霸云云实际上都是在洪秀全在称天王后所编造的。

应该说,洪秀全得幻梦是有的,梦见老人也是会有的。日有所思,夜有所梦。这位被梦见的老人,很可能就是当年在广州街头给他《劝世良言》的那位束发于顶、长须垂胸、着黑袍的外国传教士形象再现。他那奇异的形貌、服饰,至使洪秀全印象犹深,念念难忘。说天父上帝亲自开导、指挥诛妖魔、鞭孔丘等等异事,则只能视为是八卦作秀。至于说了梦中所授"太平天王大道全"和苏醒后用朱笔写了"天王大道君王全"一行字的纸条,故意塞在门缝里,让其母李四妹发现,并称这是梦中上帝赐给的封号,等

《劝世良言》刻本封面

梁发著。1832年，华人基督教传教士梁发以"学善居士"化名编写的一册通俗布道宣传品，在马六甲印刷。

等，那都是后来编造补进去的，又经过洪仁玕帮助作修订。

政治家为政治斗争需要，为自己历史改换、增添若干彩绘也是很有先例的，只是洪秀全编得不甚高明，洪仁玕修订得也不甚高明。

他们毕竟是农耕社会圈子里的人。

这场别致的怪病，对洪秀全后来的性格形成颇有影响。他原所具有的性情开朗、语言幽默、处世热情的外向型性格不见了，而替代的却是沉默寡言、隐忍不发，喜怒不露于色，但稍有不顺当，就易暴跳如雷。这种不成熟的政治文化素质，很不适宜在领导集团里做好首领。这种性格大大影响了日后洪秀全对太平天国的决策和治理，也影响与同侪的和衷共济、精诚团结。

《劝世良言》是洪秀全从西方寻得的"真理"

19世纪40年代初，是中国冲出中世纪的起点。就在洪秀全患怪病苏醒后的几年，中国几千年的闭关自守首先在广东被打开了。英国资本主义用鸦片和大炮打开了中国大门，中国军民奋起抵抗，广州民众还建立各路御侮团练，洪秀全家乡附近就有升平社学等。花县周边的农户、手工业者，还有地主、士绅等等纷纷拉起队伍，阻止英军进入广州。

广州周围民众义愤填膺,剑拔弩张,与入侵英军血战。此时的洪秀全似乎没有动静,他并没有像电视剧《太平天国》开卷篇那样编制的带头烧鸦片的行为。病愈后,洪秀全为了谋生,继续在官禄埗做塾师,后转到五马岭私塾,其后又在九关村和莲花塘做塾师。

他对科举进阶、改变人生,仍未死心。

1843 年,三十而立的洪秀全第四次赴广州应试,又落第了。

从十六岁参加科举,历经十四个寒暑,几经转辗,来回奔走,仍是一个了无功名的白衣童生,洪秀全免不了遭受到家乡和族人嘲笑,他的日子很不好过。

侯门一入深似海。

其实科举考试从来得有韧性。曾国藩之父曾麟书不就是十六次院试都名落孙山,直到四十三岁那年才考取秀才,仅比儿子曾国藩早一年(1832)进入县学。

洪秀全没有那样的耐心。

他绝望了。

长夜漫漫行路难。

入科举之门,有很大的随机性,也须有更多的耐心、韧力。洪秀全文思奔放,无有束缚,但缺乏八股气,字体也写得不佳,想要进得门去,确有难处。

科举自有陈套,科举也讲门第。此时科举取士制度已是个千疮百孔、气息奄奄,烂到骨子里了。

洪秀全惘然了。

他要另寻出路。

落第归来,洪秀全仍在莲花塘村塾教书。莲花塘是母亲李四妹娘家所在村。表兄李敬芳也在村里开设私塾。

本年 5 月,有天李敬芳来到洪秀全私塾,无意中发现那本《劝世良言》。洪秀全说是六年前在广州获得,尚未仔细读过。李敬芳把它借走。过了几天,李敬芳还书,他对洪秀全说:"这本书的内容颇为新奇,所写的与中国经书大不相同,你不妨看看。"这才引起洪秀全注意,开始认真地读《劝世良言》。

《劝世良言》是中国传教士梁发编写的。在这本册子里,编写者多引用了《圣经》文句,以中华传统文化解说基督教教义。它是基督教在中国以中文布道的通俗读物。

这是洪秀全所接触的第一本说西方文化、天父上帝的书。

半个世纪以来,洪秀全被称为近代中国向西方寻找真理的代表人物之一。毛泽东在《论人民民主专政》中所提到的四个代表人物洪秀全、康有为、严复和孙中山中只有洪秀全没有出过洋,去过欧美。他甚至没有到过仅咫尺之遥、刚沦为英国殖民地的香港,以及为葡萄牙割据的澳门。

他只去过广州。

他所读的与西方文化有关的几本书,主要就是《劝世良言》,以及《旧约》、《新约》。

《劝世良言》虽然只能算是中国人解读《圣经》的一册通俗读本,但却开拓了洪秀全的政治思维,具有启蒙功能;对为寻求出路、四顾茫茫的洪秀全,无异于有如荒漠获得甘泉。

他最欣赏的是书中所提倡的一神说。

传统中国是崇拜多神,道教有各路神仙,佛教有佛、菩萨;生当为人杰,死亦为鬼雄,历朝历代还制造有多个鬼神。

《劝世良言》宣扬天上只有一位真神,独一无二,他就是"上帝耶火华",所有富贵荣华,皆由之而下来,亦是全世界众人之大父。还说:"神耶火华曰:除我外而未有别个神也。"洪秀全对此非常赞赏,双手拥护,引为共识,并就《劝世良言》所提及的,"你们这些应试的读书人,虔诚地崇奉文昌和魁星,以为可以得到保佑,可是你们中有些人考了多次,仍是落第呢?"联想起自己的多次失落,更加认定这些都不是神,而是妖魔,不得信仰。它们乃是后来捧出来的。

洪秀全由此感悟,并从过去所读的中华先秦古籍所提及的"上帝",加以佐证,指出此中国上帝也就是西方圣经所提及的上帝,两者合为一体的。他认定,世界各地区所走的道路本应该都是相同的,大家最初都崇拜上帝,只是西洋各国是一直崇拜上帝,在大路上走到底。中国从秦汉伊始,就走了歪路,不再崇拜上帝。这是因为妖魔僭称了"皇帝"。若干年后,洪秀全著书立说,且制订为太平天国基本理论和根本大法:只有上帝才能称"皇"称"帝",今人不得再称"皇"称"帝";今人称"皇帝"的就是妖魔,所以清朝皇帝是"妖头"。

必须恢复、建立"皇上帝"为普天下的唯一真神绝对权威,决不允许有任何妖魔冒充真神,供世人顶礼膜拜。这项事业,现在得由"上帝"之次子洪秀全来传播、执行了。

《劝世良言》极大地启导了乡村塾师洪秀全，这就是他从西方找到的一个真理：在天国只有上帝才是真神，其他都是邪魔；中国最终仍得是回归本源，皈依在上帝名下。

因为世界万国也都只有一个共同的上帝，所以在十几年后，当那广州老朋友、美国传教士罗孝全先生来到天京时，洪秀全就拉着他的手，走下金龙殿，要与他一起跪下对天叩头，说：让我们一起来拜谢上帝吧！

西方古谚语说：条条道路通罗马。洪秀全的上帝世界共源同年说，人人通向崇拜、皈依上帝之路，颇有异曲同工之妙。

口说无凭，还得寻找依据。

洪秀全为了说明自己和上帝乃天人合一，自己就是上帝之子，就托出自己那场梦，即六年前因神经分裂症而引起的莫名其妙的幻梦，于是用《劝世良言》印证那场幻梦中所引起的种种幻觉，敷衍出一个赴天堂承命的宗教故事。这出升天异梦后来在太平天国衰败时，为激励人心，又作了更多的扩充，这些将在本书第四卷《相持》和第五卷《衰落》里详述，此处就从略了。

"皇上帝"见于《尚书》

1819 年，英国伦敦传道会马礼逊在梁发协助下，同汉文翻译了全本《圣经》。在译本中使用"神"、"神天上帝"。后德国传教士郭士立译《圣经》，见《尚书·汤诰》有"唯皇上帝"，即采用了"皇上帝"译词。梁发《劝世良言》也据马礼逊译本，用了"神天上帝"、"上帝"。

洪秀全的《原道醒世训》，也用了"上帝"、"皇上帝"，后来还用了"天父上主皇上帝"、"天父皇上帝"。

据郭沫若殷墟卜辞考证：殷商时众神中至高无上的神是"帝"、"上帝"，西周后才出有"天"。春秋时编纂的《尚书》、《诗经》里，主宰人类社会的最高神，就是"上帝"、"皇上帝"、"天"、"皇天"。洪秀全创造的上帝更接近于传统的"上帝"、"天"。

洪秀全自己进行了"洗礼"

洪秀全从《劝世良言》中得到新思维灵感,还遵照书中所说的实践,所谓信仰上帝者必为"洗刷罪恶,舍旧从新",自己进行了"洗礼",还写了一首忏悔诗以表示:

> 吾侪罪恶实滔天,幸赖耶稣代赎全。
>
> 勿信邪魔遵圣诫,惟从上帝洗心田。
>
> 天堂荣显人宜慕,地狱幽沉我亦怜。
>
> 及早回头归正果,免将分寸俗情牵。

洪秀全正心修身,下定决心,要与过去的"我"一刀两断。

首先他砸碎了私塾正堂所恭奉的至圣先师孔子牌位,离开莲花塘回到官禄埗,途遇老友彭某某,向他劝认要依归上帝,彭却认为洪大病还未恢复,就护送他回家。

洪秀全虔诚地信奉上帝,乡人认定他是疯子、神经病。但他坚持不懈,把《劝世良言》作为上帝传言的天书,推荐给最亲密的朋友冯云山和族弟洪仁玕。

冯云山是官禄埗北一公里的禾落地村塾师,云山是号,以号为名。《洪秀全演义》为他送了一个名"逵";洪仁玕是继洪秀全官禄埗私塾的塾师。

冯云山这年是二十八岁,洪仁玕是二十一岁,少年才俊,好学深思,已具有相当深厚的国学根柢。

可是冯云山两次应试未中式,洪仁玕一次应试未中式。他们都与洪秀全在科举道上有相似的命运。

三人都是不第秀才。

同是天涯沦落人。经过洪秀全启发,顿时醒悟。冯云山和洪仁玕对《劝世良言》也颇有兴味。同声相求,同病相怜。三人理念相似,彼此经常议论。洪仁玕日后回忆当时与洪秀全等谈论此时此景时说:"每与谈经论道,终夜不倦,言笑喜怒,未尝敢薄待己身,时论时势,则慷慨激昂,独恨中国无人。"(《英杰归真》)

冯云山、洪仁玕以及李敬芳都认同洪秀全说:凡是拜上帝、信仰上帝者,只能信"独一真神皇上帝",其他都是邪神、妖魔。

当时洪秀全提倡拜上帝,只是用基督教基本教义,即平等观,劝人为善,莫要作恶,以改革社会的陋俗恶习,而这些陋俗恶习却正是因不遵天父上帝之教,而使邪魔乘隙而入,误导世民的。

改恶从善,布善惩恶。此时他还没有提出要造反、要推翻清皇帝建立自己的理想王国。

《劝世良言》只能是"劝世"。它不可能提出要造反。当然也没有提及什么"政党"。深居偏角的洪秀全也不懂得什么是"会",什么称"教",不懂得自封为教主以及教主的神圣职责。

他的上帝观非常有限,从《劝世良言》得到的,仅是走样了的一些基督教的肤浅教义,而且还是用自己少得可怜的宗教知识解读,更多的是自己切身体会。

编造了一个上帝责打孔丘板子的故事

1843 年是洪秀全思想和行为的转折点。他从此只供奉上帝,否定孔丘和打倒孔丘。

孔丘也是邪神、妖魔。

洪秀全四次低级考试未中,所产生的逆反心理,使他最痛恨的乃是孔子。

孔子是儒家祖师。

天地君亲师。要树立唯一真神上帝的绝对权威,也必须打倒中国传统上帝在世俗社会的绝对权威。

洪秀全在和冯云山、洪仁玕等介绍自己的幻梦,特别增添了编造的一个皇上帝痛斥责打孔丘的有趣故事。他说在梦中看到上帝怒责孔子,批评他于经书中不曾清楚发挥真理。孔子听了低头无语,似自愧而又自认其罪。这段话把孔子说得丑相百出,玩世不恭。后来冯云山写进《太平天日》时,更将孔子形象丑化了。

洪秀全还编造梦里皇上帝说:"又推勘妖魔作怪之由,总追究孔丘教人之书多错。"为了说明,皇上帝令现场排列三种书:

一种是上帝自己的书,是真书,无有差错;

一种是基督下凡所遗留的书,也是真书,无有差错;

一种是孔丘所遗传的书。

皇上帝对洪秀全说,这就是你在凡间所读的书,此书甚多差谬,连你也被它教坏了。上帝因此怒责孔丘说:"你因何这样教人糊涂了事,致凡人不识我,难道你的声名比我还响亮吗?"孔丘开始强词夺理,后来自知理亏,无话可说。这时天兄基督也责备孔丘说:"你编造出这样的书教人,连我的胞弟(指洪秀全)读了,亦被它教坏了。"天使们也异口同声斥责孔丘。孔丘见天上人人都责备他,他便私逃下天,妄想与妖魔头一起躲藏。上帝即差洪秀全和天使追拿,将孔丘捆绑解押由上帝发落。上帝命天使鞭挞孔丘。孔丘跪在基督脚下,再三讨饶,鞭挞甚多,孔丘哀求不已。

这出故事编得出奇,用西方的上帝鞭挞东方的圣人,正抒发洪秀全对于孔丘为代表有功名的读书人卑视,是他失落到满足所发泄的心理平衡,也是对中华传统文化的逆反心理的表现。

洪秀全鞭挞孔丘之说,颇得非文化人和没有功名的知识分子赞同。后来信仰上帝的人们,包括不识字的文盲和略识字的半文盲都拥护这个故事。在紫荆山时,那些穿短衫的庄稼汉、烧炭工,以及没有任何功名的小知识分子,如卢贤拔、曾水源、曾钊扬等,甚至是小有功名的秀才何震川,也因十年寒窗到此止步,都相信洪秀全说的是真的。

在封建社会,县县有文庙,书院私塾和学宫还都设有孔子牌位,天地君亲师,孔子是天下读书人的金色偶像,是精神文化领域的绝对权威。洪秀全却以大无畏的精神和孔子作决裂。他将自己私塾正桌供奉的孔子"至圣先师"牌位,当着学生面撤除,冯云山和洪仁玕亦步亦趋,也分别将自己私塾中的"至圣先师"牌位撤除。

李敬芳私塾的孔子牌位有否撤除,未见记载。李敬芳是洪秀全提倡拜上帝的第一个附从者。他与洪秀全一起研读《劝世良言》,而且各人还都铸了一口"斩妖剑",长三尺,以表示斩邪扶正。此后李敬芳即淡出,不见影迹。他没有参加金田团营。据简又文先生调查,说是洪秀全占南京时,尝命李在乡间招兵相助,未成,李乃独自前往,至上海,得悉其昔年病中升天所见之上帝,系身旁黑袍者,乃以为上帝应以白袍,转疑其所见者非真上帝,而实为魔王,遂即折回香港。此处李敬芳,简说误作李敬芳之孙李正高牧师。

破字当头。洪秀全对孔子牌位行为,真可谓史无前例,前无古人。他虽为家乡父老和世俗社会的强烈反对,但却为日后号召文盲半文盲的两广山区广大民众打好基础。

孔子是洪秀全打倒的第一个"邪神"。打倒孔子,是洪秀全在行为上与传统文化作彻底、全面的决裂。

此后洪秀全再也不作科举之途了,他要宣传上帝、皈依上帝,努力为上帝事业和理念工作了,也就是要做个合格的传教士。

第三编　认真传教，努力写作，做个合格的传教士

洪秀全赐谷之行，竟让一百多人洗礼，皈依了上帝

洪秀全提倡只拜真神，捧出一个洋化的皇上帝，在官禄埗家族中，有认同的，如洪仁玕、洪仁政等，但也有人指责他不务正业，说"拜上帝是从番"。番，番邦，在古代中国乃是指化外之地，不服王化之区，元明小说戏剧即常出有"番邦"起兵造反进攻中原故事。后来太平天国卑视来自海外的英法等国，也称他们是"番邦"。

1844年春，洪秀全老家福源水村欢度灯节，举办迎神赛会。洪仁玕和洪秀全因为拒绝家乡父老所嘱写诗文或对联歌颂神仙偶像，又兼及去年撤去官禄埗私塾孔子牌位等事，受到指责，刁难阻挠。这时，他们更感到在家乡孤立，很难开展拜上帝不拜邪神活动。

英雄要有用武之地。他们决定走出去，云游花县周边地区，宣传拜上帝的好处。

这年四月，洪秀全、冯云山等离家外出，目的就是传教，寻找能崇拜上帝不拜邪神偶像的同侪。洪仁玕比洪秀全年轻九岁，家人不允许他远行。洪仁玕就落脚清远县，开办一家私塾维持生机。

洪秀全和冯云山云游，沿途贩卖笔砚，以稍获的薄利充当旅费。一个多月，风尘仆仆地行走了广州周边的顺德、南海、番禺、增城、从化、清远、英德、函江、阳山、连山等城乡，行程所至，多有人群，可是相信他们说上帝的人，却是寥若晨星，成效甚微。

广东不行走广西。

洪秀全与冯云山决定由连山西行，赴广西传教。

行行复行行，他们到过傜族聚居的八排山，也在风景秀丽的浔江上运行，经过二十天路程，到达贵县赐谷村，在洪秀全表兄家王盛均处落脚。

洪秀全、冯云山在赐谷村展开了要信奉一个真神上帝的传播。

赐谷村民，大多是来自广东的客家人，操客话，持客家风俗习惯。洪秀全家族本亦是从广东嘉应州(梅州)迁至花县的客家人。洪秀全生母王氏亦系客家人，她是如何嫁至花县，语焉不详，但两地虽隔几百里，彼此语言、习俗仍相通，宛如一家，这使他们彼此很易相处。

客家人辛勤生活，也较少受到孔子儒学礼仪影响。在赐谷村的五个月，洪秀全、冯

云山宣扬的"教人真心拜上帝有福享,迷信鬼神落地狱",也易为村民吸取。此间有去年自花县家乡来的洪仁玕、洪仁政,也帮助了宣传。赐谷村民竟然有一百多人相信了拜上帝,全心全意接受了洗礼。其中也包括王盛均、王盛爵五兄弟及侄儿王维正等人。他们也都高高兴兴地接受洗礼。

洪秀全原不懂得"洗礼",只是从《劝世良言》里识得"洗礼"两字,就此顾名思义,搞了他所发明的"洗礼"仪式。所谓洪秀全式的洗礼,据简又文调查,那是中夜于门外木桌上置一碗清水,清晨对天俯伏跪拜,将清水自头顶浇下,自施而行之。

赐谷村拜上帝信徒,即是洪秀全外出传播上帝的很早一批信徒。他们之中后来有不少人跟着洪秀全北上南京。其中王盛爵还封了王爵,安享富贵。

在赐谷村洪秀全为树立上帝权威,还特地找到附近六乌(六窠)山六乌庙,作诗痛骂主神为妖魔:

举笔题诗斥六窠,该诛该灭两妖魔,
满山人类归禽类,到处男歌与女歌。
坏道竟然传得道,龟婆无怪作家婆。
一朝霹雳遭雷打,天不容时可奈何。

相传庙神生前以淫词艳曲唱和而欢好,数日死去,地方即奉为神。

客　家

客家系中原汉族因避异族威逼南迁,也有少数因游历南方定居的汉人。大多数定居于湖南、福建、广东、广西等长江流域以南各省山区。广东客家又多从福建仙霞关入闽,迁至嘉应州(梅州)地区;广西客家也多由广东西迁。

广东本地人称于此处定居的外来汉人叫"客家",广西叫"来人"、"讲客话的"。客家人本性强毅、坚忍,勤劳刻苦,有很高凝聚力。凡迁移必举族进行,虽居住几百年,仍代代相传中原口音,保持中原习俗,其族中妇女因与男子参与相同劳作,从不缠足。所以太平军北上至江南,当地民众讥为"蛮婆"。

这是洪秀全首次作诗痛斥妖神,是他尊奉上帝为独一真神的一篇斩邪扶正诗。

此诗作后,地方人士众起哗然吵闹,要严惩洪秀全,不料事后检查此六窠庙殿堂和神座因年久缺乏保护,均为白蚁蛀空了。它反而佐证洪秀全有先见之明,就此不了了之。

因为王家经济贫困,洪仁球、洪仁政两人就返回花县,冯云山继续西行;洪秀全仍留在赐谷村,为帮助王维正坐狱解脱。

写作《原道救世歌》、《原道醒世训》,目的是为传教

不久,洪秀全回到官禄埗。

赐谷村之行,洪秀全因传上帝尝到了甜头,觉得此项职业大有可为,很有必要为它开展和扩大。

为了维持生计,洪秀全白天继续忙碌私塾,为学生讲解四书五经,晚间,即按照《劝世良言》中的语言、文句作发挥和变更。他的理念是:古中国原来也是由上帝领导,只是后来因妖魔丛生,把它弄坏了,走上了歪路,现在必须扫邪扶正,因而须要从古代经典中挖掘、寻找那些属于中国上帝的东西,印证东方上帝亦就是西方上帝。他们本乃是出自一源。

洪秀全就是以古代中国传统文化来批判近代中国文化传统,写出他的"劝世良言",即1845年相继写完的《原道救世歌》、《原道醒世训》。

《原道救世歌》共二百零八句,后附《百正歌》,主题思想就是宣扬只拜天父上帝:

> 开辟真神惟上帝,无分贵贱拜宜虔,
> 天父上帝人人供,天下一家自古传。

歌中提倡:

> 勿拜邪神,须作正人,
> 不正人所恶,能正天所亲。

> 积善之家有余庆,积恶之家必余殃。
> 顺天者存逆天亡,尊崇上帝得荣光。

在歌里，作者用了"上帝"符号，但此上帝不是《圣经》里的西方"上帝"，亦不是中国《尚书》等典籍里的"上帝"，而是自己创造的"上帝"。他有骨有肉，有家庭子女，后来竟还说有大小老婆，很像道教里的玉皇大帝。

这个洪秀全笔下和心目中的"上帝"，贯彻了他此后的宗教和政治生涯。

作者还称赞"盘古以下至三代，君臣一体敬皇天"，对夏商周三代还是肯定的，因为只敬仰上帝，作者也并未贬骂孔子师徒以及儒家推崇的帝王将相和名士，有"颜回好学不贰过，非礼四勿励精神"，"孔颜疏水箪瓢乐，知命安贫意气扬"以及"君子临财无苟得，杨震昏夜尚难欺，管宁割席回歆顾，山谷孤踪志不移"等句。

可见当年洪秀全打倒私塾的孔子牌位，不过是出自一时的情绪激动，昏头之作，非是立誓要与孔子一刀两断。举刀断水水更流；联想他后来仍开办私塾，向学生讲授的还是四书五经，正堂还得设立孔子牌位，盖私塾有孔子牌位，才堪称是正儿八经私塾，如无孔子牌位，则是野路子，不会有生源，必为旁人鄙视以待的。此时此景，洪秀全为生计，即使冷视、痛恨孔夫子，也不得不照此办理。

《原道醒世训》共1 000字。里面说的是洪秀全的理想世界，即所谓上古的大同世。《劝世良言》梁发也抄录有中国古书常提及的"夜不闭户，道不拾遗的清平世界"，但没有针对现实社会的揭露批判。洪秀全在《原道醒世训》里作了较多的发挥，但所依据的仍是孔子的学说。

《原道醒世训》说：

> 盖实见夫天下凡间，分言之，则有万国，统言之，则实一家。皇上帝天下凡间大共之父也，近而中国是皇上帝主宰化理，远而番国亦然；远而番国是皇上帝生养保佑，近而中国亦然。天下多男人，尽是兄弟之辈，天下多女人，尽是姐妹之群，何得存此疆彼界之私，何可起尔吞我并之念？是故孔丘曰："大道之行也，天下为公。选贤与能，讲信修睦。故人不独亲其亲，不独子其子，使老有所终，壮有所用，幼有所长，鳏寡孤独废疾者皆有所养。男有分，女有归。货恶其弃于地也，不必藏于己；力恶其不出于身也，不必为己。是故奸邪谋闭而不兴，盗窃乱贼而不作，故外户而不闭，是谓大同。"

这是孔子的大同世界憧憬，也是洪秀全向往的理想世界，后来康有为、孙中山也都

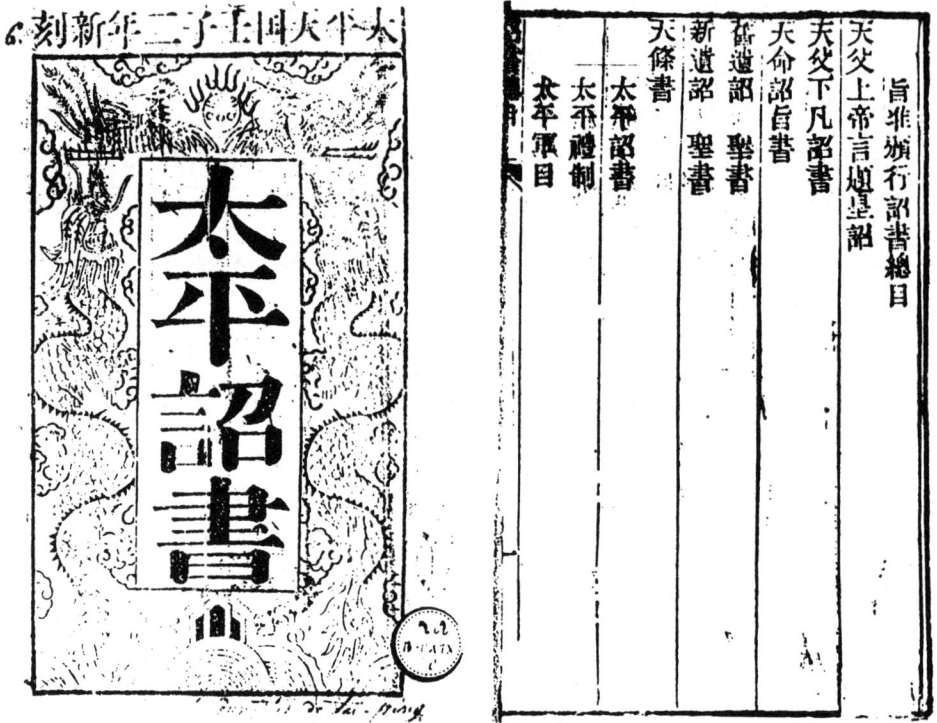

法国翁谷雷姆市图书馆馆藏《太平诏书》封面，书目首页

本书刻于壬子二年(1852)，当系在永安州(广西蒙山)刻印。

曾提倡这种破私立公，天下为公的理念。洪秀全把这种大同说成是上古人间社会本来就有的，是皇上帝早已创建了的，只是被妖魔从中捣乱，歪曲、破坏了。

他在《原道救世训》里，号召要驱邪扶正、努力奋斗：

> 唯愿天下凡间我们兄弟姐妹跳出邪魔之鬼门，循行上帝之真道，时凛天威，力遵天诫，相与淑身淑世，相与正己正人，相与作中流之砥柱，相与挽已倒之狂澜，行见天下一家，共享太平。

全篇提出信仰上帝，正身律己，虽提及邪魔，也是虚说，并未与清朝皇帝贵族地主挂钩。它只是一种涂抹有上帝色彩的说教，没有任何与现实有关的政治性解释。

本篇整段引用儒家经典《礼记·礼运篇》一百零九字,亦可以说,这是洪秀全所写的对大同说的读后感。

长期以来,学界为迎合时势,抬高了洪秀全的理论思维,将《原道救世歌》《原道醒世训》两部著作,说成是为太平天国创业的立国基础。这并不符合实际。

从内容说,这二本册子还是按照《劝世良言》路子,结合中国现状宣传的劝人从善、弃恶从善,走正道,不走邪路的传道书。它仍是从属于儒家的正心修身之作,没有号召革命,推翻现有王朝。

当时洪秀全拥有的"西方真理",还只是那本薄薄的《劝世良言》,而且对它也不是段段都能弄懂弄通的,他的基本知识结构,还是孔夫子的儒学为主。

可是洪秀全本人是非常欣赏自己这些早期作品的,在建国永安、建都天京的若干年间,把它们与以后写的《原道觉世训》合编为《太平诏书》向全军全民颁布发行。这些中西合璧之作,对于紧跟他的信徒和追随者,包括聪明绝顶的杨秀清、萧朝贵,哪几个能懂得? 他们中多是一篇都听不懂,遑论阅读理解了。

为做个合格的传教士,向美国牧师罗孝全学《圣经》

学而后知不足。洪秀全还是有点自知之明的。

他也知道这部《劝世良言》的含金量不高,要具备有正宗的基督教文化知识,必须直接接触上帝的真书圣经。

仕途不遇走洋途。当时洪秀全和冯云山等人的理念,还是要做一个合格的、为世人公认的传教士。

1846 年底,洪秀全从一个自广州回村的同乡处知道,一位名叫罗孝全的洋人,在广州开设教会。翌年春,他忽而收到一封信,那是罗孝全的中国助手写的:

听说贵兄十年前曾得到一本书,这本书的内容和我们教会所宣传的是一致的,贵兄若能来到我们这里协助工作,牧师和众兄弟将无比欢迎。

洪秀全大为欢欣。

他本意要深造,接受正宗的基督教洗礼,取得有证书的传教资格;经与洪仁玕说了,两人赶赴广州罗孝全教会。

罗孝全(I.J.Roberts),美国人。1838 年在中国香港传教。1844 年进入广州,后建立教会。他是美国基督教新教浸礼会传教士,原来也是德意志传教士郭士立的培训中国传教士和教徒的"汉会"成员。这家"汉会"据称在华南拥有很多会员。

罗教全与洪秀全等作了谈话。

洪秀全说了得到《劝世良言》和自己幻梦时上帝的印证。

罗孝全听了不知所以。他认为洪秀全的《圣经》知识是相当肤浅的,几不着边。

洪秀全、洪仁玕在罗孝全处学习了两个月。

他读了《圣经》汉译本,但仍执持将基督教的上帝和古代中国上帝合而为一的观念。当然也有若干内容增添了他的知识结构,如摩西十戒、上帝劝阻人们不要崇拜用木、石和泥土塑成的偶像等等。

在广州教会期间,洪仁玕先回家了。洪秀全留了下来,要求罗孝全为他洗礼。罗孝全拒绝了,认为他对《圣经》的基础知识都未弄懂。

洪秀全当不了一个合格的牧师。

在罗孝全处,洪秀全第一次读了《圣经》的《旧约》、《新约》的全本,本本里也附带到西方的若干历史、地理以及阴阳历一类的科学文化,这些非常肤浅的常识,乃是洪秀全找到的全部西方真理,也就是他造反思想的泉源。

值得注意的是,洪秀全在罗孝全处是全心全意学《圣经》,两年不闻窗外事。在此期间,即1847年4月,英国香港殖民总督为强行进入广州城,炮轰虎门、入侵珠江,广州民众同仇敌忾、义愤填膺,又一次组织、发动反英武装斗争。洪秀全却还在神往《圣经》中的上帝,也就是英国人的上帝。

《原道觉世训》推出一个"阎罗妖"

洪秀全回到官禄㟝,将在广州读得的《圣经》知识和自己原有认识结合,写作了一部《原道觉世训》。

《原道觉世训》,堪称是洪秀全代表作。

《原道觉世训》全篇为3 244字,最后完稿于1847年底。这是在充实《圣经》知识后的认识,篇里确是有将以往著作的理念升华了,增添了若干新内容:

第一是为上帝设置了一个对立面,即"阎罗妖",所谓"近代则有阎罗妖注生死邪说"、"阎罗妖乃是老蛇妖鬼也,最作怪多变,迷惑缠捉凡间人灵魂",因此必须是"共击灭之"。

洪秀全说，"阎罗妖"在古中国典籍本是没有的，在番国《圣经》也没有的，全是那些"怪人妄说阎罗妖注生死"。这种"怪人"，害人不浅，迷惑多人，秦始皇听了，便入海求"神仙"，汉武帝听了，"信而祠之"。近人诳言东海龙王，也是阎罗妖变的。这个阎罗妖还被宣扬主持"注生死"，"是以邪说一倡，而天下多靡然信之从之"，至使"近代所以多惘然不识皇上帝，悍然不畏皇上帝，尽中蛇魔阎罗妖诡计"。

因此必须打倒"阎罗妖"。

阎罗妖"是从必诛之"，神妖不共戴天。为要人们特别注意，文中还将"阎罗妖"三字的四周加上一个别致的长黑方框。为一个名词的四周加框，这在过去古籍里是没有的，现见的太平天国钦定颁布的印刷品里，也是只此一家，别无分店。这正是洪秀全的文化性格，是他编造的神话。是传统农民沉积的"汉贼不两立"的独特思维。

第二，论证主宰世界，天堂和凡间的只是上帝，并确定上帝乃是"皇上帝"，世间古今中外之主，不得妄称"皇"称"帝"。洪秀全说：尔等"凡人何能识得帝乎，皇上帝乃是帝也。虽世间之主称王足矣，岂容一毫僭越于其间哉"。

《原道觉世训》再为上帝天父定格，其意诚然是为传教需要。它仍是为传教而作。很多年来，学界为证实洪秀全早就具备推翻封建制度的革命理念，认定阎罗妖就是指清朝皇帝，凡人不得称帝是否定，打倒清朝皇帝，这都是牵强附会，想当然耳。

当时洪秀全并不懂得革命，也不需要革命解决自己生机和出路。革命造反是要掉头的，谈何容易。洪秀全仍是努力于传道，做一个合格的传教士，由是竭力编织一套符合新教的教义，把自己熟悉的儒家道德、礼仪与西方平等学说掺合，建立与中国社会和民众相适宜的理论。

它和革命造反理论没有牵连，更牵涉不到对现实社会的若干改良行为。说到底，最多还是在西方宗教文化冲击后的对本国社会文化的探索。

第四编　没有冯云山,就没有太平天国

李秀成说:谋立创国者出南王之谋,前做事者皆南王也

洪秀全四次考试,连个白衣秀才都没有中式。

从他的文化性格、所做的文章和诗词中可见,他很不适宜于科举。他是无奈才转轨,理想是做个传教士,做一个受人尊重、自由自在的传教士。

此时此刻,他压根子没有意识到要造反,建立一个与清王朝对峙的太平王朝。

能够促使他走上造反大道的,首先就是冯云山,以及被冯云山营造的紫荆山区浓醇的造反气氛。其次还有杨秀清和萧朝贵,本篇只谈冯云山,其余我将在另篇评述。

箭在弦上,不得不发。紫荆山区百姓们愤愤不平的造反气氛,是当地土族地主豪绅和官府勾结后给逼出来的。

这也是"逼上梁山"。

在这里,冯云山是个撑旗人。

没有冯云山扬臂高呼、发动组织,就不会有洪秀全充作领袖,创立太平天国。冯云山是创建者、策划者和组织者。

冯云山是太平天国创建的关键人物,路人皆知,以致如初为小兵、后为军事统帅的李秀成也认为,"谋立创国者出南王之谋,前做事者皆南王也"(《李秀成供词》)。

李秀成所说,可为至评。

冯云山早期事迹不多,有的还扑朔迷离,比如说他与洪秀全关系就有几种说法,一说是私塾同学;二说是表亲;三说是同乡世交。又说他是两次落第的童生,但是否与洪秀全同时落第,或先后落第,则语焉不详。

但在太平天国创建诸王行列中,冯云山的家族是最为孤单的。初参加太平起事时,几乎说不了有啥人。1844年,当他与洪秀全离花县外出时,同行还有冯瑞高、冯瑞珍,中途至连山白虎村,两人缺乏信念,回去了,以后再也不见行踪。估计他们只是冯云山的族人。

冯云山家族,据说太平天国晚期有个佩王冯真林,名列南王宗。冯云山的兄弟、妻儿在他起事后,被官府逮捕,发配为奴。据传其中有个儿子被带到上海,为小刀会与太

平天国拉上关系。

冯云山与洪秀全分手,离开赐谷村继续西行。据称其因乃是与洪秀全在田野发生过一场争吵,"到田寮,话语有拂逆"(《太平天日》)。这大概是因为洪秀全要回花县老家,而他则要继续前行。

冯云山脱下长衫当短工,什么苦活都干

冯云山的理念也仍是传道,张大对上帝信仰的权威和影响。

他的坚忍不拔、艰苦辛劳,正是洪秀全难以比拟的。

行行来到桂平县,他要寻找在广西继续能传播上帝的门路,但却孑然一身,举目无亲无友,幸喜能说客话,经当地人张某介绍,距桂平西北数十公里,紫荆山东入口处,有个名古林社的小村,村中有十余户人家,都是来自广东移居的张姓客家农民。

冯云山决定前去。

路经新墟,新墟是一个大市集。他站在牛行大榕树下,等往来人群雇佣,直到日落西山,要散集了,还没有雇主,只得再向北走,投宿古林社。

第二天,冯云山为求谋生,就借了个畚箕、扁担,在荒野捡牛粪过活。他脱下长衫当短工,有时还割禾打谷,什么苦活都干。在劳动中,通过能讲一口流利的广东客话,与当地民众有共同的语言,语同心近,彼此极易打成一片,终于获得当地民众的认同。他又不似洪秀全暴燥、急功好利,有所挫折就情绪波动的性格,而表现得颇有耐心,逆来顺受,并对前程万里充满信心。冯云山常吟诗自慰明志,其中一首是:

> 孤寒到此把身藏,无食无衣也着忙。
>
> 拾粪生涯来度日,他年得志姓名扬。

诗言志。

有一天,冯云山受雇到监生曾槐英家去替割稻。挑稻归来,汗流浃背,熏风南来,一阵凉爽。他一时高兴,随口朗诵道:"南风之熏兮,可以解吾民之愠兮;南风之时兮,可以阜吾民之财兮。"这首古风,相传是虞舜所作,曾槐英正躺在窗下竹榻乘凉,听了很是诧异。他问冯云山:"你读过书吧! 为何到这里来做雇工?"冯云山回答:"我曾读书

广西桂平紫荆山区

应试,在敝乡做塾师。只是久仰紫荆山山奇水秀,想来感光,但人地生疏,不做雇工,便

~~~~~~

冯云山吟诗出自《水浒传》

清道光二十五年(1845)春,冯云山再度进入紫荆山谷时迎着紫水行进,应时视景,百感交集,吟诗一首:

穿山透地不辞劳,到底方知出处高。

溪涧焉能留得住? 终归大海作波涛。

有学者认为此诗乃借用《水浒传》第四十三回的“李逵迎母”,只改动了前三句的五个字。《水浒传》诗句为:“穿岸透壑不辞劳,远望方知出处高。溪涧岂能留得住,终归大海作波涛。”显然,冯云山是熟读《水浒传》的。

按,此诗原出自宋朝叶梦得的《避暑漫抄》,相传系李忱(唐宣宗)微时为僧时,与黄蘖禅师的唱和之作。

无缘前来。"

冯云山侃侃而谈,指点经史,凡天文、地理以及兵学、占卜,了若指掌。曾槐英听了,非常佩服。有礼貌地请他住进家屋,商定明春出任家塾教师。

紫荆山十八山内鹏隘山(平在山)大冲村曾玉珍到古林村办事,与曾槐英谈及要找一位教师为子弟教学。见到冯云山也相当欣赏,盛情邀请冯云山进紫荆山,在大冲曾氏家塾做塾师。

冯云山答应了。

冯云山说:拜了上帝,人人才有衣有食,无灾无难

冯云山走进紫荆山。

紫荆山地区,方圆二百七十平方公里,是一个群山环抱、地势非常险要的山区,山区东有土帽山,北有五指山,西北有白马山、双髻山,西南有鹏隘山,西面以双髻山为孔道,南面以风门坳为门户。群山罗列,险峻巍峨。山中丘陵起伏,溪谷纵横,星罗棋布着点点小村落,大者几十户,小者仅数户。全山区共约五千人,主要的是广东来的客家,少数是本地壮、傜民户。以种竹、烧炭、种蓝靛为生,粮食不能自给,长年处于饥饿之中。

冯云山所在大冲曾云珍家,附近就是鹏隘山,鹏隘山,即太平天国文书常称的平在山、平而山。

平在山聚居有很多烧炭为生的穷苦客家人。他们社会地位低下,且常受到本地人欺凌,不能在平地生活,也不拥有肥沃田地,且还不准为祖宗立祠建庙。冯云山到来,向他们宣传天父上帝和天父上帝所主张的人人平等观。

他说,只有上帝才是真神,本地人所祭祀的都是邪魔,邪魔不会保佑我们,只有上帝才爱护我们;人人都是上帝儿女,大家都是兄弟姐妹。我们应该同拜上帝;拜了上帝,排除妖魔,人人才有衣有食,无灾无难。山区客家相当闭塞,思维单向,最易从第一实践中认定真知。冯云山朴素的语言,三言两语就点出了道理,让他们懂得贫苦的原因所在,而且还能有解决温饱的途径,无乐而不从。

当时冯云山只是向山区客家人谈日常的生活起居,给人有个精神寄托和安慰,至于所谓启发众人政治觉悟,诱导革命造反云云,那都是后来人的想当然之说。

金田地区图

僻山　平在山　鹏化山

紫荆山

花洲山人村

大旺

大冲

猪仔峡　花雷

蒙冲

东乡

鹏化水

花旺

思旺

莫村

蔡村江

三江圩

风门坳

古林社

新圩

蔡村

石头脚

思旺水

官村

口武宣

犀牛岭

金田

莫村

黔江

武靖江

大湟江

江口圩

浔江

平南

桂平

郁江

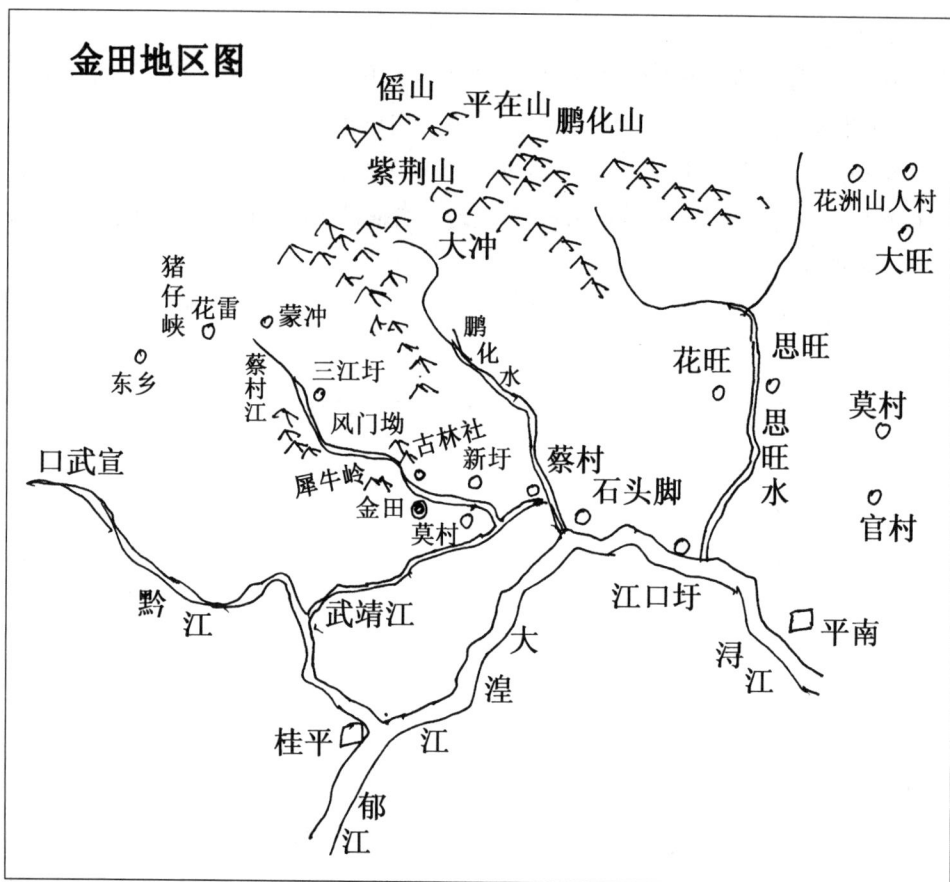

冯云山就这样获得很多人的拥护,他被尊称为"冯先生"而不名。

冯云山很会做实际工作,这是洪秀全难以做到的。他善于抓骨干,培养骨干。

有否"拜上帝会"

近年有学者考订,认定洪秀全、冯云山等没有建立有"拜上帝会"。因为据今存太平天国文书和诸王供词都没有这样的组织名称。"拜上帝会"的出现,是学者简又文译瑞典人韩山文《太平天国起义记》所提及的。它不是洪秀全等建立的"拜上帝会",而是他人用这个名称称呼常在一起举行宗教仪式的拜上帝的人。

他的第一骨干是卢六。

卢六是高坑冲人,壮族。高坑冲是位于紫荆山进口的小村。

冯云山进出紫荆山,必经过卢六家,很多烧炭工进出紫荆山,也必经过卢六家。卢六家成为大家易碰头之处。冯云山在这里结识了他们,卢六家也就成为最早集合点,以后进紫荆山的洪秀全也是先住卢六家,后进紫荆山的。

卢六笃诚、朴实,对冯云山、洪秀全都非常忠心。

卢六是线人,通过他,冯云山顺利地结识了杨秀清、萧朝贵等人。

筚路蓝缕,卢六有功,功不可没。

第五编 杨秀清、萧朝贵和平在山的同伴们

《天情道理书》宣传杨秀清至贫至苦，以苦为荣

杨秀清祖辈是广东嘉应州（梅州）。据称他原名嗣龙。什么时候改名，不清楚。但他这个"嗣龙"的"龙"，太平天国是避讳的，凡太平军民、原有名字带"龙"字者，都得改名为"隆"，如胡海隆、侯得隆。

冯云山结识杨嗣龙时，他已叫杨秀清了。

杨秀清出生在平在山下新村附近的东旺冲小村。从小生活就非常艰苦，是最典型的草根。太平天国官书说《天情道理书》：

"至贫莫如东王，至苦亦莫如东王，生长深山之中，五岁失怙，九岁失恃，零丁孤苦，困厄难堪，足见天父将降大任于东王，使之佐辅真主，必先苦其心志，劳其筋骨，饿其体肤，乃天之穷厄我们东王者，正天之所以玉成我们东王也。"杨秀清出生贫苦，孤苦伶仃，相传他只有一个早就远嫁的姐姐，是伯父杨庆善把他抚养长大的。杨庆善有否随侄儿赴天京语焉不详，但他在1860年12月前已死，所以洪秀全假《幼主诏旨》，有称"庆善抚东功劳大"，"追封杨庆善为天朝九门御林开朝王伯、爵同南、赐天府称殿"（《太平天国文书汇编》第71页）。

杨秀清没有亲戚。不过太平天国建国后，就有卢贤拔表兄等类人物出现。农民领袖显赫了，自然在周围会出现大群的三亲六友，叔伯兄弟。他也广为接纳，引为亲信，放在重要位置上。这也是农民军领导集团派中有派，走向腐败一个不大不小的原因。

杨秀清毕竟单家势孤。太平天国史书里出现的东王兄弟杨元清（老国宗）、杨辅清（七国宗）、杨雄清、杨宜清、杨英清、杨友清、杨玉清、杨闰清等，都不是他的本家兄弟或家庭血缘圈成员。那是他看着其他几个王兄王弟子侄成行，家族兴旺发达，为了扩大自己的势力，拉同姓的人权充为家族成员的。

这也是学封建皇帝的老套，不过杨秀清不是对这些人赐姓，而是改名或赐名。如杨辅清，原名杨金生，乳名阿七，人称杨七麻子，本系随阿哥杨根元在广西永安州（蒙山）参加太平军的。他大概是在杨根元战死、太平天国在永安州封赐诸王兄弟为"国

宗"时改名的。因为抛进篮子就是菜,这些杨国宗后来晚节多不保,杨友清、杨宜清在天京危急时,都先后献城降敌。杨宜清献出高淳时,还将主帅杨辅清的辅王金印也献给了彭玉麟,以资诚信。

杨秀清是平在山烧炭工的群众领袖。冯云山很懂得他的作用。立意争取他信仰上帝。杨秀清出身穷苦,一穷二白,没有资财,冯云山就以其短称为其长,以穷为荣,以穷为贵,以此树立杨秀清贫穷的无比优越感:一无牵挂;二易思变,可以放手起义,百折不回。我在《太平天国十四年》书中曾引用有关书籍说:

冯云山发展杨秀清拜上帝,并没有晓以"防止蛇虎伤人"的大道理说教,而是因人施教。他对杨秀清说:"你以烧炭为业,实无出路,长此下去,只有苦一辈子,不如大家共图大事求谋根本出路",还说"凡是有大志的人多能成大事",自古以来不少伟人是从贫苦中起来的。我们能结成患难兄弟,创立拜上帝会,发展会友,共图义举,就必有出头之日,千万贫苦人民亦可得救。(《太平天国革命在广西调查资料汇编》)这话是后来人追忆,掺进了现代人的很多思维和语言。但从中仍可找出杨秀清、萧朝贵这些人穷则思变的渴望。

冯云山此话应该视为后来人用自己的理念杜撰。因为一则当时教书匠冯云山目的是为传教顺利,召得更多信徒,还不曾有"共图大事"自己解放自己的意愿;二则不存在有"创立拜上帝会,发展会友"的组织路线。20世纪50年代以来不少所谓实地调查和口述,都是时人为附会采访者愿望而作的。尽信书,不如无书。

《天情道理书》大张旗鼓,宣扬杨秀清苦出身,以苦为光荣。以贫穷为荣,目的是为树立榜样,号召更多的贫苦民众参加拜上帝队伍,打造太平天国。

太平天国领袖杨秀清们日后得显后,更懂得出身贫苦的重要了,因而日后选择战友,培育干部,唯穷苦者对拜上帝事业最坚定最忠心。翻身者必会以自己血肉保护新兴政权。

为此,初起的拜上帝会领袖和后来的太平天国各路人马,为招徕更多的民众加入队伍,多半是毁房屋、商铺和田地,使他们赤条条的一身,无枝可依,而被逼参加造反的。这也是所谓太平天国始终拥有一支人数众多的队伍,而却又是老幼妇孺夹杂其间,战斗力不甚强的队伍。

萧朝贵不学有术、无师自通,不读书竟比读了书的人更聪明

萧朝贵是个能人。

《天情道理书》也把萧朝贵作为榜样,"西王僻处山隅,自耕而食,自蚕而衣,其境之逆,遇之啬,难以枚举,乃至扶助真主统带雄师,冲锋破敌,灭怪诛妖,丰功盖世,永远威风。"

英国伦敦大学藏《天情道理书》"戊午遵改"本封面、末页

甲寅(1854)初刻本,本书乃戊午(1858)改刻本。改刻本对北王韦昌辉作为"天京内讧"祸首,称之为"背土"("北王"之"王",除去"一"作"土")

萧朝贵作战勇猛。随他作战的李开芳说:"惟有已故西王萧朝贵第一通兵法,此外都不通文艺。"

34

但萧朝贵更有权术,能随机应变。他也是太平天国树立的以贫穷为荣,以贫穷出人头地的榜样。

萧朝贵的出身贫穷,但却又与杨秀清不同。

他的早年经历坎坷。

据记载:萧朝贵原系蒋万兴之子,所谓"万兴生西功不忘。"后过继给萧玉胜后,改姓名了的。因而他的两子,长子萧有和,但次子恢复原姓(懿王蒋有福)。萧玉胜比蒋万兴有钱,从紫荆山平在山《建造佛子路碑》所列捐钱修山路人员名列,有萧玉胜助钱一千文,蒋万兴助钱三百文记录,可证萧的经济实力远高于蒋万兴。此或为萧朝贵过继之一因。这在萧朝贵是很不愿意的。

蒋万兴很可能早死,1860 年 12 月幼主诏旨,有将他封为"天朝九门御林开朝王亲,爵同南,赐天府称殿"。

萧朝贵不学有术,无师自通,是拜上帝烧炭工等的表率。太平军将士几多是文盲,这对全军上下是一个鼓舞,由此在洪秀全当政时,处处要提及萧朝贵。他虽然早死,但英名犹存。

洪秀全是乡村小知识分子,杨秀清是文盲,萧朝贵也是文盲,文盲治国,只能巧立名目,很难走正道,忽视前人和旁人的经验,还自以为聪明盖世,受命于天,愚弄大众。

但是名列天朝第三位(神坛第二位)的萧朝贵,直到现今他的籍贯还是一个谜。

关于萧朝贵籍贯有六说:

1. 武宣县陆峒人(《李秀成供词》、《平定粤匪纪略》);

2. 桂平县鹏隘山人(《复前教授唐先生书》、《镜山野史》);

~~~~~~

萧 朝 贵 家 世

萧朝贵生父蒋万兴。蒋是桂平宣二里平隘山人,可能入赘萧家。按照广西风俗,生子姓萧,即萧朝贵。萧的长子即萧有和,而次子归宗,复姓蒋,即蒋有福。

蒋有福即洪天贵福诏书所称的"福表",封懿王。李秀成被俘后曾国藩写的问辞十八人,名列幼东王、幼西王之后即"懿王蒋有福"。时在天京城内,后不知所终。

《洪秀全演义》肖像画

3. 武宣人（清《浔州府志》）；

4. 原籍武宣，移居于桂平宣二里平陵山（清《桂平县志》）；

5. 桂平县大黄江新墟人（《贼情汇纂》）；

6. 武宣东乡上武兰村人（《太平天国革命在广西调查资料汇编》）。

近年，学者据赴平隘山佛子路上的《建造佛子路碑》有蒋万兴、萧玉胜名字，确定萧朝贵是桂平平隘山人氏。

中华传统很注重原籍，萧朝贵的籍贯虽杂，但都在方圆百里之内，有的记录道听途说，把他迁居之处，也说成是原籍，但仍可佐证，他虽多次迁居，仍在平隘山区封闭圈里，他的流动亦是为生活所累。

平在山元老们，没有功劳也有苦劳疲劳，享受高待遇理所当然

冯云山进平在山取得很大一群烧炭工的拥护，他们从冯云山处获得道理，从而得知有天父上帝一神论和上古传说的平等意识。冯云山又以穷苦为荣开导，穷则思变，变则通。

唯穷苦者对拜上帝事业最坚定最忠心。

以平在山烧炭工为代表的拜上帝信徒是创立太平天国的社会基础和依靠力量，也是太平天国日后极其厚待元老级干部，按资论辈的一大原因。

这些人很多是有苦劳、有疲劳，能摇旗呐喊、因人成事，但没有什么功勋的元老。

洪秀全和太平天国有感恩之心，始终非常重视这些人的政治地位和生活待遇，从不亏待。

太平天国建国天京时，就专为设立颇为别致的勋位制度：

凡在金田参加庆祝洪秀全生日起义的，无论职位高低、年龄大小与否，都可以在官职和姓名前冠以"功勋加一等"；凡金田出发以后，从永安州突围北上，在到达南京（天京）前参加的，无论有否职位，都可冠以"功勋"。这种在特定时空带来的荣誉称号，那

可是后来任何人，即使是建有任何大功劳都不能获有的。这是条底线，掌握得很严格，从不犯规。

因而在金田起义前平在山时代的骨干们，更以资格老、备加厚遇，在天京城里享有多种特权。这是一批在曙光还未到来的子夜时刻，就为拜上帝紧跟、呼应的人，足见其有信念、有远见，对太平天国事业可谓义无反顾、忠贞如一。

这些元老当中有的是王亲国戚，如洪秀全的两兄洪仁发、洪仁达，以及韦昌辉、石达开家族的叔伯兄弟们，都是授国宗的"闲散国宗"；更多的是金田起义前的跟随者，他们一路跟来，千里行军风险，沿途已死去不少。如李开芳说："洪逆老表黄玉秀已死，是炮打的。说洪逆做不成事，拆开一家数十口人。沿路来，听说俱死了。"（《清代档案史料汇编》第五辑）黄玉秀疑为黄盛均之口误。物以稀为贵，人以贵为稀，战争和天京内讧，他们存下的已很少了，也就越需要褒奖。

现见的1860年12月22日颁发的幼主诏旨，内就有"平在山勋旧，俱升封义爵"。也就是说当年冯云山进入平在山所接受上帝为尊神的信徒，不论尚留人间，还是牺牲的，遗有子孙，都能享受"义爵"的高等爵位。这里有活着的，如杨张安（后封拱王），梁舆琛（后封事王）、林大居（后封敬王）、赖培英、黄期陞（后封助王）、黄文安（后封望王）、魏超成（后封循王），有死去的如傅学贤、李俊昌等。即使是一方统帅，出征的高官林凤祥、黄玉昆和钟芳礼等，也都按资历程序并列，一律为义爵。义爵为六爵之首，在当时官爵阶位是非常之高的，仅次于王爵。

它正是对平在山勋旧的高规格的定位。

农民领袖非常认真于不忘本、不忘旧，对元老们特别青睐。

第六编　打倒神权，是为自己制造新的造神运动

冯云山把洪秀全捧上了神坛

冯云山在平在山受到众多信徒爱戴。

1847年8月，洪秀全自广东家乡再次来到贵县赐谷村王盛均家，王盛均对他介绍冯云山曾来过赐谷村，又介绍传教有发展等情况。当王盛均转向洪秀全说冯云山传教有成效，已是生根、开花、结果，信徒竟然有两千余人时，洪秀全十分惊诧，十分兴奋。

两天后，他在表侄王维正陪同下赴紫荆山找冯云山，在高坑大冲卢六家，阔别三年的好朋友见面了，洪秀全更是十分高兴。

冯云山比洪秀全小一岁，一直奉行洪秀全为兄长，唯洪秀全马首是瞻。他精通算卜之术，也迷信于占卜、面相。据称曾面相洪秀全有帝王之相，他只能是辅佐之相。是以在平在山传教非常辛苦，往来奔波，打着洪秀全的旗号，疏通民众，传播上帝真神。

他奉上帝，也奉洪秀全，是他首先把洪秀全奉上神坛顶礼膜拜的。

没有冯云山，洪秀全做不了上帝次子。冯云山是造神运动的始作俑者。

平在山民众都知道"冯先生"之上还有一位"洪先生"，"冯先生"是遵循"洪先生"之命前来山区传播福音的，却从不见其人。神龙无头亦无尾，人们越是没有见到过洪秀全，也就越想见到他。因而随着冯云山传道顺利，蓬勃壮大，信徒越来越多，洪秀全的名望也就自然树立起来了。他被公认为上帝的代言人、救世主。

洪秀全要张大传道活动，让人人都知道只有上帝才是唯一真神，信上帝才能救自己于水火之中，就要将自己的理念贯串于信徒。他将自己从花县家乡带来的《原道救世歌》、《原道醒世训》和《原道觉世训》三篇大做传播。发动冯云山，也许还有其他的识字分子，如曾水源、卢贤拔、曾钊扬和何震川等一起宣传。四人中除了何震川是秀才，其他三人都是没有功名的落魄书生，他们日夜抄写了多份，四出散发，扩大影响。这些著作虽然文字深奥，且还有多处故作玄虚，无典无据，难以捉摸，但通过浅显、明白的讲解，还是能为多数文盲半文盲的山民领会意思的。他们自然敬服"洪先生"的学识渊博，这样，洪秀全的威望更高了。

在紫荆山周边的象州、郁林、博白、贵县、藤县等处城乡,人们奔走相告,都知道紫荆山有位奇人洪秀全先生。当时远在藤县大黎乡的雇工李以文(李秀成)就是,他后来回忆说:"每村每处,皆悉有洪先生而已,到处人人恭敬。"

拜上帝的信徒,像滚雪球越滚越大,更多的是举家举族都信仰了上帝。信仰上帝为求平安,求幸运。这是上帝信徒蓬勃发展时期,参加只要经过简单洗礼,没有什么繁文缛节,信徒也不讲究成分,有烧炭工人、种蓝靛农民,也有地主和商贩,如曾天养和吴如孝、林启容。

曾天养是紫荆山茶调村人,也有说是古林社人,他家每年可以收租二百四十担。在高举上帝是真神的浪潮中,年过六十的客家地主曾天养和兄弟曾天诰也都举家拜伏在洪秀全脚下。他们是从广东惠州西迁来的客家人。

吴如孝是广东嘉应(梅州)人,早年在广州十三行当过小伙计,能说几句洋泾浜英语。流落广西林启容,据考据是福建莆田人,做行商时失去本钱,在紫荆山皈依上帝的。

平在山和它周边诸地的拜上帝信徒成分相当复杂,穷苦农民、手工业型的矿工、烧炭工多有相当的比重。但更多是客家,受到本地人欺凌,这里没有什么地主农民的分界,而是客家地主农民受到本地地主农民欺凌。当时桂平紫荆山、贵县龙山、那帮、陆川陆茵、博白旱坳等地都是客家人密集的聚居区,他们居住几百年、百十年,已经全部融合于地方风土习俗,但仍不允许自立宗祠,建立神庙,剥夺精神领域的信仰权,很为人愤懑。洪秀全、冯云山明确揭出这些本地神庙所供奉的邪神是害人虫,只有信仰上帝,才能去邪扶正,此说真能洞人肺腑,深得人心。

去邪扶正。目的是宣扬上帝。

当时洪秀全和冯云山等人的理念,还是做上一个合格传教士,是有洋人教会证书的正宗传教士。仕途不通走洋途,为取得教士资格,他还没有,至少此时还未萌发有推翻清王朝的造反想法。

朝晚须拜上帝,三餐饭前都要起立背诵《食饭谢上帝》

洪秀全、冯云山在紫荆山地区得天独厚,得地独厚,得人独厚。他们以客家人惯有的风土人情、语言生活习惯相通,扎根串联,时时拥得大批的新信徒。

来自四面八方的信徒，男女老幼，参差不齐，使对上帝真神的认识、理解因人而异。

洪秀全、冯云山懂得要使信徒走上轨道，必须统一认识、统一行动，人人必须遵守为上帝信徒的条规。

洪秀全的《原道救世歌》等三篇对目不识丁的平头百姓来说实在太深奥了。曲高和寡，听不懂，更是看不了，虽有《百正歌》，不够，还得有比它更明确的"扶正斩邪"条例，便于人人懂得，人人遵守。

它就是洪秀全在贵县乡间闭门写作的《天条书》。《天条书》分两部分，每个部分都应是拜上帝信徒和后来的太平军将士们必须无条件执行的。

它的第一部分，乃是钦定的对天父上帝做祷告所采用的统一文字范式，如悔罪规矩、悔罪奏章、朝晚拜上帝、食饭谢上帝、灾病求上帝、凡生日满月嫁娶一切吉事祭告上帝，凡做灶做屋堆石动土等事祭告上帝，升天祭告上帝、七日礼拜赞颂上帝等等，这些人人必须诵读，而且不能走样、读错字错句，并有严格的文字定式，如全体执行的《朝晚拜上帝》：

> 小子□□□小女□□□跪在地下，祈祷天父皇上帝恩怜救护，时赐圣神风化恶心，永不准妖魔迷蒙，时时看顾，永不准妖魔侵害。托救世主天兄耶稣赎罪功劳，转求天父上主皇上帝，在天圣旨成行，在地如在天焉。俯准所求，个个心诚所愿！

这份《朝晚拜上帝》奉行甚久，太平天国各街各馆，各路人马都须执行。1862 年《上海新报》也曾转载在上海前线太平军小军官张有才的《朝晚拜上帝》，作为一篇滑稽小品，以飨读者。

《食饭谢上帝》是说是上帝每餐赐我以饱肚，所谓"感谢天父皇上帝，祝福日日有衣有食，无灾无难，魂得升天"。这是每餐饭前共同说白，然后就餐。

这是拜上帝信徒，也是后来太平天国军民必须有的仪式。

见有洪天贵福写的：

> 食饭感谢云：
> 感谢上帝祝福有衣有食无灾无难认识得升天。（《稀见清世史料并考释》第
> 526 页）

这是洪天贵福每餐前必念的句子。可证洪天王规定,凡宫内宫外上下都得念这句子。

太平天国军民吃饭前必感谢上帝,也就是感谢洪天王,前期还有圣神风杨东王,是他们赐以吃饱肚子。1853 年太平军初克南京时,"是时百姓志虽不降,奈无食何,因而伪降者过半。贼于是按二十五人为一牌,督以司马,每饭之先,有贼造赞美经十数句,着人端坐诵之。"(《贼情汇纂》)

这套感谢上帝的仪式,应是洪秀全从西方基督教学来的,在中国历史上可谓是一大创造。

他做得繁琐、古板,却又是那么持之以恒。耗费了大量时间和精力,还自以为是,这正是洪秀全等农民领袖的单向思维。

《天条书》第二部分是所谓"十款天条"。

这是洪秀全仿自《旧约·出埃及记》第二十章的摩西十诫而作。

这十款天条是:

第一条:崇拜皇上帝;

第二条:不好拜邪神;

第三条:不好妄题皇上帝之名;

第四条:七日礼拜颂赞皇上帝恩德;

第五条:孝顺父母;

第六条:不得杀人害人;

第七条:不得奸邪淫乱;

第八条:不好偷窃劫抢;

第九条:不好讲谎话;

第十条:不好起贪心。

十款天条最根本的理念,就是要全心全意崇拜皇上帝,不得拜邪神,半心半意不行,有丝毫杂念也不行。普天之下,只有上帝。后面六款,就是源自《原道救世歌》所举的"六不正"条例规定。它在闲余时间可充作上帝信徒和后来太平军将士生活准则,战时就成为军事纪律了。

洪秀全开导信徒们必须奉行天条。只有奉行,才是正经的皇上帝信徒。他们注重的《天条书》,后来也就是太平天国的根本大法。为保证全军全民坚决执行,还在《太平刑律》作有说明：

"凡《天条书》中各条,如有违犯,斩者不留。"它规定凡是天国军民,将士和随军家属,不论老幼大小,都须背诵背熟《天条书》。《太平刑律》就列有"凡兄弟俱要熟读赞美天条,如过三个礼拜不能熟记者,斩首不留。"

农民文化虽然不高,但却注重文字,要原原本本、不折不扣的执行,生怕稍有疏失,带来损害。此处且不论天条执行与否,但要他们背诵还是很难的。因为太平将士多是文盲,能识得自己名字就不错了,遑论看书背颂。就是跟着念,也未必能在三个星期彻底背诵。

这条苦差使,不仅要执行,而且要执行一辈子。

十款天条不能熟记,就要砍头,这说明后来太平天国对它的重视。当然十条天条主要是约束基层广大人员的,至于洪秀全和他的高干们未必能做到,也不必做到。

这部《天条书》也是对太平天国民众文化教育的普及读本。

自太平军进永安州后,因为有出版设备,就刊刻遍布,每馆一册,后来是人手一册,文盲半文盲也照发,军民必读,朝夕背诵。它此后每年必重刻,是太平天国书籍发行量最最多的一种。持续时间最久。随着太平天国的失败,这部书也消亡无遗,至今见藏的,只有大英博物馆一家,真可谓是沧海遗珠了。

哪里跳出来的"天妹"洪宣娇

洪秀全进入紫荆山,最初结识的还有萧朝贵。

萧朝贵家是洪秀全常赴之所,他还在那里居住过。就此也结识了萧朝贵妻子杨宣娇。

杨宣娇即太平天国知名度很高的洪宣娇的原型。

杨宣娇原叫黄宣娇(或王宣娇),世代居住广西桂平县平在山,以耕山务农为业,幼年即过继于杨家,改姓为杨,因而改名杨宣娇。后人据瑞典传教士韩山文《太平天国起义记》转译为杨云娇。老子一气化三清,由黄宣娇(王宣娇)改姓杨宣娇,又嬗化为杨云娇。因她姓杨还有人误说她是杨秀清的亲妹子,凭空造作了一个不大不小的笑话。她后来嫁与萧朝贵为妻。因为当时杨秀清未有妻子,光棍一条,有好事者胡乱编造说杨秀清与她白日通奸,被捉在床。杨秀清即借口以亲兄妹,奉天父命同床也。

杨宣娇也并非是地道的庄稼人。

当时洪秀全常在萧朝贵家落脚。

据说，有次洪秀全在萧朝贵处，在谈及自己梦见上帝时，杨宣娇在旁听了，便也顺着洪秀全口气说，在十年前也曾生有一场大病，灵魂升天，看见一位慈祥的老人。老人对她说：十年后的今天，有一个人从东方来，教人教拜上帝，你们可要真心听从。她分明是与洪秀全的梦作印证。异乡逢知己。洪秀全因有人唱和，特别高兴。

善事传千里，乡下人最喜欢道听途说小道消息，杨宣娇的灵魂梦见上帝，就不胫而走，传遍了桂平平在山山区，也传遍了拜上帝信徒的每个村庄。她是仅次于第一传道人洪秀全见到上帝的人，理所当然她的身份也就显得尤为高贵。据称洪秀全就因与她同有梦、同见上帝，同当上帝子女，便于凡间结成兄妹，并称之为"天妹"。

"天妹"，是洪秀全最早认定的凡间亲妹子。后来还排次为上帝的第六女。

称"天妹"名目在前，相应之下，夫婿萧朝贵后来在排定年序时，也只能称"帝婿"，按常理总不能列为天父之子了。天父上帝要捉弄烧炭工，也不必让同胞兄妹下凡，化作夫妇了吧。萧朝贵只能成为上帝的女婿。

也就是说，在天上时，萧朝贵还未出现就认定是帝婿了。

杨宣娇似乎也翻了身，她以"天妹"配以凡辈萧朝贵，便对萧朝贵指手画脚，威胁夫权了，萧朝贵初亦无可奈何，后来在托言"天兄"附身传言后，有了神权资本就借机对她规劝。有次还当着众人之面借"天兄"附言，说她屡教不改，自以为是，好"逞高张"、"不遵天命乱言题"的品性难改，当场借执行天法，责打数十大板。杨秀清也借"天父"传言对她规劝，惩罚。

她毕竟缺乏还手之术，终究在与"天父"、"天兄"交手中，败下阵来。

这时就是"二兄"洪秀全也帮不上忙。她在世俗社会中的地位也骤然下降，原先洪秀全为平在山信徒们树立学习榜样，提出"男学冯云山，女学杨云娇"，也因萧朝贵借天父附身，改为"男学冯云山，女学胡九妹"了。

从此杨云娇不常露面，老老实实做"西王娘"了。她还只是萧朝贵众多妻子中的一个。且必须按《太平礼制》规定，只能是"女理内事"，妻唯"三从"。

因为被洪秀全认为是"天妹"，时人也有称她叫洪宣娇的。

金田起义的杨宣娇(西王娘),鲜有记录。洪秀全创作的《天父诗》,也偶尔提及。1857 年颁布的《天父诗》五百首,其中第一百零八、一百零九就是记录在平在山"教导先娇姑":

天父开言清口讲,发令易飞木儿房,
先说天花娇为贵,因何无仅逞高张?

(第一百零八)

天父发令为一女,不遵天令乱言题,
若是不遵天命者,任从全清贵杖尔。

(第一百零九)

仅此而已。

此后见于太平天国的文献里,杨宣娇就消失了音踪。即使后来她的儿子萧有和(幼西王)在太平天朝出尽了风头,也再也不见有提及。天京失陷时,当然是下落不明。有人说,她当时脱险,隐居民间,且已成家,但此说不知出自何据。

太平天国,铁马金戈,都是男人的世界。没有妇女,就没有英雄,也就缺乏悲壮缠绵、儿女情长的故事。因此要吸人眼珠,普及人群,不能不摆上多个女性,而且是才绝艺高的,足能支配男子、叱咤风云的美丽女人。

后世不少反映太平天国运动的文艺作品,都有洪宣娇的形象。

洪宣娇真是洪秀全的妹子?太平天国权威文字《李秀成供词》里有说萧朝贵:天王妹子嫁其为妻。早年李秀成隶萧朝贵麾下。但李秀成仍未提及此妹子姓洪名宣娇。

1905 年,黄世仲宣传反清的章回小说《洪秀全演义》,编造了很多光怪陆离的洪宣娇故事,始作为俑。20 世纪二十年代末柳亚子推崇的海派作家张恂子所作的章回《红羊豪杰传》,内中又将洪宣娇着墨深浓地捧上了一番。此时,上海共舞台推出的海派京剧连本戏《太平天国》,洪宣娇俏身玉立,飒爽英姿,在台上奔波自如。尤其是她为萧朝贵复仇那场戏,浑身着白,大为舞台增添风采。还有三四十年代,阳翰笙的《金田村》、《天国春秋》、魏如晦(阿英)的《洪宣娇》和陈白尘的《大渡河》等话剧,都有洪宣娇惟妙惟肖的形象。

20世纪五十年代又出现民间传说，谓洪宣娇在金田起义前夕，带五百女兵到广西与洪秀全会合，在粤汉铁路八坪面车站金鸡岭为清军包围，她坚决反击，清军不战而退，有粤剧《金鸡岭》说此故事；或据此改编的电影，也都把洪宣娇捧为来似风、坐似钟的红坤角、刀马旦。在戏中，她举足轻重，能决定天国运命，且因与东王小秘傅善祥小姐争风吃醋，而导致天京内讧。

这似乎是一个在太平天国领导集团间跳来跳去的女人。

民间传说，洪宣娇实为萧三娘故事。录自《洪秀全演义》插图

描写太平天国的文艺作品里少了洪宣娇就缺少精彩，但写真实的太平天国，必须考信洪宣娇并把她摒弃于正史之外。

假作真时真亦假。长期以来，文化人物洪宣娇是作为历史人物驰骋在历史舞台上的。以致不少写太平天国史传和若干历史博物馆都把她推到第一线。诸如半个世纪前的《辞海·近代史分册》，太平天国人物收录四十四位，其中就有洪宣娇。

功　勋

太平天国提倡和建立世袭制，《天朝田亩制度》："功勋等臣，世食天禄。其后来归从者，每军每家设一人为伍卒，有警则首领统之为兵，杀敌捕贼；无事则首领督之为农，耕田奉尚（上）。"它把全国人众主要分为两种人：（一）功勋等臣，世袭于子孙，不当兵、耕田；（二）普通民众，尽当兵卫国和供养特权阶层。

"功勋"，指"凡从至永安突围之贼，无论伪职大小，悉加功勋二字""自金田起义至永安州止，相从之贼，不拘有官无官，俱谓之功勋。"（《贼情汇纂》）凡是"功勋"均予以世袭。到南京后，还规定功勋未至总制者无论大人、小孩一律职同总制，得享受分肉和穿黄马褂。太平天国还规定，"凡在金田与祝洪逆生日者，无论伪职大小，悉加功勋加一等五字。"如1854年，胡海隆为"功勋殿右二检点加一等"。以后还计功遂级加等，1857年，刘远达"殿右四检点功勋平胡加八等"。

顺便提及,也有好事者,将洪宣娇与杨秀清、萧朝贵并坐称为女正军师。太平天国确有女军师,仅见有文字的是东王府女师(女军师)"杨长妹",她名为"女军师",其实职乃是东府传令官而已。

洪宣娇被炮制为天国第一姐,洪秀全之妹。近数十年出现的某种民间传说也就克隆兴旺,诸如写农民起义,常有领袖的第一妹飒爽英姿,为万人帅,如为写方腊,竟制作有方腊之妹所谓方百花者,能英勇杀敌,所向无前。至今杭州还留有"百花山"、"百花公主"云云。

洪秀全砸烂甘王,不仅仅是为树立上帝的神威

洪秀全进入紫荆山,靠着冯云山前导、铺路,很快树立了威信,传道亦获得空前的成功。他结识了多阶层人士,也有像杨秀清、萧朝贵那样的人。

洪秀全所醉心的职业是做一个合格的传道士,他的目的就是传道。

但洪秀全要传道彻底,必须夺取神权,确立皇上帝的绝对神权,只能是一家信仰一个中心,那就要批判本土固有的旧神权,捣毁原有的庙宇,争取广大民众只拜上帝,不拜邪神。

天堂路通,拜上帝才是唯一生路,拜任何邪神,是害人害己,没有任何出路的。

那些在紫荆山地区,本地人到处都设有社坛,立神庙,供奉若干非正常佛道的地方邪神,即本土人自奉的地方神,仅从大冲到三江圩的十五里路,就有盘王庙、雷王庙和郎厂庙。在大湟江口的孔圣村,几十户人家,就夹杂了李家庙、刘姑庙、金莲寺三庙。神庙鳞次栉比,像环环锁链穿串着人们的心灵。

洪秀全决定要捣毁神庙。他选择了离紫荆山较远的象州甘王庙。

"甘王"是当时广西城乡信奉面甚广的地方杂神,祀奉他的神庙遍及桂平、武宣、永安(蒙山)和象州等州县。民间流传象州大樟古车村的甘王庙最为灵验。据说,有一次象州州官路过,甘王显灵,把他拉下了轿,要他送龙袍,州官送出龙袍,甘王才放他过去。还说甘王不准闲人对他评三论四,否则便会作怪,搞得人们不得半点安宁。洪秀全调查后,与冯云山商定,选择甘王庙,作为第一座砸烂对象。洪秀全等人是很有些头脑的。当地的紫荆山雷王庙香火比甘王庙还要旺盛,兔子不吃窝边草,远攻近守,为的是夺取神权、制造舆论,暂时避免与本地人的误会和冲突。

1847 年 10 月的一天，秋高气爽，云淡风清，洪秀全、冯云山和卢六等人走了百里路，来到了象州古车村。正好这天清晨，州官为甘王神像披挂新袍礼献仪式结束。洪秀全找了一根长竹竿，脚步刚踏进殿堂，就狠狠地向甘王偶像一竿子。大声喝骂甘王无赖，抢了上帝座位，为非作歹，愚弄百姓。但后来太平天国书籍，有意凸显洪秀全早有的帝王相，且以帝王自豪，把文字修改了，说他当时已自称天王了。写他喝骂甘王："朕是真命天子，尔识得朕么？"接着又厉声骂道："丁酉(1837)年朕升高天，朕天父上主皇上帝命朕同众天使战逐你们一切妖魔，尔今好速速落地狱矣。"

其实他当时还没有做帝王的念想，更无造反意图，要是此时口出此种狂言，自称"朕是真命天子"，是要被扭送官衙处死的。洪秀全不是傻瓜。但他敢于指责甘王，冲犯神权，确实是要有些无畏精神的。

据《太平天日》所记，洪秀全在甘王庙大显威风，还历数甘王敢冒天父上主皇上帝功劳，迷惑天父上主皇上帝子女心肠和种种作怪作妖，迷缠害累世人等十款大罪，说是"天理难容，尔速下地狱，永不准尔在世迷惑害累世人"。说完，随即与同来的冯云山、曾沄正、卢六、陈利将泥塑甘王眼珠挖出，须割去，帽踏烂，龙袍扯碎，身放倒，手打断。

痛快之余，洪秀全在庙壁题诗一首：

> 题诗行檄斥甘妖，该灭该诛罪不饶。
> 打死母亲干国法，欺瞒上帝犯天条。
> 迷缠男妇雷当劈，害累世人烧(火)定烧。
> 作速潜藏归地狱，腥身岂得挂隆(龙)袍。

后写的天条及天诏贴壁，诏谕该处人民，内称：

> 朕奉天父上主皇上帝命亲身到此，毁破此妖。继自今，其令此妖永不准在世作妖作怪，迷惑害累世人，并令该处人等永不准复立此妖庙，仍拜此邪魔。倘敢抗命，定与此妖一同治罪。钦此。

这完全是上帝之子天王口气写的。它当然是1862年刊刻时补上的。要树立自己拥有的神权,不得不要彻底、干净消灭旧的神权。

冯云山亦题诗于壁:

> 奉天讨伐此甘妖,恶孽昭彰罪莫逃!
> 迫我弟妹诚敬拜,诱吾弟妹乐歌谣。
> 生身父母谁人打,敲首邪尸自我抛。
> 该处人民如害怕,请从土壁读天条。

洪秀全和冯云山等大闹甘王庙,自是他们得意之作,也是洪秀全的一件大事,所以《太平天日》叙述详细并增添了很多文字。

近年有些学者把此时的洪秀全说成是已有反清王朝的革命思想并有实际的行动。这显然不合史实。

但大闹甘王庙,确实提升了洪秀全的威信力度,所谓有"自打破此庙,传闻其远,信从愈众。"韩山文《太平天国起义记》亦称,自砸烂甘王庙后,"洪秀全声誉大起,信徒之数加增更速。"

附带一笔,洪秀全等砸烂甘王庙。当地官绅原先要捉拿肇事者,但慑于拜上帝信徒众多,极易引火烧身,不值得,就借所谓甘王附身某儿童传言:"此等人皆是诚心的,你们不要伤害他们。你们只要重修我的神像便算了事吧。"他们借助邪神之口,息事宁人。但是这样一来,不信神,不信邪,却为洪秀全获得了更多信徒。

砸烂甘王庙,增添了洪秀全等信心。为了震撼紫荆山,他们又决定向雷王庙开刀。两个月后,冯云山带领杨秀清、萧朝贵等人去砸烂雷王神。洪秀全此时和曾玉珍赴赐谷村,没有去。雷王也是地方杂神。他们在雷王庙祭祀时,手持刀棍冲进庙堂。面对雷王塑像,冯云山故意发言:"雷王的胡须是怎样来的?"有人回答:"是生成的。"冯云山说:"不对,是安装上去的。"说着便跳上案桌,把雷王的胡须一把扯了下来,又把偶像打碎在地。

冯云山等人砸碎雷王庙神像后,树立了上帝的神权,也为拜上帝信徒争得了神权。原来紫荆山地区的客家没有建立自己的神庙,没有自己的神权的信仰和保护。这番真个是扬眉吐气了,可也大大触害了本地乡绅,因雷王庙的庙董就是石人村王作新。王作新因失去神权,当即跳出来与冯云山倒算。

冯云山编制《天历》,有农民无畏精神,但却对前人缺乏敬畏之心

王作新何许人也。

这是一个太平天国史上名不经传者的小人物,可提及洪秀全、冯云山由传教职业转轨,终而铤而走险、聚众造反,却不得不说此人。

《洪秀全演义》

1905年,同盟会员黄小配(世仲)作宣扬洪秀全革命的章回体历史小说《洪秀全演义》,共五十四回,在作者所主编的《少年报》上连载,至1908年,未结束而辍笔。该书很有文采,所写人物个性鲜明,如首义诸王事迹、林凤祥老将慷慨激昂、李秀成浑身智慧等。所写故事也颇精彩,如钱江为洪秀全军师策划起义、洪仁发活捉张嘉祥、李秀成智取柳州城等。全书充满革命志士义薄云天之气概,在若干人物的出场布局、情节铺排上,很明显地摹拟了《三国演义》和《水浒传》的套路和笔法。

此书很有影响。民初就多有石印本问世。并被改编为电影和戏剧。20世纪30年代初有续写者,取名《洪杨豪侠传》,其中增添了邬云官等魂捉程学启、李秀成被俘、张文祥刺马及洪天贵福在九龙山聚义等故事。

刘成禺《太平天国战史》

刘成禺1902年在日本时,奉孙中山命撰写太平天国史事,孙中山称完成此项工作,是"吾党不朽之盛事"。1904年,刘据吟唎《太平天国亲历记》、日本曾根俊虎《满清纪事》编撰了《太平天国战史》,清宣统三年(1911)共和日报发行,今见存有中华书局和祖国杂志社的两种版本。孙中山作序,称为"三旬洪朝十三年一代信史"。此后成为辛亥时期革命党人之宣传品,书皮题有"满族流血书之一"。

全书起自道光二十七年(1847)两广大饥,至太平天国七年(1857)十二月,太平军将领陈宗胜攻下安庆府城止,所叙多与史实不合。

他应该是促成洪秀全等转变角色的关键角色。

王作新也是来自广东嘉应州的客家人,他家自乾隆年间进入广西,在紫荆山区已历有百年,生根发芽,雷神庙是王父王东城倡建的,王东城是举人。王作新兄弟和儿子也都是秀才,兄弟王德钦是举人。这是一家有功名的世家。王作新品性恶劣,在乡里即有烂讼棍之称,因常挑唆诉讼,作状禀告,从中谋利。

早自冯云山在大冲曾玉珍家做塾师时,因为有学问,善于谈吐,常引得附近一些读书人前来探访,王作新和王德钦等也常来书馆吟诗应酬。

冯云山在大冲教书,效果良好,受到爱戴。他也踌躇满志,在书馆正门题有一副对联:

暂借荆山栖彩凤;
聊将紫水活蛟龙。

冯云山是个很有远见的人,为了使传教顺利,有个安稳之处,不再采取过激的做法,在书馆正堂还设立过孔子牌位,在牌位两侧,写了一副对联:

泗水文章流四水;
尼山木铎振荆山。

这时王作新因冯云山等人砸烂了雷神庙,也就将此对联中的"栖彩凤"、"活蛟龙"等引为"造反"依据,带领团练逮捕了冯云山。卢六闻讯,带同拜上帝信徒们,中途夺回了冯云山;王作新就直往桂平县衙检告冯云山"红头赤须,先打神,后打人,争王夺国","迷惑乡里,结盟聚会"、"践踏社稷神明",要求严察正办。桂平知县王烈差役将冯云山捉来。冯云山侃侃而谈,王烈见冯云山指甲长长,是个读书人,心里不相信他能造反。这时冯云山的东家曾槐英、曾玉珍等也前来担保。王烈惩于当时社会动荡,采取多一事不如少一事的姑息做法,将此事不了了之。王作新见状告未准,有心作对,再次纠集团练,将冯云山、卢六一并抓走,押送到大湟江江口司巡检司王基处,王基受贿,又将他俩送往桂平县衙。

在狱中,冯云山、卢六坚强不屈。不久,卢六病死。他是拜上帝信徒最初因奉行上帝事业而死的第一人,也是太平天国建立前第一个杀身成仁的人物。洪秀全对他印象不错,在天京失陷前夕,追封李开芳、林凤祥和吉文元等功臣为王时,也追封他为甂王。

大概在冯云山被捕后,王维正也被捕入狱,在冯云山出狱前,王已病死狱中。他是第二个杀身成仁的人物,后来洪秀全追封这位患难时相从的表侄为"觐王"。

在狱中,冯云山拒不认罪,原告王作新所送上的罪证也只是冯云山抄书一册,内中仅是"耶稣"二字,并无有悖逆字句。官府要王作新当场质对,王作新却多次传而不到。冯云山反检王作新,"恃衿横嚼,架题寻害",给桂平知县送诗三首,要求申雪:一首揭露王作新凶恶成性,陷害好人的阴谋;一首申辨己冤;一首说明人人当拜上帝的道理。

桂平知县采取不理不睬的姿态。

冯云山时间有余,在狱中还创作了一部《天历》。

这部《天历》,他带出狱外,在占领永安州后还颁布刻印。

冯云山编制《天历》,否定旧历,表示了与旧王朝的决裂;《天历》的颁布,旗帜鲜明表示了太平王朝农民创新除陈的文化心理。它特别在文字上下工夫,如地支有改"丑"为"好","亥"为"开","卯"为"荣";为取名吉利,其中"卯"音近"冇",广州等方言,"冇"作没有解,故改为"荣"。《天历》否定了行使多年的农历,一年定为三百六十六天,一年十二个月,单月三十一日,双月三十日,一年二十四节气,每月一节入一气,月首为节,月中为气。每年正月初一元旦为立春,为一年春季的第一天;四月初一日为立夏,为 年夏季的第一天;七月初一为立秋,为一年秋季的第一天;十月初一日为立冬,为一年冬季的第一天,这种简易计算,直观,四季分明,似乎对于农业生产劳动相当便利。

实则不然。

它缺乏科学性。

因为天历比正常的农历要多四分之三日,四年就要多三日,四十年就要多三十日。于是《天历》定四十年一加,每月三十三日,所谓取"真福无边,有加无已之意"。这样原先已多三十日的《天历》又加三十日,成六十日,节气错误竟走离两个月

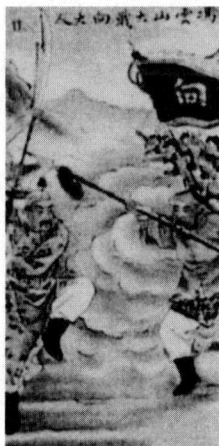

《洪秀全演义》插图

英国牛津大学藏《癸好三年新历》封面

本年颁发新历有二，另一系《癸丑三年新历》，当系未改"丑"字为"好"字前颁发。

了。已未九年(1859)，洪仁玕对"四十年一加"作了更正，改为每四十年减三十日。但因为这九年间取消了"闰月"，混淆了年月和节气，反而增添了过多的错误。

中国农历是几千年天文学者如张衡、祖冲之、一行(张遂)等不断实践、改进中制定的。冯云山凭着简单的知识，一股戴盆观天的农民简单思维，对前辈学者不尊重，毫无敬畏之心，至使这部《天历》行之不远，随之太平天国失败，它也就消逝了。

清朝地方文官与八旗、绿营武职品级

品　级	地方文官	八　旗	绿　营	附　注
正一品				
从一品		将军、都统	提督	
正二品	总督	副都统、参领	总兵	总督加尚书衔为从一品
从二品	巡抚、布政使		副将	巡抚加侍郎衔为正二品
正三品	按察使	城守卫	参将	
从三品			游击	
正四品	道员	佐领	都司	
从四品	知府			
正五品	同知		守备	
从五品	知州			
正六品		骁骑校	千总	
从六品	州同			
正七品	知县		把总	
从七品				
正八品	县丞		外委千总	
从八品				
正九品			外委把总	

第七编　千权万权，都比不上神权有威力

杨秀清借"天父"传言，宣布洪秀全是"万国真主"

冯云山被捕下狱时，洪秀全正在贵县龙山，问讯立即赶回紫荆山，设法营救。他考虑后，采取远水救近火法，决定长途远涉到广州请美国传教士罗孝全解救，再由罗教士转告两广总督耆英说明"拜上帝"无罪，三由耆英行文前来，释放"因信教而入狱之两友"。

洪秀全真乃书生之见，且不说罗孝全本来对他不甚友好，连洗礼仪式都不与，岂能去向耆英说情呢；堂堂大清总督亦不会凭一面听说为之解决了的。1848 年 4 月，洪秀全赶到广州，在罗孝全处住了三个月，罗孝全并不热心于营救冯云山，而耆英也不在广州。洪秀全想得过于天真、简单，凭他那么一个无社会背景的乡间小人物，希望采用以自上而下的通天办法，此路不通是可想而知的。

但他还是对官府充满幻想。

这时的洪秀全显然还在醉心于做个称职的传教士，一点都没有想到要造反打天下。

早于洪秀全、冯云山，提出反清造反的是杨秀清。

平在山拜上帝会众，因冯云山在狱，洪秀全赴广州，群龙无主，而此时周边风起云涌，天地会各路人马声势浩大，招徕人众，对拜上帝信徒很有吸引力，就在此关键时刻，杨秀清审度时势，挺身而出，采取了当时广西客家流传的"降僮"术，对会众实施安抚、团结、启导。

所谓"降僮"就是假托某个神佛降附人身传言。从事这项专业的假托者，称"僮子"，可以代神佛向人们传言；传言时，僮子仿佛真有鬼神附身，扮演得如醉如痴，胡说八道。

"降僮"在闭塞的山区很有招徕力。

杨秀清懂得"降僮"的凝聚力。因为洪秀全是靠说梦话树立威信的，为使天父上帝下凡传言，引起众人注意，《太平天国起义记》说，杨秀清忽生哑病，两月不能言语，会众均觉奇异，以为是不祥之兆。《天情道理书》称："已差天王降生，为天下万郭真主，救世人之陷溺。世人尚不知敬拜天父，并不知真主所在，仍然叛逆天父，理宜大降瘟疫，病死天下之人，而天父又大发仁慈，不忍凡间人民尽遭病死，故特差东王下凡，代世人赎之。"

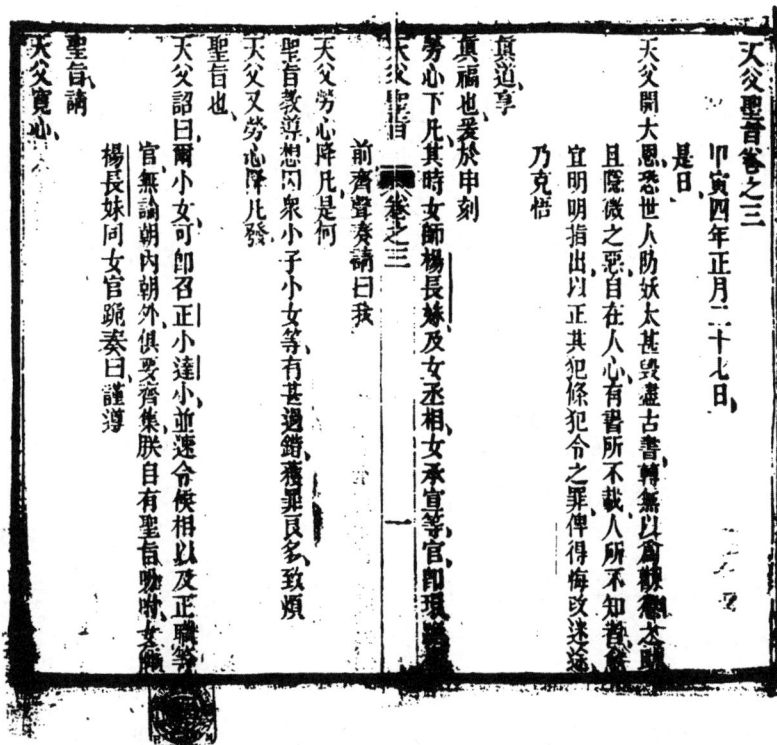

英国图书馆藏《天父圣旨》卷三首叶

杨秀清首次宣布洪秀全为"万国真主",一个和大清皇帝对立的真正皇帝。直到此时此刻,洪秀全才有了反清造反之心。水到渠成。"初洪逆至金田传教,志在蓄财致富,无反叛之心"(《粤寇起事纪实》),是杨秀清怂恿推动洪秀全起事的。

杨秀清是第一个倡导造反、打倒清王朝的英雄。

杨秀清虽不识字,但智商甚高,将从洪秀全、冯云山处听来的"基督降世替人赎罪,代世人受苦难"的教义,为自己创造发明了替世人"赎病法"。他装得不吃不睡,口哑耳聋,宁愿自己受苦,以求他人康健。这种莫名其妙舍身为他毫不利己的精神,在缺乏文化知识、没有科学的封闭山区,很有榜样作用,确实能感动贫苦大众。

洪秀全、杨秀清为太平天国号召全军全民先后树立了很多活的死的榜样,如冯云山、杨云娇、胡九妹、萧朝贵和罗大纲,但没有一个能比得上杨秀清的榜样能感动人。

这次装病,成功地形成了杨秀清代天父附身的传言,此后,他一而二、二而三地根据需要,又多次扮演所谓代天父传言,要大众切不要被妖言所惑,要遵守天父之命,坚定不移地信仰拜上帝,放胆紧跟为天父托梦的洪秀全,受到洪秀全称赞。杨秀清对洪秀全的尊重和推崇,又能为洪秀全发动民众,组织队伍,全心全意地加以拥戴,这使洪秀全大为欣慰。此时此刻,洪秀全不因已被剥夺做梦权,反而沾沾自喜,他后来回花县和冯云山谈及杨秀清的代天父附身传言权,两人在权衡得失之后,也就认同了。

所以《天情道理书》说:

当其时真道兄弟姐妹多被妖人恐吓,若非天父下凡教导作主,恐伊等心无定见,安得不忘却真道,差入鬼路乎?

杨秀清拯救了洪秀全基业,避免了全盘瓦解的危机,功莫大焉。说他是初创太平天国的第一功臣,也不算过。

洪秀全认定杨秀清是第一知己且其功远在冯云山之上,因而自金田起义前夕一路行来,杨秀清自然被认定为太平天国的第二号人物,"诸事听杨调度"。冯云山不能起到杨秀清的高度号召力和组织功能。

这是天国上下有目共睹的。

洪秀全日后为纪念这个重大历史转折时期,树立杨秀清,把他第一次代天父附身传言定为太平天国六大纪念节日之一的"爷降节",所谓"三月初三爷降节,天国代代莫些忘","三月初三爷降节,天国迩来是一家。"

三月初三日是 1848 年 4 月 6 日。它也是太平天国新的造神运动开始。从此太平天国出现两个并肩的领袖,一个是没有实权、实为虚设的万岁洪秀全,另一个是全军全民最崇高形象杨秀清。他因宗教地位高于洪秀全,在国中可以指挥调度一切,这是洪秀全以至冯云山后来所料及不到的。

太平天国高层内讧,实始于此。

萧朝贵最早发明杨秀清、冯云山是三个星军师，自己是二个星军师

洪秀全赴广州，要营救冯云山，属于水中捞月，冯云山在狱中半年，还是出狱了。出狱是靠杨秀清、萧朝贵等发动平在山的会众，从烧炭钱中拼凑，再集募集到的钱，由拜上帝信徒、懂得一些官场规则的黄玉昆到桂平县买通官府。

这笔会众们省吃俭用的钱，也就是太平天国史上常提及的"科炭钱"。若干年后，当烧炭工已在天京富贵荣华，仍念念不忘当年艰辛创业，抚今思昔。

桂平知县于是从轻发落，大事化小，小事化无，判定冯云山为无业游民，押解原籍花县管制了事。知县派了两名差役解押冯云山返回广东。途径藤县境，冯云山以他的才智，宣传拜上帝，追求同衣同食的好宗旨，揭露衙门腐败，规劝两个差役改邪归正。这两个差役深受触动，竟要冯云山带同一起上紫荆山，参加拜上帝活动。这两个差役的名字没有留下来，但这段故事却写进了太平天国官书，作为上帝理念化人，坚定对上帝信仰的又一范例，开导、教育全军全民。

冯云山回到紫荆山，对拜上帝信徒表示："县官把我捉去关了起来，也能回来，这是上帝保佑之功，大家只要信仰上帝，一切灾难都可免除。"大概在此时，冯云山始下了反清造反的决心。在紫荆山，冯云山已知道杨秀清代天父附身传言的事，但他没有过问。他要赶忙回广东寻找洪秀全商议，包括向他通告杨秀清代天父传言事。

冯云山刚走几天，洪秀全回到紫荆山，得悉冯云山已释放出狱，且已赴花

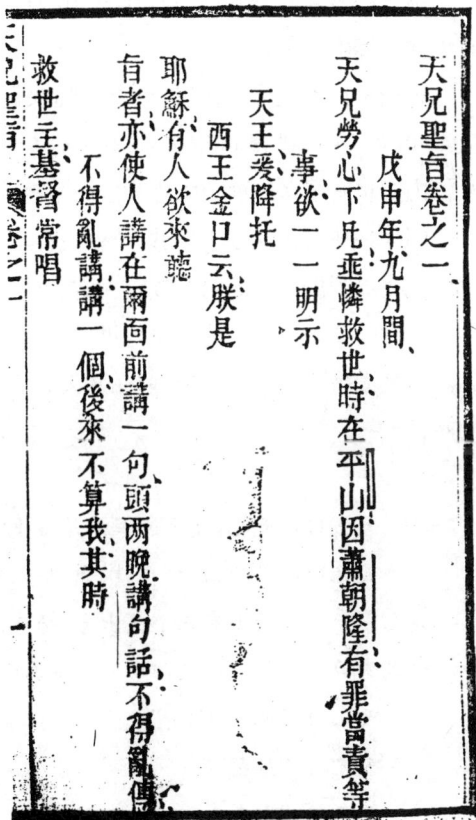

英国图书馆藏《天兄圣旨》卷一

县寻找他,他怕再相互错过,就留住紫荆山。

这时洪秀全已知悉杨秀清代天父附身传言事。杨秀清学"降僮",只能是蒙蔽平在山的普通会众,稍有知识的洪秀全深知其虚。《原道救世歌》早就对此种不正的"巫觋"作过抨击:"邪术惑众犯天诛,死生灾病皆天定,何故诬民妄造符"、"自古师巫邪术辈,累世贫穷天不扶"。但当他因杨秀清公开宣布自己是"万国真主"仍是最高的,这种尊重和推崇,不但未影响原有地位,反而更加抬高了。洪秀全不由得感到由衷的高兴。他后来著文称杨秀清代天父传言是"牵带弟妹归真道,后师特出永垂名""爷哥下凡斩邪留正,收梦焚稗"(《醒世文》)承认杨秀清此举是正宗合法的。也因为承认杨秀清能代天父传言,洪秀全也不再做天梦;即使后来当杨秀清飞扬跋扈,责骂"二兄"洪秀全时,他再也没有搞做梦的把戏。

就在洪秀全回到紫荆山后几天,10月5日(九月初九),萧朝贵也突然发了疯,说是有天兄耶稣附身传言。

萧朝贵代天兄传言,是与杨秀清唱双簧,他的传言频率竟有多次,据不完全统计,从1848年10月到1850年7月,竟多达六十余次,在此期间,所谓天兄下凡频繁,其涉及的内容也有很多方面。太平天国后来将此颁刻为《天兄圣旨》,不厌其烦,记录在案。

因为平在山信徒众志成城,萧朝贵传言就着意于最高领导层的位序安排了。

他在巩固洪秀全的第一领导人定位,又努力为自己和杨秀清争座位。

当时附在萧朝贵身的天兄与洪秀全作有一场神与人关于最高领导人事安排的谈话。后来太平天国史官特地编制的《天兄诏旨》,追记了戊申年(1848)九月间这篇有趣的对话:

> 天王曰:"天兄,太平时军师是谁乎?"
>
> 天兄曰:"冯云山、杨秀清、萧朝贵俱是军师也。洪秀全胞弟,日头是尔,月亮是尔妻子。冯云山有三个星出身,杨秀清亦有三个星,萧朝贵有二个星。杨秀清、萧朝贵他二人是双凤朝阳也。即番郭(国)亦有一个军师。"
>
> 天王曰:"他姓什么?"
>
> 天兄曰:"姓蔡。"
>
> 天王曰:"即来中国否。"
>
> 天兄曰:"目下还在番郭(国)也。"(《天兄诏旨》)

萧朝贵真是可人,绝对聪明。他和杨秀清都是冯云山开导出来的种炭工,因而在起初时是不能超越冯云山的,要洪秀全认识在大势所趋后,主动将冯云山挪后。对萧朝贵一再重申的洪秀全的最高领袖的定位是不允许怀疑和动摇的宣言,洪秀全听了十分高兴,心理得到了很大满足。

萧朝贵为天兄附身传言,也是对杨秀清天父传言的补充,为杨秀清说话。他要拜上帝信徒坚信杨秀清是在代天父传言,要站稳立场,坚持到底,奋斗到底,说:"跑路跑到尾,莫转左转右。"

萧朝贵号召会众必须紧跟杨秀清。

紧跟杨秀清,才是胜利。

这也使杨秀清很高兴。

萧朝贵还开导、教育洪秀全,要他拎得清、看得准。"天兄"还对洪秀全行动进止作了规定。1849年2月,"天兄"同意洪秀全返花县,临行之时,作了开导:

> 天兄欲天王教导妻室,无疑番人,爰降圣旨谕天王云:"洪秀全胞弟,尔回去家中,时或尔妻有些不晓得,尔慢慢教导,不好打生打死也。"天王曰:"遵天兄命。"天兄曰:"尔今回东(广东),五月来或冬时上来也。"天王奏曰:"遵命。"天王曰:"小弟问天兄,番人罗孝全是真心否?"天兄曰:"是真心也,有牵连也。"(《天兄诏旨》)

洪秀全急于回花县,说是"教导妻室,无疑番人"。它有两个目的,一是要安慰家人,同心同德赞同洪秀全行为,二是拉拢罗孝全那样的洋牧师。

萧朝贵对洪秀全很是关心,借"天兄"附身肯定洪秀全,说他是"太阳",妻子名为"月宫",后来洪秀全由此作了发挥,说自己正妻是"正月宫"系在天上,又一正妻才是赖莲英,号为"又正月宫",偏宫是副月宫,又副月宫,以下还有二十个"小月宫"。"月宫",即月亮,月亮为阴,也是主内,为太阳洪天王服务的。

萧朝贵不厌其烦向洪通报洪在天上的妻子生活,还说他们所生的儿子已十二岁了,并对他说:朕有三子二女,长子十八岁,次子十五岁,三子十三岁,长女十六岁,幼女十一岁,还未安名也。萧朝贵还以天兄附身带回洪秀全在天的妻子"正月亮"与他相见。

杨秀清和萧朝贵虽然贵为"天父"、"天兄"代言人,仍是"军师",是天父天兄为天王陛下安排的军师,有君臣之分,不容僭越。

因此我认为萧朝贵是平在山烧炭工中最支持洪秀全的,且从洪、萧关系,似还可视为洪秀全认同萧的代天兄传言,又与杨秀清代天父传言抗衡。由此淡化杨秀清代天父至高无上的传言绝对地位。

洪秀全对萧朝贵的行为是很感激的。后来在《天情道理书》特地高度赞扬:西王"乃至扶助真主,统带雄师,冲锋破敌,灭怪诛妖,丰功盖世,永远威风"。还把萧朝贵首次代天兄传言的这天,命名为"哥降节",并说:"九月初九哥降节,靠哥脱罪记当初。"他对萧朝贵很有由衷之情,当萧战死后,仍将他名衔和杨秀清并衔发布,以示萧不死,还把萧作为勇敢善战的首位模式,写在文件上颁布,要天国军民人人向他学习,向他看齐。

爱屋及乌,洪秀全对萧朝贵和杨宣娇生的两个儿子萧有和、蒋有福,大加恩遇。

萧有和大概生于金田团营前夕,洪秀全进入紫荆山住萧家时,可能还是个牙牙学语的小儿。萧有和,袭爵幼西王。太平天国晚期,湘军死困天京时,萧有和已是十三四岁的少年,但年少不更事,时在天京玩花惹草,是个典型的纨绔子弟、花花公子,但洪秀全却委以军国大事,还规定,凡是上奏一切内外本章,都得钤以幼西王金印,自己方可过目。因此李秀成说:"我天王是一重幼西王萧有和。""一重"就是"第一重用",又说,天王还曾口谕:"幼西王出令,有不遵幼西王令者合朝诛之"(《李秀成供词》)。洪秀全还为这位表甥在瞻园原东王府旧址营建了"九重天廷西王府"。

军　师

军师为太平天国所定最高官级、官职。所授者极为严格,即使在晚期封爵定级甚滥,但军师所授者仍严格控制,仅授与幼东王、幼西王、翼王、英王、忠王、赞王、侍王、辅王和洪仁玕九人。但幼东王、幼西王为正军师,其余虽封军师,但均为"又副军师"或"副军师"。

按军师本是汉魏所设、辅佐主官的有职幕僚,如曹操以荀攸为军师,刘备为孙权表张昭为军师,并以诸葛亮为军师中郎将、军师将军。元明杂剧平话即延用为"一军之师"、"主帅之师",非常尊重。太平天国受此影响设之,十四年不变。

蒋有福是萧朝贵次子,归宗姓蒋名有福,此人可推理小于萧有和一二岁,可亦是洪秀全信得过的人。1861 年 8 月 8 日(天国辛酉十一年九月二十八日)幼天王洪天贵福下诏,有"朕诏佑弟,和表、福表"(《太平天国文书汇编》)语,其名列萧有和之后,也是娃娃重臣,由此引得曾国藩注意,在提审李秀成时,在所问的十八人王亲名单中,在幼东王、幼西王后,第三名就是蒋有福。洪秀全对萧朝贵生父亦甚尊敬,与蒋万兴同称"王亲",排在洪仁玕之前。

同患难易。此时此刻,洪秀全有求于杨秀清、萧朝贵,没有他俩支撑,在紫荆山区很难立足,为维持既得利益,彼此是同志。因而即使是心知肚明,这些烧炭工是故弄玄虚,他们说的所谓天话,其实是鬼话,只是因利之所在,只能装得诚惶诚恐,深信不疑,既不宜点穿,也不敢点穿。至于杨秀清和萧朝贵的不学无术,自以为鹦鹉学语得法,以其人之道还治其人之身,凌驾于洪秀全、冯云山之上,而不知所忌,以致后来在太平天国凯歌行进时,殃成内讧悲剧,良有以也。

冯云山写出《太平天日》,为树立洪秀全的神权第一定位

1849 年 3 月,洪秀全赶回花县和阔别多时的冯云山会晤,两人谈话的一个主要内容就是杨、萧借天父、天兄附身传言,并取得共识。这时冯云山大概在写《太平天日》,于是在书中更强化洪秀全的梦中"受命于天"的"上帝次子",理所当然是真主,天下万国之主,也是宗教之主。更有意思的,本书还有意识的把《劝世良言》说成是上帝赐给的一本"天书"。他是天父派来坐镇"小天堂"的。

《太平天日》的下限只写到 1847 年,杨秀清代天父传言前夕,是让天父定格洪秀全为尊,而他人包括后来的杨、萧只能屈居臣僚。文中出现拜上帝信徒三十余人,却没有杨秀清、萧朝贵的名字和事迹。它从叙说旧事,有意或无意说明杨、萧并非拜上帝的最早期信徒,即非资深信徒。

《太平天日》用文字、理念所写的优势,是文盲杨秀清和萧朝贵难以比肩的,这体现了读书人的真功夫。

《太平天日》的内容,在紫荆山、金田村时已传播了,估计在永安州时已刊印了。现见的 1862 年重版,那时是洪秀全努力以天父天兄神化自己的最火烈时期,因而虽在重刊本中,增加如"朕是太平天子,斩邪留正"等语言,也没有必要为死去的天父、天兄附

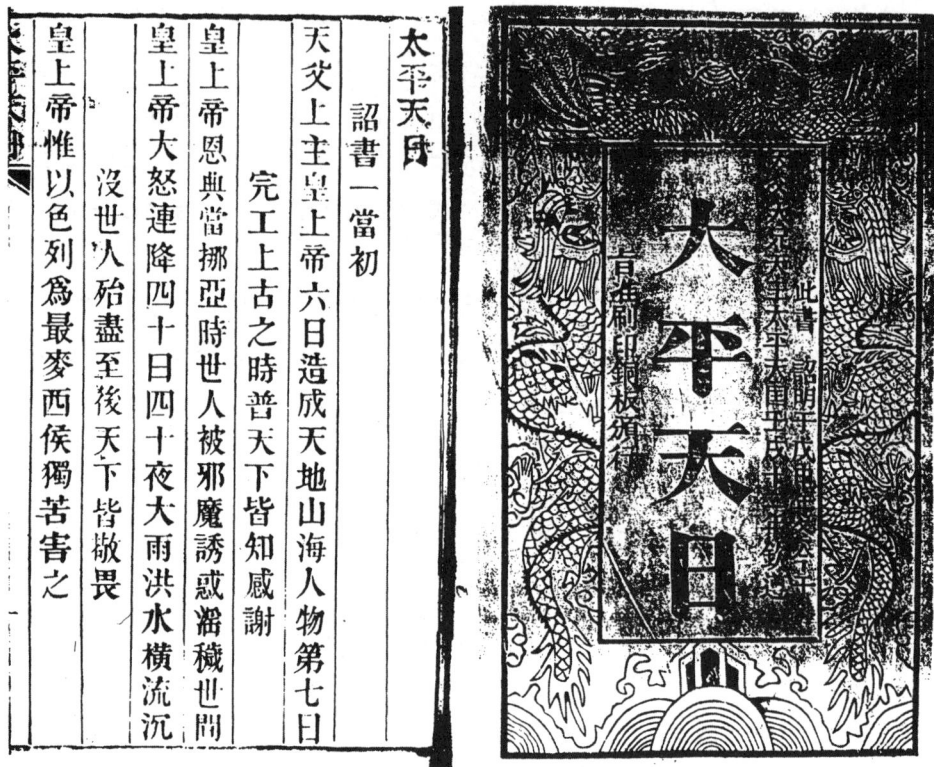

英国剑桥大学藏《太平天日》封面，内页

身传言者作叙述了。

同年 7 月，洪秀全、冯云山带着《太平天日》手稿回到紫荆山。

《太平天日》在紫荆山传播，在众人心目中，彻底确立了洪秀全是天父上帝来到人间的太阳地位。

韦昌辉是不第秀才，有钱无势，为争权益，也皈依到上帝名下

1849 年春天，洪秀全往来奔波于花县和紫荆山间时，紫荆山地区已是山雨欲来，风雨飘摇，拜上帝信徒和周边团练常发生冲突。

当时紫荆山拜上帝信徒们已酝酿造反，这是因为由本地地主豪绅组织的团练时时威胁。

以紫荆山为核心,经过洪秀全、冯云山等努力,在紫荆山周边的桂平、贵县、平南、博白、武宣以至象州、广东信宣等地村镇,都有拜上帝信徒,并拥立了一批首领。

其中在紫荆山下的金田村是韦昌辉。

韦昌辉即韦正。他的父亲韦元玠是当地有名的地主。韦氏家族庞大,叔伯兄弟甚多。仅韦元玠就有韦正、韦俊等多个儿子。韦家每年可收入稻谷六万斤,再加上高利贷、小生意、季节性榨油业和牛贩等杂业,每年的收入是很富裕的。可是韦家是客家,不是本地望族,被本地地主瞧不起。韦昌辉读过几年私塾,其父盼望他能中举,改换门庭;但韦昌辉屡次应试,连童生也没有得到。考不中怎么办?好在韦家有钱,有钱能够买官凭,更可以买文凭。当时买官凭文凭是合法公开的。虽然买来的官和凭考试中式走正途的官含金量成色有深浅,但终究还是可以说已跻身于仕途了的。于是韦昌辉出钱捐纳了一个监生。相传这个所捐监生,乃庆祝祖祠落成,而悬挂了"成均进士"匾,也有说此监生乃韦昌辉为父亲韦元玠七十一岁所捐,并非为己所捐的。但这个监生终究是靠钱买来的,不过硬,易为人捉弄,与他家有仇嫌的地主谢开发(也有说是界峒秀才蓝如鉴)乘夜将匾上"成均"二字削去,翌日还当着众人面指责韦昌辉僭妄,并把匾打掉。韦家妇女出门挑水,谢开发等人故意叫她们是"进士夫人",借以奚落取笑。韦家无奈,出钱一百千方才息事。经此侮辱,韦家丢尽了颜面。

此情此事,传得很开。萧朝贵知道了,就自往韦家,向韦昌辉游说。《天兄诏旨》还记录了他向韦昌辉朗诵的一首诗:

> 花宵花景挂满堂,玠人此钱自由当。
>
> 为子监生读书郎,正人子前二萧凉。

韦元玠、韦昌辉积怨甚久,正无处发泄,见很有影响的拜上帝信徒领袖萧朝贵能为他们出气、报怨,也就表示愿拜伏在上帝脚下。

也有说前来说韦昌辉家的是冯云山,韦昌辉挂"成均进士"匾为秀才梁嘉告发,"日悻悻,欲寻仇,会冯云山自途逸回,诱使入会"(《浔州府志》)。

看来,萧、冯两人都曾先后到过韦家,与韦家父子谈过话。

韦昌辉家在此时就成为拜上帝信徒的一个聚集区了。

有钱出钱,有力出力。韦家有钱,所以《贼情汇纂》还称韦昌辉"献银数万入伙"。

韦昌辉家族庞大,无疑为拜上帝信徒增加了很大的力量。

韦氏家族是首义诸王中最大的实力派。

三十四岁的洪秀全和十七岁的石达开结成忘年交

石达开是贵县龙山那帮村人,是客家。他出身可能是中小地主,当地人说他"家中有钱,有三百多亩种的田,在那帮、那良、吉马等村都有他的田,是以自耕自种为主的"(《太平天国在广西调查资料全编》第71页),也是说他家是暴发户,父亲本来替人家放牛做工,积钱买田后又自己买牛放牧,渐渐变得富了。

石达开自幼失父,有姐无兄弟,后来随他参加太平天国的石镇常、石镇岿、石凤魁都是他的族兄弟,相传石达开十岁就独立生活,十二岁就喜欢读《孙子兵法》,年纪轻轻,喜欢结交,仗义疏财,人称为"小宋公明"。

1843年,洪秀全在赐谷村附近六乌庙题诗斥邪神事,仅隔一山那帮村的石达开应该知道,当时他只有十三岁,但他与洪秀全相识应该是1847年,或是1847年洪秀全到紫荆山后,当地传说是:石达开第一次和洪秀全在六乌山口相遇,洪不认识石,问道,"听说那帮村有个叫石达开的,你知道吗?"石笑了笑,没有回答。他把洪秀全带回家,才把姓名告诉。两人说得非常投机。洪秀全送给石达开一本书,石达开看得入迷。另说相似,但更离奇:达开年少时做过牛贩,有一次在桂平石龙圩粉摊上碰到洪秀全,两人素不相识,秀全听到达开口音不同,问他:"你是那里人。"达开答:"奇石那帮人"。秀全高兴地说:"好极了,我正想到奇石去。"达开问:"你到奇石做什么?"秀全答:"去找石达开。"达开说:你要去找石达开,跟我去就可以了。达开带洪秀全到了他家里,直到吃了晚饭倾谈时,才说出自己就是秀全所要找的人。秀全惊奇万分,大家谈得很高兴。谈到半夜,秀全在怀中掏出一本书给达开说:"你看了这本书就会懂得很多道理。"

洪秀全访石达开,或真有其事。张汝南《金陵省难记略·洪贼改字删书》称,洪命春官丞相卢贤拔主持史志,内有访石相公(石达开)文字。谢介鹤《金陵癸甲纪事略》亦有"天贼(洪

《洪秀全演义》插图

秀全)等欲为乱,苦无资,闻翼贼(石达开)富,与南贼(冯云山)密访之"之说。

要是请石达开捐资为造反费用,似乎石达开与洪相识,当在 1848 年到 1849 年初期,即《贵县志》所称,洪秀全、冯云山"来贵县龙山,与奇石那帮村,石达开倡上帝会,矿工多附之"。

石达开和洪秀全相识,成为拜上帝信徒时最少已是十七岁了,要比洪秀全小十七岁。他们是忘年交。

秦日昌改名秦日纲,致使十四年后的曾国藩也弄糊涂了

秦日纲原名秦日昌,因为长年在贵县龙山银矿当矿工,居住在龙山,常被误识为贵县人。龙山矿工有一千多人,几乎都是经过洗礼的拜上帝信徒。秦日纲是矿工第一召集人,金田团营时,都跟着去了。

秦日纲很早成为拜上帝信徒。

据李秀成供词,洪秀全等密谋反清武装起事,最初只有七人参与,其中一个就是秦日纲,秦日纲排名第七。他是天王和五王外的第一臣。

秦日纲家族式微,但也都跟着赴金田团营,太平天国后期封有王爵的秦日南、秦日兰等,都是秦日纲本家兄弟。

太平天国重视名字避讳,其中涉及天王和五王名字都得改字,秦日纲由秦日昌改名,是因为回避韦昌辉。他的名字大概就在永安封王时改的,太平天国先后出现有"秦日昌"和"秦日纲"的混淆,以致如曾国藩就被搞糊涂了,在李秀成被俘后,特地手书问辞:"咸丰四年九月守田家镇系伪燕王秦日纲,所搜伪文在船上者极多,何以称燕王系孙日昌? 岂秦日纲已革而后封孙日昌乎?"(《李秀成供词》别录)

为尊者讳,为亲者讳,太平天国非常重视这一点,这些我们将在下文各篇陆续涉及。

位于秦日纲之下的是胡以晃,胡在太平天国名列第八位。

胡以晃是武秀才,是文化水准相对贫乏的太平天国里难得见有的科举人物,可惜他仕途不如意,本人并不得意。

胡以晃成为拜上帝忠心信徒,也是出于同行的排挤和欺压,相传胡以晃赴省城桂林

考武举,有个项目是拉硬弓射箭,拉硬弓就是要拉满才算及格,胡臂力大,把硬弓连拉几下拉断了,手臂也屈坏了,以后射不了箭,就因伤了手臂,考不中武举。《胡氏族谱》记胡以晃为"武庠生,曾应科,才艺压场,本选高魁,惟尾场大了被误,顿虚虎榜题名"。

胡以晃也是大地主。相传他家为一方豪富,田地跨平南、桂平两县境,每年收谷十余万担,但因是客家,社会地位不高,有仇家卓某常欺辱他。有次胡骑马经过佛子口卓某地面,卓某要他下马,胡不肯,被拦下关进牛栏,用牛栏杠枷往头颈,硬剃光了头发,还被毒打了一顿。事后,胡被抬回家去,虽心里恼火,但亦无可奈何,因卓某财大气粗,有官府为后台。

胡无处诉免,正好遇见洪秀全前来传教,两人谈得很投机,就成为拜上帝的信徒。胡以晃也是毁家投入太平天国。

在此前后,韦昌辉在家乡金田开了十二座铁炉炼铁,主要是打造兵器。打造的一些农具如铁耙,也是又长又大,"把耙齿打脱,就可以做成挑儿打仗"(《在广西调查资料汇编》第132页)。石达开在那帮、秦日纲在龙山,凡是拜上帝信徒集中的地区,如博白黄文金、陆川赖九(赖世举)、广东信宜凌十八,都开炉打铁,铸造兵器,而胡以晃则在当地宣传拜上帝好处,贫苦民众因"同拜上帝,共食天禄",吃饭不要钱,人人平等,纷纷加入了进来。

太平天国首义诸王文化程度

姓 名	文化程度	职 业	仕途资历	备 注
洪秀全	读过私塾	私塾教师	四考未中秀才	主要读四书、五经
杨秀清	不识字	种山烧炭		
萧朝贵	不识字	种山烧炭		
冯云山	读过私塾	私塾教师	二考未中秀才	主要读四书、五经
韦昌辉	读过私塾	捐监生		
石达开		耕种为业		
秦日纲	粗识字	佣工		
胡以晃		地主	武庠生,一考未中举人	

相传当地流传有歌谣：

> 百万身家欠我钱，不穷不富任耕田；
>
> 无食无穿跟我去，我钱常在富家边。
>
> 贫穷子弟跟我去，富贵之人欠我钱；
>
> 恶人该早死，善人留耕田。

（钟文典《太平天国人物》第 294 页）

洪秀全说：天父上帝有大小妻，只有他和耶稣、杨秀清乃是正妻圣母玛利亚所生

杨秀清、萧朝贵假托天父天兄传言附身，宣扬神权人授，杨秀清、萧朝贵逐渐成为主宰者，且在名义上拥戴洪秀全的前提下，把最有贡献、最有才能的冯云山跻在后面，洪秀全认定没有杨、萧两人，做不得大事，也认同了。

1849 年 7 月，洪秀全、冯云山回到紫荆山时，原本对一个所谓天父上帝在人间的"小家庭"有所设计。按洪秀全初进紫荆山时宣传，天父上帝只有两子，大哥耶稣，他是天弟，尔后始将杨宣娇纳入为"天妹"，改姓为洪宣娇。这时，就按凡间年龄论辈排序定位。洪秀全仍是天父第二子，以下是第三子冯云山，第四子杨秀清，第五女洪宣娇，第六子韦昌辉，第七子石达开，萧朝贵称"帝婿"。秦日纲、胡以晃之所以未有列入，我猜一是两人的年龄分别大于洪秀全、杨秀清等，按年龄，不便置于前面；二是两人行为与杨、萧传言鲜有涉及；三是两人于团营等功能，未能起到核心作用。

萧朝贵竭力把自己和杨秀清的权力明朗化。

他假天兄附身与洪秀全作了一次谈话：

> 天兄曰："秀全，当前朕话谁人想出。"
>
> 天王奏曰："是朝贵妹夫想出也。"
>
> 天兄曰："是他想出，他都做得事。"
>
> 天王奏曰："天下万郭都靠秀清、朝贵二人，岂有不做得事！"
>
> 天兄曰："他二人又不识得多字墨，云山、韦正方扶得尔也。况天下万郭又有

几多帮手,又有珠堂扶得尔也。"

天王奏曰:"这边帮手不是十分帮手,秀清、朝贵乃真十分帮手,至珠堂,有好多人未醒,何能帮得手也。"

天兄叹曰:"秀全,朕天父、天兄若不是差秀清、朝贵二人下来扶尔,尔实难矣!"

......

天兄曰:"秀全,朝贵有大过么?"

天王奏曰:"无也。秀清、朝贵,天父天兄降在他二人身,他二人分外晓得道理,朕从前曾对兄弟说曰:他人是学成、炼成,秀清、朝贵是天生自然也。"

天兄曰:"朕怕他有大条大胆,或行到路中辛苦,对尔面前称功道劳,就要打一百也。"

天王奏曰:"朝贵妹夫,瞒不得天兄,确是好人。天父亦曾称赞他曰:秀全,尔看尔妹夫这个样子。都知得他是好也。"(《天兄诏旨》)

萧朝贵显然是在替杨秀清做暗箱运作,目的是要让洪秀全认同,把冯云山向后移。洪秀全要继续奉迎天父天兄,也只得遵办,就此冯云山的宣传天父上帝职能,全为杨秀清、萧朝贵替代,洪秀全此后不须做梦,也由为天父、天兄附身传言最为勤快的杨秀清、萧朝贵替代了。

冯云山、萧朝贵相继死后,杨秀清在太平天国里愈益举足轻重,威望扶摇直上,洪秀全为了稳定局面,稳住杨秀清,有意编造了天父在天堂也有大小妻,只有耶稣和他以及杨秀清,乃是正妻,即圣母玛利亚所生育。

太平天国诞生前的核心领导集团终于出现了。

这个集团的组成者是来自广东的两个不第秀才加上广西山区走出来的失意读书人、文盲和半文盲,他们虽然没有很多文化,但有开辟新天新地新世界的闯劲,凭着这股劲头,向大清王朝猛烈开战,创建人间史无前例的"小天堂"。

第二卷 创业

第八编 金田竖大旗，塑造地上天国的浮雕

大清君臣是瞎子聋子，长时间弄不清拜上帝会的领导人是谁

山雨欲来风满楼。

19 世纪 50 年代初，广西山区连一张桌子都摆不了，到处是造反闹事，大清王朝北京王庭经常接到地方官吏告急奏章，还接到当地士绅直接前来上书，说是地方官吏无能，纵容盗匪。

广西天地会风起云涌，他们打出"替天行道""劫富济贫"和"反清复明"旗号，头扎红巾、手舞大刀、长矛，围攻州县城。清廷曾先后派出两广总督徐广缙、原云南提督张必禄和广西提督向荣前来主持广西征剿天地会事务。

向荣要特别提及。

~~~~~~

太平天国不自称"太平军"

太平天国自称军队为"天兵"、"天军"。后期民间亦有称其为"长毛"的。"长毛"无褒贬义，为中性名词。清廷和地方团练则诬其为"发逆"、"粤寇"。但在太平天国时代，都没有称"太平军"的。

辛亥革命以前，1905 年上海广智书局据日本曾根俊虎的《清国近世乱志》一书称之为"粤军"，并取书名为《粤军志》。在此时期，如刘成禺的《太平天国战史》称之为"洪军"。

最早采用"太平军"一名的，是 1915 年上海中华书局推出的日人所著《清朝全史》译本和上海商务印书馆推出的孟宪承据英人吟唎《太平天国革命亲历记》的译本《太平天国外纪》。鉴于"太平军"表达更为明白，1929 年 8 月，南京政府内政部下令不得污蔑太平天国并通咨各处，"至嗣后如有记述太平事实者，禁止沿用'粤贼'诸称，而以'太平军'或相等之名称。"

69

向荣,行伍出身,因随陕甘总督杨遇春参加讨伐河南滑县天理教李文成和新疆张格尔等起事,逐渐按台阶升到从一品大员提督。

从1847年起,向荣在四年里,前后由四川提督调任湖南提督、固原提督。这时又因广西军情吃紧,仅在湖南任上几个月后,出任广西提督。

向荣从一个绿营勇丁平步青云按阶梯升至绿营最高武官的提督,可是他不识字,来往公文要幕僚讲给他听,就是朝廷的圣谕也要念给他听,致使很多机密包括皇帝和军机处在谕旨中对他的责备辱骂都原原本本的漏露和扩散,对他极为不利。

向荣久历兵戎,颇有实战经验,他到广西两月,就发现广西最大的祸患,不是声势浩大的天地会,而是活动于大湟江、金田村一带的拜上帝信徒,他与替代新近病死的主持广西军务的钦差大臣林则徐的李星沅共识,"尚弟会"(即拜上帝会)才是"群盗之尤"。

大清君臣真个是瞎子兼聋子,在拜上帝信徒积聚力量,在桂东活跃之际,还认定天地会是主体造反派,由此起复已退休的林则徐。林则徐路经广东普宁病死,又起用老官僚周天爵和李星沅等。他们身在广西,仍相当闭塞,认定拜上帝信徒是异军突起,在相当长时间里,弄不清他的领导人是谁。因为活动中心区有金田村,就误定拜上帝的首领是韦正,和走村镇的牧师冯云山。

清军雾里看花,对手都没有弄清楚,就准备进攻了。

团营毁家,是拜上帝信徒冲着"吃饭不要钱"、"放开肚子"来的

1850年7月,洪秀全在花洲山人村向各地拜上帝信徒发布命令,跑步向金田村前来团营。团营,即团集会众编立营伍。

团营吃饭不要钱。

团营共享天福。

团营令揭开了拜上帝信徒群体反清斗争的序幕。

只有团营,才有出路。

团营令是通过一人传一人,一家传一家,一村传一村的原始方式,先后传送到各地,召集各处拜上帝会信徒前来金田村团营。

金田村在紫荆山南,后枕犀牛岭,与山南风门坳相对,西是双髻山,万峰重叠,岭表插云,前隔平原二十里即是蔡村江,左有紫水,右有横龙山,一面靠山、三面靠水,南行

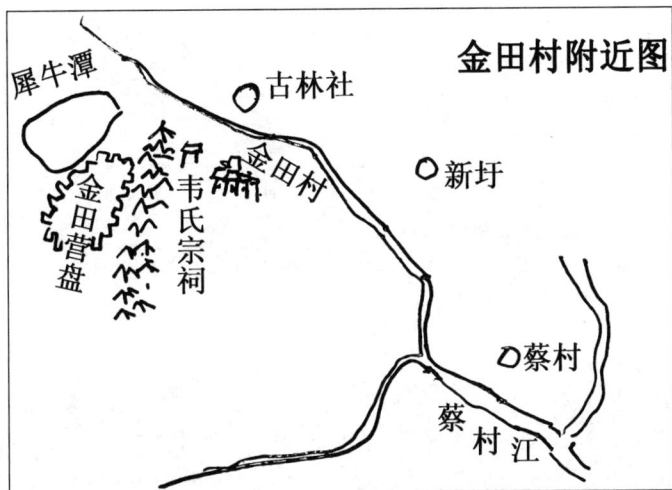

八里许即新圩,是清朝大湟江巡检司所在地。

包括金田村在内的紫荆山区、贵县龙山山区和包括花洲山人村的鹏化山区,就是金田团营的基本队伍。

选择金田团营,也许是由于韦正家族在金田之故。团营毁家,是拜上帝信徒赶着"吃饭不要钱"、"放开肚子"来的。但是,金田地势险要,经济富裕,进可攻,退可守,尤其是处于桂平、贵县、平南、武宣等县交界的"四不管"地区,敌人兵力薄弱,兼又虚以委蛇,后来有学者又由此称赞洪秀全等懂政治、能抓住敌人薄弱环节,似乎有抬高之处。

各路人马取道来到金田。

离乡背井,参加团营。

最早来到金田团营的,是金田村韦正家族,他们从附近犀牛潭中捞起兵器,这些都是前些日子开炉打铁制作的。韦正部有一千余人,杨秀清、萧朝贵领导的紫荆山区平在山的烧炭工人,也是一支很有实力的队伍,他是日后的东王直辖部队,有三千余人。

石达开率领的是贵县客家,有四千余人。

秦日纲的贵县龙山矿工有一千余人。

此外还有陆川赖九(世举)率领的拜上帝信徒一千余人;

博白黄文金率领的拜上帝信徒两千余人;

桂平苏十九率领的饥民客家人一二千人;

广西桂平金田村现景

贵县上客械斗失败的客家人三千人。

另外还有不少零星的人马,如湖南李世得起事失败后的余部就由赖裕新率领投奔了石达开;桂平白沙械斗的林凤祥部众也来投奔。

这些来自四面八角的拜上帝会信徒,其中多有是后来独当一面的虎将,如林凤祥、赖裕新、黄文金、赖九(世举)。

林凤祥是平在山烧炭工人。在金田团营时,不过三十岁。林凤祥的勇猛在此时就颇为知名了。1850年9月,拜上帝会信徒李得胜家有耕牛在林凤祥处,附近岭尾村地主因勒索李得胜未逞,就派两个爪牙上林家牵牛。林凤祥把牛夺回。第二天,有四五十人到林凤祥屋面前叫打,并威胁要放土炮。林凤祥带了四人手执短兵杀出,把对手打跑;对方再聚合了二百多人前来交锋,林凤祥等五十八人又把他们打跑。这事发生后向平在山报告,萧朝贵大喜,大大夸奖拜上帝信徒的勇武。这段故事,作为英雄业绩,还写进太平天国颁发的官书《天兄诏旨》里;后来洪仁玕还特向韩山文介绍,可见它是传播得很广的。

　　黄文金是博白农民,也曾参加过天地会。此人身材魁梧,从小练过武艺,善使一柄三齿耙,数十人围攻近身不得。在接到团营令后,他以黄氏家族为主体拉出一支有两千人众的队伍,在地跨两广的佛子岭设立大营。这支队伍很有战斗力,黄文金的兄弟黄文英、黄文安以及黄文政都参加了。黄文政是牙牙学语的娃娃,后来为洪秀全招为女婿,称天西驸马,很得信任。

　　黄文金在团营途中,打垮了博白知县游长政的地方团练,还和陆川赖九的队伍联手,在山猪浪击溃地方团练,两支队伍迅速增加到五千人,如以五口之家有一个青壮计亦有一千余人,这是一支颇有战斗力的队伍,曾一度围攻玉林县城。然后浩浩荡荡直赴金田团营。

　　赖九(赖世举)是陆川清湖拜上帝信徒的第一召集人。他是明朝时由福建永定西迁的客家,绰号沤铁九,因打铁多年,练就浑身真功夫,善耍刀,还曾拜有七个师傅,也收了许多徒弟,这些徒弟后来也成为拜上帝信徒,随同赴金田团营。《民国陆川县志》记赖九"在家设坛传教,礼拜上帝,七日一次"(卷二十一)。赖世举后来在永安城里病死,但他英名传播,将士们都认为他没有死,以至当时记载还把他的族人赖世就说成是赖九的。

　　参加团营前来方方面面的甚多,诸如洪秀全的贵县赐谷村表兄黄盛均,全家五兄

蓄 发 扎 巾

　　太平天国严格规定官员和军民必须蓄发。《天条书》规定:"凡剪发剃胡刮面,皆是不脱妖气,斩首不留。"又严禁着清服,说清人所着的靴像马后蹄,两个袖子下端,像马的两个前蹄,背上的一个马鞍,头上长辫子,就像一条马尾巴,这样跪看见皇帝时,就像一匹马,专供他来骑。太平天国通常是以蓄发长短来区别大小官员的资历、级别的。

　　太平天国等级繁琐,日常礼制、衣服住行都有严格区分。规定士兵和百姓不准戴帽、穿着领的衣服,上衣开襟不能在右边,改在当中,即恢复汉服。民间读书人所穿长衫、长袍必须截为短衣衫,头布包扎。士兵只能用红布,百姓只能用蓝布、灰布。他们都不能用黄布,更不能用黄绸作头巾包扎,否则就是违制。违制要杀头。

弟和族人百余参加。当时迁居古林社的曾天养、曾天浩兄弟，他们毅然带着全族参加团营，连几个出嫁的姐妹，也经他们动员后，赶回娘家一同入营。在拜上帝传道曾作为总部的高坑冲，信徒接到团营令后，很快焚屋聚物，老老小小集队出发，直奔金田村，在路过石人村时，愤怒的信徒们还烧毁了王作新的房子。王作新事先闻风逃脱，留得一命。这里顺便提一笔，那个最早请冯云山前来紫荆山大冲教书的曾玉珍，没有去，他已经被王作新控告到桂平知县那里，说他窝藏冯云山，连同十多个家人都被关在牢狱里，后来都被逼死。曾玉珍弟曾玉瑢虽然参加金田团营，但囿于男女分营，很不为然，几个月跟到了大湟江口，中途回家了。他的堂弟曾玉璟也参加团营，跟到了永安州后，回来接家眷，中途被捕杀了。

"四方响应，万民乐从"。从当年夏天到秋冬的四五个月，在通过金田村的各条大小道路上，到处可见到有头扎红布的拜上帝的信徒们，携老扶幼，男男女女陆续在行进。

据统计，1850 年 11 月间，金田团营总人数共有两万余人。

但也有赶不上前来参加团营的。

其中最大的一支就是广东信宜的凌十八部。

有关凌十八部活动，我们将在另编作专述。

另有一支队伍，那就是洪仁玕聚合的。当时他在广东清远开办私塾，金田团营时，洪仁玕立即带同"五十余人，或为洪、杨族人，或为友人，一同西上。迨抵浔州时，乃闻悉太平军已弃营他去"（韩山文《太平天国起义记》），对此《洪仁玕供词》也称："辛亥年游广西，到浔州圩，寓于古城侯姓之家四十余日，不能追随我主天王，不遇而回"。

信徒一切私产缴归"圣库"，吃饭不要钱

1850 年 11 月，金田团营聚集了桂平、贵县、武宣、博白、陆川等地乡村的洪秀全信徒。

金田团营，拜上帝信徒为与清方区别，在头饰处作了非常鲜明的标志，即蓄发不再结辫，头扎红巾或黄巾，并开始实行公产的圣库制。凡参加团营者，即将携带的所有财产，包括变卖田地房屋的银钱，以至粮谷、牲畜，全部缴与在团营时就设立的"圣库"。

"圣库"即公库。

洪秀全等把天下财物均归于上帝所赐,所以称"圣库"。

实行"圣库"制,是"从不受私,物物归上主",所有物质,人人共享平均分配,全体成员的必需品,按需分配,均由"圣库"开支,执行平等制度,"吃饭官兵同张桌,睡觉官兵共个房",这种非常理想的设想,当年洪仁玕就向韩山文介绍,参加团营者,"将田产房屋变卖,易为现金,而将一切所有缴于公库,全体衣食俱由公款开支,一律平均,因有此等均产制度,人数愈为加增,而人人亦准备弃家集合"。

有福同享,有难同当。特别是"吃饭不要钱",那是非常能受到朝夕生活在饥饿中的贫苦农民拥护的。

在与天父天兄事业虔诚信仰中,拜上帝信徒中若干富裕之家是作出很大贡献的,如韦昌辉、石达开、胡以晃等人。《天情道理书》就称赞韦昌辉"不惜家产,恭膺革命,同扶真主";亦有说石达开"献数十万金入伙,封为翼王"(《贼情汇纂》),石达开是否多钱财,语焉不详,但沈嘉荣教授认为"张德坚《贼情汇纂》,是否献出这么多数目,有争议,但拿出了家产,这是无疑的"(《太平天国史略》),当是。

金田团营时期的圣库制度,是非常难得实行的,拜上帝信徒们上下之间,大体享受均等的物质生活,确能鼓动人心激励士气。正如《贼情汇纂》所称:"夫首逆数人起自草莽结盟,寝食必俱,情同骨肉,且有事聚商于一室,得计便行。机警迅速,故能成燎原之势。"

诚然,更多的上帝信徒,参加团营,携带财物复工,如那龙村覃特车团营时仅捐献圣库银叁钱,谷五斗六升,但参与者将钱粮全部捐送,自己即成为彻底的无产者,此后即身无挂牵,义无反顾,可全心全意为太平天国事业奋斗。

这可能也是要创造、奉行圣库制的一大原因。

金田团营时,有很大的地域色彩,来自四面八方的拜上帝信徒凭着共同信念聚会在一起。但这些背井离乡的农民们,又带来不可避免的传统家乡地域观念。为此,洪秀全等领导者们因势利导,把每个县的成员,用旗帜上写以县名标明,在所设军帅黄旗下,又分派为前后左右中五营师帅。

金田团营,设五军主将,但全军按《周礼》编制,设前后左右中的五个军长,至某地后始改名为"军帅"。

设立"军帅",乃是因为队伍成员的大量增加,以致以后在五军外再设多军,如"左一军"、"右二军"等,在军下设师帅、旅帅、卒长、两司马,师、旅、卒长都是五五编制,一卒长辖两司马四;两司马辖二十五人。两司马下又有伍长。值得注意的是,洪秀全等核心领袖,对民间也采用了与军队划一的编制。他们贯彻《周礼》寓民于兵,兵民划一,于制度上也非常向往这种空想的大同理念。

金田团营,是在有计划有组织地进行,其中很重要一条,就是每军每师都要为所属的成员编制"兵册",每个成员都要填写"家册",记录本人参加团营年月、籍贯和家庭老小妇孺成员的细目。它有似日后的户口簿。农耕社会对于人丁是有严格调查和统计的,它影响主政者的赋税、劳役。洪秀全等从实践中也懂得它的功能,只是他们做得更加认真、细仔,后来在固守城镇时,于夺城后首先执行的两项措施,一是蓄发;二就是立门牌,对此我们将在后面详述。

人人皆平等。凡是妇女老幼一概称"妹",洪秀全说,
我在天上,天兄耶稣对我提及,如见观音也是唤她为妹的

农耕社会组织造反,很注意队伍战斗力。但农民携老扶幼背乡弃井前来,虽然人多势众,气势庞大,但却因队伍庞杂、尾大不掉,大大削弱了战斗力。

金田团营,为便于分配和组织,将前来团营的拜上帝信徒的家庭分设为男营、女营,凡男性,即是五十岁以上和十六岁以下的,也作为"牌尾"附隶于"男营",妇女不分老幼单独成营。

家庭全部军事化。

强制取消家庭,是因为以家庭为单元、男女混杂、夫妻同居,扶老携幼不利于战斗。它本应是为战斗需要的一种短期行为。但尔后太平天国一直处在无日不战的紧张态势,至使它延续了四年,成为古今中外社会倒退、取消家庭的一项范例。

由于奉天兄基督为大哥,洪秀全自荐为二哥,应是在这个时候,推行了凡妇女均定格为双名,并推行了凡妇女统一采用以"妹"为名字的第二字,如本书提及的胡大妹、廖大妹和梁二妹,等等。

人神皆同,凡女性皆用"妹"。

观音是佛教东传的菩萨,后来中国道教也拿来作为本教的信仰神和保护神。她在民间东西南北中都有崇高的信仰,被认为是菩萨尊神。

观音有影响。

早在几个月前,萧朝贵假托天兄附身传言时,曾与洪秀全就观音称呼是"妹"作了对话:

> 洪秀全问:观音是好人否乎?
>
> 天兄说:她是好人。她今在高天享福,亦不准她下凡矣。
>
> 洪秀全问:观音在高天享福,天兄呼她为何乎?
>
> 天兄说:我呼她为妹。
>
> 洪秀全问:我呼她为何乎?
>
> 天兄说:亦是呼她为妹。(《天兄圣旨》)

传统中华文化视观音为女性。所谓天兄和洪秀全都呼她为"妹",这就为尘世妇女均呼为"妹"创造了范例。洪秀全等将女性名字都也称为"妹",这是因为当时绝大多数的农村妇女,从来没有自己名字。她们是有姓无名或冠以夫姓,在家从父,出嫁从夫,在家庭名册上不好写,在人际交往繁频时不便识别,因此为她们多取带有"妹"的名字,废除冠用夫姓的传统符号,它也为尊重妇女人格迈进了一步。

它也是洪秀全等人的一大创造。

这应是洪秀全等提倡的男女平等,也是对传统妇女的人格尊重。这些,加上圣库制和男营女营,总算把《周礼》憧憬的社会理想变成为现实。

太平天国制定的代用字、改字

字目	说　　　　明
天	凡用字代以"添"
圣	凡用字代以"胜"、"盛"
上	除"上帝"可用，余代以"尚"
老	除"上帝"可称，余代以"考"、"迈"
神	除"上帝"可称，余代以"辰"
主	除"上主皇上帝"、"救世主"、"真主"、"幼主"、"赎病主"、"主将"、"主宰"之"主"可用，余代以"司"、"专"、"柱"
华	凡用字代以"花"
基	凡用字代以"居"
督	凡用字代以"总"、"统"
耶	凡用字代以"乎"、"也"
稣	凡用字代以"苏"
火	凡用字代以"炎"、"烧"、"伙"、"夥"

（续表）

字目	说　　　　明
洪	凡用字代以"鸿"、"宏"
秀	凡用字代以"绣"、"繡"
全	凡用字代以"铨"、"诠"
镜	洪秀全父名,凡用字代以"锐"
福	凡用字代以"復"、"複"、"馥",或用衣旁
光明	唯天王子光王、明王可用,余者取名,加水旁
清	凡用字代以"青"
朝	凡用字代以"潮"
贵	改用"桂"
云	改用"芸"
山	改用"珊"字
正	改用"政"字
昌	改用"玱"、"菖"
辉	改用"晖"字
达	改用"闼"字
开	改用"偕"、"来"
德	凡用字代以"得"
龙	凡用字代以"隆"
荣	凡用字代以"容"
师	"先师"、"后师"、"军师"可用,余用司帅、司长、司傅、出司,不得泛用"师"字
高	凡用字代以"交"
仙	凡用字代以"先"
年	改"岁"
月	改"期"
日	改"旦",后因写年月日不能强记遵行,渐废
丑	改"好"
卯	改"荣"
亥	改"开"
天酉	仅以道光十七年洪秀全死去复苏那一年称为天酉,以志天恩,余仍用丁酉
国	太平天国改作"囯",其他列邦及人地名都代以"郭"
魁	凡写"魂"、"魄""魏"等字都从"人",写作"䰟、䰠、䰢"

第九编　在战火中诞生,在成长中战斗

导火线是杀死一个九品小官

金田团营之际,洪秀全和杨秀清等不露声色。洪秀全、冯云山匿居花洲山人村胡以晃处,杨秀清装着身患重病、口哑耳聋、耳孔出脓,眼内流血,成了病废,休养在金田村附近新墟;由假托天兄传言的萧朝贵和韦昌辉主持金田团营事务。

洪秀全、冯云山的匿居,显然是萧朝贵等为缩小目标有意而为的。当时洪妻赖莲英及女儿洪天姣等也被安顿在山人村。萧朝贵还借天兄传言,得寸进尺批评冯云山才智不足"指甲些事,都要朕下来吩咐",萧朝贵贬低冯云山也获得洪的默认和认同。洪大概认为冯有知识日后难以控制,所以扶植杨、萧以便驾驭。洪秀全是农村知识分子,心胸不够开阔,对冯云山才能过人,在患难时相依,在得意时就忽视了,他认定杨、萧是不识文墨,极易控制,所以听其自然,后来竟让杨、萧位在冯之上了。

洪秀全发明了天父托梦,当然也深知萧朝贵的弄虚作假,但为既得利益,只有忍辱,乖乖地安居在山人村。

这时,广西巡抚郑祖琛因治理不当已去职,由劳崇光代理巡抚,劳崇光命贵州镇总兵周凤歧带本部兵马开往桂平,会同浔州协副将李殿元部对付日益紧张的局面。

他们仍不清楚金田团营。

当然更不清楚广西最大的隐患是宣传拜上帝的洪秀全等人。

他们视为主要对手仍是天地会,还以各地风起云涌的天地会人马为主要敌手,其中一支就是起事柳州、纵横水陆的陈亚贵集团。陈亚贵所以著名,乃是旗号响亮,通常天地会首领都打着"元帅"、"都督",而陈亚贵自称"大王",还举起"顺天行道"旗子。1850年8月26日,陈亚贵一天攻占了修仁、荔浦两县城,威胁省城桂林,至使广西当局调动大军前来。陈亚贵不能抵挡。11月初率部退入紫荆山区,后被俘杀。

在此次打击陈亚贵的行动中,新授桂平知县李孟群率领的团练很有能耐。李孟群因此亦青云直上,成为太平天国的一个悍敌,后来官至安徽巡抚。

李殿元的人马在与陈亚贵的战斗中获胜,驻扎在思旺圩。

思旺圩扼桂平、平南和蒙山三县交界处,在山人村南,是个商业繁荣小镇,设有秦

80

川司巡检。李殿元拟向山人村进攻，但又不敢冒犯，采取步步为营的"坐困法"，在花洲外围构筑工事，遍插木桩，严密封锁，当时他还是把对手视为普通的造反闹事，不知道洪秀全正藏匿在该处。

11 月 4 日，洪秀全以攻为守，以胡以晃率领本处拜上帝信徒杀出山人村向思旺进攻，另派人抄山间小路到金田求援。李殿元军因得到平南知县倪涛和秦川司巡检（派出所所长）张镛的乡兵增援，严防大路，不让山人村信徒外逸。这时，"聋哑"二个多月的杨秀清突然病愈，耳清目明，亲自主持金田团营，自称是天父降托，立即制订了作战计划，派熟悉花洲地形的蒙得恩率拜上帝信徒五百余人驰援。蒙得恩出五峒，以迅雷不及掩耳之势，分三路抄袭思旺清军后路，李殿元仓促回救，被打败，蒙得恩一举攻下思旺，李殿元遁入官村，急调周围花洲山人村兵勇，妄图夺回思旺。洪秀全乘清军撤围时，命胡以晃率花洲人众与蒙得恩南北夹击，攻入罗掩村，李殿元、倪涛逃走，鹏化里花良村团练长覃展成被击毙。

巡检张镛乘轿逃到村外桥边，被拜上帝信徒拦住，信徒问："轿中何人？"轿夫故作镇静，吓唬说："快让开，老爷要过去。"信徒们猜定轿中是官员，即用长矛往轿心一捅，正中张镛身子，他惨叫一声，就被拉出轿子，要押回思旺受审。张镛跪地叩头求饶，信徒们摘下他的蓝顶官帽，摔在地上，怒叱道："妖头，这是你的功名，也是你的下场。"将他处死。

张镛是拜上帝信徒首个被击毙的清方官吏，一个从九品小官。

花洲山人村拜上帝信徒奉洪秀全令攻打思旺，拉开了和清军正规军武装斗争的序幕。

花洲之围已解，洪秀全、冯云山与胡以晃等率众撤离山人村前往思旺，与蒙得恩会师。12 月 29 日，两路人马一千余人，旌旗蔽日，欢声雷动，浩浩荡荡开赴金田。

思旺之战也就是太平天国官书上的"迎主之战"。"主"就是洪秀全，当时洪秀全自称为"真主"，也有称作"真王"，俗称"太平王"。后来为了抬高儿子洪天贵福，又把这个"真王"转加了给他。

史学界有以据《天情道理书》，把道光三十年十月初一日金田团营即 1850 年 11 月 4 日，作为金田起义的时间。

思旺之战，历时五十余天。这次战斗，原是平南鹏化里拜上帝信徒、年已四十四岁的蒙得恩初露棱角。蒙得恩原名蒙上天、上升，因避"上"讳，又因得恩于上帝，所以改名为得恩,此人长期行走江湖,以当货郎担为业,练就能说会道、左右逢源的口才。由此受到洪秀全赏识。此后在金田和永安建国时,担任天王御林侍卫,一直紧跟洪秀全,是洪秀全最信得过的大内总管,管理天王府的衣食住行。

作茧自缚,拜上帝信徒们把清军箩筐里捆绑用的绳索用来捆绑清兵

紧接思旺之战的是蔡村江之战。

蔡村江之战打垮了清军伊克坦布部。

思旺之战,双方只动员几百人员,蔡村江之战却是较大规模的阵地战。

周凤歧因李殿元思旺惨败,方知对金田拜上帝信徒不可轻视。12月25日,贵州清江协副将伊克坦布率军一千,兵分三路,杀向金田。

这支部队是当时清军绿营的精锐,配备有相当领先的火器鸟枪和抬枪,鸟枪属于滑膛枪,用火绳发射;抬枪要四人使用,两人抬着,两人装弹开机方能发射,因为装备超先,伊克坦布相当跋扈,不把拜上帝信徒放在眼前,他在队伍中还夹杂了二十四个挑夫,在所挑的箩筐里堆着满满的绳索,是用来捆绑拜上帝的信徒们。

〰〰〰〰〰〰〰〰〰〰〰〰〰〰〰〰〰〰〰〰〰〰〰〰〰〰〰〰

八 旗 和 绿 营

八旗是满族领袖努尔哈赤于明万历二十九年(1601)在牛录基础上所建,初为黄、白、红、蓝四旗,1615年,又增建镶黄、镶白、镶红、镶蓝四旗,称为“右翼”,原四旗为“左翼”。每旗定制为7500人,八旗共为6万人。皇太极时,又将蒙、汉官兵分别编为“蒙古八旗”、“汉军八旗”总计为24旗,约28万人。旗兵多为骑兵、射手。入关后旗兵分驻京畿等地,其中京师居半,另分驻江宁、杭州等大城市,只有安徽、江西、湖南、广西、贵州、云南无旗兵驻守。

绿营乃顺治初定制,招募汉人组成,因旗帜为绿,故称绿营,分驻全国各地。道光二十九年(1849)有60万人。此时因八旗腐败,退化为卫戍部队,绿营兵渐为正规军,但也暮气重重,武官可由捐纳,训练松弛,多吃空额。因此英国人马士说:“全军的士兵根本都是花名册上的把戏。”

洪秀全、杨秀清等兵分三路,严阵以待。

1851年1月1日,伊克坦布的人马过了新圩边蔡村江桥,直扑北面的金田村。当他们得意洋洋地来到离金田仅数里路的鸡母潭村时,突然喊声连天,洪秀全、冯云山分别率领的预伏队伍,从金田、大筒、盘古岭等处分三路杀出,伊克坦布知道中伏,急忙撤退,但杨秀清的一彪人马又从王漠村杀出,布阵蔡村江边,断了他们的回路,就在这时,由黄文金率领的博白会众,由秦日纲率领的贵县龙山矿工,由赖九率领的陆川信徒以及桂平周边的饥民,正好同时前来金田团营,见势杀奔前来助阵,拜上帝信徒突然递增至一万余人,双方兵力相差更为悬殊,清军进退失所,不敢恋战,纷纷逃命。伊克坦布拍马回奔,在逃上蔡村江桥时,仓忙中马蹄被陷进在桥板缝里,站立不住,连人带马跌进江中,被追军砍死。清军兵卒毙命三百,更多的是当了俘虏,拜上帝信众就用缴获的绳索捆绑,长长的一连串牵回。

周凤歧闻知兵败,急忙派兵增援,反而自身陷入重围,直到夜晚,方才摸黑逃回了桂平城。

蔡江村之战,是拜上帝的信徒们再次击溃清正规军的典型战例。洪秀全等采取三路出击、一路截后的战术,很有些学诸葛亮三气周瑜时所采用的战法。

清朝当局终于尝到一支新生队伍的威力,开始把战争的主攻方向由对付天地会转移到拜上帝的信徒们,即正在酝酿建立太平天国的造反者们。

"太平天国"是由中西文化思想库中
寻找出来的新型国号

1851年1月9日,金田村拜上帝信徒正忙碌洪秀全登极大事,是日,杨秀清发布一道命令,宣布十二月初十日,洪秀全将公布:"真主降凡救世会众,要在生日时采办礼物恭候。"

两天后,即1月11日(清道光三十年十二月初十日),是洪秀全的三十八周岁诞辰。在金田村韦家祠堂前广场,前来团营的信徒们向他祝寿。在万众欢呼声中,洪秀全头扎黄巾,身穿黄袍,两耳长发过肩,登上村北犀牛岭下古营盘新筑的土坛,宣布正号太平天国,军称"天军"、"天兵",并自称为"太平真主"。

通常这天就被定为太平天国诞生的纪念日。

国号"太平天国"是组合词,极呈中西合一。"太平"出自《公羊》三世,即据乱世、升平世、太平世;太平世是最高境界,是古中国的大同世界,乃农耕社会人们所向往的理想国,洪秀全的著作多次运用这些儒家提倡的"共享太平"、"安享太平",这是他的理念;而"天国"则源自基督教《圣经》,洪秀全等运用于中国,意为建立人间天堂。

"太平天国"就是由中外文化思想库中寻找出来的新型国号。可谓中外罕见,史无前例。

"太平天国"是洪秀全的创造。

可以肯定地说,杨秀清、萧朝贵等人囿于其文化知识是想不出这个国号的。

洪秀全创造的这个名号,他当时也许未曾意识到它是一个中西文化的组合词,而给予他所创造的国家和社会有强烈的宗教色彩。"太平天国"就是天上上帝天国的分部,是地上的天国。

洪秀全日后在《前遗诏圣书马太福音书》第五章作眉批:

> 一大(天)国是总天上地下而言。天上有天国,地下有天国,天上地下同是神父天国,勿误认单指天上天国。故太兄预诏云:"天国迩来"。盖天国来在凡间,今日天父天兄下凡创开天国是也。钦此。

从此"太平天国"写进了中国历史。

十年后,即洪秀全亲临朝政时,曾经一度下诏先后更改国号为"上帝天国"、"天父天兄天王太平天国",但因原有的国号简明扼要,深得人心,人们仍多采用"太平天国"。

第一份文件,是别"男行女行"

金田正号"太平天国"这天,洪秀全率领信徒们朝拜天父天兄,有说是发表了一篇演说,后人将其中几句呼之为誓词:

> 大旗弯弯,跳过火山;
> 忠义之人,富贵荣华;
> 奸心之人,丧在其间。

这天,洪秀全还发布了第一份文件,就是严申军纪的《五大纪律诏》:

天王诏旨列后:庚戌十二月初旬,时在金田。

天王令曰:一、遵条命(遵守天条和命令);

二、别男行女行(男女分开);

三、秋毫莫犯;

四、公心和傩,各遵头目约束(和傩,即和睦);

五、同心合力,不得临阵退缩。

当时洪秀全还未称"天王",何来"天王诏旨",那是本篇在永安州(广西蒙山)镌刻《天命诏旨书》时作修改后始出现的。农民领袖是不太注重历史实际的,喜欢作实质性或非实质性的文字修改,由此造成事实的扑朔迷离,往往会使后来者以为信史,酿成不应有的认识误区。

这份诏旨的核心,就是信徒的所有行动须听从统一指挥。

诏旨就金田团营分设男营,女营,又次强调"别男行女行",它对原先已建立的"女营",还须坚决执行营规。传统农民造反后几多是携带家属同时行动的。妇女在军中,士气多不扬。那是很能影响将士的举止行军和作战力度的。太平天国从金田起义到占领南京的几年光景,就因坚持执行这条规定,得以极大地保证了军队素质,凯歌行进。它是太平天国比过去农民造反更能取得胜利的一个方面。

萧朝贵继父萧玉胜
忘记了第七天条,竟偷偷溜进女营,找上了老伴

自金田起义以后,更加严格执行"男行女行",杜绝稀稀拉拉、执法不严,从不宽松。男女不准同营,纵然夫妻、母子也得严遵。他们之间通常不得见面;如要见面,要先向上级打报告,请示可以与否,经有关执行人员查明、核实,始得由旁人陪同会晤,男方不得进女营,双方要相距十步路才能对话,且要高声,限定几分钟。洪秀全等高层领袖深怕大小将士出轨,奉行了极其严格的禁欲主义。

就在占领永安州期间,洪秀全还发令全军大小男女兵将,千祈遵天条办事,其中尤

其是第七条:"务宜时时严查军中有犯第七天条否。如有犯第七天条者,一经查出,立即严拿斩首示众,决无宽赦。众兵将千祈莫容忍包藏,致于天父皇上帝义怒,各宜醒醒。"(《天命诏旨书》)

按《天条书》,"第七天条,不好奸邪淫乱",按规定犯此天条者,即使王亲国戚功臣,都不得赦罪,一概斩首。

但极不公平的是那是上下有别的,所谓上帝诸子婿,可以例外。

洪秀全和杨秀清最为纵欲。

早在离开金田进军大湟江时期,洪秀全就先后新娶了十四个女人,武宣东乡称天王,加上赖莲英娘娘,十五个女人不够了,洪天王又增选了二十一个女人,组成三十六宫。

他是用什么名义,能使信徒们深信不疑,那就不清楚了。《天父诏旨》还记录了杨秀清为洪秀全女人事,假天父下凡训斥天王女人的故事:话说洪秀全在起义前从广州来紫荆山途中,带来一位刘姑娘,刘姑娘受洪秀全虐待,相当怨恨,在驻扎江口墟石头脚时,打算私自逃跑回家被发现了。杨秀清扮天父附身演出这场戏:天父漫问刘姑娘和潘姑娘是谁的妻? 愿意做天王老婆? 她俩回答是天王妻,与天王过夫妻生活是非常快乐的。

杨秀清等上帝诸子婿也在此例。有趣的,不成规格的配"天妹"的"帝婿"萧朝贵,也娶有不少女人,太平天国后期出现有个"西贵亲",当也证实是有姐妹为萧的小老婆。萧朝贵、杨秀清等都好色,野史和口碑都有记载在金田团营时各有三十六个女人。这些女人显然是从团营的拜上帝信徒中选拔出来的广西大脚妇女。这些家庭把姑娘献上去,也许还认定是荣幸之至呢。太平天国创业之始,就显山露水地呈现了"男女不平等",即所谓上帝诸子婿,借用神权占有众多妇女。他们是上帝圣神血统,是特殊材料制作的特殊肉体,所以妇女只能被视为物品,随意占有、使用了。

洪秀全等要坚持、维护自己特殊的合理性,而又不能让众多部属跟着学。因此必须寻找典范,昭示部属、教育部属。

当时萧朝贵也是全家随军的,其中有他的亲生父亲蒋万兴、继父萧玉胜。

可萧玉胜不识好歹,却碰到了枪尖上。

当时普遍传说,在大军行军途中,萧玉胜忽然头脑发热,忘记了第七天条所说内容,乘着天昏地暗,竟偷偷溜进了女营,找上了多时未亲热的老伴,两口子找到一处僻静处,行了夫妻之事。第二天清晨就被发现了,怎么办?

在此非常时期,太平领袖正需要找一个典型,为了整饬军纪,萧朝贵更要以身作则,言而有信,天条远大于亲情。不由分说,萧玉胜夫妻双双竟被处决了。

但男女饮食,人之大欲,太平将士不得与女人接触,遑论性生活,导致军中各级干部,掠夺、收养幼童,以打兔子的同性恋解决性欲。

农民们非常注重元明平话杂剧中的"军师"

太平天国有一套自设的官制。

这是它与天地会等帮会完全不同之处。

金田起义初期,洪秀全就将各处前来团营人众的精壮人员编为军队,设立五军,且以天父诸子婿,分任为主将:

中军主将杨秀清;

前军主将萧朝贵;

后军主将冯云山;

右军主将韦正;

左军主将石达开。

几个月后,大概在金田行军途中,又以:

杨秀清为左辅正军师;

萧朝贵为右弼又正军师;

冯云山为前导副军师;

韦正为后护又副军师。

军师是元明杂剧平话常见的官职,深入民间,妇孺尽知,农民们非常注视、崇拜这个名称。按,军师,典出自三国时期所设,为高级官员属吏,相当于高级参谋、参议,民间误认为是军队的老师、主帅的教师。太平天国就把它定为天王之下的最高官职名称。

虽然后来太平天国发展,随之高中层人员扩充,为满足将士欲望和奖励,增添了很多官爵,其中有承袭,也有创造,但军师控制甚严。军师是职务,是官阶,而从父子相袭又似是爵位。太平天国从来是所设的爵、官、职不分。军师是极品,前期授与军师也就是那么几个人,虽后来萧、冯死去,也不另行改授。诸如前期石达开就不是副军师、军师。他的五千岁也只差韦昌辉六千岁的一千岁,但他的主将与副军师还是有相当差距的。

当时太平天国已按周礼,对参与者男女老少作编制了,在此之上增设了侍卫、总制、监军等历朝历代有采用的官职名目。但由于僧多粥少,特别要树立正统,也只能是平在山的广西老兄弟担任。

太平天国初期选拔官员不搞五湖四海,要极显平在山的正宗。

平在山之后,前来金田团营的各路人马首领也在此例。典型者如黄文金、刘官芳、赖文鸿等。黄文金是博白拜上帝的召集人。他虽是一方领袖,但因非平在山老班底,何况还一度参加天地会,所以升迁极慢,至天京后,还是杨秀清部七十二丞宣之一。他的弟弟黄文英因为年轻,就在东王府当侍童,干些承上启下的杂差。和他一起的刘官芳、赖文鸿,他们也都是地区天地会的一方领袖。

在当时,广西民间不服王化的地方武人,多是天地会成员。参加天地会并非要造反,乃是安身立命,有个依靠而已。

另一个功劳极大,也早有显露头角的、而升迁缓慢的是罗大纲。

罗大纲名气很响。

天　地　会

清代的民间秘密结社,以"拜天为父、拜地为母"得名,亦称"三点会"、"三合会"。又以明洪武年号,故内称"洪门"。支派有小刀会、金钱会和哥老会等。以"反清复明"为宗旨,主要活动于福建、台湾、长江流域各省和两广地区。成员多为农民、手工业者和游民。相传创立在清康熙十三年(1674)。常以武装斗争与清方占城略地。在太平天国时期,先后与太平天国有联系、呼应者,就有陈开、李文茂、黄德美、黄位、林俊、刘丽川、朱洪英、胡有禄以及其他红巾军等各路人马。

第十编　虽搞五湖四海，却也唯我独尊

金田地区狭窄，坐吃山空，难以长久供应来自各地团营的男女老少、各路人马。

洪秀全等早就看中离金田村二十里东面的集市江口圩。

江口圩位于大湟江和浔江汇合处，又称大湟江口，因而当地民间至今尚传颂有"金田起义出大王（湟）"的谣谚。它是一个浔江北岸的商业集镇，店肆栉次鳞比、百货充盈。

太平军前来江口圩，主要目的是解决粮食问题。金田起义团营实行的圣库制度，一切由圣库供应，采取大锅饭，人人都可放开肚子吃个方便。这种传统的农民小生产提倡绝对平均主义，虽然能吸引更多的穷苦人家挈妇携子、放弃苦守经年的家园和小块土地，加入起义队伍，但军中的粮食就紧张了。到江口圩是打大户，没收地主家中和商户的粮食钱财，目的就是补充军粮。

过去还有个传统说法，所谓"金田起义出大湟，为的要收罗大纲。"我曾经写《太平天国十四年》，也沿袭了这个说法："另个目的更大些，就是要接纳在浔江两岸的天地会队伍"，也就是说是收纳罗大纲。

现在分析，觉得也不尽然，至少它不能与解决吃粮大事同视。

太平天国领袖都有唯我独尊的小农思维。他们的公文、报告，从来是把其他反清队伍的加入，说成是"投降"，是旁系，也就是杂牌军，放在二等、三等军队行列。

这里只有称罗大纲部的前来是合作。

应该说东征江口圩，也有接纳未能赶来金田团营的拜上帝的信徒们的因素。部队后来很长时期在金田东西南北，驰骋百里，多少也有这个因素。像后期太平天国阶王谭体元和他家族，就是当太平军来到象县后，举族参加的。

洪秀全为首的太平天国对传统天地会抱有相当深的成见。

天地会，即三合会，清初民间南方秘密结社，以反清复明为宗旨，它主要活动在大江以南，有清一代与北方白莲教相互呼应。

南方天地会在广西特别活跃。

两员能干的女将:邱二嫂和苏三娘

邱二嫂、苏三娘,还有一个凌二妹,都是广西天地会一方的女首领。

凌二妹,北流人,1851年7月聚众几百人起事被称为一方米饭主。所谓"米饭主",就是能管若干贫民吃饭者。凌二妹坚持斗争至1866年5月,长达十六七年,但她因土生土长,自我开拓,与太平天国无关系,时间虽久,但影响甚小。对于史书有记录详尽的是邱二嫂,苏三娘。

特别是苏三娘。

苏三娘在金田团营时就与拜上帝会众有沟通。

1850年11月,她和邱二嫂各自率领本部天地会人马赶来,在武宣东乡加入了拜上帝会众的队伍。

她们都分别拥有由二千人众组成的男女混合部队。

它为洪秀全起事增添了不少实力。

也许是拜上帝会众自视甚高,看不起天地会,几天后,邱二嫂愤然决裂,带领本部人马离去了。

苏三娘没有离开。

她仍留在军中,并遵照"男女别营"严格规定,改编所部队伍,男归男营,女归女营。苏三娘自率一支清一色的女军,负责杨秀清中军大营的警卫。

这是现今我们所知的太平天国唯一的一支有武装刀枪的女军。苏三娘就是女司令官。

其他还有谁,不清楚;也许没有了。

所谓太平天国女英雄洪宣娇、萧三娘等等,都是后来好事者编织出来的文化人物。

苏三娘是真正的女英雄。飒爽英姿,国士无双,在广西横山、广东灵山等地,很有点小名气。

苏三娘何许人也?

苏三娘小小年纪就行走江湖,是走钢丝绳的卖艺姑娘、小饭店老板娘。她也是天地会造反派的一路人马。

民间传说,苏三娘本姓冯,名玉娘,广东灵山(今属广西)人也,出身是武技世家,身材高大，眉宇清秀，面容俏丽，飒爽英姿，具有三分女人七分男儿的轩昂气概。她从小随父亲走南闯北，卖艺为生，得以结交社会底层豪迈之士；也有说，她第一个丈夫乃在高州开小饭店。她快快乐乐做小饭店老板娘，当炉沽酒，下厨烧几盆开心菜，因为丈夫被人谋财害命，成为没脚蟹，无法立足，遂浪迹江湖。后在横州博合圩遇见苏三。苏三就成为她的第二任丈夫。

苏三是天地会一个头目。他借开设当铺为名，广泛结交会党中人。1849年，和一群哥们亮出广义堂旗帜，劫富济贫。苏三娘骁勇多智，是丈夫最得力的助手。

广义堂也就是一家夫妻老婆店。

树大招风，苏三势力扩大，招人耳目。翌年，苏三遭仇家暗杀，尸骨未寒时，苏三娘即打出"为夫复仇"大旗，召集几百人，拉起队伍。她身跨白马，白衣白甲，手持丈二铁三叉，腰横秋水雁翎刀，前去复仇；复仇不成，在撤退时，又是单骑断后，从容撤退，仇家尾追数里，相隔百步，始终不敢逼近。

金田团营消息传来，苏三娘召集所部，整顿人马，前来投奔。

在太平军东进江口圩时，苏三娘正率本部人马屯扎大湟江口，因而也有说法，她乃是在此时此地参加太平军的。苏三娘部队多次参加对清军和团练的一线战斗。她的名声也就更响亮了。

当时有个总办广西团练、状元出身的龙启瑞，吃过苏三娘的苦头。他震慑于苏三娘的英武，非同普通女子，曾写有一首《苏三娘行》的古风：

> 城头鼓角声琅琅，牙卒林立旌旗张。
>
> 东家西家走且僵，路人争看苏三娘。
>
> 灵山女儿好身手，十载贼中称健妇。
>
> 猩红当众受官绯，缟素为夫断仇首。
>
> 两臂曾经百战余，一枪不落千人后。
>
> 名闻官府尽招邀，驰马呼曹意气豪。
>
> 五百健儿听驱遣，万千狐鼠纷藏逃。
>
> 归来洗刀忽漫骂，愧彼尸位高官高。

状元老爷龙启瑞如此丧失立场，描绘苏三娘神采，并非为显示无聊文人的才气，其目的乃是为揶揄大清王朝的兵将不堪,男不如女,更不如区区一女盗呢。此种莫泊桑《羊脂球》的艺术手笔,古今多少人仿之,如常以宋妓李师师三陪女的爱国,用以衬托大宋皇帝赵佶不如也。

苏三娘后来随大军北上。她的大脚女军,头戴特制的藤谷帽,额系红绡,脚着芒鞋,与男子一样冲锋陷阵。自武昌到南京途中,苏三娘所部女军还担负着护卫杨秀清的任务。

当时文人目睹苏三娘所部女军神采,有诗写道:

> 绿旗黄幰女元戎,珠帽盘龙结束工。
>
> 八百女兵都赤脚,蛮衿扎裤走如飞。

广西客家妇女着军装,更见雄姿英发。

这是至今仅见记录太平军军中妇女的飒姿英爽形象。

可以说,苏三娘是太平天国史上留有姓名的唯一女将,但她的官阶却失载了。因为是坤角,凤毛麟角,诚为可贵。20世纪太平天国题材的小说、戏剧兴起时,有说她是"军师"、"丞相",且把她角色转换为萧朝贵之妹,所谓的"萧三娘",电视剧《太平天国》还别致的以萧杨联姻,把她嫁给杨秀清做了老婆。

历史正是一个任人随意打扮的小姑娘。

她在投奔太平天国时已是而立之年。王韬野史有称,她到江南后,又与罗大纲结为夫妻。太平天国至早是在1854年底或1855年初才颁发有关婚姻的诏书,即恢复家

太平天国的"国"

太平天国立国,规定它所用的"国"(繁体字"國")字从口从王,"去或从王,谓王居其中也"。

据太平天国后期颁刻的《钦定敬避字样》:太平天国是天父、天兄、天王开辟之国,不得称为社稷、宗庙、百灵等字。据《敬避字样》规定,太平天国的"国"字,只能写作为"国",用于"太平天国"之"国",凡它处涉及,须用代字:郭、角、邦、地、藩、土、华。

庭,准许男婚女嫁。如果王韬说得有据,那他们也是在这个时候才成婚的。

邱二嫂一作邱二娘,作战勇敢,很喜欢装饰自己英武形象,行军临阵,头扎金簪,两耳带大金环,手腕俱套有金玉腕环各对,招摇过场亮相,尤为醒目,极显市俗妇女特色。他们常以此抬高自己的身价。脱离太平军后,别领一部,仍活跃于桂东天地会地区。第二年,即 1851 年 10 月,在广西武宣县梧山村为地方团练所困,孤立无援,中炮落马而死。

如果说教龄,罗大纲要比洪秀全还要早些

太平军在江口圩屯扎了五天。

在此期间,罗大纲所部天地会人马正式参加了太平军。他是身经百战的天地会首领,在本地区早已很有号召力。这样太平军的声势更加浩大了。

罗大纲是太平天国前期的第一流勇将。

罗大纲与苏三娘一样,原本都是广东人,资深的天地会首领。早在鸦片战争前夕,英国人在广州等地开设洋行时,他就是天地会成员了。1840 年鸦片战争爆发,当时浪迹江湖的罗大纲正在广州,毅然参加了平英团抗击英国侵略军的活动。

平英团是广州北部升平社学等处的民众抗英武装组织,其中很多骨干,如周春,杀死英国少校的农民颜浩长等,都是天地会成员,后来也都参加了天地会红巾军围攻广州的战斗。周春带同侄儿周祉福,在参加太平天国后战斗了十年。他还被封为怀王,在战死后,周祉福继任幼怀王。1866 年 2 月嘉应州(梅州)突围时被俘杀害。他也是太平天国南方战斗最后牺牲的王之一。

罗大纲在广州期间,就与基督教有往来。从他后来在镇江时与英国外交官信函提及,"犹忆多年前与白莱谟、伊理、王金诸君在广州共同建立教堂,崇拜天兄耶稣,历历往事,有如昨日",可见他很早就已信奉基督教义,如果讲教龄,他要比洪秀全早得多了。

可以这样说,罗大纲在从广西山区出来的太平军官员行列中,算是比较熟悉西方事理的,所以后来被一度安排为江苏镇江守将,以便与来自海上的外国官员打交道。

罗大纲在鸦片战争后就进入了广西,在浔江、梧江上聚众组织武装斗争。1847 年,他曾会同胡有福所部天地会围攻广西阳朔县城。

早在 1848 年时,罗大纲就与拜上帝会开始有联系,他很敬服拜上帝会有严明的纪律、系统的制度。据李秀成说,金田起义时,罗大纲也曾率众前来团营,或是可视为罗前来联络,但在江口圩,罗即正式参加了,所部被授以左二军番号;罗大纲则被任命为左二军帅。太平军还派了一个叫陈来的老干部为驻罗部联络员。陈来是杨秀清的一个妻兄。在罗大纲出任军帅后三月,他的妻子病死了。陈来乘办丧事忙乱之际,窃得她的金戒指一只、银牙签一副,被人告发。萧朝贵借此以天父附身传言,勒令他交待。陈来初拒不交代,后来在物证人证下,实在难以隐瞒,方才吞吞吐吐交代。此事也可视为太平天国领导集团纪律严明,和对罗大纲的重视。

罗大纲的人际关系也不错。他在天地会做头领时,与其他各支天地会头领,如桂东北的胡有禄、朱洪英,漓江两岸的范连德、吴长福,出没于浔江的张钊、田芳等相处都较和洽,彼此也有较好的协调,从未发生倾轧、火并和打窝里炮等恶事。他参加太平军后,更是忠心耿耿。但因为毕竟是非平在山和其他山头的拜上帝会资深成员,不是太平天国的嫡系,而是旁系列的杂牌军,虽然勇往直前,战功赫赫,多次还被全军树立为战斗标兵,可仍是受到歧视,晋升不快。早期他就当了 15 个月的军帅。1852 年 6 月攻克广西全州后才晋升为一级总制,比之与他一起冲锋陷阵的李开芳、林凤祥等,台阶似乎低多了。野史编织说,罗大纲自以为功高,而位却在秦日纲之下,心甚怏怏,曾发牢骚说:我只是广东人,封不了王,难道天王竟也忘了自己是广东人吗,因此受到高层猜忌。罗大纲打仗行,但头脑却有些天真,洪秀全、杨秀清等非常讲究谱系。罗大纲本非嫡系,资历浅,现在能让带领一彪人马,有职有权,已经是不错了。

罗大纲的英勇,也使对手感到惊叹。曾国藩自从建立湘军,出湖南后,就在长江江面与罗大纲多次对阵。他的水师精锐屡屡败于罗大纲之手。

第十一编　在小小的东乡称上天王万岁

洪秀全杨秀清亲临一线,指挥战斗

金田起义和东进江口圩,使清王朝开始认识到拜上帝会不是疥癣之辈,其能量决非流窜多年的天地会可及。

在这之前,广西地方当局和各级官吏为粉饰太平,多一事不如少一事,一直没有把拜上帝会的活动据实上报。金田团营后,清廷根据奏报,知道金田村"有尚弟会啸聚万人"(《钦定剿平粤匪方略》),但因其未鲜明地打出反清旗号,也未攻城略地,割据一方,仍认为不足为虑。

清廷要对付的目标还是风起云涌的天地会,以为天地会才是心腹大患。

面对广西天地会起事的此起彼伏、红红火火,朝廷此时又派前两江总督李星沅为钦差大臣,到广西主持镇压事务。李星沅到广西前夕,也不清楚有拜上帝会和太平军,但在目睹副将伊克坦布全军覆没后,凭借多年的官场直观,意识到这是一支威胁王朝的武装,比天地会更有群众基础。于是据实上奏。他说:"桂平县之金田村贼首韦政、洪秀全等私结尚弟会,擅贴伪号伪示,招集游匪万余,肆行不法。""实为群盗之尤,必须厚集兵力,乃克一鼓作气,聚而歼之。"(《李文恭公奏议》卷二十一)

另一个富有政治经验的官僚姚莹《致江苏巡抚杨》亦称:"金田逆贼最为强黠,本习天主教,从广东而来,自称太平天国,以耶稣为皇兄,僭称王号,留发改服,党众心齐,拥众盈万,颇谙兵法,收买人心,始非寻常小寇可比。"

清王朝开始注意了。

新任广西提督向荣,正在横州地区对付天地会,得知蔡村江之战惨败,凭多年感觉,亦认同金田村之拜上帝信徒是"群盗之尤",主张务须集中优势兵力对付。李星沅于是设钦差大臣行辕于柳州,以向荣为前敌总指挥,狼烟滚滚,杀向江口圩而来。

向荣兵分两路,自引主力为东路军,直攻江口圩;浔州知府刘继祖和张钊、田芳等天地会叛军则为西路军。计划由江口圩上游牛矢湾渡江进攻江口圩。两路夹击,以图一举摧毁设在江口圩北石头脚的太平军大本营。

《洪秀全演义》插图

洪秀全亲自指挥对付向荣主力军的战斗。

这是见有记录的洪秀全当司令官的文字。他挑选了两千名战士,分为九路,在石头脚和牛排岭附近竹林设伏。当向荣率东路军过了离石头脚不远的一座独木桥时,就遇到人数不多的太平军战士,双方接仗未久,太平军佯败而走。向荣麾军追赶,这时忽听竹林深处土炮齐鸣,石头脚特设的望楼上黄旗挥舞,从竹林里分头杀出一批批短衣窄袖、头扎红巾、披发赤脚的战士,清兵都是穿长衫、着长靴的正规军,银样镴枪头,不堪一击,死伤近一千人,向荣也只得混杂在败兵中逃命。

这一仗是金田起义后的第一场胜仗。据说当时连妇女也都摇旗呐喊、上阵助战,见有现代人所编的歌谣:

> 妇女去跟洪宣娇,会打火枪会耍刀。
> 牛排岭前大摆阵,杀得清兵跑断腰。

歌谣因时迎合而作。当时敌我两方和民众都不称呼"清兵",更无洪宣娇其人其事,但此仗清兵确实被打了个惨败。

"天 王" 溯 源

洪秀全称"天王",源出自《周礼》,春秋称诸侯为王,独称周天子为"天王","天王"是最高最大的王,所谓"王系于天,所以大一统也",以示区别。《左传·隐公元年》:"天王使宰咺来归惠公、仲子之赗。"顾炎武《日知录》亦称:"《尚书》但称王,《春秋》则称天王,以别当时楚吴徐越之僭王。"又洪称"天王"还带有天父之子奉命来凡间救世之意,"天王"是天父所封,有"真天命"之含义也。

在西路离江口圩二十里的屈甲洲,杨秀清在渡口松林处预伏精兵。清兵刚渡过屈甲江,冲在前面的就被埋在地下的土雷炸得血肉横飞;接着伏兵杀出,而江上游也因决堤放水断了退路;清兵大部被逼至屈家沙坪狭小地带、四周被围,全部被歼。

两路清军俱败。

残余清军麇集拦住陆路通道,张钊、田芳等部封锁浔江,堵死了沿水路北上桂平通道。

洪秀全、杨秀清相当聪明,乘着清军仍注意于江口圩,于3月10日全军撤出江口圩,由新圩、金田进入紫荆山,拟经东乡西赴武宣。

民间传说,张嘉祥原加入拜上帝会,后不合,离去。录自《洪秀全演义》插图

因为避讳,太平天国里没有一个姓"王"的

3月11日,洪秀全等来到武宣东乡。

清王朝任命广西巡抚周天爵前往浔州督师,会同李星沅合力对付太平军。周天爵年近七十,老态龙钟,在仅有的二百名亲兵护卫中,乘着大轿路过武宣县城,发现城上无守兵,城里空空如也,原来吏员和士兵都跑光了,只有知县刘作肃一人坐在大堂里。周天爵问他如何守防,刘作霖愁眉苦脸地说:"卑职只有一根绳子。"意思是说,他只能上吊自杀。说完抱头大哭。周天爵也爱莫能助,无可奈何。

向荣部队虽遭挫败,还保留一定战斗力,但由于广东信宜拜上帝信徒凌十八部进至广东陆川,前来会合之故,向荣部被安排在大洋圩严防,控制浔江万嘴渡口,以防与洪秀全等会师。而在武宣、象州一带腹地,都无清军驻屯,形成不设防区域。兵贵神速,如果此时太平军重视情报,知己知彼,采取急行军,很可能会迅速拿下柳州、桂林。

洪秀全等人的意图是在东乡休整,补给喘息。太平军暂不行军,挖断紫荆山隘口,遏阻向荣军西进;在东乡附近的东岭、三里圩和莫村等地,则构筑纵深防御阵地。

不打穷寇,坐失良机。太平军对实力远弱于自己的敌人竟采取了守势。

原来,洪秀全这时正忙于筹备登极。他选择了《圣经》里所记基督的诞生日,即阴历二月二十一日(1851年3月23日)正式称"天王",呼"万岁",还将牙牙学语的儿子洪天贵封为"幼主",改本年辛亥为"辛开元年"。它就是后来太平天国颁布的天国重大纪念节日之一的"登极节"。

而在此时前夕,太平主即天王洪秀全已在五军主将之下分设有侍卫、总制、监军。军事编制已有了前、后、左、右、中的第一、第二等十个军,每军均分设有军帅、师帅、旅帅、卒长和两司马等按《周礼》设立的编制和官职。

洪秀全之所以称"天王",而不直呼为"帝",乃是认为称帝亵渎了上帝天父。洪秀全说:"天父上主皇上帝无所不知,无所不能,无所不在,样样上又无一人非其所生所养,才是上,才是帝。天父上主皇上帝而外皆不得僭称上,僭称帝也。"(《天命诏旨书》)

因为避讳,以至于叫了多少年的地名"上海"、"上虞"等,也得遵制改为"尚海"、"尚虞"的。

中华五千年,多有帝王特权所限定的避讳字,但没有将"上"字也作为避讳字的。

太平天国将很多常用字列为避讳字。它还几次下诏,要让全军全民都知道,不得写错避讳字,写错避讳字是要严加惩罚的。

太平天国不准称"皇帝"、"大哥"

洪秀全在1846年所写的《原道觉世训》说:"实情谕尔等,尔凡人何能识得帝乎?皇上帝乃是帝也。虽世间之主称王足矣。"首先提出只有上帝才是"帝"。后来在给杨秀清诏书中重申普天之下只有"皇上帝",而且天下亦不得任何人称"大哥"。诏书称:"咨尔清胞,名份昭昭;诰谕兵士,遵命遵条。普天之下,皇帝独一,天父上主皇上帝是也。天父上主皇上帝而外,有人称皇帝者,论天法该过云中雪也。天下大哥独一,天兄耶稣是也。天兄耶稣而外,有人称大哥者,论天法该过云中雪也。继自今诏明天下,以后犯者勿怪也。"

因此太平天国不得出现"皇帝"、"大哥"等称呼和文字,军民若有所犯,则过"云中雪",即杀头也。

大概早在这个时期,太平天国就重视文字避讳,制订了不少避讳条例。本来文字尤其是单字,只能充作符号、标记,没有任何阶级烙印;将它说成特殊,作自圆其说,目的是拔高自己的高贵身份。

这些避讳字,最显眼的是凡涉及所谓天父上帝、天兄耶稣以及所谓天父诸子婿洪秀全等人的名讳,都得采用代字,要避讳。

它的涉及面非常之广,仅洪秀全和东西南北翼王等众名字就有十一个字要回避,不能泛用,而这十一个字都是人们取名时经常采用的。此外还有不少其他常用字,如"王"、"德"、"龙"等。

尤其是"王"字。《钦字敬避字样》中说:"不能单称王字,王乃天日也。"因而,普天之下凡是姓王的,都得改姓黄或汪。洪秀全的表兄,亦是拜上帝会元老级成员的王盛均、王盛爵,此时也更姓为黄盛均、黄盛爵了。就此挂上连下,以至古书中凡有涉及"王"字者也得改,如《孟子》中"孟子见梁惠王,王曰",亦改作"孟子见梁惠侯,侯曰"等。

"王"本乃中国大姓,但见诸于太平天国自诸王到士卒的花名册里,却没有一个姓"王"的。他们都因避讳而改了姓。这个中华超级大姓,在太平天国里就那么干净彻底地消失了。因为"王"姓避讳,原先很多姓王的改了姓,以至我们现在研究太平天国人物,有许多人难以考订他们原来的姓氏,如后期军事首领黄子隆、黄和锦和汪海洋。

洪秀全的姓也要回避,只有从广东花县出来的洪氏家族可以继续用,其他各处姓洪的不得姓洪,必须改姓。如安徽无为的洪容海和本家兄弟洪钜海、洪潮海、洪龙海、洪虎海、洪四海和洪幢海等多人,参加太平军后,遵制一体改姓"童",至降清后才恢复本姓。

就连洪秀全儿子的名字也要回避。因他的次子名叫洪天曾,故而曾天养、曾水源的姓都因避讳而改姓为"永"。不过为时甚短,大概就在金田起义后不久,洪天曾一命呜呼,于是永天养、永水源又恢复本姓"曾"了。

封建王朝确有避讳帝皇名字,但从不回避姓氏,太平天国把姓氏都得改了,是做得出格了。

没有规矩,不成方圆。太平天国避讳字的任意性,可以说是史无前例。

咸丰皇帝无知人之明,赛尚阿却有自知之明

就在洪秀全称天王的第二天,清廷为扭转兵败如山倒的格局,起用广州副都统乌兰泰帮办广西军务。乌兰泰的火器营当时被视为八旗兵的精锐,装备有小炮一百尊,铳枪二百支,但由于军队腐败,长官吃空额,三个兵才配备一支铳枪,主要兵器仍是竹竿枪。

此时清廷已知广西前线军情紧急,而诸大员李星沅、周天爵和向荣之间相互拆台倾轧,咸丰帝认为这些汉官不顶事,决定派出自己亲信大臣、文华殿大学士、主持户部事务的赛尚阿出京到湖南,名义上以专任防堵事务,而密令他为钦差大臣,持有节制广西全省文武官吏特权,并以宿将达洪阿、副都统巴清阿直隶麾下,以姚莹、严正基为参谋,筹划军务,从各省征调精兵一万五千人听从指挥;还分别自内库、户部、江南盐库和粤海关筹集三百六十万两白银,作为军费听从取用。

赛尚阿是朝野倚重的大官。

他系蒙古正蓝旗人,是资深的朝廷重臣。道光年间,已官至理藩院尚书、军机大臣。在任上时,曾经竭力劾罢克扣兵饷的吉林将军,为通州办错案的官员搞"逼供信"以渎职罪处理,因为办事公正,做官又被称为仁廉清慎,道光末年,已当上了协办大学士兼步军统领(九门提督)。

但他素不知兵,不是通才。咸丰帝懂得赛大臣坐在公案上批发公文,颇有机理,却不清楚他能办公并不一定能指挥作战。为增强他的权威,赛尚阿临行时,咸丰帝特赐遏必隆刀以壮行色,予以对违反军令官员可先斩后奏之权。

遏必隆刀,相当于所谓尚方宝剑。遏必隆,清初功臣,后辅康熙大帝,封公爵。此为其自制宝刀,柄与鞘系纯银含宝石混合铸成,光彩夺目,刀钢百炼,斩铁如泥,长二尺五寸,后收藏内府。乾隆年间,遏必隆之孙、大学士纳清督兵金川丧师,在押拿回京途中以遏必隆刀斩首。敕曰:"以乃祖遏必隆刀斩彼不肖之孙。"全军震慑。赛尚阿亦颇有自知之明,深忧心力不足,责任重大。清人笔记称:"赛素不知兵,受命后即自危,与武英殿大学士卓秉怡之送别,对之流涕。"(《壬甲谈往》)

君命在身,他又不得不前往。

军务紧迫,在途中,赛尚阿竟拖拖拉拉走了两个月。

乌兰泰自接到圣旨后,即由广州日夜兼程,到 5 月 3 日才赶到武宣前线。而在此之前,清军在周天爵的指挥下,在东乡附近的三里圩又打了一个大败仗。

那是 4 月 3 日,六千名清兵分四路出动,周天爵乘坐大轿在后亲临督战。浔州知府刘继祖部为了争功,带队首先向东岭发起进攻。太平军人多势众,以小部队牵制对手,另从两翼突出奇兵包抄,三面夹攻。进攻台村的张敬修部见势不妙,赶来救援,又为早已埋伏在侧的太平军切为三段,首尾不能接应。向荣见势不妙,催赶大队人马匆匆前来,亦因地形不利而陷入重围。而在三里圩北面的清军秦定三部,还在没有靠近三里圩时,就遭到起义部队伏击,溃不成军。各支清军都以失败而告终。

乌兰泰到达武宣的第十天,钦差大臣李星沅就在军营中病死,也有说是吞金畏罪自尽。两天后,太平军乘李星沅刚死,军心动摇,突然撤离东乡,进入象州中坪、百丈等地。清军乌兰泰、向荣等部尾随赶到,驻扎在中坪附近独鳌岭、大樟一带。

6 月 8 日,太平军学《水浒》中清风山强盗水淹秦明军马,用土布袋填住两溪的水,等候夜深,却把人马逼赶溪里去,上面却放下水来。那急流的水结果了军马。或学《三国演义》中所写的关羽樊城白河淹曹军法,在独鳌岭南梁河上游筑坝壅流,当乌兰泰军冲入伏击圈时,壅流将士开坝放水,溪河猛涨,顿时淹死敌人三百余人,余众逃上独鳌岭。翌日,太平军猛攻独鳌岭。回军时,有七名小卒在后退途中迷失了归路,即乘夜摸上了岭,突入敌营,齐声呼喊,挥刀冲杀。清军虽然有一千多人,却一时慌张莫名,有如惊弓之鸟,以为大队太平军开到,纷纷弃枪丢戈,争先恐后向岭下逃命。大队太平军战士于是趁机猛攻对山的乌兰泰大营。乌军不知所措,四散溃逃,黑暗中慌不择路,仅从山顶跌进深潭毙命的就有一百多人,乌兰泰也仅以身免。

这七个太平军普通战士竟因此而创立奇功,可惜他们的姓名却没有能留下来。

相似的传奇性故事,在太平天国前期是很多的。

独鳌岭一仗,太平军以少胜多,打乱了敌人的战略部署,清兵被迫转入守势。但太平军也因流动作战,没有后方基地,粮食、弹药都困难日增。由于铅弹缺乏,他们只好将铜钱打成碎片,当做铅弹发射。这时,赛尚阿督师的大部队已陆续进入广西境内。消息传来,洪秀全等人当机立断,立即撤离象州中坪圩。三天后,待乌兰泰等察觉时,太平军已经翻山越岭,挥师东归,回到桂平新圩、紫荆山了。

洪秀全率太平军回到紫荆山地区,就在茶地村驻扎,并在西面的双髻岭、风门坳等处设防。

这时赛尚阿已到达桂林,所部都统达洪阿、巴清德等人奉命增援乌兰泰、向荣等部,向双髻岭等地发起猛攻。

双髻岭海拔一千二百米,双峰插立云霄,当中仅一线羊肠通道。太平军于各要口,挖断路径,垒石架木,设棚堵守。双方经过半个月的战斗,双髻岭阵地仍岿然不动。向荣于是派出熟悉地理的武宣团总刘季三,乘着清晨漫天大雾,沿着一条崎岖山道,绕到双髻岭背后,以重炮猛攻太平军阵地,而主力仍在正面猛攻。太平军虽腹背受敌,却英勇无畏,后因火药库被炮击中爆炸,才被迫放弃双髻岭。

双髻岭失守后第四天,洪秀全在茶地村下令移营。命令特别提出,各营在移营时要"间匀连络,首尾相应,努力护持老幼男女病伤","兄弟姐妹一个不保齐,辱及天父天兄也"。命令还公布由中军主将杨秀清负责全军指挥,其他主将都得听从他的将令。从此太平军指挥划一,杨秀清的地位又有了提高。

杨秀清很有组织才能,军令严整,赏罚分明。他主持全军工作后,第一件事就是处理黄以镇事。黄以镇是拜上帝会老干部,但在战场上偷偷地抽鸦片烟;也有说他身为小头目,却临阵脱逃。为严肃军纪,杨秀清将其处决,且以天父传言全军:

> 黄以镇逆令双重,云中雪下罪难容。
> 胆敢瞒天无信德,阵中两草退英雄。
> 真神能造山河海,不信认爷为何功。
> 尔们众小遵天诫,逆同以镇罪无穷。

洪秀全在移营莫村后向全军下诏,也要众兵将放胆欢喜踊跃,同心同力同向前。与杨秀清借天父传言相呼应,他也写了一首鼓励士气的诗:

> 真神能造山河海,任那妖魔一面来。
> 天罗地网重围住,尔们兵将把心开。
> 日夜巡逻严预备,运筹设策夜衔枚。
> 岳飞五百破十万,何况妖魔灭绝该。

但就在洪秀全下诏昨夕,风门坳却失守了。

风门坳是双髻岭失陷后的第二道要塞,由右军主将韦昌辉部镇守。在长达十七天的艰难战斗中,太平军依靠坳口坚垒土炮,阻击来犯之敌,战斗极为激烈。韦昌辉弟韦志先、韦十一均战死,但风门坳还是失守。

向荣军在过了风门坳后,直指古林社。乌兰泰因妒嫉向荣抢先占领金田等地,故屯兵于新圩附近,袖手旁观,按兵不动。

自8月下旬到9月初,太平军坚守莫村、新圩、金田等处,击退敌军多次进攻。但盘踞一角,终非长计,长此以往,就会因军需粮食断绝而遭失败。在危急中,洪秀全、杨秀清等人断然采取了由内线到外线作战的策略,决定突围。

8月16日,洪秀全在金田新圩发布移营动员令:"各军各营宜间匀连络,首尾相应,努力护持老幼男女病伤,总要个个保齐,同见小天堂威风。"这时他首次提出"小天堂"一词,目的在于号召全军全民,为太平天国而共同奋斗。这个"小天堂",即人间天堂,但它的概念是抽象、含糊的,连洪秀全、杨秀清也不知道它在何处呢!学界有人自作聪明,且为之代言,说就是"南京"。那只是一种莫须有的推测。

在突围前几天,太平军战士从附近山林里砍竹伐木,运到罗宜水和蔡村江边,扎成木排竹筏,装出一副要从水路突围的姿势。乌兰泰、向荣都产生了错觉,以为太平军将出浔江东走,即从北路抽调兵马,强化南边浔江沿线防务。

一个新月当空的夜晚,太平军将士乘着清军北路空虚之际,由新圩等地往东北走,进入平南鹏化里地区。乌兰泰、向荣两军,只听见包围圈里一阵阵鞭炮声和猪叫,仍以为太平军是在快乐地宰猪呢!第二天耳听寂寥无声,他们方才清楚太平军早已远走。在对当地进行了一番烧杀掳掠以后,乌兰泰和向荣才分军两路前去追赶。

继而天下大雨。向荣要争头功,冒着滂沱之雨,踏着泥泞小路,绕道从江口圩过江进入平南境内。他想赶在前头,堵住太平军去路。

三天后的子夜,向荣追师一万人马到达官村,扎营安寨,埋锅造饭,驻军暂停。因为昼夜兼程,疲惫不堪,很快全军进入了睡乡。突然金鼓齐鸣,喊声震地,几百名赤膊的披发战士手持大刀分队杀进营寨。他们摸到着衣服的,凭着感觉就砍。向荣大军措手不及,乱成一团。

天刚拂晓,又有大队太平军战士从四面八方杀进营寨。向荣军的火药枪弹多已在途中淋湿,难以施放,很快就被打得落花流水,一败涂地。其所有粮饷器械,包括行军炊具,全部成为太平军的战利品。

原来,这是冯云山和萧朝贵在奉命伏击。他们早已估计到向荣军争功心切,疏于防备,就采用了伏击,果然出奇制胜击溃了追敌。

向荣收拾残部逃进平南城,他悲愤地说:"我自从军几十年,还未遇到过如此凶恶的对手。自从奉命专剿这班贼子,大大小小也打了数十仗,也从来没有打过像这样惨的败仗。"自此他躲进县城,称病请假一月,羞恼之至,不敢露面。咸丰帝得悉向荣怯战,大怒,给以革职处分。这是向荣自讨伐太平天国以来首次受惩,以后又有多次。他是受到朝廷严责颇多的一位钦差大臣。

官村之战,是太平天国运动自金田起义以来打得最漂亮的一次胜仗,也是最大的一次战斗。战后,太平军将部队分为水陆两路,浩荡前行,北上永安州。

一个新的格局出现了。

清朝爵号简表(功臣、外戚)

品　级	爵　号	附　注
超　品	公	分三等
超　品	侯	分三等
超　品	伯	分三等
正一品	子	分三等
正二品	男	分三等
正三品	轻车都尉	分三等
正四品	骑都尉	
正五品	云骑尉	
正七品	恩骑尉	

第十二编 一个永安州,从此打下了十四年基业

凌十八集团没有能赶得上团营

太平天国占领广西永安州(蒙山)是其事业发展的一个转折点。

金田起义之后九个月,太平天国军队还只是在以桂平紫荆山为圈子的东西南北中打转转,跳不出去。虽然打了不少胜仗。

非不为也,实不愿也。他们的战略意图,乃是要会合、吸收那些未能按期赶来金田团营的各处拜上帝的信徒们。当时在藤县大黎家乡的拜上帝信徒李以文(即李秀成)就有切身体会:"天王到金田之后,移营上武宣东乡、三里,招齐拜上帝之人,招齐武宣之人,又上象州招齐拜上帝人马,招齐仍返金田、新圩。"

条条小溪归大海,果然取得较大的成果。如太平军进入象州各乡,十八岁的谭体元就随家族卷入了团营洪流。可是仍有一路人马,没有跟得上。

他就是广东信宜地区的拜上帝凌十八集团。

凌十八本名君相、才锦,于同辈兄弟排行为第十八,所以就叫凌十八。他还有五个兄弟,按行第就叫二十、二十四、二十八、二十九和三十。基层民众易记数字,多就以此作为称号,就此却把本来名字淡化了,以至后来就再没有留下来。

凌十八有文化,是个不第秀才,在家乡信宜塘坳村开办过私塾。家里屏风上写有"文德堂"三个大字,两旁有自题楹联:

> 安分心常乐;
> 德深意少忧。

从楹联文字,或可以看到他是个类似洪秀全那样的乡村小知识分子,很有点宁静、知足的心理:甘愿寂寞,很难得有造反意识。

凌十八多次未中秀才,对大清王朝和科举制度深怀不满。他的造反,有说是乃与姓练的地主争占祖业,双方还动了枪火,没有解决,争斗了三年。某次,凌十八赴广西平南,受到拜上帝会影响,回来就卖了田地,打起造反旗号。但据《岑溪县志》(1960年

版),开始造反的是凌二十八。凌二十八在水文组织拜上帝会,有信徒3 000人。道光三十年(1850)四月,凌二十八回信宜,拥戴老兄十八为领袖。凌十八即以大寮凌氏宗祠为司令部,打着洪秀全教主旗号,开仓济贫,参加者都是有吃有住,这样穷苦民众参加很多;还规定统一就餐,在吃饭前,每人将饭碗置于头顶,朝着东方,跪在地上,念念有词,念了之后才吃;吃饭时头领还要讲道理。凌十八向会众还提出:反对扎小脚,反对抽大烟,反对赌钱,反对娶小婆,有田同耕,有饭同吃。大寮很多家族集体入会,由开始一千多人发展到三千余人。

清朝地方当局招募本地人攻打凌十八,但不发给号衣,要他们赤膊上阵,凌十八等知道了,双方约定,凌十八的队伍也不着衣,与对方相遇时,见穿衣服的就杀,没穿上衣的知道是自己人。因此凌十八队伍就接连打了两场胜仗。

1851年春,凌十八大队人马北上赴金田,但在博白为团练所阻,转攻陆川不克。3月31日,凌十八会合梁二十等部共五千人,攻打玉林州。玉林城墙高两丈,城门外还有弯墙挡着,对面看不见。凌十八志在必克,命部属打造了三百座云梯,在最高层架设大炮,配合攻城,始终没有攻下。4月30日,军师王晚阵亡。5月5日,凌十八撤围,经陆川返回广东罗定县罗镜圩。几经挫折,这时他的四千人马只剩了一千余人了。

凌十八猛打玉林州,旷日持久,是战略上的大失误:一是耽误了金田团营时间;二是消耗了兵力。

他终于成为孤军。

形影孑立,无枝可依。

未几,外围梁二十和何明科等相继败亡。

凌十八退守罗镜圩,连日苦斗,连粮食也吃光了,就吃树皮、草根。清军和地方团练筑了长沟,宽深各一方,约三里长,把三面环山,犹如镶锅的罗镜围得水泄不通。

1852年7月25日,凌十八被围团两年,终因援无弹绝失败,他跳井被俘杀,余部仍在魏超成率领下,冲破重围远赴湖南,终于走归了太平天国。

西王传令:凡拜过上帝教之人,临行之前,房屋俱要放火烧之

官村之战以后,洪秀全等终于作出了攻打永安州的战略。

避实击虚。这是一个被逼出来的高明决策。

当时,清军主力正麇集在柳州和浔州(桂平),起义部队的南下和北上通途多被堵塞。只有走永安州(蒙山)才是唯一的道路。

永安州是一个小山城,防务空虚,尚未纳入赛尚阿等清帅所制定的包围圈。

转战九个月,行走二千里。长期的奔波,又拖老挈幼,不得安定,需要有一个休整补给地方,借此也要为新的太平天国建构自己的政权组织。

太平军遂兵分两路向永安州进发。洪秀全和杨秀清、冯云山等人走水路,经湄江(即蒙江)而上。洪秀全在船上,踌躇满志,向全军发布诏令。这篇诏书后来也编集在《天命诏旨书》中,此书在占领永安后刻印分发,让全军全民都知道:

> 天王诏令,众兵将千祈遵天令,不得再逆。朕实情谕示,眼前不贪生怕死,后来上天堂,便长生不死;尔若贪生便不生,怕死便会死。又眼前不贪安怕苦,后来上天堂,便永安无苦。尔若贪安便不安,怕苦便会苦。总之,遵天诫,享天福,逆天令,落地狱。众兵将千祈醒醒,再逆者莫怪。钦此。

凯歌行进,洪秀全、杨秀清的水路满载辎重,还有洪秀全的后宫。他的后宫有元配赖莲英,那是在金田团营前夕,专派秦日纲、陈承瑢赴花县,连同儿子洪天贵福、女儿长天金洪天姣、次天金洪天口一齐接出来的;还有其他妻子,其中有在东乡称天王时,从随军家属或沿途村集所选的三十二个广西大脚姑娘。太平天国非常讲究男女分行,不得混淆。天王得天独厚,他和所谓天父的其他子婿们,不受"别男行女行"规定的限止。

与水路齐头并进的陆路,则由萧朝贵、韦昌辉、石达开等人率领。沿湄江两岸夹道而行,再挺进藤县境,于大黎山区驻扎五天,会集藤县、平南等县及其周边地区未能赶去金田团营的拜上帝信徒们。据《李秀成供词》说:"西王在我家近村乡居住,传令凡拜过上帝教之人,不必畏逃,全家食饭,何必逃乎!我家寒苦,有食不逃。临行营之前,凡拜过上帝教之人,房屋俱要放火烧之,家寒无食之故,而随他也。"临行放火,拜上帝教通过这种方法使犹疑未决的穷苦农民义无反顾地跟着造反。起义领袖学项羽破釜沉舟,用于发动群众,烧房屋、破坏庄稼,为断绝参加后再无有回头路。此种烧房屋,且多非自烧,而是他人助烧。太平军后来每到一地,为招徕兵源、扩大队伍,大致都采用这种手段。

萧朝贵等的队伍不断扩充,很多信仰拜上帝的穷苦农民参加了部队。太平天国后

《洪秀全演义》插图

期重要军事领袖李秀成,就是在这个时候加入进来的。

李秀成出身贫苦农民家庭,从小做过帮工,种过蓝、在舅舅所办私塾里读了一年书,长大后,还在本县秀才覃瀚元私塾里,当过炊事员,闲时常聆听覃瀚元和学生讲课,包括讲《三国演义》等故事,靠着自己勤奋好学,竟也识得不少字,写出文理能通的篇章,这在众多文盲为主体的拜上帝信徒基本队伍里,也堪称是鹤立鸡群。当时他叫李以文。此后自己改名叫李寿成。1858年初,洪秀全因他能从皖北奉诏不远千里赶来解救镇江之围,堪称中流砥柱,故在回天京辅政时才赐名叫李秀成。洪秀全对他宠信有加,破格赐以与己名字固有的"秀"字。这在太平天国,是前无古人、后无来者。当然,他在大头兵和中下级军官时代,还只能叫李以文或李寿成。

也有口碑说,陈玉成和李世贤、陆顺得等太平天国后期军事领袖,也是在大黎参加太平军的,而且还是童子兵。还说他们三人在听到太平军将来到大黎时,就迫不急待,翻山越岭前去投奔,只有李秀成犹疑不决,未去云云。但从当时几多是家族投军远征,尤其是陈玉成的一个叔父陈承瑢是领导高层,早在金田团营时就已是与秦日纲并称的骨干人物看来,他们都是参加了金田团营了的。李世贤、陆顺得等也是随家族一起行动,比较李秀成就显得孤单些,他只是举家参加,除了母亲和妻儿,只有一个同胞兄弟,后来取名叫"明成"的。所以在内讧后显贵了,也要认捻子李昭寿为同宗,以及太平军将领李恺顺、李恺运为宗弟,甚至将那小刀会叛徒、后又在苏州迎降的大清候补道李文炳(李绍熙)认为本家兄弟,与以亲信。这种以同姓(也不讲世系、籍贯)为宗族扩张,在太平天国乃是不少的。它正是传统农耕社会的固有魅力,以宗族庞大为荣。

就像对李秀成一样,洪秀全同样也很赏识陈玉成。陈玉成本来叫陈丕成,因为有取武昌之功,被洪秀全赐名为玉成。但他当了统帅时的对手曾国藩、胡林翼和胜保等人,却谑呼他为"四眼狗"。这称呼出自敌对人物之口,当然纯属贬骂;而他幼时在家乡,也确实有诨号"四眼狗"。"四眼狗"源由有两说,一说是他两边眼下长有黑痣;一说是他曾患有眼病,后用艾草熏眼眶,所留的不灭痕迹。

按照太平天国规定,年过十五岁才能是正兵,即精壮之兵,能上阵打仗之兵。李世贤参加团营或编入正兵行列时已是十七八岁,隶属于罗大纲麾下步兵作战,后镇守在扬州瓜洲、镇江等地,天京内讧前夕,已是实授指挥。他并没有当过牌尾。所谓"牌尾",通常是指在精壮兵丁后面所排列的非战斗人员,如年过五十岁,超过正兵年龄的杂役、伙夫,敲锣击鼓者和未过十五岁的少年儿童。

此中的少年儿童,就是通常所说的太平天国"童子兵"。

其实,太平天国自己并不叫他们"童子兵"。所谓"童子兵",叫得最起劲的是张德坚主编的《贼情汇纂》。这是一部由曾国藩支持、组织人员编集的"太平天国军政大观",其中单独有一篇是写"童子兵"的。根据实况并对照此篇叙述,太平天国只统称老小非战斗人员为"牌尾",而不另称"童子兵",是囿于他们不列入正兵编制,更没有自成编制。童子们分别跟随各级官员,有的得宠,还能被认为干儿子,为下属称为"公子小大人"。据说李秀成次子忠二殿下李容发,就是在湖北时为李秀成收容为干儿子的,当时只有六岁。通常留在兵营中,跟着正牌,称为"老弟";但这些正牌必须是发长五六寸的。

以 黄 色 为 尊

太平天国重黄色。初起事时,即规定官员用黄巾扎头,兵丁只能用红巾扎头。仪卫服制都以黄为尊,职官的朝服以黄边宽狭表示尊卑,黄盖黄缎黄背心均为尊贵者的服饰仪仗。前期还曾以佐天侯陈承瑢名义出告示,称黄红两色为贵重之物,不准无官之人僭用。还规定官员乘坐之轿,依官爵高低以黄、红、绿、蓝、黑五色为等差。

民 间 服 饰

太平天国控制地区,严禁女子着裤,男子不得戴毡帽,另改用乌布扎额。张宿煌《备志纪年》:"贼禁民间不许饮酒,不许吃烟,不许戴帽笠,不许带衣领,不许妇人穿红著绿,但乡下尚未大变。"

太平天国每占领地区,即颁发告示,晓谕民间留发易服。咸丰十一年(1861)占宁波,"下伪令蓄发,易衣冠,冠用长巾,衣用短褂,以黄赤色分高下。"(《忠义乡志》)

当然在兵营中的"童子兵"也参加战斗。初生牛犊不畏虎,他们有时还担负起了冲锋陷阵的任务。据记述,1853年1月,太平天国初占武昌省城,用地雷轰破文昌门城墙根,就是由五十名童子兵首先冲进缺口登城的。通常童子兵不直接参加一线战斗。当作战时,他们便头缠红巾、手执竹枪,在远处摇旗呐喊助威,或巡逻、放哨。

在长年战斗考验里,不少童子兵得到磨炼。正如张德坚所说:"今之童子皆他日剧贼,年少喜动,胁力方刚,久经战斗,数见不惊,尤神安而气足,无一切系念,受贼恩育,一心事贼,虽死不悔,临死勇往直前,似无不一以当十。剧贼而外,唯此童子,亦心腹之大患,可不深计熟虑之乎!"太平天国确实出了不少少年英雄,如晚期勇将范汝增,就是由童子兵成长的。

洪秀全气宇轩昂地坐在轿子里,
紧跟的几十顶轿子里则坐着他的大小妻子们

1851年9月25日,太平天国攻占广西永安州(蒙山),这是自金田起义以来攻占的第一座州城。

洪秀全自金田团营后的九个月,东战西征,辗转各地,其主要目的是招集金田周边还未赶去团营的拜上帝信徒们。他们的战斗方针只是游弋于村镇,始终没有采取当时两广的天地会众传统的战术。当时天地会众往往是稍有了几百几千人马,就包围州县,夺取州县,拼实力,打硬仗,以图一时痛快。就这一点上,也表现了太平天国领导集团在起事时,是有远大的意向和卓越的指挥才能的。

就在金田起义二百六十四天后,太平军才选择进军永安,夺取州城。

前军主将萧朝贵等人在大黎山区筹集军粮,扩充队伍,整装待发;由军帅罗大纲率领的一支一千余人马的部队,则担任逢山开路、遇水搭桥的开路先锋。

罗大纲熟悉地理,早在几年前的天地会期间,就率领人马打过永安州。

《洪秀全演义》插图

9月23日,罗大纲部翻山越岭进入永安州境,抢渡湄江,飞越咽喉要地古眉峡,击溃平乐协副将阿尔精阿和他的四千部卒,攻占州南要塞水窦,直抵永安州城下。知州吴江打开城门,放进阿尔精阿败兵,并急忙派人向平南的乌兰泰告急。

罗大纲所部将士迅速在东门外晒布岭上安置了几十门松木大炮,门门炮口对准州城。

9月25日中午,松木大炮向东门猛轰,而在州城西南角,太平军将士购得市场上所有出售"鞭炮",堆聚在城下,乘着西南风大作,将鞭炮点燃,又用马拖着树枝等环城奔跑,顿时烟雾弥漫,城上守军眩迷难辨。于是太平军将士就由陈姓门楼架上天梯攻进了城,歼灭了守军,打开了城门;罗大纲遂率军冲进了州城。吴江跳井自杀,阿尔精阿死于乱军之中,团练总目苏保德被击毙。苏保德就是中法战争中名将苏元春的父亲。当时阿尔精阿和吴江躲城内,闭门固守,只剩苏保德的团练在城外对抗,在南门外金带桥上遭全歼。

凯歌声中,萧朝贵等人也相继入城。

10月1日,即攻占永安州的第七天,走水路的洪秀全和杨秀清、冯云山等人溯湄江而上,也来到了永安州城。

当洪秀全等进州城时,全军敲锣打鼓,夹道相迎,用了最隆重的欢迎仪式,城里各条大小街道早已打扫得干干净净,鞭炮声连续不绝。洪秀全气宇轩昂地坐在轿子里,紧跟的几十顶轿子则坐着他的大小妻子们。

大概就是从这个时候开始,太平天国的物质条件有所改观,轿子也多起来了。但这时的轿子还很简单,无非是竹椅搭上两根长竿,数人抬之而已。洪秀全进永安州,应该就是用这种简陋的轿子。在夺得州城后,他们才坐上了官府拥有的绿盖围轿,所谓"行坐绿呢轿,所居妇女围开"(《粤寇犯湖南纪略》)。自此不断加宽、加高轿子的规格,设立典舆衙管理,在天京天王东王等属下设有典舆衙,以后就是军中高级官员也设有典舆衙。

天王东王典舆衙的轿头是配置指挥级的头领。太平天国对典舆是相当重视的。

农耕社会大小官员都讲究乘轿。人抬人,人上人,这就是做官。

太平天国领袖们特别地注重轿子,轿子文化也是太平天国特有的一道风景线。

洪秀全等主要领导人都是喜欢乘轿子。轿子讲规格,足以显示出他们的尊贵和威风。

当时大清官场的风气,也很讲究乘着轿子去指挥战斗。八十岁的署广西巡抚周天爵,就是乘在轿子里,在将士身后督战的。

农民是善于模仿的。统帅指挥作战,亲临前哨,身处危境,也舍得性命坐轿子。1855年石达开在安徽石埭(石台)等地亲临一线指挥打仗,就是坐在黄呢大轿里的。

封建社会里的人们最热衷于等级,没有等级,就显示不了尊贵。太平领袖们也脱不开这种思维,为了表现自己的身份、地位,将座轿也划分了等级,按照官阶高下规定轿子的乘坐规格。

从永安州突围北上,进湖南,攻长沙,至武昌、上南京,洪秀全等人乘坐的轿子越来越富丽、宽敞。全军行走也远非在广西山谷奔波时自携军火,裹粮以行,而是车辆相连、轿子成群,几千人的队伍,就拥有几十顶各色规格的座桥,鱼贯而进,颇似游街,真是好看。

建都天京以后,太平天国还设立了典天舆、典东舆等官衙,前期高级干部,后期诸王都分别设有直属的管理轿子衙门。太平天国的官衙很多是特别的,就连轿子也有衙门,有如前期典天舆、典东舆等的主管,还都是职同检点、指挥的高级干部,堪称独创。

在天京时,天王、东王等排场又非永安州时代可比。天王轿夫六十四人,东王轿夫四十八人(也有作五十六人),都是乘黄缎云龙座轿。轿子里设卧榻、座儿,有几个灵巧的小童侍候,轿主还可在轿中聆听属下工作汇报,召开小型会议。

按规定,只要是官就有座轿,即使是一个只管二十五个正牌或二十五户的两司马,也要乘坐由四人所抬的黑绢大轿。能乘轿是政治待遇,显示了不同的政治身份。做官的被民抬,做民的要抬官,难怪太平天国鼓励、开导臣民的一件法宝,就是送官升官。约定俗成,在日常生活里,它还有更多的攀比、僭越。

乘轿子,只是造反农民为改变自己身份和地位的一种表示,炫耀于道,不亦悦乎!

轿子的特色是人抬人,众人抬一人。金田团营时高喊平等口号的洪秀全、杨秀清等天父儿子们,却忘记了"平等",终于自己徒步走进了轿子。

永安城里外张贴布告:割得赛尚阿头者赏银五钱

太平天国占领永安州的第二天,乌兰泰大军才踱着方步慢悠悠地赶到城西南文墟,旋即进驻佛子村。随后各支清军陆续赶到州城四郊,分头驻扎。至 10 月底,向荣大军进驻城西古排塘。至此,永安州城四郊多垒。太平军为保卫永安州城,与围城清军展开了多次战斗。

现任钦差大臣赛尚阿畏敌如虎,行路缓慢,7 月初才到省城桂林。

有趣的是,大清王朝先后派出的几任钦差大臣,直到此时还未弄清这支不同于天地会队伍的领袖和领袖集团成员是何许人。最初是署理广西巡抚周天爵老头在咸丰元年(1851)正月初十向新皇帝奏折里说,头子是韦元玠,"其最凶无如大黄江一股,为尚地会之首逆韦元玠等",咸丰元年四月初六日,李星沅、周天爵和向荣,才有"访闻金田匪首洪泉即洪秀全,乃传洋夷天竺教者";但在钦差大臣赛尚阿上任后,始常提及以韦正为首、洪秀全为副;在围攻紫荆山期间,总算查明领袖还有杨秀清、冯云山和胡以晃,"且已有伪王、伪官、号令、纪律"。但由于赛尚阿情报失实,时有出入,以至在围攻永安州期间,竟将湖广总督程裔采提供的广东老万山(狗头山)自称太平王的朱九涛说成是进入永安州为新皇帝云云。

以讹传讹。这个天地会的一路领袖,在民国时期的若干中国史书里,还被称之为是洪秀全、冯云山等人的老师,是拜上帝会的开山祖师。

永安州失守使赛尚阿受到咸丰帝的严责,说他调度失宜,议以革职留任,并勒令立即收复州城。赛尚阿一筹莫展。九月初,被迫走出桂林,将总指挥部扎在阳朔,指挥百里外的军事。他以乌兰泰为南路主帅、向荣为北路主帅,对永安州进行围攻。两路兵力共有四万六千多人。超过太平军一倍多——当时能作战的太平军将士不到两万人。

但是,清军的多次进攻均未得逞,几乎是每战必败。太平军将士上下一心,众志成城,每逢危难,彼此勉励:"放胆,有天父看顾!有天父保佑!"还说:"越吃苦,越威风。"针对清军胆怯如鼠,不敢出战,说:"尔有十分命,只有一分胆;我只一分命,却有十分胆。"当然清军常遭失败,还有一个主要原因,就是将帅不和,相互倾轧。乌兰泰主张"围而击之";向荣倡导"纵而掩之"。一个要在合围中歼灭对手;一个主张网开一面,在追击中歼除对手。两人各持己见,谁也不服谁。赛尚阿于军事一窍不通,悬而难决,拖了两三个月,方才采纳乌兰泰的围城战略,以重兵包围永安州。

这时的清兵人数虽众,装备也多是属于国内先进武器的火药枪,但非常怕上阵。他们是雇佣兵,是为拿饷银养家而当兵的。其中很有老兵油子。赛尚阿心知肚明,多有猫腻,就把张敬修的练勇发了遣散费,送回老家,不料这些练勇拿了遣散费却跑进了永安州城。据赛尚阿的翼长(参谋长)姚莹说:"自来我兵(清军)之败,多由远望见贼(太平军)有一二里之外,即放枪炮,相去甚远,不能伤中贼人,惟惧其前进而已。贼俟我火药铅弹渐尽,然后蜂拥而来,我之枪炮已不可用走矣。又贼每以被胁之人当前诱我,俟我枪药尽,然后出其精锐而来。"

赛尚阿指挥作战,不行。他又采取政治诱降,即向州城太平军将士颁布悬赏令。"凡擒获、杀洪、杨、萧、韦、胡等可赏赐五、六品翎顶,赏银一万至八千两。"洪秀全等在围城里读了这份赏格,与他开了一个不大不小的玩笑,也在永安城里外张贴悬赏布告:凡割得向荣头者,受上赏,赏万金;得乌兰泰头次之,而割得赛尚阿头者,赏银五钱。

如此揶揄,赛尚阿读了,真也是啼笑皆非,无可奈何。

清军虽重重围团永安城,却又怕接近州城。因而当时有个佚名的文人写道:

孤城在望无人近,

半载遥从壁上观。

"小 天 堂"

基督教有天堂和地狱为赏善罚恶的处所。洪秀全借此发明了"大天堂"、"小天堂"。他说,天堂有大、小两种;天堂在神国为"大天堂",它在"三十三天",是上帝和耶稣居住处,拜上帝者死后,其灵魂可上"大天堂",永远生活在上帝的荣光里。天堂在人间为"小天堂",即洪秀全要建立的太平天国新天朝。他宣称,新天朝建立之日,便是上帝和耶稣降临人间之时。届时,上帝将看顾他的子女,在世间获得平安、饱暖和幸福。

洪秀全《钦定旧前遗诏圣书批解》:"神国在天,是上帝大天堂,天上三十三天是也;神国在地,是上帝小天堂,天朝是也。天上大天堂是灵魂归荣享福之天堂,凡间小天堂是肉身归荣上帝荣光之天堂。"

"小天堂"有时亦指南京。"天下谓之凡间,天上谓之天堂。人死谓之上天堂。南京曰天京,谓之小天堂;天曰高天,谓之大天堂。"(《金陵省难纪略》)

凡是跟到"小天堂"者,均可享受"累代世袭"

在敌人围困圈里,太平天国采取了以守为攻的战略,岿然不动,坚守永安州城长达六个多月。

在此期间,太平天国的领袖们展开了各项政治建制,使初具规模的国家政治结构基本奠定,因此后人称这个时期为"永安建国"或"永安建制"。

在建城的第一天,洪秀全就颁布了一道新诏旨,这道诏旨自杨、萧发至每个天兵,勒令全军大小人员,都要一心为公,要具备有大我意识:"各军各营众兵将,各宜为公莫为私,总要一条草,对紧天父天兄及朕也。继自今,其令众兵将,凡一切杀妖取城,所得金宝、绸帛、宝物等项,不得私蓄,尽缴归天朝圣库,逆者认罪。"

洪秀全为了强化军纪,首先高举大公无私的旗帜。

圣库也就是国家仓库、金库。

圣库钱财的来源,一得自攻城掠地的种种缴获;二得自拜上帝会众,"将田产屋宇变卖,易为现金,而将一切所有缴纳于公库,全体衣食俱由公款开支,一律平均"(《太平天国起义记》)。

它是在物质缺乏环境时的产物。

早期的圣库制度,确实带有有福同享,有难共当的性质。它在永安州城认真地执行了一阵子。

重要的是鼓励士气,强化将士誓死奋斗的信念。

鼓励士气就是要给人们有奔头,有方向,更能见到前程光明灿烂。

自从萧朝贵以天兄传言,首先提出赴"小天堂"的号召后,洪秀全在突围诏中又重加申明。但此时所说的"小天堂",乃是朦胧与遥远的,并没有具体和实际的含义。而农民大众、下层人士是最讲究要能看得见、摸得到的。太平天国进驻永安州不久,就两次以洪秀全诏旨,对"小天堂"作了比较清楚的阐述;明确些说,就是许愿,许做官。

第一道诏旨,是命令各军在每场战斗以后,各级官军按将士的表现逐级进行登记,由各两司马遂级至军师处,再转奏天王。遵令向前杀敌,则在花名前画圆圈;逆令退缩,则画交叉,以记功罪,"说到小天堂,以定官职高低,小功有小赏,大功有大封,各宜努力自爱"。它将"小天堂"的封赏与现实的战斗结合在一起,激励将士们立功受赏的积极性。

第二道诏旨,是号召将士踊跃同心,杀敌立功。它特别提出:凡是跟到"小天堂"者,均可享有"累代世袭"的特权。"现封及者,袍帽遵依官制;未封及者,封帽一概尽与两司马同。既封及者一体,未封及者一样上到小天堂,凡一概同打江山功勋等臣,大则封丞相、检点、指挥、将军、侍卫。至小亦军帅职,累代世袭,龙袍角带在天朝。"

这就是说,永安州的太平军将士,人人不分上下,都可享受到世袭制的政治待遇;即使是未授官职的普通一兵,也给予两司马之职。永安城里无兵卒。如从永安跟到未来的"小天堂",则最少也能连跳四级至军帅。

这个愿许得多好,不但有既得利益保证、获得权力和财产再分配权,而且是荫及子孙世代。一人得荣,全家受益。但它只能是永安州时期的太平军成员才能享受的。后来它也确实有兑现。就在一年半后,太平天国建都南京后,当年在永安州城的圣兵(两司马)李秀成、古隆贤就为东王杨秀清诏令出任军帅。

一要生存,二要温饱,三要发展。

因此,天国领袖所说的"小天堂",已不是上帝天国的幻影,而是人间"天国"的写

从国库到"小金库"

早期太平天国,天王几次三番颁布诏旨:一切财产归圣库,圣库就是国库。1851 年9 月,他在永安州下令:"各军各营众兵将,各宜为公莫为私,总要一条草,对紧天父天兄及朕也。继自今,其令众兵将,凡一切杀妖取城,所得金宝、绸帛、宝物等项,不得私藏,尽缴归天朝圣库,逆者议罪。"

《太平刑律》、《立营规条十要》等都立有条令,严格执行。

但自建都南京后,大小圣库的金银财帛越积越多,能支配的各级主官,逐渐将圣库嬗化为自己的钱库;尤其是诸王亲贵,"所得首饰金珠,不准昧匿,必令层层进献,归之伪王圣库而后已"(《贼情汇纂》)。天京内讧后,逐渐形成的大小各路军头,拥军自重,割据地方自霸。天高皇帝远,更视圣库为自己和本家家族的私有财产,且支配本部人马衣食辎重给养。圣库因此由国库嬗化的"小金库"。

真。它的淡化宗教幻影、宣扬世袭制度,正符合几千年来农耕社会小农执持的文化思维。永安颁布的世袭制度,贯穿了太平天国整个时期。官阶可以世袭,与官阶搭界的官职、官衔都可取得世袭,子子孙孙都能享受到自父祖辈得来的这份特权。这种"世袭"理念,后来还写进《天朝田亩制度》"功勋等臣,世食天禄"。所谓享受"世食"的"功勋",据《汇纂》卷三"凡从至永安州突围之贼,无论伪职大小,悉加功勋两字","自金田起义至永安州止,相从之贼,不拘有官无官,俱谓之功勋"。

世袭制是太平天国的核心理念之一。太平天国也是古今中外从未有过的全方位推行世袭制的政权。

太平天国开始用封官晋爵刺激将士,鼓舞斗志,为向"小天堂"进军继续奋斗。

可是,这个"小天堂"究竟在什么地方呢?

当时,洪秀全、冯云山或是杨秀清、萧朝贵,谁都没有提出再进一步的具体的答案。在此时此刻,他们的精力已在永安忙于封王大典,颁布《太平礼制》《太平历书》以及开科取士,还没有想到下一步棋该如何走呢!

老百姓不准戴帽子,也不能用红布扎头

永安建制是建立等级、明确等级。

太平天国很讲究上下等级。各级有各级的政治待遇、物质待遇。当年拜上帝会时期倡导的所谓"平等"、"平均",那是在物质生产和分配相当贫困、而且政权还没有确定时的宣传,是很难真正做到的。

因为讲等级,日常的衣食住行,就得有区别,特别是天王和各级官员的帽子、服饰以至旗帜,分别都有严格规定,与民间更有严格、明显的区别。

官员可按级别戴相应的官帽,扎黄巾,人们也可凭其所扎的黄巾质地、长短判别官阶;伍长和兵丁只能扎红巾、用红布包头,其他服饰一概不能采用黄、红两色,否则是犯规,犯规是要杀头的;老百姓不准戴帽子,民间有帽一律禁止,也不能用红布包头,只允许用灰黑布扎头。如有婚娶,新郎特许添加红额一个。民间着服,只能用青、蓝和灰黑三色,不得与官服混淆,犯者也是要杀头的。

旗帜也很能显示官员的地位。太平军各级官员都规定有特别的旗号。旗式的大小、长短,可以看出官员的官阶高下。旗色都用黄色。按官阶所定,诸王用方旗,如正

军师长阔各九尺五寸,副军师各九尺;其余自侯相以下均用三角旗,以边长论尊贵;最小的两司马,也有边长二尺五寸的黑色无边的三角旗。

因为诸王大旗帜,选拔大旗手非慓健、雄壮者不可,可谓百里挑一。大旗手官阶亦高,东王大旗手职同检点,北王大旗手职同指挥。检点、指挥在前期都属于高级官员。

清军军官是没有自己的专用旗的。很长时期内,他们因情报失灵,弄不清太平官制军制。有一次,向荣就将手下缴获的"太平水营前二前四北上上黄旗两司马"旗,视为重要战利品送呈北京。

永安建制的一件头等大事便是封王。

洪秀全首先是自称万岁。在进永安州以后,就分封所谓天父诸子婿。他将所谓的圣母玛利亚所生同胞杨秀清为九千岁,萧朝贵为八千岁,冯云山为七千岁,韦昌辉为六千岁,石达开为五千岁。封了千岁,当然还得封王。

裂土分茅,封王建国,是列朝开国时的头等大事,太平天国也热衷此道。

1851 年 12 月 17 日,洪秀全下达封王圣旨。

> 前此左辅、右弼、前导、后护各军师,朕命称为王爷,姑从凡间歪例,据真道论,有些冒犯天父,天父才是爷也。今特褒封左辅正军师为东王。管治东方各国;褒封右弼又正军师为西王,管治西方各国;褒封前导副军师为南王,管治南方各国。褒封后护又副军师为北王,管治北方各国;又褒封达胞为翼王,羽翼天朝。以上所封各王,俱受东王节制。(《天王诏旨》)

太平天国封王一举表明,他们很向往上古时代的分封制。天王自居中州之地,翼王辅之,而号令四方。东、西、南、北四王分守四方,领导所在地各路诸侯。各王与天王上下仅是按千岁数多寡有别。他们也可以有自己的组织机构,组成六部,有独自的典官、卫队,形成若干相对独立的派系。其中鉴于东王总揽天国军政事务,东王府也就成了太平天国实际的政府机构和参谋总部。

太平天国领袖们的家族观念也渗进了政治色彩,得以深化。在永安,他们又发明了"国宗"一词。天王和诸王之兄弟一体列称为"国宗"。与"国宗"并列的,还有"国伯"(长辈)和"国相"(小辈),对外亦一例称"国宗"。别致的是,这个家族新名词作为特殊的另类官阶,被列在诸王之下、丞相之上。

太平诸王的国宗兄弟是不少的,凡是诸王认定的本家兄弟,以及前来投奔认为同宗的同姓兄弟,都会获得"国宗"称号。这些人在前期大多加"提督军务"衔,被派到前线当司令官,称"提督国宗"。他们因为血缘圈准血缘圈,最受信任。当然也有是饱食终日、无所用心,做不了任何事的所谓"闲散国宗"。他们成事不足,败事有余,只好留在天京吃吃喝喝,享受高规格物质待遇,如洪秀全的两个颟顸哥哥洪仁发、洪仁达。

首义诸王韦昌辉、石达开都拥有庞大的家族队伍,很有实力。杨秀清自幼孤苦伶仃,只有一个远嫁他乡的姐姐,没有本家兄弟子侄,自感相形见绌。但他非常聪明,即以己为中心,认了很多姓杨的为同宗兄弟,并将他们改为"清"字辈。如前述的杨辅清(杨金生)、杨雄清等人。

按规定,国宗也拥有大批臣僚为他服务。提督国宗有协理一人职同总制,麾下置有国尉六百人,国伺二十人,均职同监军;闲散国宗虽是无职无事可办,也给予协理一人和国尉八人、国伺二人。这些特殊的编制,又说明太平天国头重足轻,官多兵少的畸形现象。

永安建制的另一件大事,就是完善了官制。

太平天国的官制,相当复杂、混乱。但其基本官制,即它的主轴线,大致不变。它是在永安时期就形成了的:军师、丞相、检点、指挥、将军、总制、监军、军帅、师帅、旅帅、卒长和两司马。

军师由所谓天父诸子婿担任,他人永远不能过问。因此,官居极品的就是丞相。在永安封王的同时,还封了两位丞相:天官正丞相秦日纲和春官正丞相胡以晃。

六官丞相,按天地春夏秋冬为衔号,每官又设正、又正、副和又副,按编制共设有二十四个丞相官职。永安时期只封了两个,其余二十二个都是后来陆续补增的。

说是丞相,其实只是太平天国官阶的一种符号,它没有列朝官制中所设丞相的职能。取名丞相,因为是农民最熟悉、最向往的名号。设立丞相,也就满足他们的数代、数十代祖辈欲望罢了。因而,太平天国各种丞相名号特别丰富多彩,带丞相衔号的,还有职同丞相、恩赏丞相、平胡丞相等。职同丞相,即相当于丞相的官级,但实际却相当不清,它是职同正丞相、还是副丞相? 语焉不详。恩赏丞相,就完全是一种荣誉官衔,只有名称而无权无印,即使小小两司马,如知名或也可授了的。据说有一天杨秀清很

英国牛津大学藏《太平礼制》封面

高兴,心血来潮,一下子就签发了几百个恩赏丞相。丞相丞相满天飞,遍地跑,让大家都过过丞相名号瘾。

到太平天国晚期,由于丞相之上又增添了很多官阶,它更身降百丈,大大贬值了。一个仅编制为五百人的军营,就出现有按数字编号的丞相十名以上,此时的丞相,已沦落为一个不入流的小兵头而已。

丞相之外,农民们最熟悉的也是最为青睐的就是"将军"了。"将军"古已有之。明清两朝将军定格显著,清朝各地绿营大帅的"将军",与总督并列,且因八旗品级名列总督之上呢。这使农民们艳羡不已。

有人认定太平天国各级官职源于各朝各代,其实亦不尽然。它应是以民间熟悉作采纳的,如仅次于丞相之检点通常以为是采自五

英国牛津大学藏《太平军目》封面

本书刻于壬子二年(1852),当系在永安州刻印。

永安分封五王旗帜号衣

永安封王是满足首义诸领袖的终极欲望。说明彼此既都属天父诸子婿,理应同受朝贺,一字并肩,人人封王是也。

洪秀全等设计理想国政体,封王取方位为爵号,把中华神州分疆为王,天王和羽翼天朝的翼王居中,其余四王分居四方,实行天父诸子婿群体合力统治。为强化诸王所统辖地域特色,还循五行颜色与诸王所统辖地域所用旗帜和统下兵将号衣:

东方属木呈青,东王旗为红字绿边,统下兵将号衣为黄背心绿边;

西方属金呈白,西王旗为红字白边,统下兵将号衣为黄背心白边;

南方属火呈红,南王旗为红字红边,统下兵将号衣为黄背心红边;

北方属水呈黑,北王旗为红字黑边,统下兵将号衣为黄背心黑边;

翼王居中央属土呈黄,但因系黄绸旗,只得以红字蓝边而代之。

以东、西、南、北四方位作为王爵衔号,系采取《周礼·夏官》;但也受到《封神演义》王畿四周,有东、西、南、北等四伯侯说。

太平天国前期官阶表(1851—1856)

等级	名目	官爵	备考
一等	一级	正、又正军师	仅授东王、西王
	二级	副、又副军师	仅授南王、北王
	三级	主将	仅授翼王,他人不得升授
二等	四级	天燕、天豫	国宗(天王及诸王家族成员)无阶位,在四、五级间浮动
	五级	天侯	
三等	六级	丞相	六官正、又正、副、又副丞相,共二十四员
四等	七级	检点	共三十六员
五等	八级	指挥	共七十二员
六等	九级	将军	含正、副将军。原设十员,至天京增设为一百员
七等	十级	总制	
八等	十一级	监军	
九等	十二级	军帅	管辖五个师帅
十等	十三级	师帅	管辖五个旅帅
十一等	十四级	旅帅	管辖五个卒长
十二等	十五级	卒长	管辖四个两司马
十三等	十六级	两司马	管辖二十五个正排

代的"都检点",不确。它其实源自《西游记》。《西游记》第五回有李天王讨伐花果山，部将就有"罗喉星为头检点"，是为太平天国所设检点的出典。

永安建制还有一件不大不小的事，就是开科取士。这是洪秀全梦寐以求的，当年四次未中式，现在自己做主考大人，过一次主宰科举的瘾，可是小小永安州，哪有人前来应试。据说是洪秀全发动国中军中稍能识字之士前来应试。结果是南王冯云山录取为第一名秀才。

审讯周锡能案证明东王杨秀清能洞察一切

1851 年 12 月，太平天国成功破获了周锡能叛乱案。

周锡能是拜上帝会老干部，金田起义时即封为军帅。当时军帅之上只有监军、总制两级，再上就是五军主将了。他是十个军帅中的一个，也算是高级干部了。

太平天国颁行诏书总目封面

那是 1851 年 6 月，太平军在转战象州中平圩时，周锡能获准南返家乡博白，招集未来赴上的拜上帝会众。同年 12 月 2 日，在返回永安州城途中，周锡能官迷心窍，被清军招降，给了他一个六品顶戴虚衔，派其回州城，诱惑军心，里应外合；并让朱八、陈五随同前往。

12 月 13 日，周锡能、朱八等人回到永安州城。当天他们就去窥察四面城楼，说了些这座城池易攻的话。周锡能又来到女营找到妻子蔡晚妹，对她说明自己内应的事。蔡连夜收拾行李，还得意地对儿子周理真说："你穿这件布衫不会长久了，三天后就有绸缎穿了。"周锡能还同朱八一起去诱惑朱八的亲侄朱锡琨，又偷偷找同乡人、巡查黄文安透露内情。

他的行动鬼鬼祟祟、偷偷摸摸，很快被人举报。杨秀清立即逮捕了周锡能等人。

这天晚上，刚开始时是由韦昌辉主审，周锡

能否认。旋由杨秀清亲自出马，假托天父下凡审讯，洪秀全等人在一旁观听。

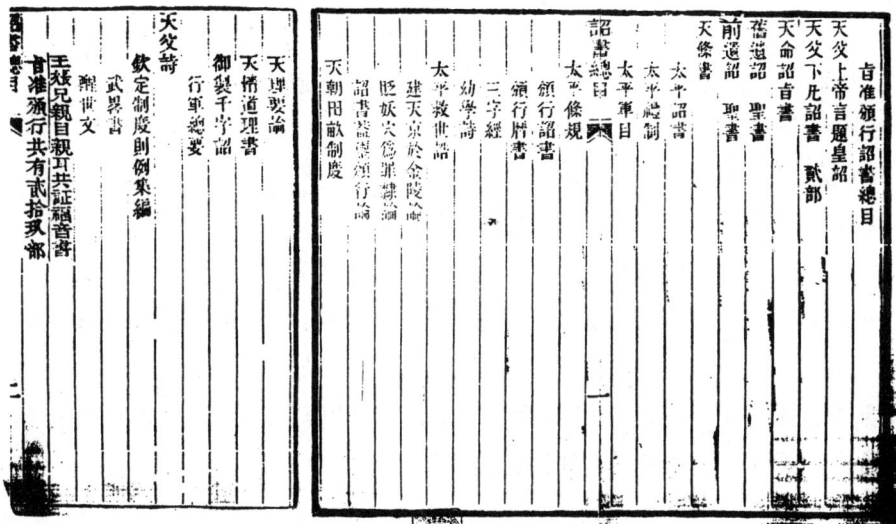

癸好三年（1853）旨准颁行，共有二十九部

这是杨秀清受封东王后的第四天。杨秀清胸有成竹，像猫捉老鼠，高屋建瓴，连连发问，表现精彩。周锡能被责问得哑口无言。

"天父"问周锡能："尔知得我屡次救过尔，尔行错之事，就不可瞒天，直说我天父听也。"

周锡能答道："小子情实无二心待天，实为回乡团集兄弟姐妹也。"

"天父"说："天就是我，一心不二心我尽知。尔说真心回乡团集兄弟姐妹，今带有多少人来？"

周锡能答："小子现带有一百九十余人来。"

"天父"说："尔所带之兄弟何时在博白起脚？如何设计行程？"又紧逼说："缘何独尔三人到来？今尔所带之兄弟现在何处？"

周锡能故作镇静地说："小子头一好得天父化醒，朱锡杰、梁十六同小子商量，假扮带妖壮，十月初十日在博白起脚，至本月二十一日到。"（他说的是阴历。）又说："事因假扮妖壮，曲从带兵，现投入新圩妖营，既有七八天矣。"

但是，就在他审讯被捕前，曾说过才回来三四天。时间前后说得不一。

"天父"由此追问:"周锡能,尔回朝时是如何说的?"

周锡能知道说漏了嘴,不得不承认:"是小子说回来三四日之话不合,我未推算日期。"

"天父"又问:"周锡能,你所带有百多人到妖营,你知道他是什么妖头?"

周锡能答:"那妖头姓赛,是咸丰妖的舅叔。"

"天父"问:"你见他说些什么?"

周锡能答:"小子见他妖头,没有商量什么。"

"天父"问:"周锡能,你既投进妖营,现在又如何出关前来回朝?"

对这个问题,周锡能已想过无数次,故尚可自圆其说:"小子对那妖头说出关把路,佩剑,拿关刀,骑白马,并带朱锡琨凡叔朱八与小子外甥陈五三人直向圣营走回天朝,奏知千岁,不致虑望。还有小子所带百多人,现在新圩妖营,要待小子先来报知,然后方可齐来,不致有误。小子真心情形是这样。"

这时周锡能虽强词夺理,但因为朱锡琨、黄文安都先已如实讲了,他知道已暴露,不得不招供投入清营充当内奸:"小子出外错从妖人,被其诱惑,听从妖计回来,以为妖魔内攻外应。"但他仍辩解是被逼。

"天父"又传来朱锡琨和黄文安出场旁证。

朱锡琨说:"昨夜周锡能同朱八诱惑小子去投妖,包有封赏。小子则愤怒说他,此事断不是我所为也。"

黄文安说:"周锡能说,那妖魔无诡计可设,但知得那妖头今欲用人投营,诱惑我们军心。又说他前投在妖营时,受了妖封六品顶戴。又说妖计不愿与圣兵对战,欲以银钱买和。"

人证俱全,言之凿凿。

至此,周锡能谋反案完全审明。

在那个时候,杨秀清还是很有政治头脑的,对与事者按情节、性质作了区别处理。他为告诫朱锡琨,先打一百记屁股,再打一百记屁股。黄文安也打了一百记屁股。他们虽没有参与,但因未及时揭发,态度暧昧,应予惩罚,引为教训。而对周锡能及其党羽,则处以死刑。

第二天,周锡能等人被处决。

周锡能临死前叫道:"众兄弟!今日真是天做事,各人要尽忠报国,不要学我周锡能反骨逆天。"

他的老婆蔡晚妹也恨恨地骂着丈夫:"真是天诛你!今连我母子都被你害死,真是害人害己了。"蔡晚妹母子参与了叛乱活动,也是罪所应得。

审讯周锡能为杨秀清大大撑足了面子,向全军上下展示了他的英明、睿智、洞察一切。当时记录说道:"众兵将同心唱叹天父上帝无所不知无所不在也。"

太平天国非常重视审判周锡能叛乱一案对全军全民的教育功能。这份由蒙得恩、曾天芳记录,又由天王洪秀全亲自修订的审讯材料,立即被刊刻颁布,并名曰《天父下凡诏书》下发,以后还不时重刻,成为太平天国军民常须捧读的一部必读书。

本来周锡能确实是叛乱了的。但这份审讯记录中的杨秀清和周锡能的一问一答,却很像是事先都已作了预习、排演。审讯中有些对答,也不见得是真有其事。比如赛尚阿接见周锡能。以钦差大臣高贵身份的赛尚阿,按情按理,都不可能也不会与一个下水的小叛徒直接谈话的。盖此事也不见于清人的公私文牍。

天王诏令:男将女将尽持刀,现身着衣反替换

1852年4月初,太平军由永安州突围成功。

永安州是一个山城,太平天国在清军的重重包围之中,时间长久,粮食军需等物质就十分困难。坚持半年之后,洪秀全、杨秀清等领导人即部署突围它图。

4月3日,洪秀全对全军将士下诏突围:

> 天王诏令:通军男将女将,千祈遵天令,欢喜踊跃,坚耐威武,放胆诛妖。任那妖魔千万算,难走天父真手段。江山六日尚造成,各信魂爷为好汉。高天差尔诛妖魔,天父天兄时顾看。男将女将尽持刀,现身着衣仅替换。同心放胆同杀妖,金宝包袱在所缓。脱尽凡情顶高天,金砖金屋光焕焕。高天享福极威风,最小最卑尽绸缎。男着龙袍女插花,各做忠臣劳马汗。

两天后的子夜,太平天国全军突围。

由罗大纲带领的先锋部队,冒着风雨取道古苏冲口出围。古苏冲在州城东十八里的龙寮岭下,冲口有玉龙关为第一险要处。向荣以为此处险要,无须重兵把关,只派了

七十岁的已革参将王梦龄带三百兵丁守卫。罗大纲军绕道而行,从关后杀入,迅速占领玉龙关,缴获了十多担火药,充实了军资。尔后,中路大军洪秀全等顺利地通过了古苏冲口,攀上龙寮岭,走向昭平大峒而去。

但作为全军殿后的秦日纲军由州南水窦村撤出,在进入古苏冲时,就为清军乌兰泰部所追及,双方发生激战。当晚秦日纲军撤出玉龙关,从平冲而走。翌日乌兰泰追击中发现太平军在平冲峡谷中行进,就分军抢占龙寮岭两侧高地。平冲峡谷全长七里,古树参天,荆棘丛生,秦日纲军因掩护老弱妇孺,行军缓慢,适逢大雨,路更难行。

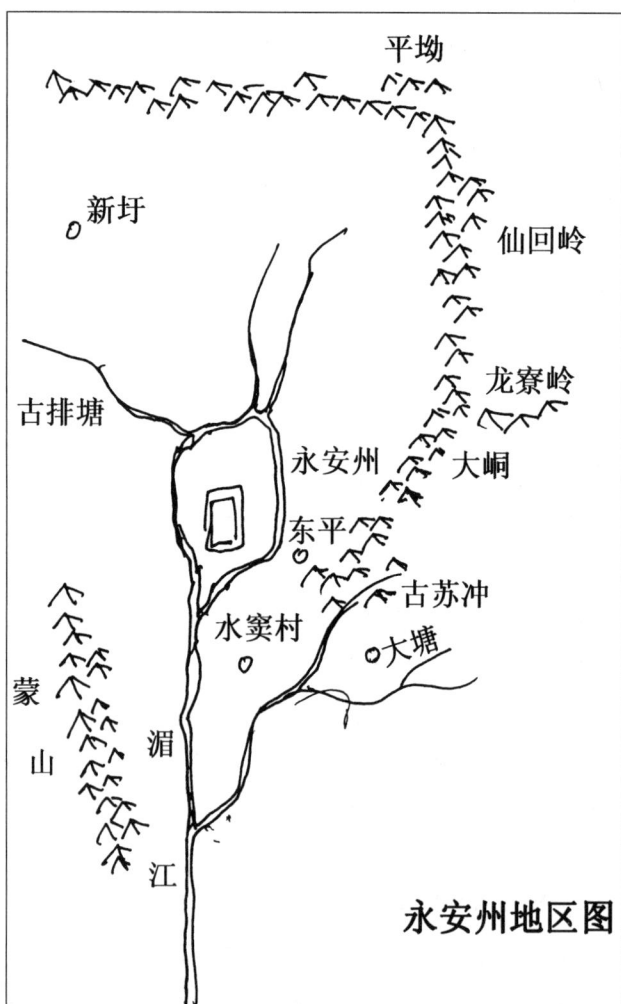

永安州地区图

清军居高临下,直扑峡谷。太平军进退维谷,所护家小全遭杀害,人数多达两千余人。这是太平天国自金田团营以来,遭受最多的一次战斗人员和非战斗人员的损失。

赛尚阿得到捷报,催令向荣、和春、邵鹤龄、董光甲、长瑞、长寿等各路人马,一起向龙寮岭追击。

洪秀全等人此时已翻过龙寮岭,驻扎在昭平县境内仙回岭。得悉后军损失惨重,为摆脱追军,决定采取诱敌深入,在伏击中歼灭敌军。太平军主力分三路出击:北路直插龙寮坳,待追军一过,即断其归路;南路在旱冲口用木石堵塞,作为围歼追军的主阵地;中路攀上黄草岭,居高临下,正面阻击追军的来路。还在追军行进的两侧山头准备了礌石、滚木,布下长长一线的天罗地网,等待追军进入圈套。

乌兰泰军奋疾先行,其余各支人马紧紧跟上。利之所在,趋之若鹜,都是想要争头功、拿大顶的。4月8日清晨,大雾弥漫。当清军翻过龙寮坳进入太平军伏击圈时,两侧山峰上顿时礌石、滚木倾盆而下。追军本已疲惫不堪,加之山路湿滑,人马拥挤,难以展身,显得非常被动,无还手之力,只有挨打的份。说时迟,那时快,雄赳赳的太平军将士,脚踏芒鞋,手持短刀,分几路冲出山坳,杀奔前来。

狭路相逢勇者胜。追军根本无法招架,未经交锋,赶快逃命。乌兰泰见势头不好,回马就逃,在亲兵保护下躲进深沟,侥幸保命。四个实授总兵——邵鹤龄、董光甲、长瑞和长寿,都被当场杀死。一场伏击战,太平军竟打死了四个正二品大员,这在嘉(庆)道(光)半个世纪里的战场上是罕有的事。

因此,耳闻该事的状元龙启瑞有诗哀叹说:

> 将卒自颠陨,血肉盈沟坑。
>
> 桓桓四将军,断脰归天阊。

龙寮岭伏击一战,清军正规部队被杀死达五千人。这是太平军自"迎主之战"以来,历尽数十仗中歼灭敌军最多、最为辉煌的一仗。它的意义还在于,起义军完全摆脱了自与清军作战以来受围遭堵的被动格局,而转向主动进攻。当时在军中的李秀成深有认识,他后来说道:"自杀胜之后,东王传令,不行昭平、平乐,由小路过牛角、瑶山,出马岭,上六塘、高田,围困桂林。"(《李秀成供词》)

太平军又派出一支小部队,穿着缴获的清军衣甲,打着清军旗号,由小路兼程赶去诱取桂林。主力部队则取道荔浦、阳朔正道,北上桂林。

桂林当时是广西省城,是洪秀全、杨秀清的战略目标。当时他们常提及的"小天堂"所在地,还没有具体指明何地,是否就是桂林呢?

桂林只有广西巡抚邹鸣鹤独自坐守。向荣毕竟老奸巨滑,他从龙寮岭脱围后,行军至阳朔金堡圩的玉龙桥时,发现有一支清军形态异常,寻思此必是太平军乔装,顿时警惕。遂由小道疾趋塘头,在到达桂林西南五十里的会仙镇时已是深夜,稍作休息,即带领八名骑兵连夜驰行,至清晨四时由桂林西门入城。即传令封塞南门,增加守备。

而乔装清军的这支太平军在行至六塘时,因天色已晚,沉耽于休息,就地扎营,清晨始行。比及到南门桥时,见城门紧闭,城上旌旗林立,遂群相大呼:"向大人回城了,快快开城。"忽然城上一阵呐喊,一个清军装束的将官出现于城楼,也在大呼:"我老向早回来了。"

兵贵神速。要是这支太平军将士有点军事常识,不怕辛劳,能和时间赛跑,赶在向荣之前到达,桂林是否能尽早打下呢? 他们又一次丢掉了良好的机遇。

桂林攻城战开始了。

太平军在主力来到后,对桂林采取围攻,并在城东南象鼻山上架炮隔江轰城。

乌兰泰自龙寮岭兵败后,以为太平军北走,必定围攻桂林,即又决意兼程追赶,率领本部人马七百人尾追,几天后驰至桂林南门外二里的将军桥,太平军据桥为守,乌兰泰奋力策马过桥,被炮子击中膝盖,送治无效,伤死于阳朔军中。乌兰泰号称良将,被时人称为在广西两年战役中,唯一能真心尽力作战的将领。

这时赛尚阿正坐守阳朔,不敢缩回桂林。但因各部清军多有进入桂林,守军骤然增至两万人。太平军架炮攻城,造以云梯攀登;守军以滚油浇下,未成。又特制吕公车攻城。车以大竹制作,宽长一丈余,下拥四轮,中贮火器,外施板障,上排云梯,高与城齐;数十人踞其上,得以贴近城墙面而采取平攻,并配备火焰喷筒以杀敌。守军以长竿缚火种烧军,又掷火烧车,吕公车多被烧毁。

《洪秀全演义》插图

太平军因集中兵力围攻桂林已过一月,未能攻下,遂意另往。5 月 19 日夜,在象鼻山束草像人,大炮置药线,用长绳自远处控制发射。清军遥闻炮声。观山上人迹,不疑他们已全军潜去。那知太平军却是分水陆两路,北上经灵川、兴安去了。

钦差大臣赛尚阿因此以丧师纵敌之罪被皇帝下诏严加痛责,命他戴罪以图补救。广西巡抚邹鸣鹤也因怯懦无能而遭革职。

这位"天德王",真个是傻冒得可爱

太平军后路在昭平仙回岭遭遇袭击时,乌兰泰部守备全玉贵在搜获中,捉到一个头颈锁有铁链、两手戴着镣铐的汉子,将他送进赛尚阿大营。

全玉贵以为此人乃是杨秀清。乌兰泰等人得讯喜出望外,急忙送往大营,赛尚阿也对其连夜进行审讯。

此人并非杨秀清,亦非太平天国骨干分子。他叫焦亮,哥儿们称他为"焦大"。自命"焦亮",乃是为慕名诸葛亮也。焦亮是个农村半知识分子,亦是一个不第秀才。他非常热衷于功名,把科举作为飞跃龙门的进身之阶,和洪秀全如出一孔。据他自称,当

天德像

天德,乃是清朝中期南方天地会常奉行的领袖名号,实无其人。此画原见自伊凡和加勒利所著《中国之叛乱》。20 世纪初以来,此像曾多为诸家误作为"洪秀全像"。

天地会在广西掀起时，还赶去李星沅处，盼望能得到一个位置，可是李大人看不起这个土生土长的书呆子，"李星沅辱骂，不肯收用。"以后他与两个弟弟都加入了天地会，自己还被推为湖南地区的一个山堂首领。

太平天国金田起义，焦大认为是自己展才的良机，就在武宣东乡附近投奔了太平军，跟着一同进入了永安城。

焦大向洪秀全杨秀清自我推荐，说己是湖南天地会领袖，为与洪秀全并肩，于是改姓名为"洪大全"。他在被俘后，还吹嘘说："洪秀全就叫我为贤弟，尊我为天德王，一切用兵之法，请教于我。"因为他是孤身投到太平军中的，没有带兵，只是动动嘴皮子，出点主意。洪秀全、杨秀清等把他晾了一边。焦大（洪大全）还曾向天王上了一篇用兵策略，引古论今，条陈当前国内政治形势，指出只需夺得一省，中国就可传檄而定；又建议应立即向湖南进军，他可以率领湘南天地会为前驱。

据说洪秀全听了很高兴。

过了些日子，焦大发现太平天国通用天父、天兄的道理发号施令，开导全体将士，心里很不以为然，就大胆地规劝天王说："天王不能以才武制群下，而专用妖言，张角、孙恩、徐鸿儒何足法哉！开辟以来，未闻以妖术成功者，宜急改之。"

洪秀全听了，甚为扫兴。

太平天国奉行"破"字当头，大破大立，要彻底摧毁旧世界，焦大更不以为然。他就永安州城毁孔庙、学宫，焚烧孔孟经书和废除旧历、改用天历等事大持异议，批评说"臣观天王所为，大类秦政。秦政自谓功德高于三皇五帝，而天王鄙(伏)羲、(神)农而非尧、舜；秦政以十月为岁首，而天王灭闰月；秦政掘孔墓，而天王鞭挞遗像；秦政烧书，而天王以经史置污秽中。观天王所为，臣所不取也。"洪秀全听了，开始大不高兴起来。

焦亮还不知趣，自以为读点书，才智非凡，看不起大老粗，也蔑视洪秀全、杨秀清等。他在众人面前，嘲笑洪秀全大事未定，就急于建国称王，说这是大大的错误；还指斥洪秀全委政于杨秀清，罪恶超过李自成、张献忠，说道："昔袁术在淮南，董昌在浙西，皆连城数十，妄自尊大，不能踵而亡。今天王据手掌之地，崇虚名而受实祸，非良策也。天王又高拱宫中，立三十六宫以自娱，而委政于庸儿，罪甚于闯(即李自成)、献(即张献忠)，事将如何？"

洪秀全听了，大为震怒。

焦亮由此看不起洪秀全，再也不愿与他献计划策，偷偷溜出永安州城，却被守卡将士截回，关入监牢。杨秀清、萧朝贵都因他狂妄，要处死他。洪秀全没有立即表示同意，先将他打入大牢，再议。

太平军自永安州突围，把焦亮从监牢里带走，旋被清军俘获。

焦亮被俘后，立刻向赛尚阿献媚讨好，毫无保留地作了交代。他说得头头是道，又是那么诚惶诚恐，竭于要显示自己是通才、全才、奇才。赛尚阿想利用他做带头羊，给予相当的款待，听凭畅所欲言。有时人沈澄和《时事诗》为证：

> 相公新自永安回，十万精兵拥上台，
>
> 但说先生能下士，谁知小丑竟多才。

此间"先生"指赛尚阿，"小丑"即指焦亮（洪大全）。

赛尚阿原来就因永安州失守，遭到咸丰皇帝严责，命令他务须捉拿首犯，否则重惩不贷，现在大峒山又被杀死四名总兵，清军一败涂地，那么作为统帅的他更是罪责难逃。因此，赛尚阿与幕僚、户部员外郎丁守存秘密商议后，就将焦亮说成是洪秀全的兄弟，所谓"天德王"、"洪大全"，并由丁守存编造了一份《洪大全供》，在监押焦亮赴北京途中，又编造了一份托名洪大全上咸丰皇帝的《陈情破贼表》。这些供词和奏表，过去学者多有认定是为树立洪大全高大形象，说是清方编造，但从中的振笔直书，语气狂悖，也是足能窥测是仿照他的语气，作了若干变换而已。

当时北京朝中就有头脑较清楚的官员，据各种情报综述，以从未出现有"洪大全"为据予以否定。龙启瑞《纪事诗》："擒洪大全解除京师，实非贼中要领。"所谓"洪大全"其人，并非是太平天国重要领袖；而是统帅因永安州围困破产，无可奈何的时候，为免罪起见所编造的，"明因贼首窜出永安，于无可如何之时，不得不张皇装点，以掩盖己过"。咸丰皇帝也同意此说。

还有一种说法是，焦亮被俘后故作玄虚，自称是天德王洪大全，与洪秀全是兄弟行，并称万岁，而杨秀清是他的臣崽，赛尚阿因大峒山惨败，为掩饰败绩，就允许他投降，立功赎罪。洪大全也就表示愿意合作，随后写出长篇供词，由此不但避免牢狱和刑罚之惩，还得到丰厚酒食款待。

尔后，洪大全被解押赴北京，由湘江乘船，丁守存为保证活口送京，沿途非常厚待，允许给酒喝,在途经全州时还与一部《通鉴纲目》,提供写作参考;途经河南信阳时,他又写了一份《上咸丰皇帝表文》,这份上皇帝表口气更大,他自吹自擂,说什么熟读且掌握兵法,还藏有兵书,是个旷世奇才。他之所以造反,乃是只反贪官不反皇帝,对朝廷一贯忠顺。还说自己深知太平天国内情,颇有才智对付它;如果免死任用,愿为鹰犬效劳。这位"天德王"真个是傻帽得可爱,无论如何,大清王朝哪会容忍他呢。

焦亮(洪大全)仍被处死。

焦亮确有其人,他在投奔太平天国时仍用此姓名。洪大全是赛尚阿等人编造的,至少也是在他被俘后改换姓名的。

焦亮本名焦玉昌。

焦亮的兄弟和妻子,都是湖南天地会知名成员。

他的大弟焦玉明,据《兴宁焦氏族谱》,是曾就读于长沙岳麓书院的读书人。1852年在湖南郴州参加太平军。相传天京宫殿有对联:"龙飞九五,重开尧舜之天;虎贲三千,直抵幽燕之地",即出自他的手笔。

他的二弟焦玉晶,即焦宏、焦三,在焦亮离开后,与焦亮妻许月桂即为郴州"招军堂"首领。后来许月桂又和焦玉晶妻,也是她的亲妹子许香桂,与天地会另支首领朱洪英、胡有禄合作,建立"公众堂"。

1855年,焦三和许月桂为与广东天地会红巾军相呼应,亮旗聚众造反,许月桂称大元帅,焦三称三省大营军师,扬臂一呼,竟聚集了几千人马。许氏姐妹,盖世无双,巾帼胜于须眉。据王鑫报告,许香桂更是勇敢,"穿红袍,执长矛,跃马如飞,率其党拼死鏖战"。翌年失败,力穷势蹙,日暮途穷,焦三与许月桂自行到嘉禾县衙投降,被押解到长沙杀死。

第十三编　蓑衣渡悲剧

冯云山之死，是太平天国的巨大损失

洪秀全、杨秀清在广西境转战十七个月，在攻打省城桂林未果后，再也难以在广西徘徊了，他们选择了赴湖南的战略。

赴湖南目的一是扩充兵源，二是解决粮食，但赴湖南是为了要进军南京，建立所谓的"小天堂"之说却是缺乏史据，且不说杨秀清、萧朝贵等文盲不知南京是什么城镇，就是像洪秀全、冯云山那样的乡村文化人，未必就能预先设计在南京建都。

太平天国是走一步，看一步。

他们进入了全州境。

全州贴近湖南，是广西入湘之路。听说太平军游弋于境里，知州曹燮培临时招募民团，勒令居民登城防卫，并邀请路过的都司武昌显部四百人马协助守城。

太平军原先是要绕过全州进入湖南境的，可是就在全州，冯云山战死了。

通常一种说法是，冯云山是在广西全州受伤，在附近的蓑衣渡因伤重而身故的，此说源自史学家简又文的调查：

> 初，太平军既抵全州，原无意攻城，即如在兴安之和平过境而已。故大军兼程北行，经由州城外西北郊柳山之麓而过。大路上数万人踦踦跄跄，前呼后拥，摩肩接踵而前进。其行军也，并非如现代军队之整列有秩序，以四人或八人排队前行，只是大堆兵众男女老少，前后贯通，蜂拥而进，山路狭隘则或随意践踏禾田而过。行了多时，前队已远去矣，而城上守军，栗栗自危，严阵以待，但仍执戈旁观而已。
>
> 不料正当太平军后队过山麓时，城上参将部下有一炮兵，忽见黄轿一乘，在后头押队，簇拥而去，心知其为敌军首要，乃顺着一时冲动，不俟命令，径取火燃炮对准敌人队伍施放。轰然一声，果然炮子命中黄轿。乘轿者非他，乃太平天国前导副军师后军主将、开国第一功臣南王冯云山也。至是被击中要害。
>
> 一见敌人开火，全军大哗，立即回头备战；又见南王身受重伤，上下全体军心愤恨，遂决回师攻城，以复仇雪耻，于是战事开始。

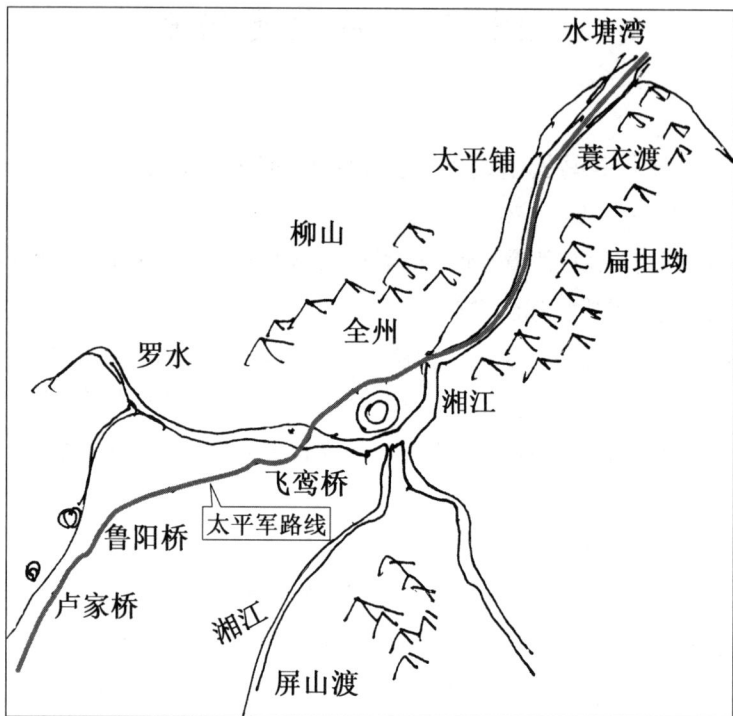

全州地区图

又称,太平军在全州破城后,由水陆两路顺流而下,进取湖南。身受重伤的南王,当是抬上船,沿途调治。不料一至蓑衣渡,突遇清军伏兵,太平军大败,在危急中,南王亦被抬上岸。东岸中伏之军,亦不敌,仓皇夺舟渡过西岸;而全部溃乱,不复成军矣。尤为不幸者,则南王冯云山被抬至东岸,竟一瞑不起。(《太平军广西首义史》)

但还有一种说法是,太平军前队乘船四五十艘,驻抵全州,因知州曹燮培架炮堵守,封锁江面,由此不能前进,只得停泊于全州对河扎营,并等候陆师攻城。接着,陆师驰至,立即发起进攻,曹燮培督军发炮拒之。此后十一日内,太平军将士死伤甚多,冯云山亦中炮死。所以当时隶属于前军萧朝贵的两司马李秀成,后来回忆说:"攻破全州之后,南王在全州阵亡。"冯云山早年挚友、后来到天京的洪仁玕也说:"攻全州不下,南王冯云山中炮升天。"可见,冯云山是在攻打全州或攻占全州后牺牲的。

不过,也有人说冯云山并没有在全州受伤和牺牲,他是在全州东北十余里的湘江蓑衣渡战死的。按,蓑衣渡地处湘江江面窄狭处,两岸东西相距仅一百余米,江水不深而湍急异常,滩头甚多,下游三里有弯道。

在蓑衣渡设伏,击败太平军的是江忠源。

江忠源在湖南最早开办团练,并以一介书生,带领本部团练镇压家乡新宁的造反集团李元发。此人十五岁就中了秀才,二十五岁中举人,在北京时,受到曾国藩赏识,被誉为是"京师求如此人才不可得,此人他日当办大事,必立功名于天下"。后来又因镇压继李元发造反的雷再浩集团,竟连皇帝也知道了他的名声,给了一个秀水知县的七品实缺。在太平天国初起时,

《洪秀全演义》插图

因为知名,钦差大臣赛尚阿邀请他带领所募楚勇,参加了保卫桂林的城防战。太平军由永安突围北上,江忠源带楚勇尾追,太平军经兴安赴全州,他就预测有可能进入湖南,就赶在前面,经与副手刘长佑,兄弟江忠济,江忠淑等合议,选择湘江蓑衣渡为阵地,因为兵力少,只得设伏在西岸,东岸没有设防。

1852年6月4日,太平军攻陷全州,因为颇有伤亡,据民国《全州县志》称,在城中杀戮军民,从大南门逃生的均被杀,小南门逃生的均放行,故两门后来分别有"死门"、"生门"之分,或可见此时太平军将士没有统一命令,乃出自个人的好恶。

几天后,太平军弃城,分水陆两路继续北上进入湖南,正逢湘江水涨,他们掠夺了二百多艘民船,满载老幼妇女和辎重,横亘湘江水面,有如营垒,不料驶至蓑衣渡,就遭到楚勇在江中所预置的木桩、树干,将北上航道切断,双方相持,还进行了炮战,有说是相持没有多久,也有说是长达七个时辰,太平军船只进易退难,而前进江中又是障碍重重,相当被动,损失巨大,全军只得登岸,掩护老幼妇女辎重上岸,改由湘勇未能设防东岸,走弯弯曲曲山路取向湖南零陵。

这次战役,广西老兄弟牺牲甚众,被称为永安突围后龙寮战役后又一次损失。

特别是冯云山的战死。

当时还有一种大同小异的说法,即冯云山是最后伤卒在蓑衣渡北三里的水塘湾。蓑衣渡风平浪静,水波不起,水塘湾才是曲曲弯弯,江狭地险。据广西史学家实地调查,当地民众传述冯云山战死详情:

太平军破全州后，向湖南进军是走水路的。当时水塘湾西岸驻有清兵，清兵用大木桩拦河。太平军的东西多是用船来运，共有几百只船，都是装得满满的。到蓑衣渡时，被官兵放炮把船打破了，走不过去，便丢了船。南王上岸带队与清兵打仗，打了半天，在水塘湾受伤死了。（《太平天国在广西调查资料汇编》）

这就是说，过蓑衣渡时，在湘江船上的冯云山还是好好的。他是撤到岸上以后，才与敌军交锋而中伤死去。

诸说不一，但冯云山确是死了。

要说是受重伤而死，重伤地就有三：全州城外，蓑衣渡和水塘湾。三处时空都相当接近，所以易混淆。

要是联系回头进攻全州，城陷又肆行报复，很可说是按简又文说。冯云山是乘在轿子里，在队伍中目标最为显著，被炮击命中的。

还是轿子闯的祸。

当时双方高级人员指挥作战都乘轿，不骑马。不是缺乏坐骑，而是乘不得坐骑，比如大清那位七十岁的周天爵大人，平时走路都要气喘三分，当然也只得坐轿上阵了。冯云山一介书生，似乎骑不得马，况且人抬人的轿子，招摇于众，比起马背来更适意舒服。

冯云山死后，太平军因急于赶路，便将他就地秘密埋葬于附近凤形山谷中，不树坟，不建碑。只在此山中，云深不知处。后来清朝地方当局和团练曾多次寻找发掘，都没有发现。他是太平天国首义诸王中，唯一能入土为安的领袖。

"升天"是头顶好事，宜欢不宜哭

为破除传统丧葬礼仪，太平天国反对棺葬和火葬。它所采用的丧葬，乃是按照西方基督教宗教仪式，即用布包扎尸身，然后入土为安。当时冯云山就是以黄缎裹身包卷埋葬的。萧朝贵在长沙战死埋葬，清军发掘他的尸首，发现就是以布匹裹身包卷的。后来洪秀全、黄文金等人死后也是如此。

作为天父第三子，冯云山是回到天父膝下的所谓天父在凡间的第一个儿子，因此其葬更必须遵循太平天国礼制。

它还得按照天国的惯例,要为死者举行仪式,朗诵统一发给的悼词:

> 小子○○○、小女○○○跪在地下祈祷
> 天父皇上帝:今年小灵魂○○○在○月○日○时升天,今虔具牲馔茶饭敬奉天父皇上帝,恳求
> 天父皇上帝开恩,准小灵魂○○○得上天堂,得享天父皇上帝大福。又恳求
> 天父皇上帝看顾扶持小子○○○、小女○○○家中大小个个安康,百无禁忌,怪魔遁藏,万事胜意,大吉大昌,托救世主天兄耶稣赎罪功能,转求
> 天父皇上帝在天圣旨成行,在地如在天焉。俯准所求,心诚所愿。

这份悼词短小精悍,写得多么乐观,视死如归!太平天国一直宣传"升天是头顶好事,宜欢不宜哭"。所谓悼词,也是在向大天堂的天父皇上帝报到:"我回来了!"

第十四编　长沙围城,得不偿失

萧朝贵勇敢刚强,冲锋第一

太平天国在蓑衣渡受挫后,没有后撤。由湘江东岸上陆,选择了永州(零陵)为目标。全军自永安州大转移,遭到包括蓑衣渡等几次大损失,领袖们是多么需要有个休整之所呢。可是永州黄沙河西因漫漫大水不能近城,只是转攻南面的道州。

在道州,太平天国稍有停顿,就颁布了讨伐清王朝的三篇檄文,即前文提到的《讨胡檄布四方谕》等。它为太平天国淡化宗教色彩,强化政治宣传,产生了很好的效应。湘南的穷苦农民、手工业者以及天地会众,纷纷参加了太平军,太平天国后期主持浙东军事的神天义李尚扬,就是此时投军的。太平军很快就从出广西时的五六千战斗人员递增至两万余人。

湘南参加者,极多是志愿者。后来生存者多成为太平天国的骨干,晚期洪秀全还颁布诏书,底定出永安州到占领南京前的两湖、安徽参军大小人员,一律赐与"开朝勋臣"的荣誉称号,且用在本人旗帜、印信上,给予这班元老特别政治待遇。

太平天国在道州整顿,建立了著名的"道州大营"。

两个月后,太平军偏师罗大纲部,纵横穿越湘南,先后占领江华、永明、嘉乐、蓝山、桂阳,并向湖南、广东间的军事重镇郴州进发。郴州是在天地会众配合下,在 8 月 17 日攻占的。

郴州因位于南北要冲,商业活跃,仅沿河就有商栈几十家,挑夫、马夫、船夫络绎不绝,但自鸦片海运后,商栈寥落,大批人员失业,参加了本地天地会。早在同年 4 月,天地会众聚于杨柳浦,响应洪秀全,并约商夺取州城。相传洪秀全送去月饼八只半,以中秋为期,不料使者途中吃了五只。天地会众误识为三月半,于是当天深夜进城杀掠,据城二日,退出城去。此时又积极呼应,终于夺取了州城。

郴州有壮丽的文庙。据光绪《郴州直隶州乡土志》,郴州文化发达,自宋时就建有学宫,道光丁未年又大加修葺,至本年方

《洪秀全演义》插图

138

才完竣,正逢太平军进城,即被烧毁。此事在湖南影响很大,后来即为曾国藩写进了《讨粤匪檄》。

洪秀全、杨秀清即以郴州为后方,暂驻扎休整,派出前锋直取长沙。

三天后,前军主将、西王萧朝贵率曾水源、林凤祥、李开芳等二千人马进发。

萧朝贵很懂得兵贵神速,他要奇袭长沙,但却没有走自耒阳、衡阳这条直线。因为根据军情,耒阳有书生彭玉麟率领的团练、乡民严阵以待,衡阳又有钦差大臣赛尚阿和湖广总督程裔采大军屯扎。不须因冗日持久,耽误进军。于是采取自东北小路兼程急驰。旬日之间,连占几乎无敌设防的永兴、安仁、攸县、茶陵。9月7日,又占领醴陵,沿途不断有人员参加。犹如滚雪球,很快就扩充至五六千人。萧朝贵善于长驱千里,突然出击,用兵神速,有迅雷不及掩耳之状,以至李开芳最敬服他,称"萧朝贵第一通兵法"、"萧朝贵最厉害"。当时在萧朝贵麾下的下级军官李秀成也说他,"勇敢刚强,冲锋第一"。

9月11日,长驱直入的萧朝贵前军即赶到湖南省会长沙城下,麈兵于城南妙高峰。长沙清文官武将毫无准备,惊惶失措。

太平军斗志奋发,在城郊石马铺,初次交锋就将驻防军西安镇总兵福成等军二千余人全部歼灭,所得军粮、大小炮甚多,火药四千余担,骡马不计其数。这使萧朝贵非常高兴。

萧朝贵志在必得,自率主力直插城畔,亲临一线指挥,大军在碧湘街等处架设炮台轰城,迅速占据南门、小西门外民房为垒,围攻各门。清军将士惊惶不已。湖南提督鲍起豹想入非非,风闻省城城隍颇有灵验,就将这座泥塑神像抬出,置于南门城楼上相与对坐,祈求保佑。

9月12日,萧朝贵不幸中炮。

萧朝贵是在南门外妙高峰督战时,被安置在魁星楼的西洋红衣巨炮击伤的,这是一尊长丈余,重三千余斤的前膛炮。据曾水源等事后向天王东王禀报称:炮弹正中萧朝贵胸膛乳上穿身,萧朝贵伤势十分危急,口眼俱呆。另说是城上铅子打入太平军铜炮炮眼,铜炮顿时炸裂,伤及正立在铜炮旁边的萧朝贵。也有说是萧朝贵亲自上阵,攀登云梯,因为身穿黄袍,目标极为显眼,被城炮击伤的。

曾水源、林凤祥、李开芳等人继续猛攻长沙,所据沿城典铺楼屋,与守军相隔不过两丈,彼此都能听及讲话声、咳唾声,两军将士躲在掩蔽体里各以枪炮互击,不相上下。

时驻于湘南郴州的洪秀全、杨秀清等人,在9月25日接到萧朝贵负伤报告以后,立

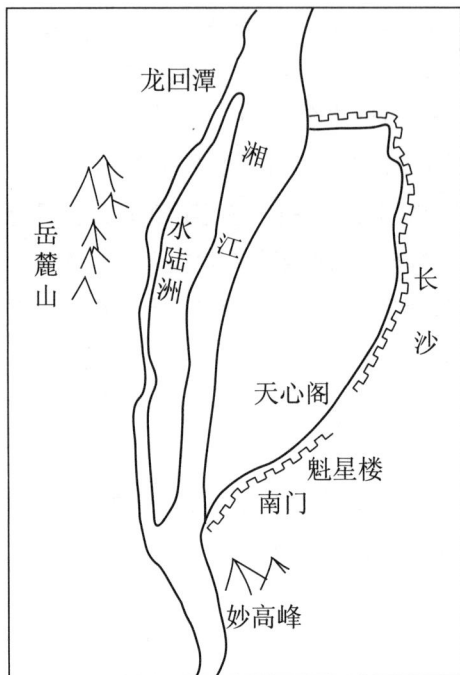

长沙位置示意图

即撤军北上。10月5日，前部人马抵达了长沙，和围军联手，打了一个胜仗，击伤清知府江忠源。

此时，即10月初，萧朝贵伤重身死。

10月13日，洪秀全、杨秀清的后续部队全都到达长沙，经过郴州的扩军，以及沿途招募，人马递增至两万，在南门外连营十里。

清朝皇帝因太平军围困长沙，大为震惊，以"劳师糜饷，日久无功"为罪状，将尾追而来，由衡州至湘潭、指挥全线作战的钦差大臣赛尚阿革职送京严惩。赛尚阿丧师辱国，首鼠两端，时人多认为如果他亲临前线督战，将河路严加封锁，主动出击，太平军不到五月就得饿死长沙城郊。

这位赛大臣真个是活宝，他帮了太平天国的大忙。

城门失火，殃及池鱼。湖广总督程裔采也以坐视长沙不救之罪，革职留营在粮台处效用。另授徐广缙为钦差大臣，并署理湖广总督，节制地方文武和所有军营。一蟹不如一蟹。三十日后，徐广缙方才姗姗而来，先来驻扎衡阳，后至湘潭，再也不敢向前一步，说是为防止太平军南下。

当时在长沙围城里，主持防务的有两巡抚（湖南巡抚张亮基、湖北巡抚罗绕典）和广西提督向荣以及总兵、副将等正、从二品大员数十员，总兵力在六万人以上，每月饷银一百万两。而且还有各处援军纷纷前至。它大大地超过围城太平军的实力。

但是，清军不敢主动出击，为了防御，对付围城，竟将北门、西门外店铺尽行烧毁，为执行坚壁清野，又将著名的城南书院也烧毁，仅成了一个空壳子。

清军装备亦好，拥有威力甚强的大炮。向荣部队将吴三桂遗留的红衣炮三座及三等大炮四座移至南城，向太平军猛轰。但太平军将士相当聪明，他们作战因地制宜，抛弃传统的密集布局阵图法，"贼最好用分载之法，阵号老鸦，四散漫立，枪炮不能多伤"，而当清军集聚时，又迅速变为盘蛇，团团围住，聚而歼之。

10月中旬，洪秀全、杨秀清拟在长沙河西开辟第二战场，派石达开率军渡过湘水，西占龙回潭，并在水陆洲东西湘江搭造浮桥，连成一片。向荣带兵在水陆洲北登岛，妄图割断东、西太平军联系。石达开以主力埋伏在洲南丛林里，另派游骑诱敌，再截其断路，大败向荣军。

同时，太平军首次进行了地道战。

太平军在郴州时，有一千多名挖煤工加入了队伍，由此建立了特种部队——土营。土营是独立军团，设指挥1名、正副一二将军四名。土营用在战场，就是挖地道、炸城墙，为太平天国南征北战立有功勋。

太平军攻城，主要战术之一就是深挖地道。他们是近代中国地道战采用最广最多的始行者。因为深挖地道颇有战绩，两年后，土营大大扩充，仅主管指挥级人员就有三十名编制，将军级人员竟达六百余名。全营还设有典圣库、典买办、典油粮和典木匠、典竹匠等三十五种典官。

天王洪秀全玉玺

玉玺用白玉制作，径20.4cm，高2.7cm，纽高7.4cm，纽背刻云纹，纽侧刻双凤朝阳纹，玺文四周作双凤朝阳纹，左右作龙纹，下作立水纹，共44字，字体正书。这方玉玺，似乎不是长沙城外所刻。现存中国国家博物馆。

从 10 月 30 日到 11 月 29 日的一个月里,土营在长沙城外挖了十几条地道,有五次炸塌城墙。其中有一次因地道火药迸发,把南城魁星楼都轰塌了,城墙崩倒四丈余,两千名将士蜂拥上城。这时,防守南门的邓绍良部官兵正三三两两麇集在天妃庙里赌博、酗酒。邓绍良闻讯大惊,立刻冲上决口抗御。布政使潘铎当即拿出三万银两犒赏,而由长沙知府仓景恬和官绅带头,率领军民挖掘街道石条及搜集空棺填土,以堵塞缺口。入城太平军因无后援,阵亡五百余人后,退出了城。

太平军先后四次挖地道,轰塌地道,但都坐挫无成。

此后守城军强化防御,太平军再也未能攻进长沙。

长沙久围不下,冗日持久。太平天国领导集团为慰抚军心说是受命于天,获得了一块玉玺,也有说是军中巧匠所刻。这是太平天国天王的第一方玺。不管怎的,它对激励将士,群威群胆,起了不大不小的作用。玺是皇帝用印,这就更加强化了洪秀全第

太 平 玉 玺

今存洪秀全"太平玉玺",五寸九分见方,四周云龙,中刻印文 11 句、44 字,因为排列,由此多人理解不一,竟有多家读法,其中一种读法是:

太平玉玺

天父上帝、恩和辑睦,天兄基督,天王洪日,主王舆笃,救世幼主,真王贵福,八位万岁,永锡天禄,永定乾坤

此中的"八位万岁"颇为费解。通常太平天国只有一个"万岁",就是洪秀全,那么还有的是谁呢?

土 营

太平天国所设特种部队,即工程兵,主要从事地道战。1852 年夏,在占湖南道州后,有数千挖煤工人参加,遂立土营,司"穴地攻城",称为"开垅口兄弟"。初设指挥,建制为两军,编制与陆营同。土营在攻坚战中,开挖地道,引用火药。前期土营指挥封至30 余人,将军 600 余人,师帅 700 余人,多属"恩赏"虚衔。

建都天京后,土营又辖有泥瓦匠工,凡兴建王府、衙署,即由土营协同木营等督造。

一领袖的定位。他是天王万岁,东王九千岁虽然只差一千岁,可这差距乃与其他诸王间差距一千岁有质的不同,这就是君臣之别。对此,当时东王杨秀清因军务倥偬,还来不及考虑,却为其后来在天京也要封万岁,也要为己铸造玺印,埋下了伏笔。

几天之后,洪秀全、杨秀清等人决定撤围,为应付敌兵追赶,他们先派遣偏师虚张声势充作主力,南行装作攻打湘潭态势。长沙清军闻讯,倾巢出动,往南追击,至湘潭仍未见遇,始醒悟中计,折回长沙。而此时这支偏师早已折回,北上会合主力部队,过湘江经龙回潭向宁乡走益阳去了。

八十一天的长沙围攻战宣告结束。

长沙城遭到飞来横祸,战争的破坏,以致在通往长沙大道左右几里,民居为之一空。

旷日持久,太平天国得不偿失。

二十二岁的石达开竟被说成有一个十九岁的女儿

1852 年,太平军进入湖南境界前后,那时石达开才二十出头。他是所谓天父诸子里最小的一个,所以在首义领袖里排行也是末尾。

石达开是举族参加金田团营的。但他的妻子和两个儿子未去,妻子不久就改嫁了。直到 1859 年石达开回师广西,派族弟石镇吉回家寻取家眷,携走一个儿子。

因原配妻子未曾跟去,石达开便另娶了黄玉昆的女儿为妻。石达开经常奉命赴安徽、江西、湖北等西战场指挥作战,他的家属留在天京,按照天朝颁布的配妻诏,负责女营的大内总管蒙得恩每年都要精选一个漂亮的姑娘作为贡品,在他生日到来的大庆日

石达开的"了不得,不得了"

据参加编撰《清史稿》的金梁记载:石达开"其在金陵,尝于翼王府前立匾,自题其上曰:'了不得,不得了。'(杨)秀清问之,达开笑曰:'此意甚明,成则了不得,不成则不得了。'(杨)秀清默然。"

但亦有称此六字乃石达开写于改建为翼王花园的妙相庵门口,"上三字自夸其园之壮丽,下三字或作正路也"。

子,送到翼王府给他做妻子。到 1856 年 9 月,石达开的正式妻子至少有五位。后来,韦昌辉血洗翼王府时,将其全部杀了。

大概因为石达开离京远征时孑然一身,因而在无聊文人编写的野史笔记中,多有好事者替他另配女人的。又因石达开在 20 世纪是被说得红极发紫的英雄,而英雄在农耕社会是不得抒发儿女情长的,由此又把他身旁的女人嬗变为义女,即干女儿。

《太平天国野史·载余》曾搜录民初文人所杜撰的韩宝英故事,内称湖南桂阳人韩宝英,在她十四岁时,石达开率太平军

《洪秀全演义》插图

过桂阳,因她为报家仇,即拜石为父,称"四姑娘"。后石达开家属在天京兵变中为韦昌辉所杀戮,韩因在军中而得幸免;并自愿嫁给与石达开相貌形似的文书马某为妻,致使马在四川大渡河兵败时充作石的替身,投入清营送死。

20 世纪 30 年代初,无聊文人许指严为筹酒资,杜撰《石达开日记》,更是莫须有地将韩宝英塑造为该书第二主角,聪明绝伦,巾帼无双。

20 世纪 40 年代的话剧舞台上,陈白尘的《大渡河》、阳翰笙的《天国春秋》等剧,也塑造了这位女中豪杰韩宝英。

20 世纪末,还有一部据长篇小说《太平天国》为本的同名电视连续集,更是编制石达开有个女儿石晓阳,竟与比乃父年纪大十岁的李秀成谈恋爱,花前月下,卿卿我我,还搞了一场刑场上的婚礼,夺人眼珠。

这些都是一种富有中国传奇特色的巾帼文化。

《太平天国野史》一书还编造了石达开在天京时有女儿石绮湘,年十九岁,洪秀全要聘其为太子妃;又说石达开有次女石筠照,天京陷落时才十七岁。其实都是齐东野语,真所谓吹牛不打草稿,光论年龄上下就极别扭,遑谈其他。

左宗棠不可能见洪秀全,他们是两条道上的人

1852 年太平军进入湖南后,所经之处,大量张贴以东王杨秀清、西王萧朝贵联合署名的三道布告,即《奉天讨胡檄布四方谕》、《奉天诛妖救世安民谕》和《救一切天生天养

中国人民谕》。这三份布告都是在永安围城时写成的。

比起洪秀全所写的《原道救世歌》等论著来，这些布告的宗教色彩淡化了，政治味加深了。布告号召"中国人民"同心同力灭妖。这是有史以来首次在布告中出现"中国人民"的词组。而在此之前，从未见过有将"中国"和"人民"联词过的。"尔等多是中国人民，既是中国人民，何其愚蠢，雉发从妖"——这是太平天国的一个创造。

他们还传檄各地，号召响应太平天国："今各省有志者万殊之众，名儒学士不少，英雄豪杰亦多。唯愿各各起义，大振旌旗，报不共戴天之仇，共立勤王之勋，本军师有所厚望焉。"

可是，道不同不相与谋。对于天下读书人而言，特别是那些有功名和醉心于功名的读书人，很少能与之合作的，例如赫赫有名的左宗棠。

左宗棠才学兼优，平生不关注八股，而重视经世之学，十八九岁时就研读《读史方舆纪要》《天下郡国利病书》，直到道光十二年(1812)还是一个童生。此年，为了参加三年一度的乡试，他花钱捐了一个监生，结果仍落第了。同年皇帝特批，要主考官重新批阅"遗卷"，考官从五千份已被淘汰的试卷选了六份，其中一份就是左宗棠的。于是连秀才都不是的左宗棠，直接捡到了举人功名。左宗棠早年在湖南就有很高知名度。他是举人，只是三次会试考进士都未中式。很早就有大志向，自号"湘上农人"，成名后又自比诸葛亮，晚年更以为是"今亮或胜古亮"，有人捧他妙算如神。左也非常自负，自称"此诸葛之所以为亮也"。清道光十六年(1826)他写有联语自勉，那便是通常湖南人所知道的：

> 身无半亩，心忧天下；
> 读破万卷，神交古人。

当时不少湖南籍大官僚如贺长龄、陶澍和陶澍的快婿胡林翼等都很赏识他。

林则徐因为烧毁鸦片、抗击英军，保国爱民，成为当时天下众望所归的名臣。左宗棠也曾见过他一面，那是在1849年林则徐由云贵总督任上告老还乡、路过长沙时，特地派人请左宗棠赴湘江船上见面。六十四岁的林则徐与三十七岁的左宗棠相晤，林知人阅世，连称左宗棠是绝世奇才。两人作了通宵达旦的谈话，天明方始告别。

近代中国两位非常爱国的才俊会面，后世引为佳话。后人还在他俩相会的湘江边,立有林、左舟中夜话铜像,供人凭吊,供人瞻仰。

第二年,林则徐再任钦差大臣,前往广西镇压天地会,在途经广东普宁时猝然病死。此处附带一说,若干年前有些著作竟将林赴广西镇压天地会,说是镇压太平天国,还说当洪秀全等风闻林将要到来,一哄而散云云,那是不切史事的。但林则徐业绩确实深得人心,朝野寄以厚望,当噩耗传来,左宗棠撰挽联以寄哀思:

> 附公者不皆君子,间公者必是小人。忧国如家,二百余年遗直在。
> 庙堂倚之为长城,草野望之或时雨。出师未捷,八千里路大星颓。

左宗棠称颂林则徐,但又为他未完成解决广西天地会事感到遗憾。他是坚决主张严厉镇压天地会的。因此,当左宗棠的同乡李星沅出任钦差大臣,由湘入桂,请他入幕时,他正准备起程,不料李星沅又很快病死,只好作罢。

太平军初攻长沙时,湖南巡抚银质大印正由骆秉章移交与张亮基。张亮基是江苏铜山人,曾是林则徐幕僚,又经胡林翼推荐,很赏识左宗棠的才智,他派专人前往常德乡间白水洞,聘请隐居的左宗棠出山。左宗棠要先看看,故并没有立即答应。而左宗棠的好友胡林翼、江忠源、郭嵩焘、郭昆焘等人,先后写信或亲自前来促其俯就。

于是左宗棠出山了。他来到张亮基处。10月2日,两人同抵长沙城下,当时太平军仍在围困长沙。10月7日,他们才偷偷缒城而入。张亮基非常信任左宗棠,"一以兵事任之";左宗棠也感恩报德,日夕策划守城方案,且都被张亮基所采纳。时援军云集长沙四郊,左宗棠曾向张亮基建议,乘机内外夹攻,围歼太平军于城下。时在宁乡带团练的李续宾也向本县县令建议,募勇出击围歼。可谓英雄所见略同。

师老城下,久之必败。11月30日,洪秀全在围困长沙三个月以后,没有进展,无计可施,他还算聪明,知道长此以往,全军将会被拖死,遂下决心撤围北上。左宗棠在长沙守城,起到了相当的作用,这是有史料记录在案的。

道不同不相与谋,他和洪秀全、石达开等人,是两条船上的人。

可是后来也有人说,左宗棠与洪秀全曾有一次会晤,就是在1852年长沙围城时,左宗棠主动找上门去的。

最早说此事的,不是19世纪左宗棠时代的诗文书牍、笔记档案,而是20世纪初的章回小说,即清光绪三十一年(1905)黄世仲在广州《少年报》连载的《洪秀全演义》,其中称左宗棠："当洪天王入武昌时,曾上书天王,劝他勿从外教。洪天王见他不明种族,又不识君民同重的道理,因此不甚留意他。他满望上书洪天王,得个重用,故经许多人聘请过他,他倒不愿出。""当秀全初下武昌时,湖南举人左宗棠尚未出任。曾上书于秀全,力称秀全武将有余文事不足,且称秀全不宜信仰外教,宜尊崇孔子。"

1915 年,日本人稻叶君山的《清朝全史》更将此故事由武昌移于长沙："据长沙人言:洪天王围长沙时,有一人布衣草履,与天王论攻守、建国之策。天王不能用,其人乘夜逃去。后湘军欲缚此献策者,因不知其姓名,其事遂寝。然考清末刊行之书有曰《支那》者,以为此人即左宗棠也;且劝洪天王弃天主耶稣,专崇儒教,推察左宗棠之性格,此说或不诬也。"

它就是故事的来源。

显然,此处实为抬高左宗棠,并制造左宗棠亦有革命造反思想,不与曾、李、胡并列,而能为革命军相知也。

后来者将这段故事演绎得很是精彩,颇能说明左宗棠和洪秀全这两位近代重点角色的文化思维和价值意向。以致 20 世纪海峡两岸的几部中国近代史权威著作,如范文澜《中国近代史》、萧一山《清代通史》和简又文《太平天国全史》等,对此都分别作了叙述和引用。但学者治史严谨,都用了"据比较可信的传说"、"据传说"等语。

第十五编　进入武昌花花世界,眼光缭乱,不知所措

杨秀清传令:官兵不留,百姓勿伤

太平军从长沙西走宁乡,北上占领洞庭湖以南的益阳。

在益阳,他们接收了几百艘民船。

湖北巡抚常大淳不学无术,自以为懂军事,亲自赴岳州湘江洞庭湖出口处,以大船载巨石沉江以塞湖口。回武昌后,高兴地说:"可以太平无事矣!"他认为自此片帆不能飞渡。又自夸称:"我为此耗费了一个月时间,即使要驶过,也非竟月不可,又能有何过虑呢!"岳州危急,他也只派了提督博勒恭武带领一千弱兵前往。

几天后,太平军沿洞庭湖东走,开路先锋仍是林凤祥和李开芳。两人勇冠三军,在进军岳州(今岳阳)时一鼓作气登上城头,因此又立了大功。林凤祥升授殿左一指挥,李开芳升授殿右二指挥。指挥是在永安时所设的官阶,在丞相、检点之下,将军、侍卫之上。按天国干部编制,正职指挥共设七十二员。开始升授指挥甚严,林凤祥、李开芳是最早授指挥的。

在岳州,太平军获得了清初吴三桂造反时所遗留下来的铁炮。这些大口径的铁炮都是前膛炮,射程不远,命中率也不甚准确,但在当时已经算够先进的兵器了。太平天国配备这批铁炮后,足可与清军大炮相抗衡了。

"气蒸云梦泽,波撼岳阳城。"这是唐人孟浩然的诗句。洞庭湖广五百里,太平军因地制宜,又接收湖上几千艘民船,建立了水营。

水营是集中水上船户的军事编制,通常被人们误作是水军。其实水营的主要任务是运输军用物资、粮食和人员,有时也作为预备队参加战斗。水营的指挥是官拜典水匠职同将军唐正才。典水匠,意思就是水上匠作的主持者。唐正才湖南祁阳人,木材商人,兼做米行,养得满口大胡子,人称"唐胡子"。据记载说他善舞大刀,有一身功夫,在漕运中学得一手搭造浮桥的好本领。

太平天国自此有了水军,可是这支水军,将士主体是船工,战船是改装的民船,吃水有限,船速不快。太平天国没有船厂,领队人唐正财也是以传统方式组织船队行进和作战。在此后的太平天国,虽然也有了京师水军、江南水军等名号,但仍是民船改装

的组合,在南方江河纵横、湖泊密布的地貌里,比之湘淮军水师的战斗力,相差悬殊。太平天国领袖们,却从未有改造、发展水军的理念。长远看来,这也是他最终兵败长江中下游的一个不大不小的战略因素。

占领岳州,打开了北上武昌之门。太平天国以岳州加速了进展,是胜利之本,逐改岳州为"得胜府"。破旧立新,还从来还没有一支农民部队能像太平天国那样热衷于改地名。他们所改地名范围颇广:一是回避上帝和诸王名讳,如避上帝讳,改上海、上虞为"尚海"、"尚虞",回避诸王讳,改萧山、武昌为"萧珊"、"武玱",二是带有政治意义的,如此处出现的"得胜府"即是。

太平军在湖南益阳、岳州的大幅度扩军,使得官兵中湖南、湖北籍的比重骤增。随着时间推移,到建都天京后,按资历划线,他们也逐渐成为资深干部了,后期亦成为一批不可忽视的骨干。如李秀成封忠王后的部将郜永宽、伍贵文,以及招为女婿的蔡元隆等人。1861年,太平天国为表彰资深干部,按资论辈,以时间划线,规定凡是在占领南京即1853年3月之前参加的任何大小人员,都在他们的官衔前加上非荣誉称号——"开朝王宗",意思是相当于开国诸王的家族。

1852年12月16日,太平军放弃岳州,水陆并进,直指武昌,沿途清军望风而走。时人目睹其军容,说道:"千舡健将,两岸雄兵,鞭敲金镫响,沿路凯歌声,水流风顺,计数日驻鹦鹉洲。"由黄玉昆、林凤祥、李开芳和罗大纲等所率水路前锋大军,沿湘江而下,过洞庭湖,由长江登岸攻占汉阳、汉口,并尽获江中所有船艘,其中最大的四桅船长达十余丈。此时太平军船艘多而大,真可谓是舟楫连江,帆樯蔽天。

洪秀全驻跸汉口关帝庙,杨秀清以万寿宫为临时王府指挥攻打武昌战役。洪秀全见行进顺利,踌躇满志,即在汉阳铸造了一方重十余斤的金玺。

这是继在长沙城外铸制的第二方玺印,以后又刻制多方,玺上所刻字样,光怪陆离,即使时人不甚了了,更令后人扑朔迷离,百解不得其意。

与水路并进的陆路大军,由蒲圻、咸宁抵达武昌东门,占领城外的洪山、蛇山。

太平军为攻占武昌,由典水匠唐正才主持的水营建造了浮桥。这年冬天长江水浅,出现了几十年未曾见有的巨大沙洲;唐正才等采用铁链系船,以巨缆横缚大木,上面覆盖木板,一夜之间就建成了两座浮桥,汉阳、汉口和武昌连成一线,人马往来如行坦途,强化了对武昌的围困。

这是中国有史记载以来,最早在长江中游所建造的浮桥。

清朝镇守武昌的大员,主要是湖北巡抚常大淳和湖北提督双福。

常大淳刚愎自用,为害怕太平军攻城时借助民房作掩护,竟悍然强行拆毁城外距城墙十丈内的商肆民居。他嫌拆毁过慢,又令纵火焚烧,七天七夜大火不熄,致使城外一片瓦砾场,几万居民流离失所,无家可归。

为渊驱鱼。很多失家的民众因此加入了太平军。

双福则飞扬跋扈,将城外守军尽数撤进城内。当向荣所派总兵王锦绣、常禄等先行来到时,也令他们缒城而上,不准在外扎营。

几天后,即1853年1月11日,向荣追军赶到武昌东门,分军十队猛攻洪山,攻陷太平军营十五座。后几天又逼近武昌城三里,使人高呼,要双福派军启门呼应。双福却拒绝了。

太平军屡次以云梯攀登武昌城而遭失败,遂改用挖地道炸城法。清军发现有挖掘地道的迹象,也采用长沙对付太平军之地道手段,安置空瓮于地下,招募若干听觉极佳的盲人伏地而听。当太平军挖地道时,他们确实能听到地下掘土的声音。

盐法道林恩熙向双福请求,愿率所部乡勇八百名出城,破坏地道。双福不同意,竟说盲人们所听到的乃是山民砍柴声,并严令:"出城者斩。"

常禄也认为坐守待毙不妥,请求出城一战;按察使瑞元亦陈词出城作战,都遭痛

太平天国没有童子兵编制

拜上帝成员多是全家从军随军,后来在攻城略地时,又有更多民众携子女从军。太平天国实行男女分营,把其中男孩放在正规军(牌面,即十六岁到五十岁的青壮年)行列后面,他们和五十岁以上年龄的老年,就都通称为"牌尾"。牌尾即是排在后面队伍的非战斗人员。

牌尾童子们有时也参与某些战斗。吟唎说:"太平军中最勇敢无畏的勇士,是十二岁到十五岁的年轻的孩子。"1853年,随守扬州的童子,向家人报告,"儿今充童子兵,头缠红巾,手执竹枪,朝夕跳叫,喉燥无声,炮声轰轰。"1853年1月,太平军攻陷武昌,是五十名童子兵首先冲锋登城的,但他们都是混杂在牌面中作战,只是散兵,而不是编制,独自成军的。

斥。双福奉行关闭战略,因他知道,出战必然完蛋;与其出城,不如闭城,或可侥幸求生。

1月12日清晨,太平军于武昌文昌门下地道所埋火药爆炸成功,城垣炸塌二十七丈。砖石冲天,烟雾弥漫。林凤祥率军首先冲进缺口,李开芳、罗大纲等随后亦相继登城。另有一说,初生牛犊不畏虎。最先杀进武昌的乃几十名童子兵。

武昌城破,杨秀清传令:"官兵不留,百姓勿伤。"常大淳自杀,双福在睡梦中被杀。

对武昌大户商家采取地毯式抄家

武昌是太平天国占领的第一座省城,也是从广西山沟里出来后所夺得的第一座大城市。

自金田团营吹起造反号角,先后围攻过广西省城桂林和湖南省城长沙,苦战多日,将士死伤数千,仍都没有攻下;相比之下,攻武昌却容易得多了,从围攻动员令发布到登上武昌城楼只用了十六天时间。这表明太平军的战斗力正在迅速强大起来。

武昌是中华大城,号称"九省通衢"、"神州中央",长江、汉江在此交汇,十里长街,百货充盈,千门巨室,万家灯火。这对长年在农村转战、生活的太平军将士和他们的领袖们来说,真像是到了一个洞天福地的花花世界,眼花缭乱,不知所措。

太平军攻占武昌之所以顺利,还有一个重要因素,就是得到了本地民众的拥护和支持;常大淳等清朝官员拆毁、焚烧民房,不得人心。

当太平军兵临城下,城里冷街僻巷就时常发现有欢迎他们进城的张贴;当太平军进城时,人山人海的民众焚香供桌、夹道相迎,家家户户门上张贴"顺"字。太平军是在欢呼声中进驻武昌的。

自古王贼不两立。进城的太平军将士,首先是搜捕顽抗和藏匿的清朝文武官员,据名册抓到了按察使瑞元、布政使梁星源等一百多人,有说瑞元、梁星源被抓获时,先是分别被塞进竹篓子,装抬游街,然后处死了瑞元,梁星源因在广东布政使任上,有些好名声,罪轻一等,让他自裁了结。其余人员亦一一被杀。

接着,太平军将士又按名册搜捕这些官员的家属,也将他们满门抄斩。当时已革职湖广总督、发往粮台以观后效的程裔采留在武昌的家眷八口也被捉拿在案。他们的家财尽被抄没,送进圣库。

农民手工业者是喜欢金银珠宝的。太平天国亦不放过金银珠宝的失落。他们在武昌抄没大富款李祥兴家藏银一百二十万两,将曾任建昌府刘某府第鱼池下藏银十万两,全数挖掘,纳入圣库。

抄家是农民造反派固有的传统,太平天国也对大户商家实施了抄家。

明末李自成据北京时,就奉行对全城官民大抄家。洪秀全、杨秀清等未必清楚这段导致大顺王朝崩溃的历史,但他们执持的传统农民本性,无师自通,也热衷于对大城市武汉的大抄家。

见有记录的,太平天国从这时起,对城市大户商家通常采取地毯式抄家。他们这样干,必然殃及一般居民和手工作坊、小商家,就此玉石不分,把抄家扩大化了。

在武昌城里,太平军将士据街把巷,挂起黄旗,设立所谓"进贡所",勒令全城民众缴纳金银、钱米、鸡鸭、茶叶和其他物品,且逐街逐店搜罗,美其名曰"上贡";其实就是变相的掳掠、抄家。当扎带红巾、衣衫褴褛的将士,雄赳赳、气昂昂地进入武昌后,望着饱食终日、楚楚衣冠的城里居民,必然产生极不平衡的心态。因此,这种出自有组织的大抄家,乃是长年穷困者的心理补偿。它也是小农平均主义的单向思维。

洪秀全、杨秀清再度命令:一切财物归圣库。

在武昌,太平天国对民众作了创造性的措施,那就是首次将他们按性别、年龄和身体健康现状等档次分别送入各馆:凡年在十五岁至五十岁的男子编入正牌馆当兵作战,在此年龄外的老小编入牌尾馆,女人编入妇女馆(女营),有疾病者编入能人馆,聋哑盲残缺人等编入老疾馆。每二十五人设一馆,完全按军队编制,每馆设两司马,以上分设卒长、旅帅等各级军官,便于管理。每人每天发油一小杯、谷三合,定量供应。

太平天国规定每人每餐饭前必须要念念有词:"赞美上帝,为天圣父;赞美耶稣,为救世圣主。"感谢天父天兄天王赐食。还作出规定:吃饭时不得身靠桌子,不叠股,动碗筷时不得谈话,吃完一道菜肴后,才能再上一道菜肴。

在馆的男子一律剪辫留发,还只能穿短衫。那些穿着长衫的武昌汉子,就得被剪去下截,胸前背后缝上黄布,且在上面写有"天军"、"冲锋伍卒"或在某馆等字样。

民众都要入馆。武昌城里再无家庭;更不会有商店、作坊。

太平军就是这样扩大队伍的。

太平天国的主要领导人,是把拜上帝信徒从自觉自愿团营金田这老一套措施,当做万有灵丹,来管理武昌的。它要把一个早在中世纪就已走进近代繁华发达的经济文化名城,强制以军事管理方式,回归到古代大同世界。

以传统农民的理念改造城市、取消城市,这是时钟的倒拨。

很难说这是洪秀全、杨秀清等领袖的高明之处。

洪秀全将清湖北巡抚衙门改作"天王府",在辕门匾上贴以黄纸,写上朱字"天朝门",大堂匾上贴以"天朝殿"。东王和其他各王,也各在大门上贴以黄纸朱字如"东王府"等。接着是服饰对号入座,武昌商肆有的是好绸缎,又有巧匠;可以说,天王、东王以及其他高级将领所穿戴头冠、衣袍能按地位兑现,当是开始在这个时期。

但此时对于两司马所统率的天兵,因为多有新兄弟,还来不及有统一服饰,通常是头扎红巾,就算是唯一标记了。基层人员还规定不得穿漂亮衣衫;经批准可穿的,还须在衣衫上盖有圣库大印,方准服用。

天王又选了六十个女人

洪秀全此时此刻真可以说是踌躇满志了。

他自己在武昌主要干了两件事:

一是公开在大庭广众前搭台讲道理。"讲道理"也叫"讲天情",即太平天国各级武将文官对军民大众的报告会、上大课。这是洪秀全向西方学来的宣传教育模式,即当年他在广州街头聆听牧师宣讲的变换。

通常长官都要学"讲道理",讲道理者有时讲拜上帝的好处,有时动员群众做某些事,将士则讲英勇战斗。它一般是搭叠高台,有时匆促就垒迭上几只桌子,然后鸣锣召集听众前来听讲。

太平天国各级领导人,自天王东王到两司马,都要"讲道理","讲道理",是权利也是义务。即使是一个一字不识的文盲,只要有官职,也会"讲道理"。

这是有记载的由天王亲自登台向民众讲道理。

洪秀全登上高台,顾眄自雄。

不过这次讲道理,洪秀全很扫兴。

原来他在讲道理时,当地有个马秀才,书呆子气十足,竟跳出来对他叫骂。马秀才当场被扭住,处以五马分尸,堪称咎由自取。可是天王却因此倒憋了气,扫了兴,讲道理也就草草了事。

洪秀全做的第二件事是又充实了自己的妻子队伍。

洪秀全这时至少已有三十六个妻子了。他反对纳妾,他的妇女平等观,就是老婆不分尊卑大小,都叫妻子。当然,天王的妻子无指标、不定额,多多益善。在武昌花花世界,他又选了六十个妻子。

据说太平天国是禁止缠足的,洪秀全有否让他的妻子们放足,语焉不详。其实,太平天国禁止缠足,并非出自反封建陋习或政治色彩的移风易俗。广西山区妇女多天足,客家妇女也是天足,唯天足才能从事繁重体力劳动和走远路。多见不怪,少见多怪,由是出了山区、到了平原,发现江汉地区城乡妇女多缠足,那就要禁止缠足了。

不管怎的,它毕竟是一个进步。

洪秀全热衷于选女人。但也有人说杨秀清也喜欢选美女,他令全城十三岁至十六岁的妙龄少女都到阅马厂听讲道理,违者本人和父母要斩首。于是多人明知就里,皆蓬头垢面而往。但到场时,即被勒令须以清水洗面,由是也选得六十名眉清目秀的少女。

武昌花花世界是个大染缸,太平天国领袖们红的进去,灰的出来。有人说,太平天国是到了南京才封建化。其实洪秀全等人,自幼就生长在封建文化的土壤上,在造反后即上封建化的道路,只是到了武昌就更加明显了。

太平天国规定:不准喝酒

太平天国攻占武昌的半个多月以后,即1853年2月3日,迎来了天历辛开(亥)二年的除夕。

这是太平天国奉行天历的第二个春节,它比同年农历春节要提早半个月。

太平天国的第一个春节,是在永安州围城时度过的。当时物质匮乏,领袖们也忙于建制,没有多大规模的欢庆活动。

移风易俗,太平天国改换农历、节气,包括编造自己的春节,那是自秦末陈胜吴广以来农民造反所没有的。

就在武昌过除夕那天,白天,天王洪秀全亲自选女人,选数六十,图个吉利;当天,各级官员向天王进贡,女官向天王又正月宫赖莲英进贡,都是桌案上铺设黄纸,罗列大盆,内盛蔬肴并水果,由两人抬着,打着锣鼓前来进贡。天王下令,每营赏给肥猪一头,也有领取牛羊的,并由两司马向圣库领取赏钱,让全"国"上下和和美美地吃上一顿年夜饭。

吃肉,是农民向往的,他们生长在土地上,由于贫穷,山珍海味般的美好享受仅囿于肉。

太平天国前期上下奉行供给制。供给标准是按官级分肉、吃肉。总制以下官兵平时就没有肉吃,只有礼拜日、诸王寿诞日和春节等日子全体人员才有肉吃。所以在进入武昌、南京以后,每逢礼拜日宰夫衙磨刀霍霍杀猪千头。时人有诗说道:"每逢七日群分肉,礼拜期原杀戮期。"

而在平时,天王每天给诸王肉十斤,逐次递减,至总制级干部半斤肉。监军级干部和以下将士们就只能吃素了。据称,太平天国这项供给制规定,乃是参照广西山区的苗族土司制度。

节日能有肉吃,对大小官兵来说,总是一项皆大欢喜的享受。可是有肉可吃,却不准喝酒。太平天国严禁饮酒,太平条规就明确规定人人"要练好心肠,不得吸烟、饮酒"。为他们所控制的城乡和乡村,民间不准酿酒、卖酒、饮酒。所设的各家衙门,衣食住行、生活用品,三百六十行几乎都有,唯一所缺的是酿酒或买卖酒的衙门。

太平天国之所以禁酒,并非因酿酒要消耗过多的粮食,据说是与天王洪秀全大有关系。据他的儿子洪天贵福说:"我父亲不吃猪肉的,并不准众人吃酒,所以从前我只吃牛肉,不吃猪肉。"洪秀全不爱吃猪肉,大概分到的都是牛肉、羊肉,于全国全军似无妨碍;但他自己不喝酒,就将不准喝酒写进国家根本大法中去了。因而即使像除夕的欢腾,也只能用茶代酒。

不过即使无酒,太平天国过春节还是够热闹的。太平天国壬子二年元旦清晨,天王和东王等人坐在大殿上,接受鱼贯而入的臣下一批批地朝贺、团拜。诸王内眷和女营官员则分别向赖莲英娘娘朝贺,一派歌舞升平气象。据记载,春节这天,武昌城里锣鼓从黎明打到深夜,爆竹声连续不断。后来有人回忆说:"楚垣俨然一大剧场。城内爆竹如雷,街巷地上爆竹纸厚寸许。"当然,这一带也是盛产爆竹之处。

春节过后,太平天国又要走上新的征途了。

此向何处? 当时是有过一场争论的。

石达开建议西去四川。洪秀全主张北上河南。相传此说出自一个率领千名女兵的黑旗女将卞三娘,是她率先向天王建议北征取河南的战略。取中州之地,盖得中原者得天下。天王之说,有根有据,本应该是绝对权威的。但杨秀清坚决要求沿江下南京,然后下一步再考虑北上河南,他不学无术,强词夺理,哪怕磨破了嘴皮子,也还是说服不了满肚书篓子、引证据典的天王;于是撒了大泼,又拿出他的杀手锏,假天父下凡传言。因为杨秀清是代天父传言,至高无上,这才是真正的最高圣旨呢!洪秀全只得勉强听从。

石达开所说乃深受《三国演义》影响。这是一种落后、倒退、关闭自守的战略,但洪秀全所说的也不高明。他就不懂得这支拖老携幼的几十万人众,行走在中原茫茫大地,如果被对方截断后路,断草绝粮,就将不战自亡。

相比之下,还是杨秀清的想法较切实际。

但杨秀清和洪秀全、石达开都犯了一个战略性的大错误,那就是得地不守,取城破坏,不搞基层政权,建立后方基地。

1853年2月4日,即太平天历正月初二,太平军将士们把武昌官衙里的一百多万两银子尽数送到船上。翌日又将所有铜炮、铁炮装上船头,准备出发。2月8日,天王令武昌女馆人员尽数上船。2月9日,太平军放弃武昌,分水陆三路夹江东下。

天王登上特制的龙船,这艘金光闪闪、规模巨大、稳如地面的龙舟,后来洪秀全就把它作为纪念品陈列在天王府侧,炫耀创业,供人参观。以夸耀自己的丰功伟绩,也有带着创业艰巨、教育来者的功能。

这支有船两千余艘、人众达五十余万的浩荡队伍,由石达开为先锋,秦日纲、罗大纲沿水路,胡以晃和不久前才跃升的地官正丞相李开芳、天官副丞相林凤祥等则由陆路夹江而下。声势极为壮观,当时称为帆樯如云,蔽江而下。

太平军水陆两路向南京挺进

这时的太平军已被称为拥有十万雄师。包括随军家属,以及携带的武昌妇女,太平天国已有五十万人众。在太平军和清军的战斗中,清方在奏报中总是将太平军的人数放大几倍甚至十几倍。意在说明太平军人多势众,非不用力,盖难以势均力敌,所以虽败也可借寡不敌众塞责;获胜,则表示以少胜众,更加显得自己威风。由是出自清人笔下的太平军将士人数,多有倍增,充满水分,不可不察也。

牌面、牌尾

太平天国创造了新名词：牌面、牌尾。牌面、牌尾出自太平天国独特的"门牌"。1854年在恢复家庭时，同时设置门牌，以控制人口，在门牌登记人员，前列主要成员（牌面），后列未成年人（牌尾）。牌面、牌尾也写作排面、排尾，盖军中排列，列队在前为排面后为排尾是也。"牌面"又称"正牌"。"贼每战，各营正牌二十五人居前当锋。牌尾老幼辈助声呐喊。"（《武昌纪事》）"牌面"还称为"战兵"，"牌尾"为"守兵"。"贼以少壮为战兵，谓之牌面；幼老者为守兵，谓之牌尾。"（《劫余灰录》）

"牌尾"，通常是老幼合称。"窃今兄睹见队中仍有小牌尾恋恋随队，仰贤弟查明，自有十五岁以下之牌尾，即令旋转潜山驻扎，如有不遵，仰弟重究。而十五岁以上，务要用其器械，不得有矛无杆。"（《鉴天豫涂命殿前右六十二丞相曾在本队宣讲道理照会》）

通常即以十六岁至五十岁为牌面，除此为牌尾。所谓太平军律有"凡军中兄弟五十岁以下至十五岁以上，一闻圣角响，俱要装身赴各本管衙，听令杀妖"（《贼情汇纂》卷八）。"城中男子凡十六岁至五十岁，谓之牌面，余为牌尾。"（《金陵癸甲纪事略》）

牌面、牌尾，在太平天国广泛采用于各馆衙、军队以及城乡。用于军时，是区分战斗人员与否；用于民时，是区分劳动力。

第十六编　凯歌行进,占领南京

陆建瀛等官员齐求观音保佑

1853 年 2 月 9 日,太平天国离开武昌,相传前锋打着双旌绣旗:龙飞九五,重开混沌之天;虎贲三千,直抵幽燕之地——不日便兵临南京城下。

过五关,斩六将,只用了整一个月时间。真可谓是兵贵神速,势如破竹。沿途虽关口重重,可是几乎没有硬仗,清军闻风而溃,长江下游各要塞形同虚设。

2 月 15 日,太平军前锋攻占鄂东江防重镇——武穴,全歼清寿春镇总兵恩长全军四千人。在前线督师的新授钦差大臣、两江总督陆建瀛听得恩长全军覆没,吓得仓皇失措,赶紧改乘小船逃回南京。

2 月 18 日,太平军兵不血刃占领江西九江。当此之时,清在籍尚书陈孚恩会同巡抚张芾,以木牌三道垄断江腰,下用粗铁链横栏水面。木牌上均修置炮台卡房,十里之间三道排列,即使一寸木片都难以漂过。但太平军采用几百架木筏,上置放数十只大铁锅,锅内放松香、桐油,以棉花作引线,于木筏头扎立若干草人,草人腹心里塞满皂角、海椒和火药。草人外穿号衣,手执旌旗刀矛,木筏乘风势冲向木排。木牌上中的守军黑暗中望见火光,以为是太平军来了,枪炮齐放。但木筏继续前冲。此时草人着火。皂角、海椒冒烟,三道木排尽被烧毁。时值天明,太平军水路人马紧随而至,陆路从关后抄来,清守军全部覆没。也有说九江本有守军两千人。当太平军先锋石达开等部来到九江城下时,却发现城楼顶鸦雀齐噪,不闻人声。莫非搞的是诸葛亮的"空城计"?有三个童子兵就勇敢地游过城河,攀上城墙,才发现守军和地方官员都已逃跑一空。两天后,太平军离开九江,进抵安徽小孤山。

2 月 24 日,太平军又不战而占领安徽省城安庆,并击毙安徽巡抚蒋文庆,随即向南京东进。大军有如迅雷。2 月 26 日占池州(今贵池),2 月 28 日克铜陵,3 月 4 日下芜湖,3 月 7 日定和州(今和县)。各地清兵不战而退,闻风而散。

石达开率领的前军,遇山开路,逢水搭桥,勇往直前,所向披靡。当时石达开二十三岁,虽是少年英俊,但还未知名。20 世纪 50 年代初在太平天国宣传热浪滚滚的期间,民间忽而跳出有石达开单骑登采石、攻下当涂城的故事,还有含有现代精神的民歌:一炮落下水,炸开丹阳湖;一将登采石,攻破城当涂。不是城豆腐,人是铁丈夫。又有民歌:石达开,真好样,夺采石,勇无当,一马冲入南京城,太平天国第一王。

完全是现代人口气。

但据野史,当时石达开确实获有"石敢当"的绰号。

太平军所据的各府城,都是穿城而过,没有留官留兵,遑论建立地方政权机构。

3月8日,太平军陆路先遣部队已抵达南京即古金陵城下。翌日,石达开等主力部队到达,在城南西善桥一带扎营。

南京攻坚战开始了。

南京是明初朱元璋的都城,此前也曾多次(如东吴、东晋、南朝宋齐梁陈、南唐等)做过国都,虎踞龙盘,江阔山险,城高墙厚,内城由江宁将军祥厚率八旗兵防守,外城由绿营兵防守。因为前线形势吃紧,临时又招募壮丁增设保卫局和筹防局,人数虽多达万人,却从未受过训练、打过仗。

两江总督陆建瀛逃回南京,躲进衙门,三天不见客,亦不坐堂,深居简出,一天到晚诵经拜佛。他最信仰的是观世音菩萨。在他影响之下,南京很多官绅纷纷焚香点烛,祈求观音保佑。

因为陆建瀛迷信,让南京各门放进周边寺院很多僧人。太平军得悉,便让若干将士剃了光头,着僧衣芒鞋混进南京城,伺机为内应。

太平军对南京发动多次进攻,一度冲过吊桥,直抵城楼下;还在雨花台报恩塔上驾炮轰城,炮弹如注,守军畏缩不动。至晚,太平军又抬出西天寺泥塑五百罗汉,排列成作战队形,前后左右中,插上战旗,雄赳赳的样子,再点燃蜡烛,烟雾腾腾,远远望去,在若明若暗的闪光里,有如一彪人马。守军以为敌人攻城,集中炮火猛轰,直到天明方才看清,可弹药都耗费完了。

3月12日,太平军大队船只已抵达南京长江水面,分泊于大胜关至下关七里洲,水陆连营几十里,合围南京城。这时北京朝廷已下诏将陆建瀛革职锁拿,由祥厚继任钦差大臣兼两江总督。但因时间差,诏旨尚未到达,陆建瀛仍主持南京城守事务。

陆建瀛在围城里,多次派亲随缒出城外求救,还派专使上九华山恭请武僧。可是这些亲随均害怕出城被俘杀,阳奉阴违,于是没有离城,只躲在家里。陆建瀛又听人说纸糊送葬俑童可退敌,于是又糊了一个丈二高的巨人置于仪凤门上,妄想不战就能赶走敌人。

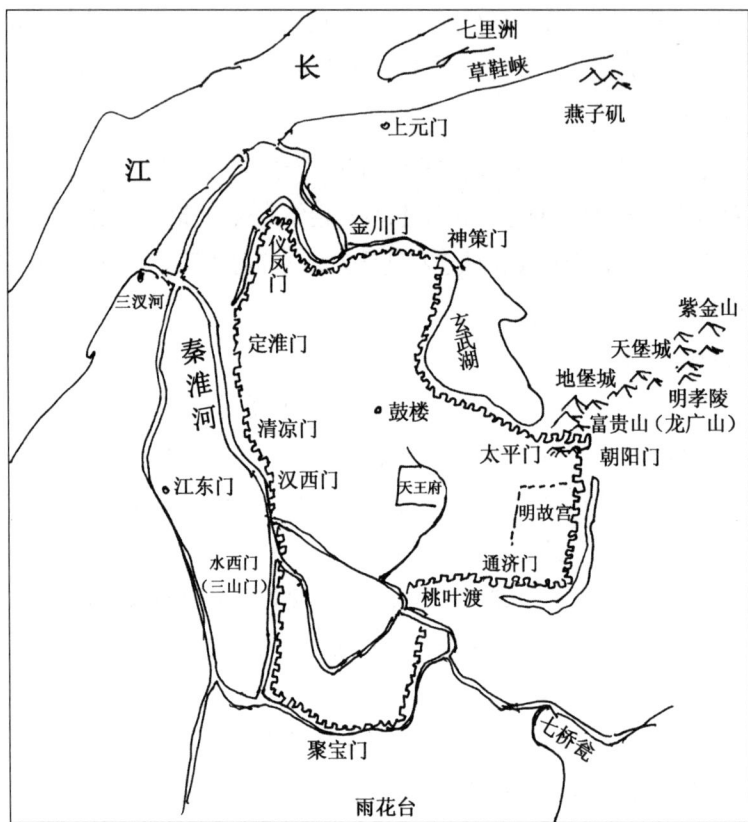

天京城各门图

在此前后,太平军已对南京发动多次进攻。由林凤祥部土营在仪凤门外静海寺挖掘地道。3 月 18 日,水西门上清军发现有几百名骑兵奔来,以为是太平军乘夜偷袭,就集中兵力守卫;原来这是太平军将士故意扎纸为人,披红衣系之马上,一马一灯,鞭之奔走,以引起清军注意。它是太平军惯用的声东击西战术。翌日拂晓,仪凤门下地雷迸发,城墙倒塌,太平军将士争先登城;突闻轰然巨声,又是一颗地雷爆发,冲在缺口的多名将士牺牲。城上清军并不乘机出击,却争相割人耳赴筹防局报功领赏,使得守城兵力明显转弱。

后继太平军将士几百人,手持白杆枪、长短刀再由缺口冲入,所向无敌,直冲旗营。旋因人少力单、势不敌众,只得退出。回途在经成贤街至小营处,恰遇陆建瀛乘四人绿呢官轿敲锣打鼓吆喝回府。护卫见了弃械逃命,舆夫亦弃轿而走。陆建瀛坐在轿中还不知所由,被太平军将士由轿中拖出,连砍六刀,一命呜呼。后来民间称道:"杀却此人头,万民心悦服。"

首批太平军将士虽已退出城内,但陆建瀛被杀的消息却不胫而走,传遍全城。守军闻风丧胆,陆续逃散。就在同日黄昏,林凤祥和初任右四检点赖汉英率众驾蜈蚣梯攀南门而上,城里原先剃发扮作和尚的太平军将士放火为号,乘机接应,于是汉西门、水西门和西门一齐洞开,各路太平军蜂拥入城。太平军将士斗志昂扬。时人汪士铎目睹:"贼皆红巾,短衣窄袖,或红或黑,赤足,红绿长巾,又以花巾绕项,持刀矛,或骑或步,亦间有戴竹盔者,以二十五人为一队,队伍甚肃。"(《乙丙日记》)守军不战而逃,天明太平军尽占外城。

由各门入城的太平军将士,不约而同包围了内城。内城是旗营和将军衙门驻地,城墙更为坚固。江宁京口将军祥厚率八旗兵五千人和数万家属负隅顽抗。太平军猛烈攻击,伤亡极大,城下积尸竟与城齐。终于靠踏着同伴尸体逐级而上,太平军浴血苦战,方才攻破内城,杀死祥厚等人。

1853 年 3 月 20 日,太平军终于占领南京全城。

洪秀全妻子多得要按数码编号

当太平军攻占南京时,天王洪秀全正坐在安庆到芜湖的长江龙船上,不时闻听前线传来的捷报。

他在龙船上怡然自乐,身畔有大小月亮侍奉,左拥右抱,不亦悦乎。有一个高姓老头,因船被征用,本人被软禁在后舱,每天能目见送与洪秀全的御馔有十簋,放在玉碗里,进馔时有八个吹鼓手奏乐,两人站在船头打大锣百响。这些人都衣着青衣红背心。这条龙船是缴获的两江总督陆建瀛坐船改装的。

早在攻占南京前两个星期,天王在船上向全军全民颁发了一道《严别男女整肃后宫诏》。

诏旨指出,内外有别,今后天王府后宫必须是严别男女。全篇诏旨,宣布了三条"斩不赦也":

第一,后宫的天王大小妻子,只能一概呼"娘娘"。不准臣下谈及后宫的姓名、位次。如谈及,斩不赦也。

第二,后宫天王大小妻子的容颜,永远不准臣下看见。如偶尔见了,也须低头垂眼。有敢起眼窥看,斩不赦也。

第三,外言永不准入,内言永不准出。有传出或传入者,传递人斩不赦也。所传的女官或某臣下,亦斩不赦也。

有人说,这道诏书表示洪秀全已完全封建化。

其实,生活在封建时代,是根本不可能摆脱封建味的。自从洪秀全金田发动起义、武宣称天王开始,天王后宫早已是在按照封建皇宫的模式塑造了起来。天王府阴盛阳衰,后宫大多是女人,但又没有太监。曾有学者认为,洪秀全是不搞太监的,说明他的进步。但据时人记载,洪秀全据金陵时,曾拘集城中幼童八十人进行阉割充当太监,但大都割死了,保全活命只有三人,也已是残废人,不顶用。由于不设太监,所以必须采取严格的管理制度。这么多人、宽广的天王后宫,即使到天国晚期,也只有天王和他四个未成年的男孩是男性。

天王的这份《严别男女整肃后宫诏》,确实是有威力的,以后在太平天国极少见有谈论天王府后宫文字的。20世纪初描写洪秀全后宫和他的私人生活行为的野史稗史、三流小说倒也有一些,但都是无聊文人的胡乱编造、主观臆测,不足为凭。对于天王府后宫内情,人们只有从洪秀全所写的四百多首《天父诗》中有关生活的诗句,略知他对后宫众月亮(妻子)是相当严格和苛求的。

洪秀全称自己为"太阳",所谓"天王洪日",他的妻子为月亮,元配赖莲英为又正月宫。正月宫有名无实。一说是洪秀全定格天上自有一个大老婆,且为他生育儿子,虽未下凡,但可是"正月宫",一说洪秀全原配钟姑娘早死,所以为她留有位置。洪秀全还颁布诏书让众人知道:

> 上帝所合人难分,何况他子是嗣君;
> 嗣君母亲是王母,天下万国重大伦。

当年打掉孔子牌位,否定伦常的天王,修身治家,还是要高举伦常大旗的。

近些年,我们才在洪秀全的儿子洪天贵福的交代里,稍见有谈及天王府后宫妻子的文字。他说,洪秀全把所有的妻子都按数字编号作为识别:

我系第二房赖氏名莲英所出,现年四十多岁。我有两个兄弟,均系十一岁,一名天光,封为光王,系第十二母陈氏所生;一名天明,封为明王,系第十九母吴氏所生。(《洪天贵福在南昌府供词》)

近代农民的简单思维,通常热衷用数字作为符号。太平天国的不少官爵,如前期的检点、指挥,后期的天将、丞相,均衔系数字,以便于区别和记忆。洪秀全的大小妻子太多了,连自己也弄不清楚,于是也采用数字编号来区分。说也别致,那是因为此方法在过去任何帝王都没有实行过。洪秀全以为实行此法,可避免宫廷争斗倾轧,因为众位妻子仅是数字之别,在他面前人人都是平等的。

其实不然。据洪天贵福说:“我称母为妈,我妈与第四母余氏不和,父亲因将俩母锁闭了好些时。”两妻勃谿,各打五十大板。洪秀全虽自以为能“治国平天下”,为万国之主,无所不能。发妻赖莲英是所谓又正月宫,可是这个乡下妇人哪能母仪天下,为众小月宫、小小月宫畏服。可以推理天王的后宫和月宫们是不会愉快、安乐的。

看来,洪秀全急于在船上颁诏,更多的还是要强化夫权,树立他的绝对权威。要是人们知道他也和常人有同样的男女大欲,这有碍他的天王形象。神龙见首不见尾。洪秀全这条“龙”,当他披上山河日月社稷大袍子后,是无论如何也不能再让臣民摸到他的尾巴的。

顺便提及,太平天国妇女地位是极低的。非两广籍的老姐妹,可以说是与牛羊相等的活牲口。洪秀全始作为俑,将妇女作为礼品赏赐。这些妇女多是掠夺搜括而来。1862年为笼络皖北团练头子苗沛霖,封他为奏王,并由陈得才转交“礼部发来王娘”。此处或可证凡封王晋爵者,由天京送赐女人,所谓“我主恩赐王娘数名”是也。

杨秀清说:你要迁都河南,就是想变妖,该打屁股

3月29日,洪秀全进入南京城。太平天国为了迎接自己的领袖,举行了极其隆重的入城仪式。

此日清晨,比洪秀全早一天进城的杨秀清,带同北王、翼王等文武大员,前往长江畔码头迎接。杨秀清身穿大红袍、头戴貂皮帽,其余人员遵太平天国制或戴官帽或扎黄甲,簇拥跪迎。在天王进得城时,前导是骑马的官员,其次是杨秀清等三王,均坐黄

呢大轿,轿顶有一鹤,后随王娘(即诸王的妻子)及大脚女人数十人骑马。

洪秀全所戴有如昆剧《长生殿》里的唐明皇帽,黄绣龙袍,黄绣龙鞋,不穿靴,坐一顶十六人所抬的黄呢大轿,轿顶五鹤朝天,轿夫都着黄马褂、戴黄帽,前后有高举旗帜仪仗几百对,敲锣手若干对,吹鼓手八对,都分别穿有制服。在洪秀全轿后还有三十六个大脚女人,着短衫长裤,手持日照伞,骑马相从。接着又是几千兵将,喧嚷声传出数十里,颇令人夺目。

据时人记载,在天王轿前,有太子两人,一骑马,一抱在乳媪手中。现在看来,一个就是时刚四岁的洪天贵福,洪秀全的大儿子。他原来名叫天贵,后来洪秀全又在名后添了一个"福"字,以示高贵。还有一个应该是洪秀全的大女儿、十五岁的长天金洪天姣。因为太平天国将士都披长发,扑朔迷离,以致人们把披长发的洪天姣也误认为是太子了。

这就是洪秀全进入南京城时的场景。

从此后十一年里直到病死,他再也没有出过南京城。

洪秀全进入南京后,杨秀清等已将原清两江总督衙门安排作了天王府。

1853年底,天王府火烧被焚去大半,明年春又大肆重建,建材不足,就拆了明故宫,男劳动力不足,调拨女营充数。大立之年,不惜工本,以致建造得比原来更为富丽堂皇。

天王府门庭森严。在圣天门右侧小屋墙壁,嵌有砖刻"太平天国万岁全图"。图中只标明有"天京",而无北京。在标明世界时,突出地标明了英国、法国。洪秀全还在府门左边墙上挂以黄缎,上面用朱笔书以尺余大楷字二十个:"大小众臣工,到此止行踪,有诏方准进,否则雪云中。"雪云中就是刀杀。天王自己筑起了高墙,将自己圈在圈子里了。

太平天国下一步的目标是什么?

按照洪秀全的意见,是分军镇守江南,大军向河南挺进,取河南建都。看来洪秀全是懂得一些中国史的。历代在南京建都者皆偏安于东南一角,没有伸展的余地。

但是杨秀清坚决不同意。

据当时还是基层干部的李秀成所闻,杨秀清采纳了一个湖南籍老水手的建议:河南河水小而无粮,敌困则不能救解;尔今得江南,有长江之险,又有舟只万千,又何必往河南? 此乃一说。

也有传说是,该水手乃道州人蒋某,是太平军在岳州时收容的。此人巧言令色,于各处山川地理风俗无不详知,深得杨秀清喜欢。当太平军占领南京,洪、杨商议分军,洪留南,杨向北。蒋某劝说:"北方少水乏米,南人甚不相宜,且旗营马队极多,势不能敌,不如据都金陵,据长江之险,分扰南北,徐图北窜。"(《粤寇纪事记实》)

其实,早在杨秀清进南京前夕,他已向兵将扬言:南京就是"小天堂"。

遵照东王九千岁命令,太平军将士在占领南京后的几天里,已为巩固城防作出了种种措施。全城张贴"真天命太平天国禾乃师赎病主左辅正军师东王杨秀清"的安民告示:"人人要认识天父,归顺天王,同打江山,共享天福。"

太平军将士又按街按户地毯式地进行大抄家,搜查清官清兵和顶戴靴服印书,美其名为"搜妖"。有几本书卷的知识分子、穿着长衫马褂的商人等,都难免被误认为"妖"。

接着又将城内居民编查户口,男女分馆,百工归行,民家所藏金银首饰尽入圣库,完全是武昌那套措施的重新翻版。

3月28日,即杨秀清进入南京城的当天,丞相林凤祥、李开芳和指挥罗大纲等就率领两万余将士东征去了。显然这也是杨秀清的总体战略。他要巩固南京,必须夺取东面屏障镇江、扬州等地。

看来杨秀清本人意愿是不想远征的,他要以南京为根本,号召全国。

洪秀全、杨秀清两大领袖再次发生争论。

洪秀全究竟读过几本线装书,据古论今,口若悬河,振振有词。

杨秀清说服不了洪秀全,最后又在公众场合、众目睽睽下拿出他镇慑天王的杀手锏。他假托天父下凡,责骂洪秀全说:"你要迁都河南,就是想变妖,该打屁股。"上纲上线,戴铁帽子。洪秀全心里非常明白四弟又在弄虚作假,玩弄忽悠他了。以其人之道还治其人之身,作法者必自毙。当年对众说天梦、讲天话,现在这套游戏,清胞已经接过去了,可是仍不能丢,还得仰仗所谓天父传言呢。对此之事,洪秀全像是吞下一只红头苍蝇,被逼迫放弃己见屈从,同意建都南京,并改名天京。

若干天后,洪秀全也为表示自己从不反对建都天京于南京,和假以天父上帝附身的杨秀清理念完全一致,还特地把天京与天父上帝挂钩,在圣经《圣人约翰天启之传》第三章批语:"由天父上帝自天降下之新也路撒冷,今天京是也。"

他认定,天京也是,所谓:"神国在天是上帝大天堂,天上三十三天是也。神国在地是上帝小天堂,天朝是也。""上帝基督下凡,再建上帝殿堂在天京天朝矣。"(《钦定前遗

诏圣书》第十五章）

　　杨秀清为表示自己建都南京之举的正确,组织何震川、刘盛培,还包括天王表亲黄期陞等四十名笔杆子——太平天国仅有的高级知识分子们,就建都天京乃出自天父本意,各自著文发表同声之语。

　　杨秀清在全朝全军享有非常高的威望。

　　从金田、永安,尤其是从长沙北上以来,由于杨秀清高瞻远瞩、指挥得当,太平军一路顺风,先后攻占武昌、南京,使杨秀清假托天父传言,更有所验证。他的话在太平天国中极有分量。

　　何震川等人奉承杨秀清,何乐而不为,力陈建都南京是顺乎天命,乃是天父本意:所谓"金陵乃王气所钟,诚足为后日建天京之所","上为上帝诛瞒天之妖,下为凡人脱魔鬼之缠,即建都于此,名之曰天京","建天京于金陵,而万国有来朝之矣,天国有巩固之安矣!","今日建都于斯,实天父大作主张,天兄有胆当,故名之曰天京焉",等等。

　　过后,这些众口一词,被汇编为《建天京于金陵论》,印刷出版。它也是杨秀清欺凌洪秀全的记录,以图证明在建都之争上,他是正确的胜利者,洪秀全是错误的失败者。

　　建都南京正确与否,20世纪学界争论不休。洪秀全要迁都河南的主张,后来也多为人赞许。日本学者小岛晋治《洪秀全》曾介绍一位热爱太平天国的英国青年安德烈写的《太平天国》,认为太平天国未能一鼓作气地进攻北京是最终失败的关键。孙中山也曾赞同安德烈说。小岛晋治却认为当时南北方在运输和运粮的能力、军队的作战准备及其控制能力上有很大差距,太平天国如果没有安定的根据地,贸然携老带幼地大规模向华北推进,未必是上策。即使是占领了北京,把清朝宫廷赶到东北、蒙古,也不能说是平定了天下。

　　我认为,小岛晋治看得相当清楚。

　　大概在1853年4月下旬,南京被定为太平天国首都,号称天京。

　　建都天京,是太平天国金田起义后胜利的顶峰。

　　建都天京,也是太平天国开始走下坡路的起点。

第三卷　凯歌

第十七编　初次东征,旗开得胜,马到成功

相传苏三娘参加了东征镇江

太平天国攻占南京后,首先跨出一步的就是东取镇江。

镇江距南京百里,是屏障南京东的重地。

1853年3月29日(二月二十日),洪秀全进入南京。为巩固新都安全,调兵遣将,在攻占镇江后,以左一指挥罗大纲、木一将军吴如孝镇守镇江。

根据《南京条约》,当时镇江为通商口岸,有英国人居住和活动。太平天国选择罗大纲、吴如孝等人,也许是见于罗大纲长期在广州等地与英法国人士打过交道,有点外事常识,吴如孝原先是广州十三行的小伙计,是太平天国难得有能讲几句洋泾浜外语的人才。

罗大纲、吴如孝初次东征镇江,相当顺利。

3月31日,太平军在镇江长江江面,击溃苏松太道吴健彰所雇的澳门葡萄牙划船和清总兵叶长春水师,占领镇江。

镇江当时是镇江府城,人口密集、商业繁荣。

相传此路太平军有苏三娘参加。

苏三娘是随军到南京的。她还参加了进占镇江之役。苏三娘故事曾在民间广为流传。黄世仲《洪秀全演义》亦即据苏三娘传说,编写了一回"洪宣娇枪毙清都司,一举而取镇江城"。

罗大纲防守镇江后,努力把它打造成兵营和集中营,以图彻底改变城市现貌。

首先注重军事防御。《丹徒县志》称:"为坚守计,四处拉人,增设新城,拆毁庙宇民居,以才大筑,城上添造炮台;并出伪示,令人馈米麦牲畜。"

镇江又是太平天国继武昌、南京后,以农村生活改造的又一座商业城市。全城居民被拆散家庭,按男女性别聚居,所谓"以空屋分男女居之,各立男女伪司马掌之,屋各数十人,逃者、偶语者、出屋者皆立斩。"

在镇江,居民被组织起来,凡十五岁到六十岁之间的男性居民,都得当圣兵,人人着短褂、短衫(长衫截去下半段),胸前钉"太平"、胸后钉"圣兵"白布各一块,头扎一块红巾包扎,不准戴帽,盖太平天国以戴帽者为"妖";有一技之长的手艺,则按行当安置于诸匠营,如典红粉、典铁丸,每人发与腰牌,前写机构,如"太平典木匠",后写名字。

镇江太平天国当局仍奉行大小圣库制度,将全城粮食收集,每日三餐,八人一桌,二荤二素。每餐前主管下令,全体肃立,寂静,然后带头念念有词,感谢天父上帝恩福。

妇女亦均归入女营,部分分路自陆道和水道押解至南京。

家庭是彻底被废除了。

罗大纲等坚决执行太平天国毁庙破寺行为,凡寺庙必毁。据记载,镇江城隍庙尽被焚毁,城隍神木雕头还被割下挂在庙门口示众;关羽和土地等传统保护神,尽数销毁,在销毁焦山、金山上的千年古寺时,还将筑在金山的南三阁之一的文宗阁烧毁,阁中所收藏的四库全书,也灰飞烟灭。千秋功罪任凭后来史家评论,但毁坏文化,岂是仅能以无知和偏见作谴责呢。

罗大纲即以据镇江功,升左五检点,吴如孝升授左一指挥,并替代黎振晖守瓜州。

太平天国的女军

太平天国有女军,但女军作为编制,在天京主要用于担任防务、筑城、运输和建筑。用在军事斗争中多是散兵。

金田团营,很多拜上帝成员是全家参加,就此男女分营,青壮年妇女也有参加战争,因而称为"女军"。此时参加战争的女军,见有记录:"当腰横长刀,窄袖短衣服,骑马能怒驰,黄巾赤其足。"(《贼情汇纂》卷三)建都天京后,女军扩编为四十军。由女军师统率,一军二十五个卒长,卒长领四司马,两司马统二十五人,全军共女兵2 500人,实际多不满额,且多不参加战斗,更无独立作战的记录。

初下扬州,获得成群的壁画匠和刻书匠

在罗大纲、吴如孝等东进镇江同时,李开芳、林凤祥等分水陆两路进攻扬州,水路由瓜州北上,陆路由南京下关渡江取道浦口北上。

3月31日,李开芳、林凤祥等部占领江苏仪征,守军仅四十余人,一哄而散。

太平军直向扬州进发。

4月1日,太平军占领扬州。

三月扬州,群莺乱飞,烟花如织。

扬州清漕运总督杨殿邦仅有千余人马,此外就是缺乏战斗力的地方团练。杨殿邦驻扎五台山,见太平军将至,赶忙北走。当地民谣有:"漕督八十三,驻扎五台山,船头向北不向南。"

扬州士绅、盐商惶惶然不可终日。

扬州士绅推选了江寿民出城与太平军谈判。

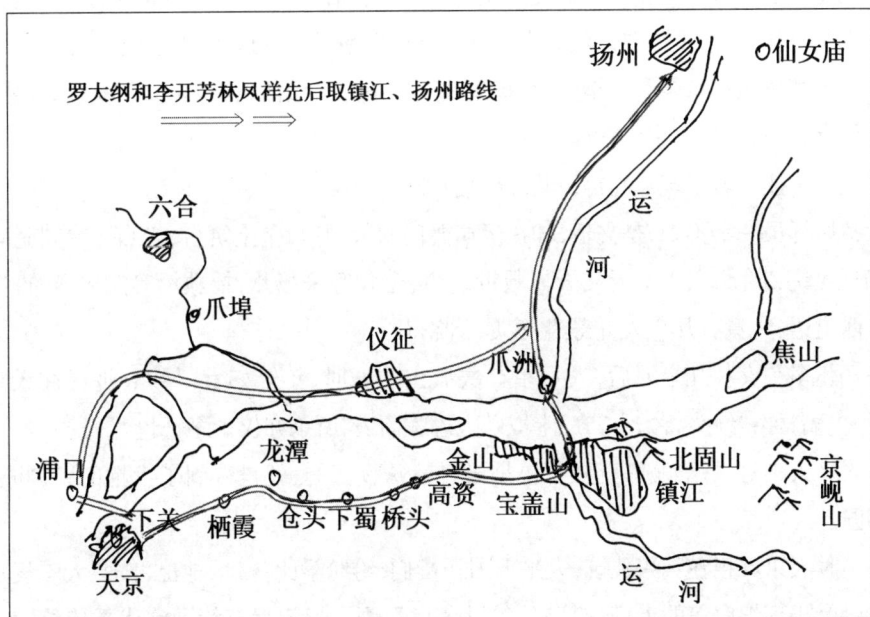

1853 年太平天国初次东征镇江扬州示意图

江寿民乃是一名巧言令色的烂书生。十年前鸦片战争时期，英国兵舰闯进长江，逼近扬州水面，就是这个江寿民带着扬州士绅捐献的钱财，向英国侵略军行贿，恳求他们不在扬州登陆，使扬州逃过一劫。这时他又作为民间使者，向太平军送上四十万两银子，请求不再进城驻扎。

太平军虚与委蛇。

遵照东王九千岁战略，李开芳林凤祥哪里能凭江寿民烂舌违犯军令。未几，前锋在桃花庵、福缘庵等处击溃候补盐知事张翊同的几百兵丁，进入扬州城。

扬州士绅和盐商在城中心教场设盛宴款待，民众如常规似地捧出枣子、灯笼、鸡和茶叶四色礼品，寓意"早登基业"。

但是太平军并未承诺不据扬州，穿城而过。李开芳林凤祥即在运司衙门设立丞相府，所属官员分据各个衙门和大宅。

江寿民游说没有得逞。

士绅盐商们埋怨江寿民，向他兴师问罪。

江寿民自知被戏弄，无地自容。

他真不懂得太平军和清政府是死对头，水火不相容。但他毕竟是地主文人，拒绝与太平军合作，当太平军要他戴红巾、穿短衫时，拒绝了，以自杀结束了生命。

李开芳林凤祥按照天京指示，在扬州城设置圣库和诸匠营，也设立了女营，集中了各处妇女，女营实行军事化管理。

太平军还在城里筑建高台，向民众讲道理。

林凤祥虽一字不识，是文盲，却在运司衙门的大门口，垒土筑台，亲自登台讲道理，向扬州人说："今天天王奉天父天兄救世之命，令我等来扬州，拯救汝等解脱苦难。"他那广西土语，究竟有几个人听得清，真是天晓得。

扬州多美女。几个月后，太平军首次撤出州城时，年轻妇女尽数被押送往天京。《广陵史稿》称："红头将妇女二三十岁以上恐骗而去，所杀亦仅十之一也。"

太平天国对扬州颇感兴趣的，也是最有特殊收获的，就是得到了大批的壁画匠和刻书匠。

当时天京城正在大兴建筑，太平天国新贵们，纷纷攀比身价、地位，按照天国规定，在自己金碧辉煌府第的大门、粉壁处绘以各色彩画。扬州素有绘画的优秀传统，有壁画和卷轴匠，即匠画和仕画。壁画就是所谓匠画艺人所专长。因此壁画遍布全城的大街小巷，凡庙宇、大宅多见有绘动植物、花卉虫鱼，以及狮子舞球、二龙戏珠等吉祥图画，而这些也正是太平天国所追求的。太平军占领扬州后，不遗余力勒令匠画艺人进工匠营，送往天京。

扬州的刻书技巧精美，也引起太平天国领袖的青睐。

太平军接管了扬州书坊业，把大部分刻书匠押送到天京，圈进雕刻衙、刷书衙，过着准军事化生活。

第十八编　孤军北伐　天津卫下

洪秀全诏令：大军远征、逢庙必拆

1853 年 5 月，李开芳、林凤祥在占领扬州一个月后，被洪秀全、杨秀清召回天京。

召回天京的目的是什么？

北伐，直捣幽燕之地，攻取北京。

当时太平天国还只设有军师、主将的领导核心层，等而下之就是六官丞相。

六官丞相也是显赫的高级干部，在进入天京时，六官丞相仅授与六人：即天官正丞相秦日纲、天官副丞相林凤祥、地官正丞相李开芳、地官副丞相陈承瑢、春官正丞相胡以晃、春官副丞相吉文元。

林凤祥、李开芳和吉文元被定为北伐军统帅。

北伐军共二万余人，几占太平军全部兵力的三分之一。

北伐军的基干，乃是萧朝贵统率的前军，队伍中广西老兄弟多，久经战场，以一当十，是最有战斗力的。萧朝贵战死后，李开芳、林凤祥在石达开率领下，自长沙北上，攻占岳阳、武昌，直至南京城下。战必胜，攻必克，可以说是一支常胜军队。

洪秀全、杨秀清重视北伐，把这支王牌军放在北上中原，直取北京的战场上。

长期以来多有史家认为太平天国没有以杨秀清挂帅，或者以韦昌辉、石达开带主力出征，是一大失误，因为北伐是大事。但他们显然忘了选择李开芳、林凤祥挂帅出征，已是太平天国作了认真决策了。李开芳、林凤祥是太平军重量级人物，众望所归，在全军全民中有很高的威望。

因为千里行进，捷报频传，洪秀全、杨秀清对他们带兵北伐，有充分的信心。

北伐的最后失利并非是选择主帅不当，而是太平天国最高当局相当轻率的战略所致：他们竟以孤军深入拥有重兵的京畿之地。

四百年前，朱元璋大举北伐，逐鹿中原，是在巩固了江浙湖广后方为奠基的，即使胜利在握，他还是先分兵攻取山东、河南两翼，然后再图大都（北京）的。

如此稳健，胜券在握，本足以为太平天国所借鉴。

但杨秀清一头热、一言堂，周围乃是何震川、曾钊扬之类的酸文人，看着他的脸色

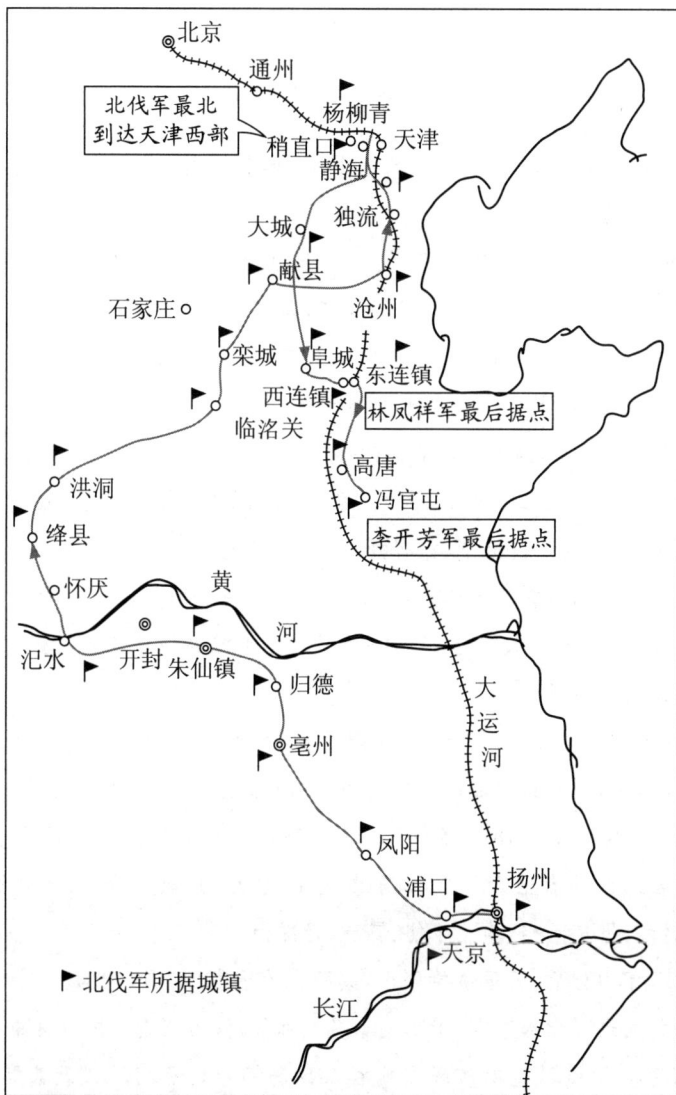

北伐路线示意图

说话,当然更提不出正确的战略;而洪秀全蔑视前朝,也不懂借鉴历史经验,由于一路势如破竹般的凯歌行进,变得十分急功好利了。据称在授命北伐时,洪秀全特地与李开芳、林凤祥作了亲切谈话,面授机宜:"师行间道,疾趋燕都,无贪攻城夺地縻时日。"(《清史稿·洪秀全传》)

丞　相

中华二千年,历代王朝官制,所设官名万千,其中有几个官几乎是朝朝代代皆有设置的,如"丞相"、"将军"。

太平天国丞相,在前期名列显职,仅次于军师和主将,被杨秀清称为"官居极品"。但太平天国丞相,只是借"丞相"之名而无实任,与封建王朝不同。

(一)太平丞相,"仅有其名,承意旨具文书而已。唯奉伪命出任兵事,权亦次于伪王"(《贼情汇纂》卷三)。其职能无定性,随时派用,如率兵出征、留京为诸王府属官办事。

(二)丞相名目繁杂,列入正规的,有按《周礼》六官设立的天、地、春、夏、秋、冬等六官正、又正、副、又副丞相二十四员,又有"职同丞相"、"平胡丞相"、"恩赏丞相"等等。所授丞相,比及满朝,凡贩夫走卒,亦有授"恩赏丞相"者。

(三)丞相是官级,但有时竟嬗化为世袭官,如周胜富袭职夏官丞相,也称为"丞爵"。

(四)前期东王等府也设有丞相,称东殿丞相、北殿丞相等,"各一贼,皆广西人,为贼主办文案"(《金陵杂记》)。

(五)设女丞相。天官正丞相至冬官副丞相共12人;女官亦多有赐恩赏丞相。

太平天国丞相,由最初的定员到后期的无编制泛滥。

(一)六官丞相始设于1851年9月永安建制,至1854年5月,初设冬官又副丞相,完成24员定员。此外有王府丞相,如东殿设左、右丞相,职同检点;平胡丞相,以攻扬州三汊河功封赐,恩赏丞相,均无印信、属员,乃虚衔。

(二)1857年内证后,天王主持国政,废除六官丞相24员,改为天王府六官丞相6人,分掌吏户礼兵刑工六部事宜,授丞相者多人加侯爵,为职责天国日常事务主官。

(三)1857年末,已出现有按殿左殿右以数码编号之丞相,如"天朝勋臣左一丞相何士魁"。1861年出现有"殿右三百七十八丞相","殿右八百零八丞相"。

(四)1862年至1863年,丞相已沦为普通官员名号。如"木三十五乙官副前旅丞相"、"土三十己官副前旅丞相"。如保王部各军营所设丞相,一军编为五营,估计每营编制最少就得有10名丞相,按数字分左右循次排列。1863年,丞相更以天支编号,现存护王部兵册,在乔天福汪麾下,有一百一十五癸官丞相黄典存,做照理粮饷事,天福爵此时已沦落为相当于现代之军队尉级军官,丞相当然更低而下之了。

洪、杨都把北伐,直闯北京,看得相当轻松,如等同闲事。

但洪秀全却把恭奉上帝天父作为头等大事。他特地关照李开芳、林凤祥:大军远征,天高路远,但所经"沿路遇庙必拆";要在军中刻印所谓圣诏,各级指挥员要"讲道理",让将士清楚天父天兄的恩德。

北伐将帅禀告:最大困难是以面食为主粮

洪秀全进入南京第三天,即 1853 年 3 月 31 日,向荣自湖南率领的追军已尾追而来。这支拥有正规军六万人,义勇八千余众的追军,分军两路,水路由长江直趋白鹭洲,停舶石头城,陆路由太平府东北上,分扎钟山、雨花台和东西门外,组成"江南大营"。

天京都城四郊多垒。

洪秀全、杨秀清于城围等闲视之。

李开芳、林凤祥在天京授命后回到扬州,调兵遣将北征了。

扬州只留下指挥曾立昌守城。

1853 年 5 月 8 日,李开芳、林凤祥和吉文元的大部队由扬州启程,乘船千余艘,溯长江西上。5 月 13 日在浦口登陆,大败清吉林、黑龙江马队,夺得浦口,自西北进入安徽。5 月 16 日后,先后攻占滁州、凤阳、临淮。

几天后,杨秀清又从天京派出朱锡琨、许宗扬(许十八)等率领的另支北伐军加入北伐大部队。朱锡琨等几千人马渡江经浦口西走,途经六合县境就宿。

六合城中居民逃匿一空,太平将士远来疲乏,就地而睡,当晚兵营里失火,引起火药爆炸,队伍大乱,人心惊惶,自相残踏,也有说是将士借居民房,在灶间生火煮饭,不慎失火,知县温绍原伏军袭击,朱锡琨等难以控制局势,只得带领部分人马继续北上,许宗扬率领一部渡江返回天京。

在这次"六合事件"中,知县温绍原出了名,被清王朝起擢提拔,出任江南大营翼长(参谋长)。

《洪秀全演义》肖像画

朱锡琨部将炎四总制林绍璋因在全军惨受损失时,率所部人马全部回到天京,杨秀清大为称赞,把他比作是三国刘备火烧连营全军溃败时,唯"宠营独完"的将军向宠,破格提拔为春官又副丞相。

朱锡琨部在安徽滁州与李开芳、林凤祥派出的接应部队会合。

自此两支前后由浦口北上的人马合军,继续前进。军至皖北蒙亳地区,当地捻党纷纷加入队伍,歼灭河南巡抚陆应谷军三千余人,乘胜攻下豫西重镇归德(商丘),缴获火药两万余斤。陆应谷仓皇逃命,因嫌坐轿跑得不快,由侍从两人扶掖奔跑。

夺取归德,是北伐中原首次大捷。

北伐大军人员也因此递增,原先参加北伐是八个军,按《太平军目》,一个军应是两千五百人。此时因为沿途有捻党、游民,包括如丰口河工所解散的饥民数千、皖北遣散的团勇入伍,据称已空前膨胀至十万人。

北伐军走向河南省城开封。

中原旷野,北伐军驰骋千里,也产生种种困难,尤其是骨干兵力和粮饷。在开封东南朱仙镇,李开芳、林凤祥等派卒长朱增发等回天京报告并请求增援。报告中特别提出不习惯北方饮食生活:"自临淮关北,尽见坡麦,未见一田,粮料甚困难,将兵日日加增,仅见骑马骡者甚多。"盖来自三江湖广人主粮是大米,不习惯麦面,且全仰给与掠取地方。孤军深入,无后方基地保证供应,已极呈困难窘迫状。朱增发所递送报告,途中为清军查获,未能送至天京;见于天京还是从他人渠道处获得北伐军确实处境的,此时杨秀清因为江北大营围攻扬州,江南大营围攻镇江,兵力吃紧;当时又发动了西征,捉襟见肘,再也无机动兵力可调度了,只得传谕北伐诸帅:"现今辅排镇守天京,不必悬望。"此说意思是,现在只有若干兵力在天京把守,不能再外出往援了,你们无须等候呢!

他说得真有些无可奈何。鞭长莫及。

洪秀全毕竟是书生,杨秀清又是一介文盲、经验主义者,走棋观一步,哪里会想到下两步。

北伐军越走越远。

当时的清王朝都城北京,仅驻防的常备军就有 20 万众,北伐军长驱直进,只有前方,没有后方,孤军深入,是很容易陷入层层包围圈而导致失败覆灭的。

谜团重重的朱锡琨之死

北伐军在朱仙镇休整两天,沿河西走,寻找船只,船只多被清军送往北岸了,在洛水入黄处,方才找到了几十条小煤船渡河。

是年7月初,北伐军渡过滔滔的黄河,北上围攻河南怀庆府(沁阳)。怀庆是豫北军事重镇,物阜民丰,有卫河直通山东临清而入运河,顺流而上可直达天津。北伐军因为没有后方基地,只有靠夺取储存富庶的粮食、辎重的市镇,就此必须夺得怀庆,一是补给军需粮饷,二是休整。

当时怀庆府城守军仅三百人,知府余炳焘等临时招募了壮勇三千余人登陴抵抗。北伐军志在必得,几乎每天猛扑,其中有三次还攻破城墙,冲进去,但仍被赶了出来,这时,咸丰帝已命钦差大臣纳尔经额等从东、西、南三路前来解围,对围城的北伐军形成反围之势。

李开芳、林凤祥等人屯兵怀庆城下,开始仍作冗日持久的攻城战,他们的武器很差,全军只拥有七八十杆火枪,主要是短刀。但是对于敌人的包围圈,毫不畏惧,仍以十倍的斗志猛攻,但成效甚微,将士多有伤亡。据称,高级将领,"坐龙锦褥服黄袍贼目二名","黄巾黄袍贼目二名"被击战死。

李开芳林凤祥为攻下怀庆,下了决心准备打一场持久的攻坚战,为此砍伐林木、破坏寺庙,修建了一座能与怀庆府城相峙的木城,木城外还挖壕开沟、引水入内,内可守御、外能御敌。

北伐军仍保持颇强的战斗力,他们围城打援,两线作战,先后分别打败了各路清军。首先歼灭大名镇总兵董占元的三千人马,又击溃八旗将军托明阿的满蒙劲旅,最后击溃纳尔经额所统的骑兵部队。清军虽众,因为缺乏统一指挥、统一调度,各路人马均败。但怀庆城仍未攻下。

李开芳、林凤祥虽然英勇善战,但不懂得掌握军事情势。孤军奋斗,置身于一地一城之争夺,冗日持久,使原来灵活的战术走向了反面。这时,崇高的官阶也令他们养尊处优,诸如各人身畔都畜养有三四十个秀美的童子,"绣衣扎额、宛如妍女",伺候起身,无事时即令敲击锣鼓为乐。因为胜利,放松警戒,木城里任凭做小买卖的个体户自由出入,将士还与之谈笑色飞,如逢亲人。余炳焘得情后,也遣派了细作混进木城,获悉了不少军情,尤其是围城已久的北伐军火药和粮食难筹,已面临供应不足的窘境了。

当时怀庆城围已久,粮食已断绝,只能是日食二顿稀餐,只是因火药充足,可以固守,据时人估计,只须猛攻三日,火药耗尽,孤城可以不战而下。北伐军不知道。

知己不知彼,难以取胜。

9月1日,北伐军在围攻怀庆五十七天后撤围了。

久久屯兵怀庆城下,是北伐军一大失误。

它贻误了战机,丢掉了北伐军兵贵神速的优势,至使清军在北面层层布防,北伐军不能再走直路,只得西走,穿越太行山走山西,再绕一个大圈子入直隶(河北)。天气不等人,待北伐军赶到天津时,已是隆冬季节,此时大军行进于冰天雪地中,旷野百十里稀少人烟,缺粮缺衣御饥寒,更见困难了。

北伐军由济源走羊肠小道,翻山越岭进入山西。山路险峻,将士多是赤足奔走,相当辛苦。

北伐军先后攻占垣曲、绛县、曲沃和平阳府(临汾)。

五日后,北伐军由平阳城出北门,在城外高河桥,受到清榆林镇总兵郝光甲部伏击,受到损失,当场就有一个高级将帅阵亡。经此惨败,李开芳、林凤祥退回原城,大为暴怒,竟迁怒于民众,下令屠城。这是太平军北伐以来首次自行破坏军纪杀害民众。此说另有版本是,北伐军退出府城时,有十余尊重炮,每炮令四个本地人扛抬,恐怕这些民夫擅自逃亡,他们都被粗绳系在炮架上,抬炮者乘机架炮反击,击毙将士多人,其中就有一个大头目(有说可能是朱锡琨),这引起李开芳、林凤祥等的愤怒,以为是平阳人作梗,遂下令屠城。

这次屠城,给北方民众带来不好的印象。

~~~~~~

太平天国前期王侯等服饰

太平天国朝服,以绣龙定高低:天王九龙,东王八龙,北王七龙,翼王六龙,燕、豫王五龙,侯丞相四龙;检点素黄袍,指挥至两司马素红袍。太平天国补褂,前朝诸王皆为黄马褂。天王绣八团龙,正中一团绣双龙;东王八团龙;北、翼、燕、豫王绣四团龙;自侯至指挥亦黄马褂,绣两团龙;自军帅至两司马为红马褂,不绣龙。

也有一说是,当林凤祥李开芳1853年6月在河南汜口渡过黄河时,朱锡琨率后军因为追军所逼,未能渡河转战南下,经河南至湖北,同年8月3日,在湖北麻城宋埠阵亡。后清军挖出其尸首,其通身用"黄绫缠裹"。

朱锡琨可以说是在山西途中或南归途经河南等地时阵亡的。但要说具体死在哪里,那就是一个谜了。

1863年,太平天国追谥阵亡将帅,朱锡琨被追封为腑王。

进入山西的北伐军相当顺利,主持山西军务的胜保不敢紧追,只是尾随。北伐军以"胜保免送"木牌揶揄之,大大咧咧地走出了山西。

情报工作太落后了,连张城门布告都看不懂

北伐军走出山西,在豫西绕了半圈子进入直隶(河北),冒充钦差大臣纳尔经额旗帜攻占临洺关(永年)。临洺关是进京要塞,自古为兵家必争之地。纳尔经额仓皇出逃,关防令箭文书和军资尽数丢失。北伐军快速行进,十分顺风。李开芳对此时此景印象颇深,后来被俘后在北京作供状时还写有:"我们攻临洺关时有一个大官把手,被我们用长矛追跑了。我们才得到深州等处","我们沿途攻打各县城,一攻即克。多因军民并不接仗,先期逃遁。唯府州城池尚有几处接仗,亦属无多,所以攻取甚易,实无邪术。"

清廷革去纳尔经额钦差大臣,对其余将帅也分别予以惩罚。

北伐军乘胜纵横河北平原,仅半月里,即攻占了沙河、任县、栾城、藁城等十一座县城,随占随弃,如入无人之境。10月13日,直抵离保定仅六十里的张登镇。一时北京全城大震,皇宫里外人心浮动,王公大臣准备逃跑。这可是大清王朝建都以来未有的事情。外间传称,清廷"因预料到北京快要失陷,已诏谕各省巡抚,将皇帝的收入送到其老祖宗的封地和现时的行宫所在地热河"。当时广州传闻,已有三万户达官贵人逃出北京,平日有一万八千户的北城区仅剩下八千户,大半都迁往外地,街道上十室九空。正阳门外闹市区,空荡无人。

可是京畿要地,毕竟是大清王朝二百余年建都之地,根深柢固,防守重重,已安排有满蒙八旗精兵把守各处要隘。咸丰帝非常关切时态进展,特地设置了都城巡防所,命皇叔惠亲王绵愉挂帅,总理其事。未几,又命绵愉为奉命大将军,颁给锐捷刀,坐镇

北京;以蒙古科尔沁郡王僧格林沁为参赞大臣,出京主持战事,在涿州设前敌总司令部,颁给纳库尼素光刀。此刀据称为努尔哈赤佩刀,代代相传,持刀者,有对所部将领违令有先斩后奏之权,又以已在张登镇北的胜保为前敌总指挥,主持正面战场直接作战事宜。

僧格林沁先后派出蒙古骑兵六千人,配合胜保一万余人马,南下深州,对抗北伐军,自引拱卫北京的健锐营、火器营、两翼前锋营、巡捕营等精锐部队在京师外布防。

各路清军都配备有骑兵、重炮,都城外麕集了十四万七千余人马。

北伐军无法突破保定防线北上,回师深县。因为敌军压迫,又拟放弃深县,临行之时,与居民宣扬:"明日将有大战,汝等可出城避之。"并发给多人以蜡烛,命深夜整队出城,其实为掩护退师也。清军以为是太平军,大加攻杀,北伐军乘机走围,沿滹沱河东走,占领献县、泊头和沧州,所经之地,受到守军顽抗,尤其是沧州。

当时,北伐军前锋前来沧州,因为常胜轻敌,遭到守军和团练伏击,伤亡无算,经查明竟损失四千名精锐将士,这在过去是从未有过的。

李开芳、林凤祥和吉文元等人都缺乏政治头脑,丧失了统帅应持有的器度和理智,由此引起不分青红皂白的屠城,竟然瞎摸海,杀戮手无寸铁的汉满回各族无辜男女老少一万余人,以发泄一时之快。他们的无端行为,给北方民众留下了不良的印象,产生仇视敌对情绪,自此所到之处,纷纷遭到地方团练和民众的对抗,致使后来的行军和作战,得不到民众的积极支持,在粮饷等给养方面大受影响。

时值农历九月,北国深秋季节,西风飒爽,大有凉意,北伐军衣食渐感缺乏,李开芳、林凤祥等此时似乎才感到把握时机的重要,冗日持久,不是长计。在攻占沧州的翌日,他们就弃城寻路北上,可是途中都是大水,将士负重涉水,枵腹奔驰。原来,早在北伐军到夺沧州前几十天,天津地区风雨大作,河堤多处决口,再筑再决,大水奔流南趋,沧州北道一片汪洋,此时此刻,大水还没有退。

僧格林沁早已清楚,北伐军很难从这条道上去进攻北京。可是北伐军的情报侦察工作太落后了,这些情报人员通常不识字,连张贴在城门口的告示也看不懂,只能凭道听途说或现场直感作为信实,害得主帅作出错误的判断,自陷深坑。

10月29日,北伐军林凤祥等占领天津南静海,建土垒木栅,李开芳占独流、杨柳青,逼近天津。

天津离北京只有二百里,北伐军意在攻打北京,又先后派出邢海山等十七名暗探化装混进北京,打听清方军事部署和城防,也派出间谍打听天津城防务。当时的天津防务相当空虚,清军正规部队仅八百人,守卫主要是靠几千名团练以及临时招募来的白洋淀雁户。北伐军不知虚实,在到达离城十里的汪庄子、大稍直口时,为长濠所阻,又分别遭到天津知县谢子澄和张锦文的地方团练截击,雁户们又以鸟枪射击,杀害北伐军将士五百余人,北伐军就误判天津城有强兵守备,不敢硬攻,退兵返回。

李开芳、林凤祥等部互为犄角。

北伐军经过长期转战,攻城略地,行程万里,没有后方基地,得城随得随弃,攻进城镇头等大事是焚烧寺庙,树立天父上帝绝对权威,粮食和弹药完全靠地方获取,兵员消耗难以有新的补充,故而到了天津附近以后,改变了战略方针,以守为攻,以流动作战改为坚守据点,等候天京援军。

这时北伐军虽还有四万人,含骑兵几千人,但原先从南方来的老兄弟已不满万人了。

北伐军驻屯于天津城下,又是一大战略错误。李开芳、林凤祥等虽曾几度主动出击,没有成效,就闭营不出了。他们显得非常镇静,李开芳欣赏杨柳青年画艺术,还组织绘制、印刷年画,宣扬太平天国国威。

立有战功竟赏赐以女人

1855年1月,清帅僧格林沁已将大本营从涿州东移至杨村,由胜保指挥前线战事。北伐军多次与清军作战,但此时只能采取守势,因清军装备精良,拥有所谓的五千斤、八千斤和五六百斤的神威大炮,另有抬枪、鸟枪连环施放,百发百中,使北伐军倍受威胁。未几,李开芳放弃杨柳青,坚守独流与十里外静海的林凤祥呼应。全部兵力已减为三万余人。

时值北国隆冬季节,冰封千里,气候寒冷,而北伐军深入京畿要地,给养仍需就地获取,但周围村庄仍在水淹中,无粮供应,致使处在饥寒交迫之中,多有饿死冻死者。

北伐军虽已濒临覆灭的临界线上,但仍表现出无畏的战斗精神,有时,还利用时机主动出击。

有一次,胜保在北京增援部队到达后,亲自督领一万多名将士,在雪地上大举进攻独流,清军先锋大将达洪阿挥师先进。北伐军稍作交锋,就佯作不支后撤。清军争先恐后追赶前来,不料陷入埋伏圈。副都统佟鉴正要回马,被北伐军新战士王小勇长矛刺中,挑下马来,当场一命呜呼。

天津知县谢子澄见状,赶忙来救。王小勇在阵前大喝一声,把他打翻在地,谢知县正要起身挣扎,太平军将士簇拥而至,将他乱刀杀死。清军全部溃散,神威大炮也丢掉一半。

谢子澄很能打仗,也有威望。被清人视为能文兼武、攻守齐全知县的标本,清史还将他与温绍原、管良楷、吴棠、祝恺、刘郁膏等列为"杀贼守城知名"的六个县官之一。他被击毙后,所部团练因乏人主持而人心涣散。而胜保也因为兵败,遭朝廷严谴,受到拔去花翎、降四级留任的处分。咸丰皇帝还责令僧格林沁移营独流、静海前线,直接指挥军事。

王小勇是山东恩县人,因为杀死佟鉴、谢子澄,受到清廷注意。林凤祥大加赞赏,把他由小兵擢为总制,连升五级。

北伐军粮草、火药没有补给,渐渐短绌。他们的兵员损折近半,只有两万人了。眼见援军渺茫,而四郊多垒,长期困守独流、静海两策,终非长久之策。

李开芳、林凤祥和吉文元为了激励将士斗志,见加官进职已很难奏效,便以女人赏赐有功者。太平军将沿途掳掠女人收营,此时就作为奖品。据记载就有:1853 年 11 月,雄县人王永太自独流参军后,因多次作战奋勇杀死敌兵,就先后赏赐两个女人;在杨柳青时,新战士马二打仗三次立功,赏赐一个二十一岁的女人为妻;饶阳人王沛山被派往北京侦察,先赏赐一个女人。这是赏赐女人给在河北、天津等地区的新兄弟,至于那些老兄弟看来就更不例外了。一支军队里拥有很多眷属,不可能有强大的战斗力。妇女在军中,士气多不扬,北伐军的统帅们在紧要时刻,连这点基本常识都缺乏,还能指挥打仗、克敌制胜吗?北伐军这种非常出格的赏赐,非常无知,而且低劣,不仅有悖"天条",也是必然败亡的先兆。

冒雪履冰,赤足行军,林凤祥坐在暖轿中带领撤退

1854 年 2 月 5 日,林凤祥会同李开芳、吉文元等商议,决定放弃静海和独流,走大城突围南下。时值大雪纷飞,千里冰封,将士在雪路上踏雪,冒着凛冽的寒风,只穿单薄的衣裤,裸着破裂的双足,踽踽行走六十余里,途中饥寒交迫,艰苦倍至,不成队形。

过后又因道路解冻,淤泥处处皆是,行路更难。

此时,僧格林沁派出的蒙古马队奔驰而至,跟踪追击。北伐军将士绝大多数是步兵,在辽阔的旷野上,抵挡不住马队的冲撞,损失惨重。

据当事者目击,就在突围这天的黑夜急行军,北伐军将士仅因冻足落后和冻倒路边束手被杀的就有一万多人;如果再加上冰地上冻死的、陷泥中自杀的,那就更多了。李开芳、林凤祥等只知道进攻,而不善于退却,安排的这次大撤退,杂乱无章,真可以说是大丧元气。

后来,有参与这次大撤退的北伐军战士痛定思痛,追忆惨景时批评林凤祥,说他"明知冒雪履冰,贼咸伤足,而不稍加爱惜,趋之夜行泥途,死去悍贼过半"(《复生录》)。

林凤祥等北伐军高层确是疏忽了。

来自南方的北伐军将士,行军作战通常都是习惯于赤足,不着鞋袜的。林凤祥等贵为六官丞相,官居极品,身穿黄袍、黄马褂,头戴绣有两条龙的风帽,非常显明,也颇特殊,行军作战都有挂着双铃铛的坐骑,而且还常乘坐轿子。据记载,林凤祥在北伐行军中所乘的轿子,有驴车的车厢那么宽敞,里面还铺有温暖的狐裘貂皮。其余丞相和高级官员也可作如是观。他们有轿代步,就再也不关切、或是没有想到基层将士的行路甘苦了。

这场大撤退,使北伐军走进了彻底败灭的死胡同。

2月5日当夜,北伐军尽数自独流、静海南下,因为显眼,当即有乘黄轿的两个将领被僧军炮轰击死。翌日,清军追击,沿途又获有"贼妻二名"。天高皇帝远,远在千里外的北伐军将领们,在军中已耐不得寂寞,在战争倥偬时违制娶妇了。

自此后一个月里,李开芳、林凤祥等的北伐军主力,被僧格林沁的骑兵牵制在冀中河间、任丘之间的束城和米各庄等村,两军对仗,互有胜负。北伐军度日似年地盼着援军北上。

3月9日,北伐军冒浓雾出束城,长途南下,攻占阜城。在据守阜城的五十四天里,北伐军仅以一万余所剩兵力对抗僧格林沁的三万围军,双方时战时停,故技重演。他们仍守孤城,还是盼望援军前来,会师北进。

在一次战斗中,吉文元战死。

吉文元战死在哪里,在当时就有三种说法:一说是战死在河南怀庆,为清军马队流弹所击中;一说是战死在独流,还获得他的尸体,身中三矢;一说就是阜城。

通常多数人认为是阜城战死。但即使是阜城说，也有两家说法：

一家是僧格林沁的报告，内称吉文元是在阜城东门外抗拒而战死的，"见贼队中有大黄方旗一面，骑马贼目头戴黄风帽，我兵即开炮回击，吉林、黑龙江马队枪箭齐施，射中该逆腰肋等处。旋见该贼目身带三箭，跌马倒地，群逆抢回"。事后，此两名箭中吉文元的吉林、黑龙江甲兵，因功论赏，授与六品顶戴。

一家是《复生录》作者的追忆，说吉文元是与清军某军官比枪法而伤命的："忽一日，伪春官副丞相吉明远（文元）与马队中一蓝顶花翎官员比枪，吉明远（文元）枪药是贼营所造，磺少力缓，枪声同响，而吉枪之甫出，即先中喉身死。"

两说各有不同。

援军覆没，前后只有七十余天

李开芳、林凤祥等孤军北上，转战千里，在进入黄河流域，接近清王朝腹地后，中原逐鹿，四郊多垒，已深感兵力不足，缺乏后援，就几次派遣人员，装扮成贫民、乞丐南返天京禀报。

山高路遥，使者中途多被截捕，后来据说有个广东老太婆化装成贫妇，因为她能操几省方言，得以蒙混过关，终于来到了天京。

捉襟见肘。当时太平天国除了天京还有部分城防军队，此外就只有是诸王卫队、各衙倌杂役、勤务人员可充预备梯队，已没有足够的机动力量。

其他无兵可调。

这时西征大军进攻南昌，久围未得，已转攻湖北，天京还受到向荣江南大营威胁和牵制，而江北重镇扬州更为危急，江北大营琦善的部队，以绝对优势围攻了半年，到了粮尽弹绝的边缘，城内处处荒荆蔓草，狗猫鼠鸟都已吃尽，以至吃到煨牛皮箱、煮钉鞋底。天京政府只得抽调城防部队和凑调诸衙倌人员，拼集一支援军，由赖汉英率众去救。赖汉英艰苦行军，步步为营，从三汊河进军扬州，救出守军，安全撤退。日后，洪秀全、杨秀清为表彰这次援救成功，凡参加此役的将士，都给与在官衔上冠以"平胡加一等"荣誉称号。

拆东墙，补西墙。杨秀清就命这支由夏官又正丞相曾立昌率领的扬州撤出的守军，另加上夏官副丞相陈仕保、冬官又副丞相许宗扬的部队，组成北伐援军，统领十五个军约七千五百人，于 1854 年 2 月 4 日由浦口，取道安徽，在攻占桐城、舒城后，又与活动于两淮的两支捻子武装，一支是张乐行、龚得树的雉河集团队，一支是李士林的阜阳团队，联手攻占六安州，占领正阳关、颍上、蒙城和河南永城，顺利渡过黄河，进入山东，连克单县、金乡、巨野等多县城，并于 3 月 31 日包围运河咽喉、商货云集的重镇临清。

在一个多月时间里，北伐援军未经大仗、硬仗，就随得随弃二三十座府城、县城，所过州县毫无阻拦，如入无人之境。

在此期间，沿途的捻子、盐枭、破产农民、受饥灾民、溃勇、游民和白莲教成员，纷纷参加北伐援军，使援军总人数很快递增到四万余众。人数虽然增多了，但部队成员结构也就更为混杂。曾立昌等领导人又都不懂注意对新参加者的纪律约束和组织整顿，仍原封不动地保留他们原有的群体组织、建制、旗帜，以致尾大不掉、号令不行，为后来全军惨败埋下伏笔。

咸丰皇帝得悉北伐援军长驱深入山东境地，深恐和阜城的北伐军会师，顿使将毙之虎又生双翼，再致蔓延，即命僧格林沁分出胜保八千人马和善禄四千人马，会同新任山东巡抚张亮基赴临清，当他们来到临清北门时，北伐援军正从州城东、西、南三面围攻，张亮基还较卖力，正督促团练解救，但胜保畏敌如虎，不敢前来，两人相悖，彼此不让分步，相互弹劾。胜保是满员，正红得发紫，占了上风，未几张亮基被罢官赶出山东。善禄军却作壁上观。

北伐援军孤注一踯，聚焦全力猛攻临清。4 月 12 日，在强攻十三天后夺取了州城。他们原以为可以由此获取丰富的粮食和军火，不料在夺城前夕，知州张积功已知危城即将失陷，竟将积聚的粮米移于火药局前；当城被破时，就点燃火药，将它尽付一炬。

北伐援军得到的只是一座空城，一无所获。

兵贵神速。北伐援军的主要任务是北上援救李开芳、林凤祥的部队。临清离阜城仅二百里，快马加鞭，一天一晚就可以赶到。如果他们不贪图夺取州城，或者避实击虚，分军围城，主力继续北上，三四天就可抵达。曾立昌等人一向情愿，一意想在临清捞上一大票，把全军都陷入了围城，以至贻误了大好时机。

更为严重的是，临清州花花世界，使那些新附的参加者，旧病复发，大弄乾坤，暴露了同路人的流民本性，概不肯遵守军纪军律，拒绝把战利品和金银财帛上缴圣库，成群结队在州城大街小巷，打家劫舍，捞了一把外快后，就再也不服从指挥调度，彼此结帮合伙，乘隙潜逃。老兄弟前来追赶，反而为其伤害。他们人数众多，恶紫夺朱，曾立昌等北伐援军统帅被扯了牛尾巴,登上了倒滑梯,也只得顺其自然,无可奈何。

4月18日,曾立昌等在临清再也呆不下去了,可是西走受阻,仍退回州城。4月22日深夜,他们搬出庙宇里残存的神像安置城头,伪装守军,遂分军出城;沿途新附者仍不断结伙逃遁。胜保等军乘机追赶,援军且战且退,因军中粮食与火药奇缺,将士多在挨饿中行走,军心日益涣散。4月23日,援军在李官庄被胜保追攻,牺牲一千余人。4月25日,他们由李官庄退至清水镇,在此危急之时,曾立昌仍坐在八人所抬红呢大轿里,轿里还放有银漱盂、小自鸣钟呢。其他几个高级干部也都坐在轿子里悠哉悠哉,清军追赶前来,方才弃轿上马逃跑,哪里还顾得上指挥反击?又被追军杀死一千余人。

援军内部老兄弟因为统帅无能,也是人心惶惶,不知所以。据说,当军队退到清水镇时,原先不打算就地驻扎的,但传令官误传口令,竟将"行进"误作"停止",层层下达。曾立昌和陈仕保、许宗扬为严禁军纪,命将他斩首;部属们纷起讲情,因不允许,竟在大帐里吵吵闹闹,做出要散伙的态势。曾立昌等恐怕众人离去,只好宽恕。这种下级集体顶撞上级的正确决定,而且还能得逞,这在金田起义以后的太平天国军队里是罕有的,以致统帅们的威信扫地,再也难以号令全军。

这天深夜,北伐援军趁清军因沿途紧追,人倦马乏,及早安营休息之际,突然偷袭,用火球焚烧敌营5座,取得胜利。曾立昌建议乘胜追击,当即提出:趁此追赶,不难将清妖一网打尽,从此返撤往北直抵阜城,可至既无阻滞,乃是转败为胜的绝好机会啊!

但陈仕保、许宗扬以代表多数人为由,竭力反对曾的北进主张。他们说:"众人都要南归,北行恐怕有更多逃散。我们北上,不如南下。"还说:"趁着这次侥幸获胜,明天清晨早些赶路,清妖就追不上了。"

南逃者主张占了上风。

翌日,援军在继续逃跑途中,竟被一个小小几百人的冠县团练打败。当时北伐援军还有万余人,但已了无斗志,像一群没头苍蝇,寻路南逃。

5月5日,北伐援军南经山东梁山、巨野和金乡等地到达江苏丰县,胜保又率军赶来。此时,部队仅存几千人众。

是夜,北伐援军突围东走,至温口支河,正遇山洪大涨,不能徒涉而受阻,清军追赶而上,援军无奈只得强行抢渡。其中一千余骑兵因急于渡河,深陷河滩淤泥中,进退两难,竟被追军当做活靶子乱箭射死。很多冒险渡河者也为急流淹死,曾立昌亦溺水而死。

统帅无能,三军受累。

陈仕保、许宗扬勉强逃得性命,泗河上岸,搜集残部二千余人,从永城南走,经安徽蒙城至凤台展沟集。5 月 14 日,陈仕保战死。许宗扬率残部继续南下,经颍上、霍丘、六安州等地。

这支北伐援军回到天京时,究竟还剩多少人? 语焉不详。据清人奏报,他们途经颍上时只有二三百人,后又经过安徽地方清军和江南大营军队拦劫,看来最后随着许宗扬回到天京就更少了。

许宗扬丧师,归来被关进东牢。

北伐援军,行进迅速,如同滚雪球,人员递增倍至;到南撤时,兵败如山倒,又如同雪球溶化,全军覆没,前后只有七十余天。它失败的直接原因有二:一是杨秀清组织援军仓促,援军成员很多是缺乏实战经验的天京馆衙人员,这些人是靠人海战术、仗势取胜的,缺乏斗士的韧性和坚忍;杨秀清又选帅不当,曾立昌、陈仕保和许宗扬等都缺乏独率一军的才能,是偏将,非正将,更非统帅;二是曾立昌等人只是简单的军事观念,不懂进攻,更不懂退却,而喧宾夺主,反而被新附者牵制。

清军胜保等虽然获胜,但俘获甚微,所俘杀的北伐援军高层人员的检点、指挥,都还是在走散时为地方团练捕获的。他们没有捕获一个丞相级的大头领。这就对北京朝廷难以交代,为此也就编造了捉到了北伐援军统帅、夏官正丞相黄生才。

黄生才确有其人,但只是北伐援军中的一个总制。在北伐援军自临清南撤后,中途冲散,此人只身剃发扮作乞丐,逃至冠县孔家集,因为口操南音,即被团练查获;另有一个版本,却大大张扬了黄生才其人,说是自临清撤退后,他率领极少将士,辗转北上,来到高唐城外,只与北伐军李开芳部隔了一条河,就被俘了。当时清方蓄意编造了一份"黄生才供状",把他奉为援军统帅,长达三千余字,说得有板有眼,被附在奏稿后面,送交北京军机处存档。也有学者信以为实,引以为据。

北伐援军全军覆灭,对太平天国兵力也大有影响,所以后来李秀成总结,将它列为"天朝十误"之一:

"误调丞相曾立昌、陈仕保、许十八去救,到临清州之败"、"误因曾立昌等由临清败回,未能救李开芳、林凤祥,封燕王秦日昌复带兵去救,兵到舒城杨家店败回。"

确如所说,北伐援军失败之后,杨秀清又曾打算再派出援军,东路拟由天京渡江北上,但因浦口失陷未能通过而不了了;西路派燕王秦日纲率众北上,为了张大北伐军

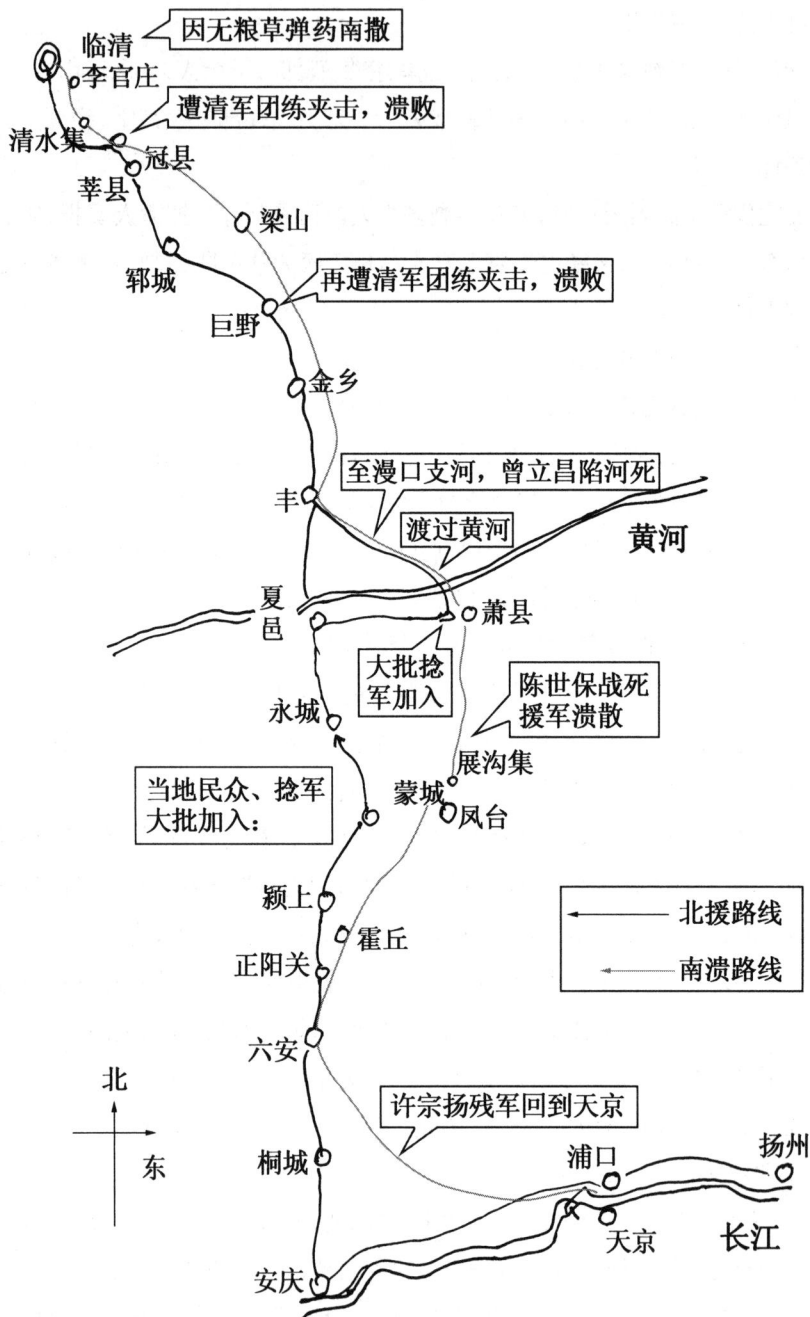

因无粮草弹药南撤

遭清军团练夹击，溃败

再遭清军团练夹击，溃败

至漫口支河，曾立昌陷河死

渡过黄河

黄河

大批捻军加入

陈世保战死援军溃散

当地民众、捻军大批加入：

北援路线

南溃路线

许宗扬残军回到天京

长江

北

东

北伐援军路线图

威,更起擢秦为燕王,以为横行"幽燕之地",但秦日纲军至安徽舒城即南折回,向杨秀清打报告说:"北路妖多。"

两路援军就此彻底画上句号。

自此,被困连镇、高唐的北伐军只能是自我奋斗、自生自灭了。

困守连镇二百八十天,坚忍不拔,堪称军事史上奇迹

连镇,北伐军失败前的一个重要据点。以林凤祥为统帅的太平军将士,在这座北国小镇经历了二百八十天日日夜夜的战斗,为太平天国史写下了慷慨的悲壮篇章。

北伐军是在1854年5月5日自阜城突围东走,乘夜进占连镇的。

连镇,在今河北省境内,地跨运河两侧,称东连镇、西连镇。北伐军进踞后,即运用水道交通运输之便,在很短的时间内补充军资粮食及布置防务。等到阜城围军僧格林沁等匆匆赶到时,东西两镇均已扎妥坚固的木城,深沟壁垒,滔滔的运河上也搭建了桥梁,连接东西。

北伐军虽仅剩一万余人,但仍保持着旺盛的士气,众志成城,有很强的战斗力。

5月12日,北伐军主动出击,获得一个小胜仗。

5月14日,北伐军又主动出击,占领西连镇周边各村庄。

5月21日,僧格林沁和胜保的联合部队猛攻连镇,打了一个败仗。

5月28日,李开芳分军突围南下,接应来自天京北上的援军。林凤祥继续坚守连镇,等候援军到来。

此后多天,林凤祥督同将士,与僧格林沁的三万军队和胜保部队进行了艰苦卓绝的战斗,屡战屡胜,屡胜屡战。他们还经常主动出袭围军,打得敌军措手不及,死伤甚众。僧格林沁、胜保等部疲于奔命,劳而无功,士气低落,临阵退却,怯懦厌战。但他有后方,能源源得到兵源、粮草、弹药的补给;相比之下,困守在连镇的北伐军就处处短绌了。

林凤祥采取固守不出,偶尔派出小分队突袭的战术,尚能与强大的敌军僵持下去。僧格林沁防不胜防,又时时担心他乘隙突围,前功尽弃。盖河北大平原,既无山川,亦缺关隘阻挡,稍有疏忽就放其奔跑,再无奈何了。

僧格林沁成天焦头烂额,暴跳如雷,计无所出。

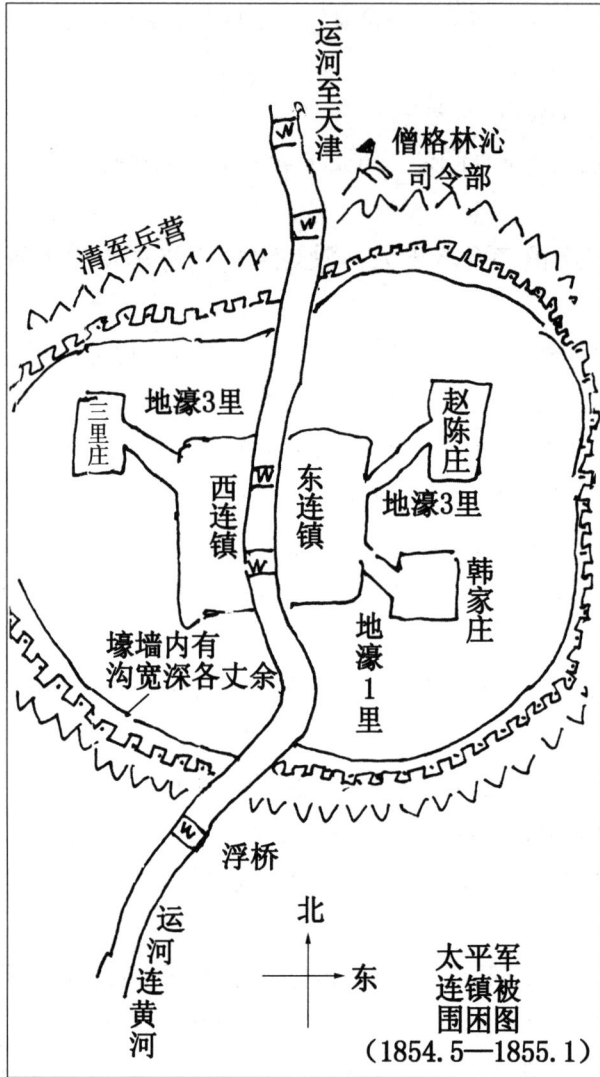

他终于采纳当地一个七十多岁的老童生的建议。因连镇位于洼地,四围较高,清军乃筑长围高墙,严兵把守,定以围而不战、断绝粮食的战略。他调遣大批民工,环着连镇筑了一道高一丈多、长围一百余里的土堤,堤外再掘深沟三道。在筑堤时,经常被北伐军冲塌。即使这样,僧格林沁仍督使官兵和民工随塌随筑,修筑完整。他的这番用心别有意图,路人皆知,但却未能引起林凤祥的注意。

林凤祥毕竟是不学无术,不识字不读书,周围也缺乏富有韬略的文人参谋,当然即使有,其意见也未必能为林凤祥听从。也许是《三国演义》听得不完全。当年曹操筑城聚沙,以浇水凝结为冰城,得以能御马超西凉铁骑的故事,他不知道。

很快阴历十一月严冬季节到了,借着朔风四起,僧格林沁命令将士每日夜间不断向土堤浇水,天寒地冻,土堤变成了冰城,再要突破也就不容易了。林凤祥带领北伐军多次冲击,都没有见效;往往人马一靠近土堤,就先滑倒,遑论战斗。北伐军就这样被围困在百里冰城里了。

林凤祥因陆路被封锁了消息,又派熟悉水性的将士由运河潜出听取消息,但均被清军撒在河中的滚钩渔网所捕获。他们再也得不到任何镇外村庄和民众接济,及外界情况了。

天时地利与人和,三者都极不有利于林凤祥。

龙陷浅滩遭虾欺。

北伐军开始发生粮食缺乏的恐慌。几个月以前,将士还能分食到高粱、黑豆,其余粮食全无,但高粱很快就吃完了,剩余黑豆也不甚多,只能优先供给林凤祥和将军汪一中等广西籍高干,其余人员只能吃与驴马待遇同的轧油豆饼。山东两河的新兄弟,因为待遇差,产生怨言,引起人心混乱。

大概到 1855 年 2 月初,即放弃西连镇前后,黑豆、轧油豆饼也都吃光了,将士只能忍痛将战马宰杀掉。全军仅剩得林凤祥的一匹坐骑,其余都被宰食。后来,只能吃草根树皮,也有说是宰杀逃兵,割人肉分食充饥。

北伐军将士长期为饥饿所困。

在此期间,林凤祥多次率众突围,未近土堤就遭地雷轰炸。

僧格林沁经咸丰皇帝默许,一改对俘虏、降众的杀戮,鼓励放下兵器者不杀;规定凡降者须带有老长毛首级,否则不允许剃发和出濠。每夜严令敌卡巡哨,就近攻打近处太平军军营,打仗出力,才允许剃发和换衣,发给米粮,吃一顿,发一顿。他还以反间计招降了北伐军勇将、湖北人詹启纶。詹启纶作战勇猛,又有机谋,林凤祥倚为左右手,他的主动投降,也为连镇围子里的太平将士起了甘愿招抚的带头羊作用。

连镇围城里的将士因饥寒交迫,前途黯淡,多有自潜出逃降敌,前后共达三千余名,占围城里总人数一半,其中有头领施绍恒、宁宗扬和周隆亭等人。僧格林沁很有心计,将降众编为"义勇"(又称"毛勇"),予施绍恒以守备衔,宁宗扬、周隆亭为六品顶戴,随同作战。

1855年2月5日,林凤祥因施绍恒、宁宗扬分别自西、北两路围攻,来军轻车熟路,气势汹汹,他因兵员减少,防地过宽,不得不放弃西连镇,将西连镇所有兵员尽数移至东连镇。北伐军此时只剩下两千余名将士,虽极度饥饿,却仍坚守几重木城、长濠,时刻准备打击来犯之敌。

僧格林沁占领西连镇后,气焰嚣张,认为大局已定,不须再奉行招徕太平将士,就恢复了以杀立威。他宣布自即日起,以后投降的北伐军将士,除年老者及十五岁以下的幼孩准予接收,其余一概处死。翌日,北伐军两军帅——前清县丞萧凤山和附生钟有年等九十余人前来投降,尔后又有二百余将士前来投降,均被诛杀。

东连镇只剩有一千饥军。

林凤祥受刑之时昂然挺立,"刀所及处,眼光直视之,终未尝出一声"

同年3月7日,僧格林沁向东连镇发动总攻。

清兵兵分四路,从东、西、南、北杀进东连镇。北伐军将士以饥寒之身,血肉相拼,白刃相接,杀死清军官兵不计其数,但自己也伤亡累累,所有木城尽被烧毁,余众且战且退,退至运河边,有的奋战牺牲,有的跳河自杀,无一降者。林凤祥也在镇陷时持刀冲杀,身受重伤;将军汪一中,总制江玉道、萧在仁、李开兰、吉金祥等人被俘,清军为发泄多月愤懑,将他们押解到沧州杀害。

清兵似潮水涌来,东连镇全部失陷。

但主帅林凤祥不知去向。

僧格林沁十分焦急,他命令手下立即作地毯式搜索:生要活捉,死要见尸。

打扫战场时,清军发现瓦砾榛莽下有块新砌的青石板,翻开了一看,下面竟是一个深不可测的地洞。施绍恒自告奋勇下去察看。过了些时候,施绍恒爬上来说,地洞下到底面,迂回曲折,深数十丈;内有一室甚宽敞,林凤祥因身受重伤,藏身在其中;旁有几十个将军、总制。见施至,他们顿时拔刀相加。林凤祥阻止了,说:"现洞已破,杀之无益。"

另说是僧格林沁把被俘的幼童集中大营审讯,经威胁利诱,有林凤祥贴身童子指出他的藏匿处,始被寻获的。

也有说,林凤祥在连镇陷落时,往来奔杀,身受重伤,提不起刀,现场被俘的。

连镇失陷,林凤祥被俘。大清王朝弹冠相庆。这是自清军入关定鼎,定都北京以来二百年,所面临最大的一次存亡威胁,当年李定国、郑成功先后兴师北伐,都还没有渡江北上的威胁。消息传来,大学士祁寯藻即以《喜闻官军攻克连镇生擒逆首林凤祥》赋诗:

毕竟藩王识地形,长围筑就奋雷霆。

漫云狡兔营三窟,(贼由静海、独流镇窜阜城,又窜连镇,一年余矣)终见天狼堕一足。

保障此星应共白,简编他日为谁青。

便从河北移江左,振旅功成赞帝定。(参赞大臣科尔沁郡王僧格林沁于正月十九日奏捷,即日移师高唐)

(《馤斧亭后集》卷一)

此诗写得不佳,相当肉麻,但从一个侧面窥出清廷官员解脱危运的侥倖心情。

3月14日,林凤祥和他的部将指挥黄益峰,将军陈亚末、欧振彩等人被押解到北京。当天,惠亲王绵愉会同巡防处人员进行审讯。林凤祥坚强不屈,只是侃侃叙述了自己在太平天国的五年经历,别无他答。

第二天,林凤祥在北京菜市口刑场被凌迟处死。

凌迟又名"寸磔",即俗语所说的"千刀万剐",始创于五代,正式刑名于辽代。据时人目击者记载:

乙卯正月,菜市口寸磔逆酋林凤祥。次日,闻有观者以惊悸死。适遇萧薾泉侍御,问之则曰,予亦奉派监刑。因急问寸磔之法。曰:命剑子十六人,各持木柄小铁抓,四面环锄,顷刻间自顶至踵,肉筋俱尽,仅余骨格。间有观者惊悸死。信乎!曰:吾同官满洲连君,相隔数座,渠座后立一人,顶白毡帽,服翻面羊皮袄,连君傔客也,主其家。其人欲观刑,连君谓曰:"法场兵役多,闲人不能近,随予往,立座后乃可。"遂从之。其时官人无不顶红帽者,诸剑子见其怪状,相与言曰:"是必御史亲故也。"谋所以虐之,于是背向监刑者四人,每施一锄,即挑向后掷,血溅肉飞，悉中其面。其人立处，多人紧挤，两手不能举，欲遁则足不能移，呼吸间血肉满面，头目尽肿。迨刑毕人散，则已昏晕倒地，气仅属。巫思刮去血肉，则牢不可解，不须臾回寓遂死。刽子之心术狠矣，其手法则绝工矣。其人朱姓，山西人。（李桓《宝韦斋类稿·梦痕记》）

时人还目睹林凤祥受刑之时，昂然挺立，毫无畏缩，"刀所及处，眼光直视之，终未尝出一声"（潘士安《玉珍河钓徒见闻杂记》）。

林凤祥英勇就义，体无完肤。相传他的整副牙齿，却为信物凭证存档。据邓之诚《骨董琐记》：在八国联军洗劫大清内务府时，大批珍宝和文书被作为战利品掠夺而去，同被掠夺的还有林凤祥和洪宣娇的牙齿。见于此说，有好事者信以为实。电视连续剧《太平天国》据此还把他与洪宣娇说成是战地鸳鸯，卿卿我我。称洪宣娇跟随林凤祥囚车来北京，在林就刑时，还组织人员抬着棺材，大义凛然赶来法场。

林凤祥浑身是胆，千里逐鹿，很为辛亥革命党人钦佩。20世纪初，同盟会会员黄小配在香港《有所谓报》、《少年报》撰写章回《洪秀全演义》，特为林凤祥作有一首赞诗：

> 林王名字震京师，吓煞燕齐众小儿。
>
> 山岳无灵摧上将，沙场有幸裹遗尸。
>
> 渡河未果星先坠，拔地空悲马不嘶。
>
> 十载神威今已矣，英雄犹说汉家仪。

黄小配还伪托所谓的天国王探花，所作古风一篇，是单道林凤祥北伐的事迹：

> 君不见，精神矍铄老元戎，雄师卅六出淮中。
>
> 纵横湘鄂皖豫燕齐晋，吓嗟敌手犹难逢。
>
> 扬州一战敌气夺，廿四桥头飞英风。
>
> 琦善胜保如鼠窜，铁骑骁将为前锋。
>
> 先声夺人九日下十郡，先平淮皖临开封。
>
> 旌旗直指山西去，挥军大战临洺里。
>
> 堂堂讷相走西复奔东，出奇制胜古无侣。

大军转折下河间,进如潮涌当之死。

既定河间及大名,清兵望风齐披靡。

望风先惊林威王,增兵况有李开芳。

吉公文元智复勇,三军会合奋鹰扬。

王师所至毫无犯,壶浆箪食来归降。

苟不降,势莫当,前驱自有温大贺,后劲又留曾立昌。

将军百战无敌手,呵气直吞僧郡王。

桂良畏缩观壁上,威王马首驰东向,雄军直抵天津城,投鞭先断西河浪。

儿童闻之夜不啼,但见清廷面面相觑望。

方期恢复我神京,何期天不祚汉皇?

事败垂成宁不复,星沉先折栋梁材。

僧王人马从北下,枭雄胜保向南来,威王见之殊不屈,摧锋陷阵仍冲矣。

忠臣报国拼捐躯,英雄视死如归日。

临危犹复拔天津,默德难逃命已毕。

直如猛虎入羊群,桂良成禄纷逃奔。

无如众寡终不敌,岂战之罪不如人?

一剑自能存节义,丈夫岂忍辱其身,昊天不愁遗一老,皇汉不幸失将军!

吁嗟乎! 丈夫岂忍辱其身,头颅虽断心不死,英魂犹绕大河滨。

　　黄小配为突出林凤祥,先代洪秀全封他为"威王",还把他打造成个六十五岁的皓发老将,把实际年龄,增长了三十岁。

李开芳被俘后谈笑自若,毫无惧色,只是说肚子饿了,有饭吗

　　当北伐援军撤出临清州南走时,北伐军尚苦守阜城待援;在他们跑到连镇的第三天,北伐援军已在逃跑中溃散。但北伐军因为交通被阻隔,对情形毫不清楚。大概在1854年5月下旬,他们方知道天京派出的援军已进入山东。这个迟到的消息,令人欣慰,据称是一个广东大脚妇女送来的密信。

　　北伐军离开浦口远征后,沿途至少有三次打报告到天京,但因千里迢迢,天各一

方,他们从未收到过回音,天京派出的信使都在中途失踪,以至李开芳、林凤祥、吉文元和朱锡锟等人在最后结束生命时,还似是断线纸鹞,没有接到天京晋封他们为侯爵所颁发的诏旨和所赐银印。

这个广东妇人能讲各省方言,巧言令色,故而能混过南北清军的重重封线,来到连镇。她可能就是北伐援军派出的信使之一。

李开芳、林凤祥当然是欢喜欲狂。他们商定,由林凤祥留守连镇,李开芳南下接应援军北上。

当时北伐军已不满一万人,很多是河北、天津地区参加的新兄弟,而且还有不少非战斗成员的牌尾,林凤祥甘愿承担最大的风险,让李开芳带领一支精兵出围。

这是一支善于进攻善于防守的骑兵部队,原定是一千名。十里挑一,到各营挑选,条件有三个:能跃一大宽沟,能抛丈二高火球,能于马队旁并马跑出者,方为合格。但据李开芳后来说,他只带了六百三十余人骑突围出去。看来,北伐军将士英勇善战者已经见存不多了。

1855 年 5 月 28 日,李开芳等人乘夜冲出连镇,向南过吴桥、柘园,绕山东德州、陵县,穿平原、恩县县城,一夜连闯三百里,沿途探寻北伐援军去向,至 30 日占领山东高唐州。一小时后,胜保等追军赶到,李开芳抓紧布置防务,闭门紧守。他在坚守高唐州的二百八十多天里,与比他们多十余倍兵力的清军进行了三十多次激战,充分发挥自己善于夜战、近战、肉搏战的优势,以少胜众,次次打垮敌人。

胜保想方设法,曾用水攻计,决堤灌水入城,但因大雨滂沱,反而冲及自家营垒。李开芳乘机组织守军于夜间出击,在泥水中杀死无数敌人。胜保无奈,运来一万五千斤重的大炮,轰塌城墙二三丈,清兵畏怯,相互推诿,不敢争先冲进缺口。高唐守军于城缺处两侧列炮不发,待敌军出壕,对准射击,杀伤大半。他们也没有再修葺城墙,只是在塌墙两侧堆塞土袋树枝,以为固守;胜保招急,又命部队开挖地道,埋地雷轰塌城墙五丈余,可是蔽天的浓烟竟遮迷了攻城军,因而地道挖至一百三十余丈,缺口也很大,也了无成效。

胜保屡战屡败,不敢贸然进犯。

高唐州城固若金汤,守军甚至白天大开城门,自由出入,还与围军胜保将士暗通买卖。

清军士气低迷。这时又出现了刘士隆反正。

刘士隆原是北伐军的土将军,在连镇无奈迎降,这时他率部几十人竟然反戈归来。

李开芳大为欢欣,接见后要加以厚赏。少数老兄弟不同意,说他们是曾经变过妖的,已经有了历史污点,能够接纳,让他重返天军队伍,那是够宽容了,遑论升官,李开芳不敢有悖众意,只是留刘士隆在营,以平常人待之。

李开芳在占领高唐州后,清楚了曾立昌等援军在临清溃败,全军覆没,两次派人飞赴连镇,通知林凤祥不须再困守连镇,速速南下。可是两次送信又都在途中为清军查获。林凤祥不知道。

高唐、连镇两军各自为战。

咸丰皇帝因胜保累攻高唐失败,强势兵力却为弱军累败,大发脾气,将胜保拔去花翎,革职留营;在僧格林沁攻陷连镇后,命他赶赴高唐州接办军务,将胜保发往新疆效力赎罪。

僧格林沁带着蒙古骑兵等,还包括施秉恒的七千义勇到了高唐州,相度形势,改变强攻坚城的战术,故意在南门外放松守备,诱令太平军逃出,拟在途中将其歼灭。李开芳见僧格林沁率军来到高唐州,猜知连镇失陷,林凤祥军覆灭,自己再坚守高唐州已无益,决计撤退南归。

李开芳南归军仍有很强的战斗力。据总制王万有说,所部成员有两广籍一百多人,湖南籍一百二三十人,湖北籍一百几十名,南京、扬州籍二百多人,几乎都是原来北上的老兄弟。

1855年3月17日,李开芳所部冲出高唐州南门,向南奔驰四十五里,在半夜鸡叫声中进入茌平冯官屯。冯官屯三村比翼相连,中多富户,高楼广厦,外匝砖墙,十分坚密。李开芳正在休息扎营时,僧格林沁前锋骑兵已经赶到,他急忙连夜掘壕树栅,布置守卫。天明,僧格林沁主力赶到,攻占附近两村,李开芳所部反击,杀死头等侍卫达崇阿等多人。北伐军也有二百余人战死,仅剩四百余人坚守冯官屯一村。

冯官屯米粮丰足,战守可恃。李开芳以当地士绅邹振岐大宅为指挥部,邹家拥有巨大粮库。邹振岐命儿子潜出冯官屯向僧军告密,要他用大炮猛轰家宅,把所储粮食全都烧毁,且延及其他楼房。

僧军仰仗大炮,几乎将屯内房屋全数轰毁。北伐军转入地下,开掘地沟,盘旋三匝,可由地下通行;并有小孔向外瞭视,俟敌军靠近,乃向上开枪,击毙敌人多名,且还主动出击取胜。某次出击,还击毙僧格林沁亲随三等护卫巴萨拉,夺得炮位。

北伐军人数虽少,众志成城。僧格林沁无可奈何,就皇帝的责问,回答说敌情是"人心团结,毫不疏懈"。

以三万蒙古马队为主干的清军竟无用武之处。

这时,有个已革广西左江道的张祥晋前来献策:此处离徒骇河仅一百二十里,可以采用开凿渠道,借水围攻的战术。僧格林沁即命张祥晋主持,务必在三日里完成;也有版本称,乃是组织民工连夜开挖旧汉河,自东昌(聊城)境引运河水至冯官屯。因冯官屯四面地势颇高,屯心是洼地,又借用水车将水灌进屯内。河水渐流入屯,浸没太平军所挖的地道深沟,遍及全屯,平地水深几尺。至 5 月中旬,冯官屯已成泽国,屯内地窖均被水淹,不能居住,只有躲在地势偏高的东北土房里躲水,后来连土房里也进了水。李开芳开始住在一排五所房子,两房有二寸水,其余房子俱有半尺水,都是天天上涨水,天天向外舀水。北伐军粮草、火药尽行浸湿,将士几乎都泡在污水里,最后只剩得李开芳座帐处的几方丈地尚未被淹。

李开芳从容不迫,在屯里仍坚持战斗,指挥将士赶制木排长梯,拼命扑出,均未成功。

僧格林沁因未能攻陷冯官屯,就开展政治攻势,改原来的武力进剿为招抚。5 月 16 日起,先后有十六人投降,诉说屯内米粮将尽,唯剩白麦数袋,黑豆数袋,盐油均缺。5 月 27 日,李开芳所部两湖籍将士二百二十人出屯投降,翌日又有黄近文等将士一百四十人出屯投降。

僧格林沁只是政治诱降,瓦解人心。他要斩尽杀绝。就用两条巨绳,绳头送进冯官屯,绳尾系在屯外大树干上;命令投降者脚踏一绳,手牵一绳,按序一个个渡出屯外,清军毫不费力,先在营门口登记,然后引入营里十步,收缴兵器,再在三十步处捆缚双手,每人有兵丁五人押解,按序送进营里处死。

僧格林沁为要生俘李开芳邀功,害怕他自杀,假意宣布爱才,引诱李开芳自动来降。

5 月 31 日,李开芳表示愿意出降,带领全体剩余将士八十八人,乘坐一条船,前来投降。僧格林沁在他们刚要渡出时,暗中派步骑队一万多人在左右两翼围困,将李开芳等人全数擒捉。

李开芳被押解进大帐,英气勃发。他头戴太平天国丞相级的黄绸绣花帽,身穿月白绸短袄,红绸裤,着红鞋,后紧跟的两个少年,都身穿大红绣花衣裤,年纪各十六七,姣美如女子,左右挥扇。有说这是他日夜相伴的娈童,盖此时太平天国还未恢复家庭和婚姻。高级干部以身作则,也得执行。所以在军中就收纳美少年做儿子,搞同性恋,解决性欲也。

当下李开芳见僧格林沁等人在大帐上傲然高坐,毫不动容,仅屈一膝,即对面盘坐于地,仰面四顾,旁若无人。僧格林沁周边侍卫持刀环立,有如凶神恶煞。李开芳谈笑自若,毫无惧色,只是说肚子饿了,有饭吗?在饮酒吃饭时,和同被俘的部将黄懿瑞、谢金山等说说笑笑,和平时一样。

僧格林沁要把李开芳押解进京,故作安慰。

李开芳在被俘后作了口供,建议清军不要杀太平军中的广西人。他说:"若是广西人投出,也准免罪不杀,广西人何乐而不投出?若广西人纷纷投出,则南京不难破了。"他还信誓旦旦表示,愿意去打南京,招安同伴;还推荐一个同俘的姓沙的将军赴南京招安,那是十拿九稳的。

李开芳也够天真了,自我感觉良好,以为自己很有才识,能受到僧王赏识呢。但是僧格林沁从来以杀戮为快事,在冯官屯就将随降的八十人,分别拨入各营处死。

李开芳和黄懿瑞等仍被解押至北京。

李开芳大为悔恨。

经过审讯,6月11日,李开芳等人被凌迟处死。黄懿瑞在临刑前,极显英武,还飞脚踢死两个刑卒,踢伤两个。也有说李开芳受刑时,已被数刀,犹能仰首张望。乘人不备,一脚将刽子手踢死,挣脱欲逃,兵丁等惊而却步,后被乱枪刺倒,方才受刑。

在林凤祥、李开芳和吉文元牺牲后的第八年,即1863年,太平天国分别追封林凤祥为求王、李开芳为请王、吉文元为祝王,子孙世袭,现从太平天国档案就见有1860年11月李开芳子李永保袭爵定胡安。

僧格林沁的蒙古马队在镇压太平天国北伐军时是立有大功的,拯救了风雨飘荡中的大清王朝,在镇压过程中,蒙古马队付出很大代价,仅在连镇、高唐和冯官屯就被阵斩八千人。

第十九编　江淮烽火红,转战几春秋

1853年,太平天国在派军北伐的同时,又派军西征。

西征的目的,是为巩固天京安全,夺取安庆、南昌、庐州(合肥)和武昌等长江中下游重镇。

西征长达四年,是太平天国前期的主要军事活动。

西征前线,太平天国是每日不战,每日处在血和火中,太平军与清军双方的争夺战、阵地战,使原本富庶、人口众多的江淮河汉地区遭到很大的破坏、摧残,不少已成为出门无所见、白骨蔽平原的地区。

赖汉英久攻南昌不下,是遇到了江忠源

西征军先后分两批离开天京。

第一批西征军,由春官正丞相胡以晃、夏官副丞相赖汉英和检点曾天养、林启容、陈宗胜等率领,乘船千艘,溯江而上,先后占领安徽和州、芜湖、安庆等地。清军城守薄弱,多城未有防务,守军一哄而散;长江江面上太平军水师更有绝对优势,所谓往来如飞,飘忽莫测,几乎看不到清军一舟一筏。

6月,西征军由胡以晃、陈宗胜等一万余人守安庆。赖汉英、曾天养等则率一万余人继续乘船向江西省会南昌挺进,先后攻占江西彭泽、湖口,横渡鄱阳湖。所到之处,当地民众箪食壶浆,携钱背米,前来犒师,使西征军给养辎重,不须后方供应、运输,亦不须野掠,就地采办,足可保证前进。西征军纪律严明,受到沿途民众拥护;南康府民众还将知府恭安、知县罗云锦捆绑了,押送军前。

6月24日,赖汉英等直扑南昌城下,时南昌守兵仅一千余人,且多未训练。江西巡抚张芾见战火逼近,飞檄请求正在九江、已升任湖北按察使、拟赴援安徽庐州的江忠源前来解救。江忠源接报后,深知南昌战略地位重要,来不及向北京请示进止,即率所部三昼夜疾走四百里,赶在赖汉英等前两天到达南昌,与张芾和办理团练的在籍刑部尚书陈孚恩合力防守。全城兵力增至五千人,推举江忠源统一指挥。

江忠源进入南昌后,对全城作了严密布防,将自己率领的人马安排在首当其冲的

德胜门和章江门。四十一岁的江忠源不辞辛劳,以身作则,白天巡察四城,夜间连衣宿在谯楼;且为整顿军纪,对怯战缒城逃跑的四名绿营兵勇格杀示众,还将附城民房尽数焚毁,以至将壮丽的滕王阁也夷为平地。

赖汉英船速甚快,按理早可赶在江忠源前头,但他不懂得兵贵神速,还是按常规地行军,当抵达南昌城下时,方知江忠源楚勇已抢先一步,只得组织攻城战斗。江忠源站立在城头督战,猛烈的炮火把他的随从都打死了,他仍督军不退,面无惧色。

几天后,江忠源以攻为守,还分军出城反扑。

赖汉英多日攻城不下,便指挥全军下船于德胜门、章江门外立栅筑营,开挖地道,深埋地雷。

江忠源和他的助手刘长佑、兄弟江忠济都亲临一线,带领楚勇反击。地雷多次爆发,城墙多次塌倒,太平军多次冲进城,也多次被楚勇赶出来。

太平军开挖地道长达五六里,斜向逼近城根。江忠源针锋相对,在德胜门老月城内开掘深壕,安设瓮听,所谓瓮听,就是用大瓮倒置,令几十名盲人贴耳聆听地下动静,以防对手地道偷袭。

太平军的地道攻势,都被江忠源军灌水破坏。

德胜门、章江门的城墙几次被地雷轰塌,都为江忠源军堵住缺口。

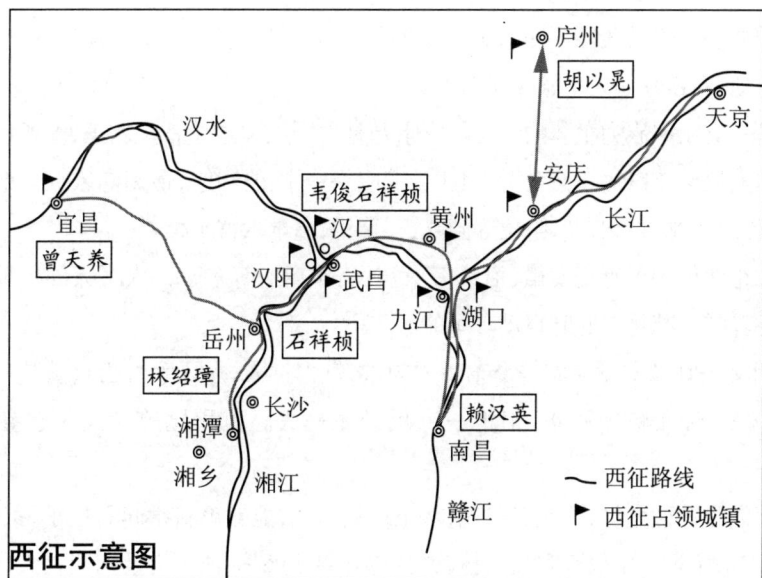

西征示意图

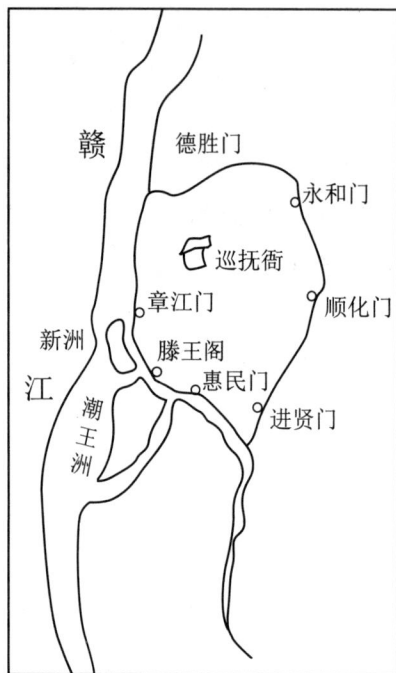

南昌府城简图

各路清军前来增援南昌。南昌守军已达万余人。

8月，湘军乡勇一千二百人由罗泽南率领首次出省来援南昌，扎驻德胜门外七里街。他的骨干就是罗泽南的十五名学生。书生从戎，别树一帜。他们脱下长衫着短褂，挺起长矛作毛锥，但战斗力不足，一个遭遇战，领队的五个书生，罗信东、罗镇南、易良干和谢邦翰战死，只有李续宾生存。这一仗，湘勇被杀八十一人。初援虽遭大败，但这次交锋却显示了湘勇的强悍，鼓舞了守城将士的士气。

赖汉英是洪秀全妻弟，本身职业是个乡村走方郎中。蜀中无大将，能够参加战争已是很不错了，但他确非将才、帅才，攻城略地，勉为其难。现把西征主力屯扎在南昌城下，师老兵疲，没有任何进展，势必耽误了天国的西征战略。

杨秀清闻悉南昌久围不下，即由天京派了第二批西征大军，由国宗韦志俊（韦十二）、石祥桢、石镇仑等人率领溯江而上。

这是一支由家族为主体的人马。国宗乃是太平天国加予首义六王，即所谓天父诸子婿的本家兄弟特殊的荣誉称号。国宗，即太平天国的同宗，最高的家族。他们带兵外征，还称之为"提督国宗"，阶位等同燕王、豫王，高于六官丞相。

第二路西征大军行经安徽，沿途多有流民、小商贩等参加。太平天国后期名将陈炳文、汪海洋等，都是在此时自动参军的。

陈炳文当时是安徽芜湖一个茶馆的跑堂，气力过人，一只手可抡起满装二三十斤的开水铜壶，对准碗口浇茶，相距一二尺乃无一失。他和兄弟二人一起参加了太平军。

汪海洋是安徽全椒人，小名二虎，从小喜欢习武，能够单臂举起石杠子，家贫，浪迹江湖，在安徽定远山中聚众呼啸山林，这时与兄弟汪海林、汪大力及同伴刘天(添)保投

202

奔太平军,隶于国宗石镇吉部,因为白刃战中杀死一名清军小军官,勇力过人,即被擢用为卒长。

8月4日,韦志俊、石祥桢等二万余人来到南昌城下,与赖汉英合力攻城,他们仍采用地道、地雷和云梯攻城法,没有得逞。两路西征大军屯扎南昌城下,但偏师曾天养却在南昌周边地区攻城略地,堵截敌援,大展鸿图。

曾天养年过六十,浓目皓髯,勇于冲杀,先后攻占丰城、瑞州(高安)、饶州(波阳)、景德镇等州县,各地会党团体、农民造反群体纷起响应。曾天养军从占领区获得了几万石漕粮和军需物质,不仅大力支持了南昌西征军,还源源不断运往天京。曾天养因作战快速,行动敏捷,获得"飞将军"的绰号。同年10月,天京政府论功行赏,他在安庆被晋升为秋官又正丞相。

江忠源守南昌固若金汤。

江颇有战略思想。当时南昌西南泰和发生会党起事,动荡不定,他却决定从南昌守军中抽调出三千人马前往镇压,江西巡抚张芾等都以为自顾不暇,遑论救援,但江忠源却从全局着眼,即以消除泰和会党、断绝与赖汉英围军呼应为由,说服了张芾等人,最后取得镇压泰和会党和不影响南昌守城的双赢。

南昌久攻不下,太平军西征主力被牵制,而清方各路援军仍继续开拔前来,围军被夹在其中,再要取城更是倍加困难了。

杨秀清下令撤围。

~~~~~~

太平天国钦差大臣

钦差大臣始设于明朝,清朝沿用。由皇帝亲自派遣至地方办理重大事件的官员。清朝更因重视,所任用者还颁发关防。

前期太平天国自丞相至将军各级官员,作为朝内官出师时均加"钦差大臣"衔号。他多自统军出征,张贴布告、文书时在原官级前所加,并无特定战争任务,以致由军中派出的地方官员,也有多加以"钦差大臣"衔号,如"真天命太平天国钦差大臣元勋殿左贰拾柒检点赖裕新"晓谕,"真天命钦差大臣前玖圣粮平胡加一等"刘某布告。

9月24日夜,西征军扬帆北去,占领九江,由林启容镇守,韦志俊、石祥桢等西走进入湖北境,开辟新战场。赖汉英因主持围攻南昌九十三天,冗日持久,劳而无功,耽误了整个西征战略部署,被调回天京革职,贬入删书衙,坐冷板凳,参加删改六经。

删书衙是太平天国建都后新设的文化机构。洪秀全因为未中秀才,对孔孟诗书痛恨恶嫉,原意是要干净、彻底焚烧古今图书的,进入天京后,因杨秀清借天父名认定孔孟之书也可读,就设了一个由他亲自主管,交由曾钊扬、何震川等一班有点文化的广西老兄弟主持的删书衙,要把孔孟书籍作大刀阔斧删改发行。他要显示自己的高明,所谓删书亦就是须由他的最后删定。赖汉英参加了若干月工作,中途因扬州危急抽调出援,回来后又重返删书衙。赖汉英的后来情况诸说不一:一说天京内讧时,赖汉英曾参与姐夫洪秀全诛杨暗箱运作;但也有说,早在内讧前夕,他就为杨秀清逼害,走投无路,在安庆返京途中投长江而死。20世纪五六十年代,还传说赖汉英在内讧后或天京失陷前返回广东,在香港行医,后病死于花县家乡。

误听"吕妖"为"女妖",杀了很多无辜女人

安庆位居天京上游,扼江淮要冲。太平天国相当注重安庆的战略定位。

南昌城下,太平军鏖战正急时,二十四岁的翼王石达开已由天京来到安庆,主持西征和安徽战事。

石达开爱读兵法,很有些战略思想,他认识到安庆地处长江中游,颇有军事价值,为兵家必争之地。要使天京安全,必须强化安庆守备。石达开努力经营,把原有的城墙加高五尺,周边广设炮位、望楼,以守为攻,把安庆建筑为固若金汤的大城。

太平天国还为安庆设立安福省。

为强化安福省,太平天国努力经营。

首先仍是勒令新占领区男人必须蓄辫剃发。留辫不留头,留发不留头,有无辫发,乃是大清臣民和天父子女最大区分,这里从来不容丝毫含糊。石达开在安庆和周边所占领的州县,坚决执行《天朝田亩制度》颁布的地方乡官制度。太平天国所有政治制度无不打上军事的烙印。乡官制度的普遍推行,就是在基层乡村,都按军队编制,五家为伍,设伍长;二十五家设一两司马,一百家设卒长,五个卒长设一旅,五旅设一师,五师设一军,分设有旅帅、师帅、军帅,对辖下民众作军事化管理、训练,亦农亦兵,兵民合

《天朝田亩制度》刻本封面

　　《天朝田亩制度》是太平天国纲领性文件,全篇3 428字,以土地制度为中心,全面地制定了产品分配、社会组织、官员铨选、司法和文化教育等制度。

一。各级乡官全面、直接包办所属民众的衣食住行、红白喜事、文化教育,所谓三百六十行,行行全管。

　　尤为别致的,也是基层乡官必须办到的,有两项例行公事:一是设礼拜堂;二是制作门牌。

　　各村都得设礼拜堂。礼拜堂常设在村子大宅里,它是村民集会处。每周由乡官召集村民做礼拜、讲道理。所谓道理,就是围绕天父天兄和天王以及颁刻的几部圣书诏旨,所张扬的天国神威、天王圣明等一套宣传语。只要是两司马就可以登坛讲道理了。

　　太平天国辖区挨家挨户都得登记造册,制作门牌。这份门牌,对每家的人口、姓氏、性别和户主关系都有详细记录,因为是贴在门板上,外人看了一目了然。其目的是管理户口,便于调动、支配。此时的门牌所填的家庭人口只有男性,妇女都赶到特设的女营中去了,后来恢复家庭,才放进了母亲妻女,有的还填进个"奴",奴是太平天国特设的最低阶层,有家庭奴仆,也有军国奴仆,那是对若干犯罪官员的一种处罚。

　　门牌就是"户口簿"。

　　礼拜堂和门牌是太平天国的创造,中国过去是没有的。

205

1853年9月下旬,当西征军由南昌回撤后,至九江即转向湖北,这时原在安庆周边活动的胡以晃指挥东路人马北上,向庐州(合肥)进攻。庐州是清王朝在安庆失陷后所设的安徽临时省会。

胡以晃凯歌行进,由集贤关、练潭攻打庐州南面的桐城,击溃在籍工部侍郎吕贤基所办的安徽省团练。

胡以晃愤于吕贤基的顽抗,当夜进桐城时就传令搜杀"吕妖"。传令官一层层地传令下去,口音不准,到具体执行者,竟然被误听为"女妖"了。于是第二天拂晓,居民还多在睡觉里,便被破门而入,很多妇女就遭搜获,莫名其妙地惨遭搜捕杀戮。到正午发现差错下令封刀时,无辜妇女已有三千五百多人死于非命。战争的残酷,倒霉的仍是民众。

胡以晃任命检点梁立泰镇守桐城。

太平军乘胜北进攻打庐州,他们遇到了老对手江忠源。

江忠源在蓑衣渡击败太平军以后,继而又在守卫南昌孤城时屡摧太平天国西征军赖汉英主力,保住江西省。他是湘军的开山人物,战守可恃,是难得的将才、帅才,很为曾国藩等湘籍人士赏识,也因为成绩突出,颇受咸丰皇帝青睐,得以破格擢升,仅两年光景,就由一个未入流的候补知县,提拔为有实权的从二品安徽巡抚。

咸丰皇帝急诏命江忠源速赴安徽任上。

~~~~~~

门　　牌

太平天国颁发的正式印刷户籍凭证,始创于建都天京设立刷书衙,后因占领区扩大,又大量印刷木板门牌,随时随填。门牌开列直系三代人和旁系近亲姓名、年龄及与户主关系,个别门牌还有"奴"、"婢"、"雇工"。颁发门牌目的,一是掌握、控制人口;二是"以便稽查户口,而杜奸宄";三是收敛钱财。

通常颁发门牌要收门牌捐,门牌捐有规定统一收费,如在浙江浦江"户给门牌一,勒出钱三千文"(光绪《浦江县志稿》);视资财多少而定,在绍兴,"立门牌,牌价有数十百金不等,贫民不逮,并责于富户"(《越州纪略》);按村为计算单位征收门牌捐。

每逢地方佐将更换,新任者必换发门牌,则又必须再缴纳一次门牌捐。

江忠源抱病由武昌赶往六安州,又星夜赶到庐州。

他赶在胡以晃之前,两天后当太平军赶到时,分兵围攻庐州七门。江忠源早已森严壁垒,做好了城防,亲临城楼督战,晚间衣带不解,睡在水西门上。他还特制了一面"迅扫妖气"的红底黑字大旗,鼓励士气,稳定人心。

胡以晃还是以常规攻城,在围城外遍筑木城土垒,向城里发射炮弹,又多次开挖地道,深埋炸药,轰坍城墙。江忠源在城墙根,放了几百只大瓮,召来一批盲人伏地聆听,把太平军所挖九处地道都破获了。

庐州城的守军,主要是江忠源带来的两千七百名湘军及临时招募的乡勇。江忠源向各处求援,清军纷纷前来,其中有寿春镇总兵玉山和江忠源的兄弟江忠濬。

各路清军多达两万余人,形成了对太平军的外包围圈。

太平军围城打援,竟把玉山部全军歼灭。

当地吴小挽的暴动民众五百余人参加了太平军。吴小挽等善于射击,是攻打水西门的一支劲旅。

庐州知府胡元炜主动投降,这在太平天国时期是很罕有的

太平军虽士气旺盛,但仍无力攻破庐州城墙。

庐州城固若金汤。但堡垒是易于从内部攻破的,江忠源虽严加防守,庐州知府胡元炜却动摇了。胡元炜和太平军通款,密谋开门献城。

对于胡元炜的投降原因,有几种说法。

一说胡元炜早怀两心,故意行文欺骗江忠源,江忠源信以为真,以为庐州兵力雄厚,在路经六安州时,留下了一半兵力,待进城后,发现守军不足,对胡所说深表不满。

一说是因为他受到江忠源的讥讽。江忠源是听了胡元炜说庐州兵饷已办齐始才放心进城的,结果却发现并非如此,于是很不高兴,就假胡元炜身胖揶揄他说:"你既如此多虑,何以仍长得此一身的肥肉?"

一说是江忠源在城点卯时,发现胡元炜大吃空额,所部练勇按编制应有五百人,实数却只有一百五十人,由此延及。

一说是胡元炜所捐官的银子,原是太平军资助的。他是因此而献城的。

更有一说是胡元炜在广东韶州时与所谓的"太平天国军师钱江"是至交,李秀成擎

仿钱的手迹写信与他,胡得信后决然起义。说得非常传奇,离奇,危言耸听。

但无论如何,像胡元炜这样的清廷四品黄堂知府打出白旗,主动投降,这在太平天国时期是罕有的。

经过三十四天围城之战,1854 年 1 月 14 日,太平军终于夺取了庐州城。

江忠源由亲兵护卫出奔,途中拔剑自杀未成,至金斗门抽隙跳池自杀。

几天之后,胡以晃举行了隆重的入城仪式,据时人目睹后记载是:

开道的是四十个至五十个骑马的军官,一式黄巾黑衫青裤,每人之前有兵丁张一把黄伞;

紧跟的是仪仗队,有杏黄绸蜈蚣旗十对,白心红边、中嵌黑白相同太极图的方旗五对。丈高阔大黄布旗,上书胡以晃的官衔"太平天国春官丞相功勋加一等胡"。当时胡以晃已升爵护国侯(护天侯),似未及改制新旗,所谓"功勋",那是太平王朝给予早期参与者的一种特殊政治身份。凡在职衔上加以"功勋"者,是跟随自永安州突围者;在金田与祝洪秀全生日者,更加"功勋加一等"五字,它是荣誉,也是官衔,因而在所铸刻的印信上也刻有同样字样;

接着是大锣四面,打二十四锤,吹手两班,锣鼓四班,黄绣龙旗一把;

在无数刀枪闪闪簇拥下,胡以晃乘着八人抬的大红绸绣花玻璃轿出现了,只见他白面有须,头戴似财神用的官帽,双翅闪闪,身穿无领大袖红绣花袍,足登缎靴;

轿后所随四十名至五十名军官,亦是一式黄巾,着黄马褂、红绸裤,每人手持蓝绸旗;

胡以晃之后是曾天养,也是类似的座轿与旗帜仪仗。

太平天国各级官员非常讲究自己的身份,突出表现在他们日常生活的衣食住行上。

庐州民众奔走相告,夹道观看此场此景。人们从来没有见过这样的大排场,似乎比之大清总督、巡抚出巡还要奢侈、威风得多。当时目击者深感好奇,就记录了这个场面。

庐州之战告捷,太平天国最大的战利就是江忠源死了。江忠源是当时清廷朝野看好了的,他所倡导的开办团练、训练民兵,特别是在江南江河纵横之处,广置船炮,发展水军的战略理念,为后来曾国藩等借鉴,所以曾国藩为江忠源所书写的神道碑铭有称:"公尝疏请三省造舟练习水师,又尝寓书国藩,坚属广置船炮,肃清江面,以弭巨患。其后国藩专力水军,幸而有成。从公谋也。"

他正是太平天国的勍敌。

太平天国强攻庐州也遭到不小的损失。也许是这个原因,石达开从天京、安庆抽调了若干得力干部前来补充;如在安庆巡查民务和带兵的殿右二十指挥李秀成,当时已从李以文改名为李寿成,就是在此时派往庐州的。

庐州是兵家必争之地。胡以晃因为有取庐之大功,被晋爵为豫王,名列前期领袖第八,与他同时受封的还有燕王秦日纲。后人猜测,太平天朝以大国之名为王爵衔号,很是有问鼎中原之意。

但胡以晃不善于治理庐州,半年后,当江南大营和春等军围攻庐州时,他束手无策,杨秀清也曾增派夏官又正丞相周胜坤、秋官又副丞相陈宗胜率军来援,仍是累战累败,终因治军不力,又丢掉庐州西面的六安州,被削去豫王爵,改为护天豫,调离庐州,再不让他独当一面,发落在石达开麾下听用,转战江西。1856 年天京内讧前夕,在江西临江府病死。

胡以晃不是平隘山科炭兄弟,他因站在洪秀全一边,遭到杨秀清猜忌;因在江西,没有卷入天京内讧,又因早死,在杨秀清平反时也未遭到牵连,儿子胡万胜仍得袭爵,给了一个胡以晃生前未恢复的王爵"幼豫王"。

1855 年 1 月,清军和春等部反扑庐州,陈宗胜战死。庐州围急,太平军几次派出援军,石达开、陈玉成也曾先后前来解围,未能奏效。此年 11 月,城里潜伏的士绅打开城门接应,周胜坤败走,庐州陷落。

第二十编　湘军崛起

正如章太炎说曾国藩:誉之则为圣相,谳之则为元凶

1853 年 9 月,西征军韦俊、石祥桢等在撤离南昌后,占领九江,即乘船溯江而上,进入湖北境。

同年 10 月 15 日,韦俊、石祥桢等部在长江南北的田家镇、半壁山大破湖北按察使唐树义和由南昌赶来的江忠源部万余人,进至蕲州。1854 年 2 月,西征军占领汉口、汉阳,鏖战于武昌城,久攻不克,就分军向湖南挺进,开辟新的战场。

曾国藩

进入湖南的西征军主要是两路人马,功勋加二等春官又副丞相林绍璋和提督国宗石祥桢。

他们一路顺利行进。起初,可以说是旗开得胜、马到成功。所经之地,几乎没有阻挡。2 月 27 日,林绍璋占领入湘门户岳州,又西渡洞庭占领湘阴;随即溯湘江而上,攻占离省城长沙仅六十里的靖港、新康。长沙城门紧闭,进入一级战备紧急状态。3 月 11 日,攻占长沙城西宁乡。他们的战略是先占据长沙周边城镇,而后从东西南北围攻长沙。

完全出乎意料,在湖南新战场上太平军遇到了从未见过的强大对手,即曾国藩组建的湘军水陆师。

曾国藩出场了。

在近代中国非常时期,曾国藩是一个非常人物。誉之者说他是理学大师、大儒、传统文化集大成者,是一代名臣,开百世之太平;毁之者说他是民族败类、刽子手、魔鬼,阻碍历史车

轮前进。正如章太炎所说:"誉之则为圣相、谳之则为元凶。"

他是一个很有性格、颇有争议的人物。但在对付太平天国上,他的确是两者兼之,是拯救孔孟圣道的能臣,也是屠杀万千民众的刽子手。

曾国藩出身湘乡农村的一家书香门第,四岁读书,书读得很好,靠科举进阶,又能依附穆彰阿、倭仁等当朝权臣和理学权威,使他春风得意、机遇迭生。自道光二十年(1840)的一个从七品翰林院检讨,不到十年曾国藩连升七级,成为正二品侍郎。他在清廷中央六部中,先后出任礼部、兵部、工部、刑部和吏部的侍郎,人称"侍郎专家"。由此,他对于政府职能运作和官场升浮世故都非常熟悉。

曾国藩办事认真,为官清廉,很有些好名声。相传某年他奉命进金库查验库银,以身作则,竟然光着背脊,只着一条短裤,汗流浃背,带头清点银两,颇能做到一丝不苟。

满汉一家。曾国藩很注意和满族官员搞好关系,虽然少年得志,却不清高,不以名士、清流自居。在初登宦途时,曾有几年一直发落在翰林院检讨的座次。道光皇帝对他印象不好也不坏,只是认为此人有些做作,即虚伪。据说有一年皇帝随意进入翰林院考察,正好遇见曾国藩,见他衣袖上有两处补钉,询问之余,说是为了节约开支。曾国藩翰林年薪只有三十三两银子,仅够每天吃一个鸡蛋作补品,可是皇帝不以为然。

他之所以后来脱颖而出,那是全靠穆彰阿。有一年大考翰詹,从翰林院选拔人才,首席军机大臣、大学士穆彰阿任总考官。交卷以后,他向曾国藩面索应试诗赋。曾国藩立即赶回住处仔细誊清,又亲自送往穆府。穆彰阿见曾国藩如此恭谨,心中大喜,两人的师生情谊顿时深化了。从此之后,曾国藩因穆彰阿美言,几乎年年升迁。就在1847年他虚岁三十七岁那年,便升授内阁学士兼礼部侍郎衔。

朝中有人好办事。曾国藩官运亨通,穆相国是帮了大忙的。

有个说法是:有一天,曾国藩忽然接到次日进宫召见的谕旨,当晚先赶在穆彰阿府中安歇,以便早朝。第二天应召到了皇宫某殿。却发现该处并非往日等候召见之地。结果等了很久,却无召见之事,只好悻悻回到穆府,准备翌日再去应召。

晚上,曾国藩谈及此事时,穆彰阿问道:"你有否见到壁上所悬的字幅吗?"曾国藩无以回答。穆彰阿甚为他失机懊悔,连声说道:"坐失良机,坐失良机,可惜! 可惜!"穆彰阿反复思想了很久,就唤心腹家丁过来,偷偷地关照:"你拿四百两银子去找内监某某,请他速去某殿,就是点着蜡烛也要将壁上所写的字幅抄录下来,这四百两就是给他的劳务费。"

第二天清晨,曾国藩觐见道光皇帝。皇帝所问及的,就都是头日曾国藩在某殿所见其壁间悬挂的先代皇帝语录。曾国藩对答如流,奏对得体。皇帝极为高兴,对穆彰阿说:"你曾说过曾国藩此人遇事留心,诚然。"

曾国藩深谙做官之道,总算找准了门路。

当然,曾国藩更是确有才学。十年京官,他交结了不少朋友。人以群分,这些人也多是有才学的道德之士,如邵懿辰、郭嵩焘、何桂珍等。他们颇识时务,讲究实际,经常商及国家政治大计、经济得失,有时还联系实际进行考察;如曾国藩在工部侍郎任上时,就常研究舆地学,对各地地理设置和沿革非常注意。

曾国藩以读书为本,居官操守廉洁,生活俭朴。他曾以"求缺于他事,而求全于堂上"为勉,自书自居为"求阙斋"。

鉴于长期与各界人士交往,曾国藩具备善于识人、知人善任之才干。

江忠源放荡,不拘小节,"任侠自喜,不事绳检"。曾国藩和他作了几次闲谈,认为江颇有才干,说"是人必立功名于天下,然当以节义死"。

塔齐布是绿营游击,曾国藩发现他每次训练士卒必自执旗指挥,虽暴风骤雨,临操亦如同平时,就认为他出类拔萃,大加信用。

湘军名将鲍超、杨载福均出身行伍,而彭玉麟是一个穷秀才,曾国藩在他们穷途潦倒不得志时,就发现他们都是不可多得的一流将才,即加以提拔、选任。

相传,李鸿章在组建淮军时,带着刘铭传、潘鼎新、周盛传、张树声等四个主要部属,来到安庆拜见曾老师。曾国藩先是躲在屏风之后观察,故意迟迟不见。等了多时,他们还只得忍耐,而刘铭传就不耐烦了,离开座位走来走去,大骂山门。曾国藩看在眼中,后来就对李鸿章说:"四人都是将才,而有麻子(刘铭传脸有麻子,又名刘七麻子)者,更是帅才,切不可等闲视之。"后果应验。

也有一说是,曾国藩发现刘铭传好酒,每有喝酒时,就读《史记·项羽本纪》,慷慨激昂,认为此乃非常人也。

曾国藩确有他的人才鉴定方法,讲实学,多以诚朴为主准。比如他所定的湘军带兵之人,须具备四条标准:(一)才堪治民;(二)不怕死;(三)不急名利;(四)耐辛苦。

他还说治民之才,不外是公、明、勤三字。

所以湘军统兵的营官,多数是读儒书的公明勤知识分子和绿营有才干的偏裨。他们是军队的骨干。

因此,在曾国藩办湘军征讨太平军时,身边就常聚有一群有才之士,为之策谋运筹。在他任两江总督期间,其幕府人才之盛,军中将帅之精,堪称全国第一。据统计后来得以成名的就达一百八十二人,其中做到一二品官的,即总督有十四人,巡抚有十三人,实授提督、总兵各有二十人。

这是一个集聚人才的精英群体,因而湘军前期在与太平军作战时,虽然屡战屡败,却能屡败屡战,挫败后仍能凝聚不散。

因为人才聚集,湘军在兴旺发达后,能从中分出各路人马,最著名的就有李鸿章的淮军、左宗棠的老湘军。

1852年7月,就在太平天国北上初进湖南时,曾国藩被派为江西正考官出京,中途得悉母丧,告丁忧假回湘乡老家。

翌年初,咸丰皇帝因武昌失陷,采纳周天爵意见,命湖南和江西、江苏等九省在籍官绅、曾任二三品文武官,举办地方团练。团练,有团有练,就是地方民军,以此与正规军呼应、配合,以牵制和歼灭太平军。曾国藩是最早从时任湖南巡抚张亮基处接到谕旨的。他开始以不谙兵事想推卸,但经老友郭嵩焘和小弟曾国荃等劝说,决定"移孝作忠",终于应邀到长沙筹办团练。

咸丰帝原来旨意开办团练只是:团练乡民,搜查土匪。曾国藩却作了发挥和补充。他讲实用,到了长沙就提出要设一大团,把周边各县农民,择其壮健而又头脑单纯、缺乏独立思想的,招募来省城编队训练;而且借长沙城防军不足,要把团练充作正规军训练和编制。

曾国藩派人在长沙周边县乡贴出招募的布告。应募者多有人众。这些应募的农民,很多有在后来作战时建功立勋的。据称曾国荃部有个叫周宽世的提督,原先就是个佃农,在挑担赴湘乡县城途中,赌钱输了本,回不了家,看了布告应募。若干年后,当上了一品大员,在衣锦回乡后,买了几千亩田。

曾国藩还成立了所谓"审案局",一旦拿到造反农民,即使仅有造反嫌疑的,只要看不上眼,也不作审讯,就借巡抚令旗,重则斩首,轻则立毙杖下。他主张,对付任何不服王法的民众,只有用大力诛杀才能干净利落。所谓官府杀人不必拘守常例,乡绅捕人不必一一报官备案,无限制地扩大杀人权限,多遍及无辜。

据说曾国藩办团练的第一天,带领团丁外巡到某村,见有买桃人和卖桃人在争吵,便问讯原因。买桃人说,我已付了钱,他说没有付。卖桃人说,他没有付钱,想赖我桃

湘军亲兵

曾国藩招募湘军非常讲究族缘地缘,凡从军将士,都得设档案,以备查用。他的荣衰、功罪,家属与其同坐。所以湘军各路虽常打败仗,也少有逃跑,但却没有发生任何叛变和降敌事宜。

子。经审明后,乃是卖桃子说谎。曾国藩命团丁将他捆缚,立即杀头。

非杀何以立威,震撼人心? 曾国藩就奉行这样的信条,也为其他官衙和团练做出

曾国藩生活俭朴清淡

同治元年,曾国藩为两江总督,驻安庆,时幕僚方宗诚称曾寝室,"当公夫人未来皖时,宴请雪芹侍郎于内室,招予陪饮。见室中唯木榻一、竹床二、竹枕二,此外一二衣箱,无他物也"。赵烈文亦称:"相国卧室,葛帐低小,布夹被草簟而已。旁有二小箱,让陈设纸笔之外,无一件珍物。"

方宗诚还记,曾国藩妻室月费仅四千铜钱,折银二两,儿媳则减半。总督府中仅有两女仆,一是其妻从湘乡带来的老姬,一是长女身畔丫头。

曾家妇女上下,每天都要从事由洗衣、做饭、腌制小菜到纺线绣花缝衣制鞋的家务,曾国藩还定出具体的工作量并定期检查。

了榜样。

杀人如草不闻声。因而曾国藩被称为"曾剃头"、"曾屠胡子"。意思是说,他杀人利落,如剃头发、刮胡子。

对曾国藩的作为,咸丰皇帝却极为赞赏,说是"办理土匪,必须从严,务期根株净尽"。

曾国藩的两重人格,诚朴和残忍兼而有之,王道与霸道交替使用。他的手段高明、认识睿远,这是太平天国诸王所远不能及的。所以后来人称曾国藩的高文化高学历,毕竟要比不第秀才半知识分子洪秀全要高明得多哩。

湘军出现,从此洪秀全、杨秀清等人遇到了克星,一个最强大的对手。

亲自选拔擢用亲朋故旧、同乡好友、师生门徒,还为当兵者建立个人档案

曾国藩久历官场,明察时弊。

在当时,像他这样有经历、有识见的高级官员是不多的。

他深知,大清王朝的军事支持,才替代八旗仅半个世纪的绿营已经腐败。将与将不和,卒与卒不习,胜则相忌,败不相救,各怀携贰,离心离德。因而,绿营与太平天国作战两年有余,所消耗军饷不可说不多、调集将士不可说不众,而往往未战先遁,遥遥尾追,罕见有与之迎头一击的。

所以,他要将团练建成为正规军,一支新的武装,这就是人们所称的"湘军"。

曾国藩开设的湘军,纯属私人武装。

湘军只听命曾国藩和曾国藩直属的各级军官。他亲自选拔、擢用与己有关的血缘、亲缘、乡缘、学缘和业缘等关系的亲朋故旧、同乡好友、师生门徒,出任各军统领、营官。如罗泽南、胡林翼、左宗棠是学友,彭玉麟、李鸿章是门生。湘军高级将领,绝大多数是湖南籍,但也容纳能接受他绝对领导的他乡才干之士,如鲍超是四川奉节人、朱洪章是贵州开泰人。鲍超原是绿营小兵,因在重围中拼死救出胡林翼,由此受到青睐。他所率领的"霆军",因常与降卒冲前锋,大军殿后而屡胜,很有战斗力,也被曾国藩视为湘军正宗部队。此外还有两位八旗将领,也为曾国藩器重。他们一个是塔齐布,一个就是多隆阿,多隆阿统率的骑兵勇悍江淮,屡摧太平军。当然,他另有深意是做给皇

帝看,湘军大将也有满洲人在焉。

湘军是曾国藩在办湖南地方团练基础上创建的。

曾国藩组建的湘军,系参照戚继光建军法,但又有自己独特的创新:(一)强化编制,以营为基本组织,每营(营官)有四哨(哨官),哨有八队;营官直辖亲兵六队,全营为五百人;(二)对将士厚饷,要比绿营同级将士多两三倍;(三)建立水师;(四)常设置帐篷和长夫制度,行军作战部队住帐篷不住民房,长夫(非兵员编制)作为辅助兵力,处理后勤给养,使将士不扰民,有足够的战斗力。

曾国藩兄弟非常讲究地域概念。他们的直属部队尤讲究籍贯。曾国荃的吉字中营,要求用湘乡人,且尽用以湘乡(今双峰县)荷叶塘镇曾家大院为中心方圆百里内的人丁。同乡风俗习俗、饮食言语均相近,不易隔膜,而更大因素是便于指挥与调拨。

曾国藩注重招募细节,凡当兵的都要报姓名、填表格。而对象有许多是不识字的农民。相传曾国藩招兵,有两个农民应召前来,但登记时,只能说姓而无大名。书记员望着墙上写的"开印大吉"四字,分别将他俩取名,连同姓氏,叫"萧开印"、"成大吉"。若干年后,两人屡立军功,都实授提督一品大员。

曾国藩还为当兵者建立个人档案。凡当兵者都须取具保结,造具府、县、里居所及本父母、兄弟、妻子等名姓,箕斗清册,各结附册,以便清查,易于控制。

所以,湘军在作战中,即使面临困境,也从未出现临阵叛变的。相反经曾国藩的诱导,倒是有曾经参加太平军的湘籍将士,后来竟有不少投诚过来,有的还被提拔为总兵、副将等带兵大员。

这是一支相当有战斗力的军队,往往能以寡敌众,以少胜多。

曾国藩也很懂得政治宣传的功能。1854年春,湘军出省作战,曾国藩写了《讨粤匪檄》,正式向太平天国宣战。

《讨粤匪檄》极具煽动性。它以"名教"、"人伦"为名,号召全国地主士绅和其他民众,群起为"卫道"而战。文中说,太平天国所过之地,贫富都受洗劫,被掳者银钱满五两不献出即斩首,妇女不肯放足即斩足;又说太平天国崇洋教、弃孔子,将中国几千年礼义扫地荡尽;还说太平天国到处破神像、毁庙宇,甚至孔庙学宫、关帝岳王都要焚毁,所谓"无庙不焚,无像不灭",以此挑动万千人众对太平天国的仇视。

太平天国领袖大力摧毁清王朝那些陈旧腐朽、阻碍社会进步和发展的制度与政策。这种过去从未有过的无畏行为,值得赞美歌颂。但是一意说天,又过于讲究莫名其妙的天父上帝,神化自己,如醉如痴,企图用自己编织的基督教文化替代中华几千年固有的本土文化,却颇为走火入魔。他们以为如此行事,就能摧毁一个旧世界,开创一个新世界。事实上,这种做法伤害了中华传统文明,至使当时的中国人,只要稍有些文化常识的,也会认为是幼稚得可笑。这就为曾国藩所代表的卫道者钻了空子。

曾国藩用维护封建伦常以组织湘军,也用它以攻击、否定太平天国的制度和政策。

为战胜太平军,曾国藩还很注意湘军基层士兵的伦理教育。他要士兵们知道,自己是在为卫护封建秩序,保护乡里家人而战。由此,作为一代大儒的曾国藩,竟为不识字和少识字的普通士卒的需要,以简明、通俗、押韵的语言,编写了所谓的《爱民歌》:

三军个个仔细听:行军先要爱百姓。

第一扎营不贪懒,莫走人家取门板。莫拆民房搬砖头,莫踹禾苗坏田产。莫打民间鸭和鸡,莫借民间锅和碗,莫派民夫来挖壕。莫到民家去打馆。筑墙莫拦街前路,砍柴莫砍坟上树。挑水莫挑有鱼塘,凡事都要让一步。

无钱莫扯道边菜,无钱莫吃便宜茶。

湘军编制表(淮军同)

顺序	名称 职务	附　注
1	大　帅	
2	统　领	
3	分　统	
4	营　官	基本军事组织,一营兵丁500人(不包括长夫)隶5哨
5	哨　官(哨长)	一哨分八队,每哨100人(不包括长夫)
6	什　长	每队12人

更有一句紧要书,切莫掳人当长夫;一个被掳挑担去,一家吓哭不安居;娘哭子来眼也肿,妻哭夫来泪也枯。

军士与民如一家,千记不可欺负他。日日熟唱《爱民歌》,天和地和又人和。

后来,在湘军建立水师、陆师后,他又在南昌写了通俗易诵易懂易记的《水师得胜歌》《陆师得胜歌》,要士兵天天背诵,能说能唱,以此宣扬湘军的威武,鼓动他们勇于卖命。

一代大儒罗泽南和学生组建了一支拥有九百人的武装

和曾国藩同时期开办湘勇,而且颇有成绩的,还有一个湖南书生,此人不可不提,他就是罗泽南。

当时罗泽南是湖南一个鸿儒。罗泽南还比曾国藩年长三岁,比胡林翼、左宗棠年长四岁。曾国藩出山早,在他于京都做侍郎时,罗泽南还曾是家乡教书匠,在官场人们可以不知道,可在湖南学界,乃是大名鼎鼎的博学之士,桃李满天下,门生子弟遍三湘,而且多是满腹经纶才干之士,如后来的湘军名将李续宾、李续宜、曾国华、曾国荃、刘腾鸿、蒋益澧、刘典、杨昌濬和王鑫。他们大都是将才、帅才。

罗泽南出身贫苦,年轻时颠沛流离,曾九次参加童子试,次次名落孙山,后长期充当塾师,经历很有些与洪秀全相同,但罗泽南却是甘居寒门、不求闻达,埋头著作,先后著作有《西铭讲义》《人极衍义》《小学韵语》《姚江学辩》,还编撰《皇舆要览》。罗泽南虽是书生,却相当注重实学,知识面涉及军事、天文、地理以至盐务、河工、漕务等方方面面,是一个强调实践、知行合一的学者。

罗泽南做塾师讲学,也开设武学。他的学生们也随同习武,研究军事知识。太平天国在广西起义以及蔓延的天地会会党活动,引起罗泽南的关切,他让学生上午读书、下午习武。咸丰二年(1852),湘乡知县朱贻孙开办团练,闻名前来请罗泽南主持。罗泽南和他的

罗泽南(吴友如《将臣图》)

学生组织了一支拥有九百人的民团武装,他任指挥,由学生分别带队,开始在本省对付会党。翌年,在太平军西征进入江西、包围南昌时,罗泽南带领湘勇出省援救,而留在湖南的有他的大弟子王鑫。

王鑫也是治军能手,善于打运动战,每逢战事前夕,总要赴实地调查研究。他往往乘轿登山,指点山下处处地形、道路,何处适宜出击、何处可以包抄或埋伏,说得头头是道,而又能时时获胜。与他抬轿的四个轿夫,随同耳闻目染,日久也掌握此中用兵之道了。这四个轿夫,据说是刘松山、张运兰、蒋益澧,还有一个已失传。他们后来都做到领兵大将,驰骋战场。

原来王鑫在湖南对付会党,因为西征太平军入境,即带领所部湘勇北上,他秉承罗泽南的军事思想,在靖港与宁乡间的齐口,击退太平军林绍璋部,这时曾国藩湘勇主力又收复了湘阴,岳州太平军受到南北两路夹击,主动撤退。

王鑫部湘勇占领岳州。

湘军初战获胜,得意之至。岂料西征军退出岳州后,即调动第二梯队大举反攻。4月4日,在湘鄂边境的羊楼司,与乘胜北上的王鑫部相遇,湘勇兵败。王鑫和曾国葆等部退入岳州城。其他部队因城空无粮,均撤离它去。王鑫孤军独留,不久即因严重缺粮人心混乱,王鑫急缒城而走。西征军再占岳州。

西征军继续南下。4月22日再克靖港。他们仍采用一个月前的陈规旧例,由石祥桢率水师驻守靖港,林绍璋率陆师南下,以攻取长沙周边卫星城镇,孤立长沙而取之。4月24日,林绍璋部攻占湘潭和株州、渌口,即在湘潭城外修筑防御工事,建垒自固,并在湘江上游水面云集百艘民船,建立木城,阻击援军。

林绍璋此时犯了轻敌的大忌,以为长沙省城挥手可得,岂没有推想到,背后的曾国藩正紧锣密鼓,调兵遣将。

湘勇主力塔齐布、周凤山和王鑫等部已前来湘潭讨战,曾国藩自引水师进攻靖港作为牵制。

4月25日,塔齐布等部到达湘潭前线。

4月26日,林绍璋部主动出击,失败。

4月27日,湘勇水陆并进,陆路统帅副将塔齐布身先士卒,独自驰马陷阵,全军将士随之紧跟着冲锋,水路褚汝航、夏銮、彭玉麟、杨载福等部配合前进,势不可挡。

太平军与敌人鏖战多年,我进敌退,很少有见之敢于短兵相接、作肉搏战的辫子

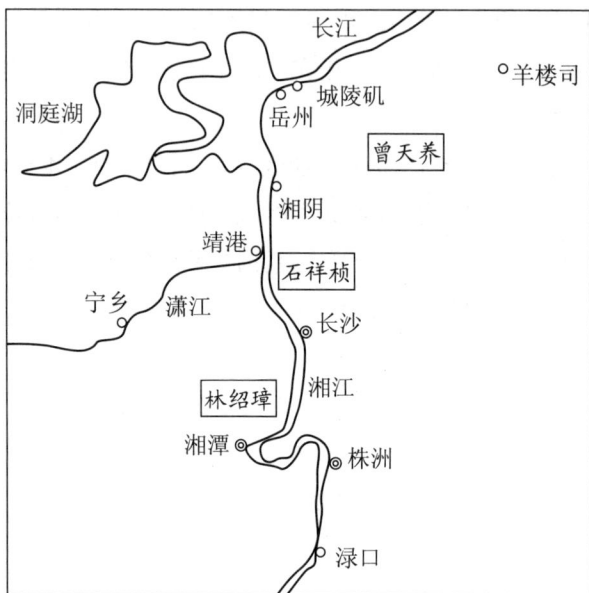

太平军进入湖南图

兵,而且带头的还是满洲人,不禁惊愕迟疑。后队忽然望见周围山冈出现了不少肩挑的行人,心理负担更为沉重,以为敌军大至,就先撤走;前队也害怕受伏被夹击,跟着后撤,于是相互拥挤、践踏。湘勇见状,大声呼喊杀敌,山冈上的行人也跟着叫喊、呼应,林绍璋的水师先退,陆师不战自溃,湘勇不战自胜,一鼓作气追至城下。

这是一次溃败。

4月28日,林绍璋水师在湘江水面惨败,被焚毁三百余艘船只。

4月29日,林绍璋陆师又败,塔齐布、周凤山再胜。林绍璋收队败退回城时,广西籍老兄弟和两湖籍新兄弟竟因战役失利,互相指责,五十步笑百步,引起械斗,自相残杀,再损兵几百人。

4月30日,林绍璋水师再次在湘潭江面为彭玉麟水师所败,被焚毁六七百艘船只。

5月1日,林绍璋放弃湘潭,率残部退走靖港。

这六天的连续战斗,林绍璋累战累败,累败累战。湘军陆师"八日之内,十获大胜",据称太平军将士阵亡先后超过一万人。这是太平军自金田起义后在长江流域所遇到的最大的一次溃败,也是湘勇创建后的首次大捷。湘勇就此声名远扬,士气振奋,始为清廷器重,从此湘勇被称为"湘军",且作为正规军由内线转入外线作战。

湘潭之战,主要是林绍璋不懂得打仗,又怕打硬仗,不会管束将士,以至人心不齐。当时从双方实力来比较,林绍璋所部有三万人处于上风,且多有久经战场的能耐将士,完全有把握打败仅有五千人数的新兴湘勇。这一仗如果打得好,足可夺取长沙,横行三湘大地,而且还能将初出茅庐的湘勇主力歼灭。

主帅无能,三军受累。

林绍璋领导的湘潭之战,太平军水陆主力均败。

这一仗为曾国藩出山树立了信心,也为他捞到了一笔极大的政治赌注。由是,他对林绍璋其人记忆犹新。十年后,他还与被俘的李秀成谈及:"林绍璋于咸丰四年在湘潭战败,其人并无本领。"

湘 军 军 饷

曾国藩认为绿营兵所以缺乏训练,战斗力甚低,一是差役太重,一是兵饷太低。绿营兵丁月饷,马兵1.9两,步兵1.45两,守兵0.97两。清初尚可维持五口之家,道咸时已难维持,因而不得不出营做小贩、杂工谋生。1853年夏,清户部从内阁学士胜保奏请招募陆勇每月饷银4.5两,江南大营招募即照此办理,时张国樑兵营每人每月饷银5.4两,江忠源楚勇每人每月饷银4.5两,曾国藩据此几项,制定了湘军粮饷章程,规定陆师营官每月薪水银50两,办公银150两,夫价银60两,共260两(帮办、书记、医生、工匠薪水及置办旗帜、号补各费用均在内);每月饷银为哨官9两,哨长6两,什长4.8两,亲兵护勇4.5两,伙勇3.3两,长夫3两。水师兵饷营官同陆师营官,头篙、舵工同哨长,舱长同什长;唯哨官为陆师两倍,每月为18两。

还规定分统、统领带兵3 000人为390两,5 000人为520两,万人为650两。所以《湘军志》称,"将五百人则岁入三千,统万人岁入六万金,尤廉将也","人人足于财,十万以上赀殖百数"。这样也产生"将士愈饶乐,争求从军"。

后来因厚饷带来困难,于是只发半饷,欠饷数月,后亦引为常。为防将士离营,有意拖欠或扣下存入公所,待遣散、假归时领票据至湖南后路粮台付清;如擅自离营,欠饷、存饷一概没收。

自此之后,太平天国退出湖南省,再也无力图进。

湘潭惨败,传遍太平天国上下,大大削弱了太平天国实力。后来李秀成总结失败教训,把它列为"天朝十误"之一,说:"误不应发林绍璋去湘潭,此时林绍璋在湘潭全军败尽。"

曾国藩蔑视林绍璋,但称赞曾天养:其人是一好手,资格最深

林绍璋是由大头兵一路直升飞窜至统帅位置的。他从没有指挥过大兵团水陆两栖作战,也无独当一面的指挥能力,是庸才本非将才。

比之林绍璋,曾国藩是帅才,能将将,但也非将才。他不善于亲临第一线作战。冲锋陷阵,挥着令旗叫喊将士,都非所长。湘勇时期,由他亲自出阵的战役,多是以打败仗告终。指挥湘潭战役大胜,是曾国藩初出时获得的,运筹帷幄之内,决胜千里之外,但在此期间的靖港之战,却因曾国藩亲上前线打了败仗。

曾国藩靖港之败是出于自己的求胜心切,经不得士绅们的一味怂恿,头脑发热贸然亲自带兵上阵,终遭惨败的。

当时曾国藩获悉不切实的情报,以为靖港太平军石祥桢部只有几百名将士,而且城防松懈,有隙可击,可以一举成功,由是求功心切,就仅带了战船40号,兵丁800名前往,向靖港进发。当他们接近石祥桢营地时,望楼上的哨兵就发现了,立刻报告给石祥桢。石祥桢是石达开堂兄,是石氏家族中石达开之下最会打仗的一个国宗,此人勇猛矫捷,我们还会在下节介绍他。这时正好风高浪急,湘勇水师逆水行舟,进难退易,速度缓慢,曾国藩急于夺营,派遣勇丁上岸背纤。石祥桢遣将士杀尽牵纤者,又命200多号小划船顺风而上,攻击敌船,岸炮配合轰击,乘风纵火,火顺风势,风助火威,敌船纷纷起火被毁了三分之一。

湘勇陆师闻讯水师失利,前来援救。石祥桢开营引军反击,参加的团丁害怕,未战就争相逃跑,牵动陆师溃逃。争渡浮桥,人重桥残,结果桥塌,溺死一百余人。曾国藩见危急状,亲自拔剑督阵,命立令旗于岸上,迫令战斗:"过旗者斩。"但湘勇、团丁要的是性命,大帅的话可以不听,都绕过令旗继续奔逃。

曾国藩自领的湘勇水陆师全败,辎重、船艘尽毁。他顿足捶胸,羞愤之至,逃到靖港对岸铜官渚投水自尽;投了水被救起来后,又投了水,也有人说,当时曾国藩先后共

投了三次水。在救回到长沙妙高峰时,他想起兵败之惨,痛定思痛,又想寻死,连夜写了遗疏和遗嘱二千言。正在他痛苦绝望的时候,忽然从湘潭前线传来塔齐布、彭玉麟等人大捷的喜讯,方才取消寻死的念头。

太平军靖港之战只是一场小规模战斗。湘军水师受挫,但由于左宗棠赞画湖南巡抚骆秉章幕,于人力、物力不断充实,致使湘军水师重新获得配备,士气振奋。

1854 年 6 月,曾国藩羽毛丰满,又指挥水师陆师两万余人,北上进攻岳州。太平天国秋官又正丞相曾天养由常德渡洞庭湖赶回岳州组织反攻。

塔齐布(吴友如《将臣图》)

湘潭惨败,元气大丧。入湘太平军水陆都实力锐减。曾国藩相当兴奋,每次捷报都写得意气飞扬,有次在谈及缴获战利品时,还特地罗列了所获的太平天国黄旗种种,将所俘的太平军基层人员春官副侍卫书士汪秉义,两司马王玉春、洪大贵,都作为是高级军官写进了奏折,向皇帝请功。知己知彼,百战不殆。显然,那时的曾国藩和江南大营向荣等人,还不注重敌情,对太平天国内部官制军职不甚了了。后来才懂得晓悉敌情之重要性,因而大力支持县丞张德坚编纂《贼情汇纂》。

曾天养因岳州无险可守,不久退出州城,在城北城陵矶继续阻止湘勇北上。他再次组织水陆军反击,仍遭失败。几天后,曾天养得到湖北援军,第三次组织反攻,却因湘勇水师杨载福乘风纵火,又遭失败。

湘勇水师乘胜前进。此时南风大作,水师船队行驶飞速,直至城陵矶。曾天养五战五败,但仍豪气不衰。他见湘勇骄傲轻敌,即先以偏师轻舟诱敌,而主力潜伏在旋湖港。

清军中计追击前来,游击沙镇邦领头队,总兵陈辉龙率二队。船大体重,被诱进浅滩搁浅起来,进退两难。曾天养见状,即挥舞令旗指挥伏船出击,彻底歼灭了山东登州镇总兵陈辉龙和广东游击沙镇邦所统率的水师,知府褚汝航、同知夏銮闻讯来救,也陷入重围,被一一击毙。

曾国藩湘勇水师刚开局装备就很精锐,配备有从澳门向葡萄牙购置的大炮;水师将士也是经过重新招募、认真挑选的,现在仅在一天的战斗中即悉数毙命,尤其是最为倚重的水师总统褚汝航之死,更使曾国藩十分伤心。

两天后,曾天养率军三千人,乘胜从城陵矶登岸,打算安营扎寨;忽见南面烟尘大起,原来是破格擢升的新授署湖南提督塔齐布率领湘勇陆师赶到,曾天养来不及布阵调遣兵将,当即跨上黑马,手执长矛,直冲塔齐布而来,塔齐布不及遮挡,被一矛刺中座马。曾天养准备抽矛再刺,不料紧跟塔齐布的亲兵黄明魁急以长矛反刺,曾天养来不及转身,便被一矛刺中,跌于马下,惨遭杀害。

也有一说是曾天养之死在于不备。据《湖南通志·黄明魁传》称:塔齐布跃马过来,被站在曾天养马前的大旗手,以丈余的大旗帜,绕于塔头,塔用力遮挡不能去,亲兵黄明魁急忙用刀砍杀大旗手。这时曾天养冲杀过来,塔齐布就以钎子猛格曾首,曾不及防备,即被击落马下,被杀害。

曾天养是太平天国能征惯战的老将,死时已有六十开外了。他在军中很有威信。李秀成说他:忠诚老实。

曾天养之死是西征太平军的一大损失。太平天国从来宣扬人死是"升天",不能悲哭,不能做丧事;但对曾天养之死却破了例,两湖太平军连续吃素六日以示悼念。

曾国藩也因率湘军出境时吃过曾天养的大亏,此后牢记不忘。后来还几次对被俘的李秀成问及:曾天养为何没有被追封王爵。又说:"其人是一好手,资格最深。"

陈玉成率领五百将士,缒城而上,武昌守军一哄而散

西征军从南昌撤回后,由胡以晃率领的人马攻占安徽庐州,另一支人马由韦志俊、石祥桢等率领西进湖北。

1853年10月1日,韦志俊、石祥桢等进入湖北境,占领长江北岸的武穴(广济),即溯江西上至田家镇、富池口、半壁山,打响了第二次进攻武汉的炮声。虚度十七岁的左四军正典圣粮、职同监军陈玉成,也别领一军占领漕河。

此年,陈玉成刚由牌尾(即童子兵)脱籍,成为正式的牌面。他年过十六岁,身材不过中人,但容貌秀美潇洒,颇见虎虎生气。据说他两眼下长有黑痣;也有说是小时候患过眼疾,用草艾熏眼夹,以致愈后在眼下留有疤痕,故而乡人谑呼他为"四眼狗"。此

后,这个诨号也为清方所借用,常用以彼此来往信件、谈话,作为诬骂他的代称。

西征军势如砍竹,先后两次占领鄂东重镇黄州(今黄冈)。

新任湖广总督吴文镕是曾国藩座师,资格颇深,亦很有官场阅历;但毕竟是儒门中人,不会带兵领将,所率领的军队纪律松懈,他也无力约束。时值天寒地冻,将士在驻地堵城附近村庄拆毁民房,掠取燃料,用作兵营生火取暖;民众流离失所,无家可归,怨声载道。也有民众投奔太平军,或为太平军通风报信,传递清军活动的讯息。

太平军和清军交战图(吴友如《点石斋画报》)

吴文镕也在注意黄州太平军的动态。1854 年初的一天,他获得消息,说是黄州城里的太平军将士正热烈地欢度天历春节,毫无戒备。吴文镕心中大喜,以为是求胜良机,亲自带领人马连夜启程前往,向太平军防线发起偷袭,但接连三次均无成效。

吴部驻地堵城滨江临壑,三面皆水,乃是危地,吴文镕却在此处连营十三座,本已犯兵家大忌;加上连日雨雪,将士给养受阻,多有冻馁。韦志俊、石祥桢摸清对方实况,分军绕至清军大营后,设伏于林麓冈峦,而吴文镕和大营将佐却毫无觉察。几天之后,太平军主力出黄州猛扑敌营,伏兵从后侧纵火焚烧;清营前后受困,全军不战溃散,吴文镕跳入池塘自杀。

西征军乘胜直进,第三次攻占汉口、汉阳,逼近省城武昌。

西征军取得新的胜利后,即采取分兵掠地的战略。韦志俊率一万人马围攻武昌;石祥桢、林绍璋率主力两万余人进略湖南;曾天养率一万人转向湖北西部,攻城略地,扩大战果;陈玉成率几千人扫荡鄂北。此中最为活跃的,是曾天养和陈玉成两部。

曾天养是在攻占庐州以后,调赴湖北战场,增加西征军力量的。他在占领汉口、汉阳后,为削弱孤立武昌,就引军扫荡湖北各处清军,先后攻占孝感、云梦、安陆、随州、钟祥和荆门等地,而主攻目标是荆州(今江陵);因受敌阻挡未成,旋又转赴上游,攻占宜昌、宜都和枝江各地,两月之间连下十余府县。沿途所至之地,尽行焚毁府衙、学宫和寺庙、道观。

尽管太平天国领袖和广大将士熟悉《三国演义》故事,洪秀全、杨秀清还常以关羽、张飞和赵云的英勇作为激励将士的榜样;但他们对明清以来各府县以至乡镇都置有的大小关帝庙,仍属必毁无疑。它并不全是出自对神佛的卑视和否定,主要因为是太平天国的既定国策,是为树立上帝及其一家系唯一真神,即天王、东王等所谓上帝诸子的绝对权威。

6月,曾天养所部在两次进攻荆州未成后,遂引军南下入湖南岳州境。不久,曾天养战死。

另一支是陈玉成所部,他在与曾天养合军攻破云梦后,便分手北上占夺应城。

此年5月初,林绍璋所部在湘潭惨败。韦志俊所部却屯扎于武昌周边的金口、白湖镇等地,采取断敌接济、围而不攻的战

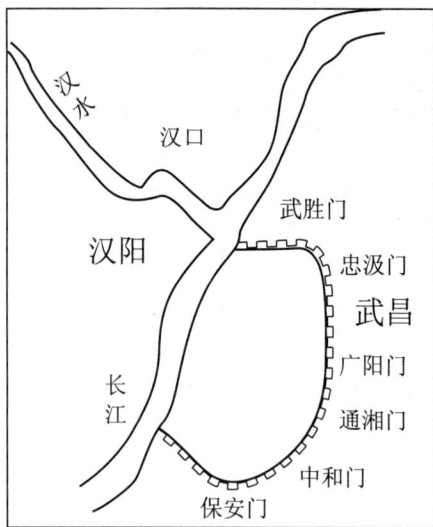

武汉三镇位置图

略。6月,太平军扫除武昌外围清军,韦志俊得到各处援军会合,从梁子湖西攻,突破清军洪山营垒,逼近武昌城根。

6月26日,太平军水师从汉口出发,猛攻武昌城西,吸引守城之军;而由陈玉成率领五百名将士,从梁子湖转到敌军疏于防守的武昌城东,缒城而上,遍插黄旗。守军惊散。

太平军终于占领全城。

这是太平天国第二次攻占湖北省城。

捷报传到天京,天王对西征将士论功行赏。陈玉成连升三级,擢升殿右三十八指挥据守蕲州,一个月后,又被提升为殿右三十检点。数码检点是仅次于六官丞相的高级官员,按编制仅设三十六员。一年之后,冬官正丞相罗大纲在九江战死,陈玉成即受补罗的官缺。他在前期就是领兵大员了,因而后来遂成一方诸侯,封为英王,被定位在领导核心圈,良有以也。

陈玉成少年立大功,很引起清方注目。张德坚《贼情汇纂》用了二百四十二字为他作传,称赞这位年仅十八岁的少年,"玉成舍死苦战,攻城临阵,超捷先登,贼中之最为可恨者。"

自古英雄出少年。在湖北战场,陈玉成发挥了自己的卓越才干和勇敢精神。

养兵千日,用在一朝。在无日不战的太平天国战场,陈玉成非常注重将士的平素训练。他的部队是太平天国中后期最有战斗力的。相传他很能用兵,行军神速,出奇制胜。当遭遇实力强大、人数众多的敌军时,他经常采取以小部队牵制、吸引对方,或断敌后路或断其粮道,争取战争主动权,使敌人难以应付,陷于被动格局;然后突然集中优势兵力,将其歼灭。因此,在他驰骋江淮大平原时,当地就传遍了"三十检点回马枪"的故事。

陈玉成比较尊重知识分子,也颇爱读书,在行军中还抽时间读书,可能并不仅局限读那些为天王、东王制作的宣扬上帝政治的材料,还有其他。人们说他"吐属风雅,熟读历代兵史,侃侃而谈,旁若无人"。可见他是有些文化知识的。这在太平天国诸将帅中堪称凤毛麟角。他和李秀成都有一定的文化,能直接理解天京诏旨,自己也会写信和演说,这或许也是他俩为洪秀全所器重的另一处重要原因。

1854年10月14日,湘军主力攻陷武昌。

湘军依仗强大的水师,先后几次将长江、汉水江面的太平天国一千余艘战船歼灭,完全控制长江水面。太平军不甚重视水师建设,战船都系掳掠的民船改装,当然难敌湘军军用船厂修建,并装备有来自澳门的红衣铁炮的战船。太平天国武昌守军惊惶失措,每天多有将士缒城逃跑。守将国宗提督军务石凤魁和地官副丞相黄再兴匆忙弃城撤退。

黄再兴是太平天国丞相级高官中难得的有才干的知识分子。他自金田起义的一个大头兵提拔,还做过天朝的史官,在武昌主持民务,对主帅石凤魁的跋扈,很不为然,多次劝说无效。在撤出武昌时,他挺身指挥,有条不紊地组织全军退却到田家镇,保全了实力。

杨秀清得悉武昌不守大怒,不加区别,竟把石凤魁、黄再兴一并押解天京处死。

石凤魁是石达开族弟,是个刚愎自用、不学无术的草包,不听黄再兴多次劝告,以至把武昌三镇和周边城镇,都丢得一干二净。石凤魁只是二十岁才出头的愤青,年少不更事,全是因家族定位,充当武昌三军统帅的。如果说要追究责任,杨秀清用人不当,就逃脱不了挨板子,打屁股。他也应该官贬三级才是。

《洪秀全演义》插图

湘军攻占武昌的喜讯传到北京后,咸丰准备发布圣旨要任命曾国藩为湖北巡抚,让他转为封疆大吏,能随时向地方筹款征粮,调遣人马,湘军在外省活动亦不需是仰人鼻息了。曾国藩和湘军系得悉后亦很高兴。不料圣旨下来只给了曾国藩一个兵部侍郎虚衔,办理军务;湖北巡抚却给了浙江人陶恩培。咸丰皇帝的突然变卦,那是听了旁人一句话,但这也正是长年以来满洲贵族对汉族官员不予信任、排斥所致。当时,咸丰帝得悉曾国藩指挥湘军攻陷武昌省城奏报后,欣然大喜,对军机大臣、大学士祁寯藻说:"不意曾国藩一书生,乃能建此奇功。"但几天后他要任命曾国藩署理湖北巡抚时,祁寯藻却对皇帝说:"曾国藩以侍郎在籍,犹匹夫耳。匹夫居闾里,一呼蹶起,从之者万余人,恐非国家福也。"咸丰由是改变了主意。

曾国藩仕途多乖。

有幸的是,他的好友、由贵州调赴前来的湖南益阳人胡林翼,发表为湖北按察使,后来在陶恩培败死后,又擢升湖北巡抚。胡林翼是湘军系统最早授与巡抚的两员大吏之一,另外一个就是江忠源。胡林翼沉稳、智明,确有非常之才,曾国藩称他"其才胜臣十倍,可倚平寇"。他坐镇湖北,运筹策划,为前线湘军不断提供军需、粮饷。而更见高睿的,他与曾国藩、左宗棠等制定由武昌、九江、安庆等长江中游诸地,顺流进占南京,消灭太平天国的战略方针。

胡林翼的登场,是太平天国的一大灾难。

石达开封锁湖口,把湘军水师拦腰斩割为两段

武昌失陷后,太平天国退据田家镇。

田家镇在长江北岸与南岸的半壁山对峙,是太平天国保卫九江和反攻武昌的要塞,也是湘军东进的第一目标,夺取九江的必争之地。

太平天国任命燕王秦日纲主持湖北前线全军。

秦日纲办事颟顸,不知己,亦不知彼,于周边敌情不甚了了。武昌东南的兴国州是捍卫省城的要镇,太平军还设有军火弹药厂,并由天试进士、育才官胡万智任监军。胡万智是虔诚的拜上帝信徒,在城陷被俘见杀时,还高呼"天父恩德"、"天王万岁"等句不绝。他被杀的消息,传得相当广,但兴国州失陷、胡万智牺牲等事,近在百里圈的秦日纲却在长长十几天里竟一无所知。

秦日纲不知兵,不会用兵,对付由上游而下的湘军主力,只是采取守势,打单纯的防御战。他在北岸蕲州和田家镇之间,沿岸遍筑土城;在田家镇和半壁山之间江面,横江系大铁索三道,篾缆七道;江面上布置五座大木筏,筏上密架枪炮、木城、铁索、篾

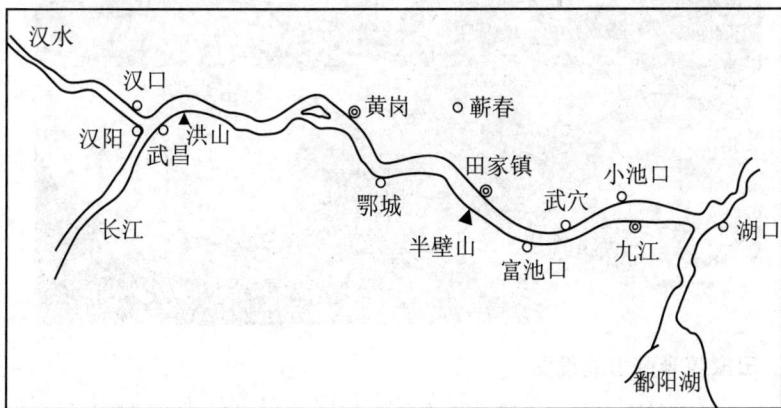

长江武昌至九江沿线图

缆、木筏、枪炮,星罗棋布,布置井条。自以为铜墙铁壁,万无一失。

其实,这种原始的、低级的单纯防御,说穿了就是处处被动、处处挨打。秦日纲想不出更好的战略战术,只能从《三国演义》里抄袭,模仿三国晚期南北对峙吴人防晋将王濬水军顺长江东下的战术。

湘军水陆师塔齐布、彭玉麟等都非等闲之辈,识破此种乃是水来土挡的消极防御,而非以守为攻,主动发起进攻的战略。

不出所料,太平军水陆师均败。湘军水师顺流而下,用烘炉大斧砍断拦江铁索和篾缆,学的也是当年王濬那一套。正好农历十一月东南风大作。风助火威,木筏尽作飞灰,密布江面的水师四千多艘船只也都被焚烧。百里内外火光烛天,前来声援的天京国宗石镇苍、韦以德等皆战死。湘军的强大攻势,致使秦日纲难以阻挡,放弃要塞田家镇、半壁山,撤退富池口,战场被迫下移到九江长江江面。

湘军依仗水师,水陆攻击,以少胜多,击溃了秦日纲大军,西征战场危急。翼王石达开率军由安庆赶来湖口,亲临第一线主持九江战事。已革豫王胡以晃由庐州、冬官正丞相罗大纲由饶州分别带领本部人马前来助阵。转战蕲州、黄梅等处的检点陈玉成军,在屡败湖北军荆州副都统魁玉、总兵杨昌泗后,也引军进抵广济,与九江互为犄角。

湘军水师歼灭了残存的长江水面太平军全部水师以后,完全控制了江面,从北面

田家镇半壁山战役图

　　秦日纲不知兵法,以守为守,奉行单纯的防御战术,被湘军水师打得大败,太平水师四千余艘尽被烧毁,从此再也无力在长江江面作战。

威胁九江。湘军陆师主力塔齐布、罗泽南等人也来到了九江城下。曾国藩本人亦乘船到达九江附近长江江面上。

　　湘军水师的装备在当时的中国是最佳的,都是造船厂特制的配备炮位的坚船,主力是快蟹、长龙大船,佐以舢板轻舟往来作战,船上装有西洋铁炮,此种铁炮耐热,可连续发射几个小时,比之太平军自制的土炮的威力强多倍。

　　各路湘军气焰嚣张。水师在肃清九江、小池口之间的太平军船排后,全军分泊于鄱阳湖口内及口外的梅家洲、八里江,陆师在攻陷小池口后,移营九江南门外,分军为四部,围攻九江东西南北四门。

　　石达开以逸待劳,以静待动,窥测时机,经过一段观察,发现湘军大船笨重、移动困难,凡行进中必须要有舢板相护,才能发挥战斗力。知己知彼,他作了安排,以原湖口守军黄文金熟悉地形,命南攻吴城等地,以罗大纲军守西岸梅家洲,自守东岸湖口县城,分别严密扼守鄱阳湖,于营外广布木桩竹签十余丈,掘壕数道,内埋地雷,上用巨木横斜搭架,钉以铁蒺藜,可谓防务严密,固若金汤。

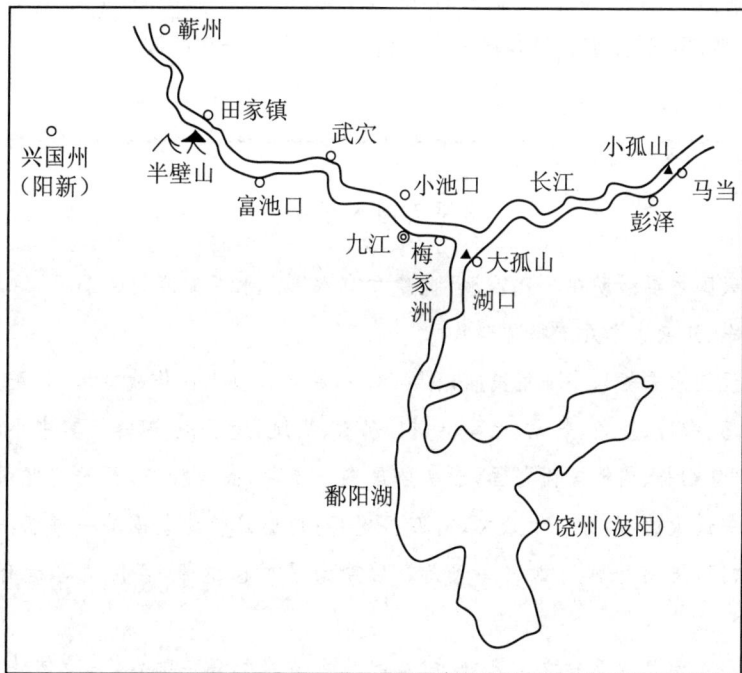

九江附近长江江面图

太平军以守为攻,不时乘隙出击,骚扰敌人,每天深夜更以火球火箭开导,顿时金鼓齐鸣,摆出一副像要出营作战的姿势。

湘军水陆师防不胜防,只得戒备待发,枕戈达旦,难以安眠,弄得白天精神不振,疲惫不堪。但几次到敌营边挑战,却因为守军坚扣不出,未得收效。

石达开也是三国迷,所采取的打疲劳战战术,运用了《三国演义》中诸葛亮在定军山,命赵云带兵五百人,每夜锣鼓开敲,惊扰曹营的故事。

两军相持一个月后,1855 年 1 月 29 日,湘军水陆师大举进攻梅家洲罗大纲军阵地。石达开根据湘军水师求胜心切的骄躁心理,故意把扼守鄱阳湖口的驻军撤往梅家洲。湘军水师见有机可乘,头脑膨胀,就由都司萧捷三等领兵两千人,轻舟一百二十余号,冲进湖内。石达开在它们驶进后,即重新调兵遣将封锁湖口,断其归路。强大的湘军水师遂被拦腰斩割为湖内、湖外两支,实力大为减弱。

几天后,一个月黑风高的日子,石达开调集几艘小划船,假装是民间小贩售卖食物,靠近大船,乘敌不备,大肆纵火,然后,会同罗大纲以轻舟偷袭停泊在湖口的湘军外江水师李孟群、彭玉麟等部,焚烧大船九号,小船三十余号,获得胜利。李孟群等侥幸逃脱,急率残部遁驶上游。这是湘军水师自组建以来又一次惨败。

太平天国水师战船

太平天国主要活动在长江流域,也建立有水军。水军作战是靠船只,后期还建立了京师水军、江南水军几支特种部队。

太平天国水军船只多征用民间,种类繁杂,缺乏适应水面作战的编制、配置。所拥船只有大乌、拖罟、快蟹、长龙、巴斗、钓钩、舢板、扒艇、炭船、盐船等。其中小的是炭船(小拔),船身细长、船棚短而坚固,船头船尾向上耸起,高与棚齐,行驶速度很快;盐船是江船之中最大的,船身长十余丈,有四根桅杆;乌船是较为坚固的一种船,船上可载大炮20余门,发射炮弹有如火乌飞跃。后期太平军也造船,曾仿清军造有30余只战船。

但太平军水师缺乏独立作战能力,在战斗中不能配合陆师发挥,致使陆师在江南水乡作战中常因无水师相辅受挫。

太平军复夺回九江对岸要镇小池口。

曾国藩派副将周凤山带陆师渡江前来攻打小池口,被罗大纲击退,围攻九江的湘军转陷危地。风水轮流转,太平军开始渐趋主动。

曾国藩也觉察到了,即命水师,包括由上游武穴前来的杨载福部水师,会集后退扎在九江长江水面。

曾国藩孤守南昌,只得派亲随化装为乞丐到武昌前线求援罗泽南

太平军发起反击。

在陆路,秦日纲与陈玉成等军几次进军湖北广济,迎击湖广总督杨霈大军。陈玉成的人马不过只有千余,但部队的主心骨是来自广西藤县的陈氏宗族,其中多是他的家族兄弟,如陈仕容、陈安成、陈聚成,相当有凝聚力,勇于战斗,因而几次打败多于己军十倍的湖北地方军。

石达开等策划了一场歼灭湘军水师的战役。

2月11日,又是一个月黑风高的夜晚,石达开指挥的太平军,会同小池口的罗大纲部、九江林启容的守城军,两岸同时并举,以轻舟一百余艘冲向湘军水师,顿时火弹、喷筒齐发,杀声震天,当场焚烧湘军战船一百余号,俘获曾国藩的座驾船,即水师主帅所乘的旗舰,斩杀管驾官(旗舰舰长)刘成槐、李子成,监印官典史潘兆奎,尽得船中文卷册牍,湘军其余战船纷纷向上游武穴逃去。

这一仗,湘军水师中军被打得辎重尽失,不复成队。曾国藩于事急时先改乘小船,逃到陆师罗泽南营处。他瞭望江心火光烛天,想及自己多年心血、赖以成百世之功的水师却一败再败,痛不欲生,竟当着罗泽南面,又作出一幕要跳水自杀的闹剧。

这是曾国藩出师后,第二次演出的自杀闹剧。

二十四岁的石达开打败了四十四岁的曾国藩。

曾国藩不服气,图谋反扑。

传统春节将要来临了。曾国藩幕僚刘蓉建议,乘太平军准备度岁时,集中兵力攻占湖口,以便解救内湖水师,曾国藩采纳了。他们正是书呆气十足,不掌握太平春节经过冯云山改造了,要比传统春节延迟七八天,太平军过春节还得有些日子。但湘军却因传统春节出击,过不得年,极有情绪。因此当小年夜(1855年2月16日),曾国藩组

林启容

黄文金

九江　湖口

检点赖裕新

瑞州

景德镇

饶州

南昌

军略余子安

临江

春分侍卫李能通　黄玉昆

抚州

袁州

建昌

将军张三和龚炎休

吉安

检点傅忠信

太平军所据城镇

赣州　虽未易帜，但周边有太平军活动

曾国藩坐困南昌图

织湘军,由李续宾、蒋益澧由九江渡江北岸,进攻小池口,塔齐布和罗泽南人马跟进。可是将士了无斗志,打了一个大败仗,塔齐布殿后,还差点当了俘虏。

翌日,秦日纲、陈玉成等却乘杨霈军欢庆除夕之时,袭击广济大营,把湖北地方军打得落花流水,溃走蕲州。秦日纲等循杨霈逃跑路线尾追,连占蕲州、黄梅和汉阳;与一另支由田家镇、兴国、通山而来的韦志俊部在武昌城郊会师。4月,秦日纲、韦志俊联军又攻占武昌。湖北巡抚陶恩培自杀。

这是太平军第三次攻占武昌。

三克武昌,标志着太平军西征战场的凯歌高奏。

武昌扼江汉枢纽和南北要冲,自古即为兵家必争之地。新任湖北巡抚胡林翼、湖北提督杨载福和道员罗泽南等湘军主力,都分路赶来争夺。

不久,秦日纲奉调赴解救天京之围,由韦志俊主持武昌战事,双方犬牙交错,势均力敌,互有胜负。

江西战场太平军占绝对优势。在九江城下,湘军第一号悍将塔齐布因屡次失利,气愤呕血身死;在湖口,湘军勇将萧捷三为黄文金击毙。同年 12 月,石达开自湖北进入江西境后,在新昌经上高人严守和中介,接纳了来自广东北上的红巾军(天地会)周春、陈寿、葛耀明等十余万众,声势浩大,占领江西八府五十余县。

江西战场剑拔弩张。

在南昌曾国藩十分恐惧,飞檄接替塔齐布的副将周凤山撤九江围,前来南昌孤城布防。周凤山部湘军主力行至樟树镇(清江)时,遭到石达开与曾景扬等前后夹攻,全军覆没,周凤山则单人匹马逃回湖南家乡去了。当时彭玉麟正率领水师与胡林翼在武昌地区作战,应曾国藩招,前来江西统率陷在鄱阳湖的内湖水师,因为进入南昌的通道都被封锁,他打扮为乞丐,一路乞讨,通过道道关卡,进入了南昌城。

曾国藩孤守南昌,无枝可依,他只得派亲随化装为乞丐持密信到武昌前线罗泽南处请他回救。罗泽南久攻武昌不下,陷入窘境,进退维谷。为早日回援江西,罗求胜心切,急欲攻下武昌,犯了兵家所忌,自在洪山布阵,被伏兵流弹击中左额要害,当即毙命。

有关罗泽南之死还有两说:

一说是罗在军中,不穿官服,头戴长穗小帽,身着马褂,在军中非常显眼,当即被太平军狙击手击中毙命;

一说是罗泽南轻敌(或心急),一马当先,被参加太平军的兴国州(阳新)某少年童子,用鸟枪击毙。

罗泽南是文武双全的儒将。他的最大特点是学以致用,早年读《左传》,对曹刿论战篇再三赞叹,后来指挥作战,非常注意己军的士气、豪气以及敌军的惰气,赞同三通鼓罢,士气高涨,击敌惰归,由此联系克敌制胜之道,是《大学》:"知止而后有定,定而后能静,静而后能安,安而后能虑,虑而后能得。"他指挥作战大胆又谨慎,胜不骄败不馁,不张扬,仍以书生自居。在朝廷赐以"巴图鲁勇号"时,还写有五律自嘲:

巴图鲁号赐神京,伴食军中浪得名。

夹道士民齐拍手,马头原是一书生。

太平军在湖北、江西战场上取得了一系列胜利,于是当时在军中流行了一首歌谣:

> 破了锣(罗泽南),
> 倒了塔(塔齐布),
> 杀了马(总兵马济美,在南昌战死),
> 飞了凤(周凤山),
> 徒留(刘于浔领内湖水师驻南昌)一个人也无用。

歌谣顺口溜,人们奔走相传。时人赋诗有:"破锣倒塔凤飞洲,马丧一空一个留。此语传闻真可叹,斯时寇盗大堪忧。"可见此时此刻,湘军败落,走到了低谷,太平天国的用兵兴旺,来到了全盛时期。

第二十一编　东王九千岁的天治和人治

天王喜欢写诗给大小月亮：一眼看见心花开，大福娘娘天上来

太平天国是近代典型的人治社会。

天王称"万岁"，是太平天国最高政治领袖，但他"临朝不临政"，有学者说他是"虚君制"，是个摆设。天王不问政议政，因而不设奉行政府职能的行政机构。

前期天王府不设六部尚书，仅设为天王个人服务的左、右掌朝门，左、右掌朝仪，引赞，通赞，朝内疏附，十二日干正副侍卫。又设有二十四节气侍卫，自立春侍卫至大寒侍卫正副各一员，还设有各种为天王的执事人员。如：典天舆一千员；典天马一百员；典天乐三百员；典天锣四十八员；典天袍三十员；典天炮三十员；典天更六员；司天水六员；典天厨二员；典天鱼一员；典天柴二员；典天鸟四员；典天兽四员。

其中左、右掌朝门，侍臣，日干侍卫，正、副典舆都职同检点，二十四节气侍卫至典天柴都职同指挥，典天鸟、典天兽都职同监军。以上各官都是天王府的执事官，共一千六百五十九员。这些很多是属于高级职位的检点、指挥。许多官是为天王吃喝玩乐、衣食住行而设置的，如正、副典天舆，就是轿头，天王出行，轿头就要安排一千名轿夫（典天舆）。与出行有关的，还有马夫（典天马）一百员，乐队（典天乐）三百员，打锣者（典天锣）四十八员。

出生于社会下层的洪秀全非常讲究排场的阔绰。

天王前期常奉召赴东王府听传天父言，每当出行，锣声喧天，长长的行列，拥着天王的黄缎大轿，由五十四个强健的轿夫抬着，几百个侍臣护卫行进在天京城里，蜿蜒若闹元霄的龙灯，前队吆喝已到东王府外，后队则刚出天王府门。

初进天京，天王快乐陶陶，醉意于大兴土木，在城里营建金碧辉煌的天王府，动用天京全部工匠还嫌不足，又从扬州、镇江等地招聘和解押成批工匠过来，每天操作民工达一万多人，拆毁周边民房一万余间。所建天王府，周围十余里，墙高几丈，有内外两重，半年完竣，十分壮丽峥嵘，堪比北京的紫禁城。但没过几天，一场无名大火，竟将刚落成的天王府烧个精光。

天王当然不甘于此。旧的不去，新的不来，第二年重建天王府。为表示新胜于旧，

因而建筑得更有气魄、奢丽。主司建筑者除由冬官又正丞相宾福寿主持的工匠营,还由右四检点张朝爵自安徽占领区押解的木工泥工等匠作,并由伸后正侍卫张维崐作总监工,修建内宫和后林苑。在攻占汉阳后,又由佐天侯陈承瑢札谕地官副丞相黄再兴在汉阳等地招募能工巧匠带回天京参加宫殿建筑。

一年后,新建的天王府落成。四周黄墙,上涂金箔,高两丈多,厚四尺,仍为内外两重,外重称太阳城,内重称金龙殿。大殿雕琢精巧,饰以黄金,绘以五彩,庭栏皆由参天大木制作,上作蟠龙皆朱漆,鸱吻用鎏金,门窗用绸缎裱糊,墙壁用泥金粉画,地上铺以大理石屏。后有望楼高七层,足可瞭望城外数里。当时向荣从紫金山大营远远望城,也可瞧见巍峨的天王府巍然,夕阳西斜之时,更是霞光闪闪。因为外墙涂有金箔,天京失陷后,此地又蔚为众多贫民的淘金处,常有人群备小刀前来刮取金箔。

至于天王府的摆设,更见奢侈。仅从太平军攻占的扬州,一次就用十余艘大船装运来几十个大玉瓶,几百件玉盒玉碗,许多大理石屏及古董玩意。天王府里聚集了从

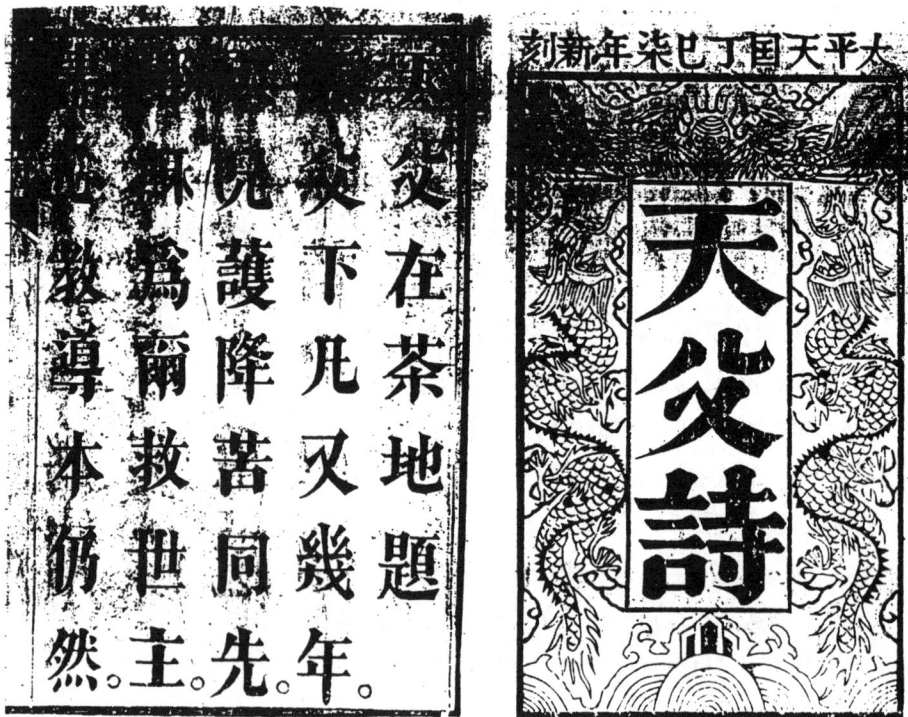

英国图书馆藏《天父诗》封面、内页

各占领区送来的极致精品,因此民间传说天王府"金银如海",确非谬语。

王府一入深似海。天王每天就住在天京安逸的宫殿里,越来越远离他的"子民"。

饱食终日,无所用心。因为有杨秀清为他操劳,天王无所事事,除了吃喝玩乐,周旋于大小月亮之间,就写很多土里土气的诗。

它多是一些肉麻得很的情诗。

洪秀全本是个不第酸秀才,写不出好文章,却热衷写些不入调的情诗,孤芳自赏。开始还是口诵,念给那些不识字少识字的大小月亮们听。以后又雕刻成书,颁布军民。由此也留下天王腐朽的宫廷生活记录。

洪秀全对广大臣民严格禁欲,自己却在进占武昌、南京后,醉心选女人,而且不限时空。《皖樵纪实》称,1854 年,安徽潜山守将叶芸来奉诏就在本地"索民家女,称选妃。"洪秀全自为天王后,是把大小月亮视为说话的工具,似马驴般的发泄器。为之,他教训那些常受侮辱、谩骂的月亮们:

> 耕田婆有耕田样,天堂人物好威仪;
> 尔们想做真月亮,到今还不晓提理。

还为那些不懂得伺候天王的小月亮定下杖责戒律:

> 服事不虔诚一该打,硬颈不听教二该打,
> 起眼看夫主三该打,问主不虔诚四该打,
> 躁气不纯静五该打,说话极大声六该打,
> 有嘴不应声七该打,面情不欢喜八该打,
> 眼左望右望九该打,讲话不悠然十该打。

又别出心裁为众小月亮作规定:

> 看主单准看到肩,最好道理看胸前,
> 一个大胆看眼上,怠慢尔王怠慢天。

在天王府的小月亮们,遇到天王的男权夫权正是遭难。洪秀全要求她们须注意打扮,否则不予接见,所谓:

跟主不上永不上,永远不得见太阳;
面突乌骚身腥臭,嘴饿臭化烧硫磺。

天京庞大的行政机构

太平天国官多兵少,天京中央机构更是拥肿。如为天王一人生活服务的天王府,按编制竟有各级官员一千六百人,这些官员级别都很高,且多有属官,达万余人。天王府属官级别高于朝官,朝官更高于军中官,如天王侍臣(贴身捧茶打杂的服务员,通常由童子担任)为职同检点,相当于军中高级统帅,如统率万人的检点陈玉成。

据《贼情汇纂》所记,朝内正职官每人都辖有一大批属官,而属官也有所属的官员。按编制,则天京中央机构应有官员和官员属官、属官的属官为三百万人左右,时为天京官衙军民人口总数的十倍。

太平乐奏制度

太平天国领袖和干部们都很讲究排场,其中之一就是乐奏。据记载,天王凡礼拜及朝夕上食,必是鸣钲六十四声,奏乐三次。前期并规定有侯、丞相鸣锣四十八声,检点、指挥三十六声,总制、监军二十四声,军帅二十声,师帅十六声,旅帅十二声,卒长十声,两司马八声。自天王至指挥皆得奏乐。

为此天王府竟设典天乐三百员、典天锣四十八员,东王府设典东乐二百四十员、典东锣三十二员,皆职同指挥,北王府、翼王府各设典北乐、典翼乐各一百员,典北锣、典翼锣各二十四员,均职同总制。后期诸王、高官仍很讲究出行、饮食乐奏,如常州护王陈坤书府设有正典乐、副典乐,其统下名册有吹鼓手五名,苏福省水师主将楫天义有正典乐。

天王府前建有两座宏伟鼓吹亭,上盖琉璃瓦,四柱盘五色龙,诸王府也都建有两座鼓吹亭,以作乐队奏乐处。

据时人记载,天王及地方官员,"每餐必鼓吹"(《探穴纪略》),"食必用乐"(《溧灾记略》)。英国翻译官富礼赐记参观天王府时,"忽然间,声音杂起、鼓声、钹声、锣声与炮声交作——是天王进膳了,直到膳毕各声始停"(《天京游记》)。

封建帝王、贵族,多有写艳情诗、闺房诗,但如洪秀全那样直语地作诗,把肉麻当有趣,真也不多。

杨秀清看中天王府两个女官,假托天父下凡曲线夺取之

太平天国天京中央机构,前期实际上就是三个王府:东王府和北王府、翼王府。

主要还就是东王府。

东王杨秀清主持裁决国家大小事宜,东王府就是总理军国事务的最高权力机构。处理王府日常事务的是尚书,北王府设六部尚书,每部六人,六六三十六个尚书;翼王府设六部尚书,每部一人,共六个尚书,而东王府设吏、户、礼、兵、刑、工六部尚书,每部有编号尚书十二人,六部共七十二个尚书,一度还设有东殿丞相,主持国政,操办各种日常事务。七十二个尚书,是东王治国的重要助手、耳目,其中参与机密,最信得过的是东殿吏部第一尚书李寿春,吏部第二尚书侯谦芳,他们常借东王之令号令全国全军,以至局外人都知道,两人"权势在韦石二贼之上,伪王相为之侧目"(《贼情汇纂》)。因为如此走红,野史还编造了侯谦芳作为间谍,潜入金陵与妓女红鸾相好,后金陵城破,红鸾为韦昌辉所得,侯因之怀妒恨,以红鸾之美说与杨秀清,杨因之向韦索取,不得,乃假天父命将红鸾送入女绾,实乃自取,由此引起韦与杨失和。这场为鸳鸯派文人胡乱编造的轶事,也有为戏剧和小说演义衍化为天京内讧本源。

杨秀清的地位特高。当时规定,天王府里,外臣不得进去就宴,能进去的只有三个人——杨秀清和韦昌辉、石达开,后来还格外恩准一个秦日纲。他们在洪秀全跟前的礼仪是:杨秀清可以昂立;韦、石等必须跪下。

杨秀清是从不跪洪秀全的,他可以立在案前与天王对话。但是如果杨秀清扮演天父下凡时,洪秀全就得乖乖跪下,学做矮子而且还必须听从假扮天父的杨秀清申斥、谩骂,甚至打屁股。打了之后,还得诚惶诚恐地恭送他回天。

杨秀清不学无术,经常无事生非或小题大做。有时心血来潮时,他突然会派人从天王府召来洪秀全训话,对他当众玩弄,施以人格侮辱,丑化这位天父第二子的"二兄",以抬高自己的威信和声誉。

杨秀清自以为自己是最聪明的,他是一个把洪秀全和所有人都当做傻子的"聪明人"。

东王府平面图

方　池

紫霞坞

多宝楼

九重天府

内　殿

大　殿

参护厅

二门

大门

承宣厅

五层望楼

大鼓亭

照壁

运　淡　河

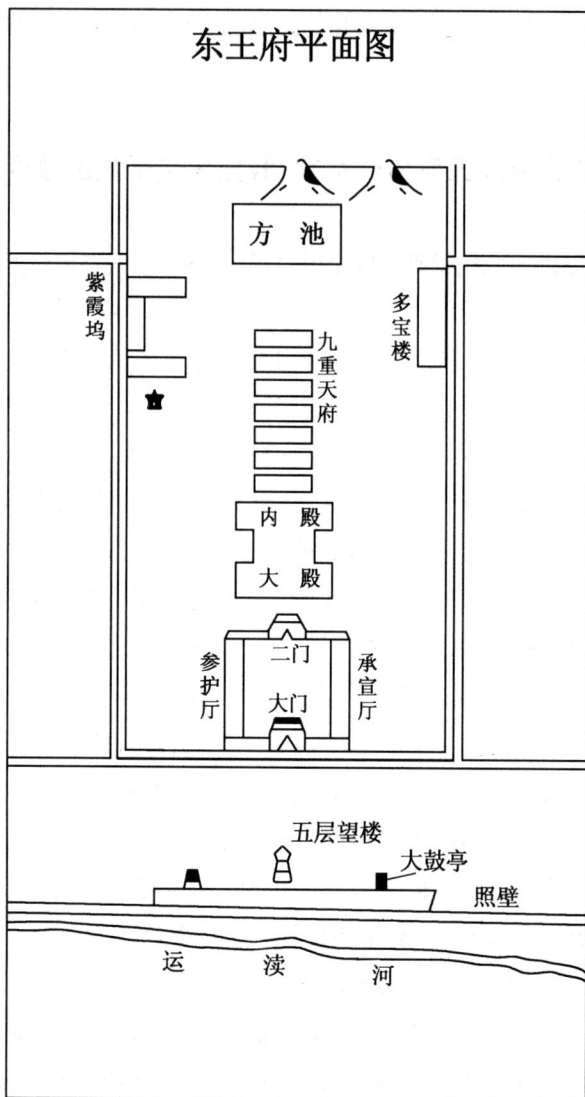

太平天国就是东王当家,当天王做的"天梦"被东王为天父代言替代后,他的宗教领袖地位也就不存在了。缺乏文化的农民拥护好皇帝,也拥护好丞相。他们也紧跟杨秀清"九千岁"。

杨秀清蔑视天王,盖治国治军确也只能靠杨秀清。天王没有能力,因而也只能甘心情愿接受东王有意和无意的侮辱。

太平天国钦定官书《天父下凡诏书》，其实就是东王在世间的命令，其中不少是针对天王的。

杨秀清仗着天父的名义欺凌天王，经常无端生事，横加指责，天王也从不敢剥面皮，只得强颜欢笑。

1855 年 8 月的一天深夜，已是夜打三更了，杨秀清却又装作天父下凡，由侍卫抬进天王府里。因夜深朝门紧闭数重，洪秀全从梦中听得通报，不得不起身整装，稍稍迟延迎候，假天父翻着白眼大发脾气，说："为什么这么久还不开朝门？真该打！"这时天王速速赶到，见假天父大怒，急忙跪奏说："求天父恩赦小子延迟之罪。"

这次杨秀清深更半夜来到天王府，并非是传达或发布有关重大军政事宜，而仅是向天王第二号妻子、元配赖莲英谈话，吩咐赖小媳要谨慎为天王挑选其他妻子事。他经常是像煞有啥事，"天父传言"不过夜，大碎嘴皮子，随意安排天王府内宫内床内事，衣食住行、红白喜事，甚至是夫妻恩爱、妯娌勃蹊、孩子泄尿，包括粪坑筑在西边或东边，都要管。在直接干涉、安排天王府内宫事之后，向天王示意："凡事尔若想不到，宜与尔清弟商酌为可。"意思是说，天王行事，事无巨细，其中包括夫妻间私事，芝麻绿豆般琐事，最后都还得由杨秀清作决定，方能实行。

堂堂一国之主的天王陛下，在假天父东王面前，却像是个永远长不大的小孩子，处处要接受似保姆的老弟开导、教育。以其人之道，还治其人之身。洪秀全当然心中明白，这个来自平隘山的烧炭夫是在逢场作戏，对此也很愤懑。可是杨秀清巧妙地接过他所编造的天父下凡故事，对此他是无可奈何。当初创立、号召拜上帝，一味为了传教，发动、组织民众有利，而发明了这项办法，并未想到会有今天，竟给自己留下来许多麻烦，这真是作茧自缚，自作自受。

当洪秀全坐在黄缎大轿里抬进金陵时，据轿夫们说，五十六人抬的大轿，四面蔽以黄绫，却从未听到轿心有丝毫动静，以为内中无人。后来向荣向皇帝多次奏折，洪秀全实无其人，乃是刻一木头人，饰以衣冠，安置在天王府。杨秀清一天一朝，其他人皆不得见。神龙见首不见尾，洪秀全也懒于见人，乐得逍遥自在，醉心于安乐尊荣。

洪秀全身畔的女人多了，有的很漂亮。引起杨秀清的艳羡、妒忌。

巧取豪夺。很典型的一个故事，乃是杨秀清自编自导自做，竟然演出一场抢夺天王府女官的闹剧。

1853 年 12 月，杨秀清看中天王府的两个女官朱九妹姐妹俩，想把她俩弄进东王府。直接去讨,毕竟太失态了。于是,杨秀清抓住洪秀全打骂女官为借口,假托天父下凡严加教育、看管,曲线夺取之。

这天夜里,杨秀清的四十八人大轿,在三十六节龙灯开路下,抬进了天王府。天王早已得到奏报,三步并作两步赶出二朝门,诚惶诚恐,前来迎接。杨秀清装作天父附身怒问:"秀全!你有过错,你知道么?"洪秀全慌忙同韦昌辉及朝官一齐跪下,同声答道:"小子知错,求天父开恩教育。"假天父大声吆喝:"你知道有错,即杖四十!"韦昌辉等俯伏在地,一齐哭求说:"求天父开恩,赦省我主应得的责罚,小子等愿代天王受杖。"洪秀全说:"各弟不得逆天父圣旨,天父天恩教导你们二兄,自当受责罚。"

假天父见洪秀全知趣,很快就乖乖地屈服了,就改变了口气,故作姿态地说:"你既然认错,我就不再杖打。现在我要嘱咐你,女官石汀兰、杨长妹当使她们各至天府,与国宗一体安享天福,毋庸协理天事;朱九妹两大小前亦有功,亦准她们居王府安享天

"圣神风"与"劝慰师"

"圣神风"与"劝慰师"为杨秀清称号。

1853 年底,杨秀清先以天父身份要杖责洪秀全,后又以东王身份登朝劝慰之。洪秀全称赞其所奏金玉药石之论,说:"前天兄所说劝慰师、圣神风即是朕也。"杨对此话颇为得意,此后特地告知外国人:"今上帝现差圣神风临世,就是东王,尔等知否?"

外国教士却认为这样亵渎了上帝。原来在西方基督教里,"圣神风"即"圣灵",是"三位一体"中的第三位;"圣灵"是上帝、基督感化人、鼓舞人的精神力量——但它也是有位格的神,即上帝。《圣经》马礼逊译本即作"圣风""圣神风"。太平天国却把它说成是上帝施予的一种精神力量。

"劝慰师"也是"圣灵"。耶稣曾对门徒说:"但劝慰师,就是它因我的名所要差来的圣灵,他要将一切的事指教你们。"

洪秀全对《圣经》只是一知半解,不理解、不接受"三位一体",望文生义地认为"劝慰师"就是劝慰者,"圣神风"就是圣神即上帝的风,并下诏说:"人无东王谁赎病?瘟脱旧灵爷旨彰。灵就是风风劝慰,使风之职是东王。"

福。其余的事,都由清胞向你奏知。"

天父管得真宽,连天王府侍女进出安排都要劳心过问。洪秀全心里明白杨秀清是在摆弄他,但也只有照办,从天王府放出杨长妹、石汀兰和朱九妹姐妹俩。此中,杨长妹是东王本家姐妹,石汀兰是翼王家族,到王府享福不过是陪衬;而真正的目的是掠取朱氏姐妹,让她俩住进东王府充作东王妻子群。

杨秀清假天父传言巧取豪夺洪秀全的女人,戏演得太荒唐、太出格。其实,他那所谓借天父传言故事,稍有点文化的人就不会相信,只是为了既得利益,勉为其难而已。但杨秀清还自以得计,理直气壮,竟把它写进《天父下凡诏书》,刊登传布,让人人都知道他的聪明、他的权威。

恶事传千里。时人有诗写道:

> 惊传天父来凡间,或言天王府中有巾帼;
> 当予东王侍枕席,否则天王笞四百。

(《金陵癸甲新乐府》)

多多益善,开科取士一年四次

中国农耕社会的农民坐井观天,缺乏自己的创造思维,而艳羡于传统封建文化和制度,喜欢模仿、做作,如开科取士。

长期以来,学界多有人说,太平天国的开科取士是表现其广招贤能,收容人才,重视知识分子,不讲出身、成分,不拘一格。其实并不然。对于出自封建社会中世纪伊始的开科取士,说是"太平天国仅利用它的形式、却不袭其内容和作法",这也是不确切的。

十年寒窗,金榜题名。以天王洪秀全为代表的太平天国那些落第文人、农村半知识分子非常热衷于科举取士,他们与隋唐以来诸王朝开科并无多大实质分歧。只不过,曾经他们是被别人考,现在他们是考别人。太平天国科举有乡试、郡试、省试和国家级考试(殿试),有文科也有武科。

在天京内讧前几年,太平天国就创造性地发明了国家级考试一年四次,取中了很多状元、榜眼、探花和进士。时人有诗为证:

八月号东试,十月号天试,正月及二月,北试翼试又相继,六阅月耳四状元,唾手功名太容易。一称元,二称次(谓一甲、二甲为元甲、次甲),传胪以下皆翰林,会元以下皆进士(三甲第一为会元)。翰林之职同将军,进士之职同监军,文经武纬何多人? 君不见鼎足觥觥庆盍簪,云泥瞬息判升沉,去年县试逐童子,强壮犹未青一衿。(《金陵癸甲新乐府·点状元》)

此处所谓国家级的四次考试,就是十月初一幼主洪天贵福生日举办的"天试";八月东王生日举办的"东试";六月北王生日举办的"北试";二月翼王生日举办的"翼试"。原定"天试"是十二月天王生日举办,但洪秀全为早日昭示儿子乃当然继位人,而改成了该日。

国就是家,家就是国。以诸王的生日作为国家考试日,是太平天国的发明。

太平天国开科,为求应者多多益善,不论出身、门第、籍贯、年龄,且极大限度地放宽考试尺度,以求全方位、多层次网罗士子。可应者仍是寥寥,门可罗雀。

道不同不相与谋。当时能参加应试的文化人,多系读儒家书的孔孟之徒,本就敌视太平天国,况且太平天国考试出题独特,都是一些有关上帝和天国文化的怪题。如癸好三年(1853)天试文首题:"天父鸿恩,广大无边,不惜己子,遣之受难,因为代赎吾侪罪孽,尚未报恩,又得荣光。"次题:"天父天兄最恶邪,最恶曲,最恶恶,最恶假,人练得正正直直善善真真,方转得天也。"诗题:"东风吹清好凉爽,他名未好救饥荒,名说饥荒就是病,乃埋世人水深长。"此间如"东风吹清"、"就是病",即寓意"东王杨秀清赎病主",如此含意,有几个考生说得准呢;乡试亦同,甲寅四年(1854)湖北乡试首题"真神独一皇上帝",次题"皇上帝乃真皇帝",诗题"天父下凡事因谁? 耶稣舍命待何为?"同年安徽乡试,掌考官天试状元武立勋所出别题因出自"五经",经举报,武被降为伍卒。他没有因犯规而杀头、点天灯,还算是宽大无边的。

在太平天国地区,地方政府要为保证考生数目,提出指标,不到数的,要各级官员担责,轻则责骂,重则殴打;考生拒绝应举的,要捆绑送来,不服从者甚至要杀头。1853年在天京举办首届东试时,举办者敲锣打鼓在全城号召和下令读书人先期十天赴诏书衙报名,但到了考试前夕,应试者竟不到50人,于是只得延期十天,且鸣铮传令,行使铁血命令,不参加考试的读书人要杀头。捆缚上轿娶媳妇,这在中国科举史上史无前例。

　　为了保证应试人数,扩大应试面,凡朝中及军中位居指挥级以下的官员,也鼓励其前来参加考试。这是因为,考中状元可授职指挥,其余也可晋级授将军、总制,它也是升官进阶的一条途径。但届期应试的读书人和官员总计仍不到 300 人。民间很多受孔孟熏陶的读书人,仍采取不合作的态度。

　　时人曾作诗揶揄:

　　　　　不是高攀桂一枝,文章结到人尽时。

　　　　　功名如我成羊质,军令驱人步凤池。

　　　　　厦广万千仍有空,才搜三百已无遗。

　　　　　可怜等第分军旅,珍重三更矮屋思。

　　十步之内,必有芳草。太平天国区区数年科举虽滥,倒也造就了一代文化,出现了若干风流人物。据说其中最出名的,就有所谓的刘状元和"女状元"傅善祥。

　　刘状元还真可能是文化人物。1853 年 2 月,太平天国初占武昌,开科取士,先行告示,有"家有应试者不杀"一条。结果凡应试者均及第,仅湖北兴国州得第者就有 300余人。其中状元刘某就是兴国州人。

　　洪秀全接见刘状元,与谈军国大事、天下形势,发现他确是人才,便赐其金舆黄盖,坐十六人肩抬的黄紫绸缎大轿,游街三天;并在小别山下建高台,请刘状元登台演说太平军驱逐清人、重兴明祚,吊民伐罪,自今以往士民不得再垂辫胡服,听讲者大受感动,多有痛哭流涕者。

　　但是这是一段杜撰的故事,见于辛亥革命前夕同盟会员刘成禺的《太平天国战

育　才　官

　　太平天国所设,通常由天试进士选充,担任教育儿童之职。无员数,无编制,视需要而设。涤浮道人《金陵杂记》称,初名为育婴官,为教育娃崽馆儿童。张汝南《金陵省难纪略》:"设育才书院,延师教各官子弟读,名育才官。"

史》。太平天国在武昌期间,领袖忙于聚粮、选女和准备行军出征,时间短促紧迫,实不容有半点时间来开科取士,且兴国州当时仍为清军所控制,四郊多垒,不可能有那么多人成群结队地前来应试。它其实是后世的资产阶级革命党人,借编造太平天国故事以宣传反清舆论。虽是作伪,却也为后来者的形象思维创作提供了丰富的素材。

不过刘状元故事亦并非是空穴来风。它有可能采自胡万智的事绩。胡万智是兴国州的一个不第秀才,屡试不中,可在天京殿试,一举而中进士,并被选任为育才官,后又调任为兴国州监军。他在兴国州积极做好战备,认真治理政务。兴国州失陷被俘,坚忍不屈,上刑场时还高呼天父天兄恩情不绝。

傅善祥是东王府的簿书,而不是女状元

中国科举从来没有开设女科,也没有女状元说。但明清戏剧平话《宏碧缘》《绿牡丹》)和《龙凤再生缘》都有写"女状元",其中女扮男装,考中女状元的孟丽君,更是栩栩如生巾帼不让须眉的英姿形象。

太平天国有没有女状元?

昔日太平天国在拜上帝会期间,宣传世间男女都是上帝的儿女。男将女将齐努力。后来于朝中王府也设有各级女官,因此有开设女科传说。曾有两部伪书,《盾鼻随闻录》、《江南春梦庵笔记》,编造了太平天国在天京有女试,所谓"令女百长逐馆搜查,凡识字女子概令考试"。还编造了女状元傅善祥其人其事。

20世纪初宣传太平天国男女平等,傅善祥被誉为中国历史上唯一的女状元。

1923年出版的王文濡《太平天国野史》,自称参考了太平旧人的《洪杨纪事》,在卷八《科举》篇特作《考试女子》:

> 太平朝既开科举,复举行考试女子之典,正主试为洪宣娇,副主试为张婉如、王自珍。婉如,皖人。自珍,鄂人。题为"唯女子与小人为难养也"全章,应试者二百余人,金陵傅槐女善祥所作,独力辟难养之说,引古来贤女内助之功。卷荐后为天王所激赏,拔置第一,饰以花冠锦服,鼓吹游街三日,间阎群呼为女状元。第二名为钟氏,三名为林氏。

自此女状元傅善祥声名鹊起。此后有关太平天国题材的戏剧、电影、小说等,几乎都有情切切、意绵绵的傅善祥形象,正直、美丽,深明大义,但又是一个与天妹洪宣娇争风吃醋的一个跳来跳去的女人,甚至后来的"天京内讧"还源于她与天妹和东王的闹三角恋爱、争风吃醋。

其实,这不过是后人编织的一个冬天童话罢了。

傅善祥确有其人,但她不是女状元。太平天国也从未开女科,当然也不可能产生女状元。太平天国进入南京后,就大张旗鼓,明令实行军事编制,男女分行,把妇女分别送进绣锦营和庞大的女营。女营成员无论老幼,都要参加日常体力劳动,比如做些军事辅助,挖壕沟、削竹签。东王九千岁是曾在平隘山日夜卖体力的采矿者、烧炭工。不劳动者不得食,是容许不得有停顿、休息的。东王不让天父众小女偷懒,在空闲时,还会想出种种莫名其妙的杂务,如在天京城里发动女营姐妹捕捉老鼠、消灭臭虫等除害活动。

设立女营还有一大任务,就是全面控制妇女,能保证向天王和诸王府输送女人。年近五十的春官又正丞相、女营大总管蒙得恩所以能荣获此项肥缺,就是能认真地完成选女任务。每当诸王生日,就得拣选美女一百余人;再从其中精选十五名,分送天王、东王各六美,北王两美,翼王一美。也有是送进王府当簿书的,即女秘书。当时很有一些识点字的妙龄少女被送进诸王府当女簿书,如名士、人口学者汪士铎之女,傅善祥也是其中之一。

傅善祥的确有些文才。据时人记载:"有傅善祥者,金陵人,二十余岁,自恃其才。东王闻之,选入伪府,凡贼文书,皆归批判,颇当贼意。"(《金陵癸甲纪事略》)

编集东王言论的《天父圣旨》里,也出现有傅善祥其人其事,但写作"伏善祥"。从此篇圣旨所颁发的日期可知,她至迟是在1854年3月,就当上了东王的内簿书了。

农耕社会里,农村半知识分子因为功名所累,未中式出头露面,非常痛恨诗书。

杨秀清不识字,不受儒书束缚,并无仇视心理,近朱者赤,在起草、发布的诏书命令中,就很易受近臣李寿春、侯谦芳等人影响。1854年3月2日,他假天父之言,"恐世人防妖太甚,毁尽古书,转无以为劝惩之助。且隐微之恶,自在人心,有书所不载,人所不知者,愈宜明明指出,以正其犯条犯令之罪,俾得悔改迷途,乃克悟真道,享真福也"(《天父圣旨卷之三》)。

他和洪秀全见识有悖,主张弛禁诗书。

在本日圣旨开篇,便详细记录了假天父杨秀清和簿书傅善祥的问答:傅善祥遵假天父命,写了"千古英雄不得除,流传全仗笥中书",然后假托傅的解释,抒发自己理念:"夫英雄之人,是蒙我天父将一点真灵,授之其身,故生而徇齐,长而敦敏。入则尽孝尽弟,出则真忠报国。至性不移,顶起纲常,维持风化。盖其生也有自来,其升也有所往。魂归天堂,名留人间。虽千古万年不能泯没。故我天父鸿恩,命将千古流传之书,不可毁弃;又有圣旨,凡系真心忠正的臣僚传述,总要留下也。"(《天父天兄圣旨》)傅善祥所作代言,受到假天父的称赞。

傅善祥少年得志,也因此相当高傲,仰仗东王宠信,读过些书,识得些字,看不起从广西来的老干部,说他们"狗屁不通",野史笔记里还编造了在东王处卖弄学问,以色献媚东王,也有说她前后左右得罪人过多,以至杨秀清也难以遮挡,借口她夜晚吸旱烟犯律,将她发配女馆。可因自己的衣食住行,以至起草、阅读文书,都还离不开她,杨秀清所以心里苦闷,常发脾气。有聪明人懂得其中奥妙,设法将她迎回。此后傅愈得杨的宠信,并允许不须通报,可随意进出东王府,直至东王寝宫。

经过天京内讧,太平天国杨秀清时期的很多政治、文化措施都荒废了,唯独科举取士仍为洪秀全留恋不去。1861 年,他还特地任洪仁玕、石达开为文衡正、又正总裁,陈玉成、蒙得恩为文衡副、又副总裁,并设处理日常业务的总阅、磨勘、阅文等官,规定每年正月,由两司马、卒长、旅帅、师帅等基层官员开考乡试,并在每年二月,由军帅考题;

东王号召捉老鼠、灭臭虫

杨秀清总理天国军国大事,但小事细事也样样都管。他曾因女馆妇女空闲无事,就布置她们参加军事辅助劳动,如挖沟、掘土等,而且有时还想出一些稀奇古怪琐事来让她们做。据时人记录有:

一是命每个女馆须上缴一个井栏圈,并令相互竞赛,先缴的受表扬。但缴来何用,却不清楚。结果可以想象,天京街巷很多井因没有井栏,行路、特别是夜间行路极不方便;

二是大力提倡"除二害",发动女馆姐妹,大张锣鼓捉拿老鼠和臭虫。所谓"时而索小鼠数千枚,时而索蜇数万对,限日送东府,违者治罪"。

拟省试、京试俱三年一次。洪仁玕奉命为之作草拟试士条例，此条例后经洪秀全批准，以《钦定士阶条例》刻印公布。本拟于甲子(1864)试行，只是见于天京围急，这项措施未及施行。

《天朝田亩制度》规定：凡天下，每家五母鸡，二母猪，无失其时

1853 年，太平天国当局在天京颁布《天朝田亩制度》，表示要给参加太平天国、拥护太平天国的全军全民以分田分地、加官晋爵、世袭罔替的最大实惠。

《天朝田亩制度》是太平天国根本的行政经济大纲。它以古代中国所宣扬的"大同世界"为最终目标，高举"天下一家，共享太平"的大旗，提倡和实现"有田同耕，有钱同使，无处不均匀，无人不饱暖"的社会。

这是理想主义者设计的图案，也是一幅远离现实生活的空想蓝图，但毕竟是几千年来农民所向往的生活目标。太平天国领袖和将士们俱信心百倍，以为一定能在中华大地推行，还在首都天京作了大胆的尝试和实行。

他们没收私人财产，一切归圣库，各级圣库分配、安排军民的衣食。

他们宣布废除各行手工业私有制，将所有工匠、技术人员按行业组织起来，建立由政府派出官员、用军营管理办法的"诸匠营"、"百工衙"；所有匠作日出而作日入而息，是工是民也是兵，一旦战场需要，即可临时凑集上阵。

他们组织城镇居民，参加不付任何报酬的集体生产和劳动。

他们废止一切坐商和行商，废除商品流通和交易，执行"天下农民米谷，商贾资本，皆天父所有，全应解归圣库"(《贼情汇纂》卷三)的政策。

凡此等等。

在天京，开始因为库存粮食丰足、货物充盈，上自天国领袖和高官、下至全城军民大众，凡衣食生活用品全由政府包揽，以人定等，按等级配给。吃大锅饭，其乐融融。相传，太平天国学广西山区苗族分肉法，天王每日分肉十斤，以下逐渐减半斤，到总制级为半斤，总制以下的监军、军帅等官员就没有肉分了。也就是说，相当于清朝七品知县的监军和等而下之的官员，与普通将士、百姓一样，在一年三百六十五天中，除了固定节日和做礼拜以外，是尝不到任何肉味的。

可是一年之后，即 1854 年夏季，天京城里不要说吃肉已供不应求，就是粮食也日

渐紧张了。生之者寡,食之者众。这时候,天京政府才发现自己所背包袱沉重,便不得不断然采取措施,那就是实行定量供应,开始是规定广西人可以继续吃干饭和白面馒头,后来是除天王、东王、北王、翼王(也许还包括他们的妻子儿女)仍能维持吃干饭和白面馒头外,其余人等都只能喝稀粥了。如女营每个妇女每天发粮四两(十六两制),违抗者斩首。洪秀全自己天天美餐,但他颁发的诏书却要人人克服困难:"神爷试草桥水深,如何吃粥就变心。"(《金陵省难纪略》)

此后十年,终至失败,太平天国一直因为城市粮食供应不足而被牵制得团团转,九江、安庆和天京都是因缺粮,而为对方攻陷了的。《天朝田亩制度》分田分地,粮食归圣库说行不通,它仍得服从客观规律,遵循"照旧交粮纳税";而因为活动在外线,据地夺城,在新占领区,就采取打大户,"打先锋",没收地主、商人和富贵门庭的浮财,以充军资。也有的是巧立名目。1854年,洪秀全第三子出生,下诏全国缴纳额外米粮。据《皖樵纪实》称,在安徽占领区就规定每户须缴纳30斤米,名为"报效米",且还定格以18两(旧制16两为1斤)为1斤。可见于缺乏可行的政策,掌握不了尺寸,亦多牵涉中产和小户人家,从而引起民众愤懑和抵制。

《天朝田亩制度》不注重发展农业生产,而处处对各项生产发展作限制。如它对农村饲养家畜家禽有明确规定:"凡天下,每家五母鸡、二母猪,无失其时。"每户人家无论人口多寡都是一样,真是做到了绝对平等。

每户只能养母的,没有公的,就是不让增殖,保持原有数目,固定在一个定位上,生怕增殖不一,让部分人富起来,两极分化,冲破绝对平均的格局。它形象地构建了太平天国的理想国是一幅永远画在纸上的蓝图。

杨秀清的单向思维,莫名其妙地害了一批毫无牵涉的老干部

天京因为长期围困,城内时常缺粮。

粮食缺,人心乱。

当时在天京城里,还发生了张继庚集团内应事件。

张继庚就常把城内缺粮、人心不稳的情况,作为情报送往城外的清军江南大营。

张继庚是南京城里的一个秀才,在太平军鏖兵南京城下时,积极参加"保卫局"、"筹防局"活动。太平军攻占南京后,便潜伏下来,化名叶芝发,混进北王府典舆衙,充

当书手,逐渐受到北王信任。张继庚很有能耐,他每月查看太平天国的"月册"、"家册"、"户口清册"和圣库供应粮仓等账目,找寻、搜集、整理天京城防和布局等特级情报;还拉拢意志薄弱的太平军将士,结成党羽,据他自我吹嘘说,竟有六千余人之多,其中就有守城门的将军陈桂堂等人。

张继庚曾七次向江南大营投书,最后一次是约定时间里应外合攻陷天京。但是他说的时间是天历,而城外的清军却是木鱼脑袋,却以阴历推算,相差六天,时间对不上号,暴露了。

张继庚的阴谋终究被破获。

主持刑部的卫天侯黄玉昆多次严审。张继庚却抵赖不认。

北王韦昌辉见审讯不了,无从着手,非常苦恼。正巧降人、原清庐州知府胡元炜奉命自安庆来天京。韦昌辉大喜,说:"你曾做过妖头,必懂得审讯办法,此事就由你主持吧!"张继庚在胡元炜的再三逼问后,便故意装作认真、坦白的态势。他说:"我现在想通了,理应奉告。但我确是未通妖,是谁通妖我都知道。"胡元炜急问:"是谁?"张说:"人员甚多,不可能记清姓名,你把花名册给我看,就可以一一指出。"

胡元炜于是报告韦昌辉。韦昌辉也是木鱼脑袋,竟不假思索地命令调取花名册过来。诏书衙官员却有点头脑,不肯交册,说:"哪有把花名册交到妖手的道理!"胡元炜只得命张继庚:"你把记得姓名的先作交代。"

张继庚原本是策谋取得花名册,按照其中所录姓名,将更多人员罗织和陷害,现因诡计未逞,得不到花名册,就把自己所知有限的太平天国三十四名官员指为"通妖"。他们很多是1852年早在湖北满怀扫除胡妖理念参加了太平天国,对太平天国一直忠心耿耿而受到信任的知识分子,如翼殿尚书周北顺、东试翰林严定邦、殿前右史邓辅廷等。

韦昌辉就将胡元炜的审讯报告送给了杨秀清。杨秀清信以为真,便将这三十四人逮捕,不经任何审讯,不须任何辩解,一律斩首。张继庚也被处死。这个阴谋叛乱的发起者、组织者,就作为一般敌对分子被镇压了。

草菅人命。杨秀清的单向思维,莫名其妙地害了一批毫无牵挂的老干部。

内鬼最可恶。无耻知识分子张继庚,竟恶作剧地玩弄了大老粗杨秀清。直到人头落地,聪明的东王九千岁才开始发觉有些不对头了,哪有同谋者都是老兄弟,却没有一个是新兄弟的? 他仔细想一想,显然是中了张继庚的借刀杀人之计,可是已经迟了,人的脑袋瓜割了,是不能像葱韭那样摘了仍能生长起来的。

比起早年在永安州处理周锡能叛乱事件的认真、谨慎,分别处理,杨秀清退步了。他不稍作调查研究武断决裁,罗织和戕害了很多无辜的人,后来也从未见有醒悟、认错,这是有失人心的。

张继庚事件乃是中国史书上常见的所谓反间计,但因张本系不学无术的庸碌之徒,所作的也是极其低级的反间计。农民领袖杨秀清未读书,没有文化,六千岁韦昌辉读死书,没有认知,他们的武断乱为,枉送了一批老兄弟的性命。

凡犯男女生活罪宽恕不得,高压线,碰不得,一碰即死

太平天国建都天京以后,继续奉行分别男女的制度。

拜上帝会教规最严禁犯淫,即男女不正当关系;但当它在金田起义建国伊始,竟将绝大多数人的夫妻家庭生活也划为男女不正当关系,犯者也要处以极刑,那就极不合常理了。农耕社会的稳定,很重视家庭是社会细胞的多元功能。这说明太平天国决策者的偏见和无知。

1854年春,太平天国在天京又重申且颁布《天情道理书》,其中就提及在天京和其他占领区,必须百折不扣地推行男女分行、隔离。所谓:

> 创业之初,必先有国而后有家,先公而后及私,况内外贵避嫌疑,男女均当分别,故必男有男行,女有女行,方昭严肃而免混淆,断不可男女行中或相从杂,至起奸淫,有犯天条。

杨秀清也有诰谕天京城厢内外兄弟姐妹,内称"仰承天意,分为男行女行,以杜淫乱之渐"。

战争时期在军中为了行军和战斗,把将士和家属分隔开来,倒还可以说得通;而现在乃是遍及民间,家家都须遵办,人人必得执行。它并非是为了战斗,只是为了预防发生不正当的男女关系而设的。这种只分男女两性、不问其他的一刀切,其目的是为了对全体人民的控制和管理。

废除小家庭,制造大集体,人人都一样,统一起床,统一吃饭,统一做祈祷,统一睡

觉,一天二十四小时,日出而作,日落而息,统一步调、统一行动,不允许有任何出格,这正是农民的单向文化思维。太平天国真是做到了史无前例,空前绝后。

太平天国领袖也懂得承诺的功能,他们提倡废除家庭,却奢谈理想的"人间天堂"。在金田、永安行军途中,就夫妻完聚做到"小天堂"的承诺;后来到南京后,将南京定为"小天堂",还颁布《天朝田亩制度》,奢谈分田分地,建立理想国,表示要给人们以实惠。但又说,将来到了罪隶(即直隶,因系清朝首都所在,为表示旗帜鲜明而改)后,夫妻才可团聚。因而仍继续贯彻自金田起义以来男女犯律的政策,虽夫妻同宿亦是犯奸。

凡犯男女生活罪宽恕不得,高压线,碰不得,一碰即死。

但人毕竟有七情六欲,有本能需要。

1854 年 3 月,太平天国占领南京整一周年时,天京就发生了卢贤拔夫妻和陈宗胜夫妻的所谓"桃色案件"。东王事无巨细,都要亲自过问。他严厉处理了这两起案中的人犯,并以太平天国最高的《天父圣旨》向全国、全军公布。

卢贤拔是拜上帝会的老干部,东王表兄,位居镇国侯,时任东王府首席尚书,主持王府日常文案;妻子谢满妹也在东王府当女官。两人朝夕相见,眉目传情,却要强制过清教徒禁欲生活,故对表弟每晚都与妻子们同床很有意见。于是他俩利用都在东王府工作之便,同床了三两夜。

无独有偶。原来在东王府任承宣的冬官又正丞相陈宗扬,利用常赴东王府出差机会,也和在东王府任女丞相的妻子胡九妹同房了四五夜。

这两对夫妻的团聚,都被打了小报告。

杨秀清大怒。

就在假天父杨秀清与傅善祥就千古英雄话题作问答后的当天深夜,东王装作天父下凡传言,说要"大整纲常,诛邪留正"。还说天朝所绘的是五爪龙,是真龙;而四爪便是妖蛇。假天父说完,打了个呵欠,表示苏醒了。不料,他又闭目念念有词,又说是天父下凡了。天父专管人间琐事,一日下凡三次,非同小可。

假天父对女官说:"你们将东王用便榻抬到王府二门外。"

在二门外,假天父望了望台阶下满满跪迎的官员,问道:"陈宗扬到了没有?"

女官答:"所有官员都来了,只有陈丞相远在下关,还未赶到。"

时近三更,陈宗扬赶到东王府。假天父命韦昌辉、石达开锁住卢贤拔、陈宗扬,手脚均须铐好;又命女军师杨长妹将谢满妹、胡九妹锁起。

他先审问陈宗扬:"有否与妻犯过天条?"陈宗扬表示否认。

假天父大为震怒,大声问道:"陈宗扬,你知道当年黄以镇、周锡能两人,他们曾瞒得天父过吗?你只有据实招来。"

陈宗扬只好实供:"我和胡九妹曾犯过四五次,求天父念我俩乃是夫妻,宽赦死罪。"

假天父说:"你与妻子私合,尚可赦宥;但你又有心勾引别的姐妹么?须从实招来。"

陈宗扬抵赖说:"小子实未有此心,求天父赦罪。"

假天父大怒:"你至今还想要赖,难道非要朕都指出来么?"

陈宗扬仍不招供。

假天父怒极,手指陈宗扬叱道:"你与胡九妹私合,又想瞒人耳目,所以夫妻相商,欲将那清白之人拉下染缸,以塞其口,互相为奸,方不致败露。幸亏那女官炼正,是个贞洁的人,未中奸计。否则,岂不是又被你们陷害人于法网乎?你们自己变妖变怪,已是可恼可恨,还想拖他人下水,真不知是何居心!"

原来,陈宗扬夫妻同床生活,据说第一个发现的乃是东王族妹;他们知道后,设计要诱奸她,拖她一起蹚浑水,但未成功。

陈宗扬最后一道防线终被冲破,无奈只得承认。

假天父命人将他俩带走。

假天父又命人带卢贤拔夫妻过堂。

卢贤拔自知难免,只得招认:"小子不肖,实与老婆犯过天条三四次。现今自知罪该万死,恳求天父天恩。自今以后,当痛改前非,立功赎罪。"

假天父量刑定罪,陈宗扬夫妻理当斩首,卢贤拔夫妻要严办。宣判完毕,假天父装模作样醒了过来,又以东王身份出现。

陈宗扬夫妻当即被推出斩首。卢贤拔被革爵,免其枷号游营,谪居删书衙,不久又被任命为太平天国史大主编。

朝臣不免有所议论。因卢贤拔是东王表兄,显然东王是亲者宽,偏私。杨秀清听到朝野反馈,马上当着全朝官员,又假扮天父下凡责问自己:"凡事都应秉公办理,如何听下僚禀奏。"在所谓苏醒后的杨秀清屁股上打了五十大板,自唱自导自演,表示法律面前人人平等。

1854 年 5 月，东王杨秀清颁布《暂分男行女行将来仍然完聚诰谕》

太平天国始终在城镇实行男女分营制度。女营即女馆。设女馆是为太平天国特权阶层挑选女人，用赏赐妇女作为奖励将士的特殊礼物。太平天国根本谈不上"男女平等"，"解放妇女"。

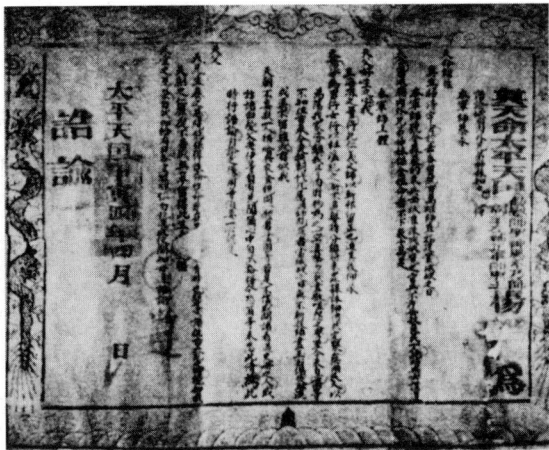

杨秀清仍以假天父传言，继续奉行男女隔离的基本政策。

天官正丞相、拜上帝会老干部曾水源，亦系东王府首席大尚书。1854 年 8 月，曾水源出征东坝，打了败仗，被收入东牢；旋复职；不久，又因出差芜湖误期被削职。而曾的兄弟竟就此跑了。杨秀清大怒，怀疑是曾水源所指使，即对其严加审讯。大概事情闹得不小，天京城里还流传曾被处以五马分尸极刑。

杨秀清心中纳闷，有一天问心腹："新参加者跑了并不奇怪，可为什么当年金田老兄弟也潜逃呢？"心腹们说："过去在金田、永安时，天父曾承诺到'小天堂'时夫妻团圆。现在已过了三年，仍未恢复，恐怕今后逃跑者更多了。"

大概在 1854 年 12 月，太平天国终于废除有悖天地常理、违反人伦的男女分行，允许夫妻团聚、未婚者配合；民间和中下级干部实行一夫一妻，而高级干部就可以按官阶多妻。

这期间，最为红火的就是女营了，各级干部都可以凭条子去那儿领女人，女人像布匹那样被分配、领取。女营为之一空。

但杨秀清对曾水源终有嫌疑。他毕竟知道东王府内情太多了，也许那些准确的假天父传言，也多得自他的信息。

1855 年 8 月的一个晚上，杨秀清突然又借天父附身，锁拿了曾水源和东王府吏部一尚书李寿春。东王府设有七十二个尚书，李寿春也是首席尚书。

假天父给他俩所强加的"罪名"是：听见女官闲谈"东王若升天，你们为官的都难了"，却知言不报，若无其事。并下旨说：

> 此等逆天又欺禾，不知赎病是伊哥。
>
> 敢在府门用眼看，作聋奸草今如何！

说他俩是逆天行事，欺瞒东王。宣诏完毕，假天父回天。两人就这样被处死了。

杨秀清要惩治曾水源，却牵涉李寿春。李寿春死得真是冤枉。

东王是极不允许身边的秘书、机要人员与外官、包括如曾水源那样已受嫌疑的人员有任何接触的。"广交诸侯"，横向交往，最为主官所忌，这就是李寿春致死的主要原因。

绣 花 女 馆

又称女绣锦营。太平天国占领南京后，与民间善女红者集中管制，以军事化机构组织，设女绣锦指挥、将军、总制、监军等职同官。有指挥 240 人，将军 200 人，总制 120 人，监军 160 人，每监军辖女绣工 50 人，计女绣工 8 000 人。其编制与男绣匠营编制有别,也不同于主督男绣工刺绣与主彩画的典绣锦衙。其职责系为诸王和高级干部"制造金彩冠服"。

宝 贝 龙

太平天国初起时,贬斥"龙是妖"。1853 年 2 月在汉阳以龙形图案为天王金玺,洪秀全以梦游天堂见过上帝"金龙殿"为由,把金玺龙形钮称之为"宝贝龙",但对民间绘有龙形图案的服饰、器物上之龙,仍称"妖龙",必以双箭插其目而用之,谓之"射眼"。

1853 年 12 月,杨秀清代天父传言,说"今后天国天朝所刻之龙,尽是宝贝真龙,不用射眼"。但天国领袖仍不以龙的传人自居,排斥所谓"龙颜"、"龙恩"等词。而用以服饰、印章、文书。

女 馆、合 挥

《天朝田亩制度》称"一夫一妇,理所宜然"。但它只是对无职人员和民间婚配而言,而上中层官员则不受此限。

太平天国 1855 年恢复家庭以后,仍设有女馆,即"姐妹馆"。每夺取城镇,将男女分行居住。1861 年 11 月陆顺得军占领绍兴,李秀成即与随军的子侄李容椿、李容发谆谕:"仰尔查明城中妇女,总要分别男归男行,女归女行,不得混杂。"女馆妇女作为商品配给,由所设婚娶官颁布给基层官员和有功将士以证书。这种证书,太平天国称之为"合挥",又称"龙凤合挥"、"龙凤批",作为合法的结婚证书,凭此可到女馆获取配妻。所配之妻,乃据功劳、级别,可自择与否。

《越难志》里就记载:绍兴某主将,以所部天燕李某有战功,命其入姐妹馆自择配偶。

婚姻设官(婚娶官)

1855 年 1 月,太平天国撤除男女隔离制度,准许男女婚嫁。设"媒官司其事"(杜文澜《平定粤匪纪略》),"媒官男一、女一"(王韬《瓮牖余谈》),此官即"婚娶官",1860 年 11 月幼主诏旨有"黄维曰为天朝九门御林正婚娶官禧天福"。"男女配合,须由本队主禀明婚娶官,给龙凤合挥方准。"(陈庆甲《金陵纪事诗》)。按,婚娶官,自天京至地方,以至军中均当有所设。

第二十二编　江南大营就是这样被攻破的

咸丰皇帝对向荣屡次说假话十分痛恨

1853年3月,太平天国占领南京后仅十天,尾追的钦差大臣向荣率军1.7万人赶到了,在城东南孝陵关、淳化镇一带连扎十八座大营,它就是长年围困天京的"江南大营";几天后,又一钦差大臣琦善,也就是过去鸦片战争时期的那个两广总督,率北路清军赶到扬州附近扎营,威胁扬州和天京,它就是"江北大营"。

向荣奉命尾追,但所率领的军队极不争气,没有一路是他的嫡系,都是来自各省的,主要的就有四川、湖北、湖南、云南和广西等处的地方军,各有统领,各有体系,真可谓是七拼八凑,在行军作战很难步伐一致,所以行动迟缓,在九江就呆滞了十天,赶到芜湖,南京已失陷了,为此他首次挨了年轻气盛的咸丰皇帝一顿臭骂。

清廷对"江南大营"寄以消灭太平天国的希望。

向荣也不遗余力,指挥各路人马猛扑天京,但是所部实在不争气,往往是雷声大,雨点小,在包围天京前期,能算得是主动进攻的只有两仗,一次是夺紫金山之战,一次是雨花台之战;其中雨花台之战,乃是时为都司的张国樑乘着重雾迷漫,杀进雨花台的,因为兵力少,打了一阵子就退回了。

江南大营任务重大,不仅专任围攻、夺取天京的大任,还须分攻镇江,呼应江北大营,并从镇江东和东坝等地预防太平军进攻苏常。太平军如从上游赣东、皖南等地东进,威胁苏南、浙西,江南大营又须抽调军队驰往防堵。可是向荣所辖的兵力有限,咸丰帝并没有授与向荣兼任地方督抚大权,对本地行政无管辖权,因此军队人员不能就地招募,也不能调令地方部队包括民团武装,军饷要由北京政府指定拨与,即使指定向地方督抚索取,也得看他们脸色,如果地方困难,军饷就会中断。

这对向荣进攻天京和太平天国很有牵制。

而更令向荣心力不足的,就是他的身体不好。

向荣是行伍出身,职业军人,年轻时就随杨遇春与白莲教、天理教作战,是初创绿营时的大头兵,后来积功递升至提镇大员,长期的戎马生涯,染得时时腿患。此时已年逾六十,在军营中为使腿肿全消,须长期服用利湿却风之剂,但行动尚觉乏力,步履未

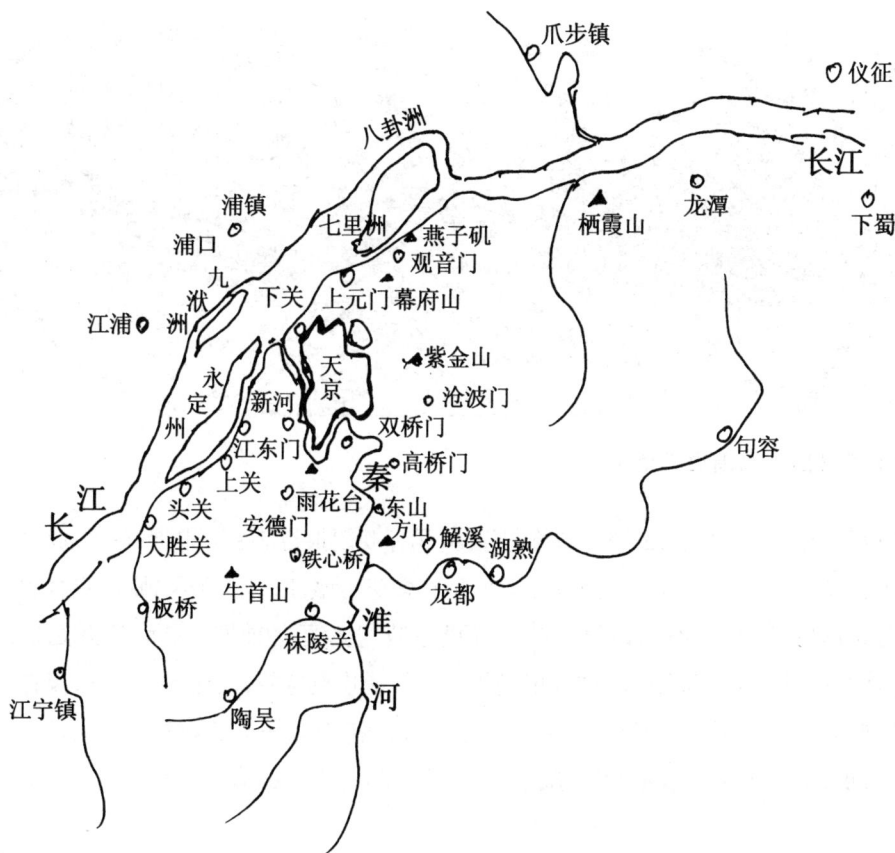

天京周边示意图

能正常,尚难骑马,不能亲临战阵。他驻扎江南大营三年,竟未能出得营门一步。

如此的军队,如此的统帅,太平天国本是可以把他打垮在天京城下的。但是太平天国力不从心。

因为分兵作战,精锐部队多被派出北伐和西征,留在天京的能战之兵不多,太平天国只能对围城的江南大营采取战略守势。

向荣指挥江南大营作战,本也勉为其难,可是咸丰帝就沉不住气了,他真想一口就吞个胖娃娃。1853年8月,当向荣稍有气色地报告进攻天京凤台门、江东桥和镇江获胜时,咸丰很不过瘾,在奏折上朱批:"虽稍挫贼锋,总未能克复坚城,扫荡群凶,向荣等职属统帅帮办,岂不知愧恨耶?"1853年8月,在攻袭天京雨花台及朝阳门、龙脖子等处

江南大营各路人马围攻天京图

未能得手,各将士咸怀忠愤,决不敢悠忽迁延,稍存观望报告前来。朱批有:"似此等打仗,不过仅免大败,向荣等岂有意耽延耶? 现在怀庆有贼匪,歼擒殆尽,朕已将督领人员,分别施恩,汝等闻之知愧否? 向荣在军营数载,岂反不如前耶? 自军兴以来,闻汝营中法令尚严,汝能箝制诸将,朕亦能制汝! 若不能攻克金陵,汝亦无颜见朕,汝自度之。"同年10月,向荣在《遵筹攻守事宜远守不如近堵、分攻不如合剿折》内称有"幸仗天威震慑,将士鼓舞,每仗必胜"。咸丰又有朱批痛加恶骂和揶揄:

> 知道了。汝之议论筹画,尚皆当时急务,然金陵久踞之元恶逆首,终未歼除,汝尚藉词搪塞,何无耻之甚? 朕既用汝,惟冀汝速藏伟绩,克膺懋赏,汝竟以难办入奏,岂能任其猖獗耶? 汝之心地才力,及汝之用心过人处,朕无不知,威望人言,皆不可恃,总以真战真胜为确据。汝虽至愚,朕料汝断不肯以自己身家性命,博众人之誉,及至国法临身,方悟为众人所误也。自己功业自己挣,无需他人之力,方为国家之干城,世间之奇男子,可不惜哉!(《向荣奏稿》卷五)

咸丰帝对前线军营兵将腐败,虚报战功,讳败为胜,大致清楚,对江南大营作为,利弊成败,对他作搪塞,大为愤懑。在向荣《筹攻金陵折》上奢谈金陵筹备进攻事宜并镇江水陆迭获胜仗情形,咸丰朱批予以痛责:

朕看未必尽实，不过因攻打情形多日未奏，藉此敷衍。然捣穴击虚，亦是善法，第恐徒劳无功。向荣嗣后或胜或败，必将实在情节叙出，朕虽未曾与汝谋面，汝之肺腑朕已早见，料汝亦断不敢视朕如赛尚阿一派诪张为了事也。

当年钦差大臣赛尚阿在广西时时向咸丰帝说假话，报喜不报忧，致令他犹记难忘，恨之入骨。他对向荣屡次说假话，不将实情实报，亦十分痛恨。

几天后，咸丰帝又以上谕谴责《筹攻金陵折》，命向荣"均著据实覆奏，不准虚词搪塞"。

盖向荣江南大营出军进攻天京，除紫金山、雨花台两次，其余各次奏报，"非言攻城之难，即铺张进攻之法，究竟数月以来，从未见一真实胜仗，近来所奏，事事敷衍"。

其实向荣江南大营的日子也不好过。

他的兵力奇缺，不过万余人，且要四面出击，四面援救：太平军救援扬州，将扬州部队全数解救，因无法抽调过多兵力，只得让太平军顺利突围；庐州被围，江北大营兵少无力出援，向荣也因兵力有限，远水难救近火。咸丰责问他，金陵城守，广西人仅千余，湖南人仅五六千，却以张贴布告，称铸造数万斤大炮，以虚声吓城内之人。这也是向荣力不从心的做法。

"铁公鸡"石祥桢疏忽了，被张国樑小刀刺向腿胫

但是向荣毕竟是宿将，相当稳重，他在紫金山扎大营，经常游弋于通济门、七桥瓮、燕子矶等地，威胁天京城防，阻拦太平军东下苏、常之路，还一度攻陷下关水栅、安徽太平、东梁山和芜湖，隔断太平军粮道。天京城内经常缺粮，全城军民不得不一日两餐，且餐餐只能以喝粥度日。

天京城里不得不将无战斗力的妇女放出城去，据称一次就开门放出了三四万名妇女。

太平军也组织兵力，主动出击，其中很有分量的一次是提督军务国宗石明开和国宗韦贵祥率领的三千人马，由太平门出驻秣陵关，不料受到清副将张国樑和邓绍良等部伏击，韦贵祥即被枪击毙，石明开和承宣许茂林、指挥曾孟章亦被乱兵砍死，全军覆没。

有趣的是，和太平军打了多年交道的向荣和江南大营，直到此时，对对手的官制仍

未弄明白,在向朝廷奏折时,竟将总制卢得太、百长黄义顺、两司马张公惠三人作为重要俘虏罗列报告。

江南大营围困天京,还全力围困镇江。

拆东墙补西墙。太平军无可奈何,只得从西征前线抽调人马前来援救。几路援军都因人少力穷或指挥不当,被击溃了。其中很有影响的一次,就是石祥桢之死。

石祥桢是翼王石达开的哥哥。他是西征的一路司令官。在战场上叱咤风云,勇冠三军,号称"第一勇士"。我国古代有斗鸡的习俗,最为英武的公鸡百战不殆,有如坚铁。由此,他获得了"铁公鸡"的绰号。"铁公鸡"是大英雄,而不是说他一毛不拔,守财吝啬。

1854年9月,石祥桢率西征战场得胜之师,奉调回援天京,在城东南高桥门外的上方桥与七桥瓮一带作战牺牲。据记载石祥桢是先胜后败,因轻敌玩寇而惨遭杀害的。

杀害石祥桢的是时为参将的张国樑。

江南大营盛时,兵力多达七八万,参将以上高级军官百余人,而全营作为表率的也只是一个半人,一个人是张国樑,半个人是冯子材。张国樑原是广西横州造反首领,此人很会打仗,又讲哥儿们义气,颇得人心。他自聚义起事,就学《水浒》,打起"替天行道"大旗,被称为"扶弱除强张嘉祥",带头扎起红巾,并自编了一首山歌:

> 上等的人欠我钱,中等的人得觉眠;
> 下等的人跟我去,好过租牛耕瘦田。

这首山歌有鲜明的阶级色彩,过去很有些史学家为突出革命农民的反抗素质,常为引用。后来认定此张嘉祥乃是张国樑原名就停止宣传了。这首山歌足见了张国樑早年在造反时的嫉恶如仇性格。

也许是他从事抢掠发了横财,本人也变为大财头、大军头,就此就向往安身之地了。1849年11月,张嘉祥在宾州,大败浔州知府顾元凯、副将李殿元部。翌年,即接受顾元凯和左江镇总兵盛筠的招抚。开始是戴罪立功,但很卖力,经皇帝点头,给了一个千总。1851年,因为歼灭同伴颜品瑶集团有功,升守备。始隶于向荣麾下,1852年,参加解桂林围援全州,升都司;在围天京攻打七桥瓮后,升游击。

清廷相当欣赏张嘉祥,还把他改名为"国樑",字殿臣,作为由盗贼招安的标兵。

因为张国樑有这段传奇经历,晚清民国的野史笔记,甚至据此改编的电影戏剧,把他写得曲曲折折、扑朔迷离,还写作是太平天国领袖们曾拉他入伙,但他却中了反间计,太平天国领袖将他妻儿杀害,他因投奔向荣,与太平天国为敌。张国樑虽是天地会系统人物,但始终与拜上帝的太平天国风马牛不相及。

这天,石祥桢远离本部大军,骑胭脂马单矛出阵,向清营箭射战书,点名要与能征惯战的张国樑交锋,并提出双方搏斗不准带亲兵助阵,不能暗用火器,只需力斗,大战三百回合;如不敢接战,藏头缩尾,就是懦夫,此后再也不许出阵。

向荣害怕了,不让张国樑出阵冒险,万一有所闪失,是一个损失,要影响全军士气。但张国樑乃大营第一号勇将,当然不服输。两人就在上方桥附近交战,两马奔腾,双矛齐举;几十个回合后,张国樑汗流浃背,只有招架之功而无还手之力,被石祥桢觑了个破绽,隔开他的长矛,把他生擒过马。

石祥桢活捉了张国樑,把他横卧在马鞍上,挟着纵马回奔。但他因为胜利骄傲而疏忽了,并未提防张国樑已偷偷将腿上所缚的小刀抽出,猛地里向他的腿胫刺去,也有一说是张国樑在石腰间夺得佩剑向他刺去。石祥桢中伤跌下马来,措手不及,竟反遭张杀害。

石祥桢的轻敌,不但弄得自己丧生,也使这支西征战场回援的英雄部队士气大受影响,此后屡遭惨败。向荣借机向咸丰皇帝邀功,夸大战绩:说是这次战役,太平军出高桥门,声势浩大,黄旗连接数里,人数众多,分路攻沙子冈、淳化镇、小水关,但经他督战有方,杀死长发头子石祥桢和丞相赖四秀等,加之前次歼灭国宗提督军务石达英、韦得玲等部队,共杀死二万余众。这当然是扩大了数字和影响。

四十年后,当京剧走红时,舞台就以此为据,再加以种种虚构、描写和编制,上演了一出连台本的全武行《铁公鸡》。民国小说家写作太平天国演义,也有写"铁公鸡"的,只是把这绰号安在石达开名下,这是大概石祥桢名讳不及乃弟那么吃香吧。

刘丽川打出太平天国旗号,向洪秀全称臣

1853 年 9 月初,正当江南大营围攻天京剑拔弩张之际,在江南大营后方财饷之地的上海爆发了小刀会起义。这次起义,后来写进了中学历史书,并被称为是一场反帝反封建、或者是近代中国所发生的第一次反对外国资本主义侵略的起义。

小刀会是南方天地会的一个分支。基本成员不是农民和传统的手工业者,而是城市贫民、商人、个体劳动者,包括受海外文化影响的市民,以及与洋行洋商有关系的社会中下层人士,为了与清王朝上海当局的独裁专制对抗,都走到一起来了。

上海自《江宁条约》开埠以来,由原来的移民社会嬗化为华洋杂居、五方云集的城镇,来自各地各阶层的人群,居住在上海。

小刀会起义的主体成员,是来自广东、福建、宁波和本地的天地会成员,他们以籍贯结合,互依互存,以乡缘、业缘和血缘半血缘结成有帮会性质的会馆、同乡会。他们的职业和社会生活,依赖于十里洋场更甚于民间商场,这也影响他对洋行洋商认识不清,易产生妥协。

上海小刀会是一个各帮会结合的群体组织。

自潘起亮杀知县袁祖惪裹起红巾起事始,小刀会就建立了临时军事机构:

刘丽川为"大明国统理政教招讨大元帅";

李咸池为"平胡大都督";

陈阿林为左元帅、总理军务;

林阿福为右元帅,兼署上海县事;

陈芝伯为护理副元帅;

徐渭仁(徐紫珊)为参谋,总理财政;

潘起亮为飞虎将军;

徐耀为常胜将军;

蔡永良为扫北将军;

张汉宾为征东将军;

朱月峰为征南将军;

周秀为正印将军;

刘海等为将军;

李绍熙掌一切军机。

此外还有"参赞大臣"、"随营参赞"、"参谋"、"先锋"等,名目繁多、芜杂,极显天地会抄录章回小说官制特色。参加者都分别代表本帮本派在机构中谋求一席之位:如刘丽川是广东香山帮、李绍熙是广东嘉应帮,李咸池、林阿福和陈阿林是福建同安帮,潘起亮是本帮(百龙会),徐耀是来自嘉定南翔的天地会成员。

上海小刀会成员

上海小刀会起事后,还有来自青浦帮的周秀英,周秀英被封为女将军,带一彪人马。在后来小刀会仅有一次与法国军队开仗的北门之战,周秀英与潘起亮联手,大败法国兵和清军的合攻,那是在上海西门大境阁,置铁蒺藜散布城下,由潘佯败诱敌,追军碰撞,皆倒地不起,周秀英乘机带二百人冲出,都用巴山虎及小挠钩等手器,将他们捉进城去。

小刀会第一首领是刘丽川。

刘丽川是广东香山(中山)人,亦有作潮州人,来上海后从事糖业捎客、丝茶栈伙计,当过洋人通事,还当过上海道吴健彰未做官前为商时的账房先生。美国传教士罗孝全在小刀会起事后拜访他,说他是个"身体瘦弱,容貌苍白的吸烟者"。吸烟,就是抽鸦片烟。舞剧和由舞剧改编的《小刀会》说他身材魁梧、高大,那是不符合事实的。

刘丽川只能是最初起事时的各帮派推举的召集人,但不是能号令全体成员的最高领袖。他只能领导本帮,就是同为广东籍嘉应帮的李绍熙也不听他指使,更不能指挥福建帮各路人马,而福建帮是上海小刀会实力最强、人数最多的一支武装。但刘丽川也很想指挥一切,因此在起义后,做出了三件非常出格的事:

一是为了使己的召集人成为实际领袖,他以个人名义派专使分水陆两路赴天京,向洪秀全称臣,并打出了"太平天国"旗号,威慑其他帮派领袖,发号施令。但小刀会的其他首领仍以"反清复明"为宗旨,贴出布告仍用"大明",显示了不合作。刘丽川后来因未得到天京的回音,弄得骑虎难下。

二是未经其他帮派领袖协商、同意,擅自释放了上海兵备道吴健彰;刘丽川还与主

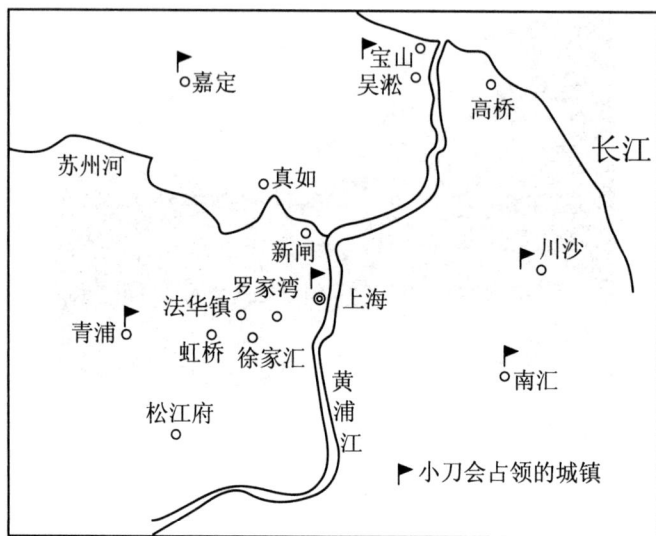

上海小刀会占领县城图

张处死吴健彰的福建帮争吵,自作主张把被扣留的两条装有军火的清兵船放掉,更引起诸帮派首领的愤懑。

三是独自处理官银二十万两,而不与其他帮派分享。据传这二十万官银先是由李咸池占有,被刘丽川强索过来。当时刘丽川宣扬,如果李咸池要运走这批银子,他将中途把船击沉。李咸池是名列刘丽川后的第二召集人,受不住这股气,就带着自己的同安帮部分成员离开上海走了。不久,林阿福也带着自己同伙赴福建了。同安帮留下的陈阿林,最是敢作敢为,阅历丰富,还当过英国仁记洋行老板斯金讷的马车夫,见过世面,喜欢着皮鞋、西服,能说几句洋泾浜英语。他与刘丽川不合作,在上海城里划界分治。

刘丽川缺乏领袖的大度,致使影响了自己的定位。此后几个月,城内还有不少高层叛变,如李绍熙、朱月峰和徐紫珊,其中最有影响是有实力的嘉应帮领袖李绍熙。李绍熙原是商人,麾下拥有几百人,他的出降,大大影响了广东帮威信。李绍熙出降后改姓名为李文炳。他的事迹我们在以后章节将会提及。

小刀会领袖对英美法等国领事们表示友好,处处退让,这些名为"中立"的洋人,都是既得利益者,英美稍有收敛,但法国军队却帮助清军攻打小刀会;他们借"中立"之

太平天国招讨元帅刘丽川晓谕

广东人刘丽川用"太平天国"名义，乃是为便于统率其他帮会领袖。

名,乘机烧毁江海关,控制了上海关税,更有甚者为配合清军围剿,竟在县城外筑以高墙,断绝小刀会与城外民众接济,粮米短缺,使小刀会难以坚持,不得不突围而出。

1855年2月,除夕之夜,小刀会各帮派分路突围,但步调很不一致,刘丽川、潘起亮分别率众西走,刘丽川率数百人至虹桥,在引渡时为民团发现,引来清军追赶,在抗击中战死。潘起亮率数十人西走,因能操吴语和南京方言,得以瞒过关卡,直至镇江太平天国区域,投入时为指挥的李世贤麾下,据他后来出任的官级,可能即授与总制、监军级。有关潘起亮,我们也将在后篇提及。

福建帮陈阿林走进入法租界,在突围一行中,还携带有南王冯云山的儿子冯亚茂、冯亚寿中的一个,那是洋牧师从广东带到上海,时逢小刀会起事,陈阿林发现后,还特地买了一头大白马,扶他骑在马上,在县城街道作了一番巡游呢。但他在法租界出走中走散了,以后也不知所终。在天京,洪秀全也没有为创国立国最有功勋的南王立嗣,野史笔记包括围城湘军所记的"幼南王",虚有其人。

更多的突围队伍出城后就溃败了,如青浦帮徐耀率领两百人出城就遭围剿,全部覆没;因为突围匆匆,步调不一,也有没有得到通知或来不及通知的,潘起亮之父潘兴(老禁子),就因留城被捉拿;还有一个就是女将军周秀英。

关于周秀英这个年仅十九岁的小姑娘,她的下落记载有五起:一是基督教英国伦敦教会传教士雒魏林《在华医药传道记事》称:清军在攻陷上海后,在一所房屋里发现了"一个出名的三合会女将","她没有逃走,也许她要逃也逃走不了。她终于被发现在一张床铺底下,立时被拖出来斩决"。

二是王韬《甕牖余谈》称,上海陷落后,与刘丽川和其他小刀会领袖一同脱逃。

三是姚明辉《小刀会起义琐记》称:"上海城破时,周秀英潜逃宁波削发为尼。"

四是向荣奏稿卷八《克复上海县折》罗列所俘人员有"伪女将军周立春之女周秀成"。

五是罗尔纲先生据民间传说,在《太平天国·妇女卷》作在率众突围时,"立马横刀,力战追兵,不幸马蹶被执",被凌迟处死。

诸说不一。

周秀英故事是难得有的文艺创作素材,因此 20 世纪 60 年代初的《小刀会》将她作为女一号,并配以男一号潘起亮为一对战地鸳鸯,卿卿我我。剧终还编造周奉命赴天京求救,潘留守上海,为革命事业分手。其实潘与周毫无瓜葛。潘在上海起义前已婚。起事后妻兄陈阿六(谢七)前来诱降,潘大义灭亲,告以刘丽川,将陈阿六及其党羽一概处斩。

陈玉成驾一叶小舟,冲过红单船防线,直抵镇江

上海失陷,小刀会失败,主持讨伐小刀会的江苏巡抚吉尔杭阿被任命为江南大营帮办,率胜利之师西进,与围攻镇江的江南大营余万清部联营,强化了对镇江的围攻。

镇江是天京东部的屏障,亦是太平天国与来自上海的各国官员、传教士等会晤的前哨。这时原守将罗大纲早已奉调参加西征去了,现任守将是罗的副手左五检点吴如孝。吴如孝曾在广州十三行做过财务,懂些洋务。

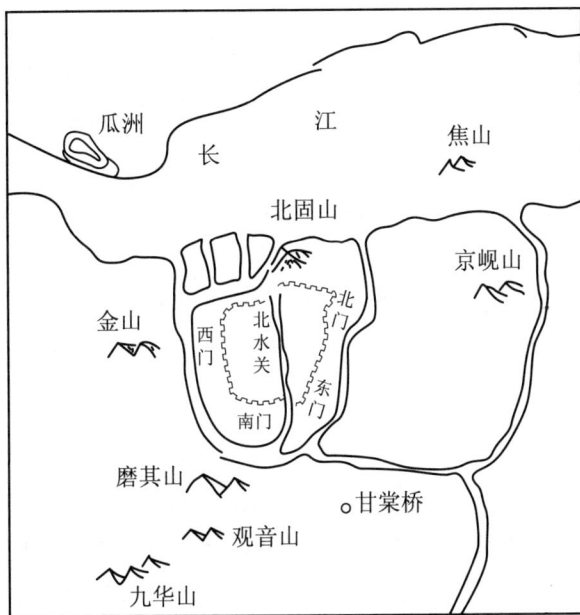

镇江府城图

清军依仗人多势众,多次袭击。有一次分军东西路偷袭宝盖山,打算成功后四面登城,偷袭部队着太平军服饰,持太平黄旗,当太平军出城迎战时,故意虚放枪炮,伪作为城中援军,如此做作,竟然也被蒙混,在越过第一道壕沟将近第二道壕沟时,时正天明,不料太平总制蔡显德发现走在前头引路的是叛徒张兴德,当即大呼中计,即将第二道壕上桥板撤去,将敌兵赶下山去。

镇江被围得水泄不通,粮食库存只能供一月,守军上下只能以稀粥度日,勉强维持,至于火药,硝片用颓垣、败壁煎煮,但硫磺奇缺。

杨秀清非常重视镇江的战略地位,对于镇江连日求援,他某次在接见时指示:镇江为金陵咽喉,必须坚守,还具体布置方略,以便接应援军。

杨秀清下决心从天京上游调遣西征人马,前来解救下游的镇江。

1856年春,顶天燕秦日纲挂帅,率同冬官正丞相陈玉成、春官正丞相涂镇兴、地官副丞相李秀成、夏官副丞相陈仕章和夏官又正丞相周胜坤等各路人马,直奔镇江前线而来。2月1日,太平军进至栖霞、龙潭一带,步步为营;江南大营也派出了张国梁等部自东阳至下蜀连营三十余里,筑长壕阻挡来军前进,双方相持十余日。

秦日纲等远道来援,利在速战。冗日持久,粮食就供应不上。为了与镇江守军契合,十九岁的陈玉成自告奋勇,驾一叶小舟,冲过长江水面上有葡萄牙铜炮装备的红单船防线一直抵镇江,与吴如孝相晤。4月2日,吴如孝遵约,会同陈玉成率领围军,由里面杀出,与秦日纲大军呼应,并由李秀成率军三千,从汤头小河抄敌后路,东西前后夹击。大败江南大营围军,焚毁其十六座营盘,直指镇江城下,屯于金山、金鸡岭和九华山脚一带。

当天夜晚,秦日纲等乘胜驾船渡江至瓜洲;翌日拂晓,向扬州土桥江北大营司令部猛攻,并摧毁对方在虹桥、朴树湾和三汊河等处营盘一百二十座,继任琦善的钦差大臣托明阿败退秦家楼、蒋王庙。江北大营被打垮,太平军再度占领扬州。

5月,秦日纲等乘江南大营分军赴六合时,自瓜洲回军,渡江攻高贤,吉尔杭阿率军自九华山来援,在烟墩山被太平军团团围住。他突围无望,即拔出短枪自杀。向荣后来了为了掩饰,给皇帝报告,说吉尔杭阿亲立营墙督战,不料被枪击中胸膛,登时阵亡。京口副都统绷阔和江宁知府刘存厚也都被太平军击毙。吉尔杭阿和刘存厚都是以镇压上海小刀会立有大功的。吉尔杭阿从上海带来的七八十座吉字营被毁。五天后,秦日纲等进攻九华山,击破大营。吉尔杭阿军几乎全部覆没。

秦日纲军大获胜利,回京复命。杨秀清严令,必须将孝陵卫向荣大营打破,方可进城。秦日纲带五丞相一起面禀东王解释,请求缓攻,引起东王大怒,"不欲攻打向营,我等回报,向营久扎,营坚不能速战进攻。东王义怒,不奉令者斩。不敢再求,即而行战。次日开攻,移营由燕子矶、尧化门扎寨四营"(《李秀成供词》)。

奉东王之命,秦日纲又对孝陵卫大营发起猛攻。

两军鏖战于尧化门,自辰至午。

6月18日,杨秀清又从江西前线调来的石达开部二万人,经安徽芜湖、金柱关到达天京北郊,与秦日纲等连营姚坊门、仙鹤门。6月19日,石达开、秦日纲两路大军,分攻紫金山江南大营。

翌日午后,一支轻装太平军,由紫金山灵谷寺后翻山直捣孝陵卫大营马队营盘,连焚四垒。杨秀清亦派军由洪武门、朝阳门出城合攻,连破清军二十余座营盘,接着,各支太平军同时发起对孝陵卫向荣司令部猛攻。向荣不支,与张国樑等人退至淳化镇。张国樑左脚被打伤。6月21日,向荣为保苏、常后方,率残部再退扎丹阳。

围困天京三年有余的江南大营首次被击破了。

向荣向皇帝诉苦谢罪,企图还能得到一些安慰和宽恕,但年少气盛的咸丰帝只是谴责和揶揄:

> 何至如此大挫,一再而退。展布全无,殊属辜恩之至,着奋勉以补前愆,趁此枭獍萃集,未必不转好机会,尔若预存拿问发遣,以逞脱离之心,是真丧良也,料尔或不出此。(《向荣奏稿》卷十二)

当太平军凯歌行进时,杨秀清又因西线吃紧,仍命石达开率部返归湖北前线;秦日纲等则继续向东追击,取得句容,又败张国樑军于丹阳五里碑。

向荣惨败,又受到皇帝讽刺和侮骂,忧愤焦急,几天后死去。据其部属上报是旧疾复发,加剧病死的。也有说是病急乱投药,吃错了药而死的。李秀成得之情报,称向荣乃上吊自杀,我看他更大成分是被皇帝逼死和气死的。

咸丰帝为他遗折说向荣是"调度乖方,辜恩溺职"。他对向荣病死相当见疑,还曾面问江南大营翼长张集馨。张的回答是:"向荣以一介武夫,受皇上重恩,负国家重任,与逆匪相持四载,反为贼劫营挫败,自然对不住皇上。向荣又是病躯,闻其愤激而死。"(《椒云年谱》)

此说很是圆滑。

秦日纲久攻丹阳不下,将老兵疲,全军即回攻天京南边小县城金坛。

天京解围了。

太平军上下都欢天喜地庆贺这场大胜。

后来有的将士认为,此役打得非常及时,因为接着而来的就是天京内讧,清兵竟无大动作。李秀成也曾追忆:"若向帅未败,仍扎孝陵卫,遇内乱之时,那时乘乱,京城久不能保全。逢向帅败过而乱,此及天之所排,不由人之所算。"(《李秀成供词》)

但他并没有从深度分析因果。要是天京仍遭围困,外患未了。杨秀清还不会妄自尊大,放肆越轨,逼天王封万岁,取而代之的;即使他妄自尊大,放肆越轨了,洪秀全也仍得要借助他,不会贸然磨刀霍霍,向老弟大开杀戒的。

第二十三编　同患难易,共富贵难,难以避免的天京内讧

天王编导的一场闹剧兼悲剧

1856 年 9 月,太平天国在天京发生了内讧。有关这个内讧,一百多年里史学界有几种说法,一说是"杨韦内讧",一说是"洪杨内讧",也有说是"天京事变",近年有认为仅剩的首义四王都先后参加了,就通称为"天京内讧"。它因为波及了太平天国领导集团和高层次的所有人物,其影响和后果,直接关系到太平天国的兴衰和存亡。共患难易,同富贵难。它是农耕社会农民领袖胜利时固有的本性之必然走向,也是在处理既得利益时难以避免的游戏法则。

多年以来,天京内讧被阶级和阶级斗争说的公式概念化了,从而演出所谓天京高层有路线斗争,而路线又是阶级特性决定的。由此说成是农民领袖洪秀全为野心家杨秀清所欺;地主阶级代理人韦昌辉杀害了贫农代表杨秀清,另一个地主阶级代理人石达开阴谋暴露,无法容身,避罪逃跑。

~~~~~~

太平天国自定节日

太平天国乙未九年十月十四日(1859.11),洪秀全下诏,规定太平天国天历有六个节日,这些节日,多是为天父天兄的宗教节日:

(一)二月初二日报爷节。所谓"天历首重孝顺爷"、"谢爷差朕斩妖蛇"。爷即"天父"。

(二)三月初三爷降节。"本年三更诛凶首,从此万郭归爷妈。"

(三)正月十三日哥升节。哥即"天兄"耶稣。

(四)二月念一日登极节。所谓"哥登极,亦朕登极人间知。"此乃是指洪秀全在耶稣诞生日,在武宣称天王。

(五)九月初九日哥降节。所谓"靠哥脱罪记当初"。

(六)七月念七东升节。乃指天京内讧杨秀清是日被杀。所谓有每逢此日,"天国代代莫些忘"。"东升"即指东王被杀回天也。

现在经过半个世纪的论证、考辨,大致比较能清楚这场悲剧是由天王洪秀全主导的大洗牌:

天无二日,洪秀全密诏北王韦昌辉,并在秦日纲、陈承瑢等将领的密切呼应下,迅雷不及掩耳,杀死东王杨秀清及其集团几千人众,翼王石达开赶回天京,又遭北王陷害,连夜缒城而逃。洪秀全且以韦昌辉威逼,又联手杨秀清余党,干掉韦昌辉。在石达开再次返京后,逼他再次离京,从而建立天王独裁的洪家王朝,即天父天兄天王太平天国。

杨秀清命令脱下韦昌辉裤子,打屁股数十下

凯歌频传的 1856 年春天。

本年 6 月,由杨秀清直接指挥的太平军,在江西战场凯歌行进,控制了全省二十五个府州,湘军领袖曾国藩躲在南昌孤城里,岌岌可危;天京外围战场,顶天燕秦日纲和冬官正丞相陈玉成、地官副丞相李秀成等的部队,与镇江守将吴如孝内外夹攻,打败围城敌军,乘胜北上,打垮江北大营,接着是石达开从西征战场回师。与秦日纲等军会合,摧毁江南大营,与太平天国起事前就开始兵戈相见的钦差大臣、江南大营统帅向荣又悲又恐、又气又急,心火并发,愤懑而死。也有说向荣是难以向咸丰皇帝交待,走投无路,上吊自杀。秦日纲大军鏖战金坛城下,打算乘胜东征。

于是太平天国解除了自建都以来的威胁,形势大好,太平天国的胜利达到顶盛。东王杨秀清更是趾高气扬,以为这一切都只是他一个人的功劳。是他的通天之术,拯救了太平天国。此刻,他对天王洪秀全越来越看不上眼了。

在此期间,杨秀清很快就有了新动作。

他要替代洪秀全。《金陵杂记》称杨秀清“遂私刻太平天国真命主杨秀清”印。

几天后,杨秀清假托天父下凡,召洪秀全到东王府问话。他首先发话:“天父在此。”接着严厉责问洪秀全:“尔与东王均为我子,东王有这样大功劳,何止称九千岁?”洪秀全心里明白,四弟又在学他弄神了,可作法自毙,却又无可奈何,只得顺着他的口气回答:“东王打江山,亦当是万岁。”假天父得寸进尺,又说:“东世子岂止是千岁。”洪秀全也知道杨的用意,就顺着他的话答:“东王既称万岁,世子亦便是万岁,且世代皆万岁。”

　　杨秀清头脑简单,自以为"居功逼封"已得逞,心中大喜。放松了戒备。他选择 9 月 23 日(阴历八月二十五日)自己生日那天正式称万岁。

　　天无二日,民无两主。其实杨秀清要自称"万岁",完全可以自己任命自己,不需要洪秀全点头同意;他并非只要求洪"逼封",乃是要洪让出"万岁"位置。太平天国只有一个"万岁",正如也只有一个"九千岁"而已。有两个万岁并存是不应有的,必须拥戴一个,废除一个。杨秀清称"万岁",洪秀全就不能称"万岁"。因此天王是不会允许有另一个称"万岁"出现的。本来与上帝相通的,只是一个能做上帝梦兆的洪秀全。仅此一家,别无分号。而现在杨秀清随时假天父传言,欺凌与威震人主、飞扬跋扈不知所忌,剥夺自己固有的神权、君权。洪秀全早就怀恨在心了。

　　就在此后不久,又有那位在东王府干事的佐天侯陈承瑢悄悄地赶来告密:杨秀清要在称万岁那天,废除、软禁洪秀全,取而代之。

　　人人皆知只有一个"万岁"。

　　洪秀全自赴东王府被"逼封"归来后,成天成夜,提心吊胆,这正引起了他的警戒。

　　陈承瑢在秦日纲、胡以晃进王爵后,是当朝首席天侯,位居太平天国第七位交椅,杨秀清也曾欺凌他,当众侮辱他的人格,但此人出自游民,喜怒不露于色,每被指责,必低头哈腰,以致为杨秀清视为是忠心于主,仍被引为心腹,在东王府兼理国家事务,还担任天京卫戍司令。

　　陈承瑢的告密,使天王更认定高级将领们愤懑于杨秀清,多行不义必自毙。

　　箭在弦上,不得不发。洪秀全终于下定决心,抛出最后一着棋:处置杨秀清,与他彻底决裂、分手。

　　天王送出两道密诏,要正在江西督师的韦昌辉和近在金坛前线的秦日纲星夜回京。他知道韦昌辉、秦日纲经常受到杨秀清的人身侮辱,忍气吞声、敢怒不敢言。

　　据说洪秀全也有密诏给在湖北督师的石达开。

　　石达开有否受过杨秀清的气,未见于时人记载,但石显然也不满于杨的。

　　韦昌辉与石达开、秦日纲是大齐一心,在家计议起首共事之人,后东王威逼太过,此三人积怒于心,口顺而心不息。北、翼二人同心一怒于东,后被北王将东王杀害,原是北王与翼王二人密议,独杀东王一人,因东王天王实信,权托太重过度,要逼天王封其万岁。那时权柄皆在东王一人手上,不得不封,逼天王亲到东王府

封其万岁。北、翼两王不服,君臣不别,东欲专尊,后北与翼计杀东王。(《李秀成供词》)

杨秀清身为实际领袖,缺乏大度,不学无术、刚愎自用,处处时时要显示自己的高明,还凭借些小聪明,摆噱头,常找芝麻绿豆细事,存心侮辱、欺凌天王和北王韦昌辉、燕王秦日纲等人。

杨秀清常假托天父下凡,在大庭广众前,命令脱下韦昌辉裤子,打屁股数十下,不给他一点面子;打了后,韦还必须感谢四兄的教诲,否则不知己错也。

杨秀清还喜欢故意作弄韦昌辉。有一年派韦昌辉出征湖北,但故意拖延时日,后来又借多人禀奏挽留,又不让他出征了;三个月后,又命他赴湖北,行至安徽采石矶,又下令命他赶回来,改调石达开前往。

一次韦昌辉命北殿丞相张子朋出征湖南湘潭,张狐假虎威拿着北王令箭,赴水营强征船只,引起水师将士愤怒,差点要激起兵变。杨秀清得悉后,立即赶往北王府,杖责韦昌辉数百。

又有一次,韦昌辉之兄某国宗与杨秀清一个妻舅争夺房屋,妻舅向杨告状,杨以为是对己触犯,找来韦昌辉,要杀韦兄。韦昌辉无奈,只得装矮子认罪,为表示忠诚,甚至建议对其兄处以五马分尸的酷刑,说不如此不足以儆众。

秦日纲的牧马人,因见到杨秀清同庚叔没有起身行礼,即被鞭挞二百下,同庚叔仍未息怒,竟要掌管刑部的翼贵丈黄玉昆加杖,黄打圆场,好心劝慰:"既鞭可勿杖。"同庚叔不服,竟然推倒黄的公案,还向杨秀清诉说。打狗看主人。杨以为是触犯了自己的威信,即令石达开锁拿黄玉昆。黄愤而辞职,秦日纲、陈承瑢闻悉也相继呈文辞职。杨秀清认为是将领们联手向他抗议,大怒,下令杖秦日纲一百下,陈承瑢二百下,黄玉昆三百下,牧马人五马分尸。

太平天国刑律极其残酷,而最重惩罚,莫如点天灯和五马分尸。五马分尸乃古刑。太平天国就用以"如有被妖魔迷懞反草通妖,自有天父下凡指出,即治以点天灯、五马分尸之罪"(《贼情汇纂》卷八)。此处杨秀清随意行使"五马分尸",足见东王权力应用之滥。

杨秀清喜怒无常,时而莫名其妙地发火,凭个人的感觉就可定一批高级将领的罪。《天父圣旨》有丙辰六年七月初九(1856 年 8 月 15 日):"秦日纲帮妖,陈承瑢帮妖,放燒

(火)烧朕城了矣。未有救矣。"忽而给秦日纲、陈承瑢加以"帮妖"的叛逆罪名,但忽而又恢复他们的身份。这些朝三暮四、尤其是实在上不得台面的琐细事,因被他处理得如此荒唐、草率,而却要借此立威,有意把它宣扬,以至众所周知,奔走相告,闹得满城风雨、路人皆知,连城外的敌人也知道了。《贼情汇纂》编著者张德坚就预测了"杨贼与昌辉互相猜忌,似不久必有并吞之事"。果然一年后,就发生了韦昌辉杀杨的内讧。

洪秀全对杨秀清的飞扬跋扈当然也是一清二楚,对当年金田起义时期的老兄弟韦昌辉、秦日纲和陈承瑢等人在诛杨中,能站在自己同一战线上,是深信不疑的。

王 爵 千 岁 制

太平天国设各级王。1864 年,昭王黄文英被俘后,曾对各级王爵作解说:"那天朝的王有五等,若从前的东、西、南、北四王,翼王,现在的干王执掌朝纲是一等王;若英王、忠王、侍王执掌兵权,是二等王;若康王、堵王、听王会打仗的是三等王;若我与恤王是四等王,那五等王一概都叫列王。"此说多为史界采用。但从众多史料考实,太平天国王爵封号可以不变,但王爵高低升迁则按千岁数字而有变化的。王爵分等分级,每一等分两级,前期大致可划为四等六级,后期可划为五等九级(加以"坐",即小王,可分为十级):

等级 时期	前　期	后　期
万岁	天王、幼天王	
九千岁	东王	幼东王
八千岁	西王	幼西王、信王、勇王
七千岁	南王	幼南王、干王、玕王、琅王
六千岁	北王	英王、忠王
五千岁	翼王	
四千岁		
三千岁		森王、瑛王
二千岁		启王、正掌率
千岁	燕王、豫王	列王、天将、副掌率

韦昌辉请洪秀全标杨秀清头为"老奸头"以示众

洪秀全发出的密诏生效了。

韦昌辉在江西前线,指挥不当,屡战屡败。有一次在瑞州打了败仗,所带的两千人马,当场被杀五百,为了逃命,甚至连北王乘坐的黄缎轿子和黄绣罗伞都丢了。他生怕杨秀清借机重罚,此时正坐立不安,刚巧接到天王密诏,正合人意,当即带领三千名将士昼夜兼程,赶回天京。

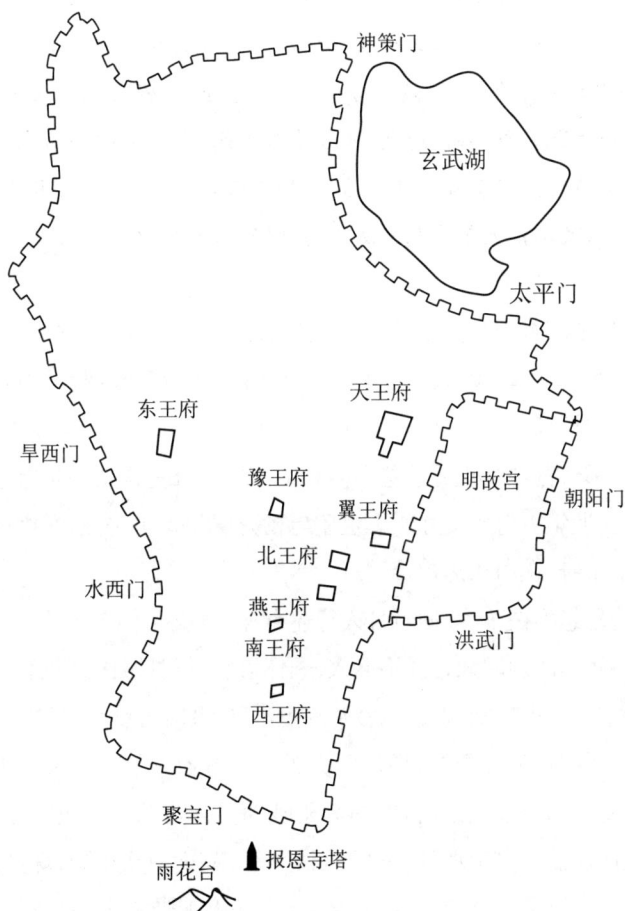

1854 年天京诸王府位置示意图

9月1日,韦昌辉在天京城外遇到奉诏回京的秦日纲,两人深夜叩门要求进关。当时杨秀清有规定,出征兵将非要持有东王符信方能入京。但主持城防的陈承瑢擅自打开了城门,也有说韦昌辉打了败仗回天京,杨秀清闭门不纳。"逆首洪秀全开门放进,因此起衅,互相戕杀",即说是天王直接下命令,开门放进了韦昌辉及其三千名将士。

韦昌辉进城后,在北王府就接到天王大驸马钟万信带来的天王诛杨密诏。据清咸丰金陵诗人王冬饮《涵性斋笔记》转引其友太平天国国医衙医官哈文台口碑:

> 事变前夕,哈在北王府中供奉。密诏是在北王府,由天王府来的大驸马钟万信宣读。四周戒备森严。哈文台在现场跪在众亲兵及军官的中间,只听见密旨上半部分……"天王诏令,千祈遵天令,同心诛魔逆,永保天朝万世太平……朕实情谕尔等,东逆干犯天条,蓄意造反,罪在千刀万剐,尔等同心同力向前……"后半部密旨,哈未听清楚。当密旨宣读完后,韦昌辉亲作鼓励,披挂上马带队出发。陈承瑢的卫戍部队及其他天王直属卫队也得到密旨,连夜出动。

很短时间里,韦部将士就控制了通往东王府的大街小巷,把整个王府围困得水泄不通;随后,他首当其冲,率领队伍杀进东王府,将杨秀清和家属、府中官员、卫士全部杀死,无一漏网,包括杨的几十个妻子。还有东王亲信侯谦芳,国医李俊良等人。玉石俱焚。东王的秘书伏善祥当也死于这场浩劫中。但有野史说伏小姐有预见,在北王洗劫前,早就走了。近年更有妙文称伏小姐还与杨秀清生育了一儿,在她死于浩劫时,这个孩子却被抢出王府,在浙江落户云云。

东王杨秀清是怎样被杀的,据当时人记述有几种版本:

一说是韦昌辉由江西回来,"亦不准入,颇怀愤怨,得洪贼函,即晚率三千余人遽入南门,趋围东贼宅。自携数贼,入杀东贼及其妻小"(《金陵省难纪略》)。

二说是韦昌辉率众见杨秀清,杨告以洪秀全同意他称万岁。韦以手加额,前席跪贺。杨大喜,赐宴。"北贼从者环侍左右。东贼问曰:'若辈何人也?'北贼以麾下立功之众,对东贼遍赐以酒。群前叩谢,北贼以目示意,咸拔刀砍东贼,诛其首。"(《瓮牖余谈》)黄世仲《洪秀全演义》也依此说。王文濡《太平天国野史·韦昌辉传》称:"韦昌辉自江西驰归,先入东王府称贺天京解围,秀清以其江西战败诟严倍至。越日,秀清召昌辉宴,昌辉于席间抽刃戕之。"

三说是韦昌辉回到天京,以兵围东王府。"时东贼方屏人独自登台,仅守以一童子,盖视台度下偃,即东贼所谓天父下凡时也。唯东贼得以升台与语,乃即就台中斩其首。"此说源自外国人之说,为王韬《瓮牖余谈》所记。

四说是韦昌辉在领兵包围东王府以后,与秦日纲率死士闯入府中,由秦下手将杨秀清当场刺死。(《贵县志》)

五说是杨秀清命亲信扎屯于前街,但韦昌辉却从后街攻进东王府,"东贼急避登望楼,自去其梯,并在楼顶擂鼓,意在调党羽回巢自卫。北贼随目有伪北殿右二十丞宣许宗扬者,即许十八,带刀缘楼柱而上。东贼见逼急,遂跳而下,潜匿厕坑间。许追至见履,捉缚北贼前。杨云:'尔我金田起首,尔此时不能杀我。'韦答云:'尔欲夺位,我奉二哥令杀尔。今日之事不能两全;不杀尔,我即当死。'佯拔剑欲自杀。随目环夺其剑乱砍,遂将东贼杨秀清即时戕毙"(《金陵杂记》)。

迅雷不及掩耳。当时夜袭东王府,杀死杨秀清,乃是乘其毫无警戒、突然袭击而完成任务的。可以肯定,此时此刻的东王九千岁,无论如何也没有想到,二兄洪秀全竟会召来六弟韦昌辉等向他下手。不过他过于狂妄跋扈,结怨太多太深,可谓咎由自取。

但当时的真正内情讳莫言深,而历史总是为胜利者写的。此处五说,都只是一些局外人所记,道听途说,如此特大新闻,必然引起圈外人众的议论纷纷,却也为后来者写意抒情扩大了文字和情节内容,这样扑朔迷离,添油加醋,无关内容就更多了。

人们关注的兴趣和热点多在当事人韦昌辉和杨秀清,而却把幕后人洪秀全置之度外了。

翌日清晨,即杨秀清被杀后几小时,韦昌辉把杨之头颅送到天王府验证。并请标为"老奸头"以示众。由此佐证洪秀全正是第一角色。此时的洪秀全是何种心情呢?是因达到目的,感激韦昌辉等为他解除心头之怨、睚眦之恨,还是感叹杨秀清自作孽,不得不死呢,语焉不详。但他是认同韦昌辉等杀杨的行为的,没有丝毫对杨死惋惜、留恋和对韦有谴责之意,随即下诏,张贴四方,内称"杨逆窃据神器,妄称万岁。已遭天殛"(《吴

《洪秀全演义》插图

煦档案》),并贬杨秀清为"东孽"。

农民起义首领之间,虽然曾是生死与共的战友,稍有不合,引起冲突就是你死我活,这种悲剧历史上见得不少。

也许当时洪秀全根本没有考虑杨秀清已是太平天国军民的实际领导人,是天人合一的象征,挥之而去,将对天国事业有很大的损害。只有到后来石达开出走后,洪秀全也许作过些冷静的思考和反省。太平天国是靠天父上帝聚合军民的,需要天父皇上帝神学为批判武器,而杨秀清就是应用天父上帝最好的武器批判。这把刀子不能丢,丢了只有损害,没有收益。

这也是洪秀全后来还得要为杨秀清平反,彻底恢复名誉的原因。

1857年年底,太平天国颁布《戊午八年新历》,正式恢复东王杨秀清全部爵衔:"传天父上主皇上帝真神真圣旨劝慰师圣神风禾乃师赎病主左辅正军师东王。"

同年新刻的《天父诗》五卷五百首,是一部诗歌选集,收集有杨秀清假托天父下凡口念的诗,其中如第一首至第十首(除第七首)原采自《天命诏旨书》第一百零八首、一百零九首,是叙述天父(杨秀清)在桂平平在山下凡教导洪先娇,第一百十二、一百十三、一百十四首是叙述天父(杨秀清)在桂平石头脚下凡教导洪秀全的妻子们的诗。这本诗集的刊印,重申天父救世济人的莫大功劳,它要继续树立东王杨秀清(天父)。

"奴"和"贱民"

太平天国设有"奴",奴即贱民,他是参照、应用清王朝的"贱民"。

有清一代,继承明制,有"良民",即士、农、工、商等"四民",相对应即是"倡优隶卒"的贱民。《大清会典事例》规定为"皂隶、马快、小马、禁卒、门子、弓兵、仵作、粮差及巡营番役,皆为贱民。"凡贱民,不得参加科举、作官的权利。清《学政全书》、《律例》:"娼优隶卒之家变易姓名,侥幸出身",要"严行究问","皂隶子孙,朦混捐纳者,照例斥革",如有"冒考冒捐者照违制律杖一百斥革。"由此,许多家族规定,如有本姓子孙充当衙役、兵丁,则削籍赶出家门,死后不得入宗祠,当然亦不能写进家谱。

更值得注意的是,太平天国戊午八年(1858)新刻的《醒世文》,歌颂东、西、南、翼四王功绩,其中尤以最多篇幅写了东王:

> 复命东王赎病主,左辅朝纲为世人。
>
> 天父下凡亲降托,大作主张灭妖精。
>
> 乃师救饥能疗病,乃合万国得常生。
>
> 口哑耳聋孔脓出,眼内流泪甚伤情。
>
> 牵带弟妹归真道,后师特出永垂名。

同年颁布的《太平礼制》,对设有虚位的"东世子",亦定格为"东嗣君九千岁",仍然肯定杨秀清的"九千岁",而且是世袭。

杨秀清的地位较之其生前更加隆重了。

1859年,洪秀全制定太平天国重大节日。其中两个节日乃出自对杨秀清的纪念,一个是"爷降节",一个是"东升节"。

三月初三日为爷降节,七月廿七日是东王升天节。把杨秀清首次"下凡"和东王遇难的时间作为重大的节日。后来,洪秀全特为诏旨作诗:

> 天历三重说东王,降托东王是父皇。
>
> 七月念七东升节,天国代代莫些忘。

洪秀全杀杨秀清后一年,就为他平反、恢复名誉,更捧上了神座,匆匆去来,动作迅速。这在古今中外也是罕有的。

他对杨秀清推颂倍至,胜似生前。

他也要表明在天京这样内讧里,自己是局外人。日后也把杨秀清之死,说成是一种命运,时机到了,在数难逃,只得如此而已。

洪秀全唱红脸,韦昌辉唱黑脸

天京内讧的第一回合,是天王指使北王杀了东王。

消息传来,不胫而走,全城军民有欢庆的有难以理解的;当然也有黯然失落的,那就是东王的部属。

天王也曾降诏,说杨秀清逆谋是上天泄露的,余党一概赦宥不问。可是,当年在杨秀清专政时,东王部属多有仰仗杨的权威欺凌他人;现在靠山倒了,报复性的杀戮是难以控制的。

洪秀全、韦昌辉等人对杨秀清的部属也不放心。由韦昌辉出面,主持肃清所谓"余孽"。当时,杨秀清在天京未被杀害的部属为了图生存,由东殿礼部一尚书傅学贤率领,自峨眉岭扎营至虎贲仓;韦昌辉即率党羽扎营于小仓至大行宫,两军双垒,巷战三天,不分胜负。

韦昌辉不能取胜,他向洪秀全通气。这使洪秀全不寒而栗。洪、韦大概此时又做过密谋,仍由韦出面应付。洪秀全是太平天国第一领袖,皇上帝次子,独揽朝纲,他的地位足以号召所有军民。洪唱红脸、韦唱黑脸,这一组合唱,又使一个阴谋出台了。

9月4日,即杀杨后的第三天,天王府女宣诏在天王宫殿前面栏杆里宣布天王诏旨,因为韦昌辉、秦日纲血洗东王府,杀戮无辜,特惩罚其罪,令受鞭刑四百下;东王部属都允诺前往观看韦、秦受罪行刑。在行刑时,鞭打者故意尽力打击,响声可闻四方,木棍当场被打断。

东王部属五千人还是相信天王诏旨,不知就此却是一个阴谋,竟全都徒手前来观看,结果都被抓起来,关进两间大屋,接着就进行惨无人道的大屠杀,而且还涉及他们的家属,连婴儿都不放过。尸体随即抛进江中,其中很多还是穿黄袍和红袍的中、高层干部。

杀人如草不闻声。如此草菅人命,其规模之大、用心之恶,在太平天国史上是没有的。韦昌辉深怕动用本部将士行刑,毕竟出于同根生,当年还是一条战壕里并肩作战的战友,不甚利落,他就全都换了童子兵充作行刑队,"行刑者辄为小童,以杀人为嬉欢乐事"(《裨治文通讯》*North China Herald*, 1857年1月3日)。

巍峨、壮丽、宏大的东王府,在洗劫一空之后化为瓦砾场。

有人为洪秀全推卸,说这是韦昌辉假使天王诏旨设下的陷阱。不确。洪秀全对韦昌辉洗劫东王府并没有指责,对此次扩大暴行亦没有制止。他才是幕后指使者。

同室操戈,相煎何急。洪秀全听之任之。天京内讧事态仍在继续恶化,每天皆有不少人被指责为东王余孽而处死。

9 月中旬,督师湖北的石达开闻有内乱之信,火速赶回了天京。石达开也曾与韦昌辉商量,要杀掉杨秀清和他的三个兄弟。洪秀全有否召石回来杀杨,语焉不详。但石达开回京后,见韦昌辉如此肆无忌惮大开杀戒,滥杀无辜,即对他进行规劝,要他停止暴行;韦非但不听,反而认定石没有和他站在一个立场上,对石达开怀疑,有杀戮之心。

石达开风闻有杀身之祸,就急忙和随员曾锦谦、张遂谋等连夜缒绳吊城而出,赶回安庆去了。杀红了眼的韦昌辉,便将翼王府亲属满门抄斩,连石达开正房妻子、卫天侯黄玉昆女儿也都杀了,无一幸免。

半月之后,韦昌辉为声讨石达开,又命秦日纲率一万五千人乘船溯江西上,讨伐石达开。他在西梁山还歼灭了忠于石达开的一支小部队;但当得悉天京之外的太平军将士都同情、支持石达开,方掉转枪口对清军作战。

石达开在安庆,从武昌洪山前线抽调四万将士,连同安徽驻军,东进至安徽宁国,上奏洪秀全要求处死韦昌辉、秦日纲等人,否则他将举兵"清君侧",班师回朝,平息内乱。

洪秀全捉住韦昌辉,将他五马分尸

韦昌辉继续负隅抵抗。他害怕石达开军凭借聚宝门外的报恩寺塔作为攻城的炮垒,竟然下令把这座建于明初,规模宏大,有"天下第一塔"之称,并被欧美人士誉为"世界七大奇迹之一"的建筑物彻底、完全毁灭。他真走上了"自作孽,不可活"的绝路。

韦昌辉的血腥屠杀,玉石俱焚,殃及满朝文武。这使洪秀全也感到宝座不稳,日夜惶恐。对石达开讨韦上表,他没有驳斥,而对韦讨伐石又持暧昧,不作赞同和支持,于是引起韦的不满。韦昌辉怀疑洪与石达开有默契,遂起了杀洪秀全之心。

11 月中旬,利令智昏的韦昌辉,带领本部军队进攻天王府,公然与天王分裂。因天王府围墙高大,没能攻下,他便扬言要用火攻。不料,随着天王府里一阵阵的冲锋号声,墙头上突然升起翼王的红字蓝边四方军旗;旗帜飘扬之处,一群群将士荷刀持枪,装出一副准备出击的姿态。韦昌辉不禁胆战心惊,手足失措,以为确证了原先怀疑的洪石联盟。他的手下不明虚实,以为是石达开的大军已经开进天王府守卫,遂一哄而散。其实,这些人乃是在天王府里服役的广西客家妇女临时装扮的。

韦昌辉的部属已全部逃散,他自己形影孑立,成了孤家寡人,不敢回府,东躲西藏。

南京大报恩寺塔图画

明初建,高 104 米。被誉为中世纪七大奇迹之一。1853 年,太平军占南京,为摧毁佛菩萨偶像,毁去塔内佛像和建构,1856 年,韦昌辉为防石达开回师时凭借此塔攻城,将它塔基深挖,埋火药炸毁,夷为平地。

天王洪秀全趁机发动合朝文武申讨韦昌辉罪行,传令对北王部属一律不问罪;但因韦昌辉结怨太多,在搜查北王府时,竟把他的父亲韦元玠杀死了,留在北王府的韦氏宗族,包括韦昌辉家属也都被杀害。

当年韦元玠随子毁家参加金田起义,对洪秀全很有功劳,此时天王却因其子殃及全家,苦哉! 枉哉!

韦昌辉不知去向。

天王下诏,严加把守各个城门,张贴捉拿韦昌辉的布告;每日搜查各馆衙;各街巷口设木栅栏,至黄昏后派人看守,往来者必须张灯点烛,经口号属实方准通行。

三天后,桥栅口有人偷偷在张望,引起守栅人警觉,就问道:"你是谁,要上哪里去?"回答说:"往铅码馆。"又问:"为什么没有张灯?"回答说:"出来时候天色还早哩!"再问:"今日口号是什么?"回答说:"馆长还没有告诉我。"守栅人感到奇怪,用灯火照亮,发觉来人有些像韦昌辉,便大声呼喊多人前来捉拿。来人急忙腾身跳上屋脊。四街守栅人都赶来了,经多人团团围住,终于把他捉住,果然是韦昌辉。

洪秀全得悉韦昌辉被捉获,不让他人审讯,自己也不作任何审讯,就下酷令,将他五马分尸。

韦昌辉是太平天国中被五马分尸的又一人。

相传韦昌辉在死前,曾愤懑地说:"我为渠(洪秀全)除大害,今反责我而欲沽名耶!"(《金陵省难纪略》)洪秀全诛杀韦昌辉,一是韦昌辉飞扬跋扈,也曾围攻天王府,危及己身;二是韦昌辉尽知他密诏杀杨的用心,因此韦昌辉必死,他的党羽二百人也因深知内情也必须死。后来秦日纲也被天王诏旨召回天京,和同谋的陈承瑢一起处斩,死因也是因为知道太多的秘密。

韦昌辉被贬为"北孽"。他的尸体也被分割为方二寸许的一块块肉,连同五脏六肺,悬挂在城中各处木栅上,旁有告示说:"北奸肉,只准看,不准取。"

头颅行千里。韦昌辉的首级被贮放在盐箱里,飞马解送到安徽芜湖附近某村的翼王驻地。石达开亲视,果然是真的。他便于11月底回到了天京。

洪秀全遂传旨,把韦昌辉父子首级沿途号令。当时在皖南驻军的陈玉成亲睹两颗首级,不胜叹息,于是把他俩埋葬在某寺门口。

本是同根生,相煎何太急。想当年,歃血为盟,誓同生死,称为天父之子。一朝结怨,必置对方于死地。杨秀清、韦昌辉有夺权、僭越之行为,但还未举起屠刀,或不曾行使屠刀,但天王却因触及他的绝对权威和既得利益,必须先后诛杀两人而后快。

有人说,洪秀全毕竟不是封建帝王,事变后并没有搞株连。其实,洪秀全即使要对杨秀清和韦昌辉等人搞株连,也大不易。太平天国的基本结构和成员是家族、宗族。因此《太平天国野史》作者曾假托刘玱林语:太平天国的成员无非多是杨、韦两家,如果要株连,那非杀尽不可。一荣俱荣,一损俱损。在天国后期,杨、韦、秦、陈的家族成员仍继续为天朝事业奋斗。如陈承瑢之侄陈玉成更成为一方支柱。

韦昌辉被诛后,随之杨秀清恢复了名誉,彻底平反。洪秀全把罪恶全都送与韦昌辉了。他还以天父名义为己作推脱,所谓是"爷爷预先降圣旨,师由外出苦难清。期至

点天灯和五马分尸

清继明刑,对造反者头领多处于凌迟极刑。太平天国奉行天条,刑罚有枷杖和死刑。枷重轻无定式,杖责自五板加至二千板,而死刑最重是点天灯和五马分尸。所谓点天灯,将犯者自顶至踵,裹以纸张麻皮或布匹,入油缸里浸片刻,倒植后以松脂白蜡堆足心,用火点燃,有燃至胫而死,也有至小股而死;五马分尸,乃以笼头络颈,和发绞缠,系于马后足,四肢各系一马,持刑者同时发鞭,顿时肢解。而更多的是砍头。凡点天灯、五马分尸执行时,必先在广场上集会,在讲道理后行刑。

朝观遭陷害,爷爷圣旨总成行"(《赐英国全权特使额尔金诏》)。农民领袖写史都有一个习惯,就是抹煞历史、涂改历史。洪秀全似乎稍好些,他后重印的文件里,只是将原来写的北王改为"昌辉"。但在新颁布的文件里,大写特写杨秀清,韦昌辉的名字就不见了,如《戊午八年新历》、《醒世文》和《太平礼制》。

洪秀全未能料到石达开竟有这么高的威望

石达开出走是天京内讧后期的又一件大事,也可以说是内讧的继续。

这是天京内讧的第三幕,也就是最后一幕。它的主角仍是天王洪秀全,第二主角才是翼王石达开。石达开为洪秀全配戏,最后,他离京出走,越走越远,终于为内讧画上一个句号。

石达开是太平天国出类拔萃、才华出众的军事家、政治家,也是难得的将才、帅才,为太平天国阵营敬服。后来陈玉成在囚中,当问及太平天国人物时,他说:"皆非将才,唯冯云山、石达开差可耳。"李秀成被俘后,也曾表示太平天国军政首领多属"中中,而独服翼王,言其谋略甚深"。至于敌对阵营诸帅,曾国藩说:"逆首石达开狡悍为诸贼之冠。"左宗棠亦说:"石逆狡悍著闻,素得群贼之心,其才智出诸贼之上。"

而且石达开也很有器识和人缘。杨秀清欺凌洪秀全,侮辱韦昌辉及其他高层干部,因为他们确有低能、易为人欺之处。但对石达开就比较尊重、信任,对他也放得开;太平天国定都天京,上游军事斗争,至关重要,通常也派他前去主持,往往也能逢凶化吉。石达开对四兄杨秀清也相当尊重,做得很有分寸,因此杨秀清可以用东王身份直接和他交谈,不须再假托天父附身发号施令。尽管石达开比杨秀清要年轻八岁至十岁,是小阿弟。今存太平天国文书,包括《天父圣旨》等记载中,也没有天父教诲石达开,或石达开挨整的文字。韦昌辉比石达开多"一千岁",都分别拥有庞大的家族和武装力量,但两人关系也还可以,不见有任何倾轧事。石达开也尊重韦昌辉,如在接见外宾时,韦昌辉在场,石达开都是让韦讲话,唱主角,自己在旁陪坐,唯唯诺诺,很少插话。石达开左右逢源,他的高层人际关系是不错的。

1856年11月底,天京内乱平息后,石达开由安徽宁国回到天京,他以天国安危、大局为重,没有惩办、诛杀任何一个有悖于他的异己分子。

石达开受到热烈的欢迎。当他风尘仆仆地来天王府议事大厅时,在那儿聚集的朝臣都把他环绕起来。大家对他寄以很大的希望,尊称他为"义王"。中华几千年的儒家文化和伦理道德,使太平天国当家的农民群体,很注重和讲究若干包含美好意思的文字,其中一个就是"义",它是维系农耕社会人际的第一道德要素。因而,尊称石达开为"义王",也是对他行为的崇高评估。

太平天国全朝同举石达开提理政务,辅佐洪秀全,主持朝政,总理军国大事。

顺理成章。东王、北王都死了,翼王也自然是洪秀全以下第一人。替代杨秀清总理国政,亦非他莫属。

而天王洪秀全是被动的。石达开竟有这么高的威望,这是他所未能料到的,也是他所不高兴的。但因群臣推举,勉为其难,同意改封他为"义王"。然而石达开并没有接受。

在这年编印的太平天国戊午八年天历里,石达开所系爵号即是"电师通军主将义王"。后来太平天国创设六爵最高级时,始定名为"天翼",爵在天安、天福之上。但"天

天京内讧日期简表

事　件	时间阴历	天　历	公　元
向荣病死	六年七月初九	七月初三	1856 年 8 月 9 日
东王逼封万岁	七月中旬	七月初中旬	8 月中旬
陈承瑢告密			
天王遣密使与北王	七月中下旬	七月中旬	8 月中、下旬
北王抵京	八月初三深夜	七月二十六日	9 月 1 日
杀死东王	八月初四	七月二十七日	9 月 2 日
计屠杨党	八月初六	七月二十九日	9 月 4 日
翼王离武昌	八月初七	七月三十日	9 月 5 日
翼王抵京	九月中旬	九月初中旬	10 月上旬
翼王为避北王追杀离京			
翼王讨韦	十月十一	十月初八	11 月 8 日
北王伏诛	十月中旬	十月中旬	11 月中旬
翼王回京	十月下旬	十月下旬	11 月下旬
翼王离京	七年五月初(或四月末)	四月下旬	1857 年 5 月下旬

翼"没有公布几个月,因时在安庆的石达开仍坚持不接受"义王",还是称翼王,于是改"天翼"为"天义"。

天京内讧的第二回合结束后,金田起义时期所封的四位军师中仅存的两位军师(杨秀清、韦昌辉)都死了。洪秀全再也不肯大权旁落,乃自兼军师,集决策和行政大权于一身,所谓"主是朕做,军师也是朕做"。

他当然也须给石达开些风光,以展示自己的大度,就给了一个与杨秀清"圣神风"头衔相似的所谓"圣神电"荣誉虚衔,意即是"圣神之电",上帝在天上的发电者,用这个头衔修补被杀的"圣神风",以延续上帝与凡间的关系。

此外,洪秀全又封石达开为通军主将。通军,全军也。石达开原本就是左军主将,是在杨秀清等四人升了军师后,剩下的唯一的左军主将。但由左军主将到全军主将,都是位列天王一人之下,万人之上。他的权位仍是原地踏步。

石达开虽然是通军主将,却管辖不了天京卫戍部队。天京卫戍部队直属于天王。

权归天王。但石达开在天京半年,以自己的行为安定人心、团结臣民,逐渐淡化和消除天京内讧所带来的负面因素。

太平天国是马上夺天下,又是在马上坐天下的。在无日不战的大江南北几个战场,石达开以高明的以守为攻的战略方针,重振军威,再展雄风。粉碎了湘军主力对九江等几大重镇的围攻,强化了拱卫天京的句容、溧水和镇江等卫星城镇的防御;特别是积极支持陈玉成、李秀成在两淮团结、联络十万捻军主力部队,使他们接受太平天国的领导和封爵,联合作战。

这年夏天,陈玉成还与张洛行、龚得树的捻军部队合军,深入鄂东腹地,在蕲州大败清军,为保卫天京上游重镇安庆作出了贡献。

太平天国因内讧所损伤的元气正在恢复。

洪秀全重重生疑忌,石达开坐立不安

可是,还是那句老话,共患难易,同富贵难。洪秀全根深蒂固的家天下思维和设计,是不愿意也不允许石达开在他面前指手划脚,且和他并肩而坐的。

按照当年拜上帝会时期所编造的所谓天父诸子婿,现在只剩下老二洪秀全和老七(也是老幺)石达开了。他的资格、功勋、才德、威望等都堪称首屈一指,深孚众望。威能震主,这深为洪秀全所忌。

重重生疑忌。石达开颇有体会,洪秀全以他从古史上所读到的帝王驭权术,又开始对石达开下手了。

软刀子杀人。

一是改革官制。天王府替代了天国中枢东王府。洪秀全从幕后走上了台前。天王府成为名副其实的太平天国中央机构,增设了掌率(即司令官)和主持吏户礼兵刑工等六部的六个侯爵级丞相,原来的六官二十四丞相、职同丞相都不见了,改之以与检点、指挥相同的以数码编号的"丞相"。这样一则便于冲破编制、张大封赐人员;二则也便于记忆、调整。天王把亲旧故朋尽量超擢,放在这些重要位置上。如正掌率是弄臣蒙得恩,副掌率是姐夫钟芳礼。蒙得恩是内府大总管,在主子身边多年,最知主子习性;此人资历亦深,属于元老,是洪秀全信得过的非本家人。洪秀全好色成性,相传在武昌阅马厂挑选女人,就是蒙得恩所为。建都天京,蒙获得管理女营的肥缺,他别出心裁,每逢天王、东王、北王、翼王生日来临之时,都要自女营精心挑选窈窕淑女作为寿礼献呈。但杨秀清却因他跟天王太紧,有一年就以生活不检点触犯天朝法律,假天父下凡,他锁拿至东王府杖打,自此蒙得恩对杨更注意礼拜、谦恭有加,终于获得杨的宽容,在天京内讧前夕已封为赞天侯了,但心怀仇恨。钟芳礼原是织匠,管理天京织造和杂匠行。他们名义上是在石达开之下,但有职有权,而且还可以不须通报,直进天王寝室;不像石达开虽位高望重却没有名义,更无实权,名不正则言不顺,难在天京发号施令。

二是封两兄为王。洪秀全迫不及待,打破旧例,竟封两个庸碌无能,且举止时有令人讨厌的长兄洪仁发为安王,次兄洪仁达为福王,让他们参政议军,与石达开并起并坐。从异姓兄弟到同姓王,这是为洪氏亲族当家的起点,也是打破唯所谓天父诸子婿封王的尝试。

洪氏兄弟是朝野以至敌国皆知的庸才。据说曾有一年东王府开会,老大洪仁发迟到了,杨秀清以为是怠慢他,有点不高兴。洪秀全知道了,心不自安,命老兄主动向杨肉袒请罪,并请以打屁股。杨秀清故意不肯,洪仁发为坚决奉行老弟嘱咐,连声恳求、哀求、苦求。在打了屁股后还满脸喜色,洋洋得意,以为达到了目的,且向旁人显耀,是他甘愿送上门去请求打屁股的,竟受到东王九千岁恩准呢。

洪仁发是草包,也不懂得打仗。1857 年秋天,洪秀全提拔他为统帅,去解救镇江之围。他尚未到镇江，中途就被张国樑部清军打得大败，团团围住。后来多亏李秀成率部远途前来解围，方才脱身回天京。实践出经验，最无知的人也能有感触，此后洪仁发才懂得战争是极易丢脑袋的，再也不敢出征了。他只躲在自己府第里，饱食终日，醉生梦死。

老二洪仁达比较乖巧些，懂得操纵朝政、抓握实权的重要。曾经有段时间，天京围急要积粮备战备荒，他却借机以发粮票大发国难财。所谓"欲买粮者，非我洪之票不能。要票出京者，亦要银买方得票行，无钱不能发票也。得票买粮回者重税"（《李秀成供词》）。以国为家，家大于国。此种粮票就是出京购粮凭证，出银买票出京，归来就粮再收一笔税金。洪仁达毕竟年轻时在乡间做过小买卖，懂得此生财之道。但他可把太平天国害苦了，日后天京乏粮，他是要负很大责任的。

洪仁发、洪仁达毫无才情，却常与石达开抬杠子、推横车，贪劣、恣横和无能兼而有之，没有苦劳和疲劳，遑论功劳，没有群众基础，为众人所鄙视。每当这兄弟俩一唱一和在殿堂上阔谈政务国事时，无人要听；而当石达开纵论时务时，人们则全神贯注，环绕倾听。两人因此对石达开更为嫉恨，煽动天王排挤、打击石达开，有阴图谋害之意。

焦劳困苦，竭蹶时形。石达开的日子很难过。

当时，石达开久随的官属张遂谋建议他也搞宫廷政变，但他不肯同室操戈，重蹈旧路。石达开深知天王的心理，卧榻之侧，岂容他人鼾睡。他也难以委曲求全，做洪氏家族的小三子。至于所谓解甲归田，在四郊多垒、战火纷飞的太平天国，更是幻想。

飞鸟尽，良弓藏；狡兔死，走狗烹。这是皇帝夺得江山、坐稳江山后对老伙伴们的一大方针。洪秀全目光短浅，他只占有南京孤城和若干沿江城镇时就已容纳不了杨秀清、韦昌辉等人，遑论尚予存的石达开呢。

洪秀全的最终目的，是要建立一个以洪氏家族为核心圈的"理想国"。它与中国历代世袭封建王朝没有本质的区别。

合则留，不合则去。石达开不是无路可走。他当初的最佳方案，就只能是离开天京了，在天京城外继续为太平天国和天王打江山。在他看来，不与洪秀全朝夕相见，相处一堂，这才是避免、淡化内祸的唯一可行途径。

石达开越走越远,越走越深入到封闭的南方腹地大山里去了

1857 年 5 月下旬,石达开决定离京出走。

他作了充分准备。

6 月 2 日,石达开借口赴南门外雨花台太平军驻地"讲道理",不与洪秀全打招呼,就与曾锦谦、张遂谋等人离开天京,经铜井镇渡江,取道无为州往安庆,沿途通贴告示:

> 为沥剖血陈,谆谕众军民。自愧无才智,天恩愧荷深。
>
> 惟矢忠真志,区区一片志。上可对皇天,下可质世人。
>
> 去岁遭祸乱,狼狈赶回京。自谓此愚衷,定蒙圣鉴明。
>
> 乃事有不然,诏旨降频仍。重重生疑忌,一笔难尽陈。
>
> 疑多将图害,百喙难分清。惟是用奋勉,出师再表真。
>
> 力酬上帝德,勉报主恩仁。惟期成功后,予志复归林。
>
> 为此行谆谕,谆谕众军民。依然守本分,各自立功名。
>
> 或随本主将,亦一样立勋。一统太平日,各邀天恩荣。

布告用五言韵文,简明扼要,通俗易懂,且语气要扼,词句深沉,表达了继续效忠太平天国的愿望,有纯朴的感情,富有号召力,以致为天京和各地官员与将士所认同,心向往之。

但它毕竟是石达开和洪秀全不合作的公开亮相。

清王朝也感到了。咸丰皇帝要曾国藩设法招安,福济、李元度还分别写信给石达开劝降,福济信一千二百字,李元度信竟写了四千五百字。千篇一律,大同小异,都是以威胁和利诱来打动石达开的,但也都流露出对他才华出众,而又怀才不遇的钦佩和惋惜。石达开没有理睬。据说他读了李元度长信后,只说了一个字:"难"。为什么"难"? 怎样"难"? 谁也说不准,谁也猜不出。

石达开这一篇韵文体告示,有利有理有节。他对洪秀全不满,但却说得那么心平气和,娓娓动人,没有用泼妇骂街方式揭露天王对自己的种种猜忌和不公,却令洪秀全哭笑不得,难以作答,大大地丢尽了面子。天王用人唯亲,心胸狭窄,不能容人也难以

容人，失去了应有的庄严。

洪秀全有气发不出。

他身边有石达开时，不安心；现在石达开跑了，也不安心。朝野还多有议论，是是非非，两位老兄又成事不足，败事有余，且在朝野口碑实在太差。远在淮南战场的李秀成也甘冒大不韪上表，要求废黜安王、福王爵，再启用翼王。他的上表引起天王的勃然大怒。

战场形势也日益险恶。各路清军，尤其是江南大营，在石达开离天京后又卷土重来，先后攻陷溧水、句容，围困镇江。

天京内外交困。洪秀全不得不听取众人意见，削去两位兄长爵位，将爵号另设新爵，即六爵的天安、天福；并镌刻"义王"金牌一道，及天京众朝臣联合签名的求救表送往安庆，请石达开回京主政。

天王此举是勉为其难，言不由衷，石达开早已看出端倪，既不接受封爵"义王"，也不表示回京。在杨秀清被杀后，他已两次奉天王诏旨进京，但两次都是逃出来的。两进两出，前车之鉴，前途风浪险恶，凶多吉少。他再也不愿重蹈，作第三次进京，与天王合作了。

石达开在安庆的五个月，大力招聚安徽和天京的各路人马。他以"真天命圣神电通军主将"的名义传檄各地。

天京确是有一些官员、兵将跑了出来，自愿跟他而去。有的说有六万到七万，有的说有二十万。李秀成说石达开"将合朝文武将兵带去"，但据实证，并不会很多。原因是在后来跟随石达开远征，源自天京高官而有姓有名的，仅是夏官丞相蔡次贤一人而已。1855 年太平天国已允许男女娶嫁、恢复家庭生活，盖多人已安居乐业，不可能甘冒险境、浪迹江湖的。况且在天京内讧里本已死了成千上万的将士。

安庆周边的太平军将士，也有很多没有跟他走。当时李秀成驻军淮南，联合捻军在六安、舒城一带作战，陈玉成正挺进鄂东黄梅、蕲州，对抗湘军东犯，九江守将林启容、湖口守将黄文金，都分别在与兵临城下的湘军主力鏖战，剑拔弩张，寸步难行。他们当然不可能有暇前往安庆赴会；更不会放弃阵地，脱身随石达开出走。就连与石达开同城的安庆守将张朝爵、陈得才也坚守自己岗位，没有随他行动。

石达开失望了。

在战火正红的日日夜夜，他不可能也不会在安庆或另外某地再召开高干会议，做

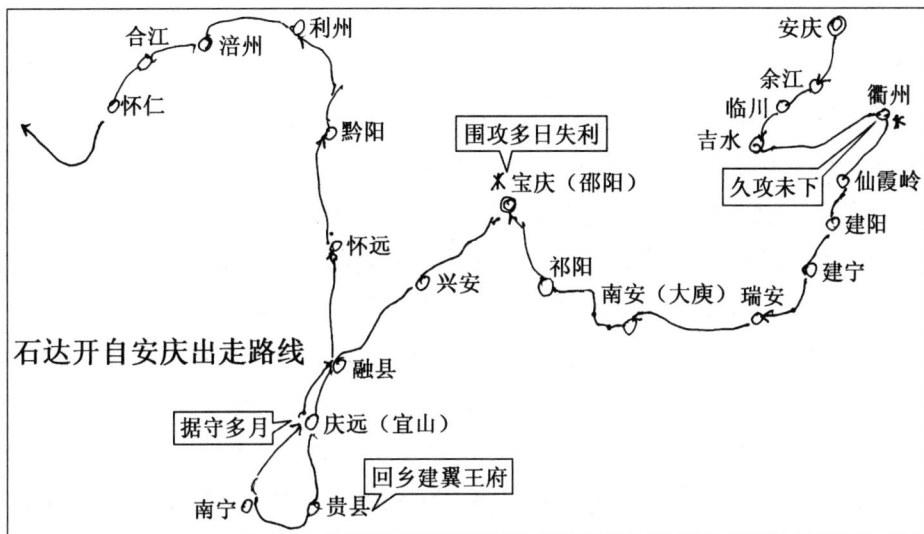

石达开自安庆出走路线

动员报告,然后让与会者就去留的路线问题作表态,如此长桌或圆桌会议,当然乃后人想当然耳,那时还没有这种会议。

石达开是通过传檄和率军会合的方式聚集队伍的。他的主力部队有三支:

一支是原先屯扎在天京上游、由石氏家族控制的部队,如石镇吉、石镇常、石镇仑等,汪海洋就是石镇仑部的军官。

一支是屯扎在江西各府县的地方部队,也多是他的亲友、同乡挂帅,如他的丈人黄玉昆、剃头匠傅忠信等。

一支是在江西时,前来投奔的广东花旗周春、陈荣、谭星等各路人马,有十几万众。

石达开长年在外作战,直辖人马还是很多的。《清史稿·洪秀全传》称他仅据江西南安的部队,就有翼府宰制陈亨容、傅忠信、何名标;巨帅萧寿璜、蔡次贤;尚书周竹岐,军略赖裕新,丞相刘逸才、张遂谋,众七八万,筑城设卡盘踞村庄,绵亘二十余里。

此时此刻,石达开对所属部队作了新的编制,采用了旗、队,设置了大军略、元戎等军职。

1857年10月,石达开离开安庆南下江西。他路过九江,见九江军务吃紧,就留下元戎李兴隆帮助林启容守城。后来著作人不察,以为元戎也是人名,和李兴隆是两个人,如《洪秀全演义》。

当时江西省若干府县受到湘军压迫,石达开的用心是援救、解围。他当时的既定方针,只是经营、巩固江西一省。

湘军主持江西战场的是曾国荃。

曾国荃是曾国藩的四弟,早年在家乡帮助老兄训练团练。后募勇至江西与吉安知府黄冕合作,目的是攻陷为太平军据守的吉安城。因此他的练勇三千人,称"吉字营"。吉字营也就成为曾国藩湘军的近卫队。曾国荃很喜欢攻城略地。这时已攻陷瑞州(高安),包围临江、吉安和九江等地。石达开在临川(今抚州)设立司令部。这时,不甘寂寞的翼王已组建了新的家庭,他同时拥有十六个妻子,都称王娘,也是按数字编号的。

可是他组织的几次战役,因为缺乏统一的战略部署,在江西多条江河地区作战,又没有强大的水师配合。挡不住湘军两栖部队的阻击,结果都失败了。

在援救吉安的一次不大的战役中,连翼贵丈黄玉昆也战死了。黄玉昆是石达开第一副手,石达开不在军中,就由他主持工作。据称,黄玉昆在军后督战时,穿着绣花龙袍,头戴红缎绣龙凤帽、下穿红绣鞋,乘黄呢大轿。正遭前面打了败仗,轿夫和护卫都跑散了,他却毫不知晓,还安稳地坐在轿中呢,因被湘军乱矛刺杀。

斡旋江西,相当困难!

石达开只得放弃江西基地,进军浙江、福建,长时期在穷山僻角中运作,孤军奋斗,流动作战,没有后方基地,给养没有保证,又带着大批家眷,尾大不掉,行动迟钝。他避实击虚越走越远,越走越进入更为封闭的南方腹地大山里去了。此后,他和他的部队只一味流动作战,很少打过好仗,而是屡打屡败;尤其是1858年围攻浙江衢州和1859年初围攻湖南宝庆(邵阳)的两次长围攻坚战。

保赣图浙。石达开进攻浙江,是为了解除江西各地的湘军威胁。在衢州城下围攻两个月,坚固不能拔。浙江是清军饷源重地,各路清军纷纷赶来。因为大军远征,反而把后方江西抚州、建昌等根据地全部抛了,没奈何只有从浙江全线撤退进入福建。石达开全军围攻宝庆,更是一着臭棋。攻宝庆目的是打开入川大门。石达开军中有很多是湘南人,对本地地形相当熟悉。如果他能及时放弃死攻宝庆的打算,听从意见,绕过堵截的清军是能进入四川的。但他却一意孤行,把二十万大军放在坚城围攻,以至冗日持久,师老兵疲。宝庆是一座坚城,自太平军1852年进入湖南起就努力经营,广积粮,高筑墙、深挖濠。储藏有十二个库仓几万石粮,用巨石加固城墙,城外连接长濠三二层,在城郊遍设乡团,协同作战。石达开孤军围城,没有后方基地,粮食奇缺之至,多乃掳掠民间,军队纪律差,更引起本地民众反抗,屯兵城下,旷日持久,各路清军迭至,其中很有战斗力的有两支,一是江忠源旧部刘长佑军,从西面来攻;一支是李续宜部湘军从东面来攻,东西两路历经四十天战斗,石达开还是因粮食已尽,军心不固,不得不撤退。

两次围攻,兴高而来,扫兴而走,显示了他的指挥失误和才干枯竭。

石达开的威信开始降温。

在他转战福建、湖南和广西等地时,麾下先后就有九批人马卷起翼殿大旗,分道扬镳。

其中有影响而且胜利地回到太平天国区域的有三支:

一支由东王宗杨辅清率领的。杨辅清是天京内讧前两个月,离开江苏到达江西的。内讧发生后,他害怕天王罗织罪名,即引军进入福建。后来加入石达开的部队编制。1858 年因打出"东殿"旗号,为石达开不喜,率先脱离石达开,折回江西、皖南,上奏洪秀全表示拥护。洪秀全这时正在为杨秀清恢复名誉,大为欢喜,立即授他为中军主将,替代不出京门的蒙得恩。

但杨辅清并非帅才,且心胸狭窄,又不会处理同僚关系,由于杀兄之怨而与韦志俊交恶。张公吃酒李公醉。这也是加速韦志俊叛降的一个因素。不过那是后话了。

一支是 1860 年秋由广西脱离石达开的。这是翼王所辖的精锐和主力部队。它又分三支,一支是由张志公、郑忠林和汪海洋等分别率领,自柳州、桂林东走,据说有六七万之众。张志公等人在灵川投降;只有汪海洋拔旗而走,率本部人马由灵川攻占兴安,入湖南、江西,并入李秀成部。还有一小支是谭体元部,在江西并入李世贤军。

一支是由彭大顺、吉庆元、童容海和朱衣点等率领,拥有四五万之众,在辗转一年余以后,千辛万难,在福建为首的彭大顺受伤死,其余人众至江西铅山,并入李秀成部,而此时的李秀成部,已扩展到二十万之众了。洪秀全大为高兴,将这支人马赐以"扶朝天军"番号。

其中也有多支中途被打散的。

如加入石达开军的赣粤边天地会领袖何名标,因与顶头上司、石达开所设的天台左宰辅赖裕新交恶,引所部花旗二万余人脱离大军,几度进出湖南,流动作战,因没有基地,提供不了给养,弹药耗尽,误走蓝山鲁观洞深坑绝地,清军分路围攻,团练又凭高据险炮轰,何名标部进退无据,死亡极大。沿途还引来大批乌鸦啄食死尸。最后何名标中伤被俘,余部万人缴械投降。

这些人马先后脱离,使石达开的力量大为削弱,石达开众叛亲离,兵势衰竭。

但石达开对太平天国仍忠贞不渝,鞠躬尽瘁。他打的是洪秀全所封的"太平天国圣神电通军主将翼王"旗号,从不踰越和别树一帜。他和他的部队都敬仰上帝、崇拜上帝、遥奉天王。每行进到新占领区,带队将领就找来多只八仙桌,层层相迭,登台讲道理。石达开的部属,天试进士陶金汤就擅长此道,还常与合作的天地会众讲说上帝。洪秀全虽然对石达开的作为相当愤懑,但鞭长莫及,有话说不出,说了也没有用。

1857 年,洪秀全恢复杨秀清名誉,把他与同为亡灵的萧朝贵加帽进冠,分别誉之为"传天父上主皇上帝真神真圣旨劝慰师圣神风禾乃师赎病主左辅正军师"、"传救世圣主天兄耶稣太子圣旨圣神雨右弼又正军师",再次强调杨秀清代天父、萧朝贵代天兄传言的神灵定格,但却抹去了石达开是"天父第七子",只称为"达胞",与陈玉成"玉胞"、李秀成"秀胞"等同列且名在"干胞"洪仁玕之下。

同时,洪秀全撤掉了给石达开的"圣神电"头衔,且也取消了他的"通军主将",但仍恢复"电师"称呼。在重设军师之职后,还遥封石为"公忠军师"(又副军师)。他仍列为领导圈里,但位置已经排洪仁发、洪仁达和洪仁玕之下了。

至于石达开后来在远走四川、云贵期间,仍打着"圣神电通军主将"的旗帜,一则说明他本人是很喜欢这个称号的;二则关山路遥,万里戎机,自己本已是分庭抗礼,他不可能再遵天王的诏旨。

石达开出走究竟正确与否,诸说不一,至今仍在供后人评说。

红 巾 军

1854 年，天地会何禄和陈开、李文茂分别率众在广东起义反清，头裹红巾或以红布缀襟为标志，自称红兵、洪兵，别称红巾军，造"洪顺堂"、"洪义堂"印，设将军、元帅、先锋、军师等名号。尔后占领顺德、肇庆、花县等城，并围攻广州达十个月之久。翌年 5 月，陈开、李文茂主动撤围西进，占广西浔州府，改名秀京，建立大成国，1861 年失败，余部加入石达开部。1856 年，何禄部亦在湖南失败。

花 旗

花旗原是红巾军，是在广东东莞、佛山等地的反清民众武装。1855 年 11 月，在江西新昌与石达开大军会合，成为太平军组合部分，但石达开并没有对他们整编、改组，仍保留原有的领导人和建制，只是为了区分，将其原来所打的红旗改为"杂色镶旗"，即张一面用多种色彩拼接的"花色旗帜"，通称"花旗"。花旗各路人马多达十余万，互不统属。但太平天国自视为正宗，把他们视为杂牌军，所封官爵亦有意降低一级。

花旗是随石达开出走的一路人马，后中途归来，分别隶属于李秀成、李世贤，参加经略浙江的战事。天京失陷后，又随李世贤、汪海洋等分别进略福建、广东。

石达开离天京带走的人数

据《李秀成供词》："那时朝中无将，国内无人，翼王将天朝之兵尽行带去。"范文澜《中国近代史》或据此称："达开受洪氏排斥，疑虑不安，又感到大势已去。南京难保，1857 年 6 月（咸丰七年五月）约集将士十余万人到安庆，与太平军分裂，自成一军。"不确。

按石达开自天京出走时，天京兵力本已不足，据清方地方情报，他途经无为州，"石逆由金陵带其党羽数千，道经该州前往上游"（《福济等奏金陵内讧请饬鄂赣相机防剿折》）。他后来拥有几十万人马，与天京无关。

第四卷　相持

第二十四编　板荡识良臣,众兵将齐心合力,顶天扶天朝

内讧后太平天国的处境不妙

天京内讧终于画上了一个句号。

石达开走了,越走越远。

洪秀全亲自主政,实现了他"主是朕做,军师也是朕做"的理想。

这场长达十个月的天京内讧,天王是最大受益者,也是太平天国唯一的受益者。但对太平天国的事业来说,却是致命的。

太平天国后来也没有说整个内讧得失。时过境迁,不了了之。洪秀全只是褒杨贬韦,而把自己置身于局外。

天京内讧后洪秀全认为只有亲信和家族最靠得住。他在军师之下,设立掌率。掌率名为掌军,也参政议政。提拔蒙得恩为赞天燕正掌率,钟芳礼为顺天燕副掌率。当时义爵(翼爵)虽已设置,尚未授人。燕爵就是王爵之下很高的爵位。可是蒙得恩是弄臣,不会带兵,钟芳礼是织匠,也是姐夫,更不懂军事。1857年秋,就在石达开出走后的一次保卫战中,钟在天京东南龙都战死。

朝中无人,军中无将。

此时,太平天国的处境非常困难。

在天京的东面和周边,江南大营死灰复燃,在遭和春、张国樑强势攻击后,周边溧水、句容和秣陵关都丢掉了,镇江和对江的瓜洲要塞已被围困多年,清军自高资西直达江边陆续筑垒,以断天京与镇江之接济,并以大炮猛攻镇江各门,镇江守将吴如孝将城墙加高数尺,以利固守,但因久围缺粮,将士只得以多喝水,以水充粮。吴如孝号召:喝两个礼拜的水,等待天京援军前来。

在天京上游,湘军水陆师乘石达开大军东去参与内讧,攻陷了武昌,韦志俊弃城出走。攻陷武昌的湘军主力溯江东下,已包围九江多月。虽然陈玉成军采取避实击虚、围魏救赵战术,几度挺进鄂东,企图调动九江围军、湘军主力李续宾部回援,但都为守

天王洪秀全像

英人吟唎绘。吟唎没有见过洪秀全。对洪秀全的描绘当得自传闻，但服饰、装束却大致合符太平礼制。

御鄂东的清防军击败，没有成功。九江城里粮食匮乏，将士设法在空地上种麦，处境十分艰难。

当时太平天国兵力捉襟见肘，仅有的一支具备战斗力的机动部队，就是李秀成所部。

李秀成是在天京内讧前期，即杨秀清被杀后不久，与陈玉成军先后自金坛前线调防的。他驻扎在安徽桐城等地，招抚了桐城钱百胜(桂仁)等地主武装，还兼并了庐州陈坤书等部，更有甚者，是联络了由雉河集南下的捻军黄旗张洛行，白旗龚得树、苏天福等部。

李秀成联络了捻军，壮大了太平天国阵营

1857 年春，李秀成在安徽桐城期间，做了一件非常有利于太平天国事业的大事，那就是通过李昭寿联络了淮北活跃的捻军，壮大了抗清阵营。

当时李秀成不过是个副丞相级的中级指挥员。人多力量大势力强，他就是靠抓捻军发家，成为后期太平天国一大军事领袖的。

捻军，本称捻、捻子，是一支半脱离生产、分散的地方农民武装。农忙时在乡种田，从事庄稼，农闲时出外打粮，做工战时男子编伍参战，妇女儿童保家卫寨。早期捻军成员复杂，领袖人物亦有地方豪强、富绅，初起时还多不与官府为仇，所谓"不敢与官兵相仇，犹思与团练挟恨"。

因为与团练和支持团练的官府相悖，常发生有争斗情事。

太平天国进入安徽地区，各处捻军大受影响，各支队伍也由小到大。到 1855 年，捻军的五旗形成。

翌年初，安徽、河南等州县各旗聚集雉河集（安徽涡阳）：

黄旗张洛行，一作张乐行。张姓是雉河集张老家大族。张以耕种为业，包送过私盐，还在吴桥等集上开过粮行、糟坊，办过赌坊，是个被称为走江湖有术的"仁义光棍"。

红旗侯士伟。侯是雉河集侯老郢人，当地有"九里十三侯"之称，常与黄旗一起活动。

白旗龚得。龚是雉河集公吉本人，足智多谋，也是捻军公认的"军师"。通常人们不知他名字，只叫他是"龚瞎子"。所谓绰号"瞎子"，是因长着一副俗称的"蝙蝠眼"，眼睛白天怕光，晚间看物清楚。

黑旗苏天福。河南永城苏平楼人。1854 年 3 月，曾配合太平天国北伐军占领永城，是捻军最早与太平军联手的人。

蓝旗韩万峰（老万）。雉河集东大韩庄人。五旗中以蓝旗最为人多势众。蓝旗主要有三大族，除韩姓，还有刘姓和任姓。

圩 和 寨

两淮地区乡村多建有圩和寨,作为围城。"圩"是围以濠水,"寨"是围以长墙,当时打仗守方即守圩或寨。圩比寨要省人力,所以,圩比寨多。

捻、捻军

捻,皖北方言,与股、伙、铺同义。清嘉庆时陶三对称:"每一股谓之一捻子。"《山东军兴纪略》:"或数百人为一捻,或数千人为一捻,故当时号为捻子。"方玉润《星烈日记》:"如以指捻物使之聚而不散也。捻子之称,盖由此起。"

所谓"股",乃是指搓绳时先将麻丝搓成股,然后再一股股搓合成绳。一股表示就是一路。

"捻军"不见于晚清官私方文字,系罗尔纲于1939年《捻军的运动战》首先提出,为史学界认可沿称。1955年罗又改"捻军"为"太平天国新军",见自他把《捻军的运动战》第三版所改名的《太平天国新军的运动战》。

捻军五旗军制

捻军初起为五大旗,即黄旗为帅旗,蓝、白、黑、红旗附后,后由五旗扩充为二十五旗,即增加了镶边旗,五旗之中的每大旗,增加镶边旗四种,如白旗(帅旗,不镶边):白旗黄边,白旗黑边,白旗蓝边,白旗红边。其他各旗依此类推。后来据传又在各镶边旗上,又增加一月亮,称"月亮旗"。除五旗外,另有大花旗、小花旗、八卦旗、水花旗。

旗的形式为三角旗,旗很大,执旗者站立旗角可以扫到地面。

张洛行为征北主将

1859年,洪秀全在重设五军主将后,又在五军主将之下增设四方主将:靖东主将(刘玱林),平西主将(吴定彩),定南主将(黄文金)和征北主将(张洛行)。其中征北军主将下另设置征北大佐将(张元隆、张隆)、正总提(龚得、龚得树,后为孙葵心)副总提(孙葵心)。其中张元隆为蓝旗,龚得树、孙葵心为白旗。

捻军各旗都是以宗族氏族为基础。

雉河集会盟,张洛行被推为"盟主"。确定五色和五色镶边旗军制。会盟后的各旗与清军多次作战败多胜少。在捻军领袖中,很有与太平军联手共同抗清的意愿。

同年10月,在皖北的陈玉成、李秀成为了打开江北局面在枞阳召开军事会议,决定发动桐城战役。桐城战役太平军大胜,攻克皖西舒城、三河、六安、霍山、英山、太湖、潜山等十余个州县城。在北上途中,李秀成就有意向,"当过六安,上三河尖,招引张乐行"(《李秀成供词》)。

张洛行和龚得、苏天福等捻军领袖也都积极与太平军合作。1857年3月,张洛行等渡过淮河,围攻霍邱,时李秀成部占领六安,两军相距仅百里。张洛行派龚得、苏天福率军先行,与正拟北上霍邱的李秀成在六安、霍邱之交处会师。不久陈玉成军亦前来会合。两军会合后,陈玉成与蓝旗韩奇峰攻占正阳关,东下进围寿州,李秀成与张洛行合军攻占霍邱,交与捻军为基地。

两军联合后,张洛行等表示愿接受太平天国领导和封赐。捻军一律蓄发,接受印信,双方互派代表驻军联络。但捻军"听封不听调",受职不受命。

有兵就有力量。捻军的联合,更是壮大了李秀成军的阵容。

天王当然知道捻军的归附和归附李秀成后的李秀成军实力。

李秀成中流砥柱,解救镇江之围

天王十万火急,向各处请援,只有李秀成应诏,由淮南前来解镇江之围。

李秀成星夜兼程,率同陈坤书、谭绍光、陆顺得和李昭寿等部将,自庐州东出昭关,占和州,渡过长江而来,堪称疾走千里,所向披靡。消息传到天京,给了天王一个惊喜。

天王已为镇江久久围困焦头烂额多月。当镇江告急文书雪花似的飞来,他只得在天京凑集一些兵力,由长兄洪仁发带领前去救急。当时起用洪仁发,显然是想给他一个沙场立功的机会,令朝内外众人刮目相待。可是洪仁发匮乏才干,指挥无方,屡战屡败,在高资就受到张国樑和冯子材等部团团包围,进退失据,以致援军反而成为被援军。

洪仁发打败仗,固然是他从不知兵,饱食终日,无所用心,但他所率领的五六千众,也不过是一支临时拼凑的杂色军队,是天京政府从各衙各馆按人员比例抽调编制而缀集的乌合之众。太平天国奉行全行业国有化,天京城里民众根据职业、特长分别编入各衙各馆服役做工,战时需要立时从中抽调当兵,回城放下刀枪仍是服役做工。在他们看来,这是充分利用劳动力,这就是兵源,一专多能,来之能战,战之能胜也。可是这样的"军队",从未经过操练,临时拉出来上阵,根本没有战斗力,是很难取胜的。

李秀成率部进入镇江战场,先救出重围中的洪仁发军让他们回天京去,而后他又奋不顾身杀进镇江重围,渡过瓜洲,将瓜洲驻军和镇江吴如孝军全体将士救出撤回天京,坚守四年的镇江和瓜洲是丢失了,从此再也没有收复,而成为插在太平天国心脏中的一根钉子。但吴如孝这支几千人的百战精锐却保全了下来,以后随吴如孝转战淮南、守卫庐江以及最后参加天京保卫战。

疾风识劲草。天王欣赏李秀成的大智大勇,封他为又副掌率,由合天侯进爵合天燕,和蒙得恩,陈玉成同列。又副掌率名列第四掌率,是全军第二副总司令。从此李秀成从地方军头擢升为中央军政大员。

李秀成原名李以文,参加太平天国后改名为李寿成。大概在此时,他被天王赐名为李秀成。洪秀全学古中国封建帝王搞赐名之术,改"李寿成"为"李秀成"是非常荣誉的奖励。盖"秀"字因讳洪、杨名讳,他人都必须回避,而独赐于李寿成,足见天王对李秀成的青睐和器重。

二解京围,洪秀全大喜

太平天国放弃镇江和瓜洲,清朝皇帝大为欢喜,嘉奖江南大营统帅和春戴双眼花翎、二等轻车都尉世职,帮办军务张国樑骑都尉世职;江北大营钦差大臣、蒙古都统德兴阿戴双眼花翎、骑都尉世职。

和春、张国樑和德兴阿得到鼓励,加紧对天京围困和封锁。江南大营又在天京东北掘下长濠,长一百三十四里,连营一百三十余座。江北大营也在浦口、江浦一线布防,上下呼应。

天京仍处于危险中。

坐守天京将束手待毙。

李秀成请求出京调兵解围。天王不准,天王要留他在朝辅政。过了几天,李秀成见事急,无奈,只得至朝门击鼓,要求天王重议。天王登殿,他诉说当前各方严峻形势,

安庆枞阳会议所在地会龙庵遗址

再要孤守天京,不出京调兵遣将,那将会遭灭顶之灾,话说得恳切又激动。天王权衡得失,终于勉强同意。

几天之后,李秀成赴芜湖,会集本部人马和当地驻军李世贤,筹划解救天京。商定由李世贤抗御南岸清军,他则向江北进军,以打通天京与北岸的交通,即来自皖南诸地至天京的粮道。

李世贤是李秀成族弟。李秀成参加太平天国除了女眷,兄弟仅李明成一人。李世贤有个庞大的家族。他是合家族参加太平天国的。太平天国攻下镇江后,他一直在镇江。据《李秀成供词》,李世贤也是内讧后,朝臣合力推荐的。镇江失陷前后时,才调离至芜湖任佐将的。

李世贤军也是太平天国的一支劲旅。

李世贤全力支持李秀成作出的战略战术。

1858年3月,李秀成部由芜湖渡江先后占领全椒、滁州、来安。他打算进军江浦、浦口,德兴阿调集马步军一万余人前来迎敌,两军交锋,李秀成因兵少战败,死亡一千余人。他无奈退回全椒,行文各路军事统帅,于安庆附近枞阳召开军事会议。

这时陈玉成已从鄂东回军,前来开会。会议商定,陈玉成部由潜山过舒城,攻取庐州后,再下滁州;李秀成所部则由全椒到滁州会合,然后一同进攻浦口江北大营,以解除天京北面之围。

枞阳会议期间,天王重设五军主将,晋升陈玉成为前军主将、李秀成为后军主将、韦志俊为右军主将、李世贤为左军主将、蒙得恩为中军主将。

9月,陈玉成、李秀成两军在乌衣会师,江北大营德兴阿的蒙古骑兵前来迎战,两军在此一场恶斗。德兴阿的四千名精骑勇健骄横,雄赳赳地排列在阵前,摆开一副冲杀的姿态。陈玉成胸有成竹,毫不畏惧。他根据骑兵的特征,早就挑选了几百名猛捷的战士,命他们一手紧握短刀,一手拿好藤盾,预伏在战前已挖好的深壕里。

战斗打响了,蒙古骑兵如飓风似的冲杀过来。将近壕边,太平军战士忽地跳出,冲击骑兵大队。骑兵在马上弯腰砍下,战士手持藤盾护身,而其短刀却削断了马足。骑兵都被打得人仰马翻,落花流水。

这时,陈玉成指挥的大部队又杀将前来,蒙古骑兵被全部、彻底消灭。德兴阿落荒而走,侥幸逃脱。从此江北大营一蹶不振。

乌衣一战,太平军大获全胜。遂乘胜追击,第二天在小店击溃江南大营派出的冯子材援军五千人,直下浦口。陈玉成军为主攻,从正面强攻江北大营;李秀成军为侧攻,从后路包抄。前后夹击,杀死清军一万多人。德兴阿吓得魂不附体,在匆忙突围时,竟将钦差大臣的印信也丢掉了。

浦口大捷,由满洲贵族把持的江北大营被彻底摧毁。以后再也没有兵力重建。它的职能全归并于江南大营。太平军缴获的战利品,仅九千斤重的铁炮就有十余门。

这次战役,就是李秀成所称的"二解京围"。

陈玉成、李秀成分军追击。

李秀成会合捻军薛之元部,顺利攻取了天长、仪征和扬州,继续扩大胜利果实。

陈玉成攻占六合却得来不易,经过一番血战,方才把这座小城占领,击毙清江南大营翼长、道员温绍原。温绍原是个很会打仗的官员,以办团练起家,从小小知县步步高升。他守六合六年,一直强化团练建设,屡败太平军,曾使这弹丸之地获得"铁铸六合"之称。

天京和江北航道又开通了。两淮地区的粮道可以风雨无阻地运到天京。

洪秀全大喜,特地将江浦、浦口地区划为天浦省,为天京北方屏障,并任命参加太平天国的捻军头目薛之元为佐将镇守。

见有故宫博物院所藏《命镇守天浦省诏》：

朕诏答天豫薛之元弟知之：

万有爷哥朕主张，残妖任变总灭亡，诏弟统兵镇天浦，兼顾浦口拓省疆。

朕昨令弟排拨官兵五千，亲自统带，星速赶赴六合镇守。今朕复思，天浦省乃天京门户，弟有胆识，战守有方，足胜镇守之任。爰特诏弟统齐兵士，赶赴天浦省垣，协同将帅黄连生弟等实力镇守，安抚黎庶，造册举官，团练乡兵，以资防堵；征办粮饷，源源解京；鼓励将兵，严密堵剿，毋些疏虞。今特命保天福刘庆汉、懂天福林世发、侍卫黄钦元、陆凤翔等捧诏前来，令弟星速带齐官兵，前赴天浦省实力镇守，并排薛之武弟带同一队官兵前赴浦口镇守。弟等见诏，实力奉行，放胆雄心，力顶起爷哥朕江山万万年也。钦此。

此诏当是后来薛之元叛降后，上缴给清廷送入军机处存档者。此诏出自洪秀全亲笔，亦足证天王亲政，事必躬亲，而可见此时天王与旁系角色青睐的迫急心情，与非拜上帝成员者亦一体同仁也。

将中国划为二十四个省

1860年，洪仁玕向外国传教士宣布："全国将重新划分为二十一个省。"这是指清所划定的关内十八省与奉天、吉林、黑龙江"满洲三省"。

但从太平天国所存文献，为它提及的有二十四省：

沿袭清制的关内十八省：江西、湖北、湖南、河南、安徽、陕西、广东、广西、甘肃、四川、江南（江苏）、罪隶（河北）、浙江、珊东、珊西、芸南、桂州、福建。

由江南省分出苏福、天浦两省；满洲三省：奉添、吉林、乌隆江；还有伊犁省。

其中苏福省乃是1860年所占的苏州及其周边的州县；天浦省乃是由江浦县改为天浦县的升格，所谓定省，其范围仅一县之地。

东边日出西边雨,九江重镇失陷了

1858 年 5 月,太平天国九江重镇失陷了。

湘军为实现攻打天京战略的第二个部署,在取得武昌后,下一步就是攻打九江。如九江攻下,就可以溯江东下,包围安庆,直捣天京了。

九江乃长江险要,扼全赣和长江门户。太平天国贞天侯林启容在此坚守了五年,以守为攻,屡摧敌锋。有一年甚至把湘军宿将、提督塔齐布打伤;塔齐布久攻不下,竟气愤呕血而毙命。

林启容战守可恃,闻名敌国。他是太平天国难得有的将才帅才。据传他原是福建莆田的一个小行商,到广西山区走方做生意,信仰了上帝天父,开始从一个普通天兵提拔到高级将领。但因非平隘山老兄弟,受到排挤,一度还被人打了黑报告。杨秀清就把他从高位上撤下来,放在天京罚为"奴"。所谓"奴",就是太平天国学封建王朝,把某些人罚为"贱民",推向社会最低层,也就是不能称呼为"兄弟"的。林启容的冤案旋被发觉,为杨秀清假天父下凡传言,又恢复名誉,重新任用。林启容能屈能伸,仍在九江为太平天国鞠躬尽瘁,这使曾国藩敬佩不已。曾国藩见硬的不行就来软的,用心良苦,写信向林启容招安。这是《曾文正公全集》里收录的唯一一篇《劝降书》。此信写得情文并茂、娓娓动听;且以杨秀清被杀事,引诱林动心。以曾氏大散文家的手笔,自然精彩。可是林启容仍忠贞如一,不予理睬。曾国藩心术不当,真有些搞错对象,"对牛弹琴"了。

九江守军有颇强的战斗力,但致命伤就是粮食不足,在城陷前两年就缺粮了。林启容发动军民抗灾自救,在城里空隙处开地种植。但杯水车薪,无济于事。将士们饿极了,只能用稻草、树皮和初苗的谷穗充饥。后来城陷,敌军解剖战死者的尸体,发现他们肠胃里所塞的根本不是米粮,而是稻草、树皮。

壮怀激烈。九江城终于因孤城久困而失陷。曾国藩因与胡林翼进攻天京的第二步战略实现了,故大为兴奋,当即以红旗八百里加急捷报送达北京,说是全歼守军。他这样说只是夸耀罢了。九江城守官林启容和元戎李兴隆虽然牺牲了,但仍有魏超成等人杀出重围,终于带着饥饿的身子回到天京。五年后,洪秀全为表彰建国以后所牺牲的将帅,追封林启容为勤王,并由其子袭幼勤王。

主持攻打九江的是李续宾部湘军。

李续宾是罗泽南的学生。

在近代中国和湘军史上,李续宾堪称是一个奇才,也是很难得的将才,但多年以来,因为他凶悍地镇压太平天国,所以李续宾的形象是个刽子手、恶魔的化身。

早年李续宾跟随罗泽南开办团练,是他最得力的助手。这得益他从小养成的胆识。曾国藩和罗泽南开始创办湘军,每营编制是三百六十人,后来又改为五百人,五百人就成为湘军以致后来淮军等满员定额,唯独李续宾不受此例,他以每个营编制须按领兵者能力而定,不能千篇一律,且人员亦可视领兵者决定扩充与否;招募人员时很注重饷源,如超额就靠募捐或垫上自己财产,决不作兵营通用的克扣,长官吞吃兵饷。李续宾有些古代名将风,颇能同将士同甘苦。由于他的部队都是湖南湘乡老乡,当将士家人要知道亲人在兵营生活,只要找李家人问讯就可了,因为他在家信里一定会说明兵营种种。他和曾国荃的湘军将士以乡缘、亲缘招募,大有异曲同工之妙。因此李续宾的湘军肯死战,很少有逃跑、叛降者。

李续宾本人好学博识,一是非常喜欢历史地理,讲究地图之学,根据所在地区,分析道路、河流村镇布局,作出正确的战术;二是精通岐黄之学,在乡时就能为人看病,领兵后就相当注重兵营卫生,预防疾病,而战争带来的传染病,常能影响士气和战斗力;三是喜欢读兵法。早年办团练,为提高乡勇的素质,还撰写了《孙子兵法易解》,传诵古兵法应用的基本知识,提出凡创办团练,必须是"以正人心为主,以固人心为先"。这些知识在战场上都派上了大用处。

但是李续宾办团练也并非是一帆风顺。早年他奉知县命,带领新募的 200 名团练前去讨伐起义的会党武装,半途听得几声枪声,以为是会党杀来了,纷纷逃跑,只剩下一半人。他把这些人留下来,再经过多次战场考验,其中如蒋益澧、周宽世、胡中和、萧庆衍、李登辟、李续焘等,后来都成为地方大吏和提镇名将。以后在继续招募的兵员中,又发现了朱品隆、周达武、胡裕发等名将,其中朱品隆后来跟随曾国藩,被安排在皖南,率领偏师,独当一面。

而李续宾用于对付太平天国最大的创造是围城挖壕。

1856 年初,湘军围武昌,武昌城大,长围兵力不足,李续宾就努力在自己兵营后挖壕,开始多人以为是多此一举,自断退路,但经过实践考验,才发现挖壕一可阻击敌之援兵;二可防止敌军绕后路;三是隔绝城军与城外援军联系。以壕代兵,为湘军节省了大量兵力。李续宾在攻打九江城时,也在城外挖掘三十五里长壕,并规定壕沟一律要挖成宽三丈五尺,深二丈。

九江城就是这样被困死的。

陈玉成打赢三河之战,仅缴获的
红顶子蓝顶子就装了满满的八个箩筐

李续宾攻占九江以后,极其骄傲,他来到武昌青溪,与曾国藩商议出征安庆。曾国藩赞赏他的勇气,应允其求,还让三弟曾国华随征。

李续宾率领湘军主力八千名精兵,由九江东进安徽境内;另两支偏师分别由副都统多隆阿和总兵鲍超率领,自安徽宿松直趋安庆,配合李续宾所部在进取庐州后合攻安庆。

这时,陈玉成正带领本部人马在攻打江北大营,故安徽太平军兵力薄弱。李续宾进入安徽省后,仅以一个月时间,就先后攻陷潜山、太湖、桐城和舒城等县城。太平天国自 1854 年始便据有这四座县城,并在该地区设有各级地方政权机构,为安庆屏障。

舒城前面,就是后来闻名近代史册的三河镇了。

湘军每占领一地,即烧杀掳掠,无恶不作;将士如盗匪,疯狂抢劫,他们把太平军仓库的门上贴了封条,掠为己有。然后再将它转卖与统帅,囊中饱和。而三河的富庶,更为他们垂涎三尺。

李续宾部北上庐州,原先不是取道三河镇的,只是听了响导,太平军乡官陈文益的话,且由他带路来到三河。

三河镇在庐州、舒城和庐江三县交界处,因此地位于丰乐河、杭埠河和多槽河三河交汇处而得名。它离庐州只有五十里,是北上庐州的咽喉;又是太平天国在皖北囤积粮食、军火的重镇。供应庐州、天京的粮食、军火,就是从这里源源不断运走的。

太平军将三河镇北岸的民房、店铺和寺庙尽行拆去,又筑建了围墙,围墙高达三层,层层布满枪眼,并在墙外修了九座石垒;在得悉湘军进逼三河前夕,为集中仅有的兵力,撤走了南岸五垒。李续宾指挥湘军进攻其他各垒,太平军守将吴定规凭垒抵抗,在击毙敌军一千余人以后,弃垒全撤回镇。

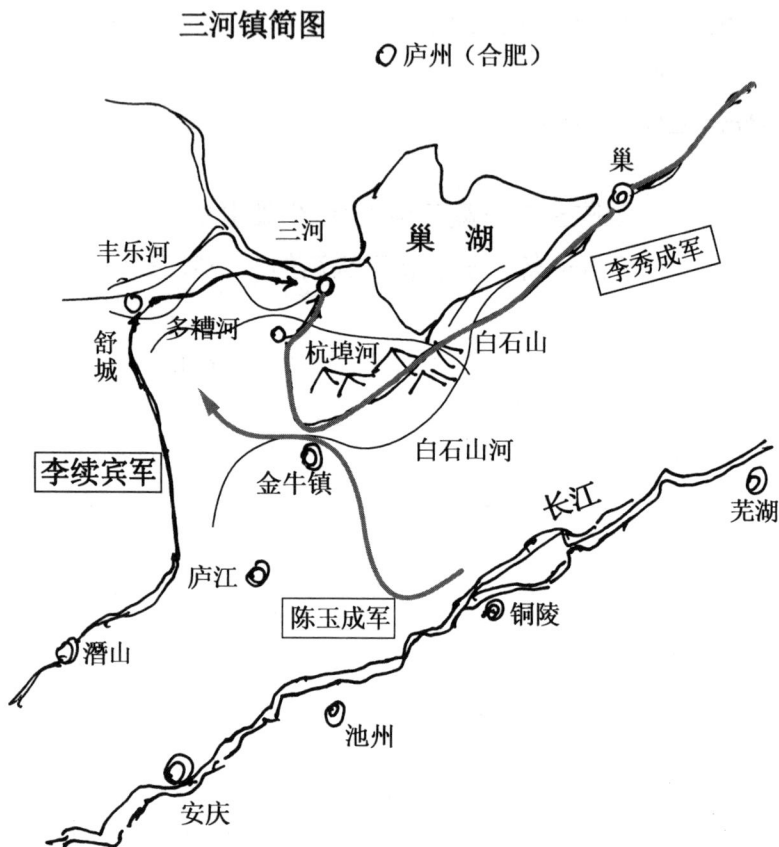

三河镇简图

湘军逼近城墙,却为河水所阻。盖三河镇乃其周边河港纵横。圩错沟杂,对缺乏水军配合的李续宾部极为不利。当地士绅团练协助湘军,筑坝阻断三河水源。正当李续宾得意洋洋命令军队负草填沟、攀墙而上时,陈玉成援军赶到了。

吴定规曾一日接连派出五匹快马,送书上天京告急。10 月 24 日,陈玉成在攻占江苏六合后,当天渡江返京禀告天王回援,并请李秀成军同行。陈玉成满有信心,审时度势,意在必胜。他告诫部众:"我安庆屹立如山,庐江仍在我军手中,三河在我内部,李妖孤军直窜进来,前后受敌,恰好似野兽自投陷阱。"当即率军星夜兼程,前部先锋两星期就赶到了三河镇西南三十里的金牛镇、白石山一线。四天后全军陆续赶齐,连营数十里。

当李续宾带同幕僚走上新筑坝上瞭望时,发现周围几十里尽是太平军的红头巾在攒动,他不禁有些心惊,只得缓攻三河镇,回头迎战。幕僚和地方士绅都认定三河镇一带圩堤交错、河道纵横,难以打野战,劝李续宾回师;部将们也一致请求他暂避锋芒。

但李续宾气焰正盛,当然不会同意。也许这时他还在幻想,后方舒城尚有第二梯队的兵力,会大力协助自己。岂不知,考虑周到的陈玉成,已命庐州守将吴如孝率部南下,阻隔舒城驻军,不让其与三河镇李续宾军会合。

11 月 14 日,李续宾派出所部最有战斗力的骑兵闯阵。太平军出大队人马迎击,另有数支包抄,数支陈兵以待。湘军骑兵冲到太平军阵前,很多马蹄因为踏穿了沙中所预埋的破烂朝天铁锅而难以动弹。太平军将士前后掩杀,彻底歼灭了这支精锐骑队。

翌日曦晨,大雾弥天,咫尺难辨。李续宾派出七个营兵力大举进攻陈玉成大营,追过金牛镇,却不知敌军去向。陈玉成军却趁大雾从左路出击,错路而过,当听到身背的人马行走声与枪炮声,就掉转队伍,以后队作前队,包抄过来。湘军回头迎战,却阵势已乱,死伤一千余人。

到中午,李续宾在大营得到部队将被围歼的消息,慌了手脚,亲率围攻三河镇的六个营前来解救。他们发动了十多次进攻,毫无进展,人员却损失不少。

两军相持不下。

李秀成大军这时也已赶到白石山,听到金牛一带炮声不绝,知道双方已开仗,遂直

云马圆戳

太平天国诸王和高级干部所专用快递戳、邮戳。大多用于信函的封套和首页,以及"谆谕"、"钧谕"、致外国"照会"等各类文书。为紧急公文,规定有此圆戳加铃,一到即须转递,每一时必须驰五十里。

奔前来参战。吴定规也乘机自城中杀出。陈玉成军见有接应,更显威风。李续宾出援未成,却自身险遭覆灭。黄昏,他放弃救援被围部队,带着残部返回大营,死守待援。被围湘军七个营被彻底歼灭。

当夜,陈玉成派出一支机动小部队,挖掘了李续宾命士绅所筑的河坝。滔滔河水复归三河,断绝了李续宾残军的归路。李续宾大营被重重围困,水泄不通。

太平军打的是歼灭战,人称为五朵梅花阵,即集中兵力,分军五路,除正路外,还在敌军的前、后、左、右四方围攻,各路人马弹发如雨,杀伤敌人。密集的弹丸,甚至将敌营的锅、罐等炊具全都打碎。

李续宾无路可走,只有死路一条。对于他的死有几种说法,一说是当夜三更,李续宾乘着黑暗,抛弃全营将士,偷偷溜出帐外,刚走出镇西三里胡疃圩时,因慌不择路,掉进泥淖,被太平军追兵寻获击毙。

另一说是清官方文书,说他是率军突围,怒马当先,往来奋击,力竭阵亡;李秀成说他是突围不成,在营帐里上吊自尽。这些皆出自掩饰和传闻,都不属实。

李续宾留在中军帐的残部,包括曾国华等官员,翌日都被杀进营里的太平军歼灭无遗。

这一仗,湘军精锐丧失六千余众。仅缴获的红顶子蓝顶子官帽,就装了满满的八个箩筐。

它就是中国近代史上出名的三河战役,也是兵学家誉之为"五朵梅花阵",打歼灭战的成功范例。

陈玉成、李秀成乘胜进军,分别收复舒城、桐城、太湖、潜山等城;兵临安庆城下的多隆阿、鲍超等部得悉三河败亡,不战而退。整个安徽格局有了大大的改观。

刚满二十一岁的陈玉成,在指挥这场战斗中,打败了比他年长二十岁的湘军悍将李续宾,展示了大智大勇的才略,他的威望更高了。

还在家乡益阳守制的胡林翼得悉三河败讯后,多有感叹:"此番长城顿失。……以百战之余,覆于一旦,是全军皆寒,此数万人者将动色相戒,不可复战。"(《胡林翼书牍》卷十《致司道》)"三河败溃之后,元气尽丧,四年纠合之精锐,覆于一旦,而且敢战之才,明达足智之士,亦凋丧殆尽。"(《胡林翼书牍》卷十二《复胜克斋钦使》)他在假期未满时,即赶到黄州行营,并赴宿松与都兴阿商议如何对抗陈玉成。

当时曾国藩远在江西建昌(今永修),由于道路受阻,半个月后才得到李续宾全军覆没的消息。他伤心气愤之至,竟有几天没有睡足觉、吃好饭。随即派勇丁前往三河,寻找其弟曾国华尸骨归葬。

曾国藩伤心至极,还作有挽联:

<blockquote>
归去来兮,夜月楼台花萼影;
行不得也,楚天风雨鹧鸪声。
</blockquote>

格调凄楚,哀声动人,极写当时心情。

这一仗使得湘军元气大丧,在李续宾家乡湖南湘乡,几乎是村村吊孝、处处招魂。

二郎河之战,太平军二十万众竟被湘军三千打败

陈玉成和李秀成联军取得三河大捷,这在太平天国史上是可以大书特书的快事。可是泰极否来,陈玉成在大胜之后,却在二郎河和小池驿先后打了大败仗。

胜之不易败也惨。

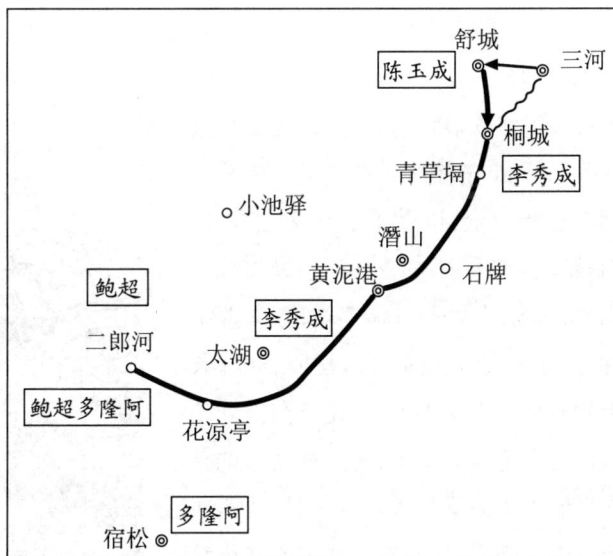

陈玉成进攻二郎河路线图

鲍超（吴友如《将臣图》）

三河之战后，陈玉成和李秀成分兵西进。陈玉成军占舒城，又与李秀成合军攻占桐城，逼使都兴阿为调整战略部署，不得不撤安庆围。在李秀成占潜山、太湖后，由安庆围城撤回的多隆阿军屯扎宿松、鲍超屯扎二郎河，以阻挡陈玉成、李秀成进军。

陈玉成凯歌行进，相当得意，在行进中就放松了警戒。据《李秀成供词》：

后将李将全军收集，多落在陈将营中，我营少有，那知湖南之人，同军行到半路，不防提备，被湖南之人杀死陈将之军数十人，后陈将传令杀尽，落我营俱一而在。自此之后，各已陆续自逃。

当时陈玉成将俘获李续宾残兵余卒，押在队伍中同行，这些湘军将士乘隙暴动，杀害太平军人员。李秀成对于三河战后的陈玉成是不甚满意的。当时，陈玉成将由石牌攻宿松，遣部将李四福自桐城青草塥至太湖黄泥港，但都失利了。陈玉成回到太湖，约李秀成同攻二郎河。李秀成本不同意，经陈再三恳求，方才勉为其难。两军至花凉亭一带，又为多隆阿、鲍超联军击败。陈玉成不甘心，仗着是得胜之兵，兼及人多势众，转向二郎河鲍超营地进攻。鲍超军仅三千人，以固守营地对抗。陈玉成骄气十足，以为自己拥有二十万众，可以不费吹灰之力，歼灭敌军，于是先命捻军孙魁星打先锋。孙魁星攻战一个时辰，就败退回阵，又派捻军张宗禹上阵，亦失败折回，陈玉成怒发冲冠，亲自带领嫡系部队出阵，战斗长达三个时辰，没有得逞。鲍超发现陈玉成坐在高处指挥作战，命集中两百枝火枪瞄准射击，陈玉成身边的营帐被击中起火，幸亏他本人未受伤害。这一仗，陈玉成营寨全丢了，将士死伤几千人，只有李秀成的六座大营未破。至夜，李秀成和陈玉成先后撤回太湖。

多隆阿（吴友如《将臣图》）

这就是二郎河之战。

陈玉成原来打算经二郎河之战胜利取得宿松，以巩固安庆外围，就是因为"其军乘胜，不知自忌"（《李秀成供词》）而遭惨败。

这次战役影响陈玉成继续西进。

1859 年 3 月，陈玉成引军北指，攻占六安州，并在庐州官亭全歼署安徽巡抚李孟群全军，活捉李孟群。李孟群原是洪秀全等初起时的桂平知县，始终与太平天国抗衡。陈玉成派陈得才劝降，李孟群不降，说："胜败军家之常，势已至此，夫复何言！上是青天，下是黄土，中间是良心。务必要说实话。比如我若将英王活擒，能甘心降我乎？彼能甘心降我，我即降他，万不宜作违心之论。"陈玉成听了陈得才回报，说："从此不要劝他了。"把李处死。陈玉成的处理不同于李秀成。李秀成在三克扬州时，俘获知府黄钦鏕。他对黄"当面礼敬，将其全家一一寻齐，当即讯问该知府愿降与不降，肯降即可，不肯者，皆自由自愿也。"黄知府不降，李秀成以人各有志，发给"盘川银三百五十两"，派人护"送由仙女庙而去"（《李秀成供词》），后来在攻陷杭州，将送入"招贤馆"的清布政使林福祥、总兵米兴朝等大员，发与盘川，送出杭州。两人各执有自己的思路和理念。

陈玉成官亭俘杀李孟群后，从庐州梁园北进，大破胜保军。这是一次大胜仗，他记忆犹新，两年后在被诱捕后与胜保会面时，胜保搭臭架子，陈玉成对之一顿怒骂："尔犹记合肥官亭，尔骑兵二万，与吾战后，有一存者乎？"

在此期间，陈玉成作战仍较顺利，但是在小池驿之战中，吃了大亏。对此我们将在另篇叙述。

第二十五编　洪仁玕总理朝政,封为干王七千岁

洪仁玕带着世界地图和中国地图来到天京

1859 年 4 月,洪仁玕历尽千辛万苦,终于来到天京。

这是洪仁玕第二次北上。

洪仁玕追随堂兄洪秀全事业是坚定不移的。1851 年,他没有赶上金田起义,此后两度冒险跟踪、寻找太平军也未能追上,无奈何才折回广东。但他在家乡也待不下去了,便于 1852 年躲到当时已是英国殖民地的香港,与当地的瑞典传教士韩山文相识。韩山文是香港巴塞尔布道会牧师,翌年 9 月,洪仁玕接受洗礼。韩山文后来介绍,这天有六个人洗礼,第一个姓洪,花县人,三十一岁,教师兼医生,并注明是太平天国王洪秀全的亲人和少年朋友。他向韩山文口述洪秀全革命的历史。韩山文将其记录译成英文准备出版,以此筹备他赴天京的路费。这就是《太平天国起义记》(原名《洪秀全之异梦及广西乱事之始原》,又名《洪秀全幻想》)。

在香港,洪仁玕先后居住了七年。他在伦敦传道会当中国牧师,以教外国牧师汉文为职业。有时也在西药房学习,做坐堂医生。在此期间,好学不倦、业精于勤的洪仁玕,留心考察了西方国家的政治、经济和先进的科学技术。他品德高尚、思想豁达、性情和蔼亲切,因而结识了不少海内外朋友,其中包括中国第一个留美的知识分子容闳。

1854 年,韩山文为洪仁玕准备行装,其中有《旧约》和《新约》的三种译本,巴特《基督教圣经史》、莫纳尔《教义问答》、日历和其他著作,还有世界地图、中国地图、巴勒斯坦地图,一个钢打印机模型、铜字模和普通字模,以便他们用西法印刷汉文,此外还有望远镜、罗盘针、温度计、小刀等杂物,并为他写了一封给在上海的布道会代办麦都思牧师的介绍信。香港伦敦布道支持他赴南京,希望通过他的行动,矫正太平天国对基督教和外国人所犯的错误手段。布道会还给了他旅费,还同意在十个月里给他家人每月七元的生活费。洪仁玕首次北上到达上海和他同往的有李敬芳之子李正高,打算赶赴天京;因途中难以越过清兵封锁线,又回到了香港。他在上海住了五个月,学习天文历数,注解《新约》,还整理了自己多年为人看病的医方。他精通中医,也熟悉西医,是近代中国第一个将中西医贯通于一身的医生。

天王府圣天门（选自斯·卡拉摩萨《太平天国》）

　　天王府大门称荣光门，此乃二门称圣天门，两门间甬道两侧，有东西吹鼓亭。右侧小屋墙上，嵌有砖刻的"太平天国万岁全图"。进入圣天门，穿过广场，就是天朝宫殿的主体建筑金龙殿（荣光殿），乃是天王召集军师王等议政、决策处。

　　洪仁玕又回到香港，担任伦敦布道会的语文教师。他的口才很好，有很多听众。

　　1858年秋天，洪仁玕再次北上。这次他学乖了，乃由广东南雄，过梅岭，取道江西饶州，再到湖北黄梅、罗田，绕了一个圈子，然后以假办货物为名，搭货船赴天京。在进入安徽长塘河地界后，那已是太平天国占领区。洪仁玕找到守军头目、赐福侯黄玉成，通报自己姓名，并在衣襟夹中取出自己履历，及投奔天王来意。黄玉成就亲自护送他来到天京。

洪秀全说：京内不决之事，问于干王

　　洪秀全见堂弟不远千里前来，且知他在海外多年，见识甚广，才干卓越，故深为高兴。

当天,洪仁玕被封为干天福。十五天后升干天义,任九门护京主将(即天京卫戍司令官)。当时军师由洪秀全自兼,其下就是主将;天义爵位是仅次于王爵的最高爵位,名列五军主将的陈玉成是成天义,李秀成是合天义。

洪仁玕的进阶本来已太快了,而洪秀全还嫌不够,两天后竟传下诏旨,封他为"天朝精忠军师顶天扶朝纲干王七千岁",总理朝政。洪秀全在废除安王、福王后,誓不封王;在天京内讧后,也不再授他人为军师,现在全都送给了洪仁玕,而且还给以前期南王冯云山的七千岁地位,那真是天王之下第一人了。

诏旨传出,五军主将和其他官员都脸露不平色。

洪仁玕手迹

洪秀全是聪明人,就传令众官员到教堂齐集,隆重举行登台授印仪式。洪仁玕推辞不肯接受,洪秀全当着众文武前对他说:"风浪暂腾久自息。"

在授印仪式上,洪秀全说了三条:第一,京内不决之事,问于干王;第二,京外不决之事,问于成天义(陈玉成);第三,京内、京外都不能决之事,问于朕。

洪仁玕在台上接了干王金印后,发表了一通相当精彩的演说。他对众人说了些道理,并把东王制度重新议论了一回,又把从前的案件批详榜示。洪仁玕博古通今,见过大世面,精知世界地理,略识机器工程,承认西洋文明的优越性,是太平天国最有学问的人,也是当时中国少数真正有大学问、有新思想与新意识的人。因而,他的话有的放矢,有板有眼。台下的官员耳聆目见,非常敬服,称他是"文曲星"。

这次登台受印,使洪仁玕的声誉鹊起,传遍远近。当时有人作诗:"何物狂且负盛名,登台还使一军惊。"(《金陵纪事诗》)就是指的此事。

洪仁玕封王未久,就向天王呈送他的施政纲领《资政新篇》。《资政新篇》放眼世界,介绍了英国、花旗(美国)、日耳曼(德国)、瑞邦(瑞典)、丁邦(丹麦)、罗邦(挪威)、佛兰西(法国)、土耳其、俄罗斯、埃及和日本等国的地理和政体,提出要开办银行、矿山、邮政和保险公司。

洪仁玕发布《立法制宣谕》为颁行陈玉成所拟订的新法制。他赞同陈玉成提出的重订法纪,强化赏罚制度。他对陈玉成印象不错,在封王一个月后,就推荐天王封陈玉成为英王。两人关系很好,以至当时传闻说陈玉成正妻乃是洪仁玕侄女,即洪侄女是也。后来英国人吟唎著作,还仿照西方英雄救美女的模式,编造了一出陈玉成劫狱救洪侄女的故事。

洪仁玕也很尊重天王的权威,处处予以维护。洪秀全因他的到来,为振兴文化教育和培植人才又设立了所谓"文衡总裁"官衔,以洪仁玕和蒙得恩、陈玉成三人分任文衡正、又正和副总裁主持其事。洪仁玕在兼任文衡正总裁主持会试时,出题《十全大吉诗》的第一首是:"三星共照日出天,禾王作主救人善;尔们认得禾救饥,乃念日头好上天。""十全大吉"是洪秀全的符号。他就以此诗显水露山赞同洪秀全(禾王)是太阳。

洪秀全对鸦片是很反感的,早在1849年在紫荆山准备起事时,就提出严禁鸦片。据洪仁玕对韩山文说:"洪禁吸鸦片,即平常烟草及饮酒均在被禁之列。关于鸦片,彼有一诗,原文曰:烟枪即铳枪,自打自受伤,多少英雄汉,困死在高床。"洪仁玕对此颇有同感。1861年春,在徽浙道上行进途中,还特向军民发出通令,重新颁布洪秀全的这首诗:

> 本军师曾游诸洋,深悉外洋鸦片烟甚为中国害,且寻其各洋邦售卖实数,每年总计耗中国银两不下四五千万之多,我中土花人其何以堪?前将此情启奏我真圣主天王,而圣心悲悯,不胜悼叹,乃蒙面降纶音,必除鞑妖此弊,方能永保我民。嗣劳圣心御笔降诏,训诲天下,令知所儆戒也。本军师恭录遍行,令天下军民人等知悉,毋违煌煌圣训,致蹈国法,并自贻伊戚可也。
>
> 天王诏旨云:朕诏天下军民人等知之:
>
> 烟枪即铳枪,自打自受伤,
>
> 多少英雄汉,弹死在高床!
>
> 钦此

(《钦定军次实录》)

洪秀全对堂弟刚开始是备加信任的,称赞他是志弥南王。洪仁玕品格高尚,廉洁公正,他仅有的嗜好,第一是读书,求新知;第二是喝酒,每餐须有酒佐餐。太平天国制度是严禁喝酒的。但洪秀全由此特批,唯干王可以例外,不受此限。因而他家藏有多种好酒,包括法国年代远久的葡萄酒。这也算是一个非常恩遇。

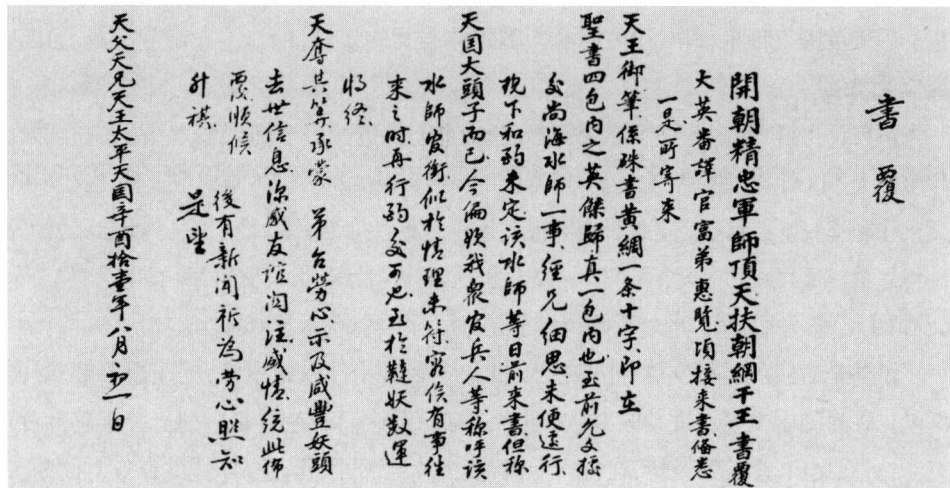

1861 年,洪仁玕复英国翻译官兼代理宁波领事富礼赐书

富礼赐能说流利的中国话,在天京时与洪仁玕交往密切。此人后据自己所认识太平天国,著作有《天京游记》。

洪仁玕与洋货

洪仁玕早年在香港,就接触到洋货,到天京后,有职有权,搜集了不少。据英国翻译官富礼赐参观干王府后称,干王收藏有各种参考书,有图画书多卷,皆有布面,还有一本 Woolwich 的炮垒防御法、一本战事学、一本圣经;他的陈列就如万国博物馆,有玻璃灯、外国肥皂、时钟、西餐餐具、望远镜,还有三支生锈的手枪,一把英国海军剑、两把日本刀以及法国瓷碟、英国葡萄酒、西洋雕刻品,等等。

当富礼赐与洪仁玕谈及自己舰上有座大风琴时,洪仁玕随即下令,命天国负责外务的"番镇统管"莫仕暌采办。莫派部属福天燕陈万顺持他的照会与富礼赐会商,"即将大风琴与陈弟看视,如果合式,并祈与伊言明价银若干"。

第二十六编　群威群胆,歼灭江南大营

洪秀全写了《水浒传》上的"万古忠义"四字赐与李秀成

三河之战期间,在滁州的李昭寿竟公开亮出叛变的信号。祸不单行,接着薛之元也跟着叛变了。

李昭寿是李秀成爱将,被视为心腹。李秀成是通过李昭寿的介绍,联络捻军,壮大自己队伍,而成为一方面军的,因此相当感恩,两人还结拜为兄弟,并成为儿女亲家。

但李昭寿本质极坏,从小就偷鸡摸狗,练成一套能竿上立、壁上走的本领。兔子不吃窝边草,而李昭寿偷惯了,竟不择手段,就是隔壁邻舍、亲戚朋友处也偷。他少年时便秃发绝顶,人们就给了他一个"贼秃"的诨号。他多次因盗窃被告发,先后坐过三个县衙的监狱,是个"坐牢专业户"。

后来,李昭寿也麋集了一批狐群狗党揭竿造反,其中就有薛之元,当时又叫"薛小"。失败后,他投靠大儒、道员何桂珍;并协助何桂珍,捕杀英山造反派头头田金爵。但在进犯太平军据守的蕲水时打了败仗,归途中沿路掳掠,被地方上告,要何桂珍查办。李昭寿又乘机杀了何桂珍,归顺太平天国。

李昭寿的军队纪律极坏,每到一处就扰乱民众。他自己也是骄横无惮,路经太平天国州县,索财索粮,一言不合,就捆打守土官员。李秀成对他处处包容,大事化小,小事化了,但陈玉成就不卖其账。

有一次,陈玉成北上进攻河南固始。李昭寿随征,却逗留不前,躲在大帐里抽鸦片,所部将士又到处抢掠。陈玉成发怒,招来李昭寿,要严加惩罚。李昭寿因陈军力量

1858 年,副掌率后军主将李秀成给李昭寿的亲笔钧谕(附封套)

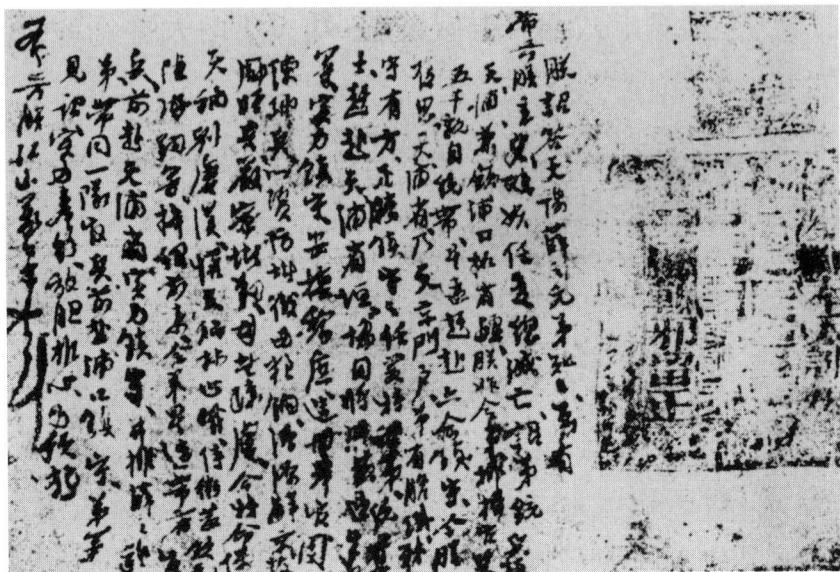

天王命薛之元镇守浦口亲笔诏

雄厚,只得低头认罪,跪求多时,方才得免。遂心里非常仇恨,公然对同党说:"陈玉成那么欺负我,我要和他单独决斗三百回合,一决雌雄。"

他在寻找再投降之路。就在此时,时任帮办河南军务的胜保,掳掠了他的老母和妻儿,乘机要挟,派人前来招安。李昭寿立即递上降禀。胜保此人,虽然常打败仗,搞招安却很有一套手法。他要李昭寿暂且不改旗剃发,依旧做太平天国的河南文将帅;并乖乖随军南下,到适当时机再反正。

李秀成攻打江北大营,把后方重地滁州、来安、全椒原所驻佐将调离,而都交给李昭寿管理。李昭寿所率领的部队,依旧头扎黄巾红巾,蓄着长发;其实是红皮白心。几个月后,出任钦差大臣督办安徽军务的胜保,派来专使约定投降事宜。李昭寿当即全军剃发,亮起白旗响应。他先是配合胜保军,攻陷了天长;几天后就献出滁州等三城,所部六万人全部剃发,剃下的头发堆聚成几个小丘。为了再不让那臭名昭著的旧名"昭寿"出现在大清官员的奏折和书信里,他被赐名世忠,授参将。

李昭寿降后的三个月,他的老搭档薛之元亦步亦趋,也献出江浦投降;两人还合力攻陷重镇浦口。

此二人的叛变,又一次使天京遭到威胁。从滁州、乌衣、小店直抵浦口的叛军,隔断了天京南北的交通。天京第三次被重重围困了起来。

太平天国中后期官阶表(1857—1864)

名 目	设位年月	备 注
正军师王	1859 年重设	授幼东王为正军师、幼西王为又正军师
又副军师 特爵王	1859 年初设	授干王洪仁玕为精忠军师副军师(七千岁)、翼王石达开为公忠军师,为又副军师(六千岁),后干王以失安庆,始降为又副军师(六千岁)
列爵王	1861 年初设	1862 年始广泛封王,至 1864 年又分封有列王、小王。 自军师王至小王,按所封千岁数字多少,可分为五等十级
天将	1859 年初设	1864 年,在天京和天京周边的天将,多改封为列王
掌率	1857 年初设	有正、又正、副、又副四掌率,正掌率官阶高于副掌率
朝将	1859 年初设	
神将 (国将)	1859 年初设	
神使	1861 年初设	
六部主官	1857 年初设	由天王府六官丞相擅变,作为常务官员,晚期均封为王
主将	1858 年重设	1860 年主将兼义爵
大佐将	1859 年初设	每军统兵官(主将)副手,非佐将(府县守土统兵官)
天义 (天翼)	1858 年初设	
天安	1857 年初设	1860 年军中大佐将、正总提多授天安
天福	1857 年初设	
天燕	1854 年初设	1857 年正、副掌率授天燕
天豫	1854 年初设	
天侯	1853 年初设	
丞相		1857 年丞相采取左右按数字编号
检点		
指挥		1857 年,指挥已改冠以五行排字加以数字编号
将军		1858 年,将军已改冠以五行排字加以数字编号
总制		
监军		由丞相至两司马,仍按《天朝田亩制度》,同前期官阶表

而李秀成竟麻木不仁,对李昭寿的叛变活动毫无知觉。他是直到西征途中,即三河大战前夕,才得悉李昭寿献城投降一事。薛之元是李昭寿同伙,其叛变也自在意料之中,但李秀成仍未作戒备,听之任之。不过,李秀成只是缺乏警觉,对李昭寿的信任远远超过薛之元。今人写电视剧,竟然编造是他请薛来监视李昭寿叛变,不知出于何典。

当薛之元叛变的消息传来,李秀成正驻扎在安徽巢湖黄山,即星夜起兵,前来争夺浦口。戎马倥偬之中,他却对李昭寿仍有依恋之情颇抱幻想。一个月后,还亲笔写了一封信给李昭寿,要他幡然反正。这封信送由天京卫戍司令、信天义林绍璋处转交。因为他与李昭寿私交至好,现为敌国,要避嫌疑。但也让人人都知道,李昭寿只是一时迷途,还是可以说服的。

李秀成还瞒着天王,将李昭寿留在天京所配给的妻子,偷偷送往滁州。两人仍有书信往来。

铁了心的李昭寿,却竭力策反自己的老上级李秀成。他从李秀成所给的书信字里行间揣摩、寻找李秀成的情绪和心理。1859年5月,陈玉成封英王,接着又是蒙得恩封赞王,李秀成正与陈玉成合军在江北作战。李昭寿觉得机会来了,就派亲使送信前来,要他降清。

据李秀成后来说,那时他正在浦口镇守。这封信送到浦口军营时:

> 正逢天王侍卫七八人来浦口踏看军营。谁知李昭寿之文尚未到,先有谣言传到京中:天王差侍卫一探军营,二探我有何动静。那知李昭寿胆大,特命其亲使送文前来。此使旧日在我身边为护旗,后李昭寿投入大清,其即随去,令使其带文前来,被把卡捉住,解送到案前。其使云:"尔不必捉我,我专到李老大人处"等云。
>
> 然后把卡士卒送到衙前,拿得敌人而至,合营人众视之,见在其身上拾得文一件。拿来之情,此事问马玉堂亦知此由。那侍卫同在其场。后侍卫回京,合京人人知道,恐我有变,云我同李昭寿旧好,封王不到我,定有他变。(《李秀成供词》)

李昭寿的招降信,竟掀起了人心浮动。

又据李秀成说,当时洪秀全怀疑他要叛变,便封锁了长江水面,不准船只南来北往;一二十日未见动静,天王遂降诏,封他为忠王,亲自用黄缎子书写了四个大字:"万古忠义"。"万古忠义"这四个字,乃洪秀全从《水浒传》第八十三回开篇的古风最后一句摘用:"尽归廊庙佐清朝,万古千秋尚忠义"。

李秀成后来说:"我为忠王者,实李昭寿来文之诱,而乐以封之,防我有他心。"天王为防止部属叛变,竟以加重权位为诱饵,这是很难符合逻辑推理的。它不是天王的正常思维。要知道,李秀成的这番解释封王之因,乃是因在木笼里,应曾国藩需要而写的。他要表示自己对天王从来就是离心背德,也就是要为天王封忠王系无可奈何找口实。实际上此说很难说明李秀成自己解说封忠王过程的确切性。

近年发现的李秀成致捻军军头韩碧峰韩绣峰书,内称:

> 缘兄昨于月之初八日(1859 年 11 月 17 日)夜据巍天豫熊万荃由桂营返浦,承贤台罝兄殷殷,嘱兄开用王印,想兄何才何力,敢受如此藩封,不过赖贤台之威名以助耳。前已将悬印月余未敢视事之情形启奏圣上,请真圣主加封贤台,而后愚兄方敢受任。所有圣恩特褒绣峰弟为九门御林征北副总提羾天福爵,碧峰弟已经保封福爵,愚心方慰,早将兄已勉强受任之情布达惠闻,谅登照入,并又接到贤兄等连衔手书,当即寄京传献圣览。(《太平天国文书汇编》)

另有李秀成致捻军军头孙葵心、刘添祥书,亦同。

可见李秀成是在 1859 年 8 月下旬至 9 月上旬转战安徽和州等地时,接受天京封王诏书的。但他悬印一月余,不肯接受。此后他又上书天王,谦称自己无才无德,不应受封忠王之位;即使有些功劳,那也都是出自捻军将领们的帮助。为此,恳请天王先加封捻军将领韩碧峰、韩绣峰、孙葵心、刘添祥等人以爵位,而后自己方敢受任。这样奏章、诏书一来一往,直到同年 11 月上旬,李秀成方才接受忠王爵位。而浦口却是在 11 月 2 日,才由陈玉成、李秀成联军收复的。

这就佐证了李秀成之封为忠王,不是见于李昭寿的招降信起到的负面效应,而致天王产生的逆向思维。李秀成封王其实就是天王对他的论功行赏,顺理成章。

封为忠王后的李秀成,任重而道远,做了很多有益于太平天国的事情,在军事上贡献卓著;但也囿于农民狭隘的心理行为和偏见,犯有严重失误,如与陈玉成失和,不救安庆。最可奇怪的是,他对李昭寿仍有感情,寄以希望。

几年以后,李昭寿因他的后台胜保被参革职拿问,遂装出一副知恩图报的高姿态上奏,愿意以自己的官衔赎取胜保之罪,但他那种装模作样的作秀,当即遭到朝廷严词申斥。也许有这个传闻,李秀成舐犊情深,竟请天王下诏给李昭寿,要他回归太平天国。当然,这只是幻想。

李昭寿也对李秀成仍寄有希望。1863年,即太平天国灭亡前夕,李秀成受到天王申斥后,勉强渡江北征。时为清一品提督大员的李昭寿,乘机又再次向他劝降。两人可能还有过多次书信来往,相互劝降,可是谁都没有能说服谁。

李昭寿贼性难移,回乡后仍是一个土霸王

乱世出英雄,乱世也出狗熊。

李昭寿就是一只贪得无厌、从无信义的狗熊。他对太平天国没有感情也不可能有感情。李秀成正是想歪了看歪了。李昭寿叛变后对清廷可真是铁了心肠,还利用各种关系网,搞策反,玩中间突破,且很有效果。从1860年后的两三年,是李昭寿竭力效忠清廷,与太平天国全面作对的火红时期。在太平天国收复了全椒、六合和天长后,李昭寿又通过老伙计冈天豫唐禧青策反全椒守将杜宜魁,1861年又先后策反六合守将黄雅冬、天长守将陈仕明,以后又策反占领了江浦、浦口,致使这些江北城镇再次落入清军手里,比起当年江北大营,李昭寿对太平天国所起的负面作用有过之而无不及。

李昭寿拥有雄厚兵力,独立作战,几次三番牵制了太平天国主力部队。1860年3月,陈玉成聚大军二十万围剿杜宜魁,李昭寿即派部将朱元兴进全椒助守,又派爪牙倪文蔡、蒋立功自滁州增援,太平军被逼撤围。一个月后,陈玉成再度前来,李昭寿派李显发增援,又派李明富加援,太平军只能再撤围而去。两次解围成功,使降清仅两年的李昭寿,一路顺风擢升为总兵和提督,而且是帮办安徽军务办理招安事宜的实授江南提督,成为从一品大员,如此超擢,乃是所有降人列中罕见的。

1862年春,陈玉成庐州围急,向天京求援。天京当局派出仅有的机动部队由林绍璋、洪春元率领渡江来援,李昭寿如面临大敌,亲赴九洑洲指挥,带领朱元兴、李显发等八营之众阻截。在九洑洲和浦口、江浦、小店、石埠桥等地血战经月,逼使林绍璋、洪春

元回师。翌年李秀成又派吴如孝、黄崇发率军渡江,仍被拦截于九洑洲等地。

当时湘军势力还未远及江北,还得借助李昭寿牵制和对抗太平天国。

但李昭寿贼性难移。

李昭寿是个地道的流氓,秉性无赖,具有很大的破坏力。他靠有太平天国存在,向清王朝要挟,就在所据的皖北、苏北地区独自为政,蔚为独立王国,"围民田、市牛以待耕务,市肆皆辜田,横取十五,牛租岁取十二斛。诸部曲皆以次分田,贫民稍稍归,滨田数百里,悉为豫胜营佃"。全椒乡绅曾向曾国藩申诉:全椒各属耕种,"合县未荒地,概被杜宪(杜宜魁)及标下兵丁于十年八月强行封占","且必须领豫胜营之牛种,每牛一只支稻四石,每种一石,交稻十五石,并欲领豫胜营某人佃户之门牌,方可稍安耕作。"曾国藩对李昭寿其人相当注意,包括他的庄园,在日记里还记述了李昭寿义子李显安有个书说胡宝显之弟胡宝春职司是"代李世忠管田庄"。李昭寿坐地称霸,还规定商人在他的地盘上买卖,需挂"豫胜营"名号,否则不准生理营业。豫胜营从事经商,这在当时是很有名气的。军队经商,就是一支腐朽的军队。

李昭寿是太平天国的败类,降清后亦是清王朝败类。非我族类,只是时机未到,不作铲除。在曾国藩接任钦差大臣、两江总督,成为李昭寿的顶头上司时,就准备向李昭寿开刀了。

狡兔死,走狗烹。李昭寿虽然是天下至无赖子,也能识得个中滋味。1862 年苗沛霖又树异帜,李昭寿为表示与他非同类,主动出兵讨伐,但并未受到更多嘉奖;而苗沛霖兵败人亡,更令他有兔死狐悲之感。1863 年,湘军围困天京,李秀成大军救援失利,太平天国日暮途穷,李昭寿亦自感不妙,经再三考虑,主动向大清王朝提出解除江南提督职务,并交出所据滁州、五河、全椒、天长、六合五城和所有厘卡;解散所部"豫胜营"八万人马。

他还算识相,交职务,交地盘,交人马,交得比较爽快、清楚。

大清王朝听取曾国藩意见,不作表面的挽留,同意放他回乡。

李昭寿虽不做官,但在乡里仍然是大庄园主,富若王侯,而且飞扬跋扈,不把大清官吏和王法放在眼里,并与陈国瑞发生械斗,结果两败俱伤。清廷即以他殴打监生吴廷鉴为由将他处死。

相传李昭寿被诛杀后,其子设灵堂,却无人敢愿写挽联,后始有某书生作联:

君恩未报,臣罪当诛,热血一腔,来世作圣朝犬马;

富贵无常,英雄安在,寒芒万丈,大星落天下鲸鲵。

韦志俊率家族降清后立有大功,但曾国藩仍不敢超擢使用

三河大战时期,太平天国相继发生两起叛乱事变。

一起是李昭寿叛变。太平天国为此丢了江北三城,天京再次受困。已见前述。可李昭寿只是中途前来投奔的,是旁支系列,属于杂牌。他的叛变,也在意料之中。

但另一起乃非同小可,那就是韦志俊叛变。韦志俊可是太平天国元老,是高层核心圈人物啊!

韦志俊原单名俊。大概太平天国讳单名,所以随着他老兄韦正改名为韦昌辉,他也以号为名改为韦志俊了。

韦志俊叛变,出自多因,但根源乃是天京内讧。后来的人们肯定诛韦之役,只用了三天时间,杀了韦昌辉和他的死党二百人。他们有的死有余辜,也有的死于非命。但天王头脑过热,玉石共焚,由此还罗织了韦元玠和在天京的家属,即包括韦昌辉和韦志俊的亲生父母。

想当年,韦元玠竭尽全力支持金田起义,献出所有家财充做军饷,两个儿子在起义北上途中英勇战死。韦氏家族又是拜上帝会的龙头大户,他本人也没有参与内讧。可在韦元玠被惨杀以后,其头颅还被割下来,随同他儿子韦昌辉的头颅一起送到石达开军中验证。以后还号令各处儆尤,儿子作祟,殃及老父,此种做法实在是够惨了。

洪秀全继续做绝,还宣布韦昌辉是"北孽",还将原《天情道理书》在重新印刷再版后,将书中写的"北王、翼王"又由"昌辉、翼王",再改为"背土、翼王"。"背土"者,去北王之脚与首也。

他是要做给太平天国军民看,自己对韦昌辉的痛绝,更要表明韦是天京内讧的祸

首是也。

韦志俊真是有苦难言。

当时庞大的韦氏家族,在外的就是韦志俊和韦以琳等一帮子,人员庞大。要是他们还留在天京,也都成了刀下之鬼。在天京的韦氏家族都被诛杀。好在韦氏和太平天国其他显要高干并无联姻,否则罗织牵涉面会更广。

后来,好事者常想当然地叙述太平天国诸王的政治联姻,编造了所谓洪宣娇,以及由苏三娘谐音的乌有人物——萧朝贵之妹萧三娘与杨秀清成为夫妻的故事。此类炮制可谓多矣!但即使是齐东野语,也尚未见有杨韦两家联姻之说。

但韦志俊也并非全是因父兄被杀,韦昌辉又被天王判决为"北奸""北孽",就开始萌发降意的。从1856年11月韦志俊退出武昌后,他和家族们仍为太平天国南征北战,驰骋疆场;曾一度还与陈玉成合作,转战两淮,围攻河南固始。他始终是一支拥有数万人马、独立建制的部队。

洪秀全此时头脑也冷静了一些。他没有搞连坐法,也许也无法搞连坐法。在重设五军主将时,虽然经过官制改革,韦志俊的国宗名号不存在了,也非王宗。他却还是安排为定天义、右军主将,仍系一方军事统帅。

韦志俊当时正驻军安徽池州(今贵池)。经过这场内讧,他设身处世,显得格外小心谨慎、谦恭有加,努力搞好同僚关系。他与原来比自己级别低得多、但后来因战功赫赫而青云直上、此时已为后军主将的李秀成相处很好。李秀成在天京时,也常在天王殿上为韦志俊说好话。

天王已释前怨。

但杨辅清却识见低卑,不顾大局。

1859年初,脱离石达开来归的杨辅清在赣东活动。韦志俊曲意斡旋,主动配合杨部进入皖南。同年3月,杨辅清部攻取至德,与池州接壤。几个月后,杨辅清竟放弃景德镇北上,逼近池州。杨氏兄弟意气用事,似乎都不懂得强化团结的必要,杨辅清竟持强欺凌韦志俊,还扬言报仇。张公吃酒李公醉。他把韦昌辉杀杨秀清这笔账,算在了不干系的韦志俊处。

韦志俊无可奈何,原想离开皖南这块是非之地,率军由池州渡江,意欲赴浦口投奔李秀成。但在和州界,受到陈玉成军的拦阻,两军竟发生了一场全武行。李秀成部队站在韦志俊军一边参与武斗,双方粗暴互斗,死伤数千人。

韦志俊被阻回到池州,日子更不好过了。可是,他是太平天国首义诸王的兄弟,是被大清王朝列入杀无赦的钦犯名册的。有这特殊身份,岂有它想?

就在他进退两难之际,湘军水师提督杨载福悉知其情,派千总李老九(李楚材)前来策反。李老九原系太平军指挥级军官,后来投降过去的。韦志俊动摇了。他终于下定决心,献城投降。

为表示心诚,他先送出自己和所部官员的印章几百颗。韦志俊是几斤重的银印,其余分别是铜印、木印。农民政治讲究官本位,印章就是做官的标记、权力的象征。凡高级将领,麾下均设有掌印用印的衙门和专职官员,低级军官则贴身藏印,视为自己的眼睛和生命。交出印章,就是送出权力、表示投降的意思。

杨载福因韦志俊是长毛大头,不敢擅自做主,马上报告给曾国藩、胡林翼等人,商办收降事宜。几天以后,湘军总司令部反馈,同意受降。这是太平天国第一个反水的高级将领。

就在韦志俊亮出白旗、递发降清后仅几天,洪秀全又封李世贤、杨辅清、林绍璋等人为王。韦志俊如不投降,当也是会同步封王的。要是他在此时投降,所造成的破坏和影响就更大了。

韦志俊为要表示对大清的忠心,立功自赎,即派部将刘官芳、黄文金、古隆贤和赖文鸿等人攻取芜湖。而刘官芳等人却在中途又反戈回攻。湘军增援,刘官芳等向杨辅清求援。两军联合反攻池州,并悬赏千金购买韦志俊首级。战斗长达半个月。

12月23日深夜,乘韦志俊到城外巡营,池州城东门守军开门反正。韦志俊收集残部,狼狈逃窜。因杨辅清所部已截断通往长江的道路,他投靠杨载福水师不成,只得改走陆路,投奔在徽州的督办皖南军务之清左副都御史张芾去了。

太平天国前期,韦志俊是被曾国藩称之为能战善守,与罗大纲、曾天养、石达开和陈玉成并驾齐驱的"五虎将"的。鉴于过去所处的显要名位和杀伤清兵将多多,他投降后表现得处世更为谨慎,作战非常卖力。

1860年,湘军围攻安庆之战打响了。韦志俊所率降众奉调参战,即对安庆外围重镇枞阳的攻夺立了大功。

后来韦志俊又出兵练潭,切断安庆守军粮道,至使安庆最终因粮绝而失陷。

韦志俊由此又立了大功。

但他毕竟原是太平天国高层人物,曾国藩等仍有怕遭朝野指责之忌,不敢超擢使用。因而,韦志俊及其家族主要人员均升迁缓慢。在随同湘军提督杨载福攻打安庆赤冈岭和菱湖时,韦志俊之兄弟韦志英是赏戴蓝翎、尽先千总,韦志滨是赏戴蓝翎、加守备衔尽先千总,子侄韦以凤是加守备衔、尽先千总,韦以成是赏戴蓝翎、即补监生,这些卑官低职,还是曾国藩具折保奏的。而在韦志俊于池州投降时,韦志英、韦志滨只是六品军功、五品军功,韦以凤是蓝翎外委、韦以成是文生。直到天京失陷以至后来参加剿捻时,时过五个春秋,他还是副将。而随他一起在池州降清的小头目唐仁廉,却因跟着鲍超冲锋陷阵,已是正印总兵、实授提督了。

太平天国覆灭后,韦志俊和他的家族也复员了,他们应该是曾国藩大幅度裁剪湘军时离开的。但韦志俊等人没有回到老家金田村。民国伊始据传家乡父老说他们没有脸孔衣锦回乡,还有说韦以琳还乡时,要出资为家乡修筑蚂蝗桥被拒绝事,以示金田村民众大众凛然、爱憎分明,蔑视叛徒也。此处且忽略时代精神所突出的政治立场,仅从情理而言,当年韦志俊等人追随带头人韦昌辉造反,最后仍能落得全身而归,还做了清王朝的官,在当时凡造反者被抄斩、株连家族的人群中说来,他算是幸运的。他的不愿还乡,不敢叶落归根,定居于皖南以终天年,并非仅是羞惭,而是很难安住在家乡的。试问,金田方圆百里有多少人随着拜上帝大军外出,到头来只剩有几多人归来? 如何交代得了。这应该是韦志俊等人无颜回乡或难以安居家乡的一大原因吧。

金印、银印

太平天国非常注重诸王和高级首领的印章,还设有金匠营,铸作金印、银印,1860年由丽天安张兆安任总正典金匠。张督促有方,翌年兼任吏部又副天官负责印章的铸作、颁发,后封依王。

太平天国前期诸王都是金印,侯、天官正丞相为银印,其余为木印。其中石达开的翼王金印为唐友耕所得,传与儿子。1935 年卢作孚出任成都通俗教育馆馆长,曾因展览借去陈列。后为川军团长石少武掠走,下落不明。

天京内讧后,天王恩泽家族、新贵,有三种人都持有金印:(一)王亲国戚。据《幼主诏旨》(1860 年 12 月 19 日):"特诏封长伯(洪仁发)、次伯(洪仁达)同驸马、爵同西王。并诏长伯、次伯、驸马、西王父(蒋万兴)谕升询谕,臣下奏升称申奏,均赐金牌、金颈圈、雉翎、金印、天府。"(二)东西王等袭爵者。《幼主诏旨》有"传献幼东王盖金印传献"。(三)后期重臣(军师王)。《幼主诏旨》(1861 年 2 月 5 日):"自今内外本章免盖玕叔金印及一概金印,单准盖幼东王印。"

诸王子弟也有赐金印的。如《幼主诏旨》(1860 年 11 月 9 日),有与李秀成子李容发"赐金牌、金颈圈、雉翎、金印"。

1858 年,张元隆(张龙)降,献上"太平天国殿前真忠报国钟天福张元隆"象纽银印,可见此时福爵和至上的安、义等爵授与者,至少亦是银印。后期所封列爵王,如 1864年 9 月在浙江开化战死的享王刘裕鸠印为纯银铸造。

太平天国所铸金、银印甚多,但今天留存未见,看来在战后尽为战胜者占为私有或作熔化了。

当然,包括诸王和高级将领在晚期因数量众多,更多的乃是木印。它只是据官爵高低,以尺寸长短作区别了。

取名用双名不用单名

太平天国规定取名必须是双名,所谓"取名必二字,单名为妖派"(《金陵省难纪略》)。它也许认为满洲贵族都是单名,为避混淆而作此规定;或因是上帝(天父)、耶稣(天兄)都是两字,不得替用。

此大概始自南京建都之后。

是时,北王韦正和他兄弟韦宾、韦俊,都改名为昌辉和志宾、志俊。后来韦氏兄弟降清后,才又恢复了本名。与太平天国联合的捻军头领,也都改单名为双名,如龚得树(龚得)、张元隆(张龙)、李蕴泰(李允)、任化邦(任柱)。至于加入太平军的花旗各路首领,如谭星、周春、陈荣等,却仍保留单名,盖远在江西,后又随石达开远走天涯海角,鞭长莫及之故也。

洪仁玕、李秀成就攻打江南大营采用"围魏救赵"计取得共识

1860 年春天,太平天国取得了歼灭清江南大营的辉煌胜利,开辟了第二战场。

江南大营号称十万兵力,自 1856 年被击溃后,死灰复燃,又以长濠围困天京,此时已有二年多了。它以钦差大臣、江宁将军和春为正统帅,提督张国樑为副统帅,主持天京周边东西南北的战事,时时威胁着天京的安全。

清王朝扶植江南大营,每月从江浙两省和上海海关运来军饷五十万两银子,用这么大的代价,目的是夺取天京。清廷打着如意算盘,让湘军等部在外围与长江中游作战,在削弱太平军兵力后,即就近攻占天京,坐享其成,攫取最大功劳。当然,江南大营也阻止了太平军的几次东进,维护了运河以东杭(州)、嘉(兴)、湖(州)和长江三角洲富庶地区。

卧榻之侧,岂容他人鼾睡。洪秀全也想打垮江南大营。可是江南大营兵多粮广,根深蒂固,哪有可能在一朝一夕就拔得掉的。

李秀成在四解京围,收复江浦、浦口后,留守天京。可是江南大营重又攻陷九洑洲要塞、鏖兵浦口城外江畔,包围天京四门;天京城里粮食无多。他提出,出京调兵遣将,组织各路人马,攻打江南大营。但洪秀全听不进去。

当时洪秀全最信任的是十岁孩子幼西王萧有和,其次是两个颟顸的老兄洪仁发、洪仁达,第三是洪仁玕。言从计听。

精忠军师洪仁玕当朝辅政,他是个大有见识的人。李秀成虽看不起洪仁玕,"伪玕王所编各书,李酋皆不屑看也"(《忠王答辞手书》),但在与洪仁玕进行了三次磋商后,两人对要进攻江南大营取得共识。据洪仁玕说,是他提出采用古代孙膑围魏救赵之计,调动、分散江南大营兵力,然后予以歼灭。他说:"此次京围难于力攻,必向湖、杭虚发力围其背,彼必返救湖、杭。俟其撤兵远去,即行反旆自救,必获捷报也。"(《洪仁玕供词》)

李秀成在《供词》中没有提及洪仁玕。后人有说他有掠功之邀。其实,太平天国诸军事领袖,多喜欢采用此种"围魏救赵"之计。罗尔纲先生曾举例以 1855 年石达开攻江西腹地,以救九江和武昌,1859 年陈玉成攻扬州以救六合,1861 年攻武昌、汉口以救安庆,等等。都是应用这种战术。所以能在诸将领中很快取得一致意见。由此罗尔纲

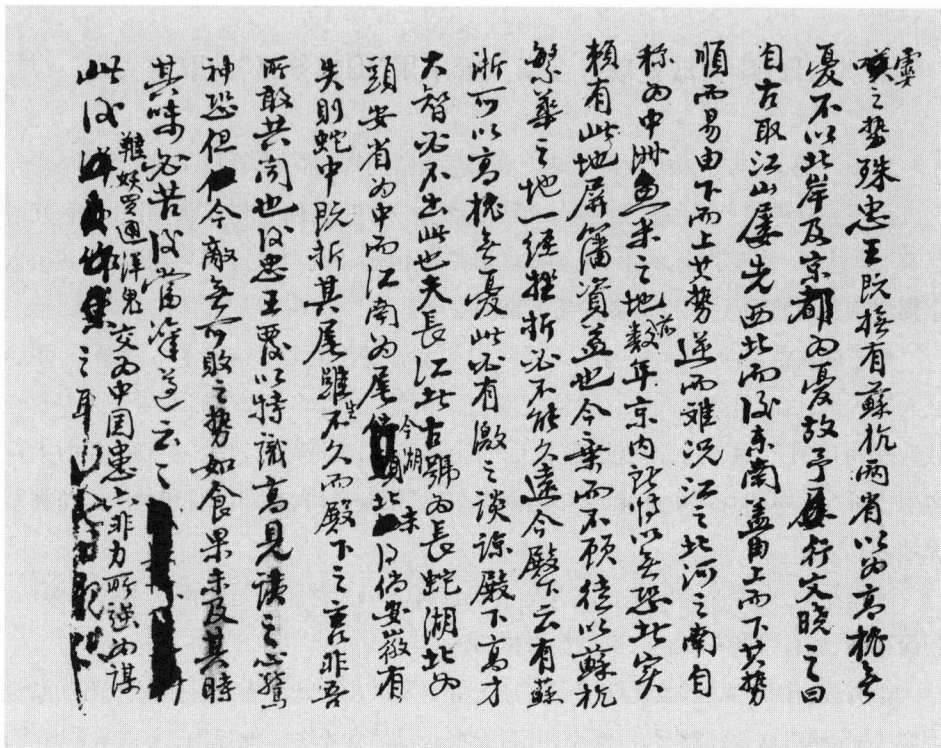

洪仁玕亲笔供词里有关对忠王的批评

洪仁玕正确认识到安庆所具有的重要战略地位,对李秀成只顾苏杭提出了批评。

先生说这是集体的智慧,不能只说是李秀成的计策,更不能说是洪仁玕的主谋。

因为有洪仁玕的支持,李秀成得以能顺利地执行这一计划,两者不可缺一。它也获得了洪秀全的认同。

1860年1月,李秀成出天京,在芜湖召集李世贤、杨辅清和本部诸将会议。他在会上将洪仁玕所说具体化了,说:"江南精兵均集中在天京外围,饷源却在苏杭。现在天京外围长壕犬牙交错,敌军内围外御,敌帅张国樑又善战,攻打很难得逞。不如轻兵由小路直捣杭州。杭州危,苏州也必震动。江南大营害怕我军断其饷源。必定分军来援。我军乘机回击,打破大营,那么苏杭也就在我们手掌中了。"

与会的李世贤、杨辅清等一致表示赞同。

歼灭江南大营,为曾国藩和湘军推去了一块巨大障碍石

会后,李秀成等引军七千人由芜湖南下,猛攻宁国。江南大营不明虚实,就分兵二万人来援。谁知李秀成星夜赶到安徽广德,并将州城攻破;在派陈坤书、陈炳文留守后,自带谭绍光、陆顺得等一千三百五十名先锋,扮成清军官兵,进入浙江,由泗安、武康来到杭州城下。因前队兵卒抢夺马匹,被城军识破,未能进城。李秀成麇兵城外,困其五座城门。在到达杭州后的第八天,即 3 月 19 日,当得悉江南大营已分军一半前来援救后,他即将清波门城墙轰倒,攻破杭州外城。

3 月 22 日,由总兵张玉良率领的清军两万人马,赶到杭州武林门外。李秀成得报大队敌人来到,为确证是江南大营援军,遂于翌日来到武林门上与来军对话。见来军真的是远道而来的江南大营军队,他心里实在是洋洋得意。他命令手下将在杭州新制造的旗帜遍插城垣,用以疑惑敌兵,第二天全军就悄悄地由原路撤走了。

张玉良见城头旗帜飘扬,不敢进城。过了一日一夜进城时,方才知道太平军早已撤走,便忙着抢掠民间财富,也不跟踪追赶。

李秀成撤离杭州,昼夜兼程,由小路回到广德。4 月 8 日,李秀成、李世贤等人与自宁国赶来的杨辅清,在安徽建平(今郎溪)开会,商定集中各路人马,合力分进歼灭江南大营的作战方案。

会议结束之后,各路太平军即开始了大动作:

李世贤军先后攻占江苏溧阳、金坛、句容,直趋天京东北,进攻江南大营东路;

杨辅清和定南主将黄文金等军攻占江苏高淳、溧水,直趋秣陵关、雨花台,进攻江南大营南路;

右军主将刘官芳和后军主将陈坤书等部,自溧阳北上,直趋高桥门,进攻江南大营北路;

李秀成则自引本部人马,由溧阳、句容直趋淳化镇、紫金山,和陈玉成军合力攻打江南大营之孝陵卫大营。

当时,陈玉成和前军主将吴如孝、靖东主将刘玱林等部,已从安徽全椒南下,由西梁山陆续渡江,直趋板桥、头关,会歼江南大营。

江南大营虽然庞大,其实乃是空壳子。领兵者层层吃空额,实际兵力不过只有五

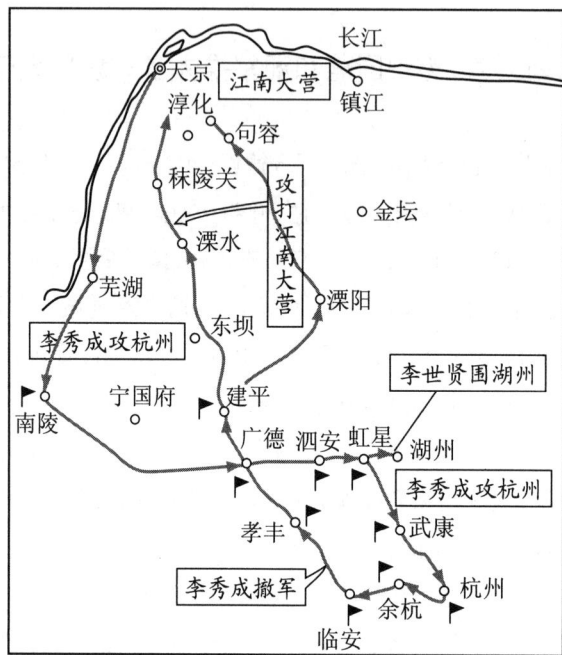

李秀成回师攻破江南大营路线图

万多人。此时已有二万人马为张玉良带出援杭,留守大本营已不到四万人众;而且将士散漫无常,久不训练,酗酒嫖妓,花天酒地。能够驰骋沙场的,只有张国樑和冯子材两部。

5月2日,太平军各路人马十余万人同时出击。张国樑等分督各队抵御。

两日后,陈玉成军冒着暴风骤雨,由西梁山搭造浮桥,突破天京西南长壕,随即从得胜门至江边一线,攻破营垒五十余座。各路太平军紧接着向孝陵卫发起总攻击。大营统帅钦差大臣、江宁将军和春还熟睡未醒,幕僚奔进帐内将他唤醒,告以危急情形,他仍懒洋洋地躺在床上不肯起身;催促了几次,方才感到事局严重,穿衣上马出营逃跑。张国樑支撑不了,也跑到了镇江。

正如一只纸老虎。大营将士死去三五千人,而且不少是为争先逃命自相践踏而死的,余众散奔丹阳、镇江。

江南大营被打得落花流水、土崩瓦解。

李秀成、陈玉成等各路大军乘胜追赶穷寇,张国樑在镇江收集溃兵两万三千余人,以一万人交与冯子材管带镇守镇江,其余自带往丹阳。他要在丹阳组织反击战,挽回败局。

到了丹阳张国樑出城踏看地形,正值久雨路滑,跌倒受伤甚重,只得带伤督队,命总兵王浚、熊天喜为左右翼整队以待。天明,太平军前锋打着江南大营黄龙旗号,数道前进,王浚军不察,被打得大败,王浚被杀,全军溃散。太平军又包抄熊天喜军,杀死熊天喜,熊军亦遭全歼。张国樑在丹阳城抗拒,力不能支,和春先逃,他亦拟出东门长桥,但为溃兵拥阻,马不能行,乃策马跃水,水深溺死。

后来黄小配《洪秀全演义》编造为张国樑面临丹阳河,无处逃生,有亲兵要负其渡河,他尽力挣扎,翻身跌于河中而死,且作有五律以叹之:

《洪秀全演义》插图

> 绿林有豪客,从戎拒太平。
>
> 盗魁传桂省,将略在金陵。
>
> 百战心无惧,三军勇可惊。
>
> 愚忠原可悯,誓死报清廷。

张国樑自金田起义前,归降清廷,后隶于向荣部,与太平天国相抗长达十年,屡却太平军,至此毙命。

和春逃出常州,无法向皇帝交代,走投无路,不死亦得死,与其因兵败统帅无方,被朝廷律斩,不如自己了结,遂于浒墅关自杀。地方官吏为让他能留些好名声,编作是受伤而死,欲盖弥彰。

江南大营终于被剃了光头,彻底完蛋。

拔除江南大营,天京军事危机暂时得到了解脱,但是最大的受益者却是曾国藩与湘军,自此之后湘军势力在清朝完全获得了抬头。咸丰皇帝听从宠臣肃顺的建议,破格授予汉人曾国藩以大权。

曾国藩自1853年组建湘军出省作战以来,朝廷始终没有给他委以督抚重任,以致粮饷、辎重等处处要看地方封疆大吏的眼色行事,很受牵制。就在江南大营破灭后二十天,即 1860 年 6 月 8 日,曾国藩被任命为署理两江总督加兵部尚书衔。8 月 10 日又实授两江总督,并以钦差大臣督办江南军务、节制江苏、安徽、浙江和江西四省水陆各军。这是清朝自顺康以来,第一次对一个汉族官员委以如此重任。从此,曾国藩得以得手应心,按照所既定的战略方针对付太平天国了。

权衡利弊得失,洪秀全、李秀成以至洪仁玕都是不可能也不会认识了的。打破、歼灭江南大营,为曾国藩和湘军推去了一块障碍石,一块他所不能逾越的巨大障碍石。

第二十七编　李秀成努力经营苏福省,视为自己辖区

洪秀全说梦见天将天使奏报,已收得苏州

打掉江南大营,直通苏南长江三角洲,李秀成要开辟第二战场还要打到上海去。

洪秀全同意了,但作了时间上的规定,要他务须在一个月里结束苏南战场战事,不得耽误时日。洪秀全虽然深居简出,不离天京,却还有巩固天京的观念。他的战略重点也是在安庆。

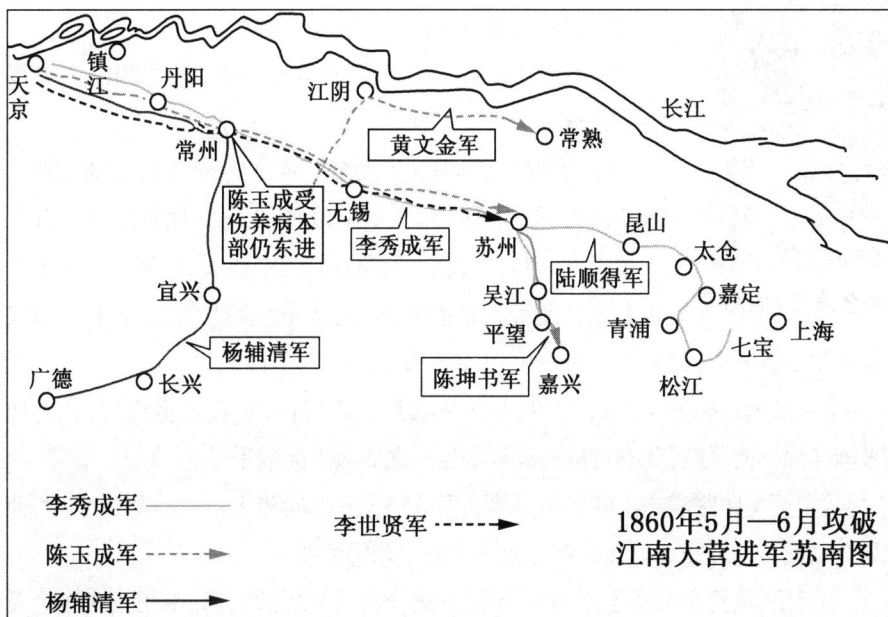

李秀成军 ———
陈玉成军 - - - ->
杨辅清军 ———

李世贤军 - - - ->

1860年5月—6月攻破江南大营进军苏南图

陈玉成在攻打江南大营时受伤,兼是过分疲劳,痔疮发作,只得留在江苏常州休养。

李秀成会同陈玉成留下的靖东主将刘玱林、赖文光部以及定南主将黄文金、李远继等部,继续扩大战果,沿着大运河攻城略地,先后占领无锡、常熟等地。在无锡大破张玉良军,张玉良军沿途逃跑,与来自常州等处的江南大营残兵败卒,烧杀掳掠,以至

民众公愤,在苏州阊门外多有店铺贴出"同心杀尽张和两帅官兵",有二十世纪五十年代初流传的当时苏南民歌:

> 青竹竿,白竹台,欢迎忠王到苏州来;
>
> 杀脱张和两强盗,我伲农民好把头抬。

《洪秀全演义》插图

6月1日,打着"太平天国忠义宿卫军"旗号的李秀成直属部队二百七十名将士,到达苏州城下。也有记载称,是刘玱林的靖东军先锋队。清候补道李文炳、候补知府何信义打开阊门投降。太平军不损一兵一卒,进入了苏州古城。苏州花花世界,衣食住行,何处不佳,李秀成大为欢心。

太平天国以苏州为省会,设立苏福省,分兵四出,占领周边各州县城。

李秀成沿途收编江南大营败兵残卒五六万众,加上新招的地方民众,他的军队迅速膨胀,发展为一支拥有二三十万人的大军了。当时,李麾下拥有殿后军、平西军、忠义宿卫军等几支大兵团。他所直辖的部队,是太平天国后期诸王中兵力最多的,装备也是最好的,拥有西方的热兵器,如来复枪、开花炮等。

太平军顺利占领苏南,致使天朝上下都感到非常兴奋,自我感觉极好,认为像和春、张国樑那样的强敌都能被打垮,那真是自此之后天下无敌手了。

洪秀全更是踌躇满志。就在太平军占领苏州,苏南局势大定之后的半个月,他向全军、全民发了一通诏旨。该诏旨是验证收复苏州的梦兆。

在诏旨里,洪秀全编造了天妈李四妹(洪秀全继母)梦见东、西、南王三人在金龙殿上高呼万岁,说是要去攻打苏州;又安慰天妈说:"伯妈宽心,带紧媳及女安福莫慌,我们去打苏州,有哥(天兄)作主。"

接着洪秀全说,他自己在今晨五更,也梦见天将、天使奏报已收得苏州城池地土,将一概宝物摆列在他面前。"朕命他作多营盘,又大喊这天将曰:天下无弃土,普天之下通是爷哥朕土,通要收复取回。天将奏曰:遵旨。"(《收得城池地土梦兆诏》)

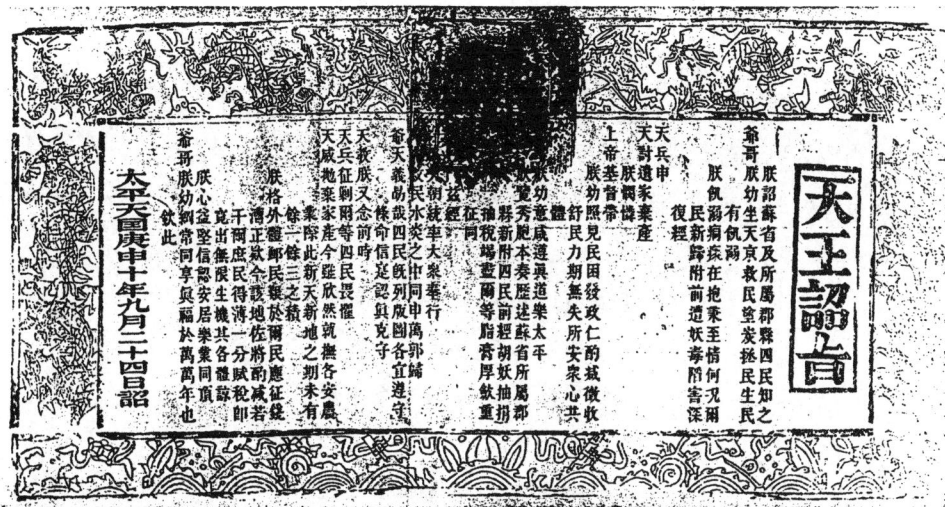

天王诏旨

本诏旨系天王应李秀成请减免苏福省民若干赋税

　　洪秀全说梦后,兴奋之心久久未了,还要史官把它原原本本记录在案,让天国后世代代都知道。他说梦说天说幽灵,却全然不顾万千将士在前线浴血战斗,仍以为只有上帝和天兄才是天国的精神支柱,是传播真理、维持天国统治的最佳手段呢!当时的太平将士并非都不清楚,但也只能对它顺其自然,姑妄听之而已。

　　攻取苏州以后,洪秀全天王府获得了李秀成专使递解前来的银洋、金珠、参茸、燕窝、珊瑚、玉笔等各珍。洪秀全眉飞色舞,高兴极了,以幼主洪天贵福的名义下诏嘉奖李秀成:

　　　　　　爷生秀叔扶朕躬,开疆裕国建奇功。

　　　　　　叔善感化洋人顺,又善筹谋库帑充。

　　　　　　富庶之区首苏福,陪辅京都军用丰。

　　　　　　叔筹交库首顾国,功尚(上)加功忠更忠。

　　　　　　　　　　　　　　　　　　　　　　　(《幼主谕忠王诏》)

忠王府造了三年,直到城陷还未完工

李秀成为巩固苏州地区,执行了八字方针:安定人心,发展生产。

见有张贴的李秀成给苏郡四乡谆谕为证:

> 本藩恭逢天命,统帅克复苏城。
>
> 现下城池已克,急于拯济苍生。
>
> 除经严禁兵士,不准下乡等情。
>
> 为此剀切先谕,劝尔百姓安心。
>
> 不必徘徊瞻望,毋庸胆怯心惊。
>
> 照常归农乐业,适彼乐土居民。
>
> 绅董可速出首,来城递册投诚。
>
> 自无流离失所,永为天国良民。
>
> 因有官兵来往,尔民导引须勤。
>
> 军民各不相扰,各宜一体凛遵。

同年6月16日,李秀成又有谆谕。再次重申:一、建立户口制度;二、由百姓推荐自军帅至伍长的各级乡官;三、户口建立后,以便发给门牌。

谆谕还公布苏州民务由逢天安刘肇均和忠殿左同检熊万荃主持。

苏州地区逐步稳定,农业生产有所发展,商业也欣欣向荣,呈现出一副繁荣景象。但潜伏的各种危机也正在加速逼来,很多人开始堕落。原因仍出在太平天国将士特别是高级将领身上。

相传,苏州有个太平天国高级将领对部属说:南征北战这么多地方,到这里才尝到享乐滋味。我们如不好好地玩乐一场,那真是空活在世上一场了。

李秀成来到苏州后,就被糖衣炮弹打中了。他十分享受纸醉金迷、花天酒地的生活,处处要显示阔气、宏伟的排场。

太平天国诸王和高级将领,都很讲究自己的官衙住宅。李秀成原本在天京明瓦廊已建有王府,那是在封爵合天侯时的住宅;后来随着官爵的递升,他又不断扩充门户,

幼主(幼天王)玉玺和拓本

玉玺当系 1864 年 6 月登极为幼天王时所刻,为青白玉质,长宽各 21cm,厚 4cm,纽长 18.5cm,宽 46cm,纽高 7.7cm。纽刻云纹,两侧刻双凤朝阳纹。此玺在天京失陷时,为湘军缴获,上交北京军机处。

洪天贵福由天京撤至安徽广德后,为继续行使太平天国号令天下权力,刻有一方木玺。玺文共 38 字,仍同玉玺。

且由他其弟李明成亲任监工,督促几百工匠,在附近另新筑了王府。王府是一个炫耀权力的象征。

占领苏州后第三个月,李秀成就动用几千名工匠,改装、扩充旧拙政园(此为苏州四大名园之首)为奢华绮丽的忠王府。整个忠王府工程造了三年,直到苏州城沦陷还没有完全竣工。忠王府规模巨大、富丽堂皇,以至见过世面的李鸿章都称它是"琼楼玉宇,曲栏洞房,真如神仙窟宅"。

高门结重关,容华耀朝日。

李秀成在天京自己王府置有不少女人,在苏州忠王府也拥有不少女子。李鸿章的孙子李国璨据先人口传:李秀成在苏州曾广置妻妾十余人,其中最漂亮的两个女人,一个是浙江人,乃某绅士之女;一个是苏州人,乃某官员的儿媳。

李秀成贪恋钱财、女色,也喜欢阿谀奉承。

太平天国后期,名义上仍是奉行取诸圣库的供给制,所有官员都没有薪俸,也取消

李秀成冠服像(据吟唎《太平天国革命亲历记》)

据吟唎记载:忠王本人也戴着美丽的王冠,除天王外,只有忠王一人是戴着真金的王冠的。冠上的伏虎是用金丝、金叶构成,眼睛嵌着两颗大红宝石,牙齿镶满一排珍珠。虎旁各有一只张翅的鹰隼,上叠一凤。全冠都用金镶大宝石,四周垂悬着许多珍珠青玉,光彩耀目。忠王手执玉如意,玉如意两端雕有花纹,嵌满珍珠、水晶和红蓝宝石。他的朝服十分华丽,几乎垂至脚面,绣花的黄色缎袍上面缀着浮起的金饰和金银红三色丝线盘成的龙纹,此外再加上他的黄缎绣花裤和华丽的黄缎靴,构成了他的全套服装,衬托出他的英俊威武的神采,真是壮严华美无比。

了馆衙工匠的工资,一切为公,不须有私,这样就为李秀成他们那些有权势者,搜刮钱财与建立私衙小金库带来了种种方便和借口。

苏州忠王府壁画

李秀成苏州忠王府布满彩色壁画,据罗尔纲统计,共有 343 方,绝大部分是所谓"吉祥画":

> 五蝠捧寿:示意"有福有寿";
>
> 柏鹿:示意"百禄";
>
> 柏枝绶带:示意"百寿";
>
> 八哥柏树:示意"八百长寿";
>
> 瓜瓞绵绵:示意"多子多孙";
>
> 喜鹊梅花:示意"喜上眉梢";
>
> 双鱼吉磬:示意"吉庆有余";
>
> 海水红日:示意"指日高升";
>
> 蜂猴:示意"封侯"。

李秀成拥有的大量钱财巨大,部分是从清朝衙门银库直接转移而来,或是下级献呈;也有的是以巧立各项名目掠夺来的。如他每年都要做寿。每次生日时,在他管辖的苏州和杭嘉湖等地区,乡乡镇镇都要按亩摊派寿礼费,街坊商店也得按店面分送银钱。

上梁不正下梁歪。李秀成的各级部属亦相互攀比,以送礼珍贵为荣,而且愈演愈烈。送礼者往往敲锣打鼓,炫煌于道,抬着放置礼物的桌子前往。礼物有人参燕窝,也有金银财宝,甚至还送女人。"一物一桌,甚至献使女于王宫,亦缚如牛羊以送。"(《磷血丛抄》)

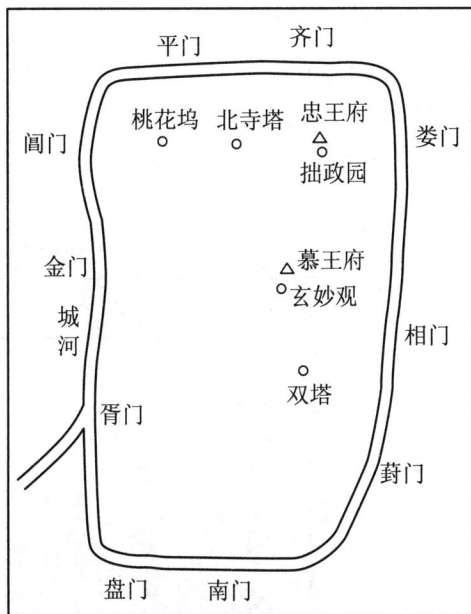

苏州各门简图

上行下效,嘉兴守将陈炳文对一年一次做寿向城乡摊派钱物还不满足,竟在王娘(妻子)生日亦勒索摊派。1862 年,仅嘉兴王店镇就勒交贺礼三千两。

徐佩瑗向李秀成送上两名妙龄少女

李秀成又耳朵软,喜欢听好话。

永昌劣绅徐佩瑗是清朝以监生捐得候补道、江苏巡抚薛焕的门生,曾举办团练,纠结各路枪船。他号召佃农凡参加团练者,可免除两年租税,自己还打造枪船四十余号,招募水勇七百多名。枪船一律悬挂书写以"徐"字的白字黑旗,明目张胆对抗太平军。当太平军进入苏州后,又在所辖的方圆数十里,与太平军作战十余次。李秀成奈何不了这条地头蛇,派熊万荃前往招抚。徐佩瑗见风使舵,就顺水推舟,表示归顺,并设宴款待,与熊万荃结为异姓兄弟,双方互赠牛羊、绸缎和金珠宝器。

徐佩瑗进苏州城后,因善于拍马奉迎,大得李秀成欢心,任忠殿前检点,旋封为抚天侯。他嫌官小,又向李秀成献上白银六万两,由此更受青睐,进封抚天豫。就此,徐佩瑗身着黄马褂,披长发,住宅前飘扬着写有"太平天国抚天豫"的青龙旗,俨若是一方王侯。他精通结党,搞关系网,发现钱桂仁甚得李秀成宠信,就将守寡的姐姐嫁与钱。钱桂仁得子,即送去金锁、金项圈、金链条、金银元宝和大红绉纱作为礼品;更赎买了一名妓女,称为家人,嫁与熊万荃。

1861 年 12 月,陈坤书和户部正地官陈潘武、逢天安总理苏州民务刘肇均所发金匮县荡口镇黄兴和头绳花布店商凭

太平天国取缔商业。后期在苏南若干城镇郊区设立买卖街,准许领商凭设铺营业。

做太平官目的是要发太平财。徐佩瑗深知做官靠李秀成,发财也得靠李秀成。他发现李秀成也喜欢女人,尤其是妙龄少女,于是花费了几百两银子,从妓院赎买了两名幼妓,认为己女,教其礼仪,乔装打扮,献给李秀成。李秀成果然高兴,为嘉奖徐佩瑗,给以苏州长洲县管辖全权,全县各级乡官都由他调遣、安排、任免。

徐佩瑗由此得到了丰厚回报。他利用职权,大力搜集、接收全县为太平军抄家后集中于圣库的几千幅名家古书画,偷偷运送到上海存放;还巧立名目向民间搜括钱财,仅按亩收敛的税捐就捞到了三十万两银子。

徐佩瑗虽然是李秀成跟前红人，但他身披黄袍，心存黑心，脚踏两只船。他派胞弟徐佩璋长驻上海，与薛焕联络。薛焕也颇需要这颗埋藏在太平天国上层的定时炸弹，当即送出十五万两银票交由徐弟具领，允许事成后保举。1862年李鸿章任江苏巡抚后，又由徐弟提供太平军军事情报。徐佩瑗的种种出格行为，亦时为苏州守将陈坤书注意，因为李秀成袒护被他滑了过去。1862年12月，经李鸿章指使，徐佩瑗认为时机已到，策划叛乱，即赴常熟与钱桂仁商议，回苏州又找同伴胡振铎联系。他的频繁活动，终于为继陈坤书任苏州守将的慕王谭绍光发觉，即遭拘留。后因常熟骆国忠叛乱，徐佩瑗的阴谋彻底暴露。李秀成方才发觉受欺骗，随即抄了徐家，发现竟贮藏有万担稻米，这是徐为准备叛乱囤积用的军粮。

1863年11月，李鸿章淮军攻陷浒墅关，逼近苏州，是日深夜，徐佩瑗被押出监狱，为谭绍光亲手用洋枪击毙。

徐佩瑗虽被处死，但他的兄弟徐佩瑞、徐佩瑛所带的永昌枪船，却改名为淮军巡湖营水师，听候李鸿章调配，与太平军作战。

戴着枷锁跳舞。进入苏州的李秀成及其麾下多数高级干部，就是这样消磨斗志和活力的。因而，当李鸿章的淮军和"常胜军"太平天国的进攻时，他们就难以抵挡，很快就失败了。

太平天国的乡官

太平天国设乡官为州县以下行政官员，有军帅、师帅、旅帅、百长和两司马。天国前期"监军、总制皆受命于伪朝，为守土官。自军帅至两司马为乡官。乡官者，以其乡人为之也"（《贼情汇纂》第三）。但在晚期，乡官乃由驻地军事长官随意指定或互相援引，有的还靠行贿所得，因而许多读书人、地方人士多不与合作，地方乡官出任者多为投机取巧者、流氓无赖或劣绅。

第二十八编　上海前线的曲折历程

陆顺得孤军深入，被地方团练打得大败，赶出了上海

上海是江苏松江府所属的一个县。

因为鸦片战争《江宁条约》的五口通商，上海被开埠成为西方资本主义登陆中国的一个重要口岸。它由此也出了名。

太平天国先后有八次进攻上海和周边城镇，仅李秀成就三次亲临前线。他们进攻上海、占领上海的目的，是要有个出海口，购买二十只火轮装备水师，掌握长江制水权，也是为控制、争夺天京上游的战略需要做准备。

太平军在攻占苏州后仅几天，李秀成就分出两支偏师，一支由后军主将陈坤书率领的殿后军南下，经吴江取嘉兴；另一支由陆顺得的南破忾军带领一千五百人东进嘉定、松江，直指上海。

陆顺得军一路顺风，连占昆山、太仓、嘉定、青浦和松江。当时上海清军不多，且有守备余义正等三千余广勇准备内应。太平军胜利在望。陆顺得因兵少，在昆山、太仓、嘉定三处没有留兵，在青浦只留有绍天豫周文嘉几百人，在出松江府城赴上海前夕，接到李秀成自苏州来信，告以原定佑天安黄金爱和侯贤提所领的水师因走太湖被阻不能前来松江接应。来信特别告知上海有两粤兵勇三千余人"情愿投诚前来，因该处巡抚薛妖有疑心该兵勇之心，凡有两粤各勇，不准身带兵器伙器，是以尽欲投降报效，恳请大师前往等情"（《李秀成致陆顺得麦冬良谆谕》），要他们"至上海如何往攻，如何进取，总在弟等随机应事，早望捷音"。

7月15日，陆顺得留下一百多名牌尾守松江城，由第四百四十三丞相樊玉田向导出城，进向上海。就在出城几十里至香花桥时，松江城失陷了。

松江城是被清军与华尔洋枪队联手攻陷的。

早在太平军东进、未至苏州前，上海官绅见时事不妙，出资武装了一支外国雇佣军。他的头目是美国人华尔，副手是美国人白齐文和福尔思德，三人都是流落在上海的流氓，招募了二百名洋人，主要是菲律宾人，配备以新式的西制热兵器，所以称洋枪队。洋枪队成员都是地方鄙视的流氓、无赖、烂水手，纪律极坏，所以当他们出征时，附

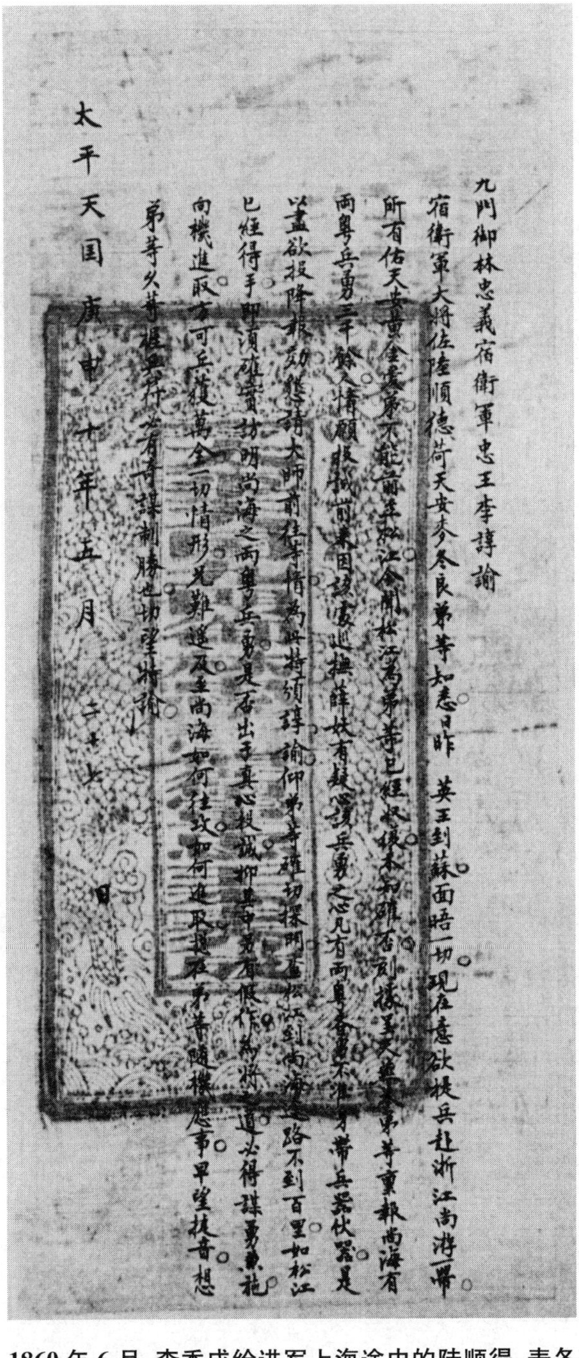

1860 年 6 月,李秀成给进军上海途中的陆顺得、麦冬良谆谕

戈登"常胜军"

此照见呤唎《太平天国革命亲历记》插图,似有误。就其服饰,不应为太平军,且此时李秀成部尚未能有摄影也。

近居民赌咒他们早日战死。

洋枪队驻扎在松江广富林,头扎绿巾,着淡绿色短衫、紧身窄裤,在领襟两面各绣一块红布以为标记。

华尔洋枪队先后进攻松江两次。

第一次被官书抹去了。这次进犯,被陆顺得军打得大败,二百名雇佣兵毙命了一半。

当陆顺得军离开松江后,他们就组织了第二次进攻。鉴于前次失败教训,这次是搞偷袭。当侦知松江城留守人员多半是非战斗人员,且疏于防备,甚至白天还敞开城门任民众自由进出时,就雇用了几条小火轮,装载一群士兵,埋伏在城墙附近小河边,乘着不备,轻易袭取了松江府城。清上海当局即犒赏了三万两银子。

但也有一说是,当时华尔为英法上海当局所制,攻陷松江的,乃是上海官僚应宝时、吴云。当时他们带领炮船上兵丁几百名和洋人四十余人,潜伏在松江城外豆腐浜,趁陆顺得军出松江后陷城的。

两说不一。

但松江城总是丢失了。

陆顺得匆匆离开松江,他很糊涂,竟把很多军事文书,包括李秀成给他这封上海有两广兵勇反正的通报都留在城里。当这些文书落到江苏巡抚薛焕手里时,发现了余义正

洋枪队

洋枪队开始系招募欧美和菲律宾人,后改为以欧美人为军官,中国人(多系太平军降卒和俘虏)为兵,配备以洋枪洋炮。

等要内应的文字,立即清查、捕捉。当余义正被押往刑场时,还弄不清楚泄密由来,他百思难解,只是仰天长叹:"正是天意。谁知是落在他们手里!"

一条来自上海的内线被切断了。

陆顺得军孤军深入,前无接应,后缺给养。在行进至上海西南七宝镇时,就被地方团练打得大败。因松江城已失陷,后归无路,只得退驻南翔、黄渡。在南翔、黄渡,他设置乡镇政权,有师帅、百长、两司马,还规定了他们的装饰,"挽发辫盘额,蓝巾缠头,垂其两端,身穿长衣,其从者,则短衣窄袖,曳大脚裤"(同治《黄渡镇志》)。下乡按户发门牌,按田造册,征赋收税。

陆顺得撤至嘉定等地后,向李秀成报告,建议他由苏州东进,从昆山攻打太仓之西,自由嘉定北门出兵,攻取太仓之东,两处夹攻,可克太仓,然后再行克复宝山,宝山离上海仅四十里;宝山得手,可直取上海、松江。李秀成表示同意。

李秀成在青浦两次痛打洋枪队

李秀成正拟按陆顺得建议出兵,忽然青浦告急,原来是华尔洋枪队联手清军攻陷松江后,又向青浦进犯。青浦守军周文嘉兵势孤单,协助守城的有前来投奔的英国上尉芦维奇(Savage)。华尔和李恒嵩部清军有人马一万,但连攻两次,并未得逞。

青浦仍处于围攻中。

李秀成只得改变路线,大军直指青浦。

李秀成大军到达青浦,当天中午就与洋枪队开战。

经过两个时辰大战,太平军取得大胜。李秀成后来回忆:

> 是日由省开舟,次日到步,当即开兵,洋鬼出兵迎战,两阵交锋,自辰至午,鬼军大败,杀死鬼兵六七百人,得其洋枪二千余条,得其大炮十余条,得洋庄百余口,得其舟只数百余条,当解青浦之困。(《李秀成供词》)

此处"杀死鬼兵六七百人",是把清军和洋枪队合在一起计算,其实洋枪队被击毙者占全队三分之一,华尔身中五枪,差点毙命。"鬼兵"即指"洋枪队",因黄发碧眼,不同于中国人。"洋庄"即前膛铁炮。

华尔中伤,不能领兵。七天后,由白齐文、福尔思德率洋枪队与清军李恒嵩军,及华尔在上海新募的英、法、德、意、希腊人九十八名,再次进攻青浦,仍为李秀成大军所败,洋枪队及新募者共被击毙百余人。

洋枪队不敢再战,退回松江广富林。

李秀成军乘胜前进,又重占松江府城。

他认为上海将唾手可得,便只带了三千人欣然前往。

太平天国后期政治、军事领袖文化档案

姓　名	文化程度	职　业	仕途活动	附　注
干王洪仁玕	读过私塾	私塾塾师、香港英国学校中文教师	未中秀才	能听懂简易英语会话,本人也能说日常英语
英王陈玉成	识字	帮工		
忠王李秀成	读了几年私塾,后在私塾旁听	帮工、种蓝		喜临帖写字
赞王蒙得恩	识字	货郎担、小行商		能作记录
侍王李世贤				
辅王杨辅清				
章王林绍璋				据呤唎称:干王、章王全都熟悉地理和机械学,还收藏有许多关于西方文化和科学的附有插图的参考书,他们是经常研读这些学问的。

天父说：罗孝全是一个好人。他被封为通事官领袖，即首席翻译官

早在 1860 年 6 月，李秀成军占苏州时，就引起了上海英国殖民当局注意，他们急切想知道太平天国"此时对外国人和基督教的感情和意见"，于是由英国伦敦布道会派到上海的牧师艾约瑟(Joseph Edkin)和同伴四人赴苏州去拜会李秀成。

当时英国驻华公使文翰，很想通过某些聪明传教士影响以宣传基督教的形式，达到顺利通商的目的。

艾约瑟在苏州见到李秀成。

忠王府在六声礼炮、击鼓敲钟之响声中，迎接艾约瑟一行。在允许不行跪拜礼、只脱帽作一鞠躬后，他们在忠王右边站立，左面是一排高级部属。侍卫们都穿戴着红黄色的丝质袍帽，只有李秀成一人高坐。据艾约瑟后来回忆："忠王生得短小精悍，约有三十七岁，戴一副大框眼镜"，"穿着金黄色的绣龙缎袍，戴一顶金质的帽子，帽子四角饰有四片金叶子，下垂到双肩，每片金叶尖端更镶上一粒大的珍珠。"(《访问苏州的太平军》)

李秀成和艾约瑟等谈到上帝和天王。

艾约瑟介绍："忠王千岁，我们是英国人，来自上海，听说你们的宗教和我们一样，也是基督教，我们敬礼天父，也正与你们相同，所以我们前来请教一番。"

李秀成说："那么，显然贵国也像我们一样，信仰耶稣救世主。我们是同一宗教，我们是弟兄。现在清朝已到末日了，天朝已占有半壁江山。苏州这城市最近才攻下，现在还没有建立教堂，否则你们可以和我们一道去教堂，参加我们的礼拜。"

又说："大多数的人都拜泥塑木雕的偶像，惟有耶稣的信徒知道只有信奉上帝才是对的。""我们在这里或别处常看见这些可厌的偶像。上帝曾遣送他的儿子耶稣来拯救世人于罪恶之中。我们的天王就是耶稣的弟弟。"

李秀成宣传洪秀全的基督教教义，艾约瑟自然不感兴趣，但他的目的和意愿还是达到了。

"英国商人极愿在嘉兴、南浔等地买到即将上市的新丝。这些地方，现在正是天朝的势力范围。如果在这带地方经商不被阻挠，并在天朝的安排之下，能够继续，这对本地人和外国人都很有好处，我们将对天朝感到高度的满意。"

李秀成欣然同意,双方谈得相当欢洽。

一个月后,艾约瑟有书信与李秀成。李秀成对天京的洪仁玕说了,洪仁玕赶到苏州,盼与艾约瑟面晤。

7月21日,洪仁玕有书致艾约瑟,约他来苏州叙旧,他们六年前曾在上海相识;翌日,李秀成致信艾约瑟·杨笃信,告以干王洪仁玕要来苏州,与他们定议一切,请速赶来相晤。几天后,李秀成因青浦前线军情紧急赶往前线。8月2日,艾约瑟·杨笃信来到苏州,当天就与穿着华贵的长袍和戴着绣金王冠的洪仁玕会晤。翌日再次会晤。双方的谈话内容都是基督教传播。洪仁玕被外国牧师称之为知识渊博、见解正确。他们盼望洪仁玕在太平天国军民中尽力传播真正的基督教,改正现有的错误。洪仁玕表示,他是心有余而力不足,因此希望能从上海邀请许多传教士往天京布道讲经。他还介绍,天王是一个很虔诚的教徒。《圣经》和《天路历程》是他爱好的两本书。

李秀成和艾约瑟谈话提到了美国传教士罗孝全,还说天王很想念他的老朋友。

罗孝全也很想来天京。

9月13日,罗孝全从上海来到苏州,受到李秀成会见。他在苏州住了十几天,被护送到天京。他对洪仁玕说:来天京目的是传布包含在《新约》中的基督福音。洪秀全当然非常欢迎,封为接天义通事官领袖,即首席翻译官,授与总理外国商人事务,并参与会审外人犯罪案件,命令众人都要尊敬他,因为天父说过"罗孝全是一个好人"。

洪秀全还亲书赐罗孝全诏,诏书要他承认自己上过天,承认天国来在人间,上帝的天国天堂,就是太平天国、天京、天朝,承认"爷(上帝)、哥(耶稣)、朕(洪秀全自称)、幼(洪秀全子幼主洪天贵福)同御世(共同治理世界)"。以后洪秀全屡次给罗孝全诏书,都是解说这些洪秀全创造的拜上帝独特教义。他要罗孝全按照他的编造,劝教西洋众弟妹、众使徒、众臣民皈依此新信仰。罗孝全完全失望了。

1862年1月,太平天国向上海进军,与英、法殖民军兵戈相见,罗孝全溜出天京,在上海宣布与太平天国决裂,并称洪秀全是"狂人"。

李秀成没有反击就撤出了上海战场

艾约瑟等人来苏州访问,用客套语言说及欢迎李秀成赴上海,又假以宣扬基督教为名、与太平天国讲友谊,拉关系。李秀成却误会了,以为他们信仰基督教,是与太平天国共同礼拜天父上帝、天兄耶稣;更以为他们是信使,是代表本国政府前来协商的。当他在青浦大胜,重取松江后,他表现得相当乐观、相当幼稚,坦然抱着与"洋兄弟"磋商亲善而来,由"洋兄弟"接应进入上海。

李秀成在上海似乎没有伏线,也没有派出耳目侦察,相当盲目,他不知道内应的广勇已被屠杀,更不知道外国殖民当局已应邀从租界出兵,登上了上海城楼,架起了火炮,枕戈以待。

军至徐家汇,李秀成就在镇上设立司令部。他头戴王冠身披黄龙绣袍,潇洒自如,对本地居民相当客气,不须回避。居民见他是诚惶诚恐地做礼拜,表示惊诧,问我们敬奉上帝,难道王爷也敬奉。李秀成笑而不语。

8月18日清晨,李秀成在徐家汇天主教堂做完弥撒之后,就冒着狂风暴雨,向上海县城进攻。沿途在罗家湾(今上海卢湾区)击溃了清军一支地方部队,顺利贴近西门和南门时,见到城楼上的米字英国旗和三色法国旗在招展,还以为是在迎接呢! 不料,迎来的竟是密集如雨般的枪弹。太平军毫无戒备,损失很大。他们没有反击,自动撤退。

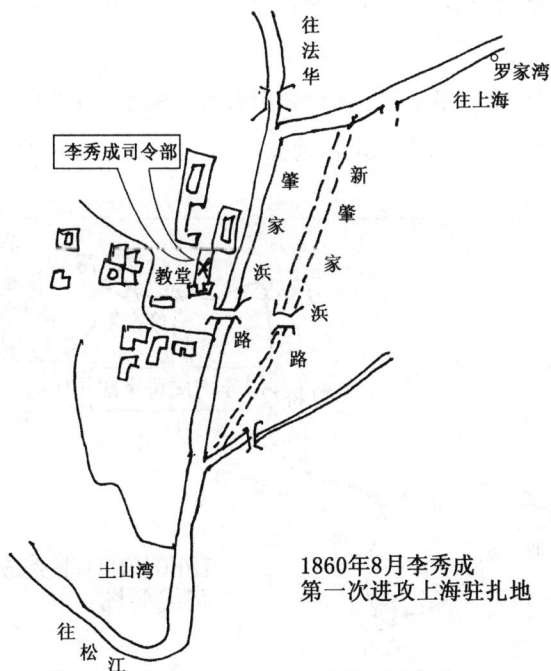

1860年8月李秀成
第一次进攻上海驻扎地

停泊在黄浦江上的英国兵舰,还用三角法测得李秀成黄缎大轿所在的准确位置,用火炮射击,致使他的脸部中弹片受了轻伤,此后有段时间李秀成连喉咙发音也受到影响。

李秀成不知所措,没有反击就撤出了战场。

他为什么轻易放弃进攻上海?

据内奸李文炳说,是他劝告李秀成不要攻打上海,留下作为与洋人通商地;也有说是李文炳背着李秀成和上海当局薛焕、吴煦密议撤兵。而李秀成事后也认同了的。

此说也有三分道理。

李文炳献阊门主动投降,很受李秀成青睐。因为姓李,还被认为是同宗。李文炳善于阿谀奉承,能投李秀成之好。他发现李秀成进苏州城后,好享乐,好女人,就将自己那出身妓女的妻妹,乔装打扮奉献。李秀成对他很放心,允许他保持原有的三千人马,还允许他扩大兵员,另再招募同乡二千和江南大营散卒五千。

首次进攻上海受挫后,李文炳反而受到重用,实授江南文将帅,镇守昆山。他利用昆山地近上海,与薛焕、吴煦更加来往频繁。当李秀成1862年再来到上海前线时,他在昆山策划联手徐佩瑗等暴动,幸被同城镇守的朱朝将识破诛杀。事后李秀成方才醒悟,说李文炳是"今之孟达"。

薛焕为冒功受奖,竟向皇帝扯了一个弥天大谎。说是太平军围攻上海四座城门连续长达七日七夜。炮火连天,弹片遍地,他在四门轮流督战,也是七日七夜没有合眼睡

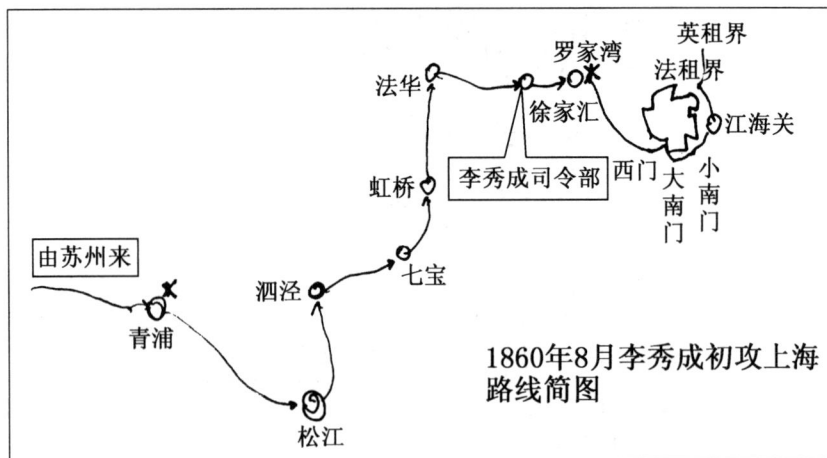

1860年8月李秀成初攻上海路线简图

觉。天高皇帝远,竟然也给瞒了过去,同治《上海县志》还作为信史载述。

李秀成撤回徐家汇。

他致书英、美、葡各国领事,谴责不守中立,又痛斥法国失信,称是法国上海当局派人到苏州约同进攻上海。并说此次亲赴上海,是在与各国商定条约;彼此都是上帝信徒,此次当出自误会,盼望仍能保持友好关系云云。

8月23日,就在李秀成撤回徐家汇这天,北方战火正浓。英法联军在攻占大沽口北岸炮台后,占领了天津。李秀成不知道。

翌日,李秀成虚插旗帜,扎草为人,撤出徐家汇,因嘉兴告急,取道南向,救援嘉兴去了。他开始认识到外国殖民者的真实嘴脸,并通过战争实践,也逐步感悟到要改造军器,使用洋人的枪炮。此后,李秀成的部队也不断强化武装,建立自己的兵工厂,礼遇前来投奔的洋兵洋将,由他们训练、教导将士掌握新式火器。这就是近年史学界某些学者赞扬的太平天国也搞近代化的一个重要史据。

英国人呤唎就是在这时来到苏州投效的。呤唎是军官,懂得铸造炮弹、制造信线和炮位瞄准的全过程;后来还带炮队随征,为李秀成军训练洋炮干部,曾一度在天京教练将士炮术和操练一种中西混合的阵法。据他自称还参加过守卫天京的炮台,接受了相当于"上校(联队长)"军衔的太平天国官阶。

呤唎此后多年跟随李秀成,对李秀成很是敬仰。他学过肖像画,还为李秀成和太平天国留下不少群像,惟妙惟肖。他在天京时候似乎并没有见过洪秀全,因而其书中所描绘的天王晚年的全身立像:瘦弱、蓄须、五短身材,乃是仅凭传说和想像的写真,与通常所记述的洪秀全高大魁梧、不蓄须不全相同。在他后来所写的文学色彩特浓且带有西方传奇味的《太平天国》(20世纪60年代初译名为《太平天国革命亲历记》)里,并没有记录会晤过洪秀全,或被洪秀全委任做什么官。

呤唎的太平天国著作

呤唎于 1860 年 8 月在苏州参加李秀成部队,追随李秀成左右,甚见信任。1863 年 12 月,呤唎奉命赴上海、宁波等地采购军火和轮船,后因返道被阻,于翌年回国。呤唎回国后,仍关心太平天国和李秀成的运命,经常寻找香港、澳门报刊,搜集太平军走向,不久写了一部回忆太平天国的《太平天国:太平天国革命的历史,包括作者亲自经历的叙述》(*Ti Ping Tien Kwoh*:*the history of the Ti-ping Revolution*,*including a narrative of the author's Personal adventures*),1866 年伦敦 Day & Son 出版公司发行精装本,封面有作者所绘天王立像,扉页复印李秀成给作者路凭,国际本 32 开。此书原藏上海亚洲文会。1915 年,孟宪承有节译,将原著 50 万字有关太平天国活动集中介绍,并取名《太平天国外纪》,全书 12 万字,分三册,上海商务印书馆发行,文言体。译者于太平天国史不甚了了,其中尤以天国将领姓氏多以谐音代之,但此书影响极广,旧中国治太平天国学,必以此为参考。1961 年中华书局上海编辑所又重印的《太平天国革命亲历纪》(王维周、王元化译),即对此书重加翻译。

20 世纪 80 年代初,英国柯文南由王庆成教授陪同来沪,与我谈及呤唎时,有说呤唎回国后写过六部书,其中四部是与太平天国无关的。他还说,呤唎在英国自称是"太平军上校"。当谈及郭廷以教授著作有称呤唎归国时携带纪王黄金爱同行。柯文南明确指出:据他知道,呤唎自上海离开时,没有带任何一个太平军将士同行。

第二十九编　驱军入浙,取之甚易的钱塘江两岸

陈炳文为打造府第,命嘉兴府属七处乡官,各承担修建一重

1860 年 6 月,李秀成据苏州,设为苏福省。

为巩固苏福省,分军进略周边各县镇,其中南征的将帅是殿后军主将、求天义陈坤书和正总提、朗天安陈炳文。

南征军经平望、吴江,直指嘉兴,打响了浙西战役。

嘉兴是非常顺利取得的。

原先有江南大营残兵几百人投奔在杭州郊外的提督张玉良,恳求收留,为张拒收,这些人就改投太平军。陈坤书、陈炳文遂以他们为前锋,勒令"有进无退"猛攻嘉兴城。残兵衣饰未换,甚至连辫子亦未割去,就混进城去,随即攻陷了嘉兴府城。

浙江巡抚王有龄大惊,努力支持张玉良反扑。

张玉良虽是败军,但尚拥有一万二千人马,编列成军。王有龄为之配给枪支弹药器械、足够的粮食,调拨了几百艘大船,运载至嘉兴。

张玉良仗着人多势众,多次向嘉兴城猛扑。

陈坤书、陈炳文尽力守卫,多次转危为安。

有一次,清军攻进了小西门,太平军出战不利,故意在城中街道丢弃白银、衣帛,撤退东门。清军大小纷纷捡拾,还引起争闹,顿时一片混乱。太平军见状回扑,赶走敌军。

又有一次,清军猛攻,用炮轰塌城墙五丈,太平军火药已尽,开枪无弹,正拟撤出,不料老天忽然风雷顿起,下起倾盆大雨了。陈炳文大笑,说:"天来助我了。"于是发动短兵相接,把敌军赶下城去。

双方相持一月。

陈坤书、陈炳文向正在进攻上海的李秀成求援。

李秀成即率大军取道松江、青浦,攻取嘉善、平湖,直援嘉兴。在嘉兴城外连续鏖战了五天,终于把张玉良大军打得落花流水。张玉良率残军逃往严州。

李秀成乘胜扩大版图,占领浙江太湖流域以东地区。

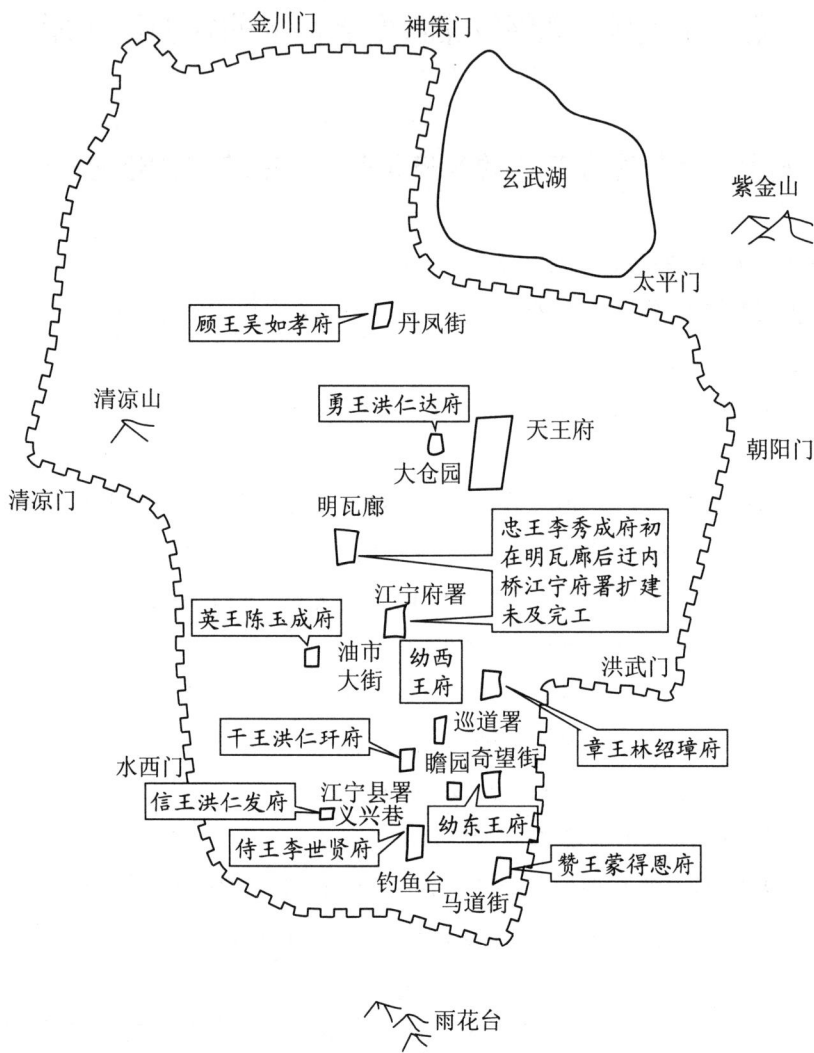

金川门　神策门

玄武湖

紫金山

太平门

顾王吴如孝府 — 丹凤街

清凉山

勇王洪仁达府　天王府

大仓园

朝阳门

清凉门

明瓦廊

忠王李秀成府初在明瓦廊后迁内桥江宁府署扩建未及完工

江宁府署

英王陈玉成府

油市大街

幼西王府

洪武门

干王洪仁玕府

巡道署

瞻园奇望街

章王林绍璋府

水西门

信王洪仁发府

江宁县署

义兴巷

侍王李世贤府

幼东王府

赞王蒙得恩府

钓鱼台

马道街

雨花台

太平天国后期天京主要王府分布图

同年 9 月,李秀成遵照洪秀全战略,率军西征,由陈坤书接守苏州,嘉兴即交由陈炳文坐镇。

陈炳文的副手是广西资深干部廖发寿(敬顺)。

上梁不正下梁歪。陈炳文、廖发寿见李秀成热衷于在苏州兴建富丽堂皇的忠王府,也把嘉兴视为自己领地,择地打造府第。

后 期 王 府

府　名	府　主	位　　　　　置	附　　注
幼东王府	洪天佑	1860 年于天京奇望街(南京建康路)建造	洪秀全过继第五子,又名正九重天廷
幼西王府	萧有和	天京瞻园路	
幼南王府		天京奇望街按察使署	幼南王似无其人
干王府	洪仁玕	天京三坊巷江宁县署(南京长乐路四圣堂)	
英王府	陈玉成	天京水西门油市大街安徽会馆	
忠王府	李秀成	天京明瓦廊梅氏祠堂,后在内桥江宁府署新建	
侍王府	李世贤	天京城南新桥钓鱼台	
赞王府	蒙得恩	天京马道街(南京马道街小学)	
辅王府	杨辅清	天京奇望街	
信王府	洪仁发	天京瞻园对面义兴巷	
勇王府	洪仁达	天京大仓园(南京长江路)	
恤王府	洪仁政	天京崔八巷(南京南台巷)	
章王府	林绍璋	天京奇望街针工坊	
力王府	张朝爵	天京九儿巷前直隶按察使周开麟宅	
听王府	陈炳文	天京进香河大石桥	
顾王府	吴如孝	天京丹凤街	
忠王府	李秀成	苏州拙政园,并与东邻潘宅、西邻汪宅修建东西偏殿	
听王府	陈炳文	苏州合南北两显子巷	
慕王府	谭绍光	苏州玄妙观	
比王府	钱桂仁	江苏常熟程家巷	时为大将,比土乃 1864 年 2 月十助守杭州时封
辅王府	杨辅清	江苏宜兴(宜城镇通真观巷 9 号)	现存有厅、室多间,有壁画
护王府	陈坤书	江苏常州局前街	现存内宅回形转楼
戴王府	黄呈忠	江苏金坛直街	现存正殿三间
侍王府	李世贤	浙江金华试士院旧址扩建	
来王府	陆顺得	浙江绍兴中江桥	
听王府	陈炳文	浙江嘉兴	
听王府	陈炳文	浙江杭州小营巷	
荣王府	廖发寿	浙江嘉兴	
英王府	陈玉成	安徽安庆西门任家坡	

当时陈炳文只是朗天安，廖发寿是满天福。安、福两爵，在天京朝，可以说是过江之鲫，多如牛毛。有如在幼主的一次封爵诏旨（1860年12月1日）中，就封了三个天义，十个天安，五十二个天福。在天京这些高干僧多粥少，无所作为，可在地方，有兵就有权，有地就有钱。陈炳文、廖发寿据地称大，就能号令了。

在他们坐镇嘉兴时，自认为头等大事就是打造府第。

据《谈浙》称："大造伪府，拆祠庙栋梁以供材，开嘉善千窑以供陶，攫苏州香山梓匠以供役。盘龙赛凤，重规叠矩，前后七重，外有朝房，中有崇隆，再外绕以禁城。"因为规模宏大，所用人力物力钱力不再作预算，陈炳文还下命嘉兴府所属嘉善、平湖、崇德、石门等七处乡官，各处承担修建一重。

金华侍王府壮丽宏大，是当时王府群中很有规模的一座

1861年是太平天国生死存亡很是关键的一年。

洪秀全和曾国藩双方都注视着安庆，双方调兵遣将为安庆争夺开展战斗。

李秀成人马是以攻武昌解安庆围的南路主力军。

但他对救援安庆很不努力，私心极重，认为天京上游和安庆是陈玉成势力范围，救援安庆是牺牲自己，辅翼他人，因而行军缓慢，错过时机，不能与陈玉成部定期会师于武昌和湖北。1861年7月上旬，当安庆正危在旦夕，李秀成居然漠视安庆保卫战，在湖北等地招募、会合了二十余万人众，避开湘军主锋，绕道经江西东走。安庆失陷后，又认定"安庆既失，救援莫及，江西劲敌当前，不易得手"，打算与李世贤合军经略浙江。

李秀成的阴暗心理，局外人也看得相当清楚。黄文英说他是"顾己不顾公"，赖文光称他是"该不知机，违君命而妄攻上海"，洪仁玕更是指出："后虽得杭州等郡，而失一安省，为京北屏大有可虞之势。殊忠王既抚有苏、杭两省，以为高枕无忧，不以北岸及京都为忧。"但李秀成却极端忽视天京上游的战略定位，以为占领全浙，有足够的后方，粮食充沛，人力丰富，可以扩展兵力，再与湘军决战，而占领浙江，便于夺得上海，将来可利用上海、宁波等通商口岸，征收关税，强化贸易，购置现代枪炮和轮船。

李秀成开始把兵力放在浙江。

最赞同并和他合作的是李世贤。

1862年1月,侍王李世贤劝浙江太平子民各知效顺谆谕

李世贤自在江西乐平以十倍兵力却败于左宗棠后,不敢留恋在江西一隅之地,与李秀成商定,避实击虚,向清军布防薄弱的浙江进军。

1861年5月,李世贤分路进军浙江。

他的人马拥有十余万众,其中人数颇多,又有战斗力的一支就是脱离石达开前来回归的广东红巾花旗周春、陈荣、谭星、陈寿、林彩新部以及谭体元等部,由江西玉山入浙,占领常山。

李世贤军势如砍竹,很快就占领浙江中部江山、开化、龙游、汤溪、寿昌等县城,直指金华城下。

金华位居浙江腹地,上通衢州、处州(丽水),下接绍兴、诸暨,西与严州接址,东临仙居,扼全省之要,有极其重要的战略地位。

5 月 28 日,李世贤部嗣天福刘政宏偏师二千人马,攻占金华。

李世贤攻占金华后,随即分兵攻取周边兰溪、武义、龙游、浦江、东阳、遂昌、永康等地,他把浙东划定为自己领地,就在金华建造了侍王府。

太平天国各级军事领袖们都热衷衣食住行。住,就是建筑,不惜劳民伤财,建造自己的府第,以炫耀同僚。李世贤在天京、溧阳,都分别筑有华丽的王府,金华的侍王府更加宏大,它也是当时王府群中很有规模的一座。

金华侍王府原址,唐宋时为州治所在地,元末曾为朱元璋指挥所,清时为试院,规模本甚宽宏。李世贤选中后,"踞为伪馆,大加修葺,又拓院西千户所址构屋数重",经过新建西院,加筑照墙,重建正门,高矗望楼,修筑子城,使侍王府坐地达 63 000 平方米之广。

侍王府主体是宫殿,它以大殿为中心,在一条中轴线上,利用本地丘陵地带,自南至北,由低到高,逐级而建有照壁、大门、二门、大殿、二殿和耐寒轩(三殿)。照壁东西两侧为东西辕门,各有炮厅、鼓亭,为侍王进出或接待重要宾客时乐队奏乐之处。过后是大门,门前置有石狮子一对,大门拾级而上,进入二门,穿甬道,即为大殿(议事厅),面阔五间(27.65 米),进深五间(16 米),柱子直径一抱有余,殿内所有墙壁、梁枋均绘彩画。

壁画是太平天国建筑的一大特色。

侍王府有很多壁画,题材多样,有飞禽走兽、吉祥如意,也有太平天国战斗生活的写照,如望楼兵营图。

望楼即瞭望台,太平天国为了战斗,在王府或高级官员府第以及兵营,都建有望楼。天王府后花园就建有一座高几丈的望楼。后来幼天王就是在望楼上瞧见湘军入城的。可惜这些望楼早已不存在了。侍王府壁画里对望楼作了比较细致的描绘:木构建筑,楼分四层,每层设木梯,层层而上。最高层中间竖一旗杆,悬挂太平天国黄旗。

值得注意的是,侍王府有不少壁画,如四幅春、夏、秋、冬捕鱼图,都分别呈现有渔夫捕鱼的场景。在此之前,因为囿于文字记载,说太平天国壁画多是麟、凤、狮、象,风花雪月,有认定它们不准绘人物。侍王府里这些带有人物景象的壁画,是否可以说明太平天国绘画的题材实际上呈多样性的。

燕雀处堂,不知大厦将倾。金华侍王府的富丽堂皇,耗费了大量的国力军力和民脂民膏。天国后期新贵们在战火熊熊之中,仍醉心于大兴土木,它正是太平天国夕阳西斜、老树昏鸦的一个写照。

多年以来,太平天国军队被写成是一支纪律严明的仁义之师,军不扰民,民众拥军爱军,这与实际史实不符。李世贤几十万人马拥进浙江省,用于斯,食于斯,无疑大大增强了当地的负担。况且,所部人马来源复杂,其中有胁从农民、手工业者、本地游民,以及江南大营的降人,更有甚者,就是花旗部队。花旗部队虽加入太平天国,仍因本性难改,所掠所夺,常与正牌太平军有所勃蹊。左宗棠说:"此股系广东无赖匪徒,前年由广东、湖南、江西入浙、皖者也。人数最多,无甚伎俩,为金陵贼党所不齿,时尾贼后游行掠食。"(《左宗棠奏稿》卷四)于是为太平军蔑视,称为"花贼子"。李秀成在供词里,也不得不严责"此等害民之贼"。

虽然,李世贤在浙江据守各地,奉行乡官制,但乡官制只是为大军筹备粮食,动用人伙,包括为各级官员和他们的太太们大大小小的轿子征调轿夫,对社会民间甚少管理。后期太平天国所辖地区,社会不宁,民团崛起,时时扰乱,太平军只能据守若干府州县治。

金华侍王府照壁的砖雕——双凤图

金华侍王府石雕团龙

嵌于王府照壁正中，内径90cm，外径124cm，四周环雕五只飞翔的蝙蝠。相传李世贤为雕刻团龙两根透空的龙须，曾换了多个工匠，更有传说那些未能成功雕刻龙须的工匠都被处死。

李世贤的日子并不好过。

有等级的壁画

农民喜欢墙头画。太平天国上下也风行壁画。

在永安州时，诸王和高级官员住宅，都有绘壁画。洪秀全行宫，门内涂黄，绘有龙和虎。建都天京，还设有职同指挥的绣锦衙，主持织锦和绘画，并集中天京、扬州、镇江等地画师和民间画匠统一管理。天京城里府衙馆第的门扇墙壁，处处绘有彩图。

太平天国壁画有非常严格等级制，例如门画，天王府大门绘双凤，东王、北王大门均绘龙虎，丞相府绘象，以下按等级分别绘有狮、豹、鹿、兔。后期就乱制了，嘉兴听王府，绍兴来王府都绘有龙虎多式，如大门、厅堂绘龙、虎，厅堂两侧还绘虎、豹、狮、象。

前期壁画未见有绘古今人物，有学者判定太平天国壁画不准绘人物的，但晚期不同，现存金坛戴王府有关羽夜读、太白醉酒等戏画。嘉兴听王府有多幅取自《三国演义》壁画。

见存太平天国壁画，都不见留有绘画者名字，当时记录是说它"不题名、不留款、不盖印"。

1862 年,左宗棠老湘军开始入浙。攻据江山、开化等地,解衢州之围,李世贤苦苦支撑。可是洪秀全囿于湘军围攻天京,惊惶失措,在调苏州李秀成前来解围,亦几次三番勒令李世贤前来解围。

此时此刻,李世贤大概也感到在浙江基业不牢固、民众树敌过多,他曾写了一封密信与东阳佐将陈荣或陈寿:

侍王李世贤字付东邑陈贤侯恩弟知之:

上年我军不守徽者,而走入浙江,是第一失著,浙以江西为退步,而常玉山不守,是第二失著。今大妖头亲王带满、汉、蒙古兵六十万攻打南京,边疆已十失其九,截断要路,我军不能救援,京师之危可立待。曾妖头带兵四十万防守衢、严,无路可进,李妖头带兵四十万防守常玉山,又土匪二十万助之,今又分兵一半,把守兰溪要路,与我金府相争,我兵心散,不肯力战,势甚可危。又闻各处土匪四起,嵊邑周某禀单前来,言西者极多土匪,非十万精兵不足以平之。

自吾思之,皆因众兄弟杀人放火,势逼使然,非尽关百姓之无良。今闻恩弟治东,土匪不起,绩实可嘉,从今以后,宜加意爱民,使民不以我为仇,倘时势不佳,尚有藏身退步,否则,兵一失机,我与尔等皆死无藏身之地。各处官员亦须以我意晓之。此字只可一人知之,不可使众人共知,以扰乱我军心,览毕即付之火。七月十二日。(《太平天国史料译丛》)

天历七月十二日,即 1862 年 8 月 23 日,此文系在义乌附近搜获。此时,洪秀全正以京围紧迫,命李世贤回救。李世贤进退维谷,颇有所感,写了这封信。

黄呈忠范汝增拒绝了:大军将入宁波,誓克此城

1861 年 5 月李世贤坐镇金华。同年 10 月下旬,所部宝天义黄呈忠、进天义范汝增从严州北上,经过浦江,攻打诸暨。

诸暨是赴绍兴、杭州以及浙东宁波等地必经之地。清方驻军却是寥寥,原来驻防的总兵饶廷选等部,都已撤至杭州去了。黄呈忠、范汝增相当顺利地进驻诸暨,他们在诸暨的最大收获,就是与当地莲蓬党何文庆的会师。

何文庆是诸暨前畈的一个乡间医生,也好武术,喜结交,早在太平军入浙时,就在本乡组织民众抗暴安良,凡是参加者就发与一支锡铸莲叶捧荷花。荷者,"何"也,寓意"连和",拥戴他,因此被呼为莲蓬党。

莲蓬党很有民众威信,参加者的主体是农民、小手工业者,人数多达几千人,且与余姚黄春生、嵊县马阿秃等造反农民群体有往来,相互呼应。

何文庆不与清朝官吏合作。当时浙江巡抚王有龄以翎顶器械火药并钱万串招抚前来,何文庆阳为接受,而利用合法身份率众来到诸暨城外,呼应太平军,夺取了诸暨城。

何文庆莲蓬党的加入,大大增进了太平军兵力,况且他是本地人,轻车熟路,于浙东地势、风土人情无一不晓,致使这支人数不多的殿左军、讨逆军,行进如鱼得水,势如砍竹。

李世贤得悉,大为欢欣,当即加何文庆为志天燕,列入太平军正规军编制。

11月9日,何文庆与黄呈忠由诸暨,与取道绍兴的范汝增军分路攻占嵊县。为夺取宁波,又分路攻占新昌、奉化、上虞等县城。11月24日,又在十八局黄来昌、潘世忠等配合下攻占余姚。

十八局是余姚乡间农民组织,他们以庙社为机构,设局共有十八处,所以称"十八局"。十八局人数众多,在太平军进入浙江时,就曾两次夺取了余姚县城。十八局农民是一支拥有几千人马的武装,他们隶属何文庆麾下,参加了攻占象山、慈溪和镇海的战役。裁缝出身的潘世忠还主持象山政务,后奉调南下,参加浙南围攻温州的战斗。

鱼龙混杂。在余姚,范维邦率领的民众武装也加入了太平军,并引导何文庆合力攻占了镇海。

镇海口的夺取,使宁波处在太平军四面包围圈中。

宁波是南京条约签订的"五口通商"的一个城市。英法殖民者在城江北设有"居留地"(租界)。太平军进入浙江时早就引起他们的惊惶和不安。1861年6月,英驻华公使卜鲁斯向本国外交大臣罗塞尔报告说,如果太平军占领上海、宁波,英国在口岸的"关税势必减少,除使用武力外,我们将无法从减少的收入中获得北京条约所规定的我们应得的税银部分"。因此必须是"保护口岸即所以保护英国利益"。

当黄呈忠、范汝增等进军浙东时,英国水师司令官何伯特派舰长丢乐德克赴宁波,与地方当局商议联合抗御事,丢乐德克在宁波会商布防事宜后,又先后赴青浦、乍浦向太平军投书,阻止其进攻宁波,而且还提出,勿得进入距宁波两日行程的圈里。法国水师提督卜罗德、陆军提督查绵也自上海赴余姚,找太平军黄呈忠等商谈,目的也是阻止太平军向宁波进军。

6月中旬,丢乐德克与清宁绍台道张景渠密议,并拟定宁波防守计划八项;由张景渠雇佣英国兵船防卫宁波。在双方尚未对宁波行施防务时,太平军已以迅雷不及掩耳之势包围了宁波。英、法、美驻宁波殖民当局来不及进行武装干涉,派出翻译官有雅芝先后赴余姚、奉化拜访黄呈忠、范汝增,以保护外侨为名,延缓和阻挠太平军进取宁波。

黄呈忠、范汝增拒绝了英、法、美殖民者的无理要求,坚决表示:大军将入宁波,誓克此城。

12月9日,南北两路太平军攻占宁波。

何文庆在此次进军攻取浙东和宁波战役中功劳卓著,经保举后,由志天燕擢升为志天义,跨过天福、天安两爵,得与黄呈忠、范汝增等同列义爵,是浙东加入太平军的各路民众领袖行列中,战功最为显著的一人。他别率一军,把守镇海要塞,和他一起的是范维邦。

黄呈忠、范汝增很注重关税收入,改镇海关为天平关,任命衡天安潘起亮专司官税;并自府城北门至丈亭,设立巡卡,查盘货物。民务由慈溪人陆心兰为府总制。

潘起亮因为过去长时期在上海与英国人打交道,能听懂一些英语,自己也会说些洋泾浜的英语。在宁波期间,有时也在黄呈忠、范汝增与英国人会见时充当译员。英国在宁波的官员、传教士也会直接找他。

1862年2月10日,为太平天国壬戌十二年元旦,英国基督教牧师禄赐等人来到宁波府城,借拜年为由来见潘起亮。潘起亮很有礼貌,带同部属前来接待,双方作了谈话。

潘起亮问:近日得悉外间传言,贵国打算与我天朝为敌,有否这件事?

禄赐等答:话不是这样说。但按道理也正是如此呢!因为想你们如果为掳劫目的,则占领宁波已有数月,民间搜括已空,获得钱财不止千万,亦应该知足而回去了;如要占领土地,亦应安抚百姓,救济穷困,为什么那么继续恶行,受到众人指责,如此下来难道能安定本地了么?

潘起亮答:军中确实有不遵守法纪、捣乱社会的分子,但贤不肖,良莠不齐,各国都有的,所以是不能以此作全行谴责的。

禄赐等说:还是要有法纪。否则民众没有安定,必然要闹事,还能再干啥事呢。

潘起亮表示说得有理。

英、法、美殖民当局始终与太平军持不合作姿势,伺机挑衅。

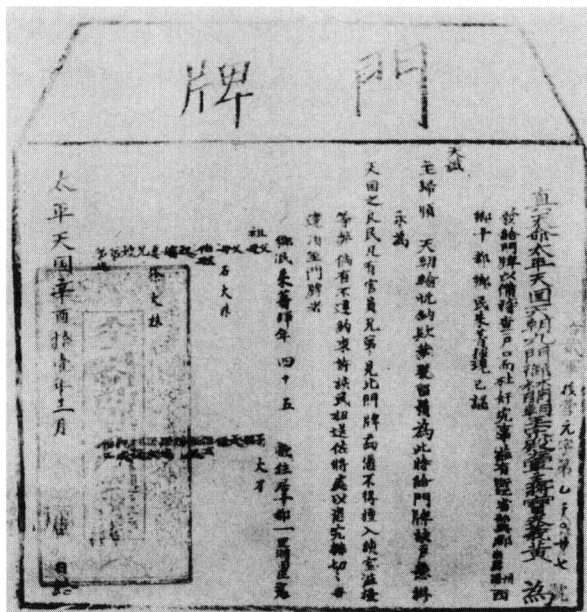

1862 年,宝天义黄呈忠所发上虞县朱菁辉门牌

4 月 22 日,范汝增由天京返回宁波,太平军欢迎他被封为首王,鸣炮致敬,有几块弹片误落于英舰斑鸠号甲板上,英舰提出抗议,黄呈忠当即照会道歉,并作了保证。英方对此表示满意。但在翌日,英国由丢乐德克出面,却向太平军当局要求,立即将城外炮台拆毁,并将租界对面的城上大炮一律搬走,还勒令须在二十四小时内必须撤除,否则英军将予以摧毁并占领宁波。

黄呈忠当即复照,如此无理要求,则是向我国开衅。当即重申:唯坚守自卫,决不首先启衅。

5 月 2 日,黄呈忠再次拒绝丢乐德克的通牒。

在此时期,英国领事夏福礼已与清朝地方当局张景渠和已革浙江提督陈世章达成协议,双方合力攻陷宁波和周边县城。

5月6日,张景渠、陈世章和海盗出身的游击布兴有、布良带的舰队由定海渡海攻镇海。范维邦迎降,何文庆独力难支,夜间开西门撤退,镇海失陷。

5月8日,黄呈忠、范汝增再次照会丢乐德克和法国驻宁波水军司令官耿尼,坚决拒绝放弃宁波:

> 所有恳本主将等弃此宁波,本主将等北剿南征,无非欲得疆土,如镇海滨海小邑,弃之无妨,宁郡何能擅弃! 本主将为臣下者有一分力自要尽其一分。如其与清妖争斗不胜,即弃之再为缓图,断不能擅自弃之也。(《太平天国文书汇编》第323—324 页)

5月10日,英法兵舰与清军由江北租界猛攻宁波城,经过五个小时鏖战,太平军在击毙耿尼和英国少校科诺华等二十八人后撤退,宁波失陷。

在此期间,"常胜军"头目华尔率领几百人增援宁波,宁波殖民当局也建立起所谓"常安军"、"定胜军"和"常捷军"。清朝政府还同意法国公使建议,任命法国人勒伯勒东为署理浙江总兵,专任中国军职。

~~~~~~

雇佣兵"绿头勇"、"花头勇"

1862 年 5 月,在宁波的英法殖民当局,参照上海建立"常胜军",由英国军官统领与训练、装备英国器械,招募中国士兵 1 000 人,组成"常安军"、"定胜军",即"中英混合军",因头裹绿巾,又称"绿头勇"。

宁波海关税务司法国人日意格(Prosper Gignel)、法海军军官勒伯勒东(Le. Brethon)也招募中国士兵 1 500 人,组成"常捷军",即"中法混合营"。因头裹花巾,又称"花头勇"。

左宗棠告诫德克碑：既是中国总兵，就要遵照中国礼节

黄呈忠、范汝增在撤出宁波后，会同何文庆和各处撤出的太平军部队，继续在余姚、慈溪等地战斗。他们派潘起亮赴浙东四明山区，联络天地会众，一度还收复慈溪，当华尔率"常胜军"前来争夺时，把他击成重伤，不久毙命。

因左宗棠老湘军进入浙江，李世贤率主力奉召应援天京，金华、汤溪等地告急，黄呈忠、范汝增等回援。只有何文庆率本部人马前往绍兴助守，以抗拒来自宁波的英法雇佣军。

绍兴是1861年11月1日，为李秀成部攻占的。

攻占绍兴的是南破忾军主将、认天义陆顺得。

一年后，当英法雇佣军渡过曹娥江，向绍兴猛攻时，陆顺得已调防，由绫天安周文嘉接任。

勒伯勒东当上浙江总兵后，更为嚣张，亲自督队进犯绍兴昌安门，替代炮兵施放大炮，当即被城上土炮击中，不治身死。

法国军官达尔第福接任"常捷军"第二任统领。

英国殖民军头目丢乐德克见前线不利，与海军大尉丁林携带大炮前往增援。

丢乐德克会同达尔第福以大炮猛轰绍兴兴郭门，为了刺激士兵，竟应允城破可以自由掳掠四十八小时。

绍兴守军反击，在城墙被打开缺口，英法雇佣军和清军蜂拥而上时，顽强抵抗，奋不顾身，当场击毙达尔第福，把丁林打成重伤。

绍兴保卫战坚持了四个月，据称在城里有参加太平军的六十个非洲黑人奋勇作战。

达尔第福毙命后，由法国军官德克碑和实德梭竞争当浙江总兵、"常捷军"统领。德克碑纵兵抢掠，口碑不好。但实德梭更为骄横，在宁波时还强索旅费五千两。德克碑见势不好，前来求见左宗棠。左宗棠以为德克碑较易约束，接见了他，同时表示以中国威严，告知"中国剿匪"并不需要借助外力，并订了条约存案：须听左宗棠指挥，不许节外生枝，兵员不能增加。德克碑为了做上总兵全部接受。左宗棠告诫他，既是中国总兵，就要遵照中国礼节，须剃去大胡子，但准许他见面仍可以行脱帽握手礼，不再作

跪拜礼。翌日德克碑来见，果然将自己一把大络腮胡子剃掉了。

绍兴因外援断绝，军火匮缺，城内人心动摇。周文嘉曾有降意，派人至清营，因没有联络好未成。几天后周文嘉弃城出走，何文庆亦退往萧山，绍兴失陷。

何文庆在萧山继续战斗，当时他已经六十多岁了，很为同侪称赞，陆顺得称赞他是"黄忠老将"。不久，因积劳成疾，何文庆在萧山临浦征途中病故。遗体被秘密安葬于杭州万松岭。

何文庆是太平天国晚期在浙东颇有影响的人物。他的家乡诸暨民间还流传歌谣：

> 诸暨何文庆，眼睛似铜铃，
>
> 眉毛似杠秤，起腿八百斤，
>
> 攻下麻雀岭，从此天下立功名。
>
> （《太平天国歌谣》1962 年版第 22 页）

第三十编　决定天国兴亡的安庆争夺战

小池驿之战,令陈玉成军从此在安庆战场走上下坡路

1860 年春天开始,湘军再度进入安徽,与太平军在天京上游的安庆地区展开了殊死搏斗。

战争规模空前,延续了二十个月。

这是一场决定太平天国存亡的战略性大战。

在封闭社会的中国,交战双方在长江南北逐鹿,有几个战略重镇,如江陵、武昌,而扼守长江中下游的安庆,更是卫护南京等处的军事要塞、兵家必争之地。

得安庆者得三江。

太平天国领袖洪秀全和石达开、洪仁玕、陈玉成等人,都十分清醒地认识到安庆具有极为重要的战略位置。洪秀全先后派出石达开、陈玉成等人镇守安庆,他把太平天国第一流的统帅放在天京上游。洪仁玕说:"安庆一日无恙,则天京一日无险。""此城实为天京之锁钥而保障其安全者。"

曾国藩也一直就把攻取安庆,为进攻天京的第三个战略目标(前两个目标为武昌、九江)。他认为:"欲攻破金陵,必先驻重兵于滁和,而后可去江宁之外屏,芜湖之粮路;欲驻兵滁和,必先围安庆以破陈逆之老巢。兼捣庐州,以攻陈逆之所必救。"(《曾文正公奏稿》)

曾国藩坚持:安庆的得与失,直接通关战争全局,为克复金陵之张本,因而当后来英法联军侵犯北京,太平军逼紧武昌时,他都婉言拒绝放弃围攻安庆、抽军救援。

此时,清廷政治舞台形势发生了骤变,喝鹿血的咸丰皇帝躲在热河行宫,不问政事,大权落在宠臣肃顺等顾命大臣处,肃顺等和后来辅佐同治皇帝垂帘听政的西太后与恭亲王奕䜣等,都主张放手、重用汉人曾国藩,以及由曾国藩推荐的左宗棠、李鸿章、沈葆桢等,并努力借助洋人洋枪洋炮(如美国"洋枪队"、英国"常胜军"、法国"常捷军"等),积极镇压太平天国运动。

北京高层亦支持曾国藩的战略部署。

显然,敌对双方对安庆所处的战略位置都有明确认同。

安庆,势在必争。

1860 年 1 月,湘军进入安徽,在夺取天堂(安徽岳西)要塞后,分军两路,一路由副都统多隆阿率领,一路由曾国藩派遣的总兵朱品隆部,联手攻打安庆门户太湖。

陈玉成相当重视太湖,牵一发而动千钧,特派所部第一勇将,靖东主将刘玱林主持太湖防卫战。

陈玉成得知太湖危急,联手捻军张洛行、龚得树等主力,合军十余万出桐城前来援救。

三路援军,傍山为营,横亘三十里。

1 月 13 日,陈玉成出军主动进攻小池驿鲍超部队。

小池驿(小池镇)在太湖东北,为援太湖必经之地,陈玉成设伏诱敌,击走前来相助的多隆阿部,歼敌千余;且连续三日轮番围攻小池驿鲍超兵营,枪炮齐鸣,弹落如雨,鲍超将士死伤累累。面对绝境,鲍超没奈何地求救于曾国藩,当书吏作求援书咬文嚼字,再三思索时,仅识几个字的鲍超嫌作书缓慢,乃在白布上亲书一个大"鲍"字,周围绘了多个圈子,命人送去。曾国藩打开看了,即解其意,说"老鲍被围了"。即抽出围太湖一角的唐训方部回援。

陈玉成趁唐训方部尚在扎营时,四面围攻,大败唐军。

太平军再度取胜,湘军前锋各路人马,在野战中都被打败。有如胡林翼所称,"气沮志怯,形格势阻,不能往救"。他还曾写信鲍超,劝其放弃小池驿。

陈玉成军连战连胜,连胜连战。但此时他又忘了久战后将士多疲的态势。翌日,当他分军四路围攻小池驿,却遭到来自天堂、黑石渡的湘军主力军袭击,"抵其背而扼其吭",损失几千人。几天后,在退却中,又吃了一次败仗,损失几千人。

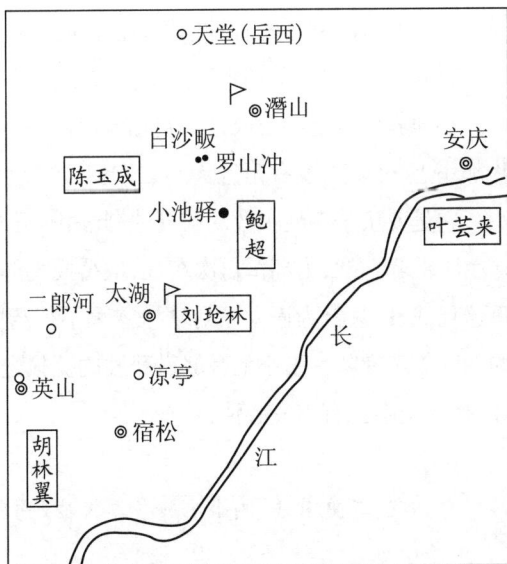

小池驿附近简图

2月16日,陈玉成大军退至罗山冲、白沙畈一带,再次遭到湘军马步各军的攻击,激战后又遭惨败。2月17日,陈玉成坐镇罗山冲,指挥三军,对抗多隆阿和鲍超、唐训方、金国琛等三路湘军围攻,损失惨重,当时东南风紧,火箭火弹遍地开花,太平军棚馆延烧七八里,燎及山腰,烟焰蔽天,不见五指。大小兵垒一百几十座全被踏平。

陈玉成四战四败。

这就是湘军再次入皖的小池驿之战。

曾国藩为之会同官文、胡林翼合奏:

> 是役也,毙贼二万余人,为军兴以来仅见之大战,非鲍超以三千余人独御前敌,伤亡千余,犹复血战,兼旬不却一步,不失一垒,则应援各师必有缓不济急之势。

刘玱林听得陈玉成援军大败,亦放弃了太湖。

两天后,陈玉成又放弃潜山。

退一步,进两步。正当陈玉成要总结惨败,痛定思痛之际,天王突然下诏令要他回援天京,参加攻打江南江北大营。在此关键时刻,也容不得他另作思考和安排,只得放弃如何对付入皖湘军的种种措施,速速东去。

就此一着,放进了湘军来到安庆城下。

小池驿惨败是陈玉成过于自信,将骄兵疲所致;此役陈玉成且将所有能作战的部队都用上一线了,没有预备队。

它是安庆争夺战失败的前奏曲,此后陈玉成大军在安庆战场一蹶不振。

小池驿之战,为湘军再次东征,取得成功的开始。头仗胜,仗仗胜。曾国藩非常看重这场战役,甚至为逼太湖刘玱林守军不得与陈玉成军呼应,还动用了小老弟曾国葆的湘军第二梯队。当小池驿战役获胜的捷报送到曾国藩大营处,已是深夜。他大喜欲狂,在日记中记有当夜心情:

> 夜,二更甫睡,闻小池驿各军大捷,竟夜不寐。

寥寥数语,可见心路波澜。

胡林翼说:得枞阳,则安庆不攻自破矣

1860 年 5 月,湘军主力陆路分三路围攻安庆。

曾国荃率兵万人由宿松进驻安庆城北集贤关外,设立围攻安庆的前敌司令部,副都统多隆阿率万人攻桐城,阻击太平军进援安庆,安徽巡抚李续宜率万人驻桐城、潜山间青草塥,为机动部队、游击之师。另以总兵鲍超流动作战,呼应三军行动。水师杨岳斌、彭玉麟巡弋长江控制江面,采取水陆互补,稳打稳扎,步步为营的战术,全力围攻安庆。

今非昔比,湘军此次东进是有备而来。两年前李续宾是孤军深入,陷入不归之路。此次曾国荃是三路进军,相互呼应、配合,并头齐进。更仗的是拥有一支近代化兵器配备的水师。

在长江沿线作战,谁控制江权,谁就能主宰胜败。湘军此时尤注重水师,发挥它的独特优势,以压扼太平军陆师。据陈湜记录:安庆虽合围,但陈玉成大军分路来援,行进迅速。现在水势高大,只须防备来自集贤关的一路,但秋冬之后,湖水尽涸,路路可通,各路太平军纷纷来援,湘军则四面受困。

太平天国时期的安庆城

如此,还能重蹈旧辙呢。

为要解决此等难题,曾国荃就以"湘军攻围安庆两年不下"为题,与安徽各府士子应试用。一时之际,全省应试者一千五百余人纷纷前来投稿。经他审阅,以桐城孙云锦之作为最佳。曾国荃即拔之为第一,请入幕中厚待。孙云锦为湘军攻取安庆的策划是,先在枞阳堵塞水口,使湖水不退。又在安庆城外菜子湖与练潭筑造长堤,以提高内河水位,与长江水位平齐,使太平军援师只能隔湖相望;令水师在内河自由出入,从而水陆联合围剿之。

后来,湘军攻陷安庆,就是按此策划获得成功的。

当时安庆已三面为湘军威逼,只剩得北面枞阳还在太平军手中。

枞阳得失,至关重要。

胡林翼说:"枞阳为安庆之吭首,不得枞阳,不能合围,所再顿兵十年,不能制贼要害,亦不关贼痛痒。""得枞阳,则安庆不攻自破矣。"

1860 年 5 月,湘军水师杨载福、彭玉麟和李成谋分路进攻枞阳,由外港将罗塘洲横腰开挖水道;然后挖断下首堤埂,引水灌入后湖,但仍未有多大成效。这时在杨载福军中的韦志俊,凭借与枞阳守将连天福万宗胜的旧相识,趁枞阳围攻一月,孤立无援,以往日感情,诱骗他出城约会、谈心;在出城后,趁他失去警戒捉拿。城中无主,湘军乘势进攻,轻易地占领了枞阳。

枞阳失陷。曾国荃按既定方针办,并将在集贤关外的人马带至安庆城下,深沟高垒,分头开挖内外长濠,内濠用以围困安庆守军,外濠用以抗击援军,隔绝内外联系,完成对安庆的大包围。

曾国藩虽是祁门围急,仍念念不忘围困安庆

安庆在围困中。

陈玉成长年在天京上游作战,对安庆的战略地位是有足够认识的,他在封英王后所辖地区多筑有王府,其中很大的一座就筑在安庆,称"英王行府",有门联:

> 英气昭昭,欢腾士庶;
> 王威赫赫,喜溢军民。

他把安庆作为自己封地。此时虽在江南指挥作战,但仍心悬天京上游,虽时时传来来自安庆前线的十万火急,他也难以分身,正是无可奈何,由是在消灭江南大营后,1860年9月,陈玉成当即与李秀成在苏州会商在天京上游、解救安庆之围事:陈玉成率军由江北西进,李秀成率军由江南西进,两路人马于明年3月会师武昌,用围魏救赵之计,调动安庆围军回救。

10月2日,陈玉成经与天王商定,先行渡江西上。

11月16日,李秀成自天京西进,经安徽芜湖、石埭、黟县经江西,至湖北。

另有三路人马亦陆续西进:

杨辅清和定南主将黄文金两部,沿长江南岸入江西。

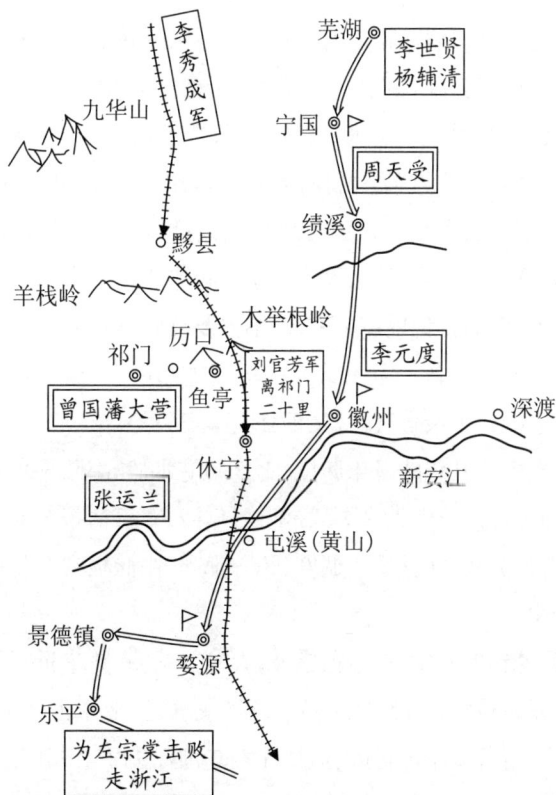

祁门形势示意图

李世贤部由徽州南下入江西。

刘官芳、赖文鸿、古隆贤等殿右军由池州南下,进攻祁门曾国藩大营。

当时,曾国藩为就近指挥围攻安庆,把司令部设在万山丛中的祁门,筹划各路人马,但却没有料到太平军几路西征,经略江西,必须经过皖南。

在祁门北面的重镇是宁国府(宣城)。

殿右军猛烈进攻,尔后又加入了杨辅清、李世贤两路人马,如虎添翼。把守宁国的是属于江南大营的提督周天受,太平军经过七十余天的围攻,攻占宁国,全歼周天受部六千人众。半个月后,即10月9日,李世贤、杨辅清联手攻徽州(歙县),湘军道员、大学者李元度书生气十足,自持必胜之心,不听曾国藩劝阻,开城迎战,全军大溃,徽州失守,李脱身走浙江开化。年底,太平军逼近祁门,直至距祁门仅六十里的羊栈岭,一度到达距祁门仅十八里的石门桥。祁门大营受几十万太平军层层包围,唯一后方景德镇也为李世贤部将黄呈忠、范汝增、练业坤等攻陷,米粮接济也断。

曾国藩祁门大营仅有兵卒二千人,难以守卫,幕僚请他移营,说"祁门非殉节处"。曾不听,反而说道:何根云(前两江总督何桂清)离常州时,左右亦是如此说呢。多个幕僚惊惶失措,提出辞职离去之议。曾国藩从容地说:现今形势恶劣,前途吉凶未卜,你们之中要走的,我先预付三个月工资,等到安宁后再来本营。事出仓促,我决不会作计较的。幕僚受到感动,反而自觉地留下来,再不提及辞职离开了。

曾国藩还是作了两手准备。万一让太平军闯进祁门呢,他只有自杀一条绝路了,"誓以身殉国,自书遗嘱二千余言"(《曾文正公大事记》)。

祁门之围是曾国藩十几年战场生涯里,比之靖港水战、鄱阳湖水师毁灭,所遭受的困苦艰危,有过之而无不及。但太平军只是盲目作战,军事情报全部失灵,不明祁门大营底细,各路人马各自为战,缺乏统一调度、统一部署,由此极其容易地放过了曾国藩,使他又一次绝处逢生。

在此期间,在景德镇的左宗棠,重振旗鼓,大发军威,一败李世贤部京卫军大佐将、裨天义李尚扬部于乐平桃岭,二败李尚扬于桃岭龙珠,三败李世贤主力于乐平。李世贤损失万余精锐,士气低落,不能再战,撤离江西走浙江去了。祁门围解,后路遂通,曾国藩大喜过望。未几,他在安排皖南军务善后,由祁门移营,绕道至东流,驻节长江船上,指挥安庆战事。

曾国藩在祁门围急时,仍念念不忘围攻安庆。他几次写信给曾国荃,告诫"安庆一弛,不可复围","此次安庆之得失,关系吾家之气运,即关系天下之安危。"

到东流后,他又立即在船上作书,命鲍超部渡江驰援安庆。

一子误,全盘输,李秀成弃皖去浙,安庆危矣

太平军五路大军西进,意在解救安庆之围。

其中的主心骨是陈玉成。

陈玉成解救安庆最为迫切,最为用心。他与安庆的得失休戚与共。

陈玉成由天京出发,即将军队带往安庆战场,在桐城挂车河、望鹤墩等地扎营,磨刀擦枪,计划冲破安庆之围。

11月始,陈玉成与多隆阿、李续宜等部交战,三战三败,尤其是12月10日这次战役,多隆阿主动进攻,他的马队非常有利于驰骋于平原地带,陈玉成的步兵不是对手,伤亡万人,丢失四十余座营垒;正面战场失利,陈玉成只得退扎桐城。

同时,陈玉成还发起进攻侧翼枞阳的战役,枞阳现由太平军叛将、都司韦志俊坚守。韦志俊的骨干部队,乃是随他一起叛变的韦氏宗族韦以凤、韦志英、韦志滨、韦以成等,他们当年在天京没有被洪秀全诛杀,但对太平天国极为仇视,因此颇有战斗力。杨载福闻讯韦志俊被攻,出军援救,相持十天,陈玉成部不支败退。

陈玉成因桐城、枞阳两地作战失利,决定远征武昌,以迂回战术,调动围城湘军,解救安庆之围。

但离天京出来的时间却拖延了三个月。

1861年2月,陈玉成大部队避实击虚,在鄂东转战如入无人之境。3月18日占领黄州(黄冈),离武昌仅百里之遥。

武昌省城岌岌可危。

湘军后方空虚,省城防军仅二千人。

如果只谈进攻,陈玉成是足可以长驱直入,占领武昌。

这可是太平军第四次占领武昌呢。

但昭昭赫赫的英王没有创造这段奇迹,也没有改写历史。他在黄州城下止步了。

根因是他接见了一个洋人巴夏礼。

巴夏礼来头不小,他是在《天津条约》后,第一个来长江中游开办汉口通商口岸事

英国参赞巴夏礼

巴夏礼是中国通,能讲一口流利的汉语。

宜的英国参赞官。巴夏礼说得一口中国话,巧语令色,那彬彬有礼的绅士风度,迷惑了陈玉成,陈玉成因为同拜上帝,他对洋人也自有一种"同志式"的友情。

为了维护西方殖民者既得利益,巴夏礼以保护正常商业活动为理由,飘然而来。陈玉成在军务倥偬之间,非常友好地接见了巴夏礼。两人作了亲切的谈话。

陈玉成一见如故,无保留地谈了自己和太平军的战略意图。

> 他(陈玉成)的作战计划是攻取汉口(作为直捣湖北省城武昌的准备),顺路援救安庆,或则率军回击包围安庆的清军,或则攻取其他地方以解安庆之围。在他和巴夏礼会谈的时候,上述两策均可采用,因为当时汉口几乎毫无防御,极易攻克;同时他在谋略上完全战胜了包围安庆的清军,只要他和城内守军内外夹击,就可一鼓歼灭敌人。自然,不论采取哪一种计划,迅速果决的行动是绝对必要的。(呤唎《太平天国革命亲历记》)

兵贵神速。

但经巴夏礼的游说,陈玉成却迟疑了。

巴夏礼后来向英国驻华司令、海军上将何伯报告与陈玉成会谈时说:"劝告他(陈玉成)不要计划进攻汉口,因为无论叛军占据哪个我们设立租界的大商埠,没有不严重地损坏我们的商业的。因此他们的军事行动必须不与我们的商业活动相冲突。"

巴夏礼游说初有成效,陈玉成当即表示,允诺远离汉口,不再进攻武昌,只打汉阳城。

巴夏礼又再三向陈玉成解释:"汉阳是彼此相关的武汉三镇之一,三镇组成一个巨大的贸易场……太平军夺取其中任何一个城市,难免不损坏整个大商港的贸易,因此,我奉告你们必须远离该埠。"(王崇武译注《英国参赞巴夏礼报告在黄州访问英王陈玉成的经过》)

针对陈玉成和太平诸王制定的联手会剿武昌以救安庆计划:

> 英王由江北前进,他们的目的是在三月会师武昌。
>
> 忠王自南昌以下横过江西,经瑞州至洞庭湖上的岳州,由此到达武昌以西的地区;
>
> 侍王横渡鄱阳湖,经南昌、义宁州进入湖北,进攻武昌南面;
>
> 辅王取道湖口、九江,如可能运军队溯江而上,攻打武昌东面。
>
> 英王的军队攻北面。(吟唎《太平天国亲历记》)

巴夏礼故意说谎,危言耸听地劝告陈玉成:"截至本月(3 月)九日止,九江方面尚未听见忠王和其他诸王进兵的消息,那末,我想此时他们或许尚未进入江西,假如你现在进兵汉口,势将得不到其他各路军的支持,而不得不单独与守卫武昌的清军作战,同时还得对付从后面袭击你的安徽军。"

太平天国情报失灵,在外线作战,即使道听途说亦难听闻。这是见于活动在人烟稀少、民团猖獗地区。巴夏礼这段谎话让陈玉成以为是雪中送炭,相当相信,感到独力进攻武昌等地,犹恐兵力不足。

陈玉成受惑于巴夏礼,终于停止向武昌等地挺进,命令向西进的两个部将,转向北面攻麻城或西北面的德安。几天后,陈玉成命部将、傑天义赖文光留守黄州,自去德安、随州,在鄂东攻城略地。在没有等候到李秀成等军后,只得回师重返安庆战场去了。

李秀成一路大军的西进,首先在江西受到了兵阻水阻,转战了多月,直至 1861 年 6

月中旬才进入鄂东,而此时陈玉成军早已离去了。由于情报阻隔,李秀成浑然不知,当在兴国州接到武昌(鄂州)守将仁天安蔡元隆转送来的黄州赖文光公文后,方知江北军情大略,但仍不知陈玉成动向,虽曾发文数十件,却未得任何回音。正好此时英国驻汉口领事金执尔(Gingell)前来交涉英商有丝一千六百捆在武昌(鄂州)被截留事,李秀成乘其返汉口途经黄州之便,托他带信两件,一与赖文光,一通过赖文光转与陈玉成。金执尔当然不愿作信使,把它带回汉口,后来送进了大英博物馆了。

李秀成在江西、湖北召得了五十万余人马。他本无意于会师武昌,又与陈玉成联系不上,又因为江西吃紧,李世贤在乐平打了败仗,东南告急,就匆忙赶回去了。

李秀成在鄂东凯歌行进,而又匆匆而退,引起了旁观费解和疑惑。若干年后在被俘囚禁中,赵烈文曾就此情事咨问:

> 赵问:十年秋,尔兵至鄂省南境,更进则武昌动摇,皖围撤矣。一闻鲍帅至,不战而退,何耶?
>
> 李答:兵不足也。
>
> 赵问:汝兵随处皆是,何云不足?
>
> 李答:时得苏州而无杭州,犹鸟无翼,故归图之。
>
> 赵问:图杭州,曷不在赴江西之前,而徒行数千里无功,始改计耶?且尔弟侍王在徽,取浙甚便,而烦汝耶?
>
> 李答:余算诚不密,先欲救皖,后知皖难救,又闻鄂兵强,故退,抑亦天意耳。
>
> (《能静居士日记》二十)

一子误,全盘输。李秀成的撤出战场,弃皖去浙,一错再错,导致安庆失陷,天京危矣。这是他用兵的一次重大失误。

湘军把刘玱林押至安庆城下,当场凌迟,用以威慑城军

各路太平军用尽九牛二虎之力,从东到西,奔走长江南北两岸,可是湘军主力以不变应万变,依然牢牢钉住安庆围城不放。

曾国藩说：

> 此次贼救安庆，取势乃在千里之外，如湖北则破黄州，破德安，破孝感，破随州、云梦、黄梅、蕲州等属，江西则破吉安，破瑞州、吉水、新淦、永丰等属，皆所以分我兵力。亟肆以疲我，多方以误我。贼之善于用兵，似较昔年更狡更悍。吾但力求破安庆一关，此外皆不遽与之争得失。（《曾文正公全集·家训上·谕曾纪泽》）

百折不回，专意安庆而不动摇，这正是曾国藩用兵高明之处。

1861 年 4 月 23 日，陈玉成回救大军，进入石牌到达安庆前线，在集贤关扎营。赴湖北西征时，陈玉成有主力八万人众，此次回程，竟在黄州、随州、德安、黄梅、广济和宿松等府县，留下了五六万人马，只有两三万人马跟随前来。有学者谴责他不知兵，至使兵力分散，不能集中打击敌人。其实陈内线作战自有不得已之苦衷，那就是要建立后方基地屯聚、输运后辎和粮食；他缺乏水军和船只，只得靠车装马运，运输困难。为保后勤畅通，不得不留军守备后方。

为救援安庆，陈玉成在集贤关外赤冈岭筑营四垒，在安庆城北菱湖筑垒十三座，和安庆城互为犄角，并从天长等地调来李秀成部平西主将吴定彩和黄金爱两部；吴定彩率所部平西军千余人进入安庆城助守。

陈玉成多次逼近安庆城根，都被湘军多隆阿部挡了回去。

洪秀全重视安庆会战，从天京派出洪仁玕和天京卫成司令官林绍璋前来支援。

湘军以逸待劳，整戈以待。5 月 2 日，天京援军会合来自庐江的前军主将吴如孝部共二万余人到来的翌日，就打了一次败仗，四天后，又打了一次败仗，此后仗仗俱败，从无打过一次漂亮仗。

天京援军一败再败，自在意料之中。

这是因为这支来自天京，由天王直辖的军队，本都是天京各馆衙抽调临时拼凑、组合的人员，平时亦工亦匠亦民，很多将士乃是临时编队，拿起刀枪上阵的。将不知兵，兵不知将。统帅洪仁玕运筹帷帐，从未直接领兵，林绍璋又不知兵，行军作战，畏敌如虎，如今硬着头皮前来，还未出仗，得知湘军已分兵四路，由练潭、横山浦杀奔前来，立即自行撤退，几次破坏了陈玉成的会剿挂车河、高河埠清军的作战规划。

陈玉成得悉林绍璋自行移营，大为吃惊，曾多次写信劝阻。

其中有一信为清方截取,由此或可证陈玉成一番苦楚和林绍璋的轻举妄动,对安庆会战的破坏:

愚兄陈玉成书致章王殿下:

　　缘于本月初一日接得公文一件,均经详悉。兄抵安省城外后,即闻殿下前来援解皖困,听闻之下,喜出望外。先而迭接来文,亦云来解皖围,可知殿下念切国之生灵。兄累次行文请殿下迅速前来,会合攻剿,亦为援皖,而后从此一心,同属保固土宇。今接此文,愕然实甚。于前日曾派椿天福刘定坤、本府承宣汪大林弟书投送公文外,再令该员面报机宜,并请殿下速速前来练潭面议会剿挂车河、高河埠之妖,如是皖围可以瓦解,所派该员已前来行府。兹接来文,忽云军事无定,粮草罄尽,官兵惶恐,欲移营鱼塘岗等情,兄更为焦灼。鱼塘岗地方春水泛涨,湖水更大,两边皆有水妖炮船,亦非扎营所宜。练塘上面七八里路水河不能过渡,如何可以过鱼塘岗之渡,若云就粮,鱼塘岗左右粮草久已告竭。兄前曾在枞阳一带住过多月,是以知其该鱼塘岗地方无粮可就。且殿下身居王位,如何酌议军机,反复无定,将官不能用命,且而殿下之兵,一战未开,即行自退,如误大事,是殿下一人所误也。兄与殿下同为王爵,谊切同胞,闻有移营之举,岂不着急。即殿下欲移营于鱼塘岗,亦该先行文前来与兄酌议再移,如何轻举妄动,自惑军心。

　　现据持文报称:殿下已经移营,未知确实?如其未移,请殿下仍如前派椿天福刘弟等面述一切而行;如已移营,亦请殿下前来,兄与殿下面议。倘若仍执己见,误事在殿下一人而已。特令启天义第右六护军蔡钧递文前来殿下行府,面报一切军机。祈殿下仍照前议,万勿更移。总之,国土生灵,皆是真圣主之国土生灵,兄等不过辅佐之臣,祈殿下察之。言词梗直,尚祈原鉴。兄迎门以待,盼望之至。专此回复,并请瑞安。

　　太平天国辛酉十一年四月初二日自安省大营发。

信写得恳切,可是林绍璋我行我素,还是移营了。

林绍璋成事不足,败事有余,是安庆陷城的主要肇事者。

陈玉成孤军作战。5月19日,陈玉成留所部第一劲旅靖东主将刘玱林、垂天义朱孔堂、傅天安李四福等四千余众坚守赤冈岭四垒,自引军由马踏石凫水至桐城。5月

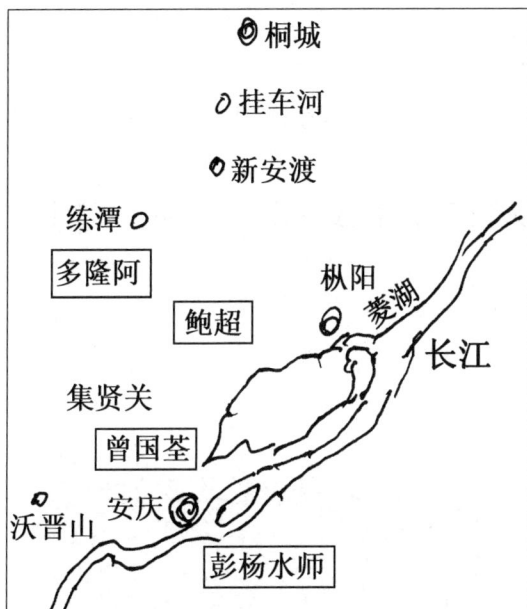

安庆形势图

23 日,与洪仁玕、林绍璋和吴如孝等合军,共三万余人,再度救援安庆,但在挂车河仍为多隆阿所败。

湘军乘机反攻,由杨载福、鲍超和成大吉等水陆主力猛攻赤冈岭,四垒太平军抗击,弹如飞雨,湘军环壕修筑炮台数十座,昼夜环攻,长达二十天之久。曾国藩、胡林翼等采取围困法,"遥遥相制,邀截樵汲,静待十日,贼必无水无薪,自行奔溃"(《胡林翼书牍》卷十二《致鲍军门成总镇》)。

果然在久困后,太平军各垒因孤立无援,弹尽粮绝。

6 月 8 日,朱孔堂、李四福和屈天豫贾仁富等第二、三、四垒守将,打出白旗,率众二千八百余人开垒投降。可是湘军没有放过他们,将他们分为一批十人,一批批送进内帐杀死。当晚三更,刘玱林放弃第一垒,率部八百人突围,至马踏石,河水飞涨不能渡,为鲍超军生俘六百余人,刘玱林等二百余人沿河奔走,寻得一条民船,弃马上船,但仍被捉拿。

湘军将俘虏尽都处死,只把刘玱林五花捆绑,押至安庆城下,当场凌迟,用以威慑城军。

刘玱林部系陈玉成各部中最精悍的,所谓"系其平日第一支悍党,战守可恃者"。

赤冈岭获胜,令曾国藩大为兴奋。他说:自与长毛多年作战以来,"我军所斩长发

老贼,至多不过百名,此次……歼除长发老贼至四千名之多,实为从来所未有,厥功甚伟。"(《曾文正公奏稿》卷十三)

赤冈岭之败,是陈玉成全军溃败的序幕,从此一败再败,一蹶不振。

全城人人饥饿,只有张朝爵吃饱了肚子,逃出了安庆城

湘军全力围攻安庆,重重包围。城军已无还手之力,只是固守。湘军采取围而不攻,堵住城外援军通道的战略。

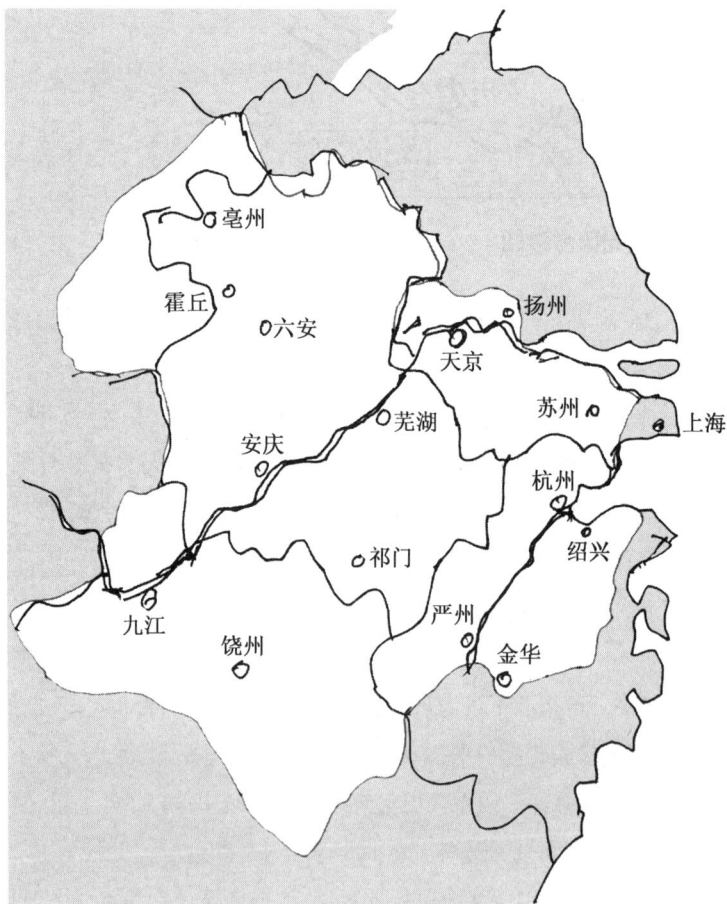

太平天国后期主要活动区域

　　安庆城围日久,城内太平军的弹药、粮米大见恐慌,城上密布的大炮没有弹药,有如把设,而缺乏粮米,再也无力挺起精神打仗。起初,一些外国商人向城军供应高价米,在《天津条约》签订后,西方殖民者严禁本国商人再运粮米前来,即使有运来的,在附近江面也为湘军先用高价收购了。

　　安庆粮食完全断绝。陈玉成千方百计组织小划船运粮至安庆,也常遭受拦劫。在湘军攻陷菱湖边陈玉成所扎营寨后,自在菱湖南北两岸扎营四座,与水师互为呼应,安庆成为死城。饥饿漫延及全城,竟出现多起人吃人事件。

　　8 月 25 日,陈玉成和杨辅清、林绍璋、黄文金等发起最后一次也是最大规模的援安庆之战。各路人马进入集贤关,于关口毛岭十里铺筑垒四十余座,城军叶芸来、吴定

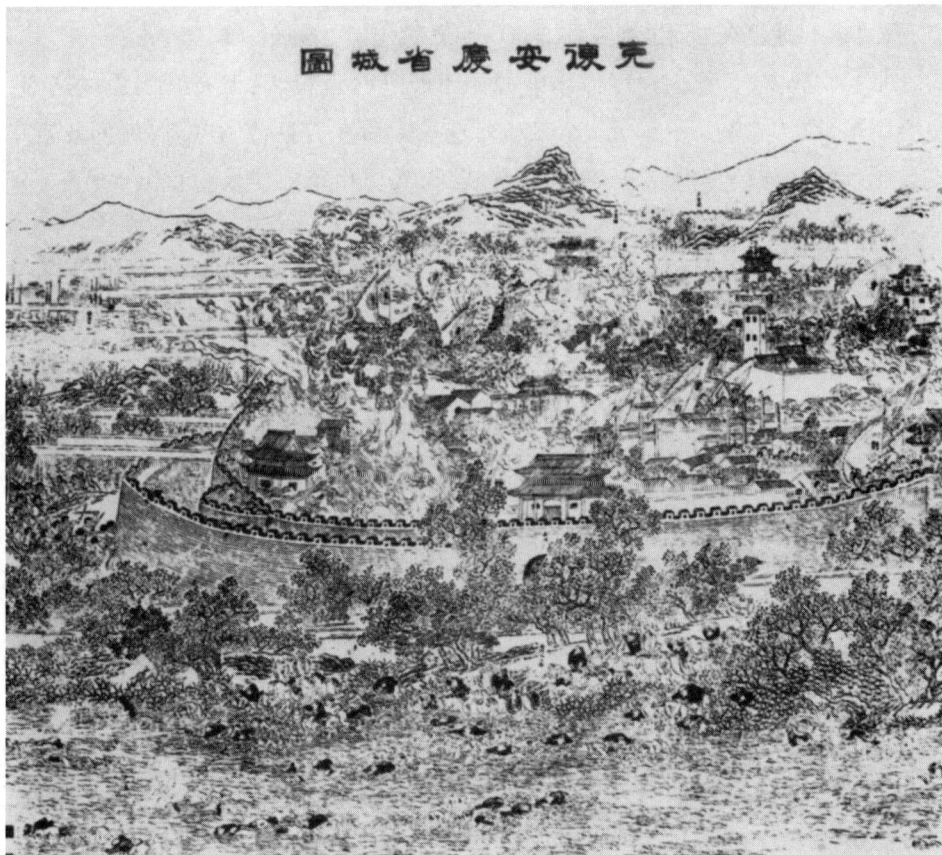

湘军攻克安庆省城图(选自清光绪年间绘制《湘军平定粤匪战图》)

彩、张朝爵等亦列队四门接应。8 月 27 日,陈玉成、杨辅清亲赴一线督阵,攻破城外湘军第一层濠,在敌人炮火下,奋勇冲杀,前仆后继,曾国荃也亲自提刀督战,太平军苦战一日一夜,接连猛攻十二次,死亡一万数千人,用去火药十七万斤,铅子五十万斤,连日作战,直到 9 月 3 日夜,还未接近城根。

9 月 4 日深夜,降人程学启带队攀登西北城墙而上,此时,曾国荃所挖北门地道也爆发了。9 月 5 日,安庆失陷。

湘军一拥而入,大肆屠杀,饥饿不堪、丧失战斗力的守军,尸骸很多抛进长江中,乱挤成堆。时有两艘英舰泊于江心,舰周围都是尸体。

安庆守将叶芸来和吴定彩等一万余人牺牲。

只有张朝爵驾小船逃返天京。张朝爵没有与将士共甘苦,离去时府中屋檐上还藏有五石粮米。他没有受到饥饿威胁,吃饱了肚子逃出了安庆城。

湘军攻取安庆,很大程度靠水师源源不断地输运粮米,但有时因山高路遥,也会断粮,路人皆知。光绪元年(1875),慈禧太后在召见曾国荃时,就问及当年安庆围攻时后方粮食供应事,曾也提及"曾与兵勇用草根伴米为食"(《曾国荃年谱》卷二)。

湘军得以较为顺利获胜,还有一个因素,就是发挥了太平军叛将的作用。他们之中,作用尤其大的是两个人:韦志俊、程学启。

韦志俊因为心知肚明自己在太平天国原有的地位,要夹紧尾巴,不求无过,只求有功,所以在围攻安庆时表现得特别卖力。他在夺取枞阳、镇守枞阳以及断陈玉成军粮道是立有大功的。在安庆会战时还只是一个都司,但战后论功行赏,递升为参将,并加副将衔。

程学启原来是太平军叶芸来部一个爵居弼天豫的中级军官。此人出身无业游民,父母双亡,靠乳娘抚育成人。叶芸来因他善战,还把妻妹送给他做老婆。程学启带五百人驻扎北门外,与曾国荃大营对峙。曾国荃捉了他的乳娘招降。程学启当即剃发易服,表示归降。如此顺当,反而引起曾国荃怀疑。他把五百降军分割,给程留下八十人,仍命驻扎在原地,每天从壕坑所搭木桥上送去粮米,逼使程部做过河卒子,只有拼命向前。程因为熟悉内情,仗有勇力,竟攻陷了北门外两座坚固的石垒。叶芸来恨极,无从发泄,把程妻,也就是他的妻妹诛杀。安庆攻陷,程学启首立大功,在上报皇帝报告里,专门为他夸奖了几十个字,由此他得破格擢升,给了一个"游击"。程所带的兵卒

湘军水师

太平天国主要活动区域是在长江中下游,因此曾国藩非常重视湘军水师建设。水师初建时,他就听取黄冕意见:"长江上下千里,港汊极多,敌船容易藏匿。因此,最好每营都添十艘小战船(三板),这样就便于在港汊中搜寻敌船。"曾国藩就此对水师每营配制快蟹一艘、长龙十艘、舢板十艘。

也受到嘉奖,其中有一个大头兵就是后来在甲午战争中带领北洋水师的提督丁汝昌。丁汝昌原是庐江的一个卖豆腐的行贩,因贫困投入太平军。

第五卷 衰落

第三十一编 生为人杰,死亦慷慨,自古英雄出少年

洪秀全为拉拢苗沛霖,特地从天京女营选拔了几名美女送给他做王娘

1861年9月5日清晨,安庆城头飘起了清廷黄龙旗。陈玉成、杨辅清等聚集在集贤关外,望着南面失陷后的安庆城里火光熊熊,无限惆怅、沮丧,无可奈何,只得分头撤退。洪仁玕、林绍璋等返天京,杨辅清去宁国,陈玉成重入桐城。

9月7日,陈玉成放弃桐城,西走太湖、宿松。他原拟走鄂东组织西征,但至黄梅,因所部将士多不愿意,于是折回,由英山、六安返回庐州。

陈玉成很重视庐州的战略地位,它是向北拓展、联络捻军诸旗等的中心城镇。主持庐州的主帅是新封扶王的陈得才。陈得才按辈分是陈玉成族叔,是陈玉成信得过的将领。

陈玉成坐守庐州,统筹安庆失守后的下一步部署。

天王洪秀全在得知安庆失守的噩耗后,大发雷霆。不分青红皂白,严责解救安庆最为起劲的洪仁玕和陈玉成等人。洪仁玕由"爵同南"的七千岁,降为又副军师的六千岁,其实他原先所授的"精忠军师",也只是有职无权,仅似天王的高级顾问,并不能号令兵将;陈玉成也受到严责,被革爵。洪秀全复命天京主持刑部的敬王林大居、畏王秦日南捧圣诏三道,圣旗一道,严责陈玉成"前退太湖,复退安省,又失挂车河之约,至章王退桐城、庐江、无为、三河等处",负有完全罪责。林绍璋因为新娶妻子杨金妹是天王干女儿,又是天王府侍卫长,没有受到责备,他的错误、犯律,也全算在陈玉成身上了。

洪秀全虽将陈玉成革爵,但很难解除他的军师王职务,他仍是英王勇忠军师。因为他是陈氏宗族的掌门人,这支以陈氏宗族为主心骨的英王兵团,所辖诸王将无人可超越他,外来之人更难替代。太平天国后期,诸王将拥兵辖地,自霸一方。洪秀全心知肚明,但奈何不得。他只有深化神权,大树特树天父天兄绝对权威,让洪家子侄参与解说、宣传皇上帝的宗教职务,并学汉武帝的方法,广封诸侯以分其权。

　　过去将洪秀全严责陈玉成,却封其部高级干部为王,视之为不可理解的举措,或者是美其名说是天王为鼓励、激昂败军的一种方法。其实这是天王攫取军师王权力的一种手段。这些军中高级将领受封为列爵王,虽不能与军师王(特爵王)同等,但毕竟是出自天王所封赐,此后升黜,主官也就不能过问了。

　　因而所有陈玉成兵团所封的王爵,就都有双重领导,既是英王旧部,亦是直辖天王领导的一员。

　　早在1861年安庆失陷前夕,洪秀全就在天京朝中封了一大批没有寸铁流血的朝官为王爵,其中也包括牙牙学语的洪仁发的儿子,导致人心不服。洪秀全此次趁安庆失守,以激励人心为名,大规模地将坐镇、出征在外的军师王部属晋升为王。陈玉成兵团高级干部吴如孝、陈仕荣、陈时永、赖文光、蓝成春、梁成富等都被封为王。随之因要经略皖北,联络当地捻军、团练,又封捻军总盟主、太平天国征北主将张洛行为沃王,送去大银鬃、小银鬃宝马各一匹,并赐联一副:

　　　　桢命养飞龙,试自思南国之屏藩,谁称杰士;
　　　　中原争逐鹿,果能掌北门之锁钥,方算英雄。

太平天国高级干部头饰之一——雉翎

　　太平天国高级人员头饰通常用绸缎作巾包扎,套以金箍、银箍,前标以职衔。前期"自首逆以次,帽前皆有伪职字样,惟纱帽、雉翎一概不用。"(《金陵杂记》)

　　天京内讧后,对高级干部也有特赐"雉翎"。幼主十年十一月初十日(1860.12)诏旨:"并诏长伯、次伯、驸马、西王父谕升询谕,臣下奏升称申奏,均赐金牌、金颈圈、雉翎、金印、天府"(《太平天国史料》112页)。幼主十年九月三十一日(1860.11)诏旨,封李容发为忠二殿下,"赐金牌、金颈圈、雉翎、金印,以壮天威"(《太平天国史料》109页)。

　　按,雉翎,即野鸡(雉)的长尾巴上毛翎,当时徽班等民间剧种多用为剧中武人头饰,以呈威武。洪秀全作为特恩,为高级干部,包括在京的洪氏家族,老至蒋万兴(西王之父),小至几岁的女婿,都赐以雉翎。所以天王上朝、朝天朝主,全班人员,环聚一堂,多人头插雉翎,蔚为一景。

还经陈玉成保奏，将那个反复无常，时常在太平天国和清王朝之间倒来倒去的皖北团练头子苗沛霖封为奏王。

为拉拢这个新封的奏王，天京礼部奉天王之命，特地从女营选了几名美女，由专使护送到安徽寿州，送给他做王娘。

庐州危急，陈玉成不惜降低身份，向陈坤书求救

1861 年冬天，遵照天王诏令"进兵取粮"，陈玉成先后拟分派四路人马出征：

第一路，泳天义马融和、羡天义倪隆淮等部，由鄂东撤回至颍州，与张洛行合军；

第二路，扶王陈得才、遵王赖文光两部两万余人。陈得才部系原庐州守军，赖文光部原驻守湖北黄州，黄州失陷后，赖部至庐州，与陈得才合军，赴河南；

第三路，苗沛霖部由寿州北上攻蒙城；

第四路，陈玉成亲自率领，出庐州至正阳关。

陈玉成在命令马融和部及陈得才、赖文光等部人马陆续出发之后，打算在 3 月初自引军出发。正在此时，多隆阿军进驻上派河，威逼庐州。陈玉成的部众不多，只得连发三信，同时请求回援。

一是给沃王张洛行，命派一二队官兵并马兵数百骑东来庐郡北乡青龙厂一带屯扎，以便前来面议军机，大举征剿；

二是给陈得才、赖文光、蓝成春、梁成富四王，如他们尚在颍州，即派祐王蓝成春带兵下游接应，与本人或导王陈仕荣面议紧要机宜，兵抵庐郡，可于北乡百余里屯扎，勿近郡城。一面仍令马融和等实力进攻颍州，一面由陈得才等发兵上游，以分清军之势；

三是命马融和、倪隆淮、丘远才等人，派倪或丘带兵前来正阳与本人或导王会合，再图进剿。

当时颍州之围方浓，马融和、张洛行与安徽地方军总兵成大吉、萧庆衍等部鏖战，陈得才等部已入河南新蔡、确山，庐州北郊已受多隆阿军侵犯，买卖街、大兴集、长宁河、中庙等据点失陷。陈玉成的三封告急信，都被清军截留，他设下的如意算盘，反而成为给敌人可靠情报。

庐州危急。

天王洪秀全也先后派出几支人马,远道前来救援。

一支是爱王黄崇发由安徽东梁山、亲王某自西梁山、善王陈观意自裕溪口纠合雍家镇留守部队共六千余人,取道芜湖来援,途中就遭湘军水师截击,被赶回去了。

另一支是护王陈坤书、对王洪春元部由常州西进,渡江来援。它也是一支拼凑的人马,只是稍为有些战斗力而已。天王援军的消息由林绍璋等几次传递至庐州,陈玉成大喜,不惜降低身份,改变太平天国官场以官爵高低为兄弟称呼的定格,竟称陈坤书为"宗兄",几次去信。其中一封求救书全文如下:

宗弟陈玉成书启护王坤书宗兄殿下惠览:

军情紧急,恕不套言。缘弟执守庐郡,望援半载,奏尽苦难,终无援应,以致残妖日逼日近,军情愈见愈难。所有以前情形以及军事掣肘等等,曾以书启奏闻,谅登瑞鉴。

乃该残妖见我孤城独立,遂纠集皖、桐、舒、六残妖逼近来犯。现下郡城东、西、南三门之外,残妖逼近扎穴,仅离一炮之远。而东北又有定远之妖,离城十余里扎窟,日夜来犯。城边城中天将官兵惊慌不定,日夜不宁。所有城中军需情事,前已申明,谅在瑞鉴之中,无须明告。

今事已燃眉,弟无从措手。适接章王等递来密文一件,据称于初七八等日,宗兄及趙王大队已抵京都。嗣后接宗兄本章奏云,已与直王、趙王、襄王及掌率赞明弟等已经统兵北渡等。弟得悉,承劳宗兄驾到天京,亲统雄师,已经渡北来援庐郡,真是喜出望外,真如旱天之降云霓,婴儿得有乳哺,旋即宣布城中天将官兵共知共闻,使弟与合城咸感宗兄再造大恩德。但是军机事宜,救在火速。刻下郡中情形万分急迫,诚有旦夕之虑,呼吸之间。如蒙爱我,施惠合城,千祈迅速,勿事迟延,祈宗兄准于二月底三月初即要到庐,乃能可挽。倘大军进取之宜,必取就粮之地,可由柘皋、铜炀河而上石塘桥、店埠、梁园而来。先剿东北之妖,则可一鼓成功。扫开东北残妖,再作良图,或出奇谋,或图西北之妖,祈宗兄见文决一定意,若欲由何路进兵,裁定速赐回文,斯时弟当扫径以待,以叙阔别而遂鄙怀。

此系月之十七日所发之文,因宗兄久无回文,诚恐路途有碍,未接斯文,亦未知大队行抵何所,兹将原文再行录呈,统祈宗兄见文裁定机宜,即行示覆,是所切祷。藉此顺问戎祺。

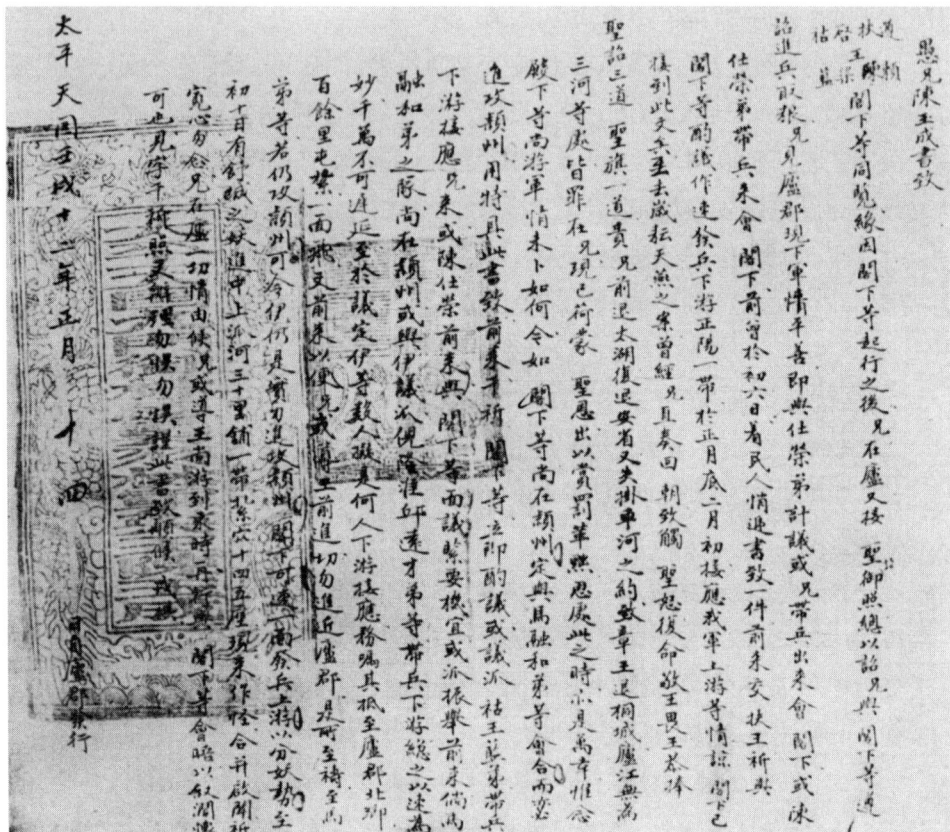

1862年,陈玉成致扶王陈得才等乞援书

此文写得极为恳切,其焦灼之心,历历浮于纸上,可见此时陈玉成心情和庐州郡危急态势。当时庐州城已被四周敌围,水泄不通。此信亦被缴获,陈玉成当然不知道。以致还天天在庐州城头盼望。可是望穿秋水,并无一兵一卒来援。

只有依靠自己力量寻求生路,那就是突围。

突围走向何处?

他找来幕僚商谈。有人建议返回天京重振雄风。陈玉成很不愿意。他深知多年来转战的安徽江淮之地,是自己的辖区,所部将士也多是江淮子弟,此时此刻乃以败军之将回到天京,有如无本之木、无水之源,天王和权贵们不会有好果子给他吃,李秀成、李世贤等军事领袖也会冷眼相加。这也是他不愿看到、难以容忍的。

其实此时即使他要返回天京,也颇为不易:一是无为已失;二是巢县也失;与天京的唯一通途庐江,也因守将顾王吴如孝弃守,水陆两路全断。

陈玉成决意北上,会同已派出各路人马,远征西北,以图"广招兵马,早复皖省"(《赖文光自述》)。

英王家族主要成员

姓　名	事　　略	附　注
陈得才	1857 年守安庆,1861 年冬封扶王,率军西征,1864.11.7 于安徽霍山兵败自杀。	堂叔
陈得隆	1862 封从王,1862.5.15 随陈玉成至安徽寿州被捕。	
陈承琦	1862 年为球天义,1864 年为天将。	叔
陈仕保	1854 年夏官副丞相,北伐援军主帅之一,同年死于安徽。	
陈仕承	1860 年守江浦,1862 年为障天义。	
陈仕章	1856 年封迓天侯。	
陈仕荣（陈仕容）	1858 年封倚天侯,封导王。1862.5.15 随陈玉成至安徽寿州被捕,解送多隆阿营,被杀。	两人似为同一人。但因被杀年月不一。当作为两人。
陈时永	1859 年为格天福守安庆,后封然王(一作列王),1864.5.13 江苏丹阳失守,被杀。	
陈聚成	1862 年为统天义,封成王,1864 年在丹阳。	《镇江剿平粤寇纪略》作然王。
陈安成	虔天义	1861.2.8《幼主诏旨》作陈成安。
陈学礼	1861 年与陈得才守安庆,1862 年为招讨主将宏天义。	堂叔
陈得凤	封鬆王,1864 年天京围城时里通清萧孚泗营,被锁拿,为李秀成用银保教,天京陷被俘,仍被杀。	

反复无常的苗沛霖

陈玉成要远征，经营西北，从庐州北上，必须要经过苗沛霖管辖地区。

苗沛霖是介于清廷和太平天国之间的一个另类人物。

他是滋生在清廷和太平天国生死搏斗的中间，朝秦暮楚、朝楚暮秦，得以左右逢源而成长的一个家伙。

太平天国后期，犬牙交错的两淮地区，凭借两个政权对峙，生死相争，从中也出现一批从中取利、左右逢源的军事割据集团，有兵才有权，他们凭本土本乡，乱世时期，据地自霸，招兵买马，组成一个个以自己家族为主心骨的军事割据集团。此中最最有能量、最有影响的就是苗沛霖。

苗沛霖，安徽凤台人，出身贫农，考取了秀才，读了几本书，就追慕王霸之业。1853年，两淮民众反清如火如荼。苗沛霖投笔而起，梦想乱世造英雄，在家乡倡议"筑寨"，但无人响应。赴雉河集投奔张洛行，复又请于清寿州知州金光筋练乡团，自为练总，金光筋没有理睬，只好回乡仍做塾师。1856年，因捻军雉河集会盟，他又办起了团练对抗捻军。苗沛霖颇有权术，认为单办团练，寄人篱下，不能长久，于是学坞堡，提出"必筑寨、积粟、治兵"七字方针。捻军攻陷淮北各处团练，唯独苗沛霖坞堡坚韧，未能攻破，由是声名大噪，前来投奔者甚众，实力大增；他又懂得做人之要，不像很多造反民众领袖草率办事，举止失常，而是外圆内方，喜怒不动于色。本人还表现得相当俭约，从不独占，凡获得金银财物，分与部属，且设"招贤馆"，收罗各路社会人士，又以亲缘为主体，由苗氏宗族兄弟子侄住分领部众，因而形成富有家族特色的武装，且在自己管辖的安徽、河南若干地区普设关卡、建立公局，就地征粮、擅理词讼，打成一个以他为首的独立王国。

当时曾国藩湘军全力争夺天京上游长江各城，两淮的清军兵力相当薄弱，钦差大臣、镶黄旗蒙古都统胜保和督办安徽军务的省巡抚翁同书、帮办安徽军务太常寺卿袁甲三等都缺乏兵力，多采取招抚地方团练以充兵源的策略。袁甲三因此聘任苗沛霖出任淮北团练总司令，当陈玉成主力援凤阳时，苗接受袁调令，大战于临淮南乡，取得信任。

1859年，太平天国为捻军正名征北军，以捻军二号首领张龙（张元隆）为征北大佐将钟天福，张龙相当得意；但胜保收买张龙背水，为之还认张龙妻张虎为干女儿。张虎经常为密使周旋于胜保处。胜保是有名的急色鬼，很快与张虎成奸，张龙为表示心诚，甘愿张一只眼闭一只眼做缩头乌龟。苗沛霖也是色鬼，久闻张虎风骚，垂涎不已，多次向袁甲三提及，袁甲三为拉拢苗，就借故把张龙诛杀，夺得张虎赏与苗为妾。翁同书也为拉拢苗，保奏苗为知府、道员。据统计，袁、翁和胜保专折保奏苗沛霖有十二次，使他由一个烂秀才于五年之中，超擢为四川省川北道，二品顶戴，加布政使。

清廷的拉拢，并没有令苗沛霖感恩戴德，相反更使他蔑视王朝，增强图霸称王的野心。1860 年，英法联军进犯北京，皇帝逃往热河。苗沛霖认为天下无主，上书要求翁同书、袁甲三等撤出淮河流域，交由他主持。同时在蒙城，自称"天顺王"，建立了一个地跨皖、豫的"天顺王国"。

1861 年 2 月，苗沛霖下令本部人马蓄发，举众围攻寿州，并与六安张洛行等劝和，赴庐州陈玉成处连和，但又与袁甲三勾搭。翌年 1 月，又与张洛行、马融和联手围攻颍州城，因清军各路麇集皖北，苗沛霖又投禀胜保，表示反正；且反抄联手的张洛行、马融和后路，逼使张洛行部回军颍上，马融和西北走。

苗沛霖的反戈，解救了颍州城，赶走了张洛行等，但清廷以为他蓄意放走了张洛行，还是严加责备，并要他设法捉拿陈玉成赎罪。

陈玉成拒绝众议，坚持赴寿州

陈玉成有意离开庐州，赴西北开拓。苗沛霖即投其所好，设法诱骗陈玉成进入圈套。

据刀口余生《被掳纪略》称，苗沛霖派遣心腹扮作乞丐前往庐州，乞丐执竹杖，节皆打通，下留二节，用黄缎一方上皆蝇头小楷，其诇谀英王之话，至极无以复加。内求英王到寿州，他帮四旗人，一旗三十万人，攻打汴京，且云孤城独守，兵家大忌，以英王盖世英雄，何必为这股残妖所困。

苗沛霖信里还对陈说围攻颍州已失败，陈得才和马融和、张洛行已西走，不能回援，"嘱其早作打算"。

陈玉成此时此刻，所有外援，只剩下苗沛霖这路人马，虽然也不可靠，但苗的"如得汴京，黄河以南大江以北，实可独当一面"，却合符他的继续战斗、恢复旧业的理念。

当时庐州城已四面合围,城里虽有三个月存粮,但油盐俱缺,久守无援亦非生路,陈玉成亦考虑固守会重蹈安庆故事,盖庐州更非安庆,孤悬敌后,更无来援也,唯一出路只能是突围。

突围指向何处?

苗沛霖反复无常,对太平天国和清方都不讲信义,但还是可有五成信赖,虽然不能做永远的同路人和合作者,短期联手还是可以的。据称陈玉成凭此心情,与幕僚商议:

> 遂请左辅施大人、右弼殷大人,二人皆奇才,商议此事,并云:苗雨三(苗沛霖)真有韬略,非到寿州不可。殷燮卿答曰:苗雨三已投胜妖,此人反复无常,诚小人之尤者。依愚见,万不宜去。英王沉思半时,云再谈。到次日又请六部及同检商议到寿州,皆云不相宜。户部孙大人云:与其到寿州,不如回天京见天王后,重整旗鼓,何患残妖不除也。英王大声曰:本总裁自用兵以来,战必胜,攻必取,虽虚心听受善言,此次尔等所言,大拂吾意。于是绝不复议。(《被掳纪略》)

陈玉成下定决心,北走寿州。

5月13日,陈玉成率将士由庐州北门突围,多隆阿重重设围,但仍被攻破三营,突围成功。事后多隆阿为掩饰不力,报告歼灭太平军万余人众。当时庐州军不过只有几千人,显然是作了夸张。随同陈玉成到达寿州附近,是陈的最精锐小左队,约有二千人。此外还有他的家属和辎重。5月15日,陈玉成等到达寿州城南东津渡,苗党李万春出城五里,迎接陈玉成和导王陈仕荣、从王陈得隆、王宗陈聚成、陈安成和梁显新等七人进城,部众安置城外,每日供应饭食,并向颍川江口集苗沛霖请示如何处置。5月17日,苗来信命押解至江口集军营。5月18日送往江口集后,旋即解胜保大营。

在寿州城里,当陈玉成等识破苗沛霖诱捕后,奋起搏斗,从王陈得隆当场被杀害。在押解江口集后,多隆阿即派兵前来索取,苗沛霖已向胜保邀功,但又不敢得罪多隆阿,就将多的老对手陈仕荣作为礼品送出。陈仕荣就为多隆阿杀害。

另有一种陈玉成被俘版本,是记录者得自追赶陈玉成至寿州的多隆阿部都司曹克忠所述:

> 闻英王到寿州,苗天庆将所带之人安在城外驻扎。出庐州十余万人,至寿州

仅二千余人。请英王进城,英王所居宫殿,华丽已极。苗沛霖未敢与面,至晚饭换第三酌面时,苗天庆戴着蓝顶花翎出来行礼,跪禀英王云:叔父看清朝洪福过大,祈英王同享大清洪福。英王即将酌子扯了,指云:尔叔真是无赖小人!墙头一棵草,风吹两面倒;龙胜帮龙,虎胜帮虎,将来连一贼名也落不着。本总裁只可杀不可辱。势已至此,看你如何发落!所带仆射及六部各丞相皆欲动手,英王云:可以不必。

此篇娓娓动听,非常生动,但得自传闻,水分甚多。陈玉成正气凛然,不容诋毁,可见一斑。篇中苗天庆,系苗沛霖之侄,当为苗景开之误。苗景开系为苗沛霖派往寿州应付陈玉成的。

苗沛霖生俘陈玉成,开始未必即决定向清廷报功,为己赎罪。他可能确有与陈玉成合作事,只是清廷胁逼甚紧,通过胜保,要他立功赎罪云云。苗沛霖循此才交出的。

陈玉成被押解至颖州胜保处。

张洛行闻讯,赶来江口集劫夺,没有成功。

胜保要耍派头,厚颜无耻审问陈玉成。

有目击者记录其情其事:

> 玉成既为苗沛霖所赚,解至胜保营。
>
> 玉成入,胜保高坐腭眙,曰:成天豫何不跪也?
>
> 玉成曰:吾英王,非成天豫,奚跪为!尔本吾败将,何向吾作态!
>
> 胜保曰:然则曷为我擒?
>
> 玉成曰:吾自投罗网,岂尔之力?吾今日死,苗贼明日亡耳!尔尤记合肥官亭,尔骑兵二万,与吾战后,有一存者乎?
>
> 胜保默然,予酒食,劝之降。
>
> 玉成曰:大丈夫死则死耳,何饶舌也!(佚名《陈玉成被擒记》)

陈玉成等押离寿州,他们留在城外的小左队二千人,群龙无主,不得不接受苗沛霖改编,被分编到苗部各队,但清廷却不放过,严令苗沛霖交出后,全部杀害。钦差大臣袁甲三还向皇帝奏本,要苗沛霖交出陈玉成派在苗沛霖处的特使,早已剃发归顺的淋天安余安定和信茂林两人,处以极刑。他们对苗沛霖说:你诱擒陈玉成是功劳,但这功劳不能弥补你的重大过失:"苗沛霖因团练私愤,辄敢拥众围攻寿州,负罪甚重。此次狗逆被多隆阿等军追剿,穷蹙窜入寿城。若以苗沛霖缚献微劳,遽予开复,恐不足以服天下之心。"要他"先行负罪",然后参与讨伐张洛行等后,再赐以恩施。

清王朝始终对这个奴才不放心。

苗沛霖的反复无常已是朝野皆知了的。

陈玉成英勇就义

胜保为了邀功,随即将陈玉成押解赴京。他杀死梁显新等随员,但陈玉成的两个族弟陈安成、陈聚成如何处置,不清楚。一年后,两人先后在江苏丹阳等地出现,陈聚成还封了王。因此有学者如简又文先生称,是陈玉成妻忍辱,甘愿为胜保玩物,而保护他们下来的。说得相当离奇。此处见于陈玉成被诱捕后,消息传遍,捻军张洛行以及陈玉成旧部陈得才等先后前来营救,是否得以获救,未见有记述,姑妄存疑。

胜保是大清王朝一大色魔,这是朝野皆知的。他奸占了陈玉成由庐州突围带出来的妻子。有人说,此英王娘,就是呤唎在《太平天国亲历记》所说的,为陈玉成所救的洪仁玕之侄女,即洪侄女是也。此乃呤唎按西方传奇所编造的英雄救美故事随意移植,实不可信。太平天国高贵据有多名女人,陈玉成也是有很多妻子的,他在天京、安庆、苏州和庐州等地都分别建有富丽堂皇的英王府,每个王府都安置有一个或几个王娘,这只是其中一个。

胜保对陈玉成的这个妻子非常宠爱。他身畔有不少大小女人,特别喜欢她,凡行军作战时也不离身。后来胜保被告发,罢官逮捕至京,途经黄河,押解官德楞额扣留他的行李和侍妾,胜保向多隆阿求助,经多隆阿出面,德楞阿始送回行李,但就是没有放回原陈玉成的这个妻子。胜保舍不得,当面乞求归还。德楞阿却说:此陈玉成贼妇也,不得随行。将她接收过去。胜保到此也无可奈何。

6月4日,陈玉成囚车行至河南延津,正逢北京使者传旨:"将该逆就地凌迟处死,仍传首楚皖各营",遂被害于延津西教场。解放后就在陈玉成被杀害处,建造了坟墓,以资纪念。

陈玉成很会打仗,威震敌胆。

曾国藩有称:"自洪杨内乱,镇江克复,金陵发逆凶焰久衰。徒以陈玉成往来江北,勾结捻匪,庐州、浦口、三河等处,迭挫我师。"(《曾文正公全集·家训》)还称:"自汉唐以来,未有如此贼之悍者。"胡林翼也称:"贼中精锐,只四眼狗一支耳,他何足虑哉!"(《胡林翼全集·书牍》卷四十二)时人方玉润也记有:"四眼贼之能战,近世罕有其匹,去岁迪庵(李续宾)中丞战殁三河,今春鹤人(李孟群)方伯之被掳长城,皆其害也。""陈逆素号能军,今观其布星营垒,调遣队伍。颇有法度,信非虚语。此贼不灭,两湖非能安枕。"(《星烈日记》)

在陈玉成被关押颍州牢狱时,笔录员裕朗西曾与他谈话,说陈玉成此人貌秀美,"吐属极风雅,熟读历代兵史,侃侃而谈,旁若无人。裕举贼中悍将以绳之,则曰:皆非将才,惟冯云山、石达开差可耳。我死,我朝不振矣。无一语及私。"

陈玉成之死,标志着天京上游屏藩尽失。他的死是太平天国的巨大损失。洪仁玕颇有感叹地说:"如英王不死,天京之围必大不同。因为若彼能在江北活动,令我等常得交通之利便,可获得仙女庙及其附近之源源接济也。英王一去,军势军威同时坠落,全部瓦解,因此清军便容易战胜。"

当时远在安庆督师的两江总督曾国藩,是在十天后才接到北京廷寄,知道陈玉成已被俘押解到胜保军营的消息。但他早已把丢失安庆、困居庐州后的陈玉成视为窖井之虎,不感兴趣了。这时,他的战略目标,乃是指挥湘军主力、其弟江苏布政使曾国荃的十五营陆师,及兵部侍郎彭玉麟的水师,顺长江东下,以完成围攻、夺取天京的总体战略部署。

《上海新报》刊登《陈玉成供词》

陈玉成被俘后,清方录有口供,上海英国字林行所办的《上海新报》1862 年 7 月 3 日全文刊登:

我系广西梧州府藤县人,父母故,并无兄弟。年十四岁时,从贼洪秀全为逆目,自广西随至金陵后历受太平天国指挥、检点、丞相、成天豫、成天燕、成天福、成天安、成天义、前军主将、掌率、文衡正总裁等官,加封英王,提举天朝九门羽林军。自咸丰四年五月,同韦志俊攻破武昌,在郴州。五年七月,在湖北德安打破官兵营盘数十座,伤官兵甚多。旋即回攻庐州,复至芜湖解围。又至镇江解围,将吉府台打破。六年三月,攻破扬州,回至金陵,打破长濠,将向军门打败,官兵退守丹阳,我追至丹阳受伤。七年打破江北地方州、县城池甚多,记不清楚。八年将李孟群打败,攻破庐州、天长、盱眙等处。九年在三河地方,将李续宾打败,攻破江浦、六合、定远等处。十年攻破金陵长围,将张国良追至丹阳,落水而亡。其余破黄州、徽州、玉山、随州、无为、江浦等处,我皆在内。何处官兵多,我即向何处救应。今因楚师回攻庐州,城内乏粮,恐难久持,又因派扶王陈得才、沃王张落刑并马融和、倪隆淮、范立川等攻打颍州、新蔡及往河南、陕西一带打破几处,均未得有消息,是以我率领全军,由庐州北面攻破官营三座,连夜走到寿州,原想踞城铺排一切,亲带陈得才、张落刑等分兵扫北,不期中计遭擒,然非胜帅亦不能收复苗沛霖,若非苗沛霖之计亦不能将我擒住也,是天意使我如是,我到今日无可说了,久仰胜帅威名,我情愿前来一见。太平天国去我一人,江北也算去了一半。我受天朝恩重,不能投降,败军之将,无颜求生,但我所领之兵,皆系百战精锐,不知尚在否?我所犯弥天大罪,刀锯斧钺,一人受之,与众无干,所供是实。

第三十二编　皖南沦失和湘军水陆师东进

1861年9月,安庆重镇失陷,湘军主力分水陆两路东进,继续扩大战果。水路沿江东下攻陷池州、铜陵。

陆路的鲍超偏师,进入皖南地区。

皖南地区有四府一州,即池州府、宁国府、太平府、徽州府和广德州。太平军和湘军展开了争夺战。

繁昌、南陵、芜湖三县乡团倒戈

湘军占安庆后,八百里红旗告捷北京,不料在热河的咸丰帝因喝鹿血过度死了,北京发生祺祥政变,曾国藩的支持人肃顺在政变中被杀,但他幸与肃顺并无有政治结党和私人往来,当家的恭亲王奕訢和慈禧太后深知此理,更是信任他,还发表实授他两江总督,节制两江所属的江苏、浙江、安徽,另再加上一个原属湖广总督管理的江西省,凡四省文自巡抚武自提督以下官员皆听调度。他的权力堪称为清入关后所授汉员大权第一人。

曾国藩权力到达顶峰。

他继续奉行曾与胡林翼决策的沿长江东下天京的既定方针。湘军主力分水陆两路东进。水路由彭玉麟、杨载福率领。陆路北线由曾贞干率领;曾国荃乃赴湖南家乡招募湘军勇丁。陆路南线由鲍超率领。

鲍超是游击、机动部队,善于打白刃战,每当冲锋陷阵,乃以新降人马率先,立功赎罪。1862年1月6日,鲍超霆军由池州南下攻打青阳。

太平天国金天义、不久即封为奉王的古隆贤镇守青阳,抵御来犯的霆军。

古隆贤,广西老兄弟,参加1853年西征,任指挥,十年春秋,始终在天京上游作战。原隶韦志俊部。韦志俊叛变后脱离。洪秀全将未随韦志俊叛变的殿右军,分划为两军,授刘官芳为殿右军主将,大佐将就是古隆贤。所划另一支为定南军。

殿右军和定南军都是偏师,是镇守皖南、捍卫天京左翼的两路人马。

刘官芳、古隆贤率领的殿右军,纪律很不好。李秀成后来在供词里指责他们害民。

407

皖南地区多是山地。

太平天国向来不重视生产,但食之者众。太平天国的人马给养主要靠"打先锋",就地掠取。频繁的战争,使民众流离失所,导致田地荒芜,经常缺粮。

古隆贤等在皖南,生存相当艰难。他虽拥有七万人马,但战斗力不强。

当时,辅王杨辅清部主力和李秀成入皖部队合力围困徽州,围魏救赵,力图减轻青阳围城压力。可是,辅王部和忠王部在徽州城下战斗也甚不顺利。

时值隆冬,雪深数尺,万里冰封,人马行走困难。而更为窘迫的,乃是军中缺粮。军队靠自己携粮,得不到驻地的资助。

战争在内线进行。

湘军各路人马因为有长江水师源源不断自两湖等地运进粮食、辎重。后备充沛,以逸待劳。

未几,杨辅清和李秀成两路分别撤走。

3月,湘军水师继续溯江而下。曾贞干部陆师沿江南岸前进。阻挡湘军前进的不是太平军主力,当时陈玉成困守庐州,自顾不暇;李秀成也刚撤军回浙西。湘军遇到的太平军主要的一支是定南军黄文金、赖文鸿部,由芜湖西上,与他为左右翼的是自东梁山而上的爱王黄崇发、自西梁山而上的亲王某,自裕溪口而来的陈观意部。双方在长江三山(宣城、池州间)作战。

太平军人数多于湘军十倍。湘军孤军深入,被团团围住。可是人数众多的太平军却打了个大败仗。

太平军打败仗的一个直接原因,就是军中的来自繁昌、南陵、芜湖三县的乡团反戈。

乡团是太平天国基层组织乡宦们建立的准军事组织。它在太平天国区域,其实多是红皮白心,是充为乡官的地主豪绅们,在投靠太平天国后,将他原来的乡村武装、家族武装改换门面了的。太平天国领袖只求人员扩充,很少作实质性的改编,因此这种民团几乎没有一支向着太平天国的。稍有风吹草动,就反戈以向。

曾贞干察知内情,就派人前往联络,说服乡团火线反戈。

三县乡团当即呼应湘军。

在三山作战的太平军各路人马,多头领导,指挥极不协调,在黄文金部撤出战场后,其余各路也都后撤了,乡团四千余人,经过湘军短暂操练,随军返回,后来还连陷了鲁港和南陵、芜湖。

　　青阳古隆贤军孤悬敌后,原先赖以维持与泾县、太平(当涂)相通的一条粮路,也因南路营寨为鲍超军攻陷而被切断。4月14日,古隆贤部只得放弃青阳,走石埭,不久石埭遭围攻撤走,在太平甘棠镇结集南陵、泾县各军几万人抗拒,但仍是屡战屡败,丢失泾县、太平诸城。在撤退途中,佐将张遇春潜通鲍超,率部万余人袭击,古部被歼四千。

　　张遇春为鲍超收容,日后即成为霆军悍将。

　　古隆贤人马兵败如山倒。一个原因是将士多由掳掠、强迫而来,本无斗志,稍有挫折,就不愿再战;另一个原因是军中严重缺粮。有如曾国藩所说:

> 目下芜、繁、南、宣、泾、太、石、青等县粮米甚少,民与贼均有乏食之虑,沿江贼党颇愿投诚,盖一则鉴于安庆、桐城之覆辙,一则贼中无米,急图反正,以便就食。现在鲍春霆营次,业经受降卒千人,编为春字中营,闻尚有泾县贼党二千余人,即日来降;满舍弟(曾贞干)营次业经受降三千人,编为昆字等四营,闻尚有南陵等贼党数千人即日来降。弟批令能打仗者当勇,每日百文,不能打仗者当夫,每日七十文。若使办理顺手,源源而来,或如东汉初年,赤眉百万同时归降,积甲齐山,则国家非常之福也。(《曾国藩未刊信稿》第27页)

因为缺粮,古隆贤等军难以继续战斗。

童容海是第一个打起白旗的太平天国王爷

皖南太平军节节败退。

　　湘军水师与鲍超陆师呼应,由荻港、繁昌顺流而下,直闯鲁港。

　　鲁港在芜湖城西南十五里,是芜湖米市主要集散地,也是太平军的大粮库,是皖南向天京的粮食供应地。曾贞干调动打着白旗的三县民团为前锋,民团轻车熟路,把守军赶走,占领鲁港,又乘胜追击占领南陵。

　　由三山撤出的太平军以长江东西梁山、金柱关和芜湖为抵御湘军水师的第二道防线。

　　这只是单纯的战略防御。

天京当局也没有派出统帅,也没有水师。而在长江作战,不设水师,必然要遭到惩罚。

在湘军水师配合后,陆师首先攻陷了西梁山。太平、芜湖和金柱关都受到围困。

金柱关是天京上游最佳屏障,历来为兵家必争之地。太平军森严壁垒,湘军志在必得,双方展开血战,太平军没有水师,终究被赶走出关。芜湖、太平也随之放弃了。

天京上游粮路由此全被割断,此后只剩有南面句容陆路一线。

5月28日,湘军逼近秣陵关,水师游弋于天京护城河,陆师驻扎雨花台。湘军来势汹汹,天京再次遭围。

就在金柱关等处鏖战期间,鲍超霆军直向宁国府(宣城)进发。宁国府与苏南、浙西交界,为从西南进入天京的必经之地,它是辅王杨辅清管辖地区。杨辅清主力结集宁国府,由卫王杨雄清扎营寒亭、狮子山,对王洪春元扎营圆山,互为犄角。

鲍超部霆军渡过青弋江,击走杨雄清,进驻乌沙铺。杨辅清在宁国府外扎营三十里。他的总兵力有十万之众,但在城西敬亭山、望城岗仍被击溃,诸要隘营垒尽毁。

在此前后,干王洪仁玕由天京来援,会同刘官芳和循王魏超成等部,筑营于夏家渡石桥以通粮道。7月上旬,鲍超部逼近城根,洪仁玕等部分别迎战,十天之中,三战三败。

7月11日,杨辅清军又在大东门背城苦战,不敌,退走洪林桥,霆军追来,杨辅清设伏回击,自引马队二千乘敌不备冲杀,击毙霆军副将马胜奎,但因敌军采取大包围战术,转胜为败,走建平。

霆军占领宁国府。

退扎城东水阳江孙家埠的保王童容海按兵不动。他来到宁国府,就是寻找时机前来向湘军投降的。在宁国大战时,童容海已潜通霆军,他很早就与太平天国离心离德。

童容海,因嗓门响亮,能压倒群声,人称他"童大锣"。安徽无为人。1853年在安徽举族参加太平军,随石达开西征,1861年与彭大顺、吉庆元等中途折回,在彭大顺死后,军中无第一责任人,童容海要夺权,把与他意见相悖的十几位同为豫爵的高级干部杀害,自己升为燕爵,由他本人领衔向天王禀告。

童容海残杀同僚,所行不义,引起吉庆元、朱衣点等同僚不满。他们在隶属李秀成部后,就直接与李容发进攻上海浦东,不再与童容海合作和接受他的领导,在童容海晋升保王后,又联名上书天王,请不再隶为童的东方扶朝天军成员。

童容海利禄熏心,残酷杀害战友,颇为太平军将领不耻。他非常孤立,其所处窘境,亦为天京当局侦知。

当时,洪秀全害怕李秀成兵权过重,尾大不掉,要分他的军队,于是采用广封诸侯以分权,有意把他拥有最多人员的两支人马,殿后军陈坤书和扶朝天军童容海,直接由天京管辖,拨在王次兄勇王洪仁达麾下。

李秀成很不高兴。他对童容海还是相当恩遇、宽待的。日后写在“供词”就童的境遇深表同情,“此是王次兄之弄奏,欲归其辖,暗放谣言,童容海他心者,因此之由也”。现代剧作家欧阳予倩《忠王李秀成》就据此故事,写作了童容海为洪仁达所逼降敌的一幕。

1861 年 12 月,洪秀全开始对京外军师王陈玉成、李秀成等部将分封王爵,其中李秀成部的童容海保王和陈坤书护王是最早所封的两个王。天王向忠王夺权,正式把童容海和陈坤书直辖于天京了。陈坤书由苏州到常州,与天京互为犄角;童容海在浙江没有封地,脱离李秀成管辖,奉调进入皖南。

童容海有雄厚的兵力。他的东方扶朝天军又被天王加以“御林兵马左提调”,更是异帜突起,别开生面。这是一支由家族、亲友为骨干所领导的军队。童容海家族童钜海、童潮海、童青海、童四海、童隆海、童龙海和童虎海,都是各营的统帅。

在杨辅清等撤出宁国府城时,童容海却率兵东向,偷袭广德州,杀死李世贤部将阆天义马桂功,以实际行动向鲍超送交降禀。

童容海是 1859 年韦俊叛降后,又一个带着大部队投降清朝的天国高级将领。韦俊降时,还未封土,因此童又是太平天国第一个打起白旗的王爷。他的叛变,起到颇有影响的带头羊作用,引起清王朝的重视。

同治元年十二月初一日(1863 年 1 月),清廷给曾国藩、左宗棠、李鸿章等谕旨,再次对围剿中的太平天国采取政治诱降攻势,谕旨里两次举洪容海(童容海)事件为例,“一旦率众献城,即赦罪录功,加以懋赏”,“令其随同剿贼,一如洪容海等之例”。

童容海本姓洪。洪秀全非常讲究避讳,于姓氏“洪”也都须避讳。因而童容海迎降,首先就得恢复本姓,此后见于清方文书,始出现洪容海名讳。

童容海投降后,收缴太平天国印信。经曾国藩等保奏,给了一个游击衔。鲍超把他的六万人马作了整编。因为是降军,鲍军各营就常赴降军处,随意选挑军马、兵士,时已改姓的洪容海不敢违抗,只有听之任之,但他的部属却难以忍受,终于先后爆发了两次大哗变：

第一次是不见于降人名册的张得胜、陶子篙等二万人哗众，走归杨辅清；第二次是所部重要将领黄三元、朱大椒在广德州反正，把洪容海赶出城去。童容海逃奔宁国，鲍超把他残部整编，留下二千人。

降清后的洪容海，奉命与韦俊同守宁国府，对抗从前的老战友们，后又随鲍超大军作战，天京失陷后，还率军追赶当年战友汪海洋，仅两年光景，就升到了正印总兵。

古隆贤打起白旗后不久，皖南全沦失了

连年征战，带来了各种天灾人祸。

因为死人过多，白骨蔽野，不及掩埋，长江南北自安庆至天京，空气和水受遍污染，以至瘟疫时起、漫延不散。

1862 年，湘军与太平军争战皖南，也是大瘟疫的一年。

且说皖南宁国府，自为湘军攻陷后，正逢炎夏季节，瘟疫大作，在安庆的曾国藩派幕僚甘晋前往调查，甘晋进了宁国府城（宣城），若干天后，他向曾国藩书面报告了宁国府情况：

> 我军自克宁郡后，暑疫大作，疫疾殁者十之二三，患病者十之三四，其能出队者不及四成。宁郡初克，遗民降贼不下二万，商贾及居民入城者数千人，两月以来，兵民疫死者二三万人，行路者面带病容，十居八九，城内外五六里臭腐不可堪忍。沿路尚有尸骸，有旋埋而掩埋之人旋毙者。城河三里许，漂尸蛆生，或附船唇而上。城中之井及近城河水臭浊至不可食，食之者辄病。

真是人间地狱。

此中甘晋更谈到自己乘船饮水景况：

> 居民至数十里外汲水而食，舟行者载水而食，晋在三十里外，市罂盎载清水十余石供船中之用，涓滴皆珍之。舟泊北门外三里新村，入城则鼻烟满鼻，口嚼生姜，亲兵及肩舆者皆掩鼻而行。（《曾国藩未刊信稿》第352—353页）

甘晋回到安庆后,竟亦染上瘟疫,不久即病死。曾国藩大有感触,总结湘军全班人马,"水陆诸军,十病六七"。一个月后,他向北京王朝报告皖南各路人马大疫:

> 鲍超一军现病者六千六百七十人,其已死者数千尚未查得确数。宁国府城内外尸骸狼藉,无人收埋,病者无人传药,甚至一棚之内,无人炊爨,军中著名猛将如黄庆、伍华瀚等先后物故。鲍超亦染病甚重。张运兰一军驻扎太平、旌德等处,病者尤多,即求一缮禀之书识、送信之夫役亦难其人。张运兰送其弟之榇至祁门,亦自患病,尚难回营,杨岳斌自扬州归来,亦抱重病。天降大庚,近世罕闻、恶耗频采,心胆俱碎。(《剿平粤匪方略》卷三二一)

当时,李秀成、李世贤等大军为解救天京之围,正与曾国荃湘军鏖战。

在皖南,护王陈坤书与堵王黄文金、孝王胡鼎文、匡王赖文鸿等部正在金柱关展开攻势,尔后又转攻宁国,因瘟疫蔓延,致使大军步伐艰巨。湘军张运兰部亦因瘟疫受挫。黄文金等虽一度攻下宁国府,但因敌军反攻,仍放弃了。未几,陈坤书的水师在金柱关溃败,把毗连小丹阳的当涂大官圩也丢了。

大官圩是个集镇,皖南宁国、当涂以至南京等处的豪绅富豪多萃集于此,是一个非常丰厚的米粮、烧柴仓库。它的丢失,使各支太平军粮食供应大受影响,也影响李秀成、李世贤等军。曾国藩闻之大喜,几次写书给曾国荃:

> 从此太平官圩、小丹阳之贼当难站脚,忠逆、侍逆之粮路柴路必已掣动。(《曾国藩全书·家书》)

> 大官圩等处之粮多为我军所焚,则金陵援贼之粮必难久支,城贼之粮多寡则不敢必耳,计忠侍引退之期必不甚远。(同上)

但是,皖南仍是兵家必争之地。

太平天国地盘不断在缩小,由天京城围撤出的人马,有的北进,如李秀成统率的大部队,也有的南下,主要是侍王李世贤的人马。

李世贤本来是要在天京解围后,回师救援浙中,他与部将李尚扬讲明以四十天为约的,但他却没有赶回程,其中一大原因是此时此刻,他又将自己第一据点放置在江苏溧阳。在溧阳,李世贤运用寺庙和富豪大宅之木材,建造了富丽堂皇的侍王府,新建侍王府还住进李世贤母亲、姐姐和若干王娘们。他亦乐而忘返。

但重要的还是粮食。

1862年11月,李世贤率军几万,战船几百艘,由东坝、小丹阳分水陆两路南下,围攻金宝圩。

金宝圩,位于安徽宣城县北七十里,是个不见于地图的平原小村。小村虽小,但因四方环水,易守难攻,且年产稻谷三十余万担,长年麕集来自周边逃亡富绅地主,建立了一支颇有战斗力的乡团。为夺取金宝圩,李世贤分军攻打金柱关、芜湖,以牵制湘军水师,因为是偏师,屡战屡败,一败于三汊河,先后丢失战船几十号,二败于上泗渡,丢失战船一百一十号,和一大批洋枪、洋炮。洋枪、洋炮是高价向外国商人购买来的,但需要较为复杂的操作技术,缺乏文化的太平军战士不善于使用,还未学会放射,就被敌人缴获了。

失之东隅。李世贤在进攻金宝圩还算是顺利的,经过人海战术式的强攻,1863年2月7日,终于攻占了金宝圩。

攻占金宝圩,暂时解决了李世贤几万人马的粮食问题,但军队仍缺乏战斗力。3月16日,李世贤设在当涂薛津镇的大本营为湘军偷袭失陷,几天后,设在万顷湖的大营,又为湘军水陆大队攻陷。

李世贤勉为其难,所部撤至金宝圩、溧水。

由浙西、江西返回皖南的殿右军刘官芳、古隆贤、赖文鸿和定南军黄文金、李远继、胡鼎文以及花旗各路人马,在四府一州间奔走,如同走马灯,时得时失,但败多胜少。

1863年5月,黄文金大军十余万人众,分五路出祁门桃墅而进,队伍迤逦长达四五里,蔽山遍野,意在再进江西夺粮,盖皖南缺粮已难以支撑,江西清地方军,凭河相扼,以逸待劳,大败太平军,击死胡鼎文。

时封孝王的胡鼎文,亦是一名勇将,战死时,身穿袖盘有金龙的蓝洋绉短夹袄,以改变军事领袖着绫黄的鲜目服饰,冲锋陷阵,不甚为敌注视。可见此时此刻,太平军很多军事将领是身先士卒,在第一线作战的。

在此之际,清朝当局再次晓谕宽容降人,所谓"勿论其从贼之久,暂均一律准其投诚",此说当然亦包括久久不得赦免的广西籍太平天国人士。

如此政治诱降,再次呼唤太平天国中的动摇分子,包括一些资深的军事领袖,此后很快在皖南、苏南掀起一阵投降风,其中规模很大的当推古隆贤部。

奉王古隆贤盘踞石埭、太平(甘棠)、旌德和广德四州县,拥众七万余人。

1863 年 9 月中旬,古隆贤因全军缺粮,人心涣散,向湘军总兵朱品隆乞降,先后经过一个月来来去去的谈判,古隆贤全军剃发,献出四州县。

朱品隆将古隆贤部留用千人,其余尽数遣散。

所以遣散,仍是出自:

(一)粮食紧缺,难以供应;

(二)人员混杂,多是掳掠之众,无战斗力;

(三)人员过多,不易控制。

大概就出自此因,古隆贤部亦似童容海部降时,有旌德守将岪天义申法喜拒绝出降,太平守将天将江会义率部走广德。但古隆贤主动迎降,又一次起了带头羊作用,尔后就有广德州守将郑魁武等万余人投降、建平守将张胜禄杀跟王蓝仁得投降。

皖南几乎全部沦失。

第三十三编　两种不同时期的武器较量

李秀成厚葬王有龄,莫名其妙以太平天国王爵
所著的黄绫龙袍作寿衣入殓

1861 年秋,李秀成由湖北回师,他没有参加回救安庆,却走江西一线,在江西铅山会合脱离石达开归来的童容海、吉庆元、朱衣点等十余万将士,顺利进入浙江,势如破竹,12 月底包围和占领杭州。这是太平天国再次占领浙江省城。

这次比 1860 年的那次大不相同。那次因要分散江南大营兵力,回援天京,占领杭州是匆匆而来,匆匆而去,所以连杭州城中之城——满城也未攻下。

李秀成此次以大军压境,可谓志在必得。在包围满城后,他并未发起进攻,而是打报告给天王洪秀全,请求放城内满洲人一条生路,放他离去;另又致书清杭州将军瑞昌,内称两者各为其主,商请携眷离去,不加伤害,保全满城全体性命,并发给路费,预备船只,凡个人私产,备数携去,送到镇江。三日后,李秀成接到洪秀全特赦满人诏书,通告瑞昌,但瑞昌严拒,李秀成不得不发起攻城。

瑞昌率部顽抗,城里满人老幼也参加了城防。

太平军猛烈进攻。满城城墙高厚。攻占满城,据称是用了几百个欧洲人所组成的炮队猛轰才闯进的,也有说是搞人海战术,太平将士前仆后继,直至同伴们尸体与城头并齐始才登上满城的。瑞昌等尽被杀死。

杭州城虽然攻克,但李秀成获得的是一座饥饿之城。杭州因为周边是鱼米之乡,尽是粮仓,故民间皆不储粮。因为围城,由是缺粮,以致野菜、树皮、杂草都用来充饥,芭蕉叶竟贵达每斤五十钱。围城后期,城里已出现食人现象,"饿夫人行道上,但仆于地,气犹未绝,而两股肉已被人割去"。王有龄曾命他患难之交胡雪岩,偷过封锁线赴上海购粮。胡雪岩购粮自海道运来,城已被太平军攻克,船队在江面停滞不前,后左宗棠率老湘军到钱塘江,胡雪岩就将粮食献给了老湘军,受到了左宗棠嘉奖,从此两人拉上了关系。

杭嘉湖地区物产富饶、人丁兴旺,所谓"上有天堂,下有苏杭"。因此,李秀成非常重视杭州。当时江淮、苏南因多年战争,田地荒芜,人丁稀散,而就近两浙之地却是年

年丰收,百姓安定。李秀成多次说:"我有苏州,没有杭州,犹如鸟缺了一翼。"他如今得了杭州,自然双翼兼有,可以飞翔了。

浙江巡抚王有龄是个穷书生出身的顽固官僚,却也在朝野获得清正、廉明的虚誉,在城破时逃跑不了躲进后园自杀。李秀成为要笼络人心,将王有龄礼葬,并莫名其妙地以太平天国王爵所著之黄绫龙袍充作其寿衣入殓,给船十五号,银三千两,让巡抚衙原有亲兵五百名护送回籍,说是为表彰"忠臣"。还将原浙江巡抚衙门改为所谓"招贤馆",命部将邓光明主持,安置俘获的浙江布政使林福祥、总兵米兴朝等一班高级官员,并任命原清仁和知县李作梅、钱塘知县袁忠清为太平天国两县监军,管理民务。林福祥即鸦片战争时期广州绅士抗英的代表人物。

忠王李秀成告上海松江人民清朝兵勇及外国人谆谕

杭州克复,攻打上海就提到议事日程上来了。

这时,代替洪秀全与英人谈判的蒙时雍所承诺的,太平天国本年(天历辛酉十一

李秀成的洋枪队

李秀成部洋枪弹药来源有三:一缴获;二仿制;三采购。他拥有很多洋枪洋炮,仅苏州嫡系部队就配备3万枝洋枪,其中四分之一的将士佩带新式步枪和来复枪,李秀成的1000名亲兵卫队全部配备来复枪。其所属江苏吴江李明成部1万人就有2000支洋枪;听王陈炳文在江西叛降时,有洋枪7000支。苏州守将谭绍光身佩有手枪,作战时挥舞手枪指划天空。

洪仁玕非常赞同容闳七条建议

洪仁玕在香港期间,与容闳相识。

容闳1850年在美国耶鲁大学读书时,加入美籍。1860年11月,洪仁玕在天京款待容闳,向他求教建国方略,容闳提了七条建议:(一)依正规的军事制度,组织一支优良的军队;(二)设立军事学校,以养成多数有学识的军官;(三)建设海军学校;(四)建设良好政府,聘用富有经验的人才,为各部行政顾问;(五)创立银行制度,及厘订度量衡标准;(六)颁定各级学校教育制度,以耶稣《圣经》列为主课;(七)设立各种实业学校。

洪仁玕很是赞同,并对每条建议,都极有兴趣地分别作了详细讨论,容闳也高度评述洪仁玕见识深邃:"盖干王居外久,见闻稍广,故较各王略悉外情,即较洪秀全之识见,亦略高一筹。凡欧洲各大强国所以富强之故,亦能知其秘钥所在,故对于予所提议之七事,极知其关系重要。"(《西学东渐记》)

可是要使洪仁玕冲破旧圈子,实行某些改革谈何容易,他要经过洪秀全,还得经过有实权统兵的诸王认同,方可实行。太平天国固有制度和传统习惯,是不可能也不会接受容闳的建议的。

三年后,容闳为曾国藩所用,被派到美国去买机器,又是五年后,容闳向清朝政府提出组织中外合资汽船公司、选派青少年留美。

年)不进攻上海、吴淞一百里以内地区的约定已到期了,尽管英国殖民者又提出无限期的不进攻上海、吴淞地区的无理要求,洪秀全再不作理睬,命令太平军向上海进军,在杭州的李秀成当即雄气勃勃,作出了向上海进军的部署。

1862年1月7日,李秀成向上海松江人民、清朝兵勇及上海诸外国人等发出谆谕:

真天命太平天国九门御林忠义宿卫军忠王李,为谆谕尚海、松江人民、清朝兵勇,各宜去逆归顺,同沐天恩,毋得自取灭亡事:

照得伐暴安民,固宜逆诛而顺抚;而开疆拓土,尤宜柔远而怀来。缘念本藩自去冬恭承简命,统师上游江、楚,复由江、楚班师而进□浙省。凡所经过之地,其于投诚之百姓则抚之安之,其于归降之勇目则爵之禄之,无不在在仰体上天好生之德,我主爱将重士之心,而戢乱治平,招降纳众,谅尔一带人民亦所深知而灼见也。

兹因东南舆图附近归我版籍,而惟有尚□□□□□逼处此,乃我必收之地,而□□苏、浙之屏藩,将特分师五路,水陆并进,而进攻尚海、松江,恐尔人民惊恐,惶惶如丧家之犬而穷无所归,为是特颁谆谕,先行令人前来张贴。仰尔尚海、松江一带人民兵勇知悉。尔等试看我师一路而来,抚恤各处投诚之人,着即放胆,亦照该等急早就之如日月,归之如流水,自当于纯良之百姓加意抚安,其于归降之兵勇留营效用。至于在尚海贸易之洋商,去岁□□□□成约,各宜自爱,两不相扰。自谕之后,倘不遵我王化,而转助逆为恶,相与我师抗敌,则是飞蛾扑火,自取灭亡,无怪本藩师到而大肆杀戮之威,有伤天地之和也。其宜凛遵毋违!

太平天国辛酉十一年十一月二十八日

从外滩英国领事馆楼台上,可以清楚眺望到两岸太平军的黄旗飘展

1862年1月,李秀成在杭州策划兵分五路向上海、松江进攻:

西路:逢天义刘肇均军二千人由苏州,至嘉定,攻吴淞;

西南路:青浦太平军攻松江;

南路:嘉兴太平军北上攻松江、泗泾;

南路:太平军北上攻松江广富林;

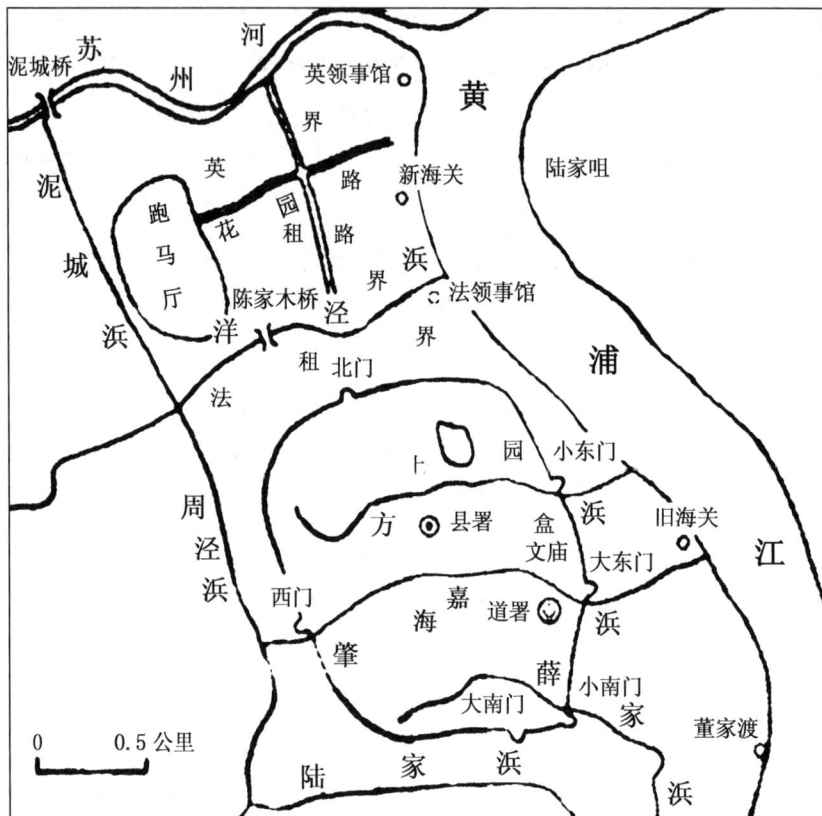

上海县城及周边地区图

东南路:忠卫宿卫军主将健天义谭绍光和李容发等率忠义宿卫军和扶朝天军全军由杭州沿杭州湾海塘攻取金山卫、奉贤等地。

他的战略意图是:东西两面夹攻,箝制上海。

其中东南路是主攻部队。

主攻部队拥有几万人众,骨干就是扶朝天军。

李秀成率部进入战场后,时逢太平天国春节来临,他就离开本部往苏州度岁去了。部队交由谭绍光、李容发等人,未几,李秀成因湖州久攻未下,且湖州地区富庶也是财源、粮食囤积处,而黄文金(时隶陈玉成部)久久未能攻下,在大军沿浦东海塘转入攻占南汇等地后,就调谭绍光回去攻打湖州。

谭绍光赶到湖州,与黄文金军联手猛攻州城。浙江团练总目赵景贤顽抗,到 5 月底方才攻下州城。两人分城而治。谭绍光因此被封为慕王。谭绍光十六岁就参加金田起义,是广西金田首义元老。南征北战,他是李秀成部将里很会打仗的一个,因为与李秀成关系密切,近人有作品竟东扯西说,把他说成是李秀成的爱婿。

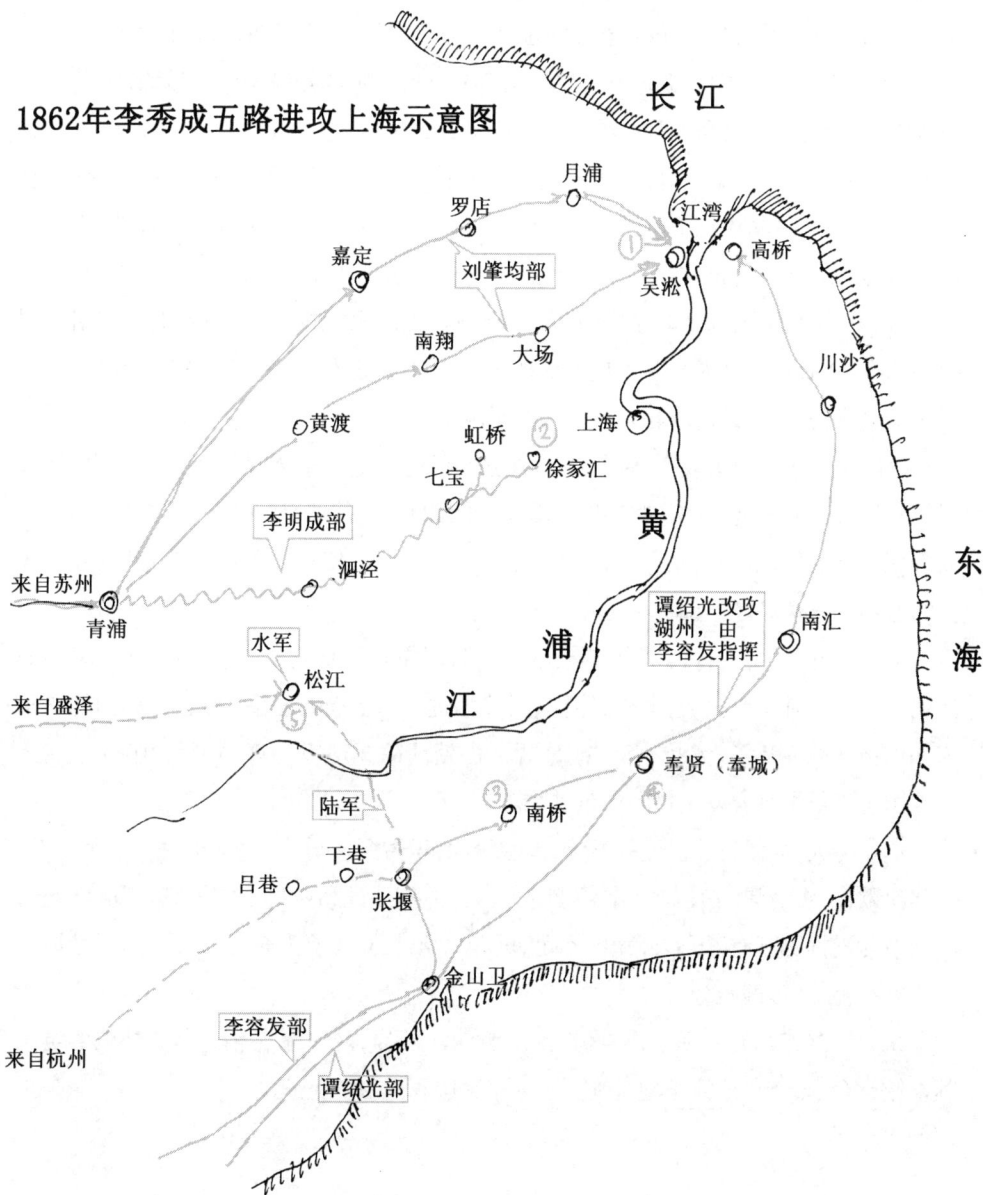

1862年李秀成五路进攻上海示意图

谭绍光封王较迟，也是李秀成部将封王较晚的一个。1862年2月，李秀成部已封有保王董容海、护王陈坤书。这时，洪秀全分封天京朝官已相当放宽，但对外征将士属于忠王部、侍王部的主要将帅，仍是严格把关，非有攻城略地之大功者不予王爵。封了王后尚得亲往天京授印，回到原驻地时，方才能受到同僚和部属鸣炮欢迎和祝贺。如李世贤部将范汝增封首王，就是在攻下浙江宁波后，召往天京述职授印的。

谭绍光在湖州主要是抓地方政权。据黄文英说："那湖州府是他先破的，所以湖州的钱粮都要归他，最为强悍。后小的堂兄黄文金到湖州，也不敢用他的钱粮"(《黄文英在南昌府又供》)。同年8月，李秀成离苏州回援天京，谭绍光才由湖州调任苏州军事统帅。因而，太平军攻打上海的多次战役，他都没有参加。现在不少书上说他1862年1月起，就是指挥上海战事的最高司令官，打死法国驻华海军司令(即水师提督)卜罗德上将，亲手活捉"常胜军"(即原"洋枪队")副领队福尔思德等，皆于史无据。谭绍光所参加和指挥的，也只是太平军进攻上海的最后一次大战役，即李鸿章吹嘘的北新泾和四江口之战，但那已是进攻和转战上海的尾声了。

这次李秀成组织进攻上海，号称军分五路同时挺进。李秀成熟读三国故事，其行军作战的谋略很多就以《三国演义》为蓝本。因此有人说，他是抄袭《三国演义》书中的刘备死后，曹丕听从司马懿之计，以五路出兵进攻蜀汉，使对方首尾不能相顾、处处挨打的方案。此也算是一说吧。

但说是五路，主力也就是出自杭州的一路，即原有谭绍光参加，现由李容发率领的扶朝天军。当时军至松江，李秀成要赶回苏州过年，也有说是因听说主持苏州的护王陈坤书把本城搞乱了，大扰人心，或是要回去处理徐佩瑗叛乱集团事，途中就赶回去了。由忠二殿下李容发主持向浦东进军。

这年冬天，气候特冷。连续五天，大雪纷飞，积雪深达尺许，太平军将士踏雪行军，一路凯歌，占领黄浦江东岸金山、奉贤、南汇等所有县镇和乡村。本地民众踊跃参军，仅高桥附近据称就有五千人，武器不足，就在竹竿上装铁矛头充当；缺乏标志，就取妇女所着红裤、红衫缠扎为头巾。

来自西路苏州的太平军，一直打到了黄浦江西岸，两军隔江相望。从外滩的英国领事馆楼台上，就可以清楚地看到两岸太平天国军飘扬的黄旗。

热兵器远距离射击的杀伤力,还未见到敌人面目
就遭到了莫名其妙的杀伤

1861 年 8 月,坚决不与外人合作的咸丰皇帝死了。11 月北京政变后,慈禧和恭亲王奕䜣执政,他们积极主张"借师会剿",中外会防上海,并取得与外国殖民者的认同。

翌年 1 月 3 日,上海纳税外人会议,筹商防卫事宜,推选五人组织中外会防局,主持有关防卫上海的事务。

同月 12 日,清上海道吴煦与英国领事麦华陀、法国领事爱棠、上海外人志愿兵团司令韦伯(E.Webb)等在英国领事馆会商上海防务,并成立了由吴云、应宝时、潘曾玮、顾文彬等主持的上海会防局(会防公所),针对太平军五路进攻上海,和英法殖民当局、军队成员商议防御措施,并作出了《防剿事宜》。

(一) 设侦察,在上海北、西、南的吴淞口、胡学庄、大场、真如、野鸡墩、诸翟、法华、泗泾、七宝、南桥、得胜、闵行等十一处,各派探子五十名,专探敌情,并分报英、法当局;

(二) 清理吴淞江。自大桥到新闸,大小船只一概驱逐;

(三) 下闸板、新闸三洞,先闭两洞,暂留一洞,以通船只;并由英国派小炮船逡巡;

(四) 筑马路。沿黄浦江至董家渡筑马路,以便兵丁炮车往来;

(五) 开炮路。老闸、韩家一带,民居稠密,有碍车炮往来,速议买地筑路;

(六) 筑深壕。在西门至新闸,由南门至黄浦,与英、法国会商,开掘深壕三千余丈,起建炮台二十余处。

还决定美国、英国租界由英军防守,法国租界、上海县城及董家渡近郊由法军防守;北门及其附近城墙则由英军防守。当时,上海英国殖民军有六百五十人,法军九百人,不久英军一个连及一队炮兵由天津前来增援。美国因国内爆发南北战争,无兵可拨。

至此"借师助剿"已成事实。

英法殖民当局又一次与华尔洋枪队联手,向太平军进行反扑。华尔自去年受伤回国治愈后,率洋枪队驻扎松江,为取得英国殖民当局和军队合作和支持,不再搜罗英国逃兵、烂水手、流氓,而采取以外国人当军官,雇佣中国人当兵,在太平军五路进军时,他就带着二百名马尼拉兵和八百名步兵进犯松江附近的广富林。广富林是太平军从西南进攻上海的前

哨基地,有驻军七千名,筑有四座坚固的堡垒。战斗从清晨打到中午,长达七个小时。期间清军李恒嵩等二千人马亦来助阵。太平军武器低劣,很多仍是长矛竹枪,在洋枪队新型枪炮进攻下败下阵来,四个坚垒全毁,战死九百人,被俘七百人,余部走青浦。广富林失守。

二十天后,十万太平军组织反攻,广富林争夺战又起。华尔将五百名洋枪队分成五个小队围攻。太平军败退。

洋枪队连胜后,规模已大有扩充,拥有编制为六个团,三个炮队,共五千人。

英国殖民军与洋枪队联手,准备主动出击太平军。他们选择的第一个进攻目标是浦东高桥。

这天,英国驻华海军中将何伯与华尔打扮成狩猎户,偷偷潜入高桥附近探察,等到太平军将士发现两个形迹可疑的外国人要捉拿时,两人赶紧驾着小船逃脱。

高桥之战廿始了。

守卫高桥的是扶朝天军主将吉庆元部。扶朝天军长年在内地作战,武器多是传统的冷兵器,将士不识远距离的热兵器射击的杀伤力,还是以旧式的防御法,在还未见到敌人面目,就遭到了莫名其妙的伤害,损失很大。后来人把其中牺牲的部分将士遗体收敛在一起安葬,这就是今天我们仍能看到的"太平天国烈士墓"。

高桥终于失陷了。英国殖民军和洋枪队下一个目标是黄浦江畔的萧塘。

萧塘是进军浦南要塞,为浦南重镇南桥(今上海奉贤区)前沿。英国殖民军、洋枪队,还有法国驻华海军司令卜罗德上将率有的五百人,携有榴弹炮、野战炮和火箭炮,

太平天国成员所遗墓葬记录

名　称	事　绩	遗　址
曾水源墓	解放后发现。	南京寡妇山
林凤祥墓	民国时所建白墓	广西桂平
陈玉成墓	1862 年在延津被杀后,遗骨	河南延津西教场
白承恩墓	李世贤部将,封通天福	浙江温州
林秉钧墓	浙江太平人。李世贤部恩赏将军,1900 年病死	温岭狮子山,1982 年政府拨款整修
九女墩		武汉
高桥烈士墓	相传 1862 年太平军在高桥战斗中牺牲人员,集葬	上海浦东高桥镇

清将李恒嵩等三千兵丁也配合会战。战斗很激烈,炮火连天,枪子如雨,守军屡失城壕和炮台,只能巷战拒敌。太平军南桥守将享天安黄祥胜带队前来救援,亦未阻止强大的炮火。他和萧塘守将李某等都战死了。萧塘失陷。

华尔洋枪队屡次得胜,清廷喜出望外,当即将其纳入正规军队的编制,给了一个"常胜军"的美称,并授予华尔从二品的副将衔,副领队白齐文"四品顶戴"。他们不学无术,本以为"常胜"是个英雄称号,其实所谓"常胜军",典出自中世纪辽将郭药师部"怨军"别称,是个不雅之号。

华尔出了风头,那个出面联络华尔,供给洋枪队粮饷的宁波四明公所董事杨坊亦得意非凡,还将一个丫头认作养女,取名张梅(章妹),乔装打扮,送上门去,嫁给华尔做老婆。

1862 年 9 月,华尔在浙江慈溪被太平军击毙,清政府发了三万两银子抚恤,但这批银子和华尔名下的十几万两银子的遗产被各方争得不可开交,最后不知去向,而他的未亡人张梅,没有拿到一钱银子,落得一场空。清政府还照会美国政府,称华尔为大清皇帝捐躯,应于中国安葬。华尔被安葬在上海松江西门外苏家花园。在坟冢旁边还修建了一幢"华尔将军祠"。祠堂正殿有楹联:"奇男万里勋名留碧血;福地千秋庙貌表丹心",匾额"同仇敌忾"。美国退伍军人还专门成立"美国华尔纪念团",每年前来祭扫。这座墓地和祠堂,维持了九十年。直到 1949 年上海解放后方才清除。

王韬上书太平天国

1862 年 2 月 2 日,苏州人王韬以黄畹(兰卿)向太平天国苏福省逢天义刘肇均上书一封,提出从战略上如何攻取上海建议,并请刘转交李秀成。

信中提出"和戎论","我之待夷,宁和而毋战","不宜轻失外援,以启边衅",并就攻打上海方略提出:"明告而严讨之,阳舍而阴攻之,徐以图之,缓以攻之。"他要太平军攻扬子江上游,勿攻或缓攻上海,很是有战略眼光的。

此信似已至李秀成处,但李未曾采纳。1862 年 4 月 4 日,太平军败于上海王家寺,为清军缴获。王韬也为清廷注意,命李鸿章、薛焕和曾国藩查拿。王韬藏身于上海英领事馆,后赴香港。

李秀成不懂得以围为攻的战术在现代战争中已失效了

虽然浦东战场上高桥、萧塘等地次第沦陷,但是上海四郊处处仍都活跃着太平军,已成为主战场的浦西地区,各支太平军采取了南北夹击、四面合围的战术。

上海清地方军派系林立,指挥不一,加在一起有五六万人之多,但战斗力不强,面对拥有二十万众的太平军,缺乏招架之功,更无还手之力。太平军所以到处飘荡,行动如飞,不能集中兵力攻上海县城,也是因为缺乏一个最高指挥部和拥有权威的总指挥,各部都是各自行动,我行我素。

由苏州、嘉定而来的刘肇均,以虹桥附近的王家寺为司令部,一度指挥所部,经大场、蕰藻浜,直到江湾。

东路太平军,直抵董家渡、闵行、塘桥,别支北上,威胁吴淞。此两路太平军隔黄浦江,因为没有水师,不能相渡,而江中游弋有法国兵轮,阻止轮渡,遑论巡逻,太平军仅有的从民间征用来的小帆船,只能在江边行驶。有一次,徐汇公学学生马相伯等的坐船,由董家渡过江,就遇到拦劫和检查,但当得知是天主教堂的学生们,就放行了。

在上海地区,河道纵横交叉,没有水师,正是如鹏鸟缺翼。

还有几路太平军,也因没有水师配合,各自为战:

西北路太平军占华漕,抵达闸北;

西南路太平军,由嘉兴北上直抵朱泾(今金山),这路太平军虽击败地方水师提督曾秉忠,还夺得不少号船只,但却没有纳入编制,建立自己的水师,或也因不重视水师,而听其自弃也。

太平军从北自刘行、南翔,南至王家寺、徐家汇、法华、虹桥等地,对上海实行了环形包围。他们虽然兵力雄厚,但人员军事素质不高,很多是被强制入伍的,甚至是在家乡被毁,拘禁而编入队伍的,不会打仗,不愿打仗,对为太平天国的上帝天父而战,是非常有抵触情绪的,稍有沮丧,就易一哄而散。而于掌握现代化的热兵器技术,认识和应用更为生疏。太平军将领,包括李秀成等高级统帅,在相当长期间里,未能懂得、掌握现代战争的艺术,在战略战术上仍囿于传统,诸如现代战争由于武器特色,须远距离作战,也须散兵式行进,而非近距离肉搏,阵图式的对抗等道理所知甚少。加之此次攻打上海,战线过长,面面开花,企图以占领上海和租界周边县镇和村落,包围而攻取之,又

李秀成颁发给吟唎的凭照

吟唎奉命赴上海、宁波等地采办军火,要通过太平天国所设的关卡。当年太平天国在各处水陆要道所设关卡多多,并采用厘金制度,商旅往来极不方便。但在此时因淮军东进,苏州、无锡各关卡要隘多已沦失,此凭照已无作用了。

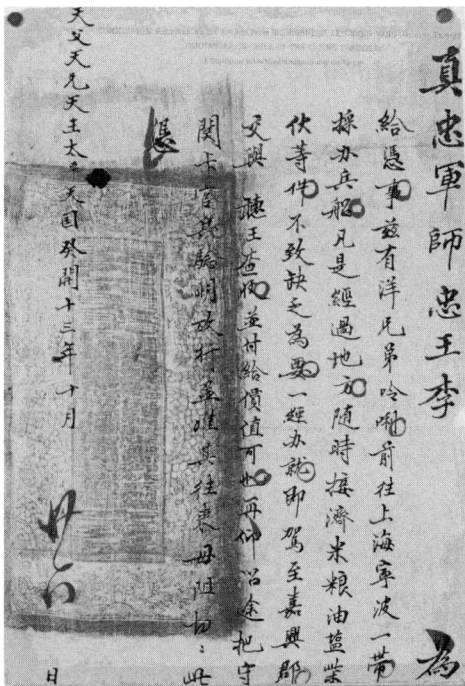

犯了兵力分散、各自为战的常识性错误。

3月18日,李秀成在苏州写信给驻扎在王家寺的忠逢朝将刘肇均等商定进攻上海的计划:

六王宗李明成与忠佑朝将黄子隆进兵泗泾,合攻七宝。成功后,派济天义曾锦福、锦天安吴定福、荷天义麦冬良分别把守,与忠二殿下李容发隔江营盘相连;

忠孝朝将陈炳文直取松江,李明成进军协助。松江克复后,即赴吴淞口;

刘肇均由嘉定至黄渡扎营。

这次策划更加严密,沿江连营,东西呼应,但仍以防御为主,"见机固粮军机为要,有粮即盘,妖来即剿","如此四面云屯,将上海包围定叠,令该妖内中自变,方可乘机计取。我军总宜先固军机,似不在一时恃强角力,能以善谋计克为上策矣"(《李秀成谕刘肇均》)。

李秀成显然仍是以围为攻,死困上海和殖民者的租界。知己知彼,百战而不殆。他不懂得这种围困战略,对拥有现代化热兵器,擅长攻坚战术的殖民军处毫无对抗之用,况且外国轮船日夜航行于外海内江,可源源补给军用物资和粮食,传统落后的战略战术,有如积木和玩偶,再也起不了任何功能了。

李秀成围而不攻,反而引来了英法殖民军的主动进攻。他们与清军重点设防法华、徐家汇,进攻七宝。

4月3日,由英军司令士迪佛立指挥的英军一千四百九十三人,大炮九尊;法军提督卜罗德指挥的法军四百人,大炮四尊和华尔军三百人,从徐家汇至七宝。

七宝将成战场,镇上二万五千名居民逃避一空。

翌日,英法殖民军等趁清晨大雾,偷偷地在王家寺大营前八百米处扎营。联军以炮队为先锋,在离大营前六百米处开炮猛轰,太平军败退,有六座营房被毁。当日下午联军猛攻王家寺贴近的龙珠庵,又轰塌九座军营,太平军继续败退。清军恢复了松江至上海的交通线。

太平军土家寺、龙珠庵数十里连营,深沟高垒,自以为飞鸟难入,却被打破,自此中外联军更加猖獗。英、法提督何伯、卜罗德与上海当局商订了上海防卫协定:

> 自长江口起迄杭州湾止,沿上海三十英里内各要隘,设法克复;
>
> 先夺回嘉定、青浦、松江、南桥、柘林,然后使华尔军移驻青浦控制各地,而以英军为之后援。

十九天后,英法联军先后攻陷了嘉定、青浦和南桥(今上海奉贤区),每城攻陷,都遭到守军的顽强抵抗。在南桥,守军祥天安黄五馥的部队,在堡垒失陷后,分散躲在危墙间抵抗,用冷枪击毙了卜罗德。

在苏州的李秀成闻悉上海战场出现危局,率领主力军赶来。经过几个月的上海战争,李秀成对战争的策略也作了改进,最大的进步乃是以原来的防御、保守的战略,改换了主动进攻。在战争中学习战争,懂得了现代武器的巨大杀伤力,他聘佣洋人开办炮厂、制作炮弹,不惜高价向行驶长江上的外轮购买枪支、弹药。当时外国商人常以军火运至太平军区域,"曾在一只船上搜获一张单据,显出于1862年月间,有一上海洋行供给太平军以步枪3 046枝,野炮795尊,火药484桶及1 097千磅,另子弹18 000发与450万以上之炮盖。另有几只船被缉获的,满载供给太平军的军火,亦系由洋行偷运者。清廷苦口埋怨,开放长江本以通商,但却便利敌人在外国旗下运械运粮,直至南京。私贩军火者皆是外国人,驶船运至长江各埠,买卖极盛。""远在新加坡,于一年之

内运出大炮三千尊。香港及各口岸则公开运用军火,均以接济叛党者。"(《太平天国全史·经略江浙》)

西方军火商人发了一笔旺财。

李秀成部队因转变观念,将士已多拥有洋枪洋炮。据称李秀成的三千名卫队还都配备有当时最先进的来复枪呢。

5月17日,就在太平军在南桥弃守时击毙卜罗德的当天,离南桥百里外的太仓州板桥,李秀成大军与清知府李庆琛等五千人马相遇,乘李庆琛求胜心切,抄其后路,以绝对优势兵力歼其大部,仅参将姜德三百人逃至宝山。为渊驱鱼。这支属于江苏巡抚薛焕名下的绿营,本是江南大营的残余。它的歼灭,却为即将到来的淮军扫清了倾轧之路。

李秀成乘胜前进,进攻嘉定。英军提督士迪佛立闻讯焚城逃回上海。太平军先后收复嘉定、青浦,围攻松江。

上海战场形势又开始顺转,就在这时,使李秀成和他麾下的将帅们意想不到的,竟遇到东战场最凶,也是最后的一个劲敌——李鸿章率领的淮军。

第三十四编　从东向西夹攻天京的淮军

曾国藩知人善任,保奏李鸿章"才大心细,劲气内敛"

淮军是在曾国藩直接支持下,由李鸿章挂帅所组成的一支新型武装。李鸿章是安徽人,他的淮军主要成员也都是安徽人,而且还都是安徽淮河南北的人,所以称为淮军。

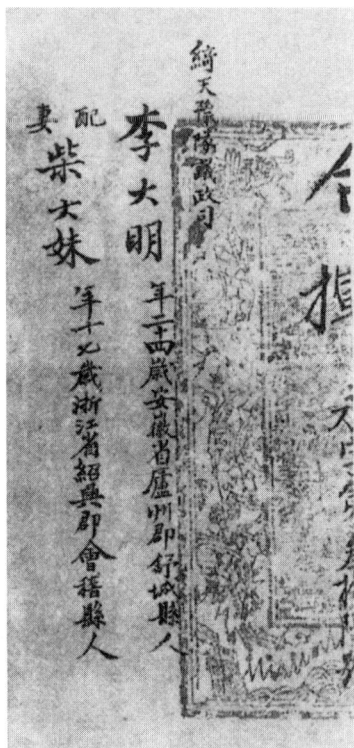

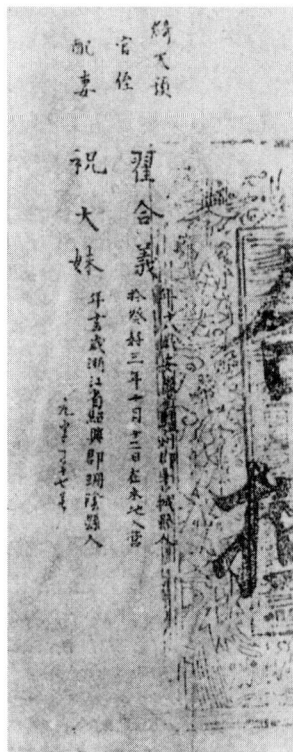

合挥(龙凤合挥)

太平天国推行官宦主配和证婚制。1860年,在攻占江苏常熟后,"南城妇女拘养在县西街绅士巨宅,防闲频紧,只许各头目奉令选娶,或奖功赐婚,不准妄娶,亦不许奸盗"(《鳅闻日记》)。时人有称天京婚娶:"寻常婚娶浑间事,要向官家索票签","男女配合,须由本队主禀明婚娶官,给龙凤合挥方准"(《金陵纪事诗》)。"合挥",即领取妇女后给的所谓"结婚证明书"。

　　淮军组建在湘军后,军队建制多遵照湘军编制,将士招募也重安徽籍贯,讲究家族、同乡,且从建军不久就采用了以西式训练和武器装备,因而比湘军有更大的战斗力。

　　早在1861年9月湘军夺取安庆时,有湖北盐法道顾文彬,路过安庆见湘军盛貌,就曾向曾国藩请求派军一部支援上海。顾文彬来到上海后,向当局和士绅大力推颂湘军之战斗力,建议向曾国藩讨取救兵,上海士绅经商议后,派钱鼎铭、历学潮和华翼纶为代表到安庆,向曾国藩请兵,并称上海富庶,是饷银大宗来源,每月可筹六十万两之多。钱鼎铭见曾国藩尚犹疑不决,在坐次大加痛哭,这使曾国藩相当感触,后来在日记中有记:"真不异包胥秦廷之请。"他回答说:"偏师远涉上海,在兵法上说起来,是奇兵,不是正兵,但是事情危急了,不能拿常理来论的。"

　　当时钱鼎铭知道李鸿章是曾国藩得意门生,且是亲信幕僚,也私自登门拜访,时为福建延津邵道的李鸿章,听了钱所说的"沪滨商货骈集,税厘充羡,饷源之富,虽数千里腴壤财赋所入不足当之,若弃之资贼可惋也"(《庸庵文续编》卷下),也大为心动,帮助向曾国藩游说。

　　曾国藩据安庆后,要开辟浙江战场为第二战场,他推荐左宗棠主持南路,由此又考虑到开辟上海第三战场,从三面围攻天京。他相当注重上海的战略地位和军饷来源,要其弟曾国荃带湘军水陆赴上海,开辟上海战场。但曾国荃意在直下天京,攻而取之,不愿赴上海。曾国藩又拟派陈士杰往,陈士杰也推辞了,于是找到李鸿章,李鸿章欣然答应。

　　曾国藩善于识人,认定李鸿章能独掌一军,单当一面,他向朝廷保奏李鸿章"才大心细,劲气内敛"。

　　李鸿章是帅才,不是将才,要冲锋陷阵,不行。早在太平天国前期,他就带领家乡合肥团练,在淮北对太平军作战,但每战必败,于是患上害怕太平军的神经病。有一年秋天,他驻扎在河边,竟误识上游漂流而来的一批荷花灯是太平军前来偷袭,当即慌忙出逃,闹成一场笑话。

李鸿章

　　曾国藩对李鸿章才气大加称赞,认为他有大过人处,将来建树非凡,或竟青出于蓝,亦未可知,但对他若干不足处,也注意雕琢。曾国藩日常起居颇有规律,而富有生

趣。如每天晨起查营,然后请幕僚一起进早餐。而李鸿章则生性懒散,常喜贪睡。一日卧床不起,说是头疼,曾国藩知他睡懒觉要滑头,几次三番派人逼其起床同餐,说:必待幕僚到齐乃食。李只得勉为其难,赶向前往就餐。曾国藩餐后一本正经地对他说:少荃,既入我幕,我有言相告,此处所尚,惟一诚字而已。说完拂袖而去。李鸿章对此极有触动,从而养成了每日起居饮食定时定点的习惯。多年后,李鸿章于此念念不忘,自认为得益匪浅:

> 在营中时,我老师总要等我辈大家同时吃饭;饭罢后,即围坐谈论,证经论史,娓娓不倦,都是于学问经济有益实用的话。吃一顿饭,胜过上一回课。(吴永《庚子西狩丛谈》卷四)

曾国藩当即拨湘军程学启、郭松林、滕嗣武和杨鼎勋四营给李鸿章麾下随征,再命他返皖北招募。李鸿章招募了刘铭传、张树声、张树珊、周盛波、周盛传、吴长庆等地方团练,另由举人潘鼎新、编修刘秉璋两人各自募一营,加上原有的张遇春一营,兵力大增。曾国藩深知松沪乃江河交叉之地,又增拨了淮扬水师黄翼升、李朝斌两营随行。当各营汇聚至安庆,曾国藩亲为制定营伍之法,仿照湘军章程,以湘军营规训练。

李鸿章淮军攻陷苏州图

淮军士兵

李鸿章按湘军章程编练淮军。早期淮军多由淮南团练改编，颇有战斗力。

李鸿章人马要从安庆穿过太平天国天京等地区，顺利到达上海实有困难，由皖北走陆路东进，迂回进入上海，行程遥远，辎重运输困难，中途还有为太平军袭击的可能，于是上海士绅和吴煦、应宝时等求助于中外会防局，由英国领事麦华陀出面，与英麦李洋行签订合同，雇用商轮七艘，按每兵运费二十两，共十八万两，由安庆运兵九千人至上海。

4月8日，李鸿章带领首批淮军二千人至上海，驻大南门，至5月2日，第三批淮军的轮船，穿过天京下关江面，到达上海，共六千五百人。此日，正是李秀成夺得嘉定，英提督士迪佛立逃回上海时。淮军到达上海，对上海当局无疑是送来一个救生圈。

淮军就是靠在上海滋长、生根。所以说，淮军是继湘军后对付太平天国的又一个劲敌。淮军继湘军之后，而在近代它又是中国新旧军阀，包括北洋军阀各路人马的老头子(如袁世凯就是长期在吴长庆手下)。

李鸿章以锐利的眼光，购买和扩充了洋枪洋炮

李鸿章到上海后，就与外国殖民当局接洽，协商联手出战。外国殖民当局对淮军装备陈旧、衣饰破旧、队伍不整，加以嘲笑，称之为"乞丐军"。清廷听从曾国藩议，改任薛焕为通商大臣，任命李鸿章为代理江苏巡抚，以后即正式发表为江苏巡抚。本年李鸿章三十九岁，由正四品道员，平步三级跳，跃为实授从二品，独率一军，有职有权，显示清廷对他的重视。

在上海初期,李鸿章兼并、改造地方绿营,使淮军人数迅速扩充至三万人,加上统辖的华尔洋枪队,实际兵员已达四万人,他又购买和扩充了现代化的洋枪洋炮,大大增强了战斗力。

5月17日,经李鸿章与外国殖民当局商定,分军为二,由程学启、刘铭传、潘鼎新等淮军主力渡黄浦江,经略浦东,华尔洋枪队和英法殖民军为南路,攻柘林、奉贤(今奉城)。李秀成举兵反击,在占领嘉定后,又包围青浦、占泗泾,进至虹桥、漕河泾、七宝,直逼上海。英法殖民军逃回上海,不敢再战,因此李鸿章奏折亦称,"嘉城复失,逆焰大张,西兵为贼所慑,从此不肯出击贼。"

李秀成声势大震,凯歌频传,可是就在一败、二败清军于青浦北郁山等地时,自浦东前线传来耗音,南汇城失守了。

南汇是浦东大城,淮军夺取得之,没有损失一兵一卒,乃是守军主动投降的。淮军潘鼎新、刘铭传军至浦东,得悉守将计天安吴建瀛、琳天福刘玉林和方有才等人,受到主帅忠二殿下李容发欺凌。当时年仅十六岁的李容发,少年气盛,虽勇敢非凡,但不懂得和将士相处,引起部属不满。淮军乘机招降,吴建瀛等当即剃发,挂起白旗投降。五天后,在金山卫城的李容发得悉后,派朝将吉庆元前来责问,吉庆元投箭书进城招降,被拒绝,并被击走。三天后,淮军会同南汇降军北上攻川沙,川沙守将汪有为弃城出走,川沙亦陷。

自此浦东沦为淮军后方。

吴建瀛等是最初向淮军投诚的太平军将领。他们的投诚一是解决了淮军东西作战的格局,使无后顾之忧;二是南汇降军以万人之众增添了淮军实力;三是李鸿章宽待降将,让他起到带头羊作用。一年之后,吴建瀛就官至二品总兵,自率一军,成为淮军一部对太平军作战。

浦东战场硝烟已散。浦西战场战火正红。太平军猛攻松江、青浦。

英军、华尔洋枪队固守松江城。太平军将士于城围布列攀城长梯。此种长梯,制作极为简便,只有长竹两竿,以短横竹紧扎上下两头约二尺宽,攀城将士用双手扶两竿,由他人在下面另持竹竿,推之一跃而登。李容发以身作则身先士卒攀梯而上,不幸身受重伤。继后,李秀成亲自指挥攻城,且在附近广富林大败英军,缴获洋枪四百枝,火药三十六箱,并占松江城外妙严寺土山,增筑炮台,合围四门。

6月9日,李秀成部攻占青浦,华尔等焚城逃跑,副手法尔思德出城后,因所掠夺的大批财物未能携出,又归城搬取,为太平军俘获。其后,华尔以军械、弹药送至乍浦赎回。

6月17日,李秀成撤松江城围,全部人马五六万众,分十二路进攻上海,包围新桥程学启等营,进至法华、徐家汇、九里桥,直逼租界和上海城。翌日李鸿章亲率张树声、张遇春、韩正国分三路来援,与程学启等内外夹击,大战于徐家汇、九里桥、新桥、虹桥和七宝等地。太平军全线崩溃,先后放弃泗泾、广富林,由松江撤退。

李秀成率领的第三次进攻上海又失败了。

李秀成此次撤退,军无斗志,乃出自天王以天京围急,沉不住气,一日三诏催促回救。他只得放弃大好战机,撤去松江、上海之围,自动撤回。

谭绍光四江口之败,从此太平军再也无力向上海进攻

李秀成撤军后,李鸿章终于在上海立住了脚跟。当他的淮军将士由虹桥等地回师时,受到外国官民的称赞,对这支原来被贬骂是乞丐的军队,见了纷纷举起了大拇指。

李鸿章非常得意。因为拥有上海关税厘捐,有雄厚的经济实力,李鸿章大力地改造淮军、改编淮军:

一是改用洋枪洋炮,大量购置新式兵器装备,与英法军一样,均用后膛枪炮,配备32磅、68磅大洋炮;

二自制新式兵器,如由英国军官、淮军教练马格里主持松江洋炮局;

三是抚用客将,与外国殖民军联手出兵对付太平军,尤其是华尔洋枪队,将其置于自己麾下。

10月,李鸿章出动淮军,与英法军、洋枪队联手,攻陷嘉定,威胁昆山、太仓。

太平军继李秀成后,主持上海战事有两个人:一个是主持浙江嘉兴军务的听王陈炳文;一个就是慕王谭绍光。

谭绍光是李秀成离开苏州后,由湖州调至苏州主持工作的。他是广西桂平人。后期太平天国仍讲究地缘乡缘。大清王朝的野蛮政策,凡两广人不赦。但太平天国却非常重视广西同乡人,由此也有一个约定俗成,镇守大城镇,多用广西人。

谭绍光是以广西老乡继陈坤书为苏州第二任大帅的。

他对上海战事,全身以待,采取以攻为守的战略进攻,针对李鸿章和淮军在上海的

休整,先后发起了三次大规模进攻。

当时太平军已撤离浦东,李鸿章因后方稳定,调动了淮军潘鼎新、刘铭传以及南汇降军等南下,加强对浦南奉贤、金山卫的攻势。6月7日,攻陷奉贤(奉城镇),由吴建瀛守奉贤(奉城镇),刘玉林守柘林。刘玉林尤为卖力,由柘林偷袭、占领贴近金山卫的漕泾。

金山卫是毗连江浙的要塞,为浙江太平军北上上海必经之路,也是固守浦东的枢纽。李鸿章势在必争,命潘鼎新、刘铭传与华尔洋枪队协同作战。太平军在距离卫城二里筑卡,刘玉林、方有才带头陷阵,固守数月的重镇金山卫陷落。

8月9日,淮军又攻陷青浦。

谭绍光带兵十万前来争夺,相持于北新泾,战斗激烈,双方都用了洋枪,冷热兵器同时并用,刚跃升为都司的刘玉林中枪落马毙命。谭绍光又分军绕至法华镇,南至漕河泾,北至新闸,离上海仅几里。8月26日,谭绍光与淮军会战于七宝,包围程学启营,击毙通判韩正国。李鸿章亲率全军来援,分三路救援北新泾,华尔洋枪队在法华援应,黄翼升水师从吴淞江进击。法军出徐家汇以大炮助阵,谭绍光等军一无大炮,二无水师,被迫由南翔退至嘉定。

北新泾之战结束。

10月24日,淮军联手白齐文洋枪队攻陷嘉定。

嘉定失陷,谭绍光即会同陈炳文,从苏州、嘉兴、杭州三处调集十万人马,从昆山出发,水陆并进,北路攻南翔,南路至四江口,攻黄渡,两路于三江口、四江口连营数十里,立十五个大营,设多座浮桥,包围程学启等营,李鸿章感到事态严重,亲自前来督战,调参将刘铭传由张堰、游击吴建瀛由南翔来援,水师黄翼升各营进赵屯港,白齐文洋枪队由松江赴重固。洋枪队自采用招募中国人当兵后,也包括补充进来的太平军降军和俘虏,兵员大幅增加,参加的兵员都有较高的战斗力。这是因为,"虽然外国军官饷银甚高,但雇佣的中国人,特别是后来陆续补充的太平军俘虏,他们最高的军饷皆有三英镑,士兵有一英镑十七先令六辨士,但因在太平军中只是服役而无饷银,现在却有报酬。他们觉得这里的新服役是天堂乐土,因此一旦被俘获,他们从不拒绝下次对老战友作战"(《常胜军》)。

当时谭绍光军屯扎吴淞江北岸,陈炳文屯扎吴淞江南岸,刘铭传与副将郭松林等分三路向南路猛扑,南路不支,退至北岸。四江口围解。谭绍光退至白鹤港,白齐文洋枪队携带四门大炮,二门臼炮猛轰。他终于被逼退出白鹤港,向苏州返军。

四江口之败,谭绍光再也无力向上海进攻。他只得努力经营陆渡桥、娄塘、外冈、陆家浜一线,阻止淮军西进,同时为安定民心、军心,也通过外国报纸虚张声势:

外国新闻纸云:闻得目前外国界内,有伪慕王所出伪示数纸,内称现调江西逆众十五万,于三日内齐集上海,攻打县城,欲与官兵、外国人争战,与百姓无干。所有居民铺户人等,概勿惊惧,惟须预备粮草,以备逆食等语。(《上海新报》1862 年11 月 22 日)

第三十五编　洪家天国洪家管

天王封洪仁发刚生的婴儿为同王,他当是太平天国年纪最小的王爷

1861 年 9 月安庆失陷,极大地刺激了洪秀全。

天王精力充沛,小事亦注意,大事必躬听。他对安庆保卫战的部署确是呕心沥血。20 世纪曾有人写洪秀全,遵循旧史研究的套路,说他如封建晚期末代帝王,彻底不问政事,沉湎声色,是个庸君、昏君,这完全是不实之词。别的不说,就以安庆战例说吧,洪秀全为使安庆巩固,上游牢靠,调兵遣将,日夜操劳,虽行不出天王府,却遥控指挥各路人马进止,但安庆还是丢掉了。

只有臣错,哪有主错? 洪秀全的固执、刚愎性格,自从天京内讧后,没有"天父"杨秀清约束,从此就一发不可收拾。安庆丢了,把失误全归于在第一线指挥作战的陈玉成和洪仁玕;天京未能解围,就严责李秀成不力,多次革除李的爵位。而他本人,绝对不允许任何人提出一丝批评;即使自己有明显的过失和错误,也得由自己纠正,以示天王的绝对权威。

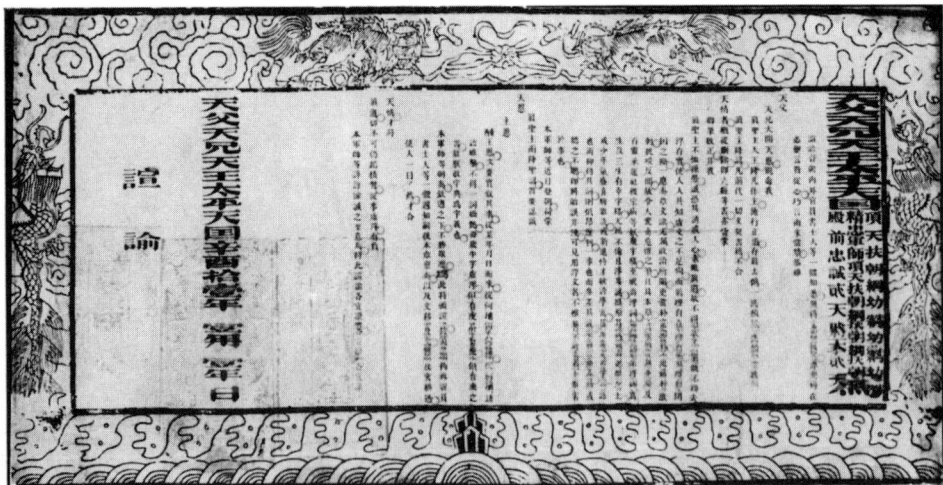

1861 年,洪仁玕、蒙时雍、李春发所发戒浮文巧言谊谕

438

这种做法的结果使得洪秀全变成了独断独行的孤家寡人。

一人之下,万人之上。洪仁玕是德才兼备的军师,但是洪仁玕的军师有职无权,犹如天王的高级顾问,因为他没有军权,手里没有军队。所以在天京干王府所设的六部尚书,形同虚设。

英国人富礼赐在天京时曾应邀参观干王府,他后来记录说:"入府门,经过污脏的空地,即到一排屋子,是为六部。有时有些苦力在屋内。有一较大的屋子,内有三个书手在那里写字于黄纸上——大约这几个人即是该六部的全部人员也。户部内装有好些煤炭;礼部的用处更为卑下了。"(富礼赐《天京游记》)可见,洪仁玕作为军师,名为总理国家政军事务,实不过是秉承天王意志的一个事务官罢了。

洪仁玕撰写的《资政新篇》封面、里页

《资政新篇》一万余字,却是一篇构思完整、条理清晰的佳作,堪称近代中国当时最为完整、先进的著作,是作者学习西方政治、文化、经济,立志把中国改造为一个"兵强国富、俗厚民淳"的世界的宣言书。所以容闳说:"干王居外久,见闻稍广,故较各王略悉外情,即较洪秀全之识见,亦略高一筹。"赵烈文在读后也不得不称赞"其中所言,颇有见识","观此一书,则贼中不为无人。"

洪秀全用人不当,林绍璋是奉命与洪仁玕一起带兵援安庆的将领。洪仁玕虽是书生,却在每次援皖战役中奋勇向前,而林绍璋怯弱怕死,畏敌如虎,拒绝与陈玉成联手进军,还借口军粮不足,向后移营,"一战未开,即行自退",以至贻误时机,影响军心。安庆之失,林绍璋是负有重大责任的。

但不知什么原因,林反而更受洪秀全的青睐,且任命为佐理国政,若干重大事务,还多交给他办理,如日后多次的出京催粮,主掌天京粮米储藏等。林绍璋在天王处处处显得恭谨,有如李秀成说,他办事勤劳、小心,能够讨得天王欢心。

1861年,洪秀全和他家族老老小小,大模大样地公开地走上了政治舞台。在此之际,天王相当顺利地将他的两个同父异母的兄长,以及他们的所有儿子全都封了王。

本年春天或稍后些日子,洪秀全精心策划构思了所谓荣光大殿《朝天朝主图》,并下诏刻印赐予天朝内外朝臣,必须遵守此图定位朝拜天父天兄和自己。洪秀全竭力制造洪家天下洪家管的特殊阶层,"小天堂"的群体主宰者。他遵循以自己为中心的血缘圈半血缘圈(乡缘、业缘),把洪家兄弟子侄和天国王亲新贵们分为三个圈:

一是里圈超等者,即是与天父上帝,也就是与自己最最贴近的王长兄王次兄及其子侄,驸马和幼东王、幼西王。

二是中圈二等者,是他定格为"胞们"的同袍,包括洪仁玕、石达开、陈玉成、李秀成等"特爵"。此处他未将远房阿弟洪仁玕视为本宗家族,即与洪仁发、洪仁达还是有很大距离的;对原为天父"第七子"的小老弟石达开更作了贬值。"第七子"的宗教资格消失了,石达开仍回到人间。似乎此时此刻,天王陛下也抹去了当年天父诸子婿的相称。

三是外圈,是其他列爵王(主要是朝臣诸王),此时六爵中的义安福三爵亦未贬值,因而也列入之。

这个钦定的《朝天朝主图》的座次,在洪秀全看来,也是铁定的,永世不得更改。父死子继,如蒙得恩排列在李世贤前阶,蒙病死袭爵的幼赞王蒙时雍也仍立在其父位置上。

顺便提一笔,洪秀全非常尊重资深干部,此时又增添荣誉职衔,即按参加金田起义等年限,分为两档:

一是平隘山老兄弟、参加金田起义到南京的,加衔"开朝王宗"。

二是从天京(南京)到太平天国十年(1860)的,加衔"开朝勋臣"。

"开朝王宗"和"开朝勋臣",都是开国功臣。

大概自天京内讧后,废除了"国宗"这个非爵非级非职名目,以后随之大封诸王,由此又发明了为诸王兄弟所设的"王宗"。"王宗"也是类似"国宗"的非爵非级非职名目,只是诸王(包括列王)多似牛毛,"王宗"更超过牛毛十倍、百倍。但是"王宗"非"开朝王宗"。清方官书私书不知就里,为简化起见,通常就于"开朝王宗"删去了"开朝",将两者混为一谈了。

这张《朝天朝主图》站在最前面的是王长兄、王次兄。

"王长兄"、"王次兄"是洪仁发、洪仁达暂时取消安王、福王后,洪秀全赐给他俩的封号。

"王长兄"即天王长兄,"王次兄"即天王次兄。这两个仅用于家族不伦不类的符号,充满国即是家的内涵,意味着天王是以洪氏家族治国。太平天国就是"天王天国",是洪秀全和他家族之国。

洪仁发、洪仁达是迟于他俩的儿子们封为信王、勇王的,但他们的爵位很高,都是八千岁。血浓于血而渗于水,与天王出于同一血脉的洪仁发、洪仁达的儿子们,虽只是襁褓中的婴儿,也都分封为王了。1861年秋,五十六岁已有六个儿子的洪仁发又生了一个儿子洪垌元。洪秀全得悉喜讯,牙牙婴儿,未及满月,即封他为同王。他可能是太平天国年纪最小的王爷。

这些乳臭未干的纨绔子弟,饱食终日,无所用心,管不了事,能做什么呢?洪秀全也是聪明人,对年岁稍大一点的,就安排他们做些档次高,而不用费心费力的清闲事,有虚誉而无实效。像洪仁发长子洪和元,就是天京宗教传播官,主持"讲道理"。好在太平天国"讲道理",也就是那么些条条,鹦鹉学舌,原原本本不走样就是了。

据记载,就是这位巨王显千岁洪和元,也曾为天王叔叔扶植,外放到安徽和州等处领兵,可是恨铁不成钢,饱食终日的小儿岂能知兵,没有几天就自行解职返京了。从此再无在外服役故事了。

一人得道,鸡犬升天。洪秀全在南京做了天王后,广东花县家乡同族闻知,奔走相告,多有不远千里,冒着杀头、被捕的风险前来投奔者。洪秀全也不忘乡里乡亲,多次派专使赴家乡召唤、迎候。有的投奔者在途中就丢了性命,如1863年9月,洪秀全所接的堂兄洪仁尚和侄儿外甥一伙九人来到上海,水师总兵吴全美为套口供,亲自用广东土话接待。洪仁尚一个年已六十一岁的土老头信以为实,竟还委托吴带信给天京,要洪老弟派人来接。结果是为吴总兵捞到一个邀功机会。他们一伙人都被送上了断头台。也有的历尽千辛万苦,终于来到天京。跨越千山万水,实属难得,洪秀全大喜,当即赐以高官厚爵,如封为保王的洪仁山,封为卫王的洪仁闻等。

天王非常注重宗族之谊。以他为中心的血缘圈,是最接近上帝的,也是最信得过的。这样洪氏家族,加上沾有洪家血缘的幼西王萧有和之类的娃子,是整个天朝的统治核心。

王宗、开朝王宗

太平天国为早期参加起义者加以种种与众不同的荣誉衔号。后期出现的有王宗、开朝王宗。

清朝官员们对此不知底细,为省略计,多有在奏折等有关文字里,将"开朝王宗"之"开朝"删除了。其实此"王宗"和未带"开朝"之王宗是不同的。

王宗源自国宗,1858年始改设之。王宗即是诸王之兄弟。太平天国戊午八年《太平礼制》,"仁正兄、仁宾兄称王宗兄,元清、四福辈一体同称王宗兄"。随之封王千百,王宗数量大为递增。

开朝王宗始设于1860年,幼主诏旨就平隘山勋旧,加以"开朝王宗"衔,"赋以广西人等开朝王宗"(《平贼纪略》),"以咸丰三年前者加开朝王宗"(《探穴纪略》),此乃按参加起事的资历,所享受的荣誉虚衔。"开朝王宗"非王宗。王宗可以是开朝王宗或非开朝王宗,如李明成,以忠王弟称为忠王宗,但又是永安建制前老兄弟,也可称"开朝王宗"。王宗也有是非开朝王宗的,那就是在建都天京后参加的太平军成员,如1853年在西征安徽时加入太平军的听王陈炳文。他的兄弟可以是王宗(听王宗),但非开朝王宗。

王宗不能与开朝王宗混为一谈,这在以家族血缘圈为纽结的太平天国还是相当清楚的。

洪秀全给儿子配了四个幼娘娘,成日成夜相伴作戏

天京内讧后,洪秀全十分重视培养幼天王。他的第一任妻子钟氏只生育了一个女儿,死了;也有说他还有一个女儿,是他第二任妻子某氏生的。长子洪天贵福还是在金田起义前夕,由第三任妻子赖莲英所生,进南京时还得由侍卫官抱在马上,在天京时每次上殿也要秦日纲背负在身。才九岁(虚岁),就被定为接班人,天王全力扶植其成长。常以幼主名义发下诏旨,这些幼主诏旨,其实都是洪秀全写的,由儿子抄写而已。洪秀全为突出儿子是万代之主,还规定诸王亲贵见洪天贵福时均须行跪礼,连亲母赖正月宫见了也得行磕头礼。洪天贵福被定为"小太阳",封为"真王",在印玺上自左至右并刻有"真王",以致为局外人误作他名为"福瑱"。曾国藩在攻陷天京后,向皇帝奏章,竟也称之为"洪福瑱"。

洪秀全望子成龙,说洪天贵福是天孙,也是八位万岁中的一位万岁,还给儿子配了年纪相仿的四个幼娘娘,成日成夜与他相伴作嬉。这些小姑娘,有的是广西人,也有的是两湖人,估计是沿途收容或抢掠来的。

洪秀全在花县乡间,教过大女儿洪天娇读书。他没有给洪天贵福请师傅,可能也难找到适当人选。洪天贵福的书本知识,乃是比他大十一岁的异母姐姐启蒙的。他主要读的课本,就是太平天国那几部钦定诏书和文件之类的汇编本。他的情商有限,智商也有限。

洪秀全传统的封建思想很浓。洪天贵福长到九岁,就不准他与母亲、姐妹以及宫中其他女人接触了。洪秀全还写了《十救诗》给儿子读,"都是说这男女别开,不准见面的道理"。洪天贵福说:"我九岁后,想着母亲姐妹,都是乘老天王有事坐朝时,偷去看他们。"而日常接触的就是几个幼娘娘,因而,当苏州徐佩瑗通过熊万荃送上一只能言的青鹦鹉,便引起了他的诧异和欢心。

徐佩瑗为讨好天王父子,事先对青鹦鹉作了专门训练,使它天天能说:"亚父(天父)山河,永永崴坐,永永阔阔扶崴坐。"鹦鹉学舌,本乃天性。洪秀全见识浅薄,以为是天意,惊奇得不得了,特地向全军全民颁发诏书,称"鹦鹉所讲,上帝圣旨,诏称瑞鸟爷恩锡。哥诏排定,显迹宫中,于今应验露秘密。"(天王太平天国辛酉十一年五月初九日诏)天王此处称这只青鹦鹉是"瑞鸟",即吉祥之鸟,将它载入诏旨公布天下,以神化天

父天兄,更加神化自己。洪天贵福更是与其时时相伴,心欢意爱,印象犹深;以致后来在被俘后,还两次在供词中神往这只能言鸟,细说它住在银笼里会说话的事。

晚年洪秀全其实很忙。他的一项最重要的工作,就是不厌其烦地做礼拜,每次礼拜都要诚惶诚恐地向皇上帝做祷告。

在内宫,一大群妻子和儿女跟着他念念有词,诚惶诚恐地跟着唱:"赞美上帝圣神为天帝父,赞美基督为救世天圣主。"

19 世纪 60 年代初,洪秀全已有四个儿子、六个女儿。两个小儿子洪天光、洪天明都是 1854 年生的;还有一个是 1858 年出生的洪天佑。洪秀全熟悉旧小说,为儿子起名好用《西游记》里"天兵天将"、"天条"等词。他为儿子取名"天佑",就是典出自该书第七回安天会后,佛祖回西方时,"时有天蓬、天佑急出灵霄宝殿道:'请如来少持,我主大驾来也。'"此处玉皇星官"天佑",显然有吉祥之意。洪天佑尚未周岁,为了表示对满门灭绝的杨秀清的追思,就被过继给了已恢复名誉的故东王杨秀清,因而有时也叫"杨天佑"。洪秀全诏旨里称他是"天佑子侄",即他有两重身份,与天王亦可是子亦可是侄。

洪秀全很器重这个学语小儿,因为过继给杨秀清,所以顺理成章地封他为"幼东王九千岁"。1860 年 10 月,还在原江宁织造署旧址,就为这个婴儿打造王府,美其名叫"正九重天廷",即幼东王府。燕雀处堂,不知大厦将倾。幼东王府打造得规模宏大又壮丽堂皇。1864 年,天京城破后,时人毛祥麟游江宁(南京)至"幼东王府",在大劫后还见有"池后有楼,危峙天半","有见远楼,高三十八丈,岿然凌空,构造不施寸砖"。这座高楼就坐立在原织造署息园,抚今思昔,这使他感叹不已。

洪秀全有六个女儿,应当有六个驸马。他最宠爱的驸马是两个小娃子:天西驸马凯王黄栋梁、天四驸马捷王黄文胜。他俩是与天王的两个还在学语的黄口稚子订了娃娃亲的;大驸马金王钟英(钟万信)和列王徐朗,长年在外带兵。

洪秀全也很注重把全体官民纳入拜上帝、敬仰天父天兄的轨道。他要求全体官民必须坚持做礼拜。自己和家人做礼拜,民间也是规定要做礼拜,军队每到一地,头等大事就要做礼拜。在天京城里,据说做礼拜的前夕,整个天京城大街小巷都有专职人员打铜锣,大喊大叫,提醒人们准备明日要做礼拜了。做礼拜如同迎节日,为表示去陈布新,多人还着新衫。像天王本人,就是里里外外全是着新的衣衫和鞋帽,而穿过的就当场焚烧,七天一次,年年如此。

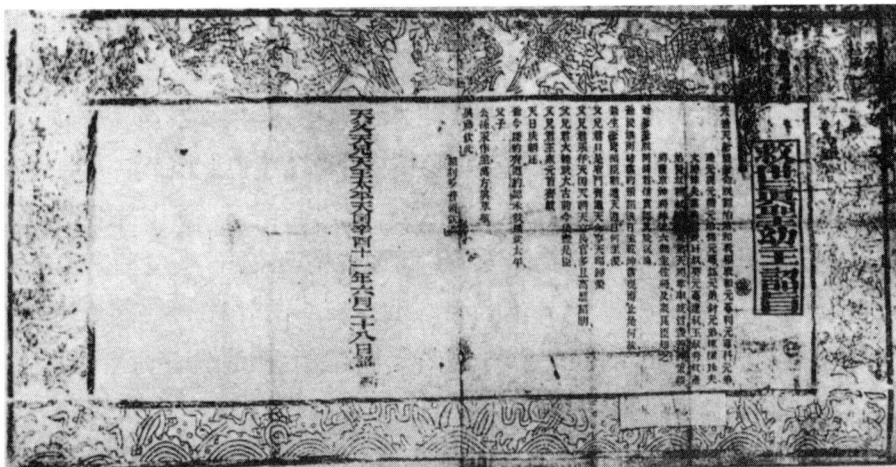

1861 年 8 月 9 日,幼主洪天贵福颁布《父子公孙永作主诏》

天王非常注重培养自己儿子较早具有主持朝政、统率群臣的本领,就常以洪天贵福的名义颁布诏旨。

每逢礼拜日,就由各级官员带领军民至礼拜堂,分别男行女行,讲听道理,颂赞天父上主皇上帝。

为了让全体官民记得做礼拜,太平天国每年颁刻的天历,还每逢七日就写上"礼拜"两字。

太平天国十四年,一共出版了四十三种书, 都是官方出版物,多数还是诏书文件的汇编

洪秀全是不第秀才,爱书又恨书。

他考不取秀才,见书特别恨,但又因识几个字,读了几本书,自以为有学问,在太平天国众多不识字的文盲和半文盲中,又目空一切,鹤立鸡群,处处认定自己的学问最大,无所不通,无所不精。

他和他的战友们认为读书无用,因此大军所至凡书必焚。

焚书就是太平天国国策。

据幼天王说,太平军攻陷杭州以后,洪仁玕从杭州为洪秀全送来万卷书,他读一本

烧一本,似乎是不屑留此也,正如他早年借天兄耶稣怒斥孔丘,这些妖书,把我凡间诸弟尽教坏了。洪秀全对传统典籍极为仇视,因此,太平天国之后,镇江、扬州和杭州等江南三阁的《四库全书》便只剩下了杭州半阁书(此半阁书还是靠丁氏兄弟事后收集的),其余都灰飞烟灭。太平天国焚书,这是历史的实录,容不得为尊者避讳。

洪秀全还设立删书衙。

删书衙是太平天国的一大创造,前无古人,后无来者。

删书衙集中了资深的太平文人,如曾钊扬、何震川,国舅爷赖汉英也进去过坐冷板凳,但能终审,最后拍板的只有洪秀全。

洪秀全虽然自金田起义后,只有直接指挥过一次小小的战役,但经他审读、删定并于1857年颁刻了《武略》。

所谓《武略》原名《武经》,因为洪秀全认定只有《圣经》才是"经",其他书一概不得称"经"。《武略》就是由洪秀全删改后的《孙子兵法》、《吴子兵法》和《司马法》(未收录《用众》篇)等三部先秦兵书的汇编本。

洪秀全删改《武略》呕尽心血作了大动作,删改竟然多达289处(其中删46处,约删去500余字)

对于博大精深的中华兵学,洪秀全可以说是一窍不通。他所删改处,却正反映了他当时的政治思维。那就是他恐于内讧前的大权旁落,要君临天下,高度集中权力于己一身。他将《孙子兵法》的《九变》篇改为《八变》篇,将其中的"君命有所不受"删掉了;在同书《地形》篇,同样也删去了"故战道必胜,主曰无战,必战可也;战道不胜,主曰必战,无战可也。故进不求名,退不避罪,唯民是保而利于主,国之宝也。"此两条都是称指挥官可以因时空制宜,为了战争胜利的最终目的,是不必拘泥于君命原先具体的战术措施的。此乃指挥员基本常识,也是金科玉律,但洪秀全否定了。他强调高度权力集中,不允许前方司令官离开他既定的战略方针擅自因时空条件变化而行动。这正如他后来为了解天京围,不顾上海、浙中军情何如,命李秀成、李世贤等抽调主力来救,此也正如曾国藩增添于《李秀成供词》中的"误不应专保天京,扯动各处人马"。结果京围未解,而导致战争全面更加被动。洪秀全对传统兵书的这种删改,也正反映了他刚愎自用的性格、专制独裁行为,也表现他的无知和偏见。

太平天国还史无前例地设立了镌刻衙。

太平天国出版书籍

太平天国出版的书籍，统称"诏书"。"诏书"必须盖以天王金印"旨准"两字，才准"颁行"，故又称"旨准颁行诏书"。

太平天国于1861年初颁刻的《太平天国辛酉十一年新历》附录有《旨准颁行诏书总目》，列有二十九部书，但有的书没有列入，如《钦定士阶条例》《钦定英杰归真》《资政新篇》《幼主诏旨》未列入，其中《钦定士阶条例》是辛酉十一年（1861）颁行的。罗尔纲《太平天国史》卷四十一《典籍》将太平天国现存及有名目的书籍认定有五十八部，分为十类：一宣传教育类二十三部；二规章制度类八部；三兵类五部；四礼类三部；五历书类四部；六文告类二部；七奏议类一部；八论文专集类八部；九史类二部；十刊刻古书类二部。此间规章制度、历书、文告、奏议均占有相当比重。其中有的是删改本，如《旧遗诏圣书》（基督教《旧约》），删书衙奉命删改的"四书""五经"，未见。现存印书，除《太平天日》为铜板本，其余都为木刻本，印刷数量庞大，且军中亦设有印刷事务，如保王童容海部有扶朝天军左东主将左一书勋兼理刷书事张炳元。

删书衙、镌刻衙

1853年太平天国在天京设删书衙、镌刻衙。

删书是为了镌刻，推出经审查可让全军全民诵读之书籍。进入删书衙工作的都是资深干部如卢贤拔、曾钊扬和赖汉英。洪秀全非常重视删书衙，凡所有删书最后均要由他终审，才能镌刻。

洪秀全删四书五经，也改四书五经，如"孟子见梁惠王"改为"孟某见梁惠侯"。他也删改其他书，如改《武经》书名为《武略》（含《孙子兵法》《吴子兵法》和《司马法》），1857年交镌刻衙颁行。此书洪秀全作有289处的删改，如删去了《孙子兵法》中的"将在外君命有所不受"。

删书衙就是"禁书衙"。

1864年太平天国沦亡时，由镌刻衙出版的书籍共为43种，其中主要的是洪秀全、洪仁玕的著作，以及颁发的文件汇编，如《天情道理书》《太平礼制》《太平军目》和每年"颁行天下"的"新历"。

镌刻衙就是太平天国国家出版社。

太平天国十四年,一共出版了四十三种。都是官方出版物。

这些出版物,如果按图书分类法,多数是属于朝中文件重印的,如《太平诏书》、《天命诏旨书》、《幼主诏旨》是国家最高领导人颁布的命令;《太平军目》、《行军总要》、《天朝田亩制度》是国家颁发的典章制度;也有的是文件汇编和论文集,如《颁行诏书》、《诛妖檄文》、《建天京于金陵论》、《军次实录》,也有的是重要领导人谈话记录,如《王长兄次兄亲目亲耳共证福音书》,此外就是洪仁玕的专著《资政新篇》、《英杰归真》。

这些书,从开始印刷出版始,"汗牛充栋,人人习见"(《贼情汇纂》),让全体军民,几百万人天天读一本书,有些书,如《太平条规》还必须背熟背透,背错了,还得打屁股呢!

有趣的是,这些书籍,当年大概是发行得过多过滥了,物滥生厌,现在反而是不易找到了。

封了两个老头为"梦王":一个是管内朝门钥匙的广西吉有余,一个是宰割鸡鸭的安庆董金泉

自天朝内讧后,洪秀全多次声称:"主是朕做,军师亦朕做",意思是他是两者集于一身。

太平天国到后期,天王确是亲理朝政,事必躬亲。洪秀全非常勤政,但所谓勤政,有正经事也有不正经事,有大事也有细琐事。

一是更加热衷于闭门造车,坐在天王府金龙殿上颁发天王圣谕。天京城里,时有天王颁发的圣旨公布于众。圣旨使用黄缎绸,多为洪秀全本人以朱笔书写。它恭奉在八人所抬的黄轿中,轿前不断燃放鞭炮,并有乐队奏乐;轿后跟随多人,游街串巷,哗众为快。英国传教士就曾目睹了这个热闹场景。

千言万语,天王的黄绸诏书,都离不开一个"忠"字。所谓"忠",就是洪秀全从永安突围伊始,时刻强调的"真忠报国"是也。

它常见于诏旨、奏报,后来甚至用在王侯将相的印章。

1851 年在永安州(广西蒙山)围城,天王下诏全军兵将"千祈坚耐莫被诱惑,果能立志顶天真忠报国到底,天父天兄自有眼照得尔到"。这大概是"真忠报国"的一个原始

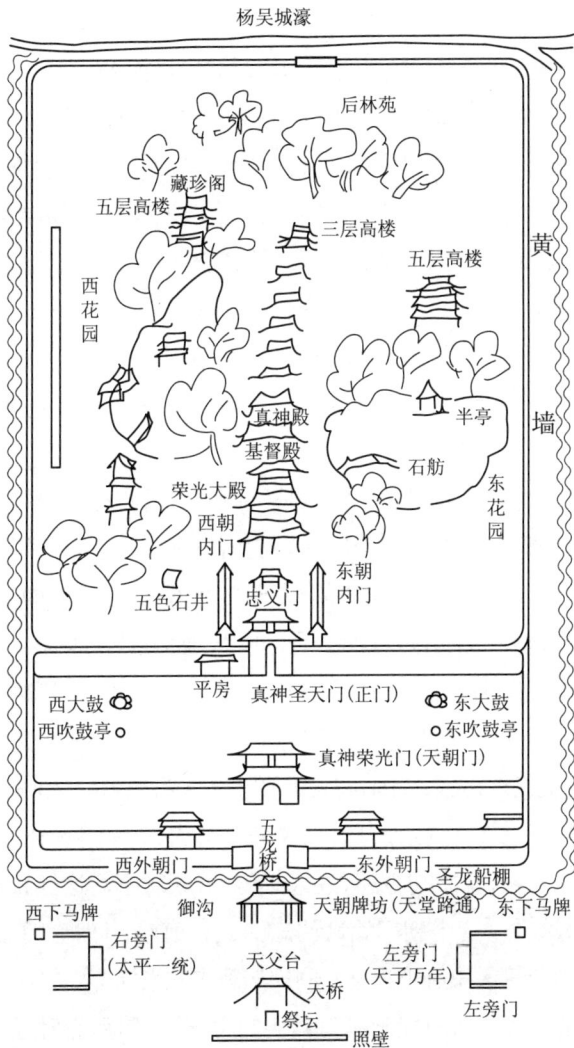

杨吴城濠

后林苑

藏珍阁

五层高楼

三层高楼

五层高楼

西花园

黄

墙

真神殿

基督殿

半亭

荣光大殿

石舫

东花园

西朝
内门

五色石井

忠义门

东朝
内门

西大鼓

平房

真神圣天门(正门)

东大鼓

西吹鼓亭

东吹鼓亭

真神荣光门(天朝门)

西外朝门

五龙桥

东外朝门

圣龙船棚

御沟

天朝牌坊(天堂路通)

东下马牌

西下马牌

右旁门
(太平一统)

天父台

左旁门
(天子万年)

天桥

左旁门

祭坛

照壁

天王府

出典。

　　此后"真忠报国"成为天王的习惯语言,无处不用。如常用于王侯印章:"太平天国天朝九门御林真忠报国敛天安任天海关正佐将梁凤超"。

　　而后期将"忠"字引用于官爵、衔号那就更广了。如所新置的官爵:

　　天将:多用"忠诚"为冠下加以编号,如"忠诚五天将";

朝将:通常必含有"忠"为冠,加以另字为别,如"忠靖朝将";

神将:通常必含有"忠"为冠,加以另字为别,如"忠遴神将";

神使:通常必含有"忠"为冠,加以另字为别的,如"忠伺神使"。

后期为特爵诸王所封的"军师"职,亦冠有"忠"字,如"精忠军师"、"真忠军师";军队临时指挥职务,常见也带有"忠"字,如"中队前精忠先锋周春"、"左队后永忠先锋陈寿";诸军师王统率之部队,也称"忠义宿卫军"、"忠贞朝卫军",嘉奖臣僚,也多特出"忠"字,如天王诏封洪仁玕,称他是"板荡忠臣",封李秀成忠王,赐书"万古忠义"。

农耕社会领袖固有的文化思维,处处要以自己为中心。臣民只有忠心如一,忠心向主,才能团结一致,奋勇前进。因此太平天国在对军民作政治宣传,必须里里外外讲忠。

农耕社会所建立的太平天国又一特色是:官多民少,将多兵少。为满足参加天国成员的升官欲、名利欲,洪秀全广设官爵,以广封官爵来奖励、刺激军民大众。

从天京内讧后,洪秀全为太平天国政体不断加床叠铺,在原有的丞相和六爵之上,又先后添加了不少官爵,或似官似爵的天将、朝将、神将、神使等,又封了很多王,并将王定格为十等,其中还发明了衔号相同的"列王"和"小王"(坐)。"列王"估计是在1864年2月由天将一概转封的,"小王"更要迟些。这些王爷,绝大多数是封赐给天京城里的将士。洪天贵福就说过,天京突围,有一千多个王没有出城。他们估计多也是列王、小王之流的天国基层人员。当时天京有民仅一万余人,守军能征擅战的只有三千人,可见此时此刻,天王封王,像撒胡椒粉,人人有份,皆大欢喜。这些新封的王很多来自基层。相传有个替洪秀全管内朝门钥匙的广西人吉有余,七十岁了,人称"吉老头"。曾被封为梦王;还有个管天王府鸡鸭宰割的安庆籍老头董金泉,一字不识,也被封为梦王。同时出现了两个"梦王",只能解释是封王封得多了,封后者时已记不得前者的名号,因而重叠闹出了笑话。

据黄文英说,封王多达二千七百余人。

封王之多犹如过江之鲫,遑论其他官爵。

好在太平天国包括王爵的所有高干们都没有编制和工资,而且还都是供给制,取之于民,不须拿天王和天朝圣库里的一文钱,多封了也只忙碌了天官吏部的书手们写官照官凭,雕刻匠忙碌的刻官爵印章。天王晚年所封的王几乎都是三千岁以下至千岁之间的低级王,所颁发的也只能是木印,也就不须有金匠银匠为之操劳制作了。

晚年洪秀全，为显示他的天国万岁，秉持他的"新天新地新世界"信念，对中华传统使用的几千年的文字，依然喜欢随意改动。

在洪秀全直接指导和履行下太平天国出现了很多的避讳字，也改了一些字的笔画，常见的就有"福"字通常须改为"福"字，"天"字写时必须改为"天"字。1863年，他把两个仅五岁的儿子，命名为"洪天光"、"洪天明"，分封为"光王"、"明王"。为此又发下诏书给全军全民，凡名字牵涉此两字者必须改名，因此如谭绍光改名"谭绍洸"，李明成改名"李洔成"。有人说，这些字旁加"水"的，乃是清朝官吏对太平天国起义者的诬骂，诬之为"盗"也，而此处实际上却是遵天王圣旨改的。

洪秀全还发明了他的姓氏也在避讳之例。在他晚年，为高大洪氏家族，还规定非广东花县洪氏家族，其他地区的姓洪的都得改姓，见如洪成春改为蓝成春，保王童容海也是在降清后始才恢复本姓的。中国封建王朝帝皇只有赐皇家姓氏与大臣名族，如刘、李、赵。洪秀全此作有过之而无不及。

晚期洪秀全大概封爵太滥太乱，常用字已不够，天王府礼部在排衔时为避免重复，生造了多个怪字，如《护王簿记》所记的"奌"、"赒"、"炯"。这种生造字，通常笔画很多，盘根错节，是极大多数的太平天国将士所拥有的浅显文化难以承受的。

几千年留传下来的文字本来有特定的严肃性，可太平天国喜欢随意自我编造。比如"豫"字，这个特别的爵号，乃系由"豫王"转化的"天豫"，大概因为"豫"字对广大将士太陌生了，笔画弯弯曲曲也不好写，不易书写准确，随之晚期"天豫"爵位贬值，也有任意书写为"天预"、"天予"、"天裕"的，而太平天国后期公布的《钦定敬避字样》，也认同"天豫"，可写成"天预"；至于其他，凶封建避讳味太重，改得多是非驴非马，如文书中常见有的"嗣钧"（嗣君）、"出司"（出师）、次后王娘（伺候王娘）。

为树立天父天兄的绝对权威，洪秀全竟然还消灭了一些常用字，如所谓"至仙佛妖魔鬼诞僧尼宗庙社稷祠寺等字，总以灭迹销声、置而不提为妙"（《钦定敬避字样》），以为这些涉及佛道等的文字，不用了就自动会消失在文化舞台了。

大梦我先觉。自从杨秀清死后，代天父传言又回归了。因而天王也恢复了所谓梦见皇上帝，传达皇上帝旨意的天话，夺回了支配人间精神的神权。他常以梦呓抒发所谓的"天意"。

1860年某日，天王称五更做有一梦，梦中共打死四只黄色虎两条乌狗，并作有两诗：

今有四虎尽杀开,普天臣民奏凯回;

天堂路通妖虎灭。一统乾坤天排来。

一句圣旨杀四虎,普天臣民脱永苦;

有爷有哥住头上,凭据权能天作主。

洪秀全特地下诏亲贵和大臣们,"甥胞们欢喜打江山,放胆灭残妖,命史官记诏,以记爷哥下凡带朕幼作主坐天国,天朝江山万万年也。"

有创造的还有是,洪秀全自己做天梦,还创造了亲妈李四妹和小月亮陈三妹分别做梦,说是老妈在自己梦见天父降梦兆,带领天兵天将诛妖护卫后,又梦东王西王南王三人在金龙殿呼万岁,奏去打苏州,并对她说:"伯妈宽心,带紧媳及女安福莫慌,我们去打苏州,有哥作主,伯妈宽心。"苏州果然被打下了。为之,洪秀全又下诏与亲贵和大臣们:"梦兆如此。甥胞们欢喜顶江山,命史官记诏也。"

洪秀全下诏英使额尔金:我是天降的真主,你们应前来与我共"灭臭虫"

1858 年 6 月 26 日,清政府和英国政府签订了中英《天津条约》,《天津条约》规定有"长江一带各口,英商船只俱可通商。惟现在长江上下游均有贼匪,除镇江一年后立口通商外,其余俟地方平靖"。

英国当局要想早日实现《天津条约》规定的这些权益,包括长江流域的南京、安庆,都在太平天国控制中,他就设法要与太平天国沟通,打交通,拉关系。

同年 11 月,英国特使额尔金乘军舰离开上海,溯长江西上。他的目的是履行条约权利,路过南京、安庆等地,向太平天国地方官员表示,不站在中国内战的任何一方,但如果太平天国开火,也就回击。

本年正是江南大营重围天京之际,当额尔金乘舰进入长江,太平天国的安徽太平守将熊光明,写信"请求洋兄弟给予全力协助,消灭妖船妖军,"芜湖守将侯裕田照会还称"弟与麾下原系天父上帝之子,均是天兄耶稣之弟,彼此情同手足,谊切同胞"。

天王洪秀全还派晋天燕兼工部又正冬官事务朱雄邦捧自己给额尔金的亲笔诏书。朱雄邦并为此书另写信说明,称当时英舰经过浦口时遭到炮击是错误的,"我主天王洪已将全部无知歹徒斩首。"这份诏书按额尔金说的,"这是一种押韵的宗教叙事诗,是一部非常奇怪的作品。"但它的主要内容仍是明确的,那就是:我洪秀全是天降的真主。天生真主坐江山;你们是应该前来与我共"灭臭虫"。"臭虫"就是清朝皇帝和他的大小臣工。

诏书写得非常长,全是洪秀全的口气,可见确是他的亲笔,这里录几句,可见一斑:

> 天父上帝真上帝,天兄耶稣真天兄,爷哥带朕坐天国,扫灭邪神赐光荣,西洋番弟听朕诏,同顶爷哥灭臭虫。
>
> 天国迩来今既来,西洋番弟把心开,朕前上天见爷排,万国扶朕在天台。爷排定定今来到,替天出力该又该。替爷替哥杀妖魔,报爷生养战胜回。
>
> 西洋番弟朝上帝,爷哥带朕坐山河。朕今实情诏弟等,欢喜来朝报爷哥。朕据众臣本章奏,方知弟等到天都,朕诏众臣礼相待,兄弟团圆莫疑狐。(《太平天国文书汇编》)

天王迫切希望和英国友好,取得他的支援。

年底额尔金东返,路过天京,他派威妥玛等上岸拜会当局,益天福李春发接待。李春发仍以都是基督教徒,是同一家庭中的兄弟,保证今后不再有冲突,并送了一册太平天国已未九年的新历。

这使额尔金相当满意。

中英《北京条约》签订后,额尔金打算通过外交途径从太平天国处取得既得利益,即派何伯和巴夏礼由上海赴天京。

1861 年 3 月,巴夏礼等进入天京,和幼赞王蒙时雍等会谈,会谈多达四次,最后太平天国同意了在一年内不进攻上海,并与上海、吴淞两个地方保持一百里的距离。

当时,洪仁玕在天京。他确是见多识广。他还是太平天国高层唯一能粗用英语会话的人物。在天京时,他接见过英国特使派出的"中国通"富礼赐。还写信给他,赠送洪秀全用朱砂笔亲自书写在黄缎上的十个汉字,同时赠送包括自著《英杰归真》等太平圣书四包。但洪秀全并没有让洪仁玕参与外事工作。民初的一些无聊文人,还编造了由洪仁玕代表太平天国出使美国,向美国总统送交国书、学习民主诸事宜等荒诞故事。

据李秀成说,有外国人来到天京,采用软硬兼施,向天王提出帮助太平天国打倒清朝,条件是事成之后要平分中国;否则就要帮助清朝出兵进攻太平天国。洪秀全虽把他们视为同拜上帝,天下耶稣是一家,但当他们放肆地提出对中华领土的要求时,坚决拒绝了。

洪秀全在天京,做着"万国扶朕在天台"的美梦,非常称心,可是此时此刻,曾国荃的湘军主力已兵临城下,四面筑垒,又急得团团转了。他还有些常识,毕竟懂得单凭守卫天京的城防部队,以及那些亦工亦民的兵将,是挡不住虎狼般的湘军的。由此几次三番向在上海和浙东前线的李秀成、李世贤下令回救。

第三十六编　洪秀全专保天京,扯动各路人马

湘军制定围攻天京总规划,太平军毫无准备,也无力准备

湘军攻陷安庆后,曾国藩为最后实现攻陷天京的战略意图制定了三面出击、四路进攻的总体规划。

三面出击就是他本人在安庆设立司令部,由西面指挥湘军水陆全师,兵分五队向东推进:

曾国荃领兵二万,由安庆走江北至南京。

曾贞干(曾国葆),由江南扫荡芜湖等地。

彭玉麟领水师沿江下驶,协助陆师攻剿两岸,承担粮运等任务。

鲍超部由青阳攻宁国府,开启皖南通向江浙之路,维持湘军后方皖南安全。

张运兰部老湘军扼守徽州。

为之,曾国藩又精心策划了向南京四路进兵的计划:

西路多隆阿军克庐州后,经全椒、浦口,由北岸攻九洑洲,逼南京北紫金山一带。

北路原定李续宜军,因李军尚在湖北休整,改为镇江冯子材军,候鲍超军陷宁国后,出兵会合。

东路鲍超军,攻占宁国府后,从句容、高淳而进,在南京东北,与曾国荃军为犄角。

南路曾国荃军,先攻江北巢县、含山、和县,渡江取芜湖从南面雨花台逼天京。

曾国藩保荐李鸿章为江苏巡抚,左宗棠为浙江巡抚,分别从东面上海,南面浙江进军,牵涉李秀成、李世贤等,分别夺取苏州、杭州等地。

1862 年 3 月,经过半年的休整、扩充,由新任浙江布政使曾国荃率领的东征军主力出发了。曾国荃原与荆州将军多隆阿商定;由多隆阿攻占庐州(合肥)后,循北征南下,直达江北九洑洲,他本人在攻占芜湖等地后,直指雨花台,以完成曾国藩的南北合围战略意图。不料,因陕甘吃紧,多隆阿奉调西行,以致只有硬着头皮,孤军前进。

但长江中有彭玉麟水师九千人呼应、掩护。

太平军缺乏水师,更没有配备有巨炮的兵船。

安庆、池州等失陷后,摒卫天京的上游要塞就只有运漕镇、巢县、含山、和州以及裕

溪口、西梁山了。3月24日，湘军前锋知府陈湜、总兵萧孚泗旗开得胜，夺取了运漕镇，精天义何雅林战死。巢县是连接皖北和天京米粮枢纽，也是孤城庐州和天京的唯一通道。陈玉成撤至庐州后，由顾王吴如孝镇守，曾国荃赖有强大的水师，水陆并进，连夺巢县外围望城冈、铜城闸、雍家镇等要塞，吴如孝兵弱，退出巢县。清军接着又攻占含山、和州以及裕溪口和长江天险西梁山。

太平天国布防空虚，防线不堪一击，捍卫天京的江北防线全面崩溃。

在长江南岸，湘军陆师仍与水师并进。曾贞干部攻陷繁昌，并与李成谋水师呼应，在芜湖鲁港夺取由民船组合的战船几百号，包围芜湖；在皖南，鲍超部攻陷青阳、石埭、太平、泾县，孤立宁国府。

湘军水师在东征中大显威风。彭玉麟率领的水师主办配合曾国荃陆师夺取金柱关；别支黄翼升水师夺得东梁山，并配合曾贞干部、兵临芜湖城下，逼降守军。5月下旬，湘军前锋直指江宁板桥先后攻占秣陵关、大胜关、三汊河；水师攻占头关、江心洲。

自此湘军拉开了围攻天京之战。

在军事战略上，洪秀全较曾国藩低能，时至此日，他和天国的高层们还未看明湘军东征意图，并未认真规划上游防守事宜。人无远虑，必有近忧，此时因为李世忠部队攻陷天长、六合、江浦、浦口等地，即误判江北为主要战场；也拟为北援庐州，解救陈玉成等因，把天京中央政权能够易调动的护王陈坤书、对王洪春元等部放在江北战线，结果仍是未能得逞，撤回南岸，却便于了湘军继续东进。

太平天国缺乏对湘军东进危害性的认识。

正如洪仁玕后来追忆："妖军在安庆及 Pillers 东西两妖之胜利，早令我等猜疑必顺流东下进攻天京，但从未准备彼等能突如其来如是之速。我军毫无准备。"（《洪仁玕自述》）

天王惊慌不安，急令李秀成回救，"若不遵诏，国法难容"

湘军主力曾国荃陆师、彭玉麟水师，仅以三万人马，从1862年3月到5月的短短的七十天里，竟能行走数百里，攻破太平天国自安庆至天京间的重重关卡，势如破竹。关山度若飞，它的兵贵神速，完全出乎老谋深算的曾国藩预计。湘军顺流而下，孤军深入，周边仍多是太平军控制地区。曾国藩再三关照老弟：次第进兵，不可孟浪。

天王洪秀全面对湘军兵临城下，也感到极为突然，不知所措，仓促应战。6月8日，天京凑集城防军及各馆衙战斗和非战斗人员两万人持械出战,被击败。胜败本乃兵家常事,天京临时拼凑作战部队,将不知兵,兵不知将,未见训练就上阵冲杀,实是乌合之众。洪秀全志大才疏,初战失利,惊慌不安。沉不住气,一日三诏,命令正在江苏松江累败英法军的李秀成回援。拆东墙,补西墙,李秀成无奈,只得回师解围。

6月22日,李秀成在苏州召开首次援京军事会议,听王陈炳文、慕王谭绍光、纳王郜永宽、孝王胡鼎文、航王唐正才、相王陈潘武等六位王和天将刘肇均及主将蔡元隆、汪有为、吉庆元等多人与会。李秀成认为敌军初至,锐气正盛,又有水师支援,水道难争;要解除天京威胁,时机尚未成熟。目前只需从苏州调运军火、粮米,并抽调部分人马赴京,以增强城防力度。这样使敌人屯重兵于城下,时间稍久必然会军心懈怠,然后再寻找战机歼灭他。李秀成知己知彼,考虑得相当周到,他所说得当,取得与会者的认同。

会后,李秀成先遣胞弟六王宗李明成回援天京。李明成初战即击毙湘军悍将总兵张胜禄。张胜禄是为曾国藩评誉为"一军之中,得此等之人,千难万难",一旦被阵杀,颇震湘军士气。不久,对王洪春元自浙西率军,会同李明成等猛攻湘军;洪仁玕、杨辅清也由皖南宁国率军前来。时天京城外援军已增五六万人数。

此时的湘军孤军深入,内线作战,兵力不足,只能分布在板桥至方山一线,战线甚长,目的只要在天京城外能够立足、自保,有一席之地,然后伺机伸展,根本不可能也不会对天京主动发动进攻。但洪秀全和朝内群臣多智不及此,庸人自扰,惶惶不可终日,频频差官前往苏州催促,并严厉指责李秀成:"三诏追救京城,何不启队发行? 尔意欲何为? 尔身受重任,知而朕法否? 若不遵诏,国法难容。"(《李秀成供词》)

洪秀全因李秀成迟迟不赴援,引起疑惑和不信任。洪氏亲贵乘机谗言,煽风点火,攻击李秀成,朝中再无人为他讲话。原先李秀成已派唯一的亲弟李明成带兵援天京,仍因解除不了天王的疑惑,便把老母等家属作为人质,主动送回天京。李明成长年为李秀成天京府第大总管,主持内务,如督造新建内桥忠王府,接待外国朋友,今存有他与英国翻译官福礼赐信件记有互赠洋酒和天国大花钱,以及请为自用金表换玻璃盖,修理金钱表等事宜。

8月初,李秀成在苏州召开意在援京的第二次军事会议。上次会议未赴及的辅王杨辅清、襄王刘官芳、奉王古隆贤、首王范汝增、来王陆顺得、堵王黄文金等六王都到了。与会者还有天王特使、捧圣诏前来的天朝刑部领袖、补王莫仕暌。这位补王千岁

李秀成召开诸王军事会议图（呤唎《太平天国革命亲历记》）

据呤唎记载，李秀成召开会议。出席忠王会议的诸领袖全都穿戴着朝冠朝服。忠王本人也戴着美丽的王冠。当忠王入殿就位的时候，所有到会的领袖全都站立起来，按序走到他面前屈一膝行礼，然后各归本位。参礼毕，开始进行讨论。

相当天真、幼稚。据他的警卫员说：补王有次在苏州时，曾出过一张布告，宣称要把炸药放到洋枪队的汽船底下，以便把它炸毁。但问题是："谁去放炸药呢？"都得不到回答。

第二次苏州会议商定，十三王再联合未与会的侍王李世贤、护王陈坤书同时进军。

李秀成在会后还将两次会议记录整理编印了《会议辑略》一书，并自作序言。序言特别提出：

如欲奋一战而胜万战；

先须联万心而作一心。

这时，他大概也发觉，与会各路军事领袖很有为保持自己的实力，以邻为壑，不愿力战，离心力日增。

李秀成将镇守苏州、杭州和进攻上海的指挥权，分别交与慕王谭绍光、听王陈炳文。他自己则率大军自苏州西上，取道宜兴、溧阳，直抵天京。

这次参加救援天京,有李秀成等十三王率领的人马,号称六十万,加上后来赶来的李世贤等军,实数也有三十万。由苏州来援的李秀成等王是主力,装备有新型洋枪洋炮,射程甚远,杀伤力大,直接进攻雨花台湘军曾国荃大营。另外两路人马:辅王杨辅清联手黄文金、胡鼎文和匡王赖文鸿各部,进攻皖南宁国湘军鲍超部;护王陈坤书由太平府进攻长江南岸重镇金柱关曾贞干部。两路人马作为偏师牵制敌人后路,阻拦他们支援曾国荃军。

太平军黄旗猎猎,漫天遍野,呼啸而来,包围了围城的湘军。

这时候,天京郊区瘟疫流行,湘军得病而死者十有两三或活着的七成中有四五成久病不痊,曾贞干就是因患病而死去的。因为用药量巨大,附近县镇储存的也都用光了。只有靠水师远赴安徽、湖北等省购买。全体湘军能够拿起干戈上阵的,仅二三成。官兵多因体弱力虚,缺乏战斗力,与身强体壮的太平军将士形成鲜明的对比。

四十六天鏖战,李秀成三十万大军,竟不敌湘军三万疲军

1862 年 10 月 13 日,一场大战开始了。

这就是太平天国战争史规模最大,用兵最多的雨花台大战。

是日,天气晴朗,阳光普照,由李秀成率领的十余万精锐,东自方山,西至板桥镇,旗帜如麻,刀枪似林,层层排列,席卷五六十里,向雨花台的湘军大营发起进攻。湘军不满三万人,且半数染病;但采取了以逸待劳、以守为攻的正确战术。

战役开始,太平军倚着人多势众,还拥有当时最新式的兵器开花大炮和两万杆包括来复枪的后膛枪,就分东西两路围攻,曾国荃严令诸兵将固守营盘,不得孟浪出壕野战。

15 日,西路太平军直趋江心洲,以断湘军粮道,曾国荃连夜赶筑十几座营垒。18 日,太平军围逼西路已属六昼夜,相当疲倦,曾国荃以为可乘之机,派兵越壕,毁坏四垒;

李秀成亲督东路,以洋枪、洋炮猛烈轰击敌人,并潜挖地道,直达湘军营濠外,有如明地道束草填沟,铺板于上,将士前赴后继,奋不顾身。就这样日以继夜、夜以继日,连续攻击了十天十夜,阵毙清军副将倪桂等人,曾国荃亲自上阵督战,脸部左颊亦中一弹受伤,淌血不止,把衣襟都染红了。

曾国荃面临困境,每天书写一信,向老兄曾国藩诉说苦状,远在安庆的曾国藩得悉后,成日心胆俱碎,忧灼愤郁,所谓:心已用烂,胆已惊破。他要保持实力,几次写信于

曾国荃

老弟撤兵。曾国荃继续坚持，不为所动。

10月25日，太平军侍王李世贤又自浙江率军四万前来助阵，会合李秀成等部，连营一百里，连续十二天多次猛扑湘军大营；并再次在雨花台开挖地道，炸塌清营墙几处，太平军踊跃争先，呼声动地，冲入缺口者有几千人。湘军全力用火药倾桶倒下延烧，使得清营又未攻破。

曾国藩兵围天京，非常重视本部人马的给养。他命其弟曾贞干部驻扎三汊河、江东桥，傍水筑垒以保西路粮道，使他能以源源不断的兵力、粮草、军火支援前线；李秀成等一味在沙场硬拼，三米刺刀见红，不把强势兵力放在攻占三汊河、江东路，切断敌人运输线。这是一个失策。但更甚的是太平军在此次攻坚战中没有水师，而让湘军彭玉麟等水师垄断长江保护水上运输线，遂使曾国荃大营时时得到救济和补充。

彭玉麟于此次战斗，功劳极大。后彭病死，郭嵩焘有联赞之：

> 收吴楚六千里肃清江路之功，水师创业书生手；
> 开国家三百年驰骋名扬之局，亮节能邀圣主知。

通过水师运输，曾国藩从安庆等地调拨，这天又有三千劲旅乘船前来，然后进入雨花台大营。

此后，太平军已呈强弩之末，营垒屡被烧毁，所挖地道亦常遭湘军反挖地道，熏以毒烟，灌以脏水，或伐木作薪，堵塞洞口。这时苏州前线传来耗音，谭绍光、陈炳文分别率领的东征军在青浦、嘉定交界的四江口，遭淮军痛击。以致如曾国藩所称，"苏昆空虚"。李秀成从来以苏州地区为后方基地，其重要性更高于天京，此时很有后顾之忧，又因大军多日胶黏在雨花台战场，军心懒散，乃撤围退走。雨花台主战场大战，最终以太平天国的失

彭玉麟（吴友如《将臣图》）

败画上句号。

李秀成用了四十六天时间。

在雨花台外围金柱关战场和宁国战场,太平军护王陈坤书部和杨辅清、黄文金等部,亦配合李秀成大军向湘军雨花台后方发起进攻。

护王陈坤书部有四万人马,每次出队旗帜遍峪,鲜明一二十里。彭玉麟水师人少,以守为战。陈坤书指挥兵将发动了四次大规模猛攻,都被挡了回去。黄文金、胡鼎文还聚合有东坝战船几百号,抬船过坝进湖。

太平军搞人海战术。曾国藩从芜湖、安庆、上海共调拨九营水陆师前来助阵对抗太平军,湘军水陆会攻,前后包抄,太平军进湖的战船全被缴获,陈坤书部损失近万人,其中半数溺死江中。

金柱关、芜湖一线仍掌握在湘军水师手中,巩固了雨花台大营。

在皖南战场,早在 7 月 16 日,由于李秀成部保王童容海以六万人众袭取广德州降于鲍超后,鲍超就以宁国为后方基地与雨花台相呼应。当时鲍超部队多染上瘟疫,鲍超和张运兰也都染上了病,只得遵曾国藩说固守宁国,暂无力量赴雨花台。太平军杨辅清、黄文金、胡鼎文等部包围宁国,而且一度还攻陷宁国,赶走敌方韦志俊、童容海两支守军,但占绝对优势的太平军诸王,都把兵力放在攻城处,湘军负隅顽抗,竭力保守腹地,至使一直处于相持态势。适时雨花台、金柱关战役结束,诸王只得退走。

李秀成等十五王以绝对优势的兵力、武器,不但没有打垮围城的湘军,反而全线撤退,正是功亏一篑,后患无穷。

这次战斗,雨花台主战场上,太平军杀死湘军五千余众。而据曾国荃吹嘘,太平军方面战死五万人。这是不准确的,他们最多牺牲八千人众。两军交锋,攻的一方通常相对损失都是比较多的。所以说,其损失并不算大。

重要的还是军心,是士气。

这一仗大大增强了湘军的威风,亦大大消耗了太平军的斗志。

那么,太平军为什么不再坚持下去呢?

李秀成后来被俘后,对曾国藩的交代是,粮食不足,未带寒衣。又说是:"鲍军之冲锋猛战,曾军之稳练不摇,多军之活变善战,皆贼中所惮。鲍军将好而兵不好,扎营站地势亦不如曾。"(《李秀成答话别录》)他为了阿谀曾氏兄弟,而抹去了因李鸿章淮军四江口获胜,威胁苏州之故,还说"李非宿将,借洋鬼之力以成功"。其实,撤军的原因,并非全是湘军打得好,更非是后勤工作没有同步。当时李秀成等军是有准备而来的。所谓供词称是"因八月而来,各未带寒衣,九十月正逢天冷,兵又无粮,未能成事者也",不是事实,当时九洑洲尚在太平军手中,高淳、溧水内河和来自句容、丹阳的苏浙粮道畅通;秋高气爽,天气也尚未转冷。

关键是统帅李秀成缺乏坚强的决心。

李秀成本人出师之时就信心不足,认定湘军有锐气,只能以时间等待,消磨他的锐气。他不愿意打硬仗,也缺乏胆量打硬仗。在双方剑拔弩张苦战时,只要能再坚持几天,甚至是几个小时,就能取得最后胜利时,他却畏缩了,放走了最大的祸患曾国荃部湘军。

它真是有战略意义的一仗啊。

李秀成失败就是一念之差。

从此处也窥出李秀成执行援解天京是勉为其难。在李秀成的心里是把苏州放在第一位,天京位列其次,因而当苏州外围失利,受到威胁时,就全神贯注于它的得失了,撤兵雨花台了。

李秀成应该懂得军事统帅的表率作用,他是全军的旗帜,他这一走,注定了太平天国日后天京失陷的命运。

当时,援救天京的诸王,多已是暮气沉沉,沉湎于奢侈生活,而缺乏战斗的锐气了。李秀成自己也好不了多少,他就很迷恋苏州的花花世界,醉生梦死,以至行动迟缓,拖拖拉拉,拖延了三个月才勉强出发援京。因此,这支有战斗任务的战斗部队,把战斗看得相当随便,有如曾国藩所评:"城寇与援寇相环伺,士卒相死劳敝,然罕搏战,率持炮者相震骇。盖寇将骄优,亦自重其死。"(王闿运《湘军水陆战纪》卷五)在开始与湘军对阵时,很多军事领袖竟然违背常例,不筑营垒,不挖壕沟;光仗着武器先进,还未接触敌军,就盲目地放炮、开炮;在战斗激烈,正需要刺刀见红时,高级将领怕死,指挥将士继

印书采用标点符号

太平天国印书采用标点符号,据罗尔纲统计,应用最为普遍的有四个:点号(、)、句号(。)、人名号(——)、地名号(＝＝)。

续作盲目、漫无目标的射击,不敢带头作冲锋陷阵,又彼此希望他人做垫背、而不愿耗费自己的实力,这样的部队,不打败仗才怪呢!

太平军在上海前线(呤唎《太平天国革命亲历记》)

着黄衣的太平天国高级将领手持望远镜视察前方战场,他的骑兵已奉命冲杀。

洪秀全制订"围魏救赵"之策破产,
致使李秀成二十万大军只带走一万五千人

雨花台战役和金柱关战役,十五位王联军大规模的解救京围失利后,天王大怒,严责李秀成指挥不力,革去他的爵位,留职自效。

尾大不掉。天王此时此刻对权重势众、拥兵百万的李秀成只能是发脾气,或者做些低级动作,暗箱运作,作弄李秀成,而奈何动不得他的根本。他的骨子里又是多么想以洪仁发、洪仁达这些王亲国戚替代李秀成,可是此路不通。

晚期太平天国大小各级军事领袖,拥兵自重,有兵就有权,就有管辖区,有自己号令一切的独立王国。诸领袖非常懂得这个道理,为牢牢抓住兵权,麾下领兵的也多是家族准家族和亲友世交成员。李秀成是本家家族领袖,没有家族成员能替代他,统辖一切,指挥一切,同样,其他军事领袖,包括李秀成部一级、二级指挥员,也多以家族准家族为本部骨干。一荣俱荣,一损俱损,各有所属,不服上级或他人调度。这种层层的家族领兵制,成为太平天国晚期的一大特色。它正反映农耕社会根深蒂固的农民文化结构所打造的家族理念。个人利益也就是家族利益。

它也就是近代军阀的雏型。

湘军得逞,围攻天京的威胁并未消除,怎么办?

洪秀全冥思苦想,在宫中闭门造车。这时,他大概想起了两年之前攻取杭州以破江南大营的"围魏救赵"妙计。

洪秀全想到就要做到,命令李秀成率本部人马进军皖北和湖北,坚决执行他所制定的"进北救南"战略,以调动湘军撤天京之围。

李秀成当时已回苏州,正在组织对付常熟的叛乱,脱不出身子。有关常熟叛乱事件,事关重大,我们将另立章节叙述。

接到天王的圣旨,李秀成真是百感交集。

洪秀全安居深宫,想当然,瞎指挥,不悉民间疾苦,不懂兵将现状。淮河南北经过历年战争,苗练、捻军处处成圩,人烟稀少,赤地千里,把几十万将士带去,如何生存、发展? 李秀成熟悉两淮,懂得这是一个无人区缺粮区。

但他仍接受了天王命令。

博古通今的曾国藩,是懂得太平军"进北救南"最终目的的,故不上其当,亦步亦趋。反而要老弟锲而不舍,猛攻天京。天王又沉不住气了,下诏给已到达皖北六安等地的李秀成,要他星夜火速回救。

李秀成大军转战皖北,清军奉行坚壁清野战术,太平军路无可休之舍,野无可征之粮,传染疫军中流行,饿死、病死甚多。而皖北捻军张乐行等常为清军击败,缺乏斗志,陈得才等已返回陕西。李秀成内外交困,只得停止进北战略,引军东返。

大军自 2 月到 6 月,历时三个足月,沿途征战,伤亡甚多,士气大减,正可谓一事无成。

四两拨千斤。曾国藩只用了少数兵力,湘军联同皖北地方军,以逸待劳,赶走了李秀成"进北救南"大军,还组织反攻,赶走了为大军北上,留守巢县、含山、和州的对王洪春元掩护部队。6 月 25 日,湘军水陆师攻陷浦口、江浦。翌日,又乘夜攻陷防守严密的九洑洲。

忠诚三百六十八天安廖深木印

天安为太平天国后期所定六爵之第二等。在1862年春还是显爵,时隔两年,却已按数码编号,沦为卑爵了。

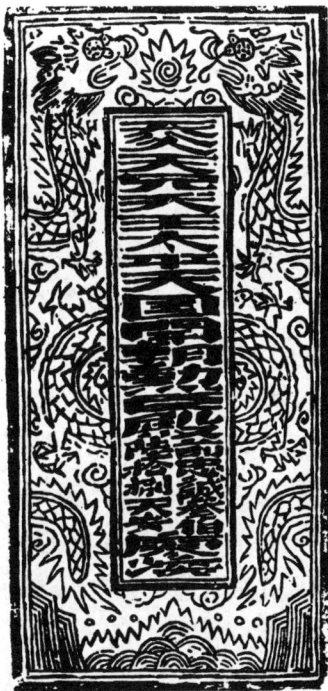

九洑洲为天京北面长江中的岛屿,是长江南北两岸交通枢纽,为保卫天京水路锁钥。广西老兄弟梁凤超自天京建都始就出任九洑洲守将,此时已封为贡王,仍兼任江南水师主将。这是一位富有战斗经验的指挥员。多次击败、赶走来侵的清军。可是这次吃了大亏。

湘军要完成天京合围优势,决不会容有半点空隙。曾国荃与彭玉麟、杨载福等湘军要员,亲自视察,乘夜来到九洑洲附近,见此洲上层层防守,与南岸下关、草鞋峡互为犄角,森严壁垒,于是在攻占下关、草鞋峡和燕子矶后,以水师十五营猛烈进攻。当时,贡王梁凤超放松了警戒,因为无数次赶走了敌军,当有欧洲朋友劝告他不要在夜间疏于防御。他说:"我防守这些炮台有十二年了,要是天父不离弃我,我可再防守十二年以上,抵抗这些满妖的攻打。"就在这天晚上,湘军以大炮猛轰开道,登上了贴近的江心洲,接着又登上了固若金汤的九洑洲。

梁凤超不及防备,但仍作了顽强的抗击,在失去炮台等掩护下,苦战六日六夜,杀死湘军营官三员,兵卒二千余人,与全洲三万余人全部战死。

　　九洑洲失陷,使湘军水师自此顺意往来长江,天京水上运输线完全被截断。此后,天京面临日益严重的粮食危机。更有甚者,也阻碍了李秀成大军回程。

　　6 月 25 日,当李秀成大军来到江浦浦口之时,两城正为湘军攻陷,九洑洲也已面临全陷,适逢长江大水,太平军南渡既无天京接应,也无渡船,死伤惨重,溺死者数以万计。李秀成无计可施,他和他的亲军还是靠洋兄弟呤唎等几艘船渡江的。两天后,他赶回苏州去了。而他的大部队仍逗留在天京对岸,遥望天京城郭,却无法飞渡天堑。时值江水暴涨,近水边尽被淹没,身无立足之地,有米无柴,饿死者甚众。控制长江南北的湘军水师用强烈的炮火,截江围击,聚在江边的太平军将士无处遮挡,就像活靶子,处处挨打,损失惨重,就戮者半,自沉者半。二十万大军,除了李秀成带走的一万五千人外,其余都莫名其妙地死了。

　　统帅无能,三军受累。

　　这是李秀成的败笔,也是天王的败笔。

　　由洪秀全宏观制定,李秀成直接执行的"进北救南"战略破产了。它加剧了太平天国的军事危机。

　　这是太平天国史上伤亡人数最多也最无谓的一次巨大损失。后来,李秀成痛定思痛地说:"此举前后失去战士十数万人,因我一人之失锐,而国之危也。"他非常伤心这次惨败,当在供词中写了"天朝之失误有十",曾国藩读了,有所不足,特地为他加了"误不应专保天京,扯动各处兵马"几个字,虽是为湘军围城表功,但从战略上评说,那是很有见地的。

第三十七编　淮军血手洗掠苏州,招财进宝

天王要李秀成拿出十万两银子,方才放他赴苏州援救

九洑洲等地失守后,湘军水陆师加紧了对天京的包围圈,东至七桥瓮,南达雨花台,西到江东桥,北濒下关,都有营垒。曾国荃于孝陵卫设大营,并从七桥瓮到孝陵卫开挖长壕,以困天京。洪秀全再次下诏急命李秀成回京。

李秀成刚至苏州,正在指挥对淮军的防御。这时淮军已经为常熟叛军解围,攻陷昆山、吴江,并分路向苏州进攻。李秀成无可奈何,时隔二十余天,又回到了天京。

8月6日,李秀成至天京后几天,就亲自督军出仪凤、太平两门,扑攻鲍超、刘连捷两营。尔后,又多次攻击,但成效甚微。湘军乘机反击。8月20日,天京东南双桥门重垒印子山失陷,佩王冯真林战死。两天后,李秀成亲率军前来争夺印子山,未成,梯王练业坤战死。解放后在附近阴沟里发现有狭长的梯王墓碑,相当粗糙、简易,看得出是临时刻制。可见当时太平天国已无更多精力为死者作排场了。

天京城外战争火热,可是,苏州告急文书像雪片似的送进天京忠王府。李秀成向天王恳求,出京赴苏州作战,但洪秀全不允准。

天京合围,当时全城十门,只有神策门和太平门还能够与外界交通。

天王对李秀成不甚放心,但因为他在天京军民群中甚有威信。又须要把他放在城里以稳定人心。千放心,万放心,洪秀全晚年最信任的还是本家族的人,包括与本家族有瓜葛的一群小孩子,如幼西王萧有和、懿王蒋有福(萧朝贵次子)、小女婿凯王黄栋梁、捷王黄文胜等。

萧朝贵长子萧有和是典型的纨绔子弟,声色犬马吃喝嫖赌无一不会,也是弱智少年。据董金泉供词:幼西王讲话满是阴阳腔。看来他身子发育还不很正常呢。李秀成于此大有感叹:"我天王是一重幼西王萧有和。"萧有和与蒋有福是洪天贵福诏书所称的"和表、福表",是名列诸亲贵最前列的两个孩子。他们就是少年,根本不懂政治,不会办正儿八经事,但天王却最是宠信,列为金龙殿右班之首。萧有和出入更是大排场,全副仪仗队,敲锣打鼓,首尾长达半里。洪秀全说:"幼西王出令,有不遵幼西王令者合朝诛之。"他还规定,凡是内外大臣的奏章,都要先送到幼西王处,如果幼西王不盖印章,他就不阅。

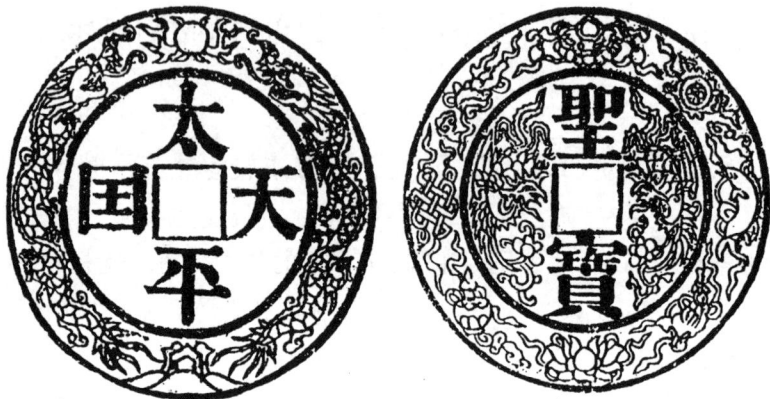

太平天国中等大花礼钱

通称龙凤大花钱、礼钱,用作镇库、礼品。1853 年,太平天国在天京设铸钱衙门,封"铸钱匠"四人,职同指挥。后期在苏州、杭州、嘉兴、绍兴、徽州等地均有铸钱。钱币有三种:一是货币,流通用;二是镇库币;三是纪念币,币值可分当一、当五、当十和当五十四种。

洪秀全以弱智少年治国。

可是要说作战、守城,那还得靠李秀成。

但苏州也是不能丢失的。失之西北,得之东隅。经过李秀成至少是五六回力争,陈说利弊,洪秀全总算是答应了,但有条件交换。

什么条件呢?洪秀全要李秀成拿出家财十万两银子。他说:"现在军饷紧缺,你能捐献出来,放你走;否则,你还是要留下来。"

太平天国设立圣库以供应全体官民。它从来是供给制,没有薪俸,不发军饷。此处何来"军饷"?所谓圣库,这时已沦落为仅向基层将士配给基本生活用料,如油盐柴米。而大小官员,都有自己私家的小金库。有权就有钱,权大钱更多。李秀成是很有钱财的,有的是攻城掠舍后获得金银完全纳入自己私囊;也有的是部属以变相赠送的灰色收入,如钱桂仁就曾送给他各一对几斤重的金狮子和金凤凰;或者是巧立名目,如借口过生日,孩子诞辰甚至是田赋加税,等等。

洪秀全既然开口要钱,李秀成权宜得失,急于要走,忍痛割爱同意了。他将天京明瓦廊忠王府所藏银和家属首饰折算,共约七万银两呈交。当这笔巨款抬进天王府,转到天王名下,洪秀全方才同意放他出城,但仍留下话说:四十天里必须回来,所缺银两回来后再补缴;否则,依国法严惩,决不宽恕。

天王是知道苏州忠王府里藏有很多金银珍宝的。可是洪秀全把国家存亡大事视为买卖,做成君臣交易,岂非咄咄怪事!

燕雀处堂,不知大厦将倾。堂堂天王,一国之主,醉心于钱财,太平天国将何处去?

骆国忠常熟叛乱,为淮军打开了出上海的缺口

李鸿章自四江口取得大胜后,兴师动众从上海杀出,直指太平天国苏福省首府苏州。他的第一个攻击目标是常熟,同时关注的还有苏州东面的太仓和昆山。

常熟在苏州北面,它是扼守苏州北面的门户。

李鸿章知悉常熟有内应,派水师游击周兴隆乔装混进常熟城联络。

太平军常熟城城防司令官是受天天军主将钱桂仁。钱原是安徽桐城大地主。若干年前李秀成以合天侯身份活动在桐城地区时,钱桂仁积极参与,且率领全家参加了太平军。他原名百胜,改名为贵仁,又因避西王萧朝贵名讳,又改名为桂仁。钱桂仁善于阿谀上司,因此深得李秀成欢心,在太平军黄文金、李远继占领常熟后,李秀成却说他俩违制,赶跑了他们,调钱桂仁前来,与陈玉成部将侯得隆共守常熟,钱管民务,侯掌

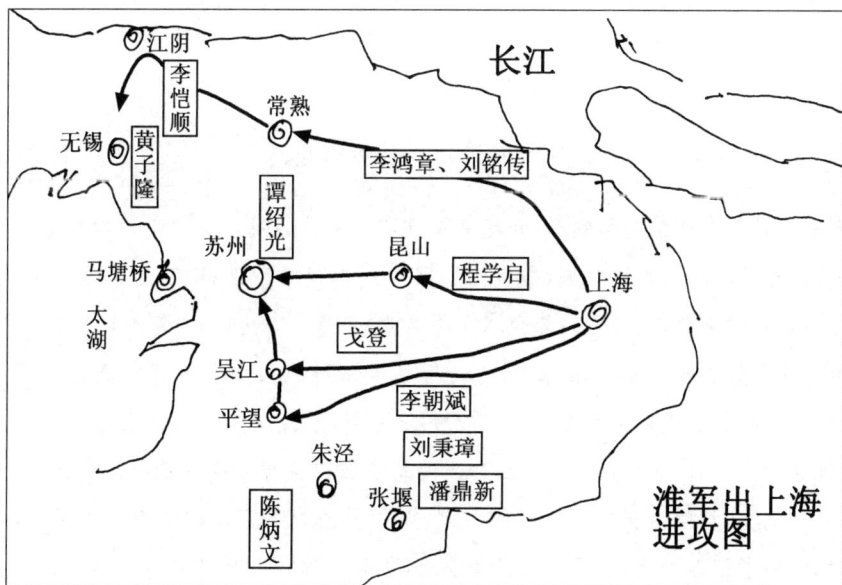

淮军出上海进攻图

军事。钱在常熟有意突出李秀成英明领导,由他出面组织常熟城乡士绅集资建功德巨碑,歌功颂德,深受李秀成信赖。他是靠李秀成作后台,赶走了侯得隆,独自掌管常熟军政民务大权的。

钱桂仁早有叛乱之心,与上海地方当局素有往来,并与混进太平军队伍中的苏州豪绅徐佩瑗、降人李文炳(李绍熙)、太仓佐将钱寿仁结成一个"第五纵队"。在常熟,他又结交了安徽同乡朝将骆国忠和董正勤、佘拔群等部属,随时准备归降清朝。

当时李文炳在昆山文将帅任内,因策划叛乱暴乱已遭诛杀,徐佩瑗也因内奸身份泄露,为谭绍光逮捕,所以当李秀成由天京赶回苏州时,钱桂仁大为吃惊,深怕自己叛徒身份遭揭穿,决定先赶去苏州向李秀成汇报,以期解除猜疑。临行之时,他嘱咐骆国忠等人,不要着急,务须候他归来后再打起白旗归降。骆国忠等答应,但钱桂仁离开的那天晚上,骆国忠便迫不及待,借演戏设宴招待,就席杀死钱桂仁弟凭天安钱嘉仁和不参与叛乱的听天福高风子、逮天福姚得时等人,旋分头围剿,杀害非本系统将士。并为了夺取钱桂仁家财,尽杀其全家老幼。

天明,骆国忠等人率部一万余人全体剃发献城投降。又与周兴隆自常熟偷袭福山,杀侯得隆等人。

翌日,李秀成知悉叛乱情事,即派钱桂仁先往招降,他到此时还不知道钱桂仁就是

从严禁演戏到放纵演出

太平天国前期严禁民间戏剧,并定有法律,"凡邪歌邪戏一概停止。如有聚人演戏者,全行斩首。"之所以禁演戏剧,是因为旧戏里所出现的帝王将相、才子佳人都是妖,不能让他们占领舞台,或是因洪秀全本人不喜欢,还是另有他因,语焉不详。

但也有高级首领不受此限,如杨秀清曾在天京清凉山和东王府招集优伶演出徽剧。天国后期,陈玉成在庐州围城里招集优伶演剧,李秀成在苏州拙政园远香台上搭戏台,挑选幼童一百二十名教唱戏曲,后李鸿章在园内就搜寻有戏箱七八十只。《庚申逃难日记》也称,苏州诸王以玄妙观作公馆、以弥罗阁为茶室,"神像毁弃于河内,观中买茶者,弹唱者依旧如故,贼匪搭起高台唱戏,作乐乘凉。"来王陆顺得在浙江绍兴搭戏台演剧,甚至亲自登台演出,时人竟误以为他是戏子出身。

常熟叛乱集团的头子。

常熟是太平军捍卫苏州，也是阻止淮军东进的重镇。淮军虽气势汹汹，但仍被压缩在上海，难以由内线转向外线作战，而常熟落入叛军之手，这就打开了一个缺口，极大地影响苏州等地的安全。所以李秀成和谭绍光必须要把常熟收复，阻止淮军东进。

李秀成和谭绍光自往出征常熟。谭绍光三战三胜，诛杀董正勤。

常胜军由英国少校勃兰率领，出动了五百人前来援救常熟，中途被听王陈炳文打得落花流水，撤回上海。

春节期间，谭绍光回苏州过年。年后又赶来猛攻，并以炮船二百艘助攻，李秀成亦一度亲至督师。

淮军主力潘鼎新、刘铭传率四千人马和水师黄翼升赶来相助，常胜军英国少校达浦再率六百人来援，都被陈炳文击败。

太平军正要攻破常熟城时，却迎来戈登率领的常胜军主力。

英国炮兵少校戈登是接替白齐文、奥伦的常胜军统领。他在松江接管和整编了常胜军，因为常熟吃紧，应李鸿章请求，带领二千二百五十名兵丁前来助阵。

戈登选择太平军不曾提防的福山要塞。他先带领二百名炮兵乘着两条汽轮和步兵800人，偷袭了福山，然后全军南下，向着常熟进攻，他用一尊三十二磅重炮和四尊十二磅重炮射击包围常熟的谭绍光等兵营，大炮连续射击三小时后，步兵发起攻击，淮军和骆国忠叛军乘机反攻，谭绍光力战两日，终因不敌巨炮，撤退苏州，常熟围解。此次战役，太平军伤亡一千二百人，名将孝天义朱衣点被俘。常胜军仅死二人，伤三人。

戈登此后作战，每次必先以多架远程人炮轰击，摧毁、杀伤太平军将士。此时太平军虽已配备洋枪洋炮，但炮仍多是前膛炮、小炮、土炮，用生铁制作，不耐久战，亦易

枪　　船

清道光年间始见的一种船，活动于江苏、浙江太湖流域。船多由土豪掌握，船上成员都是游民，这些人开设赌局，打家劫货，招徕娼妓。太平天国进入太湖流域地区，枪船头目有混入太平军，也有参加后又脱离了，帮助清方打击太平军者。太平天国在苏南深受其害。1862年7月9日，李秀成下令，在江浙水陆捉拿枪船，务求消灭干净。

自爆。

常熟得失,关系重大,而叛将骆国忠守城抗拒,最后为击走谭绍光立有大功。李鸿章赖以用常熟为据点,得以向太仓、昆山等地开拓,因而,他上报说:"骆国忠等忠诚不二,奋勇绝伦。血战苦守,两月有余,歼毙爬城及穿地道悍贼不知凡几,保持新土以待援师,实非寻常降将可比。"

骆国忠为太平军降将作了表率。李鸿章淮军初期作战,就旗开得胜,为清廷立有赫赫战功,其中的一个因素是重用降将。他的淮军首席虎将就是程学启,到上海后得益于南汇吴建瀛。吴的投降,削弱了太平军却也增添了淮军实力。另一个就是骆国忠了。骆国忠苦守常熟七十天,挫败了李秀成、谭绍光大军,竟被破格超擢为副将加总兵衔。他的起点超过任何降将。早在四年前投诚的韦志俊,此时仍还是参将呢。因此《清史稿》传一百十八还立有五百八十八字的《骆国忠传》,并有论评:"骆国忠智勇坚毅,识时为杰。当时名满江南,成绩可纪也。"

当蔡元隆知悉,投降竟连自己固有的小金库都保不了,又萌发了反意

骆国忠等常熟叛乱期间,李秀成以为太仓佐将钱寿仁不可靠,有通敌嫌疑,派会王蔡元隆前往镇守。钱寿仁乘隙率所部二千人出城投奔淮军,恢复原姓名为周寿昌。"钱寿仁"是在随着钱桂仁混进太平天国时所改姓换名的。

李鸿章因程学启等攻太仓日久未下,请士迪佛立援助。士迪佛立派常胜军临时统领奥伦出征。

奥伦原是英国海军陆战队连指挥官,奉命暂代正在勘察上海地理的戈登出任常胜军统领。相当自负,志在必胜。他带着二千五百名常胜军和二尊三十二磅重炮与五百名清军联手攻打太仓。

太仓有巨墙护卫。

奥伦自己未上一线战场调查,只凭清军将领介绍,护城河只是一条干涸的壕沟,就头脑发热,指挥将士冲过去。谁知到了护城河边,发现这是一条三十码宽且蓄水很深的河流,河上没有船只,但他仍然决定攻城,于是在河上架起竹梯,命士兵冲过去。太平军从城墙上投下猛烈的炮火,打断了竹梯,击毙四名外国军官和三百名士兵,陷进泥濛的二尊三十二磅大炮亦成为太平军的战利品。

奥伦灰溜溜地逃往上海。

谭绍光等围攻常熟失败,退回苏州。李鸿章命弟李鹤章与程学启联手,分别率部向太仓进攻。

太平军太仓守将会王蔡元隆献书表示投降,请求投降后仍保持原有编制,并予所部大小头目以都司、守备、千总、把总等职务。他向淮军招降使者黄某了解内情,请教投降时要注意些什么:

黄某说:必须拜门。

蔡问:什么叫拜门? 拜门要做些什么事?

黄某说:你有物,则献之;你有财,则与之。

蔡问:是这样的吗?

黄某说:是啊!

蔡元隆听了心中极为反感:投降了,竟连固有的小金库都保不了。还不如仍为太平王,足可保金保银保财呢。

他萌发了反意。

但据李鸿章等官方公报,乃直指蔡元隆本系诈降,淮军诚心接受,由李鹤章、程学启前往受降。4 月 26 日,太平军打开四门,列阵迎接。李鹤章得意洋洋,带领一千五百人由东南门入城,至一箭之地,听得城门外队伍里有人指手说:但患汝逃耳,才感觉有可能是诈降呢。说时迟,那时快,李鹤章还未苏醒过来时,头裹白布的太平军战士一蜂而至,措手不及,回马奔逃。李鹤章脚被创伤,据说坐骑尾巴已被敌方抓住,急忙挥刀斩断,方才脱气,身畔护卫的童了军全都被杀。全军被俘五百人,其余也都被斩杀或逃散。

另一支要从西门进城的程学启,在行进中,忽见有从昆山方向驶来的太平军舟师八十余艘,船上将士与城头守军遥遥相见,各作口语交谈,非常亲切,顿生疑惑,遂行止不前,不久,果然城门里有一千余人冲出,程学启力御,没有受到损失。

李鸿章得悉太仓行使诈降计,还使老弟被赚受损事,非常震怒,立刻调遣戈登常胜军赴太仓。

戈登此时曾带常胜军赴昆山行进,闻悉就调转路线,取道太仓。他仍是以远程大炮开道,两翼配备以来复枪手,向着城墙上的雉堞猛轰,又在河上用炮艇架起浮桥。两小时后,戈登的炮队在城墙上轰开了一道缺口。"海生"号也在城外河心发炮助战,守军为防御,数度进行肉搏战。蔡元隆受伤,带领妇孺和残军撤出太仓,走浙江海宁。

太仓之战,戈登常胜军被击毙四十人,伤一百四十二人。

两天后,戈登常胜军又赴昆山,支援程学启部队。

凛王刘肇均镇守昆山。昆山城心有一座高耸的孤山,山顶上有一座高塔,城周围是一片空旷的平地。踞高临下,从山顶可以目览四方,毕露无遗。城周还有一道四十多码宽的护城河。因而要前往攻打,并不容易。但刘肇均疏忽了,没有注意到城西沼泽和河流间有条蜿蜒的道路。它是昆山通往苏州的必经之道,如果截断了,昆山将成为孤城。

戈登却发现了这处地理,调来了"海生"号和五十艘小炮艇,装运了三百名来复枪手,途中夺取了通向昆山咽喉的正仪镇。当来自苏州的援军赶来时,就遭到"海生"号上的巨炮猛轰,援军没有准备,在炮火控制下的河岸后退,"海生"号边追边轰。正在此时,从对面又开来一支增援的太平军,于是前后两支部队拥挤在一起,壅塞在狭路上的太平军将士,完全成了炮火下的无辜牺牲品。

当晚,"海生号"回到正仪,正遇太平天国昆山守军七千余人延此路逃往苏州。戈登指挥"海生号"沿路炮轰,死者堆积如山。

无锡水战(呤唎《太平天国革命亲历记》)
李秀成部队在夺得洋轮后在无锡大桥角击败淮军水师,敌将士争夺小船狼狈逃命。

太平军昆山守军和援军共有一万五千人,可是指挥者无能,举止失措,使全军处处挨打。据统计,约有五千人战死和溺死,很多的将士逃亡到乡间被乡民杀死,因为军队纪律不好,骚扰民间。另有二千名被俘,俘虏中有七百人加入常胜军。

昆山之战,常胜军只有二人战死,五人淹死。

昆山是淮军东犯苏州必经之地,有重要战略意义,亦是太平军保卫苏州,进攻上海的桥头堡。太平军还在昆山设有枪弹制造厂。由两个英国人主持,制品供应全军。

白齐文拿了谭绍光一笔巨款,赴上海采办枪枝弹药,回到苏州时却带来一船洋酒

1863 年 9 月 28 日,李秀成由天京回到苏州。他是在 9 月 13 日江阴失守,淮军自北路、东路合围苏州时出京,先赴溧阳,会合李世贤前来苏州的。

洪秀全要保天京,李秀成却要保苏州。当时李秀成把苏州搞得很是兴旺,所以太平天国中还有天王要迁都苏州的传说。

苏州是太平天国晚期的重大据点,也是淮军东征的一大战略目标。因为天王几次召李秀成回京,甚至在上海前线凯歌行进时,严诏回京,让龟缩在上海一隅之地的李鸿章有了喘息时间。经过淮军先后攻陷常熟、太仓和昆山后,实力大有扩充,全军有六万人,还有直隶李鸿章的戈登常胜军六千人。另有湘军水师黄翼升、李朝斌等部,英国柏朗司令的陆军部队作为第二梯队,也都已云集苏州周围。在此之前,贴近苏州外围的长江边江阴、太湖东的吴江和洞庭东山也都失陷了。

李秀成组织了苏州保卫战。

他所率领的直属共七万八千人,主力一万八千人驻扎在苏州城西的马塘桥,它包括卫队四千人。苏州城里驻军四万人,其中纳王郜永宽、康王汪安钧、比王伍桂文、宁王周文嘉和范起发、汪有为、张大洲、汪花斑等四天将所辖有二万余人,把守苏州八门中的五门;慕王谭绍光在四江口和常熟等处损失惨重,但仍有一万余将士跟着他守卫苏州。后路无锡驻有潮王黄子隆的两万人马。

战事对太平军很不利,就在李秀成到达苏州当天,苏州南部宝带桥失守,敌军从三面逼近,李秀成主动组织部队出击,双方在无锡大桥角(今望亭附近)展开激烈战斗。

淮军围攻苏州有七万人,前敌司令官是总兵程学启,常胜军、中法混合军都参加了,还有英国海军司令柏朗派来的正规军六百人压阵助威。英国为了保证《天津条约》《北京条约》中的长江贸易和商埠既得利益,用武力对付太平天国是非常起劲的。

英国人还向淮军提供后膛钢炮,射程稳准,远达数里,有极高的杀伤力;还提供了当时世界上最先进的来复枪,命中率极高。而太平军将士的后膛炮很少,且所配备炮弹多对不上号,效果不大。所用炮主要还是前膛炮,炮弹是铁球,没有弹壳,射程不远也不稳定,发射了几发,炮膛就易发热,要冷却后才能使用,否则会发生自我爆炸。所用的枪,主要是手工打造的抬枪和通常的鸟枪。很多战士使用的是大刀、长矛。太平军在尚未接触对手时,就遭到他们的远射程大炮和火轮船上的新式榴霰炮弹的轰击,伤亡极大,很多英勇的战士未经战斗就莫名其妙地牺牲了。

而太平军最大的软肋,还是单面作战,缺乏水师,没有巨炮装配的兵船横行水面。而太湖流域的苏嘉地区,江河纵横阡陌,没有水师,真可以说是寸步难行,遑论行进、追杀敌人?淮军每每作战,陆师行进就配备水师,此次为攻打苏州,又调动了戈登常胜军,它拥有坚甲的炮船"海生"、"高桥"和"萤火"("飞而复来")号等,在水面上运作自如,船上的远距离大炮威力甚大,难以阻挡。

李秀成兵力分布面广,尤其是将士离心离德,缺乏斗志。只得写信向无锡黄子隆和常州陈坤书求救。不料,告急书都为敌所截获。不久,浒墅关、虎丘都失守了,运河交通也被切断,主战场逐渐转移到苏州城下。

这时,原常胜军领队白齐文,因抢夺所谓军饷的四万银两,并殴打了发放军饷的候补道杨坊,为李鸿章通缉捉拿,他在赴北京美使馆运动复职未成后,回到上海后,与原常胜军军官马惇、钟士等数十人乘着高"桥号"进入苏州投奔李秀成。李秀成大为高兴,盛情款待。白齐文来天京,还安排住进自己王府。洪秀全有否召见白齐文,语焉不详。但太平天国给白齐文以很大的信任,并对他抱有很大的希望。谭绍光听了他的吹嘘,还给了一笔巨款,要他赴上海采办枪枝弹药。白齐文在上海花天酒地,当他回到苏州,枪枝弹药全无,却带来一船洋酒。太平军渐对他失去了信心。

白齐文野心勃勃,戈登向他伸出橄榄枝,要他回来。他向戈登提出,他可以离开苏州,戈登也须离开清军,双方联手,先攻取苏州,然后组织一支二万人的武装,进攻北京,自创大业于中国。戈登为了既得利益,拒绝了。但白齐文贼心未改,也向李秀成建

议,太平天国为他组建一个支队,纵横天下。他说:

> 为大王计:尽弃江、浙两省之地,斩伐茶桑、焚烧房屋,然后会合大队,转战北方,据齐(山东)、豫(河南)、秦(陕西)、晋(山西)上游之势,以控东南,乘机一举,攻陷京师,则大旗在我掌中;虽有洋人授兵数万,亦决不能抗我锋也。(梁启超《中国四十年大事记(李鸿章)》)

李秀成相当欣赏白齐文所说,但没有让他在太平军中掌权、领兵。白齐文所领,仍是他原带来的几十个旧成员。

李秀成在苏州召集高级将领商议,提出放弃苏州,全军作战略转移。这就是他后来向天王提出放弃天京,即所谓"让城别走"的前奏曲。

但慕王谭绍光不同意,他坚决主张死守苏州,不后退,奋斗到底。纳王郜永宽等人有叛降之心,也不同意。

谭绍光是参加金田起义的资深战士,他参加太平军还比李秀成早几个月,也是举族参加的。开始是牌尾。郜永宽、汪安钧是湖北人,周文佳是江西人,伍桂文是湖南人,都是太平军北上时沿途参加的,资历较浅些,衔系"开朝勋臣"。

谭绍光早期事迹见于文献,乃是1858年时,虚度二十四岁的谭绍光随李秀成援救天京,攻破江北大营。据吟唎说,李秀成很喜欢他,要把女儿金好婚配之。但金好小姐却与英国朋友自由恋爱而结婚了。这是吟唎有意按英国人的罗曼史所作的编造,不可信。

李秀成确有女婿,即是蔡元隆。

蔡元隆是湖南岳州人,估计出自当地书香门第,有点书卷气。年纪小小,就跟着时为基层军官的李秀成。李秀成的女儿与谭绍光没有瓜葛。谭绍光的罗曼史,典籍并无记载。他因为多时在上海、苏州活动,很为传媒关注,后来上海娱记杂志还编造有谭绍光爱读书,是《左传》癖的传说。太平天国素不允许男女混杂,晚期妇女更沦为男士的附属品,因此谭绍光很难有情切缠绵的风流韵事。

谭绍光作战勇敢,苏州虽遭围攻,他仍斗志昂扬,坚贞不屈。但他对戈登此人,缺乏本质认识,还认为是"同拜上帝耶稣,一致相传,并无虚假损害之心"(《谭绍光覆戈登书》),并愿意买枪炮洋货。戈登赠与名马、枪炮,也以小制金镯金珮礼还。但当戈登以兵戈相加时,他也只用战斗来回答,曾多次率领将士打败常胜军。

尤其是发生在1863年11月22日的那场战役。

这天深夜,万籁俱寂。头裹白巾的"常胜军",向娄门外石垒进行偷袭,前锋已成功地攀上了垛墙,以为是得手了。不料,谭绍光的守军却早已整装相待。他们奋起反击,坚守阵地,初攀者都成了刀下之鬼,后继者吓得连见到自己的影子也害怕。戈登只得动用二十门炮,连续轰击三小时,掩护退却。

清晨,"常胜军"又动用全部的四十六门大炮,轰击娄门外石垒。猛烈的炮火把屋宇和设备都炸毁了,以致天空飞满碎片。李鸿章亲临战场观看,见到这番场景时得意非凡。炮轰之后,步兵冲锋。谭绍光赤膊跣足,冒着炮火,指挥守军坚拒。这一仗"常胜军"大败。被杀军官和士兵二百多人,是戈登自领兵以来最大的一次惨败。

戈登和"常胜军"受到打击,士气低迷,于是他们也积极主张政治诱降。大厦将倾,一木难支。谭绍光坚贞不屈,但他的同侪郜永宽等却消极怠战,着意投诚。

李秀成说:我乃国中有名之将,有何人敢包我投乎

郜永宽等人也是李秀成部的重要将领。尤其是郜永宽曾多年追随李秀成南征北战。李秀成直属有殿后军、平西军、南破伲军、北破伲军和忠义宿卫军,其中"忠义宿卫军"始终随他作战,也是他的王牌军,这支部队的主将是谭绍光,副手、大佐将就是陆顺得和郜永宽。和郜永宽意气相投的周文嘉,原来是陆顺得部将,因为在东征上海时镇守青浦多次击败来犯之敌,在获得"独眼龙"诨号同时,也引起了李秀成等青睐,擢升为主将和宁王。

有兵就有权。太平天国后期的诸王和高级干部,都懂得这个道理。有兵才有话语权,拥兵才能自重。他们指挥的军队,就是他们的私人武装,帮助一起当家做主的,是他们的兄弟、家族、亲友、同乡等,由此组成了一个非常牢固的领导核心集团。因此,洪秀全虽然有几次革除了陈玉成、李秀成的爵位,但无人可以号令他们的部队。他们仍如常地在自己的军队中发号施令,指挥一切。洪仁玕、林绍璋没有自己的直辖部队,革爵后就形影子立、只能听任天王摆布了。

郜永宽、周文嘉等也拥有很多军队,经过他们扎根串连,苏州城里有三十五个天将加入叛乱集团,沆瀣一气,就以已有实力能在苏州举足轻重,作为能与敌人谈判讨价还

价的资本。

郜永宽等人自来到苏州后，江南纸醉金迷的花花世界，早令他们玩物丧志，只求保全财产和生命，"贼困于子女玉帛者已三载，日高方起，酒食盘游，无复斗志。令既下，妇女别于寝，知交栈于酒，皆太息泣下，视出战为畏途，搜命三日不能行，又二日未成列"(《燐血丛抄》)。上行下效，是以他们指挥的这些部队虽然人数众多，武器精良，却已丧失了斗志。

郜永宽等人通过老相识、太平军降人、巢湖盐枭，现为清副将郑国魁的牵线，同戈登、程学启作了多次谈判。程学启还为取得郜永宽信任，在首次会晤时，就主动提出交换兰谱，结为异姓兄弟，并由戈登作证，信誓旦旦，誓同生死。11 月 28 日，郜永宽等又由康王汪安钧为全权代表，偷偷摸出苏州城去，在城北阳澄湖上的一条小船议定投降。汪安钧当即表示，明日作战，俟谭绍光出战后，就闭城不再让他进来，听凭淮军捉拿。后因谭未出城，阴谋没有得逞。

郜永宽等人的行踪鬼祟、作战消极，也有蛛丝马迹。李秀成进得苏州城后，就有所觉察。李秀成有一天闲谈，有意挑起此事，对他们说："现今我主上蒙尘，其势不久，尔是两湖之人，此事出尔便，尔我不必相害。现今之势，我亦不能留尔。若有他心，我乃国中有名之将，有何人敢包我投乎！"郜永宽等人信誓旦旦，拍着胸膛，向老领导李秀成保证绝无此事："忠王宽心，我等万不能负义，自幼蒙带至今，而谁有此他心；如有他心，不与忠王共苦数年。"(《李秀成供词》)

李秀成明知就里，却也只能点到此为止。

后人有指责李秀成没有对郜永宽等人采取镇压，故意放纵，是缺乏对敌斗争坚定的立场，是深受儒家仁义思想的影响，下不了手。也有人说，李秀成自己就动摇不定。其实，此时此地，李秀成纵使要采取紧急措施，恐怕也难。郜永宽等敢于对他阳奉阴违，或者半公开地搞投降活动，是因为他们都拥有庞大的私人武装，其全部人员要占苏州军队的四分之三。所以当郜永宽与戈登、程学启作投降谈判时，他们"提醒纳王，不要把谈判拖得太久，恐怕慕王知道。纳王还说，他的军队足以保护他自己，慕王知道也无关系"(贺翼柯《戈登在中国》)。

《洪秀全演义》插图

郜永宽等的叛军已能控制苏州局势,李秀成奈何不得。尾大不掉,这才是真正的原因。

苏州危机日重。

1863 年 11 月 29 日,淮军强攻各门,戈登常胜军积极配合。谭绍光、李秀成应战,在娄门、齐门与敌搏斗,击毙常胜军军官五十人,另有一百七十二名受伤。常胜军士气大伤,情绪低迷,戈登无奈,书写通令安慰,并宣称苏州城内已有内应,不日可破城。

11 月 30 日,李秀成命郜永宽参战,郜抗命不出战,并命所属部队放弃齐门外炮垒。

12 月 1 日,山月已斜,夜将垂晓。李秀成与谭绍光痛哭相别,率卫队出胥门,由光福、灵岩至马塘桥司令部。

李秀成离开苏州,加速了郜永宽等人的叛乱步伐。翌日,郜永宽等人出北门与程学启、戈登定约,由戈登作保,为保全生命财产,同意让出苏州一门交淮军接管。他还建议淮军攻城,保证自己所辖军队绝对中立,并以戴白头巾为识别标志。

12 月 3 日,清军各路分攻娄、齐、葑、盘四门,水师断绝阊门去路,戈登以四十门巨炮助攻。郜永宽等打算诱骗谭绍光上城墙瞭望战况,乘机把他推下,为城下淮军捉拿,但未能得逞。

谭绍光早知郜永宽等人有投降活动。12 月 4 日,就在敌人的隆隆炮火声中,谭绍光于玄妙观慕王府设宴款待纳王郜永宽、康王汪安钧、比王伍贵文、宁王周文嘉及天将

太平天国后期诸王军中的洋人

1860 年,太平军逼近上海,与外人接触、往来。欧美人来华的水手、兵丁,亦有以冒险好奇、流浪投机或它因投入太平军中。其中以李秀成、谭绍光、李世贤等部为最。1861 年 4 月 20 日,上海英副领事福士德自天京向英使普鲁斯报告,称太平军雇有欧美人 104 名。1862 年 1 月,有被俘英人返上海称,太平军中有欧美人 200 名。1863 年 11 月,呤唎曾与多名英美人,夺取"飞而复来"船归李秀成。谭绍光守苏州时,有白齐文、马惇等欧美人多人,有说五十余人,经常相随有 20 余人,李世贤在漳州时,所部欧美人有 16 人。陈坤书、黄文金、廖发寿和汪海洋部都有欧美人。据归降汪海洋的"洋枪队"炮兵大尉 Baffey 称,康王极爱好欧洲思想,但极不相信西人,不肯给予权力。

汪有为、范起发、张大洲、汪花斑等八人。宴会后，大家一同祈祷上帝，然后到大厅会谈。

谭绍光作为会议主席，他在讲话中别有深意地说，只有两广将士可靠，其余就不可靠了。其他诸王、天将反驳，双方展开争论。

汪安钧突然从座位上站立起来，拉下自己身上所披的黄袍。谭绍光问他要干什么。汪没有答话，当即抽出佩刀，直刺谭的头颈。谭受了伤，大叫一声，倒在座前的桌子上。众人一拥上前，拉他下座，由汪有为斩下其首级。当天，慕王府被洗劫一空。此说据戈登回忆。

关于谭绍光被杀，还有一个来自官方的版本，那就是李鸿章向清廷所上的《克复苏州折》：“十月二十四日午刻，慕逆传令各伪王上城堵御，正在对众指挥，郜云官商令伪天将汪有为，出其不意，立拔腰刀刺杀之。”

第二天，叛徒们将谭绍光的首级送与程学启，开门投降。

淮军洗掠忠王府，把最宝贵的象牙床、沉香床送与李鸿章

郜永宽等人投降后，以为自己很有功劳，便向李鸿章提出要当总兵、副将等高官，甚至先斩后奏，率先以总兵、副将贴出布告自傲；要保留二万人马，划苏州城一半给他们管理和安插部众；为互不干扰，并须当中筑一长墙分隔。郜等不但未将自己多年来搜括、储藏的小金库财富献呈，倒要发给两个月军饷。他们真个是得意忘形、利令智昏坐错了位置。

清廷从来对待降人是：剃发、缴械、改编。也就是必须乖乖地听从一切安排，只准规规矩矩，不得乱说乱动，按投降者的游戏法则办事，如此方才能给以生命保障。投降就是无条件的投降，投降者必须诚心乐意接受安排、调动，再不允许能控制旧部和拥有公私财富。这是常识。保王童容海投降后，就一次又一次地听受湘军各个营官，甚至是拿着令箭的旗牌前来随意挑选兵丁、马匹和器械，主官还只有是笑脸相迎，不能说一个不是。何培英（何信义）投降时，首先是送与主官几千两银子，给一个方便之门，如此等等。

可是郜永宽等人错了。他们是降人的另类。后来被杀，也是不懂降人游戏规则，刚愎自用，咎由自取。

据说,就在他们献城投降那天,李鸿章接见时,发觉这些降人个个年轻气盛,经简单的答话后,便知这些家伙缺乏基本的文化修养,可谓是几介武夫,几头蛮牛。郜永宽等卖主求荣,最为传统道德所耻,所以是不仁不义之徒,此类之人,行为反覆无常,为了自己一时利益,可以出卖主子出卖朋友,什么坏事都能做得出来,若稍不能满足他的欲望,日后仍会叛乱,祸害于人。

于是李鸿章挥起了屠刀。

当晚,李鸿章在与老弟李鹤章的信内称:"降者太大,不甘人下。俟将此城收复肃清,落得两双血手。"

12月6日,在郜永宽献城投降的第三天,李鸿章设宴款待降人。

当郜永宽等降人得意洋洋奉召来到淮军营房大帐时,李鸿章早已摆好宴席,客气地招待诸位入座。正待全体起身举杯时,左右报告,北京送来廷寄。李鸿章于是起座离去,并命程学启总兵主席作陪。程学启摔杯为号,麾下埋伏的亲兵一拥而出,挥刀将他们全都杀死了。另说是诸降王去见李鸿章时,李鸿章见他们仍披着长发,没有剃去,彼此发生争吵,遂均被砍了脑袋。也有的说,他们根本就未见到李鸿章本人,八个降王、天将进得大帐,就被预伏的刀斧手乱刀砍死了。还有的说,他们是在酒宴时,有武巡捕八人,每人各捧着一顶红顶花翎进来,右腿向前弯曲左腿跪下,异口同声地说:请大人升冠。郜永宽等不知是计,意气扬扬起立,自解头上所戴黄巾,捧冠的武巡捕乘他不备,向前一步,转瞬拔刀,八个人的脑袋血淋淋地全为武巡捕割下来,侍从要奔逃,程学启大叫:只杀大头子,其余人众不问,否则格杀不论。

程学启随即鸣鼓,表示杀戮结束。淮军分兵把守城防各门,随即洗劫了所有王府,大肆攫取财宝。其中忠王府最为亮眼。相传,淮军诸将从忠王府掠得大量金珠宝物平分,并以两件最宝贵的象牙床、沉香床送与李鸿章。象牙床四柱均系整条象牙,无接合痕;沉香床有如斗室,四周都有门扇,可以启闭。李鸿章后来把象牙床安放在南京的两江总督衙门,沉香床则带回老家合肥大兴集。

李秀成很喜欢附庸风雅,爱藏书砚。他拥有古书卷十万卷,多孤本。这些书卷,后来有部分为丁日昌据有,丁携归广东丰顺家。丁日昌亦是近代大藏书家之一。李秀成收藏有名砚三百余方,其中一方为唐朝颜真卿的"卿云捧日砚",为歙砚,方式长尺,色深黝,上有似半球形者,绀碧色,有"金紫光禄大夫颜真卿"题款;砚旁及背还有黄庭坚、文徵明等人的题跋。

纳王府内的宝贝也不少。上海图书馆葛正慧先生生前曾与作者谈及,他从解放初李鸿章家乡缴来的字条里就见记录有当年李鸿章从纳王府抢到价值十余万金的几十颗大明珠。

为了独吞苏州,在淮军进得州城时,李鸿章就把戈登和常胜军支开,安排去昆山驻扎,待戈登再赶到苏州时,已迟了一步,他进入纳王府后,什么都没有捞到,对李鸿章独自洗劫苏州城和诸王府大为震怒,加上李鸿章又拒绝为"常胜军"发两个月军饷(一个月为七万两银子),就假惺惺地指责李鸿章、程学启背信弃义,表示今后再不受李鸿章领导,要解散"常胜军",甚至以夺回从太平军中取得的城镇,率领全军投奔太平军为要挟。李鸿章见戈登要把事做大,相当尴尬。后经英国公使等人打圆场,又在银行里为他打进五万两银子一笔巨款,方才言归于好。

诛杀降人的执行者是程学启。

为尊者讳,后来的李鸿章官越做越大,权倾中外,以致当时官方著作,如王闿运《湘军志》、王定安《湘军记》、朱孔彰《咸同以来功臣别传》,都把苏州杀降的主谋说是程学启。有些著作还把李鸿章说是不知情者,当程学启先斩后奏杀死了郜永宽等后,李鸿章还指责他:君亦系降人,何苦如此耳。为了应证程是主谋人,又有野史编造了程学启后来在嘉兴伤重而死时,郜永宽等向他索命云云。

但李鸿章本人从不讳言。在杀降人后,他写信与李鹤章说:"伪纳、比、康、宁四王及五天将杀慕逆以献省城,厥功甚伟。惟拥众二十万……卧榻之前,岂容他人鼾睡,致尾大不掉之虞,因于二十六日诱该降酋九人来谒,温语慰藉,各赏红顶大帽一具。旋密令龚生阳骈诛之。方忠(程学启)立即派满人入城,轰杀其党……用此倒仓法,搬乱搬开,绝无后患,可为大幸。"杀降后二十天,李鸿章与曾国荃信又称:"苏垣幸克,因人成事。贪天之功,只自愧悚。乃承朝廷眷遇之隆,师友奖藉之殷,丑女簪花,对镜增恶。惟摘杀伪王六、伪天将五,皆忠逆部下悍党,稍可自娱。"

这是李鸿章自供。

李鸿章杀降事当时传得很开,给他送来了耻辱,也带来了惭愧。三十年后,李鸿章访德,与铁血宰相俾士麦奢谈当年武功,得意洋洋。但俾士麦听了淡淡一笑:我从不将杀俘作为功劳。他认为李鸿章是冲破了国际道德底线,理应受到鄙视。程学启只是李鸿章麾下一个总兵,如果没有领导人点头,他是不敢杀降的。

郜永宽等人被诛,实属罪所应得,恶有恶报,而随之投降的太平军将士,命运就惨了。几万人一律缴械,被关进双塔寺后院,然后遭到集体大屠杀。也有记载说是卖作猪仔,塞上外国兵轮,送到南美洲圭亚那等殖民地做苦工。他们的家属则被驱赶到长江边上,时值天寒地冻,缺衣无食,活活饿死和冻死。

在马塘桥司令部,李秀成在获得吟唎所夺的"萤火"(飞而复来)号,有了自己兵船,正拟由水道相助谭绍光时,却见到了由苏州逃出的谭绍光余部。将士们向他哭诉。他真是感慨万千,后来还在供词中说,"这班反臣不义","后其各果是变心,将慕王杀死,投与李抚台"。

翌日,李秀成放弃马塘桥。

程学启在嘉兴毙命,时人多认为是郜永宽等索命

淮军在攻陷苏州后,李鸿章坐镇苏州,分军两路,主力继续西犯向无锡进攻,另支南下,进入浙江北部地区。

当时闽浙总督左宗棠的老湘军大部队在苦战多月,于钱塘江东岸富阳、萧山等地休整呢。他的战略部署是渡江进犯杭州、余杭。

左宗棠兵力有限,加之他自来用兵谨慎,不会越过杭州向浙江北部出击。鞭长莫及,只有听任淮军闯入自己管辖地带。近水楼台先得月,贴近太湖的嘉兴地区是鱼米之乡,自来富饶,李鸿章和淮军早已把它纳入自己的势力范围,卧榻之侧,非得取之不可。

李鸿章派出的先遣队是侍讲刘秉璋部。

浙北地区的太平军没有机动兵团,只有就地招募和强胁从军的地方守军。

他们当然不是淮军对手。

1863 年 12 月 14 日,刘秉璋攻陷嘉善张泾浜镇,拉开了淮军入浙的序幕。

三天后,太平军平湖守将陈殿选送上降书,迎请刘秉璋和道员潘鼎新进城。所部钱玉兴等不服由他单独在降书上署名,借假陈降意不纯,煽动降众内讧,将他杀死,并以自己名字带头开门投降。

平湖城里陈殿选所设小金库,竟拥有六十余万两银子。刘秉璋等得之大喜,对钱大加青睐,以后,1860 年加入太平军的苏州裁缝钱玉兴,得到重用,步步高升,若干年后,擢升为重庆镇总兵,代理四川提督。

钱玉兴是带头羊。

浙北诸城刮起了一场投降风。

12 月 22 日,乍浦守将熊建勋献城投降,三日后熊部将又献海盐城投降。熊建勋即熊万荃,原是李秀成亲信,在苏州曾与钱桂仁、李文炳合伙组成反叛集团,因李文炳、徐佩瑗等落网,在苏州立不住脚,始被调往浙江的。

1864 年初,李鸿章为加旺浙江战场战火,增派总兵程学启、李朝斌等主力淮军南下浙江。

程学启等部配置有新型的后膛枪和开花炸炮,还有英国教练备雷指导操作。

1 月 3 日,程学启攻陷江苏平望黎里。

1 月 7 日,程学启与刘秉璋部会师嘉善。郓王陈占榜举军降;潘鼎新部南下,攻陷嘉兴沈荡镇。

淮军终于拉开了围攻嘉兴的大战。

1 月 29 日,程学启和刘秉璋、潘鼎新、李昭庆、吴毓芳等五路人马麇集向嘉兴城东部和北部围攻。左宗棠对淮军不招自来,非常感冒,可是自己部队却被牵制在杭州城下,只得由蒋益澧处派出海宁降将蔡元吉(元隆)率本部人马前来合攻。

蔡元吉受到左宗棠信用,奉命率本部人马前来嘉兴围攻西部。他在降清后是相当卖力的,后来还参加了围攻湖州之战。

太平天国晚期先后出现高级干部叛变,为虎作伥,他们为了减轻自己的"罪行",比在当年太平天国封王封天将时更为起劲,在和曾是战友的太平军将士作战中往往勇不可当,是非常凶恶的敌人。

程学启等军在嘉兴打得非常艰苦。

嘉兴守军荣王廖发寿拥军万余,但所用武器主要还是冷兵器,炮座上安装的也是前膛铜炮,不能久发炮弹,在发了几发后,就得冷却,否则极易炮膛自爆。

程学启多次组织将士强烈猛攻。太平军守城将士奋力反击,将程的第一副手、总兵何安泰击毙。何安泰是程学启老伙伴,当年他们一起在安庆城畔投降,又一起参加淮军东征到上海,被称为战守可恃的勇士。何安泰被击毙,使气焰嚣张的攻打嘉兴的各路清军斗志大为减色。

但是嘉兴毕竟是孤城,悬在敌后。

淮军又以强大的火力,赶走了来自湖州的黄文金援军,嘉兴太平军唯一的外援断绝了。

3月24日,程学启指挥所部,攻占城外所设的木栅,洋教练备雷指挥用开花炮猛攻嘉兴城墙。嘉兴城墙厚及三尺,在开花炮弹猛轰下,坍倒百余尺,城上所设的二十余座炮台也都灰飞烟灭。

淮军水陆并进,渡过城河。

城破后,廖发寿仍指挥守城将士悉力反击。

程学启身着黄马褂,爬在军垒之上视察战情,目标显明,当即被太平军将士击中脑壳,不久毙命。

廖发寿身受重伤,躲进王府后园井中,仍被寻获杀死。他的副手挺王刘得功在巷战中为炮弹击中牺牲。

嘉兴失陷。

程学启野心勃勃,他原拟定在陷嘉兴后,自引一军围攻湖州,绕过长兴、宜兴和常州,包围天京。但终于在嘉兴毙命。

程学启是淮军第一悍将,《清史稿》为淮军诸将作传,程学启名列第一,并称誉为"李鸿章创立淮军,一时人才蔚起,程学启实为之魁"(卷四一六)。他是清史馆为太平军降将作传的几个人之一。

对程学启的毙命,当时传闻很多,说是因为是他在苏州杀降王,背信弃义,而被郜永宽等索命至死的。后来刘体仁据其父刘秉璋口碑,还作了记录:

> 果报之说,中于人心往往于疑似之间,示人以神妙之迹。程忠烈(程学启)之杀八降王也,军士乘之而大劫。李文忠(李鸿章)咎之曰:君亦降人也,奈何遽于此。乃克嘉兴,微有不慊于文忠。伤重呓语曰:君亦降人也,因自决其创口而死。当时之人咸谓降王索命也。(《异辞录》)

民国期间,续黄小配《洪秀全演义》的章回《洪杨豪杰传》,更于此作了惟妙惟肖的形象刻画。

第三十八编　苏常道上，淮军烧杀掳掠

淮军各营拒绝送出被掳妇女，李鹤章也只得听之任之

太平天国苏福省首府苏州陷落，李鸿章将淮军主力分为两路，一路南下由吴江取嘉兴等地，由程学启主持；另路西进，由老弟李鹤章、刘铭传等主帅进攻无锡等地。

李鹤章以东亭镇为前敌司令部，四面围攻无锡。

太平天国守卫无锡的是潮王黄子隆。黄子隆，广西人，异常精悍，时人笔记中称他"目光炯炯若电"，可见是个很有精神充沛的汉子。

淮军大军乘胜而来，气势汹汹，无锡城里人心惶惶。黄子隆部属中有个发天豫黎瞎子，心存异念，与已叛变的无锡监军黄顺元挂上了钩，约期内应，不料事泄，黎瞎子干脆先发为上，带着十几个同伙，乘人不备，攻进了潮王府。黄子隆匆忙之间，没有防备，只得与亲信百余人攀上了屋顶，没有兵器，就地以屋瓦砖片相抗，相拒一日一夜，黎瞎子没有后援，终究被全部杀死。

黄子隆消除内奸，但仍在淮军紧紧围困中。

12月12日，忠怀朝将汪裕溯率军出城作战，败回，退往城中，淮军紧紧追随，以至城门来不及紧闭，一拥而入。黄子隆闻警，赶到城头，力战被俘；儿子黄德懋率众在城下抗拒，亦被俘。无锡富庶，淮军各营出战未出战，以至营内伏夫、杂役都蜂拥而出，乘机进城掠夺。这是一批穿着军服的强徒、贼匪，逢屋抢劫。太平军一半战死，一半做了俘虏。全城大街小巷为淮军毁坏达十之六七。后来李鸿章进城，看到的只是一片瓦砾场。

淮军抢掠的一个目标就是女营。

太平天国从未废除女营，每据一城一地，就逼使家庭分隔，男归男行，女归女行。他们把妇女也视为财产资源。将士有功，首长发票，可以凭票到女营对号领取女人，功大的还允许可挑选称心者，这种比买卖婚姻好不到哪里的男女情事，本是应贬骂和不值得的丑事，也曾有那么一个时期被称赞、歌颂，说是太平天国男女平等，婚姻自由，那张首长签票，所谓"合挥"的证书，也就是结婚证书。

女营遭到淮军的掠夺、分割。

直到傍晚,兵将们始将掠夺的妇女用马匹运载至东亭,前拥后挤,络绎不绝,犹如一条长龙,前后延续至深夜,喧哗于途。

当初,李鹤章为维持淮军的战斗力,严令各营不得携带妇女,更不得掳掠妇女。妇女在军中,士气有不扬。此时李鸿章见状,不得不派出亲卫队赴各营搜查,在总兵周盛波营中查出被掳妇女二十八人,总兵黄中元营中查出被掳妇女三十六人,但其他各营虽经查证,因为营官和兵将拒绝送出,李鹤章见于抵制者众多,也只得听之任之了。而将查出的妇女均收容在东亭局中,并以各地籍贯分别居住。妇女们终日啼哭。各营兵将得悉局中有女人,争先恐后前来掠取,看守者竭力阻止,还说是李三大人军令,可是军令怎能挡得住这批眼睛已红得发赤的凶徒,动辄就拔刀相胁,实在难以禁止。于是只得放开门户,听其自然,女人愿意跟着走的就让她去;不愿跟着走的,也只得由他抢掠。有一个南京女人,抱着一个幼孩,大概是潮王黄子隆的一个王娘,很有点架子,不肯随意跟人,但见到某个少年将官貌美,欣然跟他走了。潮王另有三个王娘在城破时,身藏金银珠宝,欲出西水关逃脱,被捉拿。无锡籍的本地妇女有十八人都不愿跟从,虽强劫亦遭坚拒,经局中人竭力保护,解说,终于摆脱掳掠,后来送回家乡,交与亲族。

民间苛捐杂税

太平天国晚期于民间多苛捐杂税,据《避寇日记》,在嘉兴地区就征收有房捐、火药捐、柴捐。房捐"每间每日三文",火药捐每亩田钱五十文,柴捐"每亩每十日派柴五斤,每五十亩积十日合解二百五十斤,复派解费二百二十文"。在杭州有派居民解灰煎硝,用于制火药,如不能解灰进城,"由旅帅雇人挑解,每担折钱二百文,名之曰"出灰钱"(《难中记》)。太平天国有规定百姓外出经商,准许剃头,但要收剃头费。海宁"百姓剃头过江贸易,每给剃头凭,须费仅二十六文"(《避寇日记》)。还有礼拜捐,"尚虞袁安公局为筹议收钱事,缘佐将黄饬派军、司、旅员限解礼拜钱银等项";海塘费,"每田二十亩派费三千文"。

此外,造王府也得捐钱,嘉兴听王府殿砖瓦费"各镇既派股捐,亦有派及田户者"。王府且由嘉兴郡七邑乡官各承修一重,官员生日寿庆、晋升开印也得向民间派费,送乡官赴任也要收费,桐乡师帅董春圃赴任,"是日各店口及人家均送开印贺份,共收份五十余份"。

　　淮军各营入城,烧杀掳掠,无恶不作。他们见城中各馆衙中粮米充足,争先抢夺,一些大宅子,相互争夺,争夺不了,就放火烧掉,鱼死网破,大家都没有,以至城里处处有火灾,彼息此起,坍屋之声如除夕爆炸,相续不绝。李鹤章几次下军令,兵将也只将当耳边风,至第五夜方才灭绝。他进城后也找不了适当的名宅大屋,只得住进小娄巷烬余家屋,房屋甚窄,不得不暂作憩息。

　　淮军掳掠,凡有用之物无不掠走。城陷十几天后,城门亦以做好,烬余之屋,所遗留的用具也尽为营中兵将取走,运出城门,出卖于他处城乡。太平军在无锡时,赴四郊乡村抄掠,甚至把家用杂物和农田器具都运进了城里。淮军兵将即将其中贵重之物窃占,而将杂物等抛丢,以致多条街巷成为大卖场、杂物堆。

　　黄子隆被俘后与儿子黄德懋押送苏州李鸿章大营,途中正逢李鸿章前来无锡,遂带回无锡。黄子隆顽强不屈,拒不回答,要他作供状,就以不识字加以拒绝。临刑时颜色自若,从容不迫。

戈登冲进溧阳侍王府,俘获了李世贤的母亲、姐姐和若干王娘,用作为人质

　　无锡失陷后,太平天国在大江以南仅保留一隅之地。其中苏南只有天京、常州、丹阳、句容和宜兴、溧阳、金坛;浙西只有杭州、湖州和嘉兴地区,而位居苏浙南北地区的太湖以西宜兴、溧阳、金坛,是天京与浙江唯一交通线。

　　李鸿章身为江苏巡抚,攻占太湖西区三城就是他职责所在,但自无锡占领后,主要目标是攻陷常州。

　　为使天京完全成围,必须截断来自苏浙之交的粮食线,李鸿章派出提督郭松林等营西进攻打宜兴。

　　宜兴守军范汝增一败淮军总兵吴建瀛,二败于郭松林。吴建瀛自南汇叛降后,不到两年时间,就因为打仗卖力,屡立战功,竟被升格为正二品。李鸿章驾驭降人,论功行赏,一视同仁,这也是他镇压太平军顺利的一个原因。

　　李鸿章因兵力不足,乃请海关监督、英国人赫德赴昆山与戈登调停。当时谣传有"常胜军"将集体参加太平军。戈登亦因如和李鸿章决裂,则有可能由他人来替代他在"常胜军"中职务,赫德又花言巧语,称赞戈登的功绩,还说中国的命运操纵于他之手。

戈登放下架子,主动找上李鸿章,进呈继续进攻太平军的计划,并向英国驻华公使布鲁斯表示,他所以愿意继续带兵,无非是为贯彻英国在华的既得权益。

戈登随即带领"常胜军",自昆山出发,经无锡至宜兴助战。

当时,正逢郭松林等攻城惨败。戈登遂与淮军各营联手,猛攻宜兴,于张渚镇击败来自湖州的戴王黄呈忠援军。翌日,即 1864 年 3 月 1 日,以巨炮击溃守城部队。当夜范汝增撤军,佐将刘佐清投降。"常胜军"进入宜兴城,将士旧病复发,又将要掳掠,戈登怕再引起公愤,激化与李鸿章矛盾,强力制止。这些他都记录在私人日记里。这本日记后来在 1883 年戈登在出任英国苏丹总督时被当地民众所杀后影印出版。1896年,李鸿章访英期间,就获得他家属所赠这本影印件和一条凶悍的狼狗。

3 月 4 日,戈登又配合淮军郭松林等营攻打溧阳。溧阳是侍王李世贤的地盘,有壮丽宽广的侍王府建筑。但守将吴人杰乘李世贤在外作战时,打开城门,率一万五千人投降。戈登将其中一千人编进"常胜军",而他最大的收获,就是率先进入侍王府,俘获了侍王母亲、姐姐和若干王娘们,且将她们作为人质,由专人护送至昆山,以便日后向李世贤敲诈,换得一大批金银。

戈登在搜查侍王府时,据说还获得一把宝剑,这是李秀成送给李世贤的佩剑。回英国后,他把这件战利品进献给维多利亚女王的堂兄弟、英国陆军总司令剑桥公爵。20 世纪 60 年代,英国友人柯文南将它购得转赠给中国。这把剑,戈登在攻陷常州后给母亲信中也提及:

> 我将请卜鲁斯公使把忠王的剑带回英国,这把剑包在一个在常州用这剑自刎的太平王的旗子里,你们将看见那面旗子上还染着斑斑的血迹。1863 年 12 月,恰在苏州陷落以后忠王厌倦了战争,决定回南京休息,暂时不作战,遂把这把剑送给在无锡的烈王(原注:溧阳叛军首领)。(贺翼柯《戈登在中国》)

华墅之战,"天落长毛"把常胜军打得大败

太平天国镇守金坛的是襄王刘官芳。

淮军郭松林等部攻陷溧阳后,转攻金坛。戈登"常胜军"助攻。见于宜兴、溧阳的攻取,他将炮队主力留屯溧阳。3 月 20 日,戈登率军攻打金坛,在二三百米处架炮轰

击,但守军保持沉默,不予回击,数小时后,城墙被打开一个缺口,常胜军第一团携带竹桥渡过城河,第二、第五团跟进,继续以小艇渡城河入城,无人抵抗。

万籁俱静,第一团渡河走到城根,方拟攀登缺口,突然墙上守军起身,将砖石掷下,有如骤雨,遂令偷袭者进退维谷,守军顿出以长矛冲锋,立即如挑田鸡,戮死多人。

戈登只得又用巨炮轰击缺口,过后又命助手克根木挑选精兵,由己亲自率领第二次冲入缺口,被流弹射中腿部,克根木攀上缺口时也被击伤,兵将死伤甚多。

"常胜军"于是又用巨炮开道,将缺口处太平军扫光,由戈登副官柏朗少校率领精兵冲入,守军仍以长矛迎敌,又获胜仗。

这就是"金坛砖瓦战"。太平军竟以原始的硬器杀伤有现代兵器装备的"常枪队"。是役,"常胜军"外国军官被击毙十四人,士兵有七分之一战死。戈登只得放弃对金坛进攻,退往溧阳。

这时正值一支援救常州的太平军,在李容发和陈承琦等率领下,因受阻于围城淮军,遂由内线转入外线,东进进入淮军军防空虚的苏州、常熟地区,威胁"常胜军"后方基地昆山,戈登不得不挂着拐杖会同淮军郭松林等营前来援救,因为急于求功,在缺乏巨炮配合的情形下,率领步兵千余进攻华墅。华墅是一个水乡,戈登军在被诱入乡中平原无障碍处,受到太平军骑兵袭击,全军溃散,被击毙外国军官八名,士兵二百五十二人,伤六十二人,丢掉枪四百支。太平军骑兵乘胜追击,戈登败退无锡。

华墅之战,太平军大显神威,时人称之为"天落长毛",以为这支伍队神出鬼没。它也是自戈登组建常胜军以来,最大的一次损失,可证"常胜军",不"常胜",如果没有巨炮助阵,只用冷兵器肉搏,它远非太平军的对手。

李容发、陈承琦等华墅之战,包括占领常熟福山的胜利,只是短期行为,在李鸿章亲自赶来督阵后,他们寡不敌众,只得撤回去了。

4 月 25 日,金坛失陷。攻占金坛是湘军鲍超部队。此时刘官芳赴湖州,太平军镇守金坛为值天义盛明文。盛本已剃发投诚,但鲍超先遣军入城大加掠索,欺压降人。盛大怒,闭城将先遣军兵员全部擒杀。鲍军诈索多赃,于此推迟了金坛的陷落。

麻雀虽小,五脏俱全,从护王部馆衙名册看,
百官俱有,三百六十行典官,行行俱全

苏州、无锡等重镇失陷后,太平天国在苏南最有战略地位的城镇就是常州了。李鸿章随即组织淮军刘铭传等部以及戈登的"常胜军"进犯常州。

太平天国镇守常州的最高首领是护王陈坤书。

辅助陈坤书的有他的老兄陈志书、佐王黄和锦和列王费某等人。黄和锦原是江阴守将,是被太平天国广王李恺顺赶出江阴来到常州的。他们虽都属于李秀成麾下,只因后期地窄王多,李恺顺凭强势霸占了江阴;费某是由天将自然递升为列王的,晚期洪秀全大开封王之例,将所有封"天将"的一概升为列王。近水楼台,天京和周边诸城镇的"天将"们就顺流成渠变身为王爷。

洪秀全为保卫天京,已经从常州抽调多名将帅,如养王吉庆元、阶王谭体元等人,但常州兵力仍很雄厚,原有五万人马,还有来自周边无锡、江阴、宜兴等城镇溃散的五万人马,总数达十万人众,其中两广籍老兄弟占有相当的比重,堪称是一支战守可恃的武装。它还配备有洋枪洋炮。

晚期太平天国地方割据的王爷,有土有民有兵有权,自行设卡收缴赋税,自行建立圣库(包括王府小圣库)。

一方水土养一方诸侯。

陈坤书就是一方诸侯,常州就是一个独立王国。

有兵就有权。陈坤书是学李秀成的。李秀成有兵,洪秀全奈何他不得;陈坤书有兵,李秀成也奈何他不得,何况他在常州直接接受天王领导,名正而言顺,李秀成更奈何不了。陈坤书从1861年冬或1862年春离开苏州来到老兄陈志书所在的常州,自此在常州建藩。李秀成对他不服调度,靠向天京,跳过他向天王贴近,是有意见的,所以在《李秀成供词》里说陈在苏州主持工作时扰民:

> 十二年回转苏州,那时我上江西、湖北招兵之时,将苏州、浙江嘉兴军务民务妥交陈坤书,我方而去。后十二年回到苏省,民已失散,房屋被拆不堪,良民流涕来禀。那时陈坤书自愧对我不能,我由杭州回到嘉兴,其在苏州业带自队逃上常

州，将常州自霸，使钱而买作护王。此人是我部将，因其乱苏州百姓，惧我治其之罪，故而买此王而拒我也。(《李秀成供词》)

这段文字，20世纪以后多有著作引用，以证李秀成爱民，天王乱制，陈坤书买王之证。其实不确，据时人日记，李秀成返苏时，第七天将陈坤书还出城迎接。大概为1862年2月，京外自英王部主要将帅封王漫及，李秀成部名列首席，又是拥兵最重的两位，即童容海封保王、陈坤书封护王。陈坤书是据资历、地位进阶为王爵的，无以别证可称是行贿封王。李秀成在囚中以此向曾国藩显示有爱民行为，良有以也。

陈坤书是李秀成部第一副手。

1858年，李秀成由殿后军主将递升至副掌率(副总司令)，所遗殿后军主将由陈坤书继任；后李秀成封忠王，又由陈坤书继承副掌率。陈坤书在李秀成离苏州后主持苏州事务，自是顺理成章。

陈坤书扰民，是否可视为他对李秀成治理苏州，安定社会秩序，发展生产以及与地方各阶层和平共处的政策，不理解、不执行。李秀成要把苏州搞成自己的王国，当然非常注意社会的安定。他对地方的豪绅相当宽容，如徐佩瑗。因此放松了警戒，肇成苏州地区的叛乱，地方团练的猖獗，包括如枪船费玉成辈的横行，这些似多应认定是李秀成的软肋。它大概也被视为是陈坤书"扰民"之处呢。

麻雀虽小，五脏俱全。陈坤书的护王府和护王控制的常州有似一个小王国，从此处亦可窥出太平天国各个王府的格局。

英国伦敦不列颠博物馆收藏的若干份护王部兵册馆衙名册和家册，系戈登"常胜军"攻陷常州时所缴获的战利品。吉光片羽，却也提供了护王府机构和部队编制、组合的部分规模。

护王府属官繁多、庞杂。直接隶属于护王的，就有六部尚书，其中吏部还有一尚书、二尚书；一尚书汪某1863年封熵天义，由此可见：(一)六部尚书，每部尚书不止一个；(二)尚书有封义爵，地位不低，但封得甚多，过滥了。另设有同检、承宣；承宣按左一、右二，见有记录的就排至叁拾陆承宣，承宣多封福爵，如右八承宣程翠郁封郁天福，右拾贰承宣翟大保封騄天福，叁拾陆承宣严有年封袄天福。还有巡查若干名，其中右二巡查封扐天豫，可见巡查低于尚书、承宣。

护王府典官应是三百六十行，行行俱全，见于名册的就有：总理硝粉事务，随征圣粮,正、副典买办,正、副典马,正典炮、典炮,正典案,正典舆,正典杠,正典锣,正典柴,正、副典袍,典金,典油盐,典铁官,圣库,正、副典浪,正、副典乐,副典更,正黄杠。

护王府典官,真可谓包括了衣、食、住、行。一般为首典官多封侯爵,如正典茶黄举龙封墣天侯、正典舆张后贤封埣天侯、正典锣李国菁封坝天侯。所谓正典茶就是为护王采办、管理和提供饮茶的机构,正典舆就是护王的轿子管理机构,护王出阵、行军都得乘轿,从抬轿人员统计,护王轿子要有八人抬,正典锣是护王出阵、行军,轿前的打锣人员,从所列名单,至少有四人。

为护王一人服务人员可谓多矣,此处可见一斑。

陈坤书护王只是一个列爵王。太平天国后期列爵王已知者就有三二百个。可见为服侍新贵的非战斗人员实在太多了。这些非战斗人员在府中军中,不但耗费给养,而且大大削弱了战斗力,影响了士气。这也是太平天国各路人马常打败仗的一个不可忽视的因素。

后期太平天国有实力的军事领袖,通常有两套班子。所领人马有以军为编制,但直属的乃是以营、队为番号。英王陈玉成就有前、后、中、左、右五营,每营各八大队,也有称英王直属有五大队、五小队。陈坤书地位低于英王,所领人马当也少于英王,但编

太平天国厘金

1853年,雷以诚从钱江创议,在扬州仙女庙开始实行厘金制度。厘金,即厘捐,系商捐,分二:一坐厘。为交易税,抽收于坐商;二活厘,为通过税,抽收于行商。太平天国也同。"凡有市镇,分居把卡长毛,抽捐厘金。"(《劫难备录》)在长兴鸿桥,"每日所抽客商之厘捐,则概归人和局收取"(《俭德斋随笔》);湖州乌镇,"乌镇分东南栅之店铺,厘捐日费,尽归献天豫"(《寇难琐记》)。凡缴纳厘金均发捐票,据石门(桐乡)茬珊口卡局捐票:

王宗殿前忠忆朝将杨为给发捐票以凭稽查事:今据商客聚丰李客运到梅梨五种,计本九八四〇,计捐厘金三百十五文,照数完纳,均已收讫。为此给凭付与该客收执,以备查核,以杜奸冒。须至凭者。右票仰捐户聚丰李客收执。

天父天兄天王太平天国壬戌十二年九月初七,十乙字第号。

清政府抽厘为5%—10%,太平天国税率通常为3%。

制也可有大队、小队。1863年陈坤书部有前一队理天义陈士桂,似当还有前二队、后一队、后二队,等等。前一队理天义统下设营,见有右营巘天安姜、详天安游。队内也有馆,馆主管辖有文、武正副军政司以及若干按数字编号参军。如莆天安队内乔天福,有文武军政司、参军,还有照理粮饷事的壹佰拾伍癸官丞相黄典存。丞相,早期六官丞相自是国家高官,此时此刻,已由1862年的编号丞相贬为编号加天干的丞相了。当时一个营,竟有十个或十个以上的编号丞相,丞相相当于连排长级的小军官了。

护王陈坤书就是指挥这支部队,在常州抵挡东上的装备现代化枪炮的李鸿章淮军。

大字招降布告很顶用,每天前来投降的有三百人之多

常州保卫战是在1863年12月15日打响的。随之常州北边奔牛重镇因守将邵小双叛变而失陷,门户洞开,淮军刘铭传、周盛波等营先后占孟汛河城、包桥、宝塔边营。李秀成、李世贤等军和林绍璋军围攻奔牛,击败淮军总兵唐殿魁等营和降人邵小双,把他们团团围住。后因刘铭传、周盛波等来援,并毁助阵之"萤火"("飞而复来")号始得解救。由于常州城墙坚厚,陈坤书麾众固守,淮军围攻月余,仍无进展,李鸿章焦急万分,不得不请戈登"常胜军"携巨炮相助。

戈登在解决常州周边宜兴、溧阳和金坛的太平军后,参加了对常州的进攻。

4月15日,李鸿章来到常州一线督战,愤懑孤城久久未能攻下,亲自布置进攻时宜。从4月22日到27日,李鸿章指挥淮军各营猛攻,戈登军攻下西门营垒。英国陆军将领贝雷在攻陷嘉兴后亦带炮队前来助阵,以巨炮猛轰南门、西门。治王陈志书在城头中炮战死;太平军也以炮回击,击毙"常胜军"军官马敦少校等十名,兵士三百名。马敦是"常胜军"资深军官,曾随白齐文投奔苏州谭绍光,后又随白齐文回到"常胜军",很受戈登信任。

太平军在此次炮弹中表现相当英勇。他们不怕死,在陈坤书亲自带领下,拼死抵抗,把登上城墙缺口的"常胜军"消灭光。当城墙上第一批将士被"常胜军"的榴弹炮、铁筒炮一扫而光后,第二批太平军又立刻补上,前仆后继,众志成城,攻城的"常胜军"和淮军无可奈何,只有撤退。

太平天国将士所用兵器

其中斩刀为常用,手枪为晚期高级干部佩用,但不常见。

李鸿章见强攻亦被击退,就采取了招降法。这招是他在苏州杀降后,还未好好用过的方法。

招降办法之一,就是贴大字告白。李鸿章命人用大字写成醒目的布告,张贴在城墙上,说明除护王陈坤书一人外,其余人等,凡自愿弃城投降者,一律免死。这个方法确能瓦解人心。尽管陈坤书努力防止部下逃出迎降,但仍阻不了逃跑。据称每天降清的竟有三百多人。

5月11日,李鸿章又上一线督战。

戈登"常胜军"工程队用数十个大铅筒,铅筒两边各有钩环,彼此相连,加板于上就是一座浮桥,可运载淮军,淮军提督王永胜、刘士奇各持一旗,旗上写有"不怕死"三字,从城墙缺口处发起冲锋登上城。陈坤书率领将士肉搏,淮军渐渐不能支持,在此紧要关头,利禄薰心的戈登带领二百名"常胜军"跑过浮桥,冲上缺口,用洋枪奋力射击太平军,太平军溃退,佐王黄和锦等被俘。常州城陷。陈坤书边战边退,最后退至护王府,犹带领几十个卫士抵抗,在只剩得孤身一人时,还手舞大刀格斗,淮军以十几人之力才把他捆绑。

李鸿章审讯陈坤书。陈坤书顽强不屈,昂然直立,当即发表讲话:现今忠王、侍王等弃城避战,"我欲保守常州,以为金陵犄角,奈事不成,只有尽忠"(《李鸿章奏稿》)。他当即被杀,头颅悬挂常州东门外,不料一夜过后,头颅突然失踪。此事见于同治《常州府志》，或见陈仍有爱戴者，为他埋葬也。

据吟唎《太平天国革命亲历记》称，此次攻陷常州，淮军死亡一千五百人，"常胜军"军官被击毙二十七人，另有英军四百人也一并被击毙。贺翼柯《戈登在中国》吹嘘戈登，并编造了陈坤书被俘后，愤然地说："要不是戈登及其军队协助你作战，我定叫你毫无办法从我手中夺取这城市！"不过戈登"常胜军"确为攻陷常州付出巨大代价。据他在攻陷常州后给母亲的信称："这次战争，我所遭受的损失绝不是轻微的，一百军官中有四十八人死伤，三千五百名兵士伤亡一千人。"

清廷为嘉奖戈登，给他加提督衔，并得功牌旗帜。

西周青铜器虢季子白盘

常州失陷后，淮军提督刘铭传进住护王府，某日深夜，在巡查时，从马厩里听到金属相撞声，由此发现了一只铜马槽。他洗净后猜想是件古器，便派人运回合肥西乡潜山房。后来刘回家请人译出铜马槽上镌刻的 111 个铭文，才知是西周中晚期青铜重器，称之为虢季子白盘。该盘长 130.2cm，高 39.5cm，重达 200 余公斤。刘于是在家院建"盘亭"贮藏。1949 年新中国建立后，他的后裔将此器献给国家。今藏中国国家博物馆。此盘乃清道光年间于陕西宝鸡出土，眉县知县徐燮均购得后带回常州老家。太平军占常州后，流落至护王府。

常州攻陷，除丹阳和天京，李鸿章大致夺取了所有江苏省的城镇，此时此刻，他已不需要戈登的"常胜军"。"常胜军"因常败，军纪松懈，沿途多从事抢掠，且淮军要为他付出一大笔军饷,已成为李鸿章的负担。5月12日,李鸿章与戈登商议解散"常胜军"。5月16日,"常胜军"退驻昆山时,正逢英国政府颁发取消本国军人参战之法令。5月31日,"常胜军"宣布遣散。只留李恒嵩的洋枪队三百人和罗荣光的炮队六百人。"常胜军"自建立后,共耗费军饷五百七十余万元。

第三十九编　得之易失之亦易,浙江全省就是这样丢掉了的

李世贤有精兵二十万,是老湘军的二十倍

　　按照曾国藩的战略部署,与江苏巡抚同时期进军的,在浙江省就是由曾国藩保奏的浙江巡抚左宗棠。

　　左宗棠是在 1862 年闯进浙江的。他的老湘军实力雄厚,主力有一万人,进入浙江后,又先后加入了衢州李定太部的八千人,江山李元度部的七千人,布政使蒋益澧的一万五千人,总兵刘培元部的六千人,总数达四万六千人,而且还多系久经沙场的老兵。

　　他的对手主要是以浙东金华为中心的太平天国侍王李世贤。李世贤是在江西乐平先败于左宗棠老湘军的,避实击虚,由江山玉山经白沙关入浙的,一度攻城略地,如若无人之境,占领浙东很多府县,几个月后,李秀成在江西铅山会合脱离石达开回朝的童容海、黄祥胜、朱衣点、黄五馥、吉庆元等率领的人马,此部不久为天王赐名"扶朝天军"。进入浙江,占诸暨、绍兴和杭州

左宗棠

等地。当时浙江全省十一府七十州县,只剩下衢州、温州两府和舟山、玉环两岛县尚在清军手里。太平军黄旗招展,即使是舟山,被封为附天侯的镇海人汪义钧也曾率领七百兵士登岛,只是由于实力薄弱,又没有水师配合,登岛后尽都战死了。

　　早在 1855 年,曾有太平军偏师出入浙江一角,后来石达开亦曾来此活动。他们都是前奏曲,而把它作为战略重地,当始自李世贤和李秀成据守全省。

　　浙江是太平天国后期占领的。两李在浙地大致以钱塘江为界。浙西地区和绍兴、富阳由李秀成所部把守,其余浙东各府县都是侍王李世贤的辖区。

　　左宗棠入浙,主要的对手就是李世贤的几十万人马。

　　李世贤有二十万精兵,人数是以老湘军为核心的左宗棠军的二十倍。他们的装备也有若干洋枪、洋炮,不比老湘军差。这是一支战守可恃的部队。

可是,经过不足两年较量,老湘军却以少胜多,把李世贤的各路人马打得大败,赶过了钱塘江,赶出了浙江省。

左宗棠有丰富的军事经验和驾驭部众的能力,用兵作战处处模仿《三国演义》蜀汉诸葛亮。他自称"老亮",凡事相当谨慎,走一步看两步。在与太平军作战中,他从来不敢在第一线投入全部的兵力和打冗日持久的攻坚战,害怕全军陷入险境,而损失做官带兵向上爬的资本。他作战注意稳守后路,不到关键时刻一定要保持和不轻易动用第二、第三梯队。

李世贤所辖军队虽多,但成分复杂,有攻城略地强掳入伍的青少年,有收容投奔的老兵油子,派系更是林立,指挥不一。有他的嫡系部队,如殿左军、讨逆军、忠正京卫军,也有的是原隶于石达开、中途脱离前来归并的广东花旗,如谭星、谭富、周春、陈寿和林彩新等部,另有三支人马,原辖天京因在浙西活动,而受李世贤领导的,即对王洪春元的堂卫军,天王大驸马金王钟万信和天王驸马列王徐朗的两支人马。洪春元、钟万信、徐朗等仗着是皇亲国戚,有天王和朝内新贵做后台,不甚服从李世贤调度,相互之间还有武装摩擦。李世贤和所部将帅,也有看不惯他们凭裙带盛气凌人,唯我独尊,相处关系不甚和洽。1862年后,洪春元、钟万信两人因闹不过李世贤人多势众,便先后撤出浙江防区回天京去了。这也削弱了李世贤在浙江的实力。

左宗棠善于用兵,但他能在浙江打开局面,以少敌众,以少胜众,还因有太平天国和李世贤失误,以及地方民众团练的牵制,其中最为作用的,是诸暨包村的民团。

弹丸之地包村,竟牵制了太平军十万之众长达八个月之久

包村是诸暨城东北贴近绍兴的一个小山村,三面俱山,只有一条通道,很不起眼。包村民团的头子叫包立身。包立身是包村的一个农民,乘太平军陆顺得部攻占绍兴,绍兴、诸暨等乡村纷纷开办民团之际,他也开办了包村团练,包村是个仅百余家的小村,他把百余家男女老幼全都组织起来,家家户户自备竹刀、长矛。

包立身身材魁梧,有蛮力,能举重五百斤,自称受益于白玉蟾,学得兵法和遁甲等术,此等诳语昏话,迷惑了不少人,以致短时期里,就麇集来自周边各处民团一万余人,自称"东安义军统领",为区别与太平天国的黄旗、花旗,统一着白衣白甲,打白旗。为表示自己的立场,派人将太平天国所任命的龙尾山旅帅唐伟堂捉来,斩首祭旗。

1861年12月4日,太平天国诸暨墩天燕柳某率众三千进攻包村,中伏败退。是日因为大雾迷漫,由此被说成是包立身借雾用兵获胜了的。

1862年2月,从天京回来的新封来王的陆顺得得知此事,就命诸暨地方佐将前往讨伐。该佐将率军一千人杀奔包村,将近山村,只见水田漫漫,一径小道,道上又是散布蒺藜,寸步难行。村中寂然无声,太平军也不敢冒然闯进。双方相持长达两个时辰,进攻方正气衰力竭欲退之时,村里响起阵阵锣鼓声,响彻天空,突然杀出几队白衣白甲人马,从左右包抄前来。太平军未及防备,将士被杀一百余人,三十余人被俘。

陆顺得原以为包村弹丸小村,难以抵盛大之师,此时此刻,竟得到溃败的耗息。他毕竟年少气盛,血气方刚,控制不了暴怒性格,就命绍兴坐镇见天安姚克刚为司令官,勋天福胡兴霖为前敌总指挥,率二万人马直指包村;大军行至村外土城,还未布阵攻打,突然村门洞开,一千余伏兵持长矛杀奔前来,胡兴霖首当其冲,中矛落马身死。姚克刚大怒,指挥全军前进。伏兵迅速退走。姚克刚麾兵紧追,刚进土城,忽然见有山后白旗如林,又有伏兵几千人,从两侧山林间包抄前来,退走者也挺矛回来搏斗。姚克刚惊惶失措,差点被斩杀,突围回去。太平军将士战死二千余人。

包村由是露锋芒,顶着一面墙。古塘团首陈兆云聚众三千人对抗太平军,主动前来包村结盟,双方联手,互为犄角。

陆顺得被多次击败,以正规军竟溃于一个山村团练,这可是大丢面子的,他誓必要歼灭包村,将此作为头等大事,调兵遣将,征收赋税,积蓄粮米,准备作更大规模的进攻。

烽烟滚滚,陆顺得亲自领兵进攻包村,兵力号称二十万。

太平军派出的间谍多是无知文盲,回来报告说:包立身有异术,

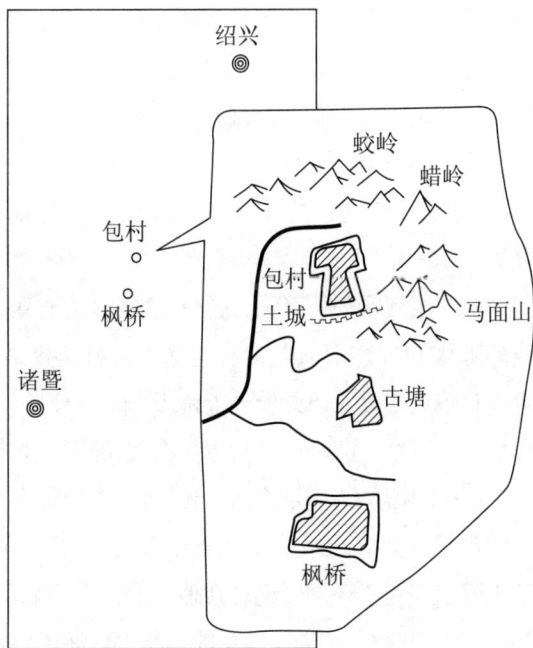

包村位置图

能临阵作五里雾,使对方迷闷不能战。陆顺得脑子渗水,竟想出以女人裸体缚于竿上,又解剖孕妇以厌之。待到包村时,天气晴朗,没有迷雾。包村团练联手古塘团练内外夹击,路窄林深,太平军众多施展困难,包村火枪队都是由猎户组合,目力甚准,弹无虚发,射死太平军将士竟达数千。陆顺得只得再撤回府城。

武将帅孟文悦由天京返回绍兴。孟武艺高超,手舞大刀重五十斤,马上飞舞有如狂兽搏人,兄弟镕天豫孟某,亦勇猛善斗。两人得悉,讨令愿率本部兵马为先锋,来王率大队继进。包立身亲身诱敌,步步退却,乘敌进入窄路,埋伏几千人,分左右翼抄袭,镕天豫中矛落马,孟文悦急救,挟之而出,伏兵追击,古塘团练亦前来声援,太平军又被杀五千余人,被俘百余。

小小包村固若金汤,包立身以一普通农家子由此得名,周边各村豪绅巨户络绎前来附居,于露天旷野结茅依林,栉比鳞次,把小小包村拥挤得密密麻麻。

包立身获胜,但只固守小村,从不主动出击,包括攻打诸暨、绍兴等府城,与古塘陈兆云主张攻打府县城发生冲突而失和,此后两家分兵,他再也得不到外援。

相持四五月。5月,浙东形势紧张,这是一个黑色的五月。在宁波地区,英法水陆两栖部队及由英国军官统率和训练的中英混合军"常安军"、"定胜军"(因裹绿巾,又称"绿头勇")、法国军官法驻宁波税务司日意格等组织的中法混合营"常捷军"(头裹花头巾,又称"花头勇")联手,攻陷镇海、宁波等地后继续向上虞等地进犯,太平军黄呈忠、范汝增等部节节败退;在金华地区,侍王李世贤亲自组织兵力抗御老湘军,在再次进攻衢州失败后,与之相持于龙游、兰溪、寿昌等地二十余天,由于兵力不足,只得采取守势。

浙江主战场剑拔弩张,太平军应将最大的兵力用在宁波、金华等战场上去,但李秀成却听从了陆顺得所说,只有消除了包村这枚掌中之钉,方能调动兵力,无后顾之忧。时人记载说李秀成由此调动了侍王、千王、首王、戴王的部队,会合陆顺得的原有人马,号称四十万众,连营五十里,声势浩大,晚间火光相映,照明如同白天。此处说是侍王、千王、首王和戴王,那是传闻,当时侍王李世贤在金华、龙游一带抗御老湘军,首王范汝增和戴王黄呈忠,正自宁波撤退至余姚、上虞之地,继续对抗英法联军、雇佣军和清军,千王姓名语焉不详。要说有其他王参战,那就是新近由宁波等地撤回的梯王练业坤。梯王与来王联军,把通向包村的道路都破坏了,日夜进攻。包立身仍采取诱敌进村、偷袭、包抄之法对抗太平军。有一次,他发现太平军驱使火牛陷阵,于是在阵前点燃火炬,牛群惊慌,掉头回避,冲进了尾随的太平军,戮死了很多战士。太平军会稽佐将炳天豫徐某持勇气冲至土城外,大呼:我炳天豫,谁敢前来决战。语未完,被火枪击中,落马身死。

包村虽胜,仍是孤军。每战死伤人众得不到补充,经过一战二战至百战,能作战的兵力日益减少。但它仍继续顽抗。7月某天,孟文悦横刀直冲,包村以火炮暗击,中其额,额骨已削去一半,还能浴血奋刀,连砍数人而走,回营才死。

太平军绍兴坐镇绫天安周文嘉,经过几次视察地势,采取了断绝水源的措施,包村虽还有积粮两个月,但村中泉水都干涸,兵士焦渴,无水煮米,包立身带众突围,至马面山中弹死,妹包美英亦战死。包美英,当地人称"包小姐"。笔者中学时有个来自诸暨的同学能说包村故事。他说:包小姐骑马作战,非常英武,百十个人奈何她不得。她的被杀,乃是长辫子,低头挥刀,拖在地上,被马足践踏抬不起身子,才被杀死的。

包立身因为屡战屡胜,自托有神仙相助,自作誓书亦称有"义士同心,神仙相助",装神弄鬼,故弄玄虚。他人誉为"包神仙",他亦沾沾自喜。当时就有笔记就说此人作伪,说是包某所说见神仙学艺、法术高超,真像是一部《西游记》呢。

7月27日,太平军经过先后六次,尤其是最后两次都动用了十万余精锐,包村这座毒瘤,终于被挖掉。

太平军攻打包村,乃是一个重大的战略失误。

包村弹丸之地,无足轻重,更非兵家必争之地,是陆顺得等缺乏战略思维和全局观念:全凭一时冲动,头脑发胀,且在浙东主战场处处吃紧时,把几万精锐部队,放置在一个闭塞自居,见并障碍的小山村处,且被牵制了八个月,实在得不偿失。就在此间的5月至7月的两个月里,太平军就先后丢失了台州、绍兴等府的十九个州县。此间包立身为左宗棠入浙是起过不小作用的。包立身作为不读书的文盲,当然不懂得自身的价值,但封建史学家还是能梳清的,在《清史稿》卷四九三为之立有《包立身传》五百三十二字。

李尚扬庸才,竟然相信了谈判,乖乖地当了俘虏

左宗棠大军入浙后,最初也并非一帆风顺。在援解衢州之围时,虽有进展,但步伐不大,有相当长时间与太平军相持在衢州外围遂安、龙游一线。但左宗棠战略正确,先

全力攻占龙游、寿昌、兰溪,后攻取汤溪和金华,即撤其藩篱,犁其巢穴,却见于李世贤,军力雄厚,布置严密,阵阵设关,一时难以突破缺口。

就在这时,洪秀全因湘军兵临天京城下,几次下诏命李世贤率军回援。李世贤恳求击退老湘军即往,可天王不答应。就在寿昌失陷,余姚为法国雇佣军"常捷军"等攻陷,黄呈忠、范汝增等屡屡告急时,天王那头再次发下告急文书。李世贤无奈,被迫分出主力四万,带同贺王秦日来、忠侍朝将陈世坤等五队人马,号称七万大军,回援天京。他留下忠裨朝将李尚扬主持兰溪、武义、武康、东阳、义乌和汤溪的军务,指挥各城人马,要求他们死守五十天,以等待他回来再决战。

李世贤此去前途乖张,再也没有能赶回来。

李尚扬是1852年太平军进入湖南后参军的天地会成员。此人久随李世贤,虽然忠勇有余,但从未有独当一面的统帅经验,况且资历浅,非广西籍老兄弟,要能驾驭、领导其他将领,尤其是官爵比他高的将帅,那就难了。据他自称,当戴王黄呈忠、首王范汝增和梯王练业坤率部由余姚、上虞撤到金华地区,李尚扬要安排时,这些王就以为一个低几级的天将,怎能调度他们,纷纷拒绝了。李尚扬也无可奈何。农民出身的太平军将领非常讲究资历、系统,这使李尚扬作为李世贤指定的代理统帅,力不从心,行事困难,调度失灵。

李世贤也有困难。太平天国军事领袖用人办事,从来是有讲宗族、亲友的一张严密关系网的。真正的人才很难脱颖而出。李尚扬不是可人,但环视所部将帅,确亦无人能担此大纲。

当李世贤率军离去以后,浙东前线群龙无主,各留守将领纷争雄长,不服统率,致使左宗棠得便转入战略的主动攻势。1862年11月,老湘军主动进犯龙游,截断金华粮道,致使龙游驻军油盐薪米缺乏,但守将忠遵神将陈廷香、勘天义李国群坚守不屈。左宗棠侦知陈遵香原来就是他同乡人,家住左家住宅仅几十里地,还是个佃户呢,于是派出乡人前来劝说,但陈不为所动。明年1月,老湘军乘严州守将谭富疏防,偷袭了严州。严州失陷。

严州失陷后,老湘军围攻兰溪、汤溪。

李尚扬不知所措。左宗棠见有机可乘,便迅速强化政治诱降攻势,对汤溪城守军,"时复射示城中,晓以祸福"(《左文襄公奏稿》)。这时,朝将彭禹兰动摇了,偷偷出城密议投降,左宗棠派降人李世祥等与之联系,并合计利用李尚扬不敢打硬仗的心理,把他和其他七个主要将领全都骗出城来，说是可以通过谈判，让围城清军撤去。李尚扬竟信以为真，与同侪们莫名其妙地跑到城外树林里，乖乖地当了俘虏。城中无主，彭禹兰趁机打开西门，献城投降。

老湘军各支人马杀进城里，太平军仓卒迎战，英勇搏斗，终因没有统一指挥，多人战死。汤溪失陷。

统帅李尚扬被俘，太平军士气大为沮丧。金华守将刘政宏、兰溪守将谭星分别弃城出走，陈遴香、李国群也放弃龙游出走，沿途受到老湘军袭击，陈遴香战死，李国群被俘。

此后老湘军顺利南略北犯，先后占领处州、台州和温州各县并沿钱塘江北上，仅一个多月时间，就占领诸暨、绍兴和桐庐等大部分地区，直指杭州。但他们就在距杭州八十里的富阳城下，受到了阻挡。

太平军守富阳的是朝将汪海洋。汪海洋力主抵抗，他所率领的部队是很有战斗力的，骨干多是他的家族、亲友，即当年在安徽和州一起参军的老伙伴，如兄弟汪海林、汪大力，结拜兄弟刘天祥和胡永祥等。他们群策群力，以守为攻，固守不出，使左宗棠无计可施。

富阳是杭州屏障。李秀成为保杭州，尤为重视富阳，命在常熟前线的听王陈炳文回程援救。陈炳文乘坐黄呢大轿，在所部洋枪队保护下，来前线督战。后因杭州望江门外水师惨败，三十余艘战船被夺，他撤回去了。

富阳城下，老湘军屡遭败状，勇将、总兵熊建益亦被击毙。时值农历五月，江南天气转热，老湘军各营扎于旷野，因疫气流行，将士病死和患者几占一半。左宗棠与蒋益澧、刘典等大员亦都卧床不起。士气逐渐低落。不想打攻坚仗，硬碰硬，白白消耗实力。左宗棠只好请来法国人德克碑所带的"常捷军"相助。经过十天激烈的战斗，"常捷军"用开花炮轰塌城北鸡笼山营垒和附近城墙，攻破富阳，太平军被迫撤回杭州。

富阳保卫战延续了半年。

陈炳文好色，周围麕集了一批劣绅、讼棍、小人、无赖

1863 年 9 月 20 日，富阳失陷后，为期半年的杭州保卫战开始了。

太平军主持杭州的是听王陈炳文。陈炳文英勇善战,功勋赫赫;十年之中,由普通一兵擢升为王爵。但这时也因位尊权重,势焰熏灼,追求奢侈生活,醇酒女人,腐化变质了。

相传陈炳文好色,尤好男色,喜欢搞同性恋。他在镇守嘉兴时,有盛泽劣绅汪心耕(吴清祥)阿谀奉承,因见陈身畔"有公子数人,傅脂粉,穿艳服"(《盛川稗乘》卷一),心知其意,遂将自己小友吴少溪引进呈献。吴貌若少女,皮肤嫩白,清丽动人,打扮起来,与戏曲舞台上的绝色佳人无异。陈炳文一见,大为欢喜,与之朝夕不离。有时还真粉墨登场,咿里呀里演唱一番。

吴少溪被听王府上下尊称为"大姑娘"、"四王娘"。被封为溪天燕,委派总理嘉兴、湖州各局丝捐,让他大发了一笔厚财。后来吴少溪脱离陈炳文,与汪心耕逃往上海,所运走的竟有白银六十余万两、黄金万两。吴少溪之妹,年才十六岁,已为人妇,汪心耕令吴少溪设法献与陈炳文。陈亦为她美色所迷,取入王府亦颇宠爱,王府上下尊称她为"三王娘"。

在陈炳文周围,麇集了一大群劣绅、讼棍、小人、无赖。就像汪心耕,因为送上吴少溪,被封为听殿刑部尚书耕天福,大见信任,总理嘉兴粮饷。汪在会馆设立筹饷总局,巧立厘捐、卡捐、铺捐、房捐、军柴捐、红粉捐等名目,打着听王的黄旗强派勒令。又与同乡人、文经政司陶云亭结为八拜兄弟,开设天章机捐局,凡绉、绸、缎、湖丝在盛泽镇经过,都须先抽用钱三分,然后再为纳捐,每匹上俱要用天章机捐局图记,始能销售。

陈炳文眼见太平天国事业日薄西山,斗志日见消沉,为保既得利益,早在1861年11月李秀成大军围攻杭州,陈炳文以偏师攻打平湖、乍浦,由南浔打通湖州时,就与徐佩瑗串通,并与李文炳串线,与常熟钱桂仁,苏州吴保胜、钱南寿,嘉定赖许祥等结成帮派,准备在适当时机反水。他几次派遣密使,与在上海的李鸿章通款,表示投诚。因为此时淮军在苏州残酷杀降,他害怕了,暂且中止了投降活动。在镇守杭州的时候,陈炳文又动摇了,派族兄陈大桂为全权代表,赴严州左宗棠大营议降,还指使杭州艮山门监军朱某和几个秀才牵线,和清军谈判。

中营朝将汪海洋发现内部有通敌,即果断地逮捕、诛死了这批秀才,并查获、诛杀了陈炳文之弟、朝将陈炳孝部的五名通敌军官。他的坚定立场,逼使陈炳文不敢暴露出通敌的本相。

老湘军久攻杭州不下,"常捷军"开花炮虽然杀伤力颇大,但也因杭州府城墙垣坚厚,起不到多大作用。这时淮军主力程学启由苏州南下,进入浙江攻打嘉兴,并以强大的政治攻势,先后招降了太平天国平湖陈殿选、乍浦熊建勋、海盐李文楚和嘉善余嘉鳌等人,左宗棠对淮军入浙,颇为不满,因老湘军正围攻杭州,赶不上淮军南下嘉兴地区速度,鞭长莫及,此时忽而接到太平天国海宁州守将会王蔡元隆主动通款,愿率所部献城投降,大为欣喜。蔡元隆因去年太仓州诱李鹤章之役得罪于李鸿章,于是乘蒋益澧驻军海宁州对江之小泗渡,渡江来见,蒋为之更名"元吉",将所部挑选后列为元字八营。蔡元吉(元隆)有自己的小金库,他给八营人众发了两月口粮,复捐给散遣之资。天国后期诸新贵,包括地方军头,都拥有自己支配的金银和粮米;未久,朝将何培章献桐乡降,所部编为章字六营。何亦自行捐给三月口粮。何培章降后改名何培英,他即是 1860 年 6 月与李文炳献苏州城的候补知府何信义。何信义在太平天国时期改名何培章,他在太平朝三年半时间,镇守桐乡乌镇、濮院等富庶之地,所在设卡加厘、征赋增税,经常还巧立名目,剥夺民脂民膏,如为李秀成生日、陈炳文王娘做寿,另加礼金,等等。何培章上下通达,俨如一方土皇帝,所以小金库里拥有大量金银。这在大清王朝,即使是一个黑知府,也不敢如此飞扬跋扈,横行于乡的。

左宗棠因见杭州久攻未下,又担忧淮军主力在攻占嘉兴后将南下争功。便由严州前来,设司令部于富阳,亲赴前线督战,并调回援安徽的老湘军部分主力,前来助攻杭州。

这时与杭州为邻的余杭危急,汪海洋率所部来救。2 月 3 日,左宗棠亲临余杭前线督战,进犯临清堰。老湘军逼垒而军,回程时队伍蜿蜒长达五六里。新封康王的汪海洋,先预伏将士于竹林里,在敌人经过时,率垒中精兵突出追击,竹林中的伏兵也排开枪炮,痛创敌军。这使左宗棠尝到了苦头,知道这支太平军仍有雄厚的战斗力,其将领头汪海洋更是坚忍不拔、骁勇有加。

左宗棠深谙兵法,临阵改变了夺城全歼守军的既定方案,采取围其三面、网开一面的战术,为林驱鸟,为渊驱鱼,只需取得杭州省城的目的。他仍热衷于搞政治攻势,收买动摇分子。原先在常熟叛变未成的钱桂仁,这时已封为比王,帮助守卫杭州。钱桂仁旧病复发,很快和老湘军挂上了关系。杭州城陷时,未随陈炳文出走,而率所部千人伏地请降。

大概左宗棠也摸清了杭州、余杭太平军弃城出走的动向。因而当 3 月 31 日拂晓,陈炳文全军放弃杭州、余杭汪海洋全军弃城出走时,他都没有下令老湘军追赶、截击。

这里有缺乏兵力、围军疲乏和保存实力的用意,更主要的是,他达到了夺城的目的。盖省城为全省之根本也。此情此事,后来竟被曾国藩、李鸿章作为小辫子抓,指责为纵敌的一条罪状。

但此时已身为闽浙总督的左宗棠,是不可能也不会如电视剧《太平天国》所说的,与太平军一个二三流将领作和平谈判的。汉贼不两立。一部太平天国史,从未出现有双方坐在一起谈判的场景。

陈炳文、汪海洋离开杭州、余杭后,在德清会合,进军江西到外线作战去了。

左宗棠军攻陷杭州图

第四十编　石达开越走越远,终于走进了大渡河死狭谷

居危地为安乐窝,在庆远建立了翼王府

1859年8月,石达开主力在围攻湖南宝庆(邵阳)几十天未成功后,进入了广西。他们的远征,离太平天国天京逾来逾远,已经起不到互为犄角,相互呼应的作用了。

石达开部队开始是猛攻省城桂林,从三面包围城市。各路清军赶来援救,其中湖南巡抚更调拨湘军刘长佑、萧启江部一万余人赶来,石达开见敌军云集,桂林难克,分军南下,10月15日,攻取了庆远府城(宜山)。

庆远是桂北重镇。天地会大成国陈开部队曾据了一年,而在此后一年,石达开又占领了它。

石达开以庆远府署为翼王府。

据称石达开在庆远"伐暴施仁"。由于缺乏时人记载,具体情况已不为人知,见有几首当地流行的民歌,如当地民众所唱:

> 翼王达开到宜州,穷苦百姓有出头。
> 打倒州官清血债,穷人个个把翼王拜。

壮族流传有:

> 翼王派兵到我家,问声米粮差不差。
> 缺粮给谷并银两,牵来牛只又有耙。
> 财主佬心乱似麻,穷佬心里正开花。
> 自耕自耘自得吃,大家齐唱太平歌。

壮族流传还有:

> 武官不怕死,文官不要钱。
> 翼王来坐镇,天下享太平。

苗族流传也有：

> 苗族救星是翼王，枯苗得雨心欢畅。
>
> 从今耕田齐落力，为保太平把兵当。

可是这些民歌都是 20 世纪 50 年代初，当地民众为迎合潮流而编造的作品，诸如句中出现的"穷苦百姓"、"清血债"、"财主"、"穷佬"、"苗家救星"、"心欢畅"等现代语言，这是后人制造出来的太平天国"作品"。

还有一首楹联。1860 年 3 月，正逢石达开三十岁生日，组织军民搞了一次庆寿诞活动。他是把四围之地庆远视作安乐窝了。相传有某阿谀者，献上一份嵌字贺联：

> 从龙兴者十年，仗黄钺，秉白旄，遐迩蒙庥，共仰有年有翼；
>
> 纪鹤算于卅载，月仲春，日中浣，岗陵颂祝，咸欣来享来王。

这真可谓是居安不思危。

富贵不回乡，如衣锦夜行，石达开对家乡相当留恋，在占庆远未久，曾带领卫队，赴贵县县城和故乡奇石墟，摆了酒席，欢宴父老。此时此刻，虽然出了些风头，但如回忆自金田起义以来，众多宗族和家乡子弟在战斗中牺牲，在内讧里丧生，不知又有何种感慨系之。

石达开是乡间农民，不是书生，没有多少文化，说他能写诗，而且是那么慷慨激昂、高歌猛进的诗篇，那多是辛亥革命时期文人高旭、柳亚子等强加于他的。但他也因为长年与若干文员相处，亦写得一些诗句，今宜山城北会仙山白龙洞留有"翼王题壁诗碑"，乃是 1860 年 4 月，石达开偕大员同游，偶见石壁上楚南刘云青的题诗，因而与诸人挥毫步韵和诗，事后铭刻于壁上的，其中石达开写的是：

> 太平天国庚申拾年，师驻庆远，时于季春，予以政暇，偕诸大员巡视芳郊，山川竞秀，草木争妍，登兹古洞，诗列琳琅，韵著风雅。旋见粉墙刘云青句，寓意高超，出词英俊，颇有斥佛息邪之概，予甚嘉之，爰命将其诗句勒石，以为世迷仙佛者警，予与诸员亦就原韵立赋数章，俱刊诸石，以志游览云。

翼王题：

挺身登峻岭，

举目照遥空，

毁佛崇天帝，

移民复古风；

临军称将勇，

玩词称诗雄，

剑气冲星斗，

文光射日虹。

其他十一个大员，以元宰张遂谋为首，都有和诗。可见石达开幕府确有一群文人参议。石达开还是比较重视读书人的，幕府中的精忠大柱国朱衣点，就是太平天国进士，相传为明靖江王后裔，朱衣点和诗名列第十一：

登临古峭壁，梵刹盘虚谷，

佛灭余花鸟，诗敲振谷风；

从龙心已遂，逐鹿志尤雄，

指点东关外，长桥卧玉虹。

朱衣点诗写得不错，曾在忻城劝孝廉方俊贤出山相助，有诗相劝：

一识荆州似列侯，谪仙契合美名流，

阳春缥缈吟高阁，时雨丁冬听小楼；

万里风云腾骥足，两间气化属龙头，

逼人富贵君知否？奚必林泉老唱酬。

朱衣点以进士领兵。石达开部还有一位以进士别领一军的是陶金汤。陶金汤是翼殿进士，随石达开在桂林解围后，别领几千人与天地会张高友部联手占领永安州（蒙山）。陶在州城搭高台，每逢三、六、九日，登台讲道理。陶因拥有大量金银，为张高友

511

贪婪,乘夜将他暗杀。

石达开在庆远,日子并不好过,当地团练修筑堡垒,建立城濠与他作对,各路天地会也不服从指挥,各自为雄,而更为困难的是缺乏粮食,经过战争和掠夺,到处是一片赤地,如融县田地荒芜十之七八,永安州城内已是一片瓦砾场。

在庆远石达开已是难以生存,而促使离开的一大因素乃是石镇吉部全军覆没。

石镇吉是石达开族弟,也是石氏家族很能耐战的一员。石达开信任他,常与他别领一军,另图发展,以作呼应。1860 年 3 月,石镇吉在围攻百色时失败,与石镇常、石镇发、石镇全、石达德和石达开表弟黄贵生等遭俘杀。

石镇吉部溃败,致使石达开大损实力,也是他大渡河溃败的前兆。

1860 年 6 月,石达开放弃了经营八个月的庆远府城,被迫南下攻打南宁,又失败了。在此期间,队伍中接连出现"起义出江"事件,势穷力孤,进退失据。石达开面对自己的处境,很有些心灰意冷,一度还想脱离部队,出家隐居呢! 只是既已爬上虎背,骑虎难下,因为在清廷捉拿的花名册上有他的名字。

紫打地形势险仄,是兵家难以回旋之地

1861 年 10 月,石达开打出广西,决心再进图四川。但其大军八次抢渡长江,都未获成功。

1862 年 9 月,石达开在川南綦江东溪会集诸路人马,商定了一个分道进军,奇袭成都的战略。他决定分军三路:

由赖裕新部为前军,自西南方走云南,经沾益、平彝(富源)、宣威,由米粮坝(巧家)渡金沙江进入四川。

由李福猷部为后军,经贵州威宁、水城、遵义、桐梓等地,直趋四川酉阳(今属重庆),造成进攻川东的声势。

石达开则自领中军,仍从叙州(今宜宾)以南地区进兵,分五路入川,虽屡胜清军,但在金沙江南横江镇,苦战二十余天,打了一个大败仗,伤亡惨重,只得退入云南境内休整。

这时,他得到赖裕新部已由米粮坝顺利渡过金沙江北进的喜讯,心情十分欢畅;立即率领主力四万余人,决定循着赖部行进路线,亦步亦趋,兼程北进。

1863 年 4 月,石达开大军顺利地从米粮坝渡过了金沙江。北岸布防的清军已被后军李福猷所吸引,往东去了。但自此以后,由于战线拉长,石达开和李福猷、赖裕新两军都失去了联络,他们只能是各自为战的孤军了。

这是石达开第四次进入四川,也是最后一次。

渡过金沙江后的石达开军,最初还是很有战斗力的。5 月 3 日,他设伏于安宁河边,一举歼灭来自宁远(西昌)的几千名敌军,但这也是他人生最后的一场胜仗。也许这一仗使他产生了轻敌冒进的负面观念,为后来的覆灭埋下了祸根。

当时四川境内形势对石达开不利。原与石达开有联系、呼应的李永和、蓝大顺起义已陷低潮,李永和被俘死难,蓝大顺溃走陕西。四川总督骆秉章得以全力对付石达开。

石达开不知就里,只是急于向目的地成都进军。

从宁远(西昌)北上,有两条路可走:一条是越嶲大道,即沿大凉山,经越嶲、海棠,到大渡河畔的大树堡,由此渡河,东走峨眉、乐山到成都;一条是冕宁小道,由宁远北上,经冕宁、大桥、铁宰宰,到大渡河南的紫打地(今安顺场),由此渡河,经天全、雅州(今雅安)直向成都。大路坦荡而远,小路险狭而近。

石达开急于求成,决定走小路。

他认为,前些日子赖裕新部已走了大路,现在循着旧路走,必定有敌军重兵阻击;小路正因险奇,不会为敌人注意。而前面还有赖裕新几万人马开山辟道,策应前进。

但关山远隔,他岂能知晓,早在四十天前,赖裕新在大渡河南的越嶲白沙沟,高山罕立,道路险仄,当前队通过,自引后队入谷时,被早已埋伏的土司兵砍断绳索,如雨般似的滚木垒石砸死。其前部郑永和、唐日荣等也在大树堡以布匹缆船搭成浮桥,渡过大渡河远走了。

石达开不知不觉渐渐走进绝境。

他走的小路是彝族聚居地,受土司管辖。据说,当时他已给松林地番族土司王应元、田坝彝族土司岭承恩送重金买路,并得到他们承诺。由是,四万人马不分前后鱼贯北上,一路上征程艰险,过铁宰宰后更是高山峭壁夹道,人马不能并道而行。如果不布置预备队,被截断后路,就毫无回旋余地了。

5 月 14 日,石达开全军到达大渡河南岸的紫打地。紫打地是越嶲西北境地的一个小市镇,东南俱是层峦叠嶂的山群,形势险仄是兵家难以回旋之地。就此开始长达二十九天的大渡河危难历程。

开始,石达开军并非重重困难,所谓后来发生的山洪暴发,也只有短短两天,更多时间是风平浪静,除北面是大渡河,其余三面都是荒僻孤岭和清军防守的薄弱区,并非是绝境。他的失败有如薛福成所说:"达开不自入绝境,则不得灭;即入绝境,而无夷兵四面扼剿,亦不得灭。"

石达开大渡河覆败,受到清军和土司部队层层包围,天时失常,地理失利,人际失和。

他耽误了时间。

时间就是生命。

大渡河古称渽江,又名泸水,水流湍急,波涛澎湃。两岸之间,只有小渡口和铁索桥以通东西与南北天堑,乃天生地狱,被称为天险之区。

紫打地位于大渡河和西面的松林河的交汇区。此段大渡河,深约九米,宽为一百八十米,涨水时也不过三百米。河北是耸入云霄的二千米高的奇斧山,东南面是一千六百米高的营盘山和更高的马鞍山。松林河宽虽只有二三十米,但水流急陡凶险,周围都是壁立数百丈的峭岩。《孙子》中云:"山川险隘,进退艰难,疾进即存,不疾进则亡。"背水一战,兵家大忌。兼之当时风雨如晦,气候寒凉,天气极差,对于这些不熟悉当地天文地理基本情况的外乡人来说,必须引起十二分的警觉。

作为全军统帅的石达开更应该是速决速战速走,及早离开,才是万全之策、上上之策。

但石达开似乎忘记了这些兵法常识,他的第一幕僚、所谓神机妙算的曹卧虎等人,似也忽略了这些兵家常备的法则,在进军大渡河的途中,并未先派出前哨部队据住要塞,搜集渡河船只,逢山开路,逢河搭桥。却停顿下来,在紫打地扎下大营,在营后的马鞍山设立粮库。而马鞍山又是一座光秃秃的童山,没有树木遮蔽,完全暴露在敌人眼前。

由于王应元等人受到清方重贿,且应诺在歼灭石达开后,将所获的金银辎重尽数交与。为既得利益,就处处与石达开为难,已将渡船撤走,又把松林河上铁索桥木板也都抽光了。据说,他为迷惑石达开,还将晒席裹成筒,用墨染黑,制作了几百个,罗列渡口,远远望去,以为是炮筒子。

据称石达开初至紫打地也曾命令将士们搜索粮食、砍伐树木、编筏造船,准备来日过大渡河。

因庆祝儿子诞生和暴雨河水骤增,石达开耽误了时机

谁知他忽而改变了主意,缓慢了过河的进程。

石达开有很多妻子,而且学洪秀全不分妻妾,无主次尊卑之分,一律按照数字编号排列。当晚他的一个妻子,即编号为第十四王娘的刘氏,在风雨中诞下一子。石达开大喜,视为吉祥,给他取名为定基。石乃通令全军将士说:"孤今履险如夷,又复弄璋生香,睹此水碧山青,愿与诸卿玩景欢醉。"将士都顿首称贺。于是传令,休息三天,尔后各整队登山采粮,俟行囊充实。军营里大吹大擂,挂灯结彩,庆祝翼王小殿下诞生。

不料,连日风雨不止。翌日清晨,大渡河水陡涨数丈,连松林小河也是浊浪滔天。他们雇佣的向导们说,这是暴雨引起的山洪突发,一两天就会退走的。

石达开身入绝境,却仍心坦如常。他准备水退后再行渡河,却没有及时派将士利用铁索桥抢渡松林河,更没有考虑到要是敌军把守了对岸,那是极其危险的。对岸未有敌军,他仍以为是赖裕新的前军牵制了清兵。

短短的三天,因庆祝儿子诞生和暴雨河水骤涨,使石达开耽误了时机。中国历来的农民领袖,不读兵法,不懂历史,很少具备有分秒必争的强烈时间观念。但这却给早已虎视眈眈的四川总督骆秉章,创造了调兵遣将的大好时间。

5月17日,大雨终于停了,天气转晴,水势稍退。午间,石达开命将士将造好的船筏拉到河边,准备渡河。这时,部队发现了对岸出现了清军旗帜。石达开决定立即抢渡,可大渡河水急浪高,船筏刚入中流便被卷沉。首次抢渡失败。

三天之后,清军各路人马陆续来到:越巂同知周歧源、参将杨应刚部由越巂阻隔东路;四川提督胡中和防守西北;川东镇总兵唐友耕部扼守大渡河北岸;雅州知府蔡步钟扼守大渡河上游;南字营游击王松林部自冕宁至箐箕湾扼守南路,土司王应元堵塞西路,东南来路已为土司岭承恩用巨石塞断隘口,并派土兵严密把守,两侧又都是千仞绝壁,无从攀援。石达开军八面受阻,只有向前强渡,突破大渡河天堑,方有一线生路。

此后,石达开多次指挥部队强渡大渡河和松林河,其中大规模的渡河就有三次:

一次是5月21日,石达开出动五千人马,乘数十只木船竹筏抢渡。南岸上将士擂

鼓呐喊助威,声震山谷,惊天动地。隔岸清军以轰筒排列轰击。这种土制火器,采用粗大的整根老竹,截成一丈长短,中间剔空,灌以火药、铅丸及碎石,开火迎击,极其猛烈,轰中船中火药,引起炸裂燃烧。船筏都被毁沉,抢渡将士无一生还。

石达开还几次挥军抢渡松林河,也失败了。

5月29日,石达开所扎马鞍山营盘、粮库亦为岭承恩的土兵放火烧掉,辎重全失。至此粮食全部丢失。他的将士每天就需粮百担,现在又因四面被围,粮道断绝,周边小村稀少、贫困,难能采办,只能是采集野菜、草根煮食充饥,以至宰杀战马勉强度日。

6月3日,石达开过河不成,恼羞成怒,杀向导两百人泄愤,用以祭旗。

一次是6月4日拂晓,全军出动,分别抢渡大渡河和松林河。清军枪子如雨,弹弹猛发;而水势湍急,根本无法靠岸,渡河再次失败。此时,全军只剩下了一万余人。

6月5日,石达开写信与王应元,要他罢兵让路,全信如后:

真天命太平天国圣神电通军主将翼王石,为训谕松林地总领王千户贤台知悉:缘予恭奉天命,亲统雄师,辅佐圣主,恢复大夏,路径由兹,非取斯土。贤台不知师来之意,竟尔抗拒,姑无足怪。幸尔两边兵未损折,情有可原。统望贤台罢兵让路,敦义讲和,免致战斗互杀,俾我师之早行,亦尔民之早定也。如允让道罢兵,不独我师所来尔境,不犯秋毫,而且许赠良马二匹,白金千两,与贤台为让军之资,他年天国一统之后,定有加封贤台也。倘贤台竟称兵抗拒,予则加选三千虎贲,不得已誓渡小河,将尔一方痛剿,鸡犬不留,房屋烧尽,那时悔之晚矣。本主将上体天心,下恤民命,与其相杀,莫如相好。为此论到之时,限午刻即回文,以决攻取,不得迟延,致误机宜。特此训谕。

太平天国癸开十三年四月二十三日(《太平天国文书汇编》)

石达开此时此刻,已是走投无路,不得不乞求一个土司,利诱和威胁兼而有之,但是王应元已看定石达开必败,对他不作任何答复。

一次是6月9日早晨,石达开孤注一掷,凑集渡船二十艘,每艘七八十人,也因清军开炮,被击沉十五艘,为水漂没五艘,全部覆没。

当天,清军见石达开已陷入人马殆尽,势穷力竭的困境,就开始主动出击。清都司谢国泰军与土司王应元军越过松林河、由西向东;清参将杨应刚军与土司岭承恩军从

大渡河

胡中和
化林坪

清溪（汉源）

富林渡

王应元　松林地

唐友耕　老鸦漩

小松林河

铁桥

马鞍山

紫打地

岭承恩

卞字庙　大树堡

王松林

岭承恩

洗马姑

周歧源

杨应刚

凉桥

铁宰宰

中州坝

越隽

冕宁

石达开北上路线

大凉山

石达开失败
受困示意图

沽泸

西昌

金沙江

米粮坝　昭通　雄镇 由云南来

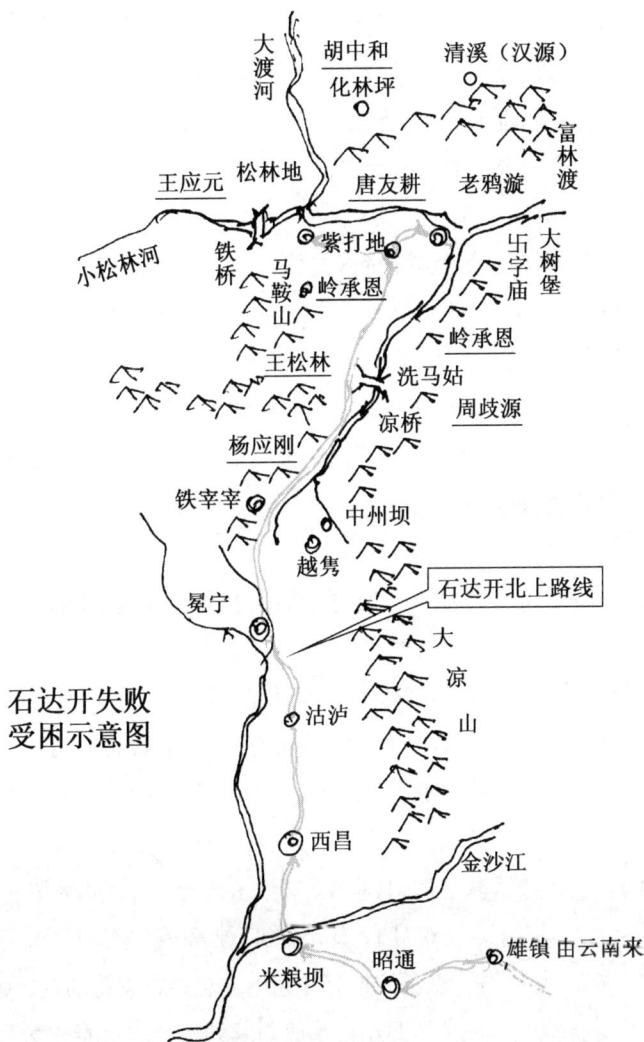

马鞍山而下，两路并重，直扑紫打地石达开大营。石达开指挥饥军英勇作战，但体力不支，牺牲巨大，紫打地营垒全被焚毁，只得突围。

在突围东走途中，山径险仄，仰视是峭壁参天，俯临又是急涌河水，追兵枪炮如雨，王应元、岭承恩的土兵登山岭，用木石滚击，坠崖落水者又不计其数。

6月10日黎明，石达开率余部七八千人到达大渡河另一条支流老鸦漩西岸的利济堡。而老鸦漩水势更加险恶，渡河实属幻想。

前无去路,后有追兵。山穷水尽,徒呼奈何。石达开和部属们虽英勇搏斗,但因身处绝境而无用武之地,终于走上了英雄末路。当晚,他的五个妻子抱持两个幼子,携手投河自杀。曹卧虎等多名骨干亦皆投河自杀。

石达开身畔只剩下一个五岁儿子石定忠。

妻离子散,部众瓦解。

石达开穷途末路,王松林等竖立"投诚免死"大旗,在他部属里也出现了若干人的投降活动。6月11日,参将杨应刚和王松林为能活捉石达开邀功,便乘机来到石处。他们指天誓日,劝石放下武器,可保证全体将士生命安全,一律遣散归田。

石达开本来也想投河自尽,但听了这话后,认为这与他给骆秉章信提出的"舍命以全三军"、"死若可以安境全军,何惜一死"、"达舍身果得安全吾军"相合,就同意赴洗马姑清营,见越巂同知周歧源商谈。

石达开词气不亢不卑,自言:今天亡我,我复何惜一死

同日,石达开携带石定忠和部属曾仕和、黄再忠、韦普成,一行五人随同杨应刚、王松林走过凉桥,前往洗马姑清营,他并下令剃发,将所造船筏打碎,枪炮、刀矛尽弃河中,约有二千余人徒手而来,途中山上土兵袭击,杀死五百余人。以后押解过河,每批一百人,内中有四千名老弱病残遣散,其余年轻力壮的二千人,移扎大树堡关帝庙。

6月12日,当杨应刚等人要将石达开一行送往富林(今汉源)时,却在途中为总兵唐友耕劫走。唐亦将他们送往富林四川布政使刘蓉处。刘蓉是奉骆秉章命前来处理石达开被俘事宜的。

6月18日,石达开等人被押解离开富林。随后,到达成都。

骆秉章对石达开作了审讯。石达开盘膝而坐。据当时参加审讯的刘蓉后来记述,说他"枭桀坚强之气溢于颜面,而词气不亢不卑,不作摇尾乞怜之语。自言南面称王十余年,所屠戮官民以千万计,今天亡我,我复何惜一死"。

骆秉章(吴友如《将臣图》)

　　参加审讯的成都将军崇实自作聪明,问石达开是否想步三国刘备之后尘,取蜀而偏安于蜀。问话多句,石不与理睬。而后又触了他一个霉头,说他不识时务。崇实顿时气沮语塞,也引来座上同僚一阵嘲笑。同审的刘蓉后来对人说:"崇林山年轻没涵养,爱说话,坐在堂上碰钉子,很可笑。"

　　骆秉章虽然老练,在石达开对答中亦屡屡语塞。骆问:"你愿意投降吗?"石答道:"吾来乞死,兼为士卒请命。"骆自我解嘲地说:"你自起事以来,蹂躏数省,我方封疆大吏死于汝手者三人,今以一死完结,真是便宜你了。"石也针锋相对地回答:"是俗所谓成则为王,败则为寇。今生汝杀我,安知来生我不杀汝耶?"每次审讯,石皆器宇轩昂,理直气壮。

　　6月25日,石达开等人被杀害于成都东校场,也有说是在藩台衙门附近科甲巷中,乘夜被杀害的。据刘蓉称,石达开"临刑之际,神色怡然"。在刑场上,同遭酷刑的宰辅曾仕和因凌迟剧刑呼痛时,石达开止之曰:"何遂不能忍此须臾?当念我辈得彼,亦正如此可耳。"(《记石达开被擒就死事》,《康导月刊》第5卷7—8期)

　　石达开被杀害,首级也是号令,置于特制的木笼里,由一个兵丁拎着,两个兵丁敲锣,每天行走在石达开足迹所至的府县和乡里,以此立威、吓唬民众。他的翼王印是纯金制作,相传就落在唐友耕处。民国初年由某石姓团长从唐家掠走,后不知下落。成都四川总督府署有曾将石达开部属钤印。也有说石达开翼王印是一方玉印,为团长石肇武所夺取。好事者还编造《石氏族谱》,并从石家第一百六十一代上推,曾祖乃女娲补天所剩下的一块石头。

　　好领雄师入剑门。如今,成都的街头(应该就是在原东校场附近)还立有一块"石达开殉难死事纪念碑",上面雕刻着南社诗人高旭假他名做的一首诗《入川题壁》:

> 大盗亦有道,诗书所不屑。
> 黄金如粪土,肝胆硬如铁。
> 策马渡悬崖,弯弓射胡月。

　　石达开离开富林后,6月19日,清军唐友耕部夜袭大树堡关帝庙,将所余的手无寸铁的石达开旧部二千人全部杀死。翌日,驻扎在河街上的石达开旧部一千余人,其中七百余精壮之士也于深夜遭都司唐大有和岭承恩土兵围剿全部杀死,剩余的三百余老弱病残,与其余被遣散的四千名老弱病残,在遣散回籍途中也多被杀戮,没有遣散的,多被当地的奴隶主掠夺为奴。

石达开是太平天国叱咤风云、威震敌方的英雄,也是太平天国上下齐颂的杰出军事统帅,称霸十年,驰骋万里,却如此短暂间自投罗网,轻易被俘杀,这简直有点令人不可思议。因而在当时就引起朝野人士的怀疑,认为骆秉章杀的只是一个冒牌货,或者是找了一个面貌相近的俘虏来冒充克隆。还有的说,石达开当时并没有死,而是到屏山县石角营落户了,又说是脱身逃到了一座雪山顶的小庙里,出家为僧。就像中国古史长河中的不少农民造反英雄,如黄巢、李顺、芝麻李、李自成和于七等,石达开也走进了为后人所猜测的迷圈里。以致在一年之后,曾国藩还曾问囚禁中的李秀成:"石达开究竟有没有死?"李秀成并未作回答,他也难以作回答。自石达开部将吉庆元、朱衣点等人归米以后,李秀成以至洪秀全等人,对于石达开的活动才略有知晓,此后对于他的下落和生死可以说又是一无所知。他们从不注重敌方公布的塘报,也不可能派出专使去联络石达开,石达开也不会主动派专使前来述职。此时此刻,万里赴戎机,关山度若飞,在云贵、四川穷山僻道中转战的石达开,又有谁能打听到他的行迹呢?

石达开出师未成、悲壮激烈的英勇故事自是宣传革命的好题材。辛亥革命时期,章太炎就为苏曼殊《太平天国翼王夜啸图》题字,十八岁的小青年邹容作《革命军》激励民众反清,就引用伪作的石达开名句:"忍令上国衣冠沦于夷狄;相率中原豪杰还我河山。"南社诗人柳亚子还作七律高歌石达开其人其事:

> 大渡河边草不春,出师未捷涕沾巾。
> 鸱夷白马刀头血,鄂国黄龙梦里身。
> 功罪杨韦辈异论,风云冯李并完人。
> 乌骓迟逝山难拔,拟句高吟已苦辛。

第六卷 失败

第四十一编 洪秀全从"小天堂"终于走进了"天堂"

天王号召全体军民吃"甜露"，甜露就是《圣经》中说的野草

李秀成大军解围失败，天京仍在湘军重重围困中。

1864年初春，春暖花开，布谷耕种之时，天京城围里严重乏粮。李秀成努力筹粮，于城外湖熟、㤭羊溪诸镇搭盖草房，设立米市，转运入城，还派出有限兵力杀出天京，向句容一线运粮，但也相当艰巨，忠二殿下李容发就多次担任护粮官，也多次被湘军截粮、夺粮，不得运输入城。后来围紧，合城老弱妇孺向李秀成申诉。李秀成只得打开城门让他们外出觅食。洪仁达家中屯聚大量粮草，从不救赈，却反而借此勒索。他要出城者，到他处购买出城证，方准通行。也有说是天王的主意。天王答应李秀全恳请，却在大街小巷张贴布告，凡要出城者，每人须备五两银子，赴章王(林绍璋)府领取出城执照，方准由汉西门出去。

太平天国规定，不准民间私藏银两，超过一两以上还要斩首。这些购买出城证者，应该是典馆官员。

湘军猛攻天京图

天王爱财,至此更可见一斑。

燕雀处堂,不知大厦将倾,太平天国的亲贵们依旧歌舞升平。

天京城在太平天国定都期间,日见苍凉。因为废除商业,全搞集中营体制的馆衙,人烟稀少,甚至如辉煌庄严的天王府门楼多成了麻雀窝,"无数雀儿啾唧处,荒凉先兆乱如麻"。

洪秀全天王府是不用男子的,也无宦官,所有服役者和卫队,除了天王的小月亮,都是女官、女使,所谓"自圣天门以内,人莫能到"。府内男人除了洪秀全父子四人,就是一个年过七十,封梦王千岁的吉老头,由他专司内宫王府传达,所谓"龙鞋鹤发朱门立,内外关防属梦王"(《金陵纪事诗》)。

兵败如山倒。这时天京周边诸城镇掀起一阵投降风,就像瘟疫传染,溧阳、金坛、溧水、东坝等相继亮出白旗。溧阳守将吴人杰是李世贤亲信,竟率一万五千人众投降,赶走李世贤,还俘获他的母亲、妻子,以及李秀成的一把宝刀,把它交给戈登;溧水守将杨英清率众一万五六千献城投降,并向彭玉麟送上杨辅清的辅王金印,彭玉麟允其携带所有财帛子女,发给路凭回乡。常州天将姚国亮派侄子姚敬臣携带免死票,前来彭玉麟水师投降。

天京南线崩溃了。

天京危急,犹如危卵。

湘军拥有水师,能源源不断从长江上游运输粮食,太平天国天京是孤岛,周边诸城镇,赤地千里,已无粮食采集。附近城镇太平军不得不到江西就食,在汉中的陈玉成余部行路难,也由于缺乏粮食供应,来到天京就是一支饥饿之军。所以洪秀全要洪仁玕、林绍璋先后外出筹粮,但收获甚微。

太平天国火炮

天京粮食来源非常紧缺。李秀成也不敢向外调进兵将,盖粮食供应不上也。1863年6月,雨花台、聚宝门外各垒和九洑洲要塞相继失陷。1864年5月江苏常州、丹阳先后失陷,天京已遭水陆合围之势。曾国荃采取完全割断水路和城内粮道,陆路只留中关一线交通之法。盖陆运米粮,肩挑车运,所运无几,所谓"则城中强者可得,弱者难求,必有内变争夺之事。若全围太紧,水息不通。无分强弱,一律颗粒难通,则仅足以固其心肠而无争夺内变、投诚私逃之事实"。天京城内粮食并非没有,仍有储备,但多为权贵所藏。洪秀全明知就里,却从不触及他们,只是号召,多备甜露,可食饱长生。

何谓"甜露",它出自《圣经旧约·出埃及记》。据说,逃出埃及的以色列人来到荒野,一无可吃,饥饿交迫。但当清晨,营地四周普降朝露;露水干后,荒野上覆盖有一层薄薄的鱼鳞模样的东西。他们问摩西这是什么? 摩西回答:"这就是耶和华上帝赐给你们的食物。"它就是野草,也就是"甜露"。

洪秀全自以为得天独厚,只有他识得了"甜露"。

当时,天京基层干部供应困难,"馆中食豆渣、糠秕者,十有三四"。洪秀全随即就要臣下把野草收割,制作草团,充当米粮充饥。

但洪秀全是不会吃"甜露"的,以他为首的洪氏家族和亲贵们也不会吃"甜露"。天王吃"甜露",只是作秀,树立一分钟的榜样而已。剧作家欧阳予倩的《忠王李秀成》,写

天堡城、地堡城

天堡城为天京东北要塞,在紫金山西峰山顶,全用巨石堆砌而成,上置滚木擂石,居高临下,与城内富贵山遥相呼应。

地堡城设于紫金山近城墙的龙脖子通路处,与天堡城上下呼应。

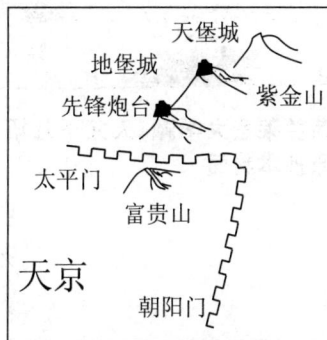

天堡城地堡城位置图

洪秀全当着李秀成等大臣的面,捧起青草团吞服掉,但背过身子,吐在了地上,这样的场景,是符合历史事实和人物性格的。

过去有些史家宣传洪秀全吃"甜露",颂扬洪秀全的不搞特殊化,与民同甘苦。这与历史事实不符。

洪秀全以蜈蚣为美味,用油煎食;日常食生冷,病了

荷兰莱登大学藏《天父下凡诏书》原抄本封面

1864 年 5 月,洪秀全病了。

洪秀全生了十天的病。因为不肯服药,日渐严重。

后来,洪秀全的儿子洪天贵福在谈及其父的病状时,虽然没有讲清天王是如何得病、生什么病,但从他的交代中,也约略可以看出洪秀全得病的来龙去脉。他说:"父亲日常食生冷,自到南京后,以蜈蚣为美味,用油煎食。"疾风起于青蘋之末。看来,这是出自他多年以来嗜食生冷、油腻之物,肠胃消化道功能失灵了。

洪天贵福在平时,每天最少要有四次见洪秀全,而且每次都要分别向老子面呈千篇一律的四篇本章,那就是所谓:

早朝请安本章

小子天贵福跪请

爹爹宽心安福坐,

爹爹万岁万岁万万岁。跪请

爹爹圣体安否,求

爹放宽圣怀,永坐天国万万年。

早饭请安

小子天贵福跪请

爹爹宽心安福食宴。

午时请安

小子天贵福跪请

爹爹宽心安福坐，跪请

爹爹身安否，请

爹宽心。

夜饭请安

小子天贵福跪请

爹爹宽心食宴，食毕宽放宽

圣怀安福睡。

　　这四篇例行体本章，是洪天贵福自写，或是起草后由洪秀全修改定格，或是洪秀全写了，令儿子每天各抄一遍送呈前来，语焉不详。但洪天贵福因为每天抄写、呈送，不下千百遍，笔头都烂了，却也背得滚瓜烂熟，日后在南昌囚狱写供词时，乃能一字不误，又能按原来太平天国文书格式写就。

　　因为天天面呈四篇本章，但洪秀全发病了，洪天贵福也就无能送呈了。他说：1864 年"四月初十（5 月 22 日）老子起病。是天，他出来坐殿，我乃看见。后我总未见他了。"

　　可见，洪秀全的病，开始还以为是常见病。洪从来是讳疾忌医的，不相信医生，过去患病不求医不吃药，经过调理，也能转好；此时得病，他亦坚决拒绝服药。不服医，不信医，我行我素，只相信上帝，相信自己，这正是洪秀全固执的性格。

　　洪秀全身体不错，晚年由于养尊处优，其高大身段稍稍有点肥胖，但仍是红光满脸，思维敏捷。他也从未上过第一线，受过任何外伤。看来，当时的洪秀全，未必会想到自己的病势在加剧。毕竟他当时才刚满五十二岁。他从来就是凭自己身体坚强的防疫力，克服病势、转危为安的。这也滋长了他抵抗疾病的自信力度。

　　还有不能忽视的天京危机。正是愈来愈紧迫，逾来逾严重的天京危机，强化了天王的忧患和不安，致使其心力交瘁，而使病情恶化的。在此十天里，洪秀全就一直躺在床上。大病不治，无异于慢性自杀。他终于生了十天病，死了。

　　洪秀全是病死的，也算是寿终正寝，在首义诸王中，他是被洪仁玕艳羡为得以善终的唯一人。对此在金陵围城战中的李秀成很是清楚:此时大概三月将尾,四月将初之候。……天王斯时已病甚重,四月廿一日而故,"此人之病,不食药方,任病任好,不好亦不服药也。是以四月廿一日而亡!"后来洪天贵福在南昌的供词:"本月四月十七日,老天王病死"。

对洪秀全之死,当时就有另说,远在广德的黄文英当得自洪天贵福口碑。日后在供词中仍有疑问:"传说因发肿,病死",有的说"因调兵不动,自己寻死的"。

洪秀全是病死的。

可曾国藩极不愿意接受这个事实,他要为夸张老弟曾老九的围城功劳,竟说成是洪秀全因天京即日将城陷,湘军水陆雄师百万,竟吓得洪秀全丢下太平天国、丢下共富贵同患难的战友们,服毒身亡。于是以此之说向皇帝和军机处报告,且将篡改了的《李秀成供词》重抄后公布于众。后人信以为实,多加应用,洪秀全由此成"服毒身亡",昭示史册。

近年因《李秀成自述》真迹影印本公布,终于证实洪秀全确是病死。

但是洪秀全之病,本来是可以服药医愈的,在此天国存亡之际,洪秀全如果把自己命运和天国命运相依相共,对困守中的天京军民、甚至远至湖州、江西和汉中的太平军各路人马,都有振奋功能,但他此时已暮气沉沉,一味信天。他的病死和所谓"服毒身死",同样是起到消极的负能量。

人之将死,其言亦哀。野史就此编造他临终时的心理行为:洪秀全在病重时召见李秀成托孤,握持他的手,痛苦地说:"朕惩于东杨、惑于四王(指洪仁发、洪仁达、洪仁玕和洪仁政),能任尔而不能信尔,至于如此! 如今要迁都也来不及了! 朕已和天父约,誓殉此城了! 福瑱(即洪天贵福)若可扶,望扶之成立,为我复仇。"

也有的说,洪秀全已知国运危如累卵,而身患重病,已将不起,在死前一天诏令宫内外军民:"大众安心,朕即上天堂,向天父天兄领到天兵,保固天京。"这是说洪秀全是借"天话"壮胆。

而这些,都不过是后人对生命即将走向终结的洪秀全的心理行为的猜测。

但洪秀全确是死了。

太平天国草草安葬了洪秀全。没有什么公告,也没有什么仪式,从简处理。

据洪天贵福回忆:"十九日老子死毕,是遣女官来葬的。葬在新天门外御林苑东边山上。""尸身未用棺椁,以随身黄服葬于宫内御林苑上。"秘不发丧。看来更是秘密安

湘军陷天京洪秀全尸体被挖掘图(吴友如《点石斋画报》)

葬,知之者甚少。似乎连洪天贵福和大月亮赖莲英,以及洪仁发、洪仁达和李秀成等并不在现场凭吊。他的死讯,是在洪秀全死后第五天,洪天贵福称幼天王后才传开的。

后来湘军攻陷天京,在饱掠一阵后,方才感到要找到洪秀全的尸体,于是就开始寻找洪秀全的尸体埋葬处。

可是,洪秀全尸体埋葬在哪里呢?

俘虏们包括洪仁达、李秀成都不知道。

曾国藩到天京后,有营官陈寿武前来报告,说他所掠得天王府女官、道州人黄氏,她在枕席上向陈营官说出洪秀全的葬处。黄氏当是亲手埋葬洪秀全的几个女官之一。曾国藩很是重视。7 月 30 日,亲自问讯了黄氏,并由她指引发掘。翌日将发掘了的洪秀全尸体扛至营后。洪秀全尸体按照基督教葬礼,不用棺木,全身均用绣龙黄缎包扎,虽袴脚亦用龙缎,头秃无发、胡须已夹白了,左股右膀肉犹未脱落,尚未腐坏。看来洪秀全不过五十挂零,可是犹若是老人了。

曾国藩哥儿俩验明正身后,不放过洪秀全尸体。翌日,它被湘兵乱刀砍为鱼鳞片,然后焚烧成灰;也有记录说是将尸体放进炮筒里,掺合上火药,炸成飞灰的。这是天京失陷后的第十二天。

此人虽已没,千古有余情。洪秀全故事虽然已经过去了一二百年,他的一生虽然留下有那么多遗憾和不幸,但他和由他创建的太平天国却永远铭刻在史册上,千古长存。

～～～～～～～～～～～～～～～～～～～～～～～～～～～～～～

天京失陷时太平军湘军兵力

曾国荃湘军围天京人数,据曾国藩称为"官军五万余人"。镇江英国代理领事亚德金(Adkin)到天京调查,向英外务大臣罗塞尔(Rusell)报告:"余可断言,在南京将陷落之时,城中之太平为数不多","余估计有一万人与清军五万人作战。"天京失陷后,据李秀成交待:"城破时,城中不过三万人。除居民之外,贼兵不过万余人,能守城者不过三四千人。"当时天京被围,粮食断绝,周边部队也因无粮不敢进援入城。据此双方兵力,以人数论,为 1∶5,以战斗力论,是为 1∶15。

洪天贵福做了四十九天的幼天王

夕阳的余晖,映照着战火熊熊的天京城。

6月6日,在洪秀全死后的第五天,幼主洪天贵福在敌人的炮火下嗣位,称幼天王。他是太平天国的第二代天王。太平天国只有两代天王。洪天贵福在天京金龙殿上做了七七四十九天的幼天王。

天王陛下交下一副烂摊子,洪天贵福的幼天王日子很难过。

自从1864年2月28日,位于钟山第三峰顶天堡城失陷后,湘军继封锁天京的东、西、南三面后,又在太平门、神策门外筑垒,完成了四面的合围。自此以后,援军不得入城,守军亦不得出城。

太平天国处在危急中。

洪天贵福登基以后,由洪仁发、洪仁达、幼西王萧有和、被尊为"沈真人"的安徽歙县人沈桂共同主持朝政;洪仁达并兼管银库及封官钱粮等事。李秀成总管兵权。

此处亲贵重臣中突然跳出了一个号称"沈真人"的沈桂。

他显然是在洪秀全晚年已得到宠信、重用,放在与洪氏兄弟、第一把手幼西王萧有和并肩齐驱的主持朝政的定位上。他的建议,左右逢源,能让天王入耳,洪氏兄弟共鸣,李秀成等亦认同,可谓是四处讨好,皆大欢喜。

此人行事仅见于《洪天贵福供词》。只是无资历、无渊源,何以能进入朝堂,列入高位,很令人惊诧:

一、他是安徽歙县人,不是两广老兄弟,是中途加入太平天国的。

二、不按太平天国的严格规定,用单名,而太平天国认为"单名为妖名"。

被称为"沈真人",按"真人",通常是称方外高士、道门之士。太平天国是摒除佛道宗教的,何以冒出一个与上帝天兄相悖的"真人"呢?

"国之将亡,必有妖孽。"这位沈真人于天国兴亡,究竟起了多少作用呢?见于文献毁坏,实亦难查考了。

这位沈桂真人在朝中很有发言权。

沈桂议封六位主帅,负责天京和东西南北的城防,就被采纳了:

> 忠王李秀成为大主帅,
>
> 纪王黄金爱为副主帅,
>
> 顾王吴如孝为东方主帅,
>
> 戴王黄呈忠为西方主帅,
>
> 刘逢亮为南方主帅,
>
> 养王吉庆元为北方主帅。

当时的天京,自太平天国盘踞,取消商业、手工业,将它们全部纳入官办行业以后,经过十余年的折磨。原来繁华的市容彻底成了一个亦军亦民的大营寨。

到1864年初,全城原有的十三万人众,因为节约粮食,先后开城放出十万人自去谋生;而在留城的人员中,太平天国的王府、官衙和将士只有一万余人,并且能够上阵作战的是三四千人,他们主要还是从周边调来天京充当卫戍部队的。如从溧阳调来黄呈忠,从常州调来吉庆元、谭体元,以及从吴江前线撤回来的萧三发,等等。此外便是各王府的牌刀手和卫队。因为缺粮,守军有限,人数虽少,却很有战斗力;为持久守城,天京城里空地多利用来种豆麦,以供应粮食。可是却没有如小说、电视剧那么编造的有很多的女兵女将。

天京城防被安排得井井有条。他们一次次地粉碎了敌人的百计环攻,破坏了敌人的三十余处地道;还经常主动出击,以少胜多,先后击毙湘军官兵共四千余名之多。坚守天京,对太平军有利。

随着时间一天天地过去,这时,西北太平军雄师四十万,已闻讯从汉中出发,兵分三路,星夜兼程,驰援天京而来。有关这段史事,我将在另篇中详细叙述。

清王朝焦灼万分,生怕这支大军逼近天京,那岂不是前功俱废了嘛!他们急令僧格林沁等部和河南、安徽地方军联手截击,严责曾国荃湘军攻城不力,为此从本年6月中旬到7月上旬的仅二十天里,就先后连下六道谕旨给李鸿章,要他火速带领淮军赶到天京前线,会同湘军攻陷天京。

那时候,淮军已经攻陷常州和天京周边的金坛、句容、溧阳等地,它的主力部队已屯扎在天京附近,随时听候待命。

传闻天京之富,甲于天下,李鸿章和淮军诸将帅对之也是垂涎三尺、跃跃欲试的。可是他们知道,遵循王朝谕旨,助攻天京,就得和曾氏兄弟的湘军发生武装冲突。湘军长达两年,忍受传染病和战争的重大惨伤而迟迟不撤,图的无非也是天京的金珠财富。

卧榻之侧,岂容他人安睡? 湘军是坚决不会相容的。李鸿章也很知趣,按兵不动,还向曾国荃明确表态:"屡奉寄谕,饬派敝军协剿金陵,鄙意以我公两载辛劳,一篑未竟,不敢近禁脔而窥卧榻。"(《能静居士日记》二十)

曾国荃本来就很着急了。

他也采取了政治攻势,搜罗天京城内的动摇分子。在天京城里先后搭上线的,至少有名有姓的就有朱兆英、陈得风和宋永祺等。

朱兆英封慰王,是太平天国掌握人事选拔干部大权的吏部天官领袖;陈得风封鬏王,也是金田起义时的元老级干部;宋永祺是李秀成的一个妻弟。陈得风潜通于湘军提督萧孚泗,他还向宋永祺打听李秀成对投降的态度,东窜西奔,很是积极。李秀成所部列王傅正纲,也向湘军大营通款。

列王是洪秀全晚年所设的一种王爵。他为满足臣属的做王的欲望,广撒胡椒粉。此时所封的王,一概称列王,一概称"千岁",是最低级的王。这些列王估许更多的是第二代天王洪天贵福时期所封的。洪天贵福突围时,护送就有百十个列王,据他说,未出天京城还有千余个列王。这些列王很多是馆衙等行政事务部门小公务员,其实就是贩夫走卒。

天京城里潜伏着一阵投降风。1864 年 3 月,神策门守将许莲芳通款城外湘军,几天后,又有钟某组织叛乱,但两起都被捕获。不久又有正阳门守将通信湘军黄少昆说:"所守地袤延约三里,愿缒攻军献城。"并约定,明日(6 月 30 日)四鼓,先缒一百余人上城。湘军以为是好机会,几个营竟相争先,至四鼓时分赴城下,已悬四索,遂攀登而上,有三十余人;并将正阳门的三重闸门拉起二重,第三重闸门也拉上几尺。忽然队伍中有枪走了火,由是惊动太平军守城将士,纷纷赶将前来。湘军见了,遂放弃继续开闸,缒下城墙逃命;来不及逃跑、关在闸门里的几十名勇丁都被打死。

其实,在围城中通敌的叛徒,是从未有好收场的。湘军在攻陷天京以后,即使像陈得风那样的通敌分子,在迎降时虽然是净身出门,仍与俘虏一样被杀死。这时候,这些无脊梁的狗,确实也失去任何使用价值了。当然,征服者杀人以灭口实,目的还是垂涎他们敛集的家财。

搜罗动摇分子和叛徒,是为了更快、更容易打开天京城门。湘军同时还继续挖地道、埋炸药,以打开城墙缺口。从 7 月 3 日到天京失陷,湘军几乎天天在开挖。

7月3日,天京城外最后一个要塞地堡城(龙脖子)失陷。地堡城位于钟山第三峰东南麓贴近太平门城根,居高临下,城内动静全在视线之内。湘军利用此处优越地势,架设大炮一百余尊,对准天京城内,朝夕不暇轮流轰击;并以炮火为掩护,更前筑垒,在城根近处开挖地道,准备用火药破城。

太平军将士坚决反击,在大炮轰击时,持枪伏在城角隐蔽处;待炮声过后,又机智地出来窥测动静。他们非常聪明地学会了识破外来的地道,通常是遥望敌军临时扎营于前,而地面却无军队行动,就猜想他们一定是在开挖地道;即算准它所在的行进位置,先从城里挖一条直地道出城外,然后分头横挖暗壕,使敌方地道到此曝光。

相传,李秀成很会识别地道的开掘和走向。他每天巡城,当发现城外某处草色萎黄疏落状(根部被破坏),就认定下面必然是在开挖地道,即组织人力破坏,无一不中。

太平军将士以地道对付湘军开挖的地道,取得了很大的效果。

湘军仍努力开挖地道。7月的一次,其中神策门地道乃透月城,抵达城下。太平军也挖地道至月城边,深却在湘军地道之下,遂自用火药轰倒月城,将清军地道进路扼断,压死八个大头兵。湘军无奈在地堡城下又新筑了十余座炮台,连轰太平门,迫使太平军将士不能上城守卫。然后命令全军五六万将士,在两天里每人都须送交柴草一担,贮于城墙下堆聚,作为攻城台阶。

天京太平门遗址

太平军将士奋起反抗,并趁机出城主动进攻,给敌人以很大的杀伤。湘军总兵陈万胜、王绍羲、郭鹏程等多名高级将领都被他们打死。统帅曾国荃等人心中如焚，他们生怕长期这样下去，早已疲劳不堪的湘军会因厌战发生兵变。

天京保卫战到了最后的时刻。

7月17日，即天京失陷前两天，湘军在一次拼搏中炸开了神策门缺口。当湘军蜂拥而入时，太平军将士干脆将点燃了火药线的几十桶火药投掷下去，歼灭了首批冲上来的三百多名湘军，终于堵住缺口。守城的太平军将士虽然处于明显劣势，却依然打得很英勇。

翌日，贴近太平门的湘军地道开通，形势十分危险。这天深夜，李秀成亲自带领几百名将士缒城而下，分两路猛攻地道洞口，钉死草堆旁炮眼，焚烧火药数桶，几乎获得成功。无奈兵力太弱，只好撤回。

"弗留半片烂布与妖享用"

1864年7月19日，天京失陷了。

拼死吃河豚。湘军付出如此惨重的代价，正是为了吃独食，不让李鸿章淮军争功，而不得不孤注一掷。

就在昨日，曾国荃将前线指挥部移扎地堡城时，接到李鸿章急件，内称由于北京多次传来谕旨，他只得派刘铭传、潘鼎新等二十余营，将于7月19日拔营前来助攻。

淮军将领早就想参加攻打天京了。天京是只聚宝盆，谁不想名利双收？虽李鸿章与曾国藩曾有师生之嫌，道义上说不过去，但他的部属却不买账。淮军兵强马壮，士气正旺，又配备当时最先进的热兵器，自然不会把湘军放在眼里。刘铭传更是大声喊道："湘军算什么，他若要阻拦，老子先解决他。"

曾国荃在接到快马传递的信件后，心乱如麻，在设在地堡城的前线指挥部里，立刻召来湘军将领会议，把它传示，激动地说："他人至矣，艰苦两年以与人耶！"全体将领们当然不甘，同声呼应："愿尽死力。"

可是，太平门外苦心堆集的柴草，因守城将士经常向上抛掷火种，被焚多次，终究难与城齐；要打进城去，还只能是靠地道。

也算是李秀成和将士们一时疏忽，或者说是过于疲劳，顾此失彼——天京城太大，城墙足足有几十里长，人员一时难以调配齐整。他们虽然先已成功破坏了几十条地道,但恰巧没有想到,敌人却将其中地堡城下的一条废地道给重新开挖了。就在7月19日这天上午,地道已伸进太平门城墙之下。

此日,天气晴朗,万里无云。午间雷雨过后,仍是一片蓝天。大概是下午二时,地道中火药爆炸,隆隆如雷,烟雾弥漫,太平门东侧城墙被轰塌了二十余丈。

湘军已安排了三支敢死队。先锋是总兵朱洪章部。

李秀成大惊失色,赶忙迎战。他与东方主帅、顾王吴如孝亲自督军,塞住缺口,拼力抵挡,指挥兵将在缺口处把成桶火药抛下,将首批冲进来的400名湘军官兵歼灭干净,接着又将跟进来的敌方三千人马打死一半。太平军将士前赴后继,英勇抵抗,呈现出无畏精神直到最终战死。

但湘军二路刘连捷部和三路武明良部,已马上接踵拥进。天京其余各门和中关也先后被攻破。湘军如潮涌进,沿途四面放火,劫财杀人,奸淫放纵。这是一群杀红了眼的亡命之徒。他们冲进天京,就是抢金宝、掳女人。道路上,尽是马运车载的金银包扎和妇女;妇女四十岁以下已见不到一人了。

李臣典(吴友如《将臣图》)

如清归德镇总兵李臣典,在曾国藩的奏折里,说李是因为作战受伤而死去的。其实不然。李臣典好色,据恽逸群(翊勋)《蒋党真相》记述,李臣典曾孙和他介绍,李臣典破城后接连强奸了两个女人,竟致脱阳而死。这在后来的野史笔记里都有描绘。刘声木《异辞录》称,"相传忠壮(李臣典)少年持壮,一日夜御十八女,事虽无据,然近人纪传,多隐约言之。"李臣典是曾国荃部湘军里官阶仅次于萧孚泗的武将,纪律竟亦如此败坏,他的部属就可想而知了。

曾国荃原先规定,每个营派六成兵员冲杀、四成兵员守营;还到处张贴布告:禁杀良民,掳掠妇女。但高级将领彭毓橘、易良虎、萧孚泗、张诗日等带头抢劫。湘军所有兵员都争先恐后进城抢掠,大肆搜刮。就连军营里的长夫、雇工等勤杂人役,也跟着去大捞外快,整个兵营为之一空,以致城中向外载送的车水马龙,装运或肩负的都是财帛和女人。湘军官兵在天京城里有如盗匪,胜如盗匪。

天京城星罗棋布各家王府,"伪受伪王者,无不建府,皆并数家大宅,而营建之"(杜文澜《平定粤寇纪略》)。在天京诸王必建王府,不在天京的诸王,权威赫赫者也多建有王府,如英王、侍王、辅王;次要如慕王(谭绍光)、顾王(吴如孝)和力王(张朝爵)。天京沦陷,"各王殿府馆自焚者十之三,被焚者十之七"(《曾国藩年谱》)。

天王府、忠王府和几乎所有的其他王府、馆衙,都被凿地三尺,洗劫一空。当天夜里,城中多处起火,红光烛天。第二天中午,湘军提督萧孚泗在洗劫天王府后,当即纵火把它烧光,以灭罪迹。正所谓:"十年壮丽天王府,化作荒庄野鸽飞。"

湘军上下都发了横财。湘军诸将领,抢掠得财十万以上的,就有一百多人。其中萧孚泗发了大财,就弃官回湘乡老家去了,清王朝也因此不再录用他。曾国荃抢得宝物、金银最多。据上海报纸报道,他用了几十条大船装载回乡,为此引起左宗棠、沈葆桢弹劾。曾国荃遵从曾国藩之意,托病回乡休养,在家乡大建私第,置肥田一百顷。

但湘军的掠夺,在每条街巷、每个馆衙,也是花费了血的代价。太平军将士英勇反击。天王府外守卫的将士众志成城,坚守五龙桥,湘军几次强攻,仍难以攻陷,只得绕

天京城的居民

太平天国定都南京时,据称城里有居民 70 万人,加上由武昌进入南京的 50 万人(包括太平天国人众 10 万),约为 120 万人。但此后人数大为减少:一是多次征调民众出征;二是逃跑;三是城里乏食,放跑。

据张继庚查自家册统计,1853 年 9 月,天京城里有 27 万人(其中男 4 万,女 23 万)。

据谢介鹤自城里耗费粮食推算,1854 春,天京城里有 21 万人(其中男 7.5 万,女 13.5 万)。

天京居民流动力甚大,据称仅 1855 年就有几千人逃跑,从 1863 到 1864 年,放出就食足有十三四万人。

1863 年,据呤唎记载,天京除兵员、王府及各馆衙人员,居民为十五六万。

1864 年 7 月,失陷时,全城共 3 万余人,其中居民为 2 万人。

在太平天国天京十一年间,城市不繁荣,人口稀少。因而在失陷前夕,戈登在城外山顶观察城中,发现城墙上守军稀稀拉拉,城里民居了无人气,一片死寂弥漫全城。

道而行。及夜,天王府内外将士与其他王府卫士们同仇敌忾,举火为号,同时杀出。留守的太平军将士是不会轻易与让的。人在屋在,寸土相争。他们高喊:"弗留半片烂布与妖享用。"

当时督军攻陷天京旱西门的湘军道员陈湜,曾亲睹一件事,可见一斑:

> 诸酋各据大宅,负隅抗拒,穴墙发矢铳,颇伤官军。尝有一次守甚坚,攻亡两日不下。余亲往视之,见两贼立屋脊上,望见余兵至,乃下。余方审视间,见两媪由后门逸出。使人召之至,问中有几许贼。答曰:不过数百,皆首逆也;又妇女百余。问贼方何为。答曰:方驱妇女运珍宝聚于一堂,不知何意。余闻之,即麾军退。众谔皆丧沮。余怒曰:不速退者斩!众谏乃不敢言。退至里许,忽闻大声訇然。余乃驻马笑曰:可矣!使骑返觇之,已化为平地。盖贼知不免,以火药焚死,使不见机速退,则所伤必多矣。(《病榻述旧录》)

据时人目睹后判断,天京城所焚烧的房屋,太平军自己焚烧的占十分之三,湘军所焚烧的占十分之七。经过大面积焚烧,天京顿成一片瓦砾场,"无数列王都建都,入城官吏待鸡栖"(何绍基《金陵杂述四十绝句》),鳞次栉比的六朝古都,入城官员竟然找不到居住处。曾国藩随后到京,亦只能暂且以城中久无人居的英王府为临时公馆。但英王府亦被掳掠得相当荒凉。太平军将士逐屋逐巷地进行战斗,抗击来敌,直至最终。天京城里的零星战斗,直到8月1日,即天京失陷后十余天,还有从屋舍隐蔽处打冷枪的呢。

李秀成对洪天贵福说:能救他出城,但只能带他一人,那两个小兄弟就顾不上了

太平天国本来在天京有作永久的打算,坚守孤城,在城里空地广种稻谷,以等候来自西北的远征大军和约定于三个月后由江西来援的李世贤等部。围城中的太平军将士,人数虽少,却很有战斗力的。

最主要的困难,还是粮食供应不上。城里不少有权势的王府,都贮藏着大量粮食;但鼠目寸光,不肯拿出来充作军粮。仅恃中关向江面外国商船高价购粮,毕竟是有限

的。人无远虑，必有近忧。由此，那些有头脑的军事领袖，如李秀成，也作了在天京陷落后的妥善安排。

城破了，怎么办？看来得有一套完整的应变措施。那就是护送幼天王赴广德、湖州，重开太平天朝。这也是"让城别走"战略的续篇。

当时，黄文金、杨辅清和洪仁玕等头面人物都已聚集在湖州了。湖州及其周边的广德、四安、孝丰、安吉等城镇，麇集有来自江苏、浙江各地的十余万太平军将士。太平天国坚守湖州，是为江西李世贤等部来日援京的中枢站，也为天京突围有一个着落点。

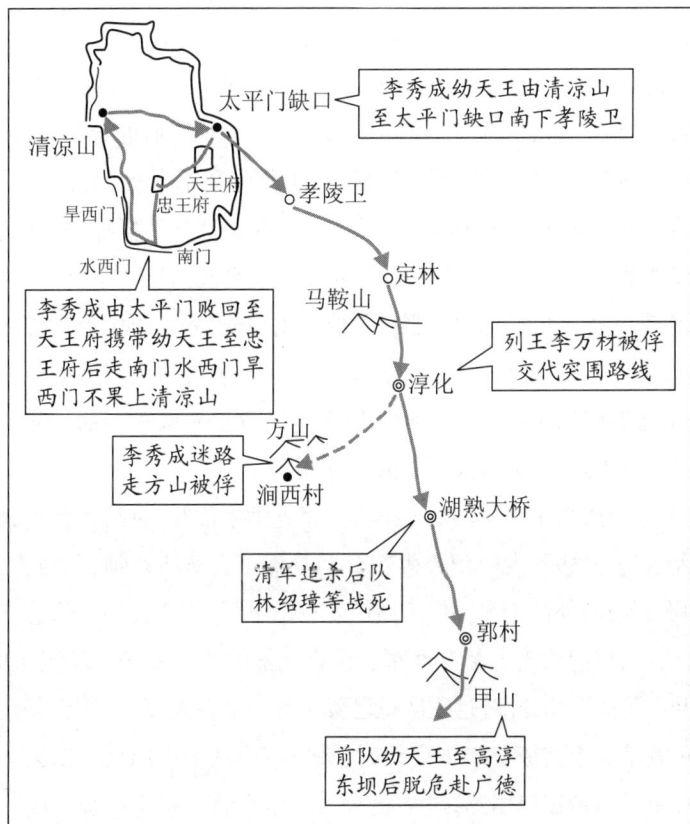

李秀成等护幼天王突围路线图

后来事态发展真也如此。天京城破后，分散出围的诸王兵将，很多是殊途同归，走向广德、湖州会合的。其中最大的一支队伍，也最引人注目的，就是卫护幼天王洪天贵福的队伍。

洪天贵福一行几百人,是 7 月 24 日到达广德的。第二天,洪仁玕前来觐见,并带来很多绸缎等用品和粮食、菜肴之类。

他们是在天京失陷的翌日五更杀出包围圈的。7 月 19 日城陷这天,洪天贵福和四位幼娘娘,当时正在天王府望楼上赏光。这座望楼有三层,楼高十几丈,琉璃黄瓦作顶,四面环以栏杆,栏内置长窗,四角悬风铃,登楼可以远眺数十里。洪秀全生前常登临远眺,此时洪天贵福登高,当他望见湘军已打开太平门缺口,冲上城内龙广山;又见吴如孝统兵来挡,但挡不住,败退下来,就往下疾跑,与两个同为六岁的小兄弟光王、明王奔到了荣光殿。但守卫朝门的女官不让他们外出。

时忠王李秀成由太平门败回,和视王黄享乾等入朝。李秀成对洪天贵福说,能救他出城。但只能带他一人,那两个小兄弟就顾不上了。天王府的大小妻子、家属,包括洪天贵福的姐姐洪天姣,也都留在天王府里,只能听天由命,随他们去了。

这些天国权贵妇女,很多被湘军将士据为战利品,遭奸淫掳掠。洪仁达的一个妻子赖氏就是被湘军一名普通军校奸占掠夺,带回湖南乡间。

在途中,李秀成把他所骑的那匹壮飞快的雪白战马,让给洪天贵福作座骑;他自己则换骑了一匹普通马,赶回忠王府,与母亲、弟侄作短暂告别。为了轻装,将士们都没有携带家属,金银财帛也留下了。他们似乎也摸清了入城湘军意在掳掠、不顾其他的心理行为。一行人众,乔装着湘军服饰,寻路出城。

刚一开始,李秀成欲由太平门缺口出去。将近太平门时,见敌人麕集太多,又率众折回。欲出大南门,又想到大南门外雨花台乃是湘军大营所在地,乃回头去西门。但在城楼上,却看到西门外都是水。信王洪仁发见出不了,完全丧失了信心,就跳水自杀了。这时候,南门、东门城楼上都有湘军。执掌兵部的尊王刘庆汉建议上城内清凉山暂避。大家乃上了清凉山,此时这支队伍已聚集有一千多人、六七百匹马了。

正是暮色苍茫。李秀成与诸王商议,俟头更时仍从太平门缺口出去。因天黑,刘庆汉用长枪杆系着白带在前引路,洪天贵福等人紧跟着白带走。李秀成一马当先,冲出几乎已无人把守的太平门缺口,然后一直向东走,又由孝陵卫层层叠叠的湘军营垒边奔过。

原来,此时湘军绝大多数人员都已进城抢掠去了。他们只截杀了李秀成和洪天贵福等一行人中尾随的少数几十人。沈桂不识时务,乱奔乱跑,当即被流弹打死,勇王洪仁达也是在出城时因为逞勇,被敌人诱擒。其他大多数人都顺利地通过了孝陵卫,取道南下。

当时南下广德、湖州的有一千多人众,很多是天京的高级干部和亲贵等非战斗人员。李秀成把他们分为两队,前队刘庆汉、吉庆元以及卫护幼天王的其他诸王等三百余人先行;他和林绍璋等七百余众为后队,拒抗追军。敌人马步追赶,李秀成未到淳化镇就走散了。7月21日,湘军在淳化镇捉了掉队的列王李万材,经他供认去路,赶上后队。后队不敢恋战,且走且战,在湖熟大桥几乎全军覆没,林绍璋和洪仁发、洪仁达的几个儿子等战死。

而前队则已远至句容郭庄,时已夜晚,看来在突围途中,是给洪天贵福作了很多的保护措施的。据时人所目睹,在郭庄宿店时,有与洪天贵福同样打扮的少年十余人环坐一圈。令外人难以辨分真伪,而护卫他的还有几个彪形大汉寸步不离。翌日晨,离郭庄继续南行,经溧水东坝,已无追军,再走了三四天,终于到达太平天国尚存的一块干净区广德。检查出京人员只剩了二三百人。同日,昭王黄文英从四安前来觐见。几

晚清年画:曾国藩庆贺太平宴

天后,洪仁玕、洪仁政带着十几辆衣帛、食物从湖州来到广德相会。

因为曾国藩想捞全功,在初悉湘军攻陷天京时,他就迫不及待地从安庆以六百里加急红旗报捷奏折对皇帝说:"城破后,伪幼主积薪宫殿,举火自焚。"到南京后,又两次提及"洪福瑱以十六岁童,纵未毙于烈火,亦必死于乱军,当无疑义","以为洪福瑱必死于乱军无疑矣"。

后来,左宗棠在围攻湖州时,发现洪天贵福并未在天京自焚或被杀,还好好地活着呢,就参奏了曾国藩一本。曾国藩很是狼狈不堪,但仍强词夺理地说:"或洪福瑱实已身死,而黄文金伪称尚存,亦古来败贼常有。"见于洪福瑱有否事,曾、左关系自此更加交恶。也有一说是,曾、左有意将关系交恶公开化以闻及朝野,其实此正是他俩的高明处,为制造彼此不和,旨在解除清廷对汉族大臣的猜忌、疑惑。盖以曾、左的器度,决不会以斗筲事相恶持久的。

第四十二编　李秀成供状,自有很高的历史和文化的价值

李秀成淡然地说:不过一死罢了

李秀成是在天京被攻破的第四天,即 1864 年 7 月 22 日,在天京东南的方山遭到诱捕的。他的被捕有很大偶然性,是湘军的一个意外收获。

湘军围困天京两年,战死九千人,得传染病死二万五千人,耗费钱粮一百万,得到的却是一个被洗劫的空城。如曾国藩幕僚赵烈文所说:"而破城之日,全军掠夺,无一人顾全大局,使槛中之兽,大股脱逃。"湘军上下,因为忙碌于抢掠,使陷城中的太平天国重要和次要人物,包括洪氏家族第二代有名有姓人物,一个都没有搜获,像望王黄文安,竟能混迹在机匠营以度晚年,学王胡海隆、贵王陈得顺等也是在城破后若干天,经人举报才遭捕拿的。湘军顾及于他,在城里城外没有抓到一个要犯,这使曾国藩哥儿俩很难自圆其说。而李秀成的被捕,总算是一个弥补。

因此,曾国藩后来把李秀成供词所写的"是以被两国(个)奸民获拿,解送前来",用朱笔改为"遂被曾帅官兵拿获,解送前来";到抄送与北京王朝和刻板时,又改为"遂被曾帅追兵拿获,解送前来"。他之所以一改再改,就是要突出攻破天京,湘军所立的大大功劳是拿获了李秀成。

李秀成本来是可以脱险的。他因骑的马劣,力不足,又未得食,丁 7 月 21 日天明之时落伍走散。他向西踽踽而行,不知不觉间来到方山顶上的破庙海会寺。

据他后来的供词说,他在山上因天热乘凉,便将随身绉纱捆带的珍珠宝物吊在树下。山脚下涧西村的百姓发现他是忠王,便有意掩护。他为表示感谢,要将所吊之物相谢,不料已为另一批百姓取去。这帮百姓要平分,那帮百姓说:"此物是天朝大头目方有,他人不可能有。你把他交出来,我们才答应平分。"两股百姓由此争吵起来。因而藏身不住,被告发捉拿。

据今人调查,告发李秀成的,是正在方山砍柴的涧

萧孚泗(吴友如《将臣图》)

西村二流子王小二。他来到海会寺看见了李秀成,就下山告诉村董陶大来。他们带领人众上山捉拿了李秀成,将其押送到萧孚泗营。萧冒为己功,亲送李往曾国荃处。

还有一种版本,乃是曾国藩另一幕僚薛福成事后所调查的,说陶大来原本是要赴太平门外李臣典营告密的,路过钟山,腹中饥渴,就在附近萧孚泗营的某相识伙夫处休息,闲谈中漏嘴说及此事。伙夫对亲兵说了,亲兵报告了萧孚泗;于是故意宴请陶大来,让他不得脱身。萧自领亲兵一百余名飞奔涧西村,将李秀成押解而归。

两说稍有不同,但李秀成终究是成了湘军的阶下囚。

7月23日清晨,曾国荃熟睡之中,听说李秀成已被拿到,朦胧之中,当时仅穿短衣,便急于赶出来审讯。李秀成被放置囚笼中,由四个健卒抬来。曾国荃端坐大堂,列兵如临大敌,数次问话,李秀成傲然视之,不发一语。曾在众人面前,太丢面子。他手握铁锥,对着李秀成遍体狠刺,血流如注。李秀成把身直立,大喝道:"曾九,各为其主,且兴灭无常,今偶得志,遽刑我乎?"

曾氏幕僚赵烈文怕曾国荃当场把李秀成杀了,不好交代,随着附着曾的耳朵悄悄地说:"这是大酋,不可随意处刑。"曾更加暴怒,于座位上跳起来说:"此土贼耳,有什么必要留下来,难道要送往北京去吗?"说着又命亲兵拿着小刀子,狠狠宰割李秀成的手臂和大腿,鲜血不断地流下来,而李秀成仍旧挺直胸膛,毫不为动。

这时,天王老兄洪仁达也被捆绑了进来。曾国荃命亲兵如法炮制。洪仁达倒也有种,表现得非常坚强,忍着全身疼痛,闭口不说一语。后来曾国藩也亲加审讯,洪仁达仍是冷目相视,不予理睬,搞得他很尴尬,只得向皇帝报告,此人"如醉如痴,言必称天父",显示对敌的蔑视。洪仁达有知彼之明,懂得乞求只有遭来羞耻,带来更大伤害。他保持了应有的气节,站在太平天国立场上也是应该肯定的。可是近年有人写剧著本,搞形象思维,为了贬值洪氏兄弟弄权,制造天国高层的两条路线,根据传统的忠奸范儿,有意把他说得卑鄙、屈膝贪生怕死,这种唯心史观,实在是文化人不应执有的态势。

曾国荃发足了私愤,过后命手下制作了两只木笼,一只大些的木笼关押李秀成;另一只小些的木笼,关押洪仁达。大笼可以舒转身子,小笼只能容身。他正是煞费心思。

当晚,赵烈文等幕僚与李秀成作了一次谈话。李秀成谈了其前半生涯。还说了:今天京已经失陷,我也被绑缚,你观察当今天下难道真太平了吗?接着又自星相学证明,外国人将使中国不安宁,这在十余年后必能见到。赵烈文问:"你现在有什么打算?"李秀成淡然地说:"不过一死罢了。但环视江南各地还都有是旧部,如能允许我写封信,让他们自行解散,并得到妥善安排,免得无辜的死去,我虽死也无憾了。"

佛教《大乘经》有说,杀了一人能救众人,这就是菩萨行。《华严经》也有相似的话。李秀成未必读过《大乘经》或《华严经》,但这是一种农民领袖舍己为人的思想和行为。他和当年被俘后的陈玉成、石达开都有同样的理念:"自己可以死去,但愿部下得以保全。"

李秀成连续写了十天,写了"天朝十误"、"招降十要"

当时,李秀成并没有写供词。

直到五天以后,曾国藩由安庆来到南京。当晚,曾国藩初审李秀成,他装得有点和善。当李秀成戴着镣铐进来时,他故意看了对方很久,然后以怜悯的口气说道:"你就是李秀成吗,你亦是一条好汉呢。可惜! 可惜!"还说,"人杰也,不早遇知己,乃如此。"李被触及心境,哭了。这时,他所执持的倔强气终于消解了。

曾国藩命令除去李秀成手铐和脚镣,为他治疗,放进禁闭室。

两天后,李秀成开始写供词。

"供词",俗称是向官方交代。这里顺便讲一句,它本是中性词,并非是贬义。自20世纪50年代后的新中国史家,都将《李秀成供词》改名为《李秀成自传》、《李秀成自述》,以表明站正太平天国立场。其实李秀成所写虽有个人行事,但在敌人威逼中,很多文字是言不由衷,故意歪曲,阿谀奉迎,算不得是个人自传、自述,只能算作"供词";"供词"者乃被审讯者交待,所以本书即恢复原有旧称,仍用"供词"。

李秀成供词写了太平天国始末、重要人物和自己的主要活动,和所谓"天朝十误"等失败因素。在曾国藩第二次谈话后,他又另写了"招降十要"。

李秀成供词写得很用心、认真,写作者为使它能为审讯者保存下去,也在用语造词上痛下工夫。连续写了十天,长达五六万字,因而引起当时和后世人们的注意和讨论。20世纪30年代流行一种说法,是借托李秀成写供词的目的,说李秀成自称:"太平天国史已被焚,此供可为国史。"(李鸿章孙李国璨记,《学风》7卷5期)但是李秀成不是史学家,他的笔录并非为留作国史。

李秀成被俘后,原以为像他那样的身份,那是受尽欺凌、侮辱,必杀无疑了。

曾国荃对他凶狠有加,他是冷眼相视,漠然对待。

不料曾国藩对他很和善,去其镣铐,客礼相待,这又出乎他的意料。故在供词里,他处处吹捧曾氏兄弟;凡提及他们时,就处处流露出感恩戴德的情感,并阿谀奉承,说"中丞大人(曾国荃)有德之人,深可佩服,救世之人","中堂(曾国藩)恩深量广,切救世人之心","老中堂大义恩深,实大鸿才,心悔未及"。在提及湘军时,他亦大肆夸奖,说他们稳健不摇,冲锋猛战。而为了显示己才不凡,又处处诋毁非湘军,如淮军、老湘军和绿营。他的意愿,是讨好曾氏兄弟。

李秀成此类的话说得甚多,也相当肉麻。他没有想到自己的对手是颇经世事,有政治阅历的曾国藩。曾国藩稍加思索,就能发觉李秀成的别有用心。李秀成真是太天真了,更没有想到,自己越是阿谀讨好、灌米汤,却正适得其反;尤其是传言颇广的,他竟然劝曾国藩做皇帝,更遭曾所忌。

相传咸丰帝生前曾许诺,谁首先攻下金陵(南京)就封为王。曾国藩统率湘军竟攻陷天京,辛勤倍至,但没有封王,就是三等公爵也不与,只是折为一个侯(曾国藩)、一个伯(曾国荃)、一个子爵(李臣典)、一个男爵(萧孚泗)。如此失信,很为人愤懑,此时湘军之盛,遍及东南半壁,因而传说如彭玉麟有与曾国藩说:"东南半壁无主,老师岂有意乎?"王闿运、左宗棠、郭嵩焘等均有类似劝说。据记载,曾国藩家人相传,当年李秀成也劝说过,要他做皇帝,曾国藩不是"不干",而是"不敢"。若如是,李秀成仍是以自己单纯的农民思维和理念认识曾国藩的。他对拥有中华道统学说的曾国藩极不了解。曾国藩应该认定他是从来未想到做皇帝,也不愿做皇帝。"依天照梅花无数,流水高山心自知"。

也有人说,李秀成是假投降,他是仿效三国蜀汉姜维故事。李秀成很爱读《三国演义》,其言语和行为确实多有受《三国演义》的影响。但说是学姜维唆使受降者钟会割据西蜀,似也过于想象、推理。李秀成至少知道,他本人仅是一个囚犯,此时此地他已完全没有姜维仍能直接指挥本部人马的资本,况且是"败军之将,不可以言勇;亡国之大夫,不可以图存"。李秀成应该懂得学不得姜维,也学不了姜维,曾氏兄弟也非钟会。年过半百的曾国藩,当时早已持"为家为身者,欲以'退让'二字保全晚节。此诚忧盛危明之定识,恃盈保泰之定议也"。

曾国藩从来没有想做皇帝。他不是"不敢",而是"不干"。他作为圣教传人,一代夫子,所谓中华道统的卫护者和继承者,被称为是自孔子、朱熹、王阳明等以来的最大

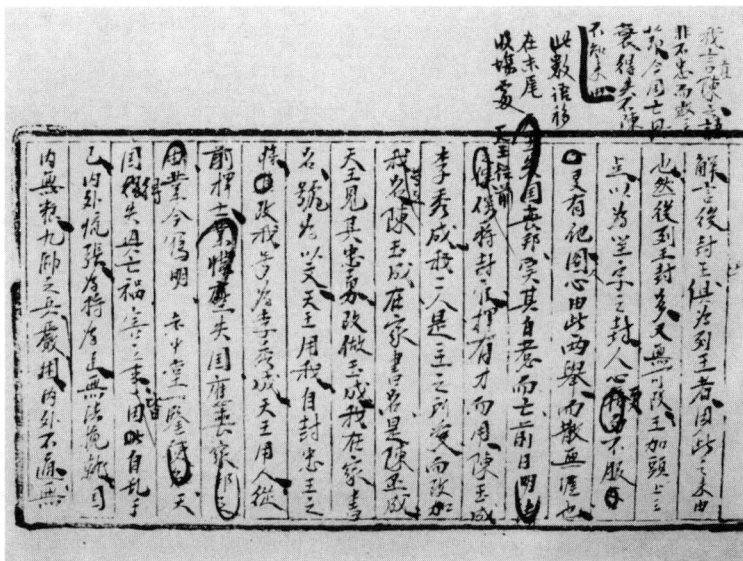

李秀成供词中的一页

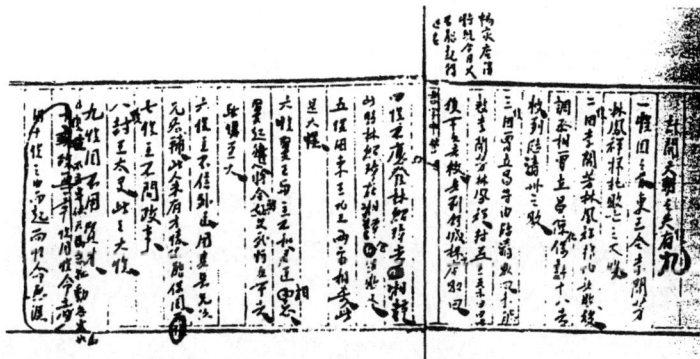

李秀成供词所写的"天朝十误"

完人,其声誉、影响,足以超过帝皇百倍。他现在的聪明行为,将是功成身退,学张良从赤松子游,何必因此冒天下之大不韪呢。李秀成不可能懂得曾国藩,他的认识绝对是错了。

李秀成在供词中多次谈到他人的投降,如艳羡韦志俊的投降行为,用银买通刑部保救陈得风因叛被捉事以及放纵苏州郜永宽、周文嘉等叛降,凡此情事,侃侃而谈,以蕴含自己被囚中的心路。

也许李秀成没有想到投降。但不管李秀成当时出于什么动机,他在所作供词中的任何自侮自辱文字,都为自已的声誉带来了不应有的损失。

李秀成奋笔疾书,连续写了十天供词。他的文化程度并不高,且当时全身有伤,但供词写得有条不紊,粗细浑合,娓娓道来,很有文采。

曾国藩对李秀成的供词很注意,每晚待他一写毕就索去审阅,还边读边作删改。李秀成奋笔疾书,一气呵成,每天可写七千字,共约六万余字,但现今见存的手迹却只有 27 818 字,其余都给曾国藩毁掉了。据称,其中最多部分就是劝曾国藩做皇帝,也有的是谈及天京窖金,阿谀湘军,诋毁满洲八旗、绿营和其地各支清军等。这些都是忌讳的,不可为外人道传的。

李秀成在供词里有时常显示意气自扬,本也遭曾国藩所忌。当在投降后被俘的鬆王陈得风,被押解前来见曾国藩时,见到囚中的李秀成,即长跪请安,如此更使曾国藩见嫉,以为李秀成即使在笼中还有如此威信,要是脱身,那正才是不可思量呢。

曾国藩原来打算献俘,将李秀成槛送北京。他在安庆时,就向清廷的报告中作了请求:"李秀成、洪仁达应否献俘,俟到金陵后,察酌具奏。"但这时他变了原意,决定就地处决李秀成。

言多必失,李秀成说得太多。在秦骂楚,在楚骂秦。他既然在供词中谩骂洪秀全,难道就不会在北京揭露曾国藩和湘军吗?如湘军的冒功,包括所谓在破天京三天里杀了太平军十余万人等。

在杀死李秀成的前夕,曾国藩还假惺惺地设宴款待李秀成。这时,曾已接到北京发来的圣旨,命速送李等往赴北京。李当然不清楚内情,"有乞恩之念",自以为凭己之诚信、能量,尚有使用价值,可以得到解脱。曾国藩却若无其事地说:"我不能做主,要听圣旨决定。"实际上,他早已与赵烈文等亲信幕僚商及,决定擅自先杀死李,以除后顾之忧。

李秀成受骗了。

翌日,即 8 月 7 日清晨,曾国藩命候补知府李鸿裔通知李秀成:今天要处决他。李秀成面无蹙容,也许此时此刻,心理有所准备,做出一副无所谓的姿态,说:"中堂厚德,铭刻不忘;今世已误,来生愿图报。"

傍晚,李秀成谈笑自若,从容走上刑场。供词也没有写完,据赵烈文《能静居士日记》记载,"李秀成还在临刑前作有《绝命词》十句,无韵而俚鄙可笑。付监刑庞省三,叙其尽忠之意。"

此词当时未见有记载。20 世纪 70 年代初,上海图书馆的葛正慧先生介绍,几年前,王重民先生来沪期间,与他谈及:当时有安徽歙县茶商汪某,于天京失陷后路过南京,闻外国传教士所述此词。据传教士说,此词系得自两江总督衙门,乃李秀成临刑时所作,为传递者事后追记,此后就在衙中传诵。汪某就记录于账册中,在澳门推销茶叶时将它传播。有澳门人手记了其中两首:

> 新老兄弟听我歌,我歌就义活不多;
> 心有十条亲天父,不容天堂容妖魔。
>
> 新老兄弟听我歌,天堂路通休错过;
> 太平天日有余光,莫把血肉供阎罗。

词是广西山歌体。据称,其余八首的第一句,都和此两首的第一句相同。每首内容亦都是劝人敬天父,死后可上天堂。

李秀成被杀死。曾国藩对他算是例外照顾,不采用前两天对病重的洪仁达所施行的凌迟极刑,只是斩首,一刀了之。

事后,曾国藩却对北京朝廷报告,圣旨由安庆转到南京已迟了四天;怕有不测,已将李秀成处死了。先斩后奏,既成事实,清王朝明知就里,也只得不了了之。

李秀成被杀后,头颅被装在一个小木笼里,由一个差役拎着,另一个差役鸣锣吆喝,在江南李秀成曾经活动地区,沿途传示。

曾国藩为表明自己心迹,甚为重视李秀成所写的供词。他在亲自审讯以后,又特命赵烈文、庞际云等得力幕僚进行分段、誊抄,一式多份,尔后分发各地督抚。此外,一份连同奏折送缴北京军机处存档;一份就交安庆付梓、刻印;一份快马递送到上海,译成英文,由海关出版,后上海基督教长老会的出版社印刷、再版。《北华捷报》在 1864年 10 月还分三期整版连刊。1865 年,上海 Presbyterion mission press 为集印成册,公布于世。

《李秀成供词》引起中外注意。

主持江西军务的杨岳斌将它再刊刻发布,以图影响时在江西的李世贤等各路太平人马。因为供词中只捧湘军和曾氏兄弟,对他人且多加诋毁,包括时为江苏巡抚,已开始红紫闪光的李鸿章。李秀成供词多有蔑视淮军,说他无用。李鸿章读了颇为愤懑,向曾国荃发泄。曾国荃不得不加以疏解:"李秀成屡经雄师击败,所陷江浙诸郡县皆为部下攻克,私愤已久,故作此诋毁之词。家兄忙中未及删改,弟别毫未闻及,此事至今亦未阅过一遍,可想见其疏矣。乞恕,乞恕。"(《曾国荃全集·致李鸿章》)

李秀成是个重要的历史人物,其人功罪与否,所谓大节晚节,在 20 世纪的中国社会曾几番成为讨论热点。但他所写的供词,正如梁启超所称:"被俘时之供状,为考证洪杨内部情状之第一等史料。"(《重印李秀成禀状序》)

白纸黑字,铁证如山。它是中华两千年封建社会里最长、最详的一份出自农民将帅的文字,自有很高的历史和文化的价值。

1960 年 9 月,郭沫若有七绝《读〈忠王李秀成自述〉》两首记之:

其一:

> 误民当日叹无涯,含英归阴恨也赊。
>
> 遗悔谆谆防鬼反,英雄碧血洒黄沙。

其二:

> 八月羁困奋笔诛,满篇血泪跃玑珠。
>
> 奴才自昔横于主,毁了忠王更毁书。

香港报纸报道台湾出版《李秀成亲供手迹》影印本

香港《真报》1962 年 6 月 16 日报道：台湾即将出版《李秀成亲供手迹》影印本，由曾国藩后人曾约农教授交给世界书局影印，日内即将出版。

曾国藩逝世前嘱他子孙，妥为保存这本《李秀成亲供手迹》。

世界书局总经理杨家骆教授说：李秀成的亲笔供状是用吉字中营的蓝格簿写的，于同治二年六月廿七日动笔到七月六日写了 74 页，共计 36 100 字。李秀成随即被曾国藩处以死刑。

杨家骆说：李秀成写供状时，常考虑到怕有违犯清朝皇帝的字样，曾恳请曾国藩替他修改，因此在这本供词中，每页都有曾国藩用朱笔画改的地方，共计删改了 5 149 字，实际只存 30 851 字。

杨家骆又说：民三十二年，吕集义在湘乡将供状的一页封面和十四单页拍成照片，并将其余 62 页抄了一份，所有共 31 746 字，共计脱漏了 4 354 字。（《参考消息》1962 年 6 月 27 日）

第七卷　余波

第四十三编　逃跑千里，二十万湖州军沿途全军覆没

洪仁玕毕竟是书生，只得跪在黄朋厚前，乞求转身抵挡一阵子

幼天王洪天贵福在安徽广德住了半个月。

洪仁玕与他伴随在一起，那些从天京一同出来的大臣、亲贵们，也与他伴随在一起。他们都没有赴走湖州。有的可能沿途就走散了。如式王萧三发。萧三发后来转辗多处，最后投奔在黑旗军刘永福麾下，1895 年台湾抗日时，奉刘永福命接替战死的总兵杨泗洪，任黑旗军前敌总指挥，曾收复云林、苗栗两县城、围攻彰化，因身先士卒，受重伤。

在广德期间，稍有安定，洪仁发的大儿子、以在天京向天国军民"讲道理"的话语权威、巨王洪和元，因为痛心老父死去，前途渺茫，服鸦片自杀。几天后，天王最宠信的幼西王萧有和也病死了。

殊途同归。一些权贵亦纷纷从天京重围里逃出来，到达广德。见有记录的有四人：一个是重臣、在洪仁玕被贬后，与林绍璋一同主持朝政的顺王李春发，他是扮作哑丐脱险的；一个是扬王李明成，天京失陷时，他与李秀成分工，护送老母及家眷突围；一个是天王大驸马、金王钟万信，他是单身出来的，而他的未婚妻，年已二十六岁的长天金洪天娇则仍留在城里，她以后与继祖母、洪秀全的继母李四妹和自己继母、天王又正月宫赖莲英等人，下落不明了。另一个是誉王李瑞生，他是洪秀全在花县家乡私塾时的学生，他带来的消息是，洪天贵福的两个异母弟弟——光王洪天光、明王洪天明，在城里已经死了。

这些都是洪天贵福、李秀成和李瑞生在被俘后分别陈述的。但曾国藩先前的奏报却说，萧有和、洪和元都是在突围时，于湖熟大桥被追杀了。而据外国人记载，天王的两个小子(光王和明王)已被外国传教士带出天京城，后来在印度加尔各答做钟表匠。这当然属海外奇谈了。

此时此刻的太平天国第一贵族、洪秀全的子侄、亲族大多死去了。这些饱食终日、

无所用心的年轻人,原来靠天王享受贵二代特权的。皮之不存,毛将附焉。在突围后,他们再也得不到应有的尊重和待遇。洪和元、萧有和等人,是在广德受到冷落,地位一落千丈、郁郁不得其志,选择死亡之路的。

洪天贵福虽然有个儒家传统意识浓厚的叔叔洪仁玕扶持,但湖州军却不甚看顾他。在广德停留时,黄文金就没有百忙抽闲前来觐见。洪天贵福建立新政府和统帅部,所任命的军师洪仁玕和副军师、尊王刘庆汉有职无权,统帅大权仍在黄文金之手。太平天国将帅也没有把他放在眼中,后来洪天贵福被俘杀后,所余将领李世贤、陆顺得、汪海洋和花旗诸首领等,也不再立一个洪氏后裔或相关人物(如金王钟万信、列王洪桂芳)为主。这在千百年的中国王朝兴亡史里也是罕见的。

清臣奏折和史家所定,想当然的认为,洪天贵福被迎进了湖州城。

那时湖州城外已战火纷飞,打得火热,情势剑拔弩张。湖州守将黄文金在接到洪天贵福到来广德的消息后,已完成了接应任务。此时此刻,湖州作为中转站已经不需要。他们策划放弃湖州西行,并由洪天贵福给在江西转战的李世贤、陆顺得、汪海洋和陈炳文诸部下诏,力取建昌(今南城)、临川(今抚州)以打造基业,然后与之会合,再北上会合扶王陈得才等大军,逐鹿中原,踞荆(州)襄(阳)以窥长安(今西安)。

得中原者得天下。

这是一出重振太平天国、复兴天国事业的宏伟规划。

当时湖州聚集了赴江西后的太平天国所有能惯征战的诸王,除黄文金外,还有杨辅清、赖文鸿、刘官芳、李远继、范汝增和李容发等,在广德有洪仁玕、黄文英以及追随洪天贵福由天京突围而来的刘庆汉、吉庆元、谭体元和百十个列王。

1864 年 8 月 28 日,黄文金等人正式放弃湖州。

当太平军出城时,辅王杨辅清却不幸走散。也有史家不知出自何据称:在撤退前夕,洪仁玕找杨辅清谈话:你是东王介弟,将来复国大计,还得落在你身上呢。他脱离大部队来到上海,后辗转内地各省,还在澳门长期寓居。1874 年,因法国挑衅,赴福建晋江应募从军,被叛将发现诱捕杀害。有说此叛将系马融和。也有一说是杨的旧部、已降清的总兵罗大春收容,后为他人告发强令索取受害。在这段时间里,杨辅清的行动乖常,后来野史甚至编造说他还去过美国,是美洲三合会的创办者和组织者。但据他被捕时的供词,他却从未走出国门。这显然是莫须有。

太平天国失败后,确有不少将士出走海外,赴美国、秘鲁等国。据简又文先生调查,洪秀全的三个本家侄儿也曾避难香港。琅王洪魁元以磨剪刀职业掩护;瑛王洪春魁,从香港卖身为猪仔,赴古巴充当挖鸟粪的苦工,后来归隐香港,悬壶行医。辛亥革命前夕,年已七十的太平天国瑛王三千岁,宝刀不老,还与同侪策划建立"大明顺天国",并自称"南粤兴汉大将军",与孙中山联手,策划攻占广州。他为继承太平天国事业,还改名为"全福",所谓"全福"即取洪秀全之"全",洪天贵福之"福",自以为第三代"天王"而已。洪仁玕长子洪葵元,随洪天贵福出走,在江西兵败后,匹马单骑走香港;仗着能说英文会话,先后在美国哥朗、英属南美圭亚那充当劳工,还娶了一个当地华工的女儿。

黄文金等湖州军至广德后,与洪仁玕同护洪天贵福西行。目的地是江西。湖州军有二三十万人,是百战精锐,但缺乏政治动员宣传工作,离城后许多人就缺乏斗志、寻路逃跑,精神面貌不振,在途中又受到各支清军的前堵后追、腹背受敌。洪仁玕毕竟是书生,不懂行军作战,更不懂得制订、实施可行的战略方针;黄文金是勇将,但无统帅之才,穷谋躁动。在四郊多垒、四面楚歌中,全军只是一意奔走,凭感觉行动。他们常遭堵击,不愿打硬仗,寻路脱险。在安徽宁国余村,勇将匡王赖文鸿战死。

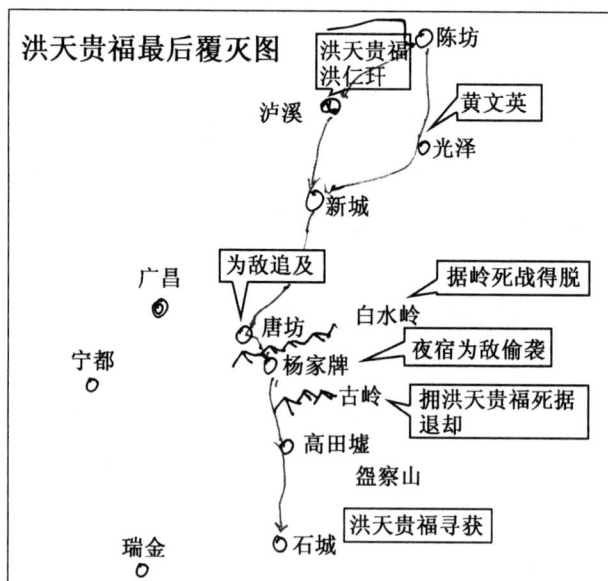

赖文鸿因为姓赖,常被说成是洪秀全妻子赖莲英的本家,是皇亲国戚。其实他是广西贵县(今贵港)人,金田团营时的老兄弟,和遵王赖文光是兄弟俩,曾长年在皖南歙

县等地活动,曾国藩相当注意他,还曾问及被俘的李秀成:赖文鸿是何人部属。

而湖州太平军最大的损失,却还是全军核心、堵王黄文金之死。黄文金勇冠三军,屡屡冲锋在前,由此被敌人击中,9 月 3 日在浙江昌化白牛桥伤重身死,但据黄文英称是病死。黄文英被湖州军拥戴继任主帅,自此全军开始混乱,号令不一。此后屡战屡败,屡败屡走,至浙江淳安蜀口威坪,仅剩三万余人,接着又在安徽徽州附近建口渡口打了一个大败仗,一万余将士战死,当夜,在建口涉浅过河时,在洪天贵福等一万余人过后,余下万余人又受到袭击。首王范汝增因未曾渡河,脱离大队,此后辗转北行,加入了捻军。他的王印乃木镌的,显然是原来金印丢失后重颁的,后竟遗留在溃败处,有幸在解放后得到保存。它是今存几千方太平王印中的唯一的一方。几天后,洪天贵福、洪仁玕等又在浙江遂安东亭村失败,所护从的列王萧雅泗、刘得义、丘万顺等归降老湘军。经过长途行军,大批将士走散。在建口附近,老湘军总兵刘明灯还搜获了所谓忠二殿下李士贵,说是因护家眷落伍被俘,被送往杭州闽浙总督左宗棠衙门受审处死,为此左宗棠还向皇帝上了一个奏章说明其事。其实,这是左宗棠误笔,太平天国史学家罗尔纲说是清将冒功,鱼目充珠,真正的忠二殿下当时没有被俘,更未被杀害。他是被江西候补知县,办团练的陈宝箴俘后收容的。陈随江西按察使席宝田追击洪天贵福等。陈宝箴把李容发带回家乡江西义宁(修水),并将婢女配之为妻,且随陈子陈三立家塾读书,二十八年后病死。

兵败如山倒。湖州军自 9 月 22 日由玉山进入江西后,屡战屡败。9 月 28 日,又大败于铅山陈坊,许多将士被俘,襄王刘官芳便服混于俘房中被查获。刘官芳后来就投降了,被派往汪海洋军中充当内鬼。

此时,跟着洪天贵福、洪仁玕的,只剩下两千余人了,闻声即逃,不敢迎战。洪仁玕、刘庆汉等军师也指挥不了部队,据洪仁玕自称,有一次他们被少量清军追赶,相当危险,他只得跪求带兵的南方主帅、奉王黄朋厚,要他转身抵挡一阵子。

洪天贵福被俘后忏悔:如今我不做长毛,一心一德辅清朝

1864 年 10 月 4 日,洪天贵福、洪仁玕等到达江西新城,此时才知道李世贤大军已离开建昌、抚州,南下五岭到广东去了,但汪海洋部尚徘徊在瑞金、于都一带。

10 月 9 日,洪天贵福、洪仁玕等人在江西广昌唐坊被敌人追及,边战边走,又被追

至白水岭，太平军扼岭力战，把追兵打退，急行三十里，赶到石城杨家牌。此时已是黄昏。

将士们连续奔跑不止，长达五日五夜，因而十分疲劳；他们以为白天拉掉了尾巴，敌人不再会赶来，打算就地夜宿，到明晨四更再走。洪天贵福出于本能，很担心地说："今夜恐怕还会有追兵赶来的。"但干王洪仁玕和指挥人马的昭王黄文英等人以为追敌也甚疲劳，都说，不会来了。他们相当大意，甚至连岗哨都没有放出。实在是太疲劳了，全军造锅吃饭后，倒地就睡大觉。

江西地方清军连日紧追，军士也疲倦不堪，向主帅、江西按察使席宝田要求暂停追击。席不同意，说："洪福，其寇倚以号召，行与瑞金寇合，不可得也。"又说："我疲倦，对方奔道千里，日夜疾行，辎重妇女相随属，见无追军，怠甚，行必缓，我亟趣间道，要击广昌、石城间，寇可灭也。"（《席宝田行状》）

幼天王洪天贵福供词笔迹

洪天贵福被俘后在南昌牢狱所写。供词里先提及姓唐人家，系他初脱险时所住居民家。他离开后始在石城地界被捉，关押在唐家桐营中。唐是湖南人，遵上司命，对他没有加刑和苛待，因而他幻想能跟唐赴湖南去读书，考秀才，娶妻子。

是夜三更，追军席宝田和知府谢兰阶，远远望见旷野里炊烟四起，挨着饥饿，会同石城、瑞金等地团练，越过白水岭，四面围攻杨家牌宿营地。太平军都从睡梦中惊醒，人已卸甲，马已下鞍，措手不及，纷纷逃跑。洪仁玕、黄文英当场被俘，刘庆汉逃至石城乡间被团练查捕。洪天贵福也被俘了。

洪仁玕等缺乏能耐,实在不懂用兵之道。其实,就在他们在驻扎石城杨家牌时,康王汪海洋的大部队已赶到了百里之内的宁都,前来迎接他们了,可他们却贪图一时之休息,因夜宿而覆败,功亏一篑。

洪天贵福是在逃跑中被寻获的。

据洪天贵福供词:他在逃跑过桥时跌下马来,被左右扶过岭,又和身边的几个人都挤下了坑,他们被捉拿了,他却侥幸脱身,饿了四天,遇见一个白衣无须长人给吃了一个茶碗大的面饼,又在山上过了两天;下山剃了头,充作难民,躲在附近一个庄户人家里,帮人割稻、挑担;四天后离开,走到广昌白水井,被一个勇剥去衣服,后为瑞金地方团练查获,押送到南昌江西巡抚衙门。他表现得相当驯顺,可怜兮兮。所做的几份亲笔供词,写得非常忏悔。同样的诗句,分别写了两遍,即《右送唐家桐哥哥诗三首》:

> 跟倒长毛心难开,东飞西跑多险危。
> 如今跟哥归家日,回去读书考秀才。
>
> 如今我不做长毛,一心一德辅清朝。
> 清朝皇帝万万岁,乱臣贼子总难逃。
>
> 如今跟到唐哥哥,惟有尽弟道恭和。
> 多感哥哥厚恩德,喜谢哥恩再三多。

这个唐家桐,估计是看管他的小吏员或小军官,待他不错。

洪天贵福作了此诗句后,还写了两份花名录:一份是随他出天京的诸王;一份是太平天国诸王。又两度写了内容大同小异的供词,吹捧清朝皇帝,咒骂太平天国,表示不乐于做长毛,愿去读书考秀才。文句肉麻,使人读了起鸡皮疙瘩。这难道竟是出自太平天国幼天王笔下的"佳作"吗?

虎父有犬子。乃父洪秀全自打起造反大旗,从未对清王朝屈服、妥协过,敢于斗争、不怕牺牲;而其儿子却是现世宝、草鸡货,且显得那么幼稚、可笑。他在供词里再三表白:"那打江山的事,都是老天王做的,与我无干。就是我登极后,也都是干王、忠王他们做的。广东地方不好,我也不愿回去了。我只愿跟唐老爷到湖南读书,想进秀才的。"(王庆成编著《稀见清世史料并考释·洪天贵福在江西巡抚衙门供词》,武汉出版社 1998 年版)他正是太平天国的第一只呆鸟,真不懂事。像他这等身份,即使再叩上九十九个响头,清王朝哪里会放过呢?

11 月 18 日,洪天贵福在南昌被凌迟处死。

洪仁玕临刑时作诗明志:我国祚虽斩,有日必复生

洪仁玕和黄文英等人被俘后,却都很昂扬。

解押幼天王至南昌图

尤其是洪仁玕。他在敌人的威胁和欺压之下,威武不屈。

10 月 9 日,洪仁玕被俘,当天就被押解席宝田军营。席宝田懂得面对这样的对手,威逼和毒刑是没有作用的,只得以礼相待,解除捆缚,严加看管。洪仁玕当即写了绝命诗,寄托自己的理念和志向:

> 春秋大义别华夷,时至于今昧不知。
> 北狄迷伊真本性,纲常文物倒颠之。
>
> 志在攘夷愿未酬,七旬苗格德难侔。
> 足根踏破山云路,眼底空悬海月秋。

意马不辞天地阔，心猿常与古今愁。

世间谁是英雄辈，徒使企予叹白头。

英雄吞吐气如虹，慨古悲今怒满胸，

猃狁侵周屡代恨，五胡乱晋苦予衷。

汉唐突厥单于犯，明宋辽元鞑靼凶。

中国世仇难并立，免教流毒秽苍穹。

北狄原非我一家，钱粮兵勇尽中华。

诳吾兄弟相残杀，豪士常兴万古嗟。

在他所写的三千字供词里，处处坚持太平天国立场，旗帜鲜明，甚至连纪元亦是书写天国历法。他在供词中还检讨自己的失误；说他们这支部队，原拟"会合各省大队，欲再兴大业"，"殊军无斗志，逐远士疲"，洪仁玕和黄文英都缺乏驾驭全军的领导艺术。他们没有统帅应有的威信。据黄文英称："我到石城因广东老夺两湖兄弟的马，我劝给还他，被广东老戳一茅子。我告恳干王，伊也没法。"

洪仁玕连遭挫败，致使被突袭而与洪天贵福失散，自己被俘。他作检讨说："吾既不能尽孝，今又不能尽忠，上负老天王之托，又致幼天王存亡未卜，下不能节制诸王，有何颜面偷生片刻乎？"

当时，江西南昌已接到曾国藩所删改的"李秀成供词"刻本印刷品。沈葆桢有意将它与洪仁玕，洪仁玕很快写了签驳意见。

应该说洪仁玕的签驳还是比较客观的。他直接批评李秀成徇私情，调防他将，以李昭寿守滁州；以苏杭常嘉等郡"将该地钱粮招兵自固"，以及李秀成救援天京为争功，故意延误，等等。

人之将死，其言亦哀。洪仁玕这份签驳，其实也是对太平天国失败的批评。足见他的政治洞察力还是不错的。

临刑之时，洪仁玕还作诗明志，其中有一首五言，《北华捷报》的英译文是：

And now in parting one word more,

one pleasurable thought outpour.

Though our kingdom's passed away,

It will live again another day.

简又文先生曾回译为：

临终有一语，言之心欣慰。

我国祚虽斩，有日必复生。

近年，王庆成先生又译为：

临终有一语，言之心欣慰。

我国虽消逝，他日必复生。

11 月 23 日，洪仁玕和黄文英也在南昌被凌迟处死，和他们一起受害的，还有一个天王堂兄洪仁政。这位早年在花县家乡放牛的牧竖，因为洪秀全管理衣服、厨房，也封了个恤王。

1864 年 11 月，这是一个黑色的月份，它以幼天王和洪仁玕等被杀害，结束了太平天国十四年的风风雨雨。

太平天国纪元终于何年

1864 年 7 月，太平天国首都天京为湘军攻陷，通常就把此年定格为太平天国纪元结束。但自 20 世纪 50 年代初，罗尔纲教授的著作即以 1868 年 8 月 16 日西捻军张宗禹全军覆没，定格为太平天国纪元结束说，亦即为史学界认同。

后来学界又有两说，定格为太平天国纪元结束：

（一）1869 年说。有学者据清《宜川县志》卷十五所记：西捻军余党袁大魁所贴安民布告，以"太平天国己巳十九年"为正朔，即提出以袁大魁失败日 1869 年 4 月 17 日，为太平天国最后纪元。

（二）1872 年说。有学者认定以李文彩（李七）军覆灭为最后纪年。李文彩原是广西天地会大成国成员，1861 年加入石达开远征军，封亲天燕，自此即打着太平天国旗号行动，直至 1872 年 5 月 12 日，全军覆灭于贵州牛塘。此说亦得到罗尔纲教授认同。

太平天国纪元结束还是应定格在 1864 年，洪秀全病死，天京陷落，国家机构被摧毁；即使后来有幼天王的流亡政府，但在本年 11 月，洪天贵福等被杀，亦告结束。

第四十四编　从江西到广东,一败涂地

李世贤率领各路人马就食江西

1863 年,太平天国地盘日益缩小,天京又一次处于危急。

旁观者清。这时归附太平天国的原常胜军领队白齐文向李秀成建议,把江南地区桑梓尽行破坏,然后将大军作战略性撤退,到中国内地去开辟新格局。白齐文是个有野心的西方冒险家,他蓄意要建立一支由他直接指挥的武装军团,在中国打造独立王国。李秀成虽然器识白齐文,目的是要他帮助解决、引进西方先进枪械和人炮。白齐文来天京,还招待他住居在明瓦廊忠王府,但从不让他弄权,更不让他指挥军队。

白齐文的这番话,却引起了身处危机中的李秀成、李世贤注意。

李世贤年轻气盛,不甘心受天京洪氏家族欺凌,骑在头上撒尿。当李秀成由苏州败回到常州途经溧阳时,李世贤提出,要李秀成不须再返天京,和他一起出走。李秀成没有同意,为摆脱老弟的缠绕,绕道回到天京。

他向天王提出,放弃天京,"让城别走"的方案。

但天王一意信天,不知大厦将倾,坚持要保卫天京。他调兵遣将,积蓄粮草。从常州调来吉庆元、谭体元,派林绍璋赴浙江催粮。林绍璋有次得粮甚多,中途还应黄文英请求,借了五百石与他救急;后来就困难了,当他再次派洪仁玕、洪仁政等四人出京,催兵解围,那就成效几乎等于零,各处兵将因天京缺粮,都不从命。

粮食是大事。太平天国自金田起义,建都南京以来,从来不注重农业生产和粮食,依仗的是攻城略地,就地征收、割取,也没有中央高级机构主持粮食储备,当战争由外线全转到内线后,粮食储备就成了大问题。

洪仁玕此后没有赶回天京,留在湖州黄文金处。有此一说,他与黄文金私交甚深,相处融洽,还向天王密禀黄文金忠诚可靠,建议湖州为天京屏障和卫星城,洪秀全也答应了,但是形势却更加严峻了。

李秀成迫不及待,提出派侍王李世贤等军前往江西征粮,约定待三个月秋收后回救天京。所谓:"八月以前则就江西之粮,八月以后仍复回审,则徽(州)、宁(国)、句(容)、溧(阳)一带秋稻熟矣。其意仍在回顾南京之粮,而不思审楚审粤也。"(《李秀成

自述别录》)

洪秀全同意了。

当时,江南富饶之地苏南、浙西和皖南等长江三角洲和太湖地区,因连年战祸,都是赤地千里、颗粒无收。成千上万的太平军将士处于饥饿半饥饿状态,只有到外线取粮就食才能渡过粮荒危机。

1864 年 2 月,聚集苏南、浙西一角的各处太平军为各路清军驱赶,先后分路赴江西。主要有六路人马:

第一路是李世贤所部花旗沛王谭星、天将林正扬等,自江苏溧阳,经皖南,由浙江开化进入江西广丰、上饶;

第二路是李世贤家族李元茂、李仁寿等部,自江苏溧阳,经皖南绩溪、浙江昌化入江西后,与谭星等部会师,活动于广丰、金溪等地;

第三路是李秀成部将听王陈炳文、康王汪海洋等部,自浙江杭州、余杭撤出,经皖南,入江西金溪、东乡等地;

第四路是李世贤自领本部人马,与忠王部陆顺得等,自安徽德兴海口,活动于江西宜黄、崇仁等地;

第五路是守王方海宗、显王袁得厚所部,纠集丹阳、金坛、句容等军三四万人至高淳东坝。此路人马途中即被打散,未至安徽、江西;

第六路是江苏常州、丹阳陷后,其周边的列王林彩新、凛王刘肇均和利王朱兴隆等部,聚集南下,经皖南走江西。

但在此时,天京即将陷落,清军见丁太平军由内线到外线突围顺利,便已在皖南、赣东北严密布防,最后突围的林彩新等一败于徽州黄山,二败于江西弋阳,在搭浮桥渡河之际,又逢清军水陆两路夹击,大败,林彩新落水淹死,刘肇均率残部投奔了李世贤。

进入江西的太平军各路人马,构成犄角之势,彼此有所照应。在天京失陷前夕,谭星部驻南丰,汪海洋、陈炳文部驻金溪、东乡,与屯扎宜黄等地的李世贤互为呼应。

天京失陷后,清军调兵遣将杀伐过来。湘军督办江西皖南军务的陕甘总督杨岳斌统帅五营水师和老湘军刘典部、王德榜部等,联手江西地方军席宝田等,在统一战略部署之后,对太平军转入进攻。

李世贤布置不当,在据守赣江流域的江西崇仁、宜黄等地期间,因缺乏水师配合,处处被动,经六十余天三十多次战斗,实力大受损害。

汪海洋转战抚州。在浒湾深沟高垒,建栅列炮,还在实塘冈树栅七重,积粮储谷如山,以为久计;又在浒湾设伏,大败清地方军道员王沐部,但却遭到浙江提督鲍超的后路抄袭,损失惨重。

就在李世贤军撤出崇仁、宜黄,汪海洋放弃浒湾后不久,久受汪海洋军牵制的听王陈炳文和宁王张学明、奖王陶金会等得以放松了束缚,乘隙放弃东乡、金溪,率军六万余人,洋枪队七千余众,连具三禀向鲍超投降,鲍超派陈炳文老搭档,此时已升至总兵

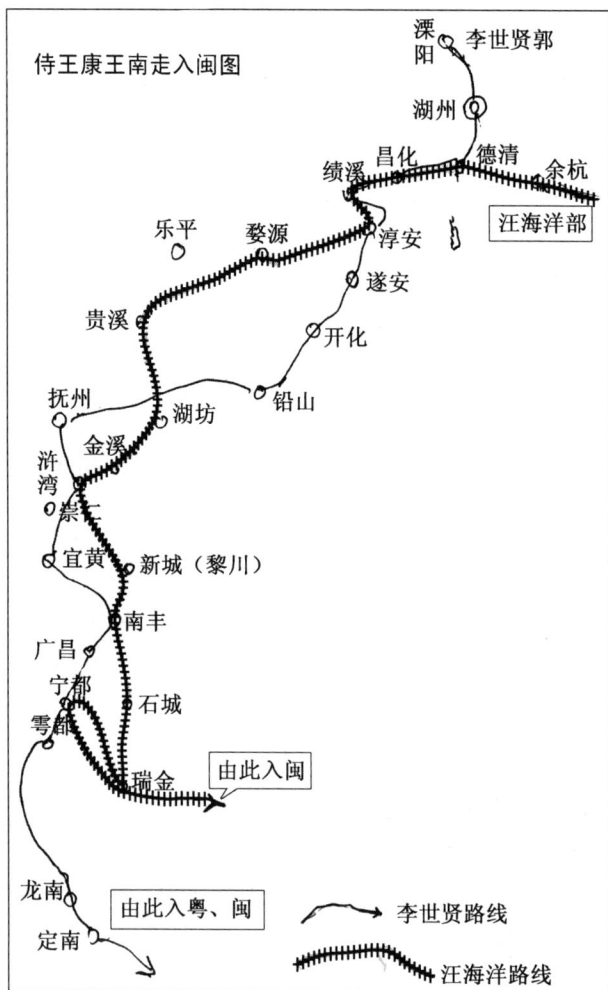

侍王康王南走入闽图

的洪容海前去纳降。因为陈炳文等所部庞大,是入赣太平军中实力非常雄厚的一支人马,清廷与陈以参将正三品衔,张、陶为从三品游击衔,将降军大批撤散,只保留一千八百人交三人分营统带,不久,又因张、陶两营闹事,又撤销他们的营官职,改隶为陈部哨官。陈炳文降清后改名"虎臣",率部追赶老战友、部属汪海洋大军,以功逐步升为总兵。

9月中旬,李世贤、汪海洋等部,因得不到本地民众支持,粮食供应亦渐困难,被迫南下。李世贤军游弋于广东南雄境内,汪海洋所部徘徊于赣东南瑞金等处。地方士绅还多组织团练配合正规军对抗。汪海洋为解决粮食,曾数月聚兵围攻瑞金各山寨团练,以致在鸡心寨被牵制主力,迟迟不能脱身,并因争夺粮食,与黄旗丁太阳军内讧。

进入江西的各路太平军,人数虽众,但各有派系,互不统属,缺乏统一的步调、统一的战略方针。时人朱用孚对此刻徘徊于赣南的各支太平军头领作了评述:

> 是时,粤境边防未集。贼于汀、赣之间,其所以徘徊未进者,以金陵败窜之后,众无所统,各恣剽掠,无窃据一方之志,如流寇然。此天之所以夺其魄也。贼推李世贤之众为最盛,而以汪海洋之众为最强。其次则黄旗之丁太洋、花旗之林伯焘(即林正扬)。此外则江、淮、楚、浙亡命之徒,各拥渠帅,如朱利王、谭天将,或数千人,或万人,附于汪、李。皆百战之余,非乌合也。(《摩盾余谈》)

大军入闽,白天人头如潮,漫山蔽野;
夜晚点燃火把照明,犹如一条几十里长的火龙

天京失陷后,进入江西的太平军诸路人马几十万,主帅数十,而以李世贤地位最高。他是特爵王,是天王晚年所封的八个军师中唯剩下的一位军师。但是要指挥全部人马,并非易事。

一是这些人马的统帅,有的是他家族、老部属,如李元茂、黄呈忠、潘起亮;有的却并不属他直隶,如丁太阳、林正扬;还有的是别路人马,如汪海洋乃是李秀成系统。

二是李世贤缺乏统领全军的才干、器度。他是将才却非帅才,行事很难能令他人信服敬重。特别是处在此太平天国溃亡时刻,军中统帅的榜样、作风就是威信,统帅对事业的坚定、果断更是能激发将士的意念、信心,而李世贤对陈炳文等人叛乱之前的动

摇,态度表现得相当暧昧,以至陈炳文在禀告鲍超时亦说,如果大清皇帝宽容,放上一马,连李世贤也可以前来缴械投降的,所谓"伪侍王李世贤及各逆首均欲投入帐下,以效犬马"。后来林正扬与总兵高连升禀帖亦称:"侍逆久欲丢旗归顺,只求赦死罪。愿回广西故里,……争奈部属多不从,来逆陆顺德尤强悍霸蛮,誓与官军为敌。且侍逆帐下犯悖匪徒尤多,总劝侍逆不可糊涂失志。侍逆进退两难,遂不敢受招抚,亦不敢妄动轻举也。"(台北成功大学《清季史料汇辑》)此等言语,分别出自不同时期的陈炳文、林正扬之口,可见在1864年至1865年相当长时期,李世贤的动摇、降敌的心态早已流露,且在高级首领中广为传闻了。这不能不影响军心、士气,冷了人心。李世贤这种降敌之心,即使在据漳州初期凯歌时期,亦时有显现。1865年1月,当老湘军黄少春、高连升等部包围漳州时,李又写信与黄少春等,"有投诚意"(《左宗棠全集》)。

李世贤在天国后期斗争中亦是不够坚定的。他在李秀成面前也有流露。李秀成被俘后写的"招降十要",也提及"要收我堂弟李世贤为首"等语。

1864年10月,李世贤和汪海洋、花旗林正扬、丁太洋等路人马分别进入闽西南。他的部队倒仍浩浩荡荡、声势浩大。据时人记载:李世贤大军在由广东大埔入福建时,日夜兼程,有将士达四十万人之众。有山僧躲在寺门里窥测,白日见人头如潮,漫山蔽野;夜晚行军,点燃火把照明,犹如一条几十里长的巨大火龙,日日夜夜竟长达三日三夜蜿蜒不绝。在李世贤大轿前后拥簇的,乃是骑着骏马的几百个相貌齐整的江南少年儿童,"皆宫装,彩色迷目",万马踏地,声如动雷。

兵贵神速。10月13日,李世贤前军攻占福建永定。翌日攻占漳州,另支人马谭富、丁太洋和陆顺得等人分别攻占周边的龙岩、平和、南靖和漳浦。时值岁饥,无业者成万上千前来投奔。全军号称百万,连营几百里。

太平军于漳州等城外开办买卖街,以衣物与民间交换米薪,所谓"粤人之谋利者,贩货及鸦片往售,贼故多酬其值,以结好"。

当时太平军军事领袖也有抽鸦片的。花旗利王朱兴隆"吸洋烟甚重,瘦削如柴"(《摩盾余谈》)。朱兴隆守永定,出示安民,与广东商人贸易,购买鸦片等货物。继承朱兴隆守永定的是潘起亮,即上海小刀会军事领袖之一。后来黄旗天将丁太阳部也赶来永定,与潘起亮争夺权益,闹得不可开交。丁太阳要赶出潘起亮,力量不足,竟偷偷地与清广东地方军通气,有意泄露军情;但他由于所部祸民、纪律松懈,不得人心,终究仍被赶出永定城。

清廷因福建危急,命闽浙总督左宗棠速赶往主持前线,并命在外省的福建水师提督吴全美(在广东)、陆路提督郭松林(在江苏)、漳州镇总兵李成谋(在湖北)、金门镇总兵王东华(在江苏)、建宁镇总兵张得胜(在安徽)和汀州镇总兵沈俊德,迅速赴往福建本任。左宗棠兵分三路,西路帮办福建军务刘典部八千人,记名按察使王德榜部四千人,取道江西建昌入汀州,中路提督黄少春、副将刘明灯两军四千六百人由衢州、江山,取道浦城、建宁,东路提督高连升四千五百人,由杭州赴宁波乘轮船,至福州。

风烟滚滚,黑云压城。

李世贤初入闽西南时,气势颇盛,清军地方军力薄弱,在他初至的三个月间,即1864年第四季度,还打了几次大胜仗:一次是10月11日入福建之初,由林正扬部在武平城外伏击福建按察使张运兰的老湘军,利用张运兰解围心急,诱敌出巢,设伏全歼其军,俘杀张运兰;另一次是12月1日,在漳州万松关、瑞香亭,由李世贤直接指挥、歼灭署福建提督林文察率领的地方军,大败水师总兵曾玉明部。李世贤的胜利,使得在清军黄少春部的太平军降人、列王刘得义、丘万顺等率部反正,进入了漳州城。

可是闽西南崎岖山区人烟稀疏、民贫地瘠,粮食奇缺,要安顿几十万人马和家属实在不易,这很影响军队的战斗力,随着时间积久,太平军的军火器械也缺乏了。

左宗棠看得很清楚,英国人允诺李世贤,
只是"骗得李逆钱财,又骗得中国赏耗"

李世贤也懂得西方枪炮的杀伤力。刚开始,因漳州等地临海,能向外国商船置买枪械、弹药。李世贤军中有不少英美等籍外人,仅王宗李学金部就有十余人。李世贤曾命他们试制火炮,派三名美国人乘船至上海采办枪械,但成效甚微,清军水师封锁海岸,多次偷渡失败。这时还有个避难香港,开办金成泰行的原太平天国江南水师将领、森王侯管胜(侯玉田),亦时时以船装运军火前来接济。但当清廷通过英、法等国使节,禁止本国商人至漳州等处沿海岸买卖,还把侯管胜从香港引渡到广州杀害后,这条线亦就此断绝。

侯管胜是香港陷为殖民地后,第一个被英国当局引渡回到大陆的人。

李世贤为固守漳州,一个重大措施就是求援于外国殖民当局。早在攻占漳州时,李世贤就与英国驻厦门领事柏威林相晤,后者允诺以海上接济和支持下海活动。英国外交官出于既得利益，只是首鼠两端，从中谋利，对此左宗棠也看得很清楚："若辈作梗，不过嗜利，既骗得李逆钱财，又骗得中国赏耗"（《左宗棠书牍·答徐树人书牍》），但缺乏政治敏感、善良幼稚的李世贤却深以为实，竟信誓旦旦表示"不愿与外国人打仗，且欲与外国人和好"（《上海新报》1865 年 1 月 15 日）。1864 年 11 月 13 日，他还在漳州发出《致美英法公国公使书》，殖民当局收到了后，没有理睬，反而借以威胁清朝当局，把它公布于众。《上海新报》1865 年 3 月 4 日华文版也全篇转载，在书前注明："兹番人接得漳州李侍王印信一函，谨将原信附录，以备睹览。"

现将原书转录：

侍王李世贤致羡、英、法诸国钦差大臣启

天朝九门御林忠正京卫军侍王李世贤敬启大美、大英、大法兰西诸国钦差大臣贵士兄台阁下：窃我中国，自混沌开天以来，神农启宇而后，尧舜禅让，汤武征诛，秦汉魏晋之递传，唐宋元明之接续，遥稽世代，屈数难终，而中外一家，固皆与诸大国式好无尤，无分畛威（域）矣。贤生也晚，未获遭逢景运，共庆圣明，而按之舆图，考诸记载，亦得悉其原委，如在目前。伏思守土宇者，宜凛唇亡齿寒之戒；而交邻国者，不亡（忘）以大事小之箴。我中国由明元而逆计之，历承环邻千百国献琛纳贡，两不相侵。惟狐奴生产异类，凤以窥伺为心，是以我中国与辽东诸国常防其奸伪，特筑长城以御之。不意明季引入内地，堕其术中，受其污辱二百余年。凡属英豪，谁不抚膺涕泣！即如诸大国谊属邻邦，恬（情）关唇齿，谅亦隐深痛恨，思欲早举义旗，奈以中国无人，暂付之无可如何之列耳！幸天父上帝不绝汉嗣，厌弃胡奴，特命我主定基金陵，十有余载，剿灭狐奴，不知几千万数数。而如诸大国之英雄豪杰，均各两相和好，买卖如常。且江广浙豫等省，诸大国之大臣贵士，亦得游历其间，照常贸易，宁非美事。贤遵奉主命，阃外专征，扫除狐种。日前攻克漳州，驻兵该郡。欣闻众贵士兄台在途，喜出非常；比即修函驰递，犹恐途中阻滞，因特将原启缮录，故着潮州大埔子民专呈，伏乞众贵士兄台收阅，俯念唇亡齿寒之意，洞悉以大事小之原，给发雄兵，同灭清妖，同襄义举，庶几群黎造福，万国咸宁。

夫天父上帝、耶稣尊教，原属恩怜救护，覆帱无私，举凡普天大下之人，皆宜尊教恐后，故我主未登大宝之时，前数十年间，即敬奉尊教，举止饮食，在在无违。并接贵国罗孝全先生传授我国人民，同日（口）赞美。我中国人民，亦敬服尊教。目

击贵国之医治中国无许废人,救护中国之若干残疾,无不人人感其仁慈,个个沾其恩德。是贵国之与中国,诚为一本之亲矣。只狐妖崇信佛老,藐视耶稣教主,硬颈不从。第从与不从,亦是各修各得,何又到处严拿信从尊教之人,无有立身之地。我主势不得不起义师与之争战,干戈四起,迄今十数年,荷蒙天父上帝、耶稣德威,暨诸大国福庇,攻开省郡不为不多,诛灭清妖不为不众,但该妖以十八省之大,加以蒙古、汉军,劲旅如林,军需粮饷充足,于此而欲克期灭尽,诚知其难已。试看古往今来,行兵必期于接应,立国总赖乎和邻。目下诸大国之与我中国,真是唇齿相依,大小相顾之事也。当我主未定江南之日,众仁兄台得入内地乎?兹则东西南北任其驰驱,湖北安徽随乎贸易。倘不共相会合,一鼓铲平,则中国缺少水师,未能一朝扑灭,受制于胡奴,恐唇亡而齿以随之,诸大国不得不长计虑耳。如诸大国相(信)我中国,仗天父、耶稣之权能,留尊教之体面,与贤议定章程,同诛胡虏。众仁兄〔台〕专取水路,所得郡县州城关隘,悉听众仁兄台铺派镇守,其财宝钱漕,一并收纳,贤毫不过问。至贤统兵专取陆路,所得郡县州城镇隘以及财宝钱漕,贤与众仁兄台各得其半。其中外远近之城邑,凡有大水关、大码头,亦归众仁兄台关抚。谅有此水师,虽跨海渡江,无有阻滞矣。我中国开创之初,兵力不无单薄,军需不无缺乏,假令众仁兄台甘于袖手,不为援救,则该清妖并贪婪无厌,乃狐鼠肆威之辈,一经我中国被其挟制,势必及于众仁兄;于此而欲仍逍遥往来于江广浙豫也,未必然已。万祈众仁兄台,迅速发兵,立除余孽,以全两便,慎勿见客,是所切祷。若贤所议战守章程,虽属鄙陋,实指上天为盟誓,死生不违。惟望一视同仁,将见成功之日,各镇金汤,两下和好,万代通商,同享太平之福,岂不美哉!

再,漳城称富足,目下军情平善,兵民两安,生意买卖,甚为热闹,金银满市。伏乞众仁兄台酌议拨移货物船只,内载一切洋物并铜帽洋火等项前来,自可立即出售。如虑及我军兵士贤愚不一,或有硬自取货,不付银洋,贤照价赔偿,断无失信于朋友之理。

书到之日,祈赐回复,以免远盼。专此敬启。附请诸大国金安,暨候各贵士仁兄台福祉。

太平天国甲子十四年十月初一日启。

李世贤进入闽西南后,军事上奉行固守,寓居一处,迟迟不图进取,政治上也非常短视,与虎谋皮,还是沉醉于外国殖民当局的迷惑,甚至提出联手对付清王朝,所得土地和财宝钱漕各得其半的谬论。虽然有史家曾抹煞、掩饰这段史事,但李世贤这种不要民族气节、已经失去了底线的言论,纯属幼稚、低能。

英法当局并没有理睬李世贤。英国公使威妥玛下令本国官商,"随势设法,禁止通贼济贼各等利弊"(《筹办夷务始末·同治朝》卷三十一)。

更大的危机是,左宗棠的三路人马都杀进了福建。1864年年底,左宗棠亲临一线坐镇,调兵遣将,立营布阵。李世贤多次接战,少有得利。清军仰仗有充分粮饷,又有洋枪洋炮装备,在漳州的几次战斗中,洋枪斜出射击,弹如雨注;福州税务司、英人美里登还携带开花炮前来助阵。

为挽救战机,李世贤也曾拟订新的军事计划:由汪海洋守龙岩,抽出陆顺得的龙岩守军,与丁太阳、林正扬等部组成突击兵团,夺取安溪;调永定潘起亮守军前来漳州,抽出漳州部队进取长泰;还令两路人马在泉州会师,断去闽境清军主力之粮饷道,以窥伺福州。

当时,太平军在闽西南仍有三四十万之众。可李世贤的计划只是设想,入闽太平军派系林立,他缺乏能驾驭全军的能力。

强弩之末,势不能穿鲁缟。漳州面临大海,三面从陆,在清军各路人马麇集城下,步步为营后,太平军更难有用武之地了。李世贤原打算下海,但也没有足够船只,且海岸线也为清水师封锁。

他只有从陆路突围。

此行何处?广东。

仓皇出走,全军覆灭

1865年5月15日,李世贤扎草为人作为掩护,主动放弃漳州,匆匆西走南靖,在此后的十二天里,所部太平军可称是无日不战,无战不败,从来没有打过一次胜仗,即使是一次小小的胜仗,而且通常还被人数少、装备差的地方军和团练击溃。它在太平天国战争史上也是罕见的。

关于李世贤主力军的覆灭,20世纪史学家多有记述:

范文澜说:"清军全力围漳州,世贤向海洋(汪海洋)求援,海洋不应。五月,世贤弃

城走永定城,与清军战大败,逃匿山中。"(《中国近代史》上册)

罗尔纲说:"乙好十五年三月,清军围攻漳州。世贤决定转移,命守小溪、漳浦、诏安各军俱到平和会合。四月初一日(夏历四月二十一日),他从漳州府撤往平和。四月初七日(夏历四月二十七日),从平和撤退,被清军追及,因小港纷歧,岭路险窄,人众拥塞,自相践踏及坠崖落水死的不计其数。世贤也连马坠于桥下,身受重伤。四月十二日(夏历五月初二日),撤到永定,因溪水迫涨,未能过渡,被敌人截击打散。这夜,世贤带伤策马过河,中流溜急,从者多被溺死,他泅水上岸,割去须发,密藏山中。"(《太平天国史》卷五十九《李世贤传》)

郦纯说:"5月26日(天历四月十二日,阴历五月初二日)与总兵王琳、道员康国器等接战于永定塔下,浮桥三座被毁,世贤军大败,降者万余人","据说李世贤于5月26日夜,从十数骑策马过河,其军散亡略尽,所剩不多。"(《太平天国军事史概述》下编第三册)

郭廷以说:"刘典及康国器、同知杨鼎勋、知府康熊飞等,大败侍王李世贤、来王陆顺得、老王宗李元茂等于福建永定之塔下,破三浮桥,擒斩淹毙乞降各万余。……世贤只身逃走。"(《太平天国史事日志》下册)

萧一山说:"世贤最后至永定,刘典军迫之,部众溃散。世贤自永定河凫水夜渡,割须发潜匿山中。"(《清朝通史》)

范启龙说:"李世贤自平和受伤退出后,带领残部抵永定县境。6月24日,拟渡汀江与汪海洋部会合,不幸被敌人追逼溃散。"(《太平天国史学术讨论会论文选集》第二册第44页)

诸说纷纭,殊途同归,即李世贤大军最后溃败处是在永定塔下,或是永定境的永定河、韩江、汀江畔溃败的。史家通常引为佐证的,均采自《左宗棠奏稿》,内称"康国器从永定剑滩取胜后,五月初二复率军行至塔下,见该逆横行浮桥三座,前队正在渡河","其未及渡河者,仍死据浮桥,结阵以待",经过两天鏖战,"侍逆实已受伤落河身死矣。"(《补陈康国器一军战绩请旨奖恤片》)

另据李世贤亲信、天将何春贵等降后说:"侍逆实于初二夜带伤从十数贼策马过河,拟奔汪海洋战营,维时中流溜急,多被溺死。侍逆已无下落。"(《左宗棠全集·收复诏安首逆乞降并截剿逸贼大胜首逆就歼折》)可见5月26日(五月初二)这天,李世贤部主力确实在河畔和清军有过一场生死搏战,而且又以溃败作结尾的。

此处所称李世贤主力溃于永定塔下,这是不正确的。

按,此塔下,诸书多沿称作"永定塔下",实误。盖永定县属无有塔下村者。见民国《永定县志》,此志即未记有李世贤部在永定塔下败溃事。今所知在该地附近以塔下为村名者,有二:

一在今南靖西境,地贴近永定县边境,其西五十里即当时李世贤司令部驻地列市凹、下洋,其西北七十里即为鏖战激烈的剑滩。从李世贤行军和溃败出奔路线,他因为前军北渡永定河受阻,可以改变向西或向西南方向,但决不会向东走回头路的;所以此塔下与战事无关;

一在今广东大埔境,系漳溪支流大靖溪北岸的一个三五十户自然村,从李世贤军行顺向,正是他入粤必经处。

李世贤大军由漳州走南靖,在小溪檄令周边的云霄、诏安、漳浦等处部队齐赴平和(今九峰镇)会合,然后由平和入粤东,拟与已在那里的汪海洋会师,再建粤东根据地。但李世贤在撤退时,行色匆匆,缺乏全盘性的安排,何路阻击,何路断后,纵横交错,有

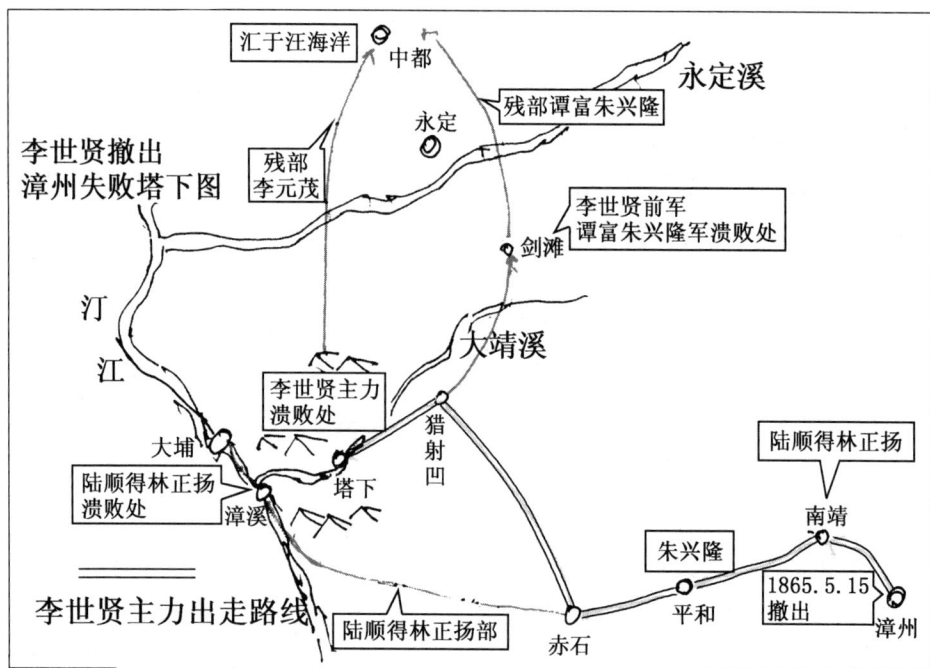

李世贤溃败路线图

张有弛,全无定谋。而诸路人马,多为保持本部实力,不愿为他人垫背,至使十余万太平军,虽数量远远多于敌军总和,却匆匆奔逃,不愿恋战。

李世贤军在自南靖撤退途中,即遭到敌军追击。在平和附近,汇集了守军陆顺得和天将林正扬部后,分军为二,陆、林等部西走赤石,入粤境;李世贤自率李元茂、李明成等北走长乐墟,奔永定。李世贤以陪王谭富为前军,自为中军,天将何春贵、刘政宏等为后军。5月23日,谭富前军在剑滩抢渡永定河,受到清军刘典、康国器部拦截,丧失大半,谭富等仅剩千余人北上会合于汪海洋;同日,陆顺得等军在广东大埔漳溪上,被广东地方军阻击,退扎永定境下洋、猎射凹,与李世贤会合。一天之内,同时发生两次大仗,而且都是在河上打垮李世贤部的,因而见诸于官私书牍,多有误置直指为李世贤本人的,如广东布政使李福泰幕僚陈坤《粤东剿匪纪略》、朱用孚《摩盾余谈》均将陆顺得误作为李世贤的。民国《永定县志》有"伪侍王及各股亦于二十九日(5月23日)自漳败窜永境,官军迫之于河,淹溺擒斩之外,仅剩众数千,狼狈跟往",即将谭富前军误为李世贤。扑朔迷离,由此所说更为混乱。

当时,李世贤司令部驻扎永定猎射凹、下洋。在谭富等败仗的翌日,李元茂、陆顺得等曾一度抢渡永定河,但未成功,折回;李世贤见抢渡不能,率军沿漳溪西走,在广东大埔境塔下村搭桥横渡,为康国器追及,天将潘起亮等落水淹死,除陆顺得率部突围北上,加入花旗林正扬部,大多数将士战死或落水淹死,李世贤只身泅水而走。5月27日,李世贤后军何春贵、刘政宏等四万人因西渡永定河受阻,全军降敌。至此李世贤由漳州带出来的部队,除李元茂一部投奔了汪海洋,全部消亡。

至于那些奉李世贤军令,放弃守地赶来平和会合的部队,由于是在同一个时间走在同一条路线上,因而拥挤不堪,有的尚未撤出,就遭围击,如漳浦丢失,凛王刘肇均自杀,戴王黄呈忠下落不明,云霄祥王黄隆芸出奔,在途中被清军追赶,落马被俘获,诏安丁太阳奉命放弃逃跑,也遭围困而投降。他们都没有能与李世贤漳州军会合。

李世贤的十数万大军,至此画上了悲惨的句号。

第四十五编　百折不回的汪海洋军，
为南方的太平军画上一个悲壮的句号

汪海洋把兵力耗费在与民团打攻坚战，
拖延了与洪天贵福南下会合的时日

康王汪海洋英勇善战，他所率领的部队是太平天国精锐之一，百战之师。左宗棠是他多年的老对手。早在 1864 年初，汪海洋守卫浙江余杭时，老湘军就吃过他的苦头。左宗棠就曾向皇帝禀报，"汪海洋在诸贼中最为狡猾"。当时汪海洋还是李秀成部将陈炳文所部二三十名高级军官中的一名高级军官，名不曾显，但左系老湘军却一在富阳，二在杭州，三在余杭，都因汪海洋的抗击，使它久久受阻，徘徊不前。以致他后来在闽浙总督任上，来福建主持歼灭太平军余部时，在给李鸿章的信中又提及："汪逆较侍逆（李世贤）为悍，颇不易制。"广东布政使李福泰幕僚朱用孚亦称，"惟汪精悍善斗，狡猾多谋，能以严驭众，为诸贼所畏惧。"后来康有为为他叔祖康国器所写的《康公行状》，也称康王汪海洋"忍耐善战，令酷而下必死，更进迭退，胜不遽返，败不遽走，陷名城，覆大军，屡矣。"

诸家评述同声，可见汪海洋确是一个能干、精悍的将军。

汪海洋勇悍善战，是因为他所率的一支队伍，是他从安徽全椒家乡杀出来的，骨干多是家族亲友，很有凝聚力、战斗力。

1864 年，汪海洋在天京陷落前进入江西，配合李世贤等人作战。他虽与陈炳文长期合作，且在麾下多年，但对这位顶头上司兼同乡时时警惕。当年陈炳文主持杭州时，潜通上海李鸿章，蓄谋献城投诚，就因他的发觉，诛杀了陈的降使和中介的几个士绅，阻止了陈的叛变；在江西，他也时时防范陈的举止，警戒其异样行为，使陈炳文一伙暂且不敢亮出投降白旗。不幸就因浒湾惨败，再难对陈一伙加以控制，终让陈等乘隙举起了白旗。

浒湾之战是一次战略性决战。江西太平军就此不能在本地立脚，只得远走广东、福建了。

在战前，李世贤等江西太平军在敌军后方空虚的赣水东区，分据金溪、东乡、宜黄、崇仁和南丰五县,欲成长围死围抚州、建昌,所以如此,就是凭浒湾为后方基地。当时汪海洋有众十万,还有花旗平东王翟天凤军相助。可是汪海洋是勇将,不是谋将,缺乏统帅之才,当清军江西皖南督办军务杨岳斌军至,自持兵多将广,即摆开阵势全力相迎,清军鲍超军乘隙从小道由富塘冈抄袭后路。汪海洋得悉大惊,亲自赶来指挥,且打败鲍超前军。双方作战相当艰苦。汪海洋自来打仗勇往直前,顾前不顾后,此时竟将预备队也用尽了,而鲍超又预伏一军,自岭后冲击,汪海洋全军败溃,丧失了一半兵力,翟天凤亦被俘杀。

汪海洋在浒湾惨败,太平军赣东区域的门户被打开了,这时正在崇仁相持的李世贤,只得檄令各县驻军弃城南撤,转战在赣南粤北的五岭之地。1864 年 8 月,汪海洋率余部五万人南下,几天后攻占瑞金。他原意以此城为基地,修城浚濠,为久踞之计。但当时县城周边民团所筑山寨林立,据险以待,使太平军困守城中,无粮可取。汪海洋亲自提刀督阵,指挥围剿,一夜之间,连破和顺、石灰等十余寨,但仍有鸡心寨因久攻不下被牵制,攻打九堡寨几次失利。他把大量兵力耗费在与民团作攻坚战上,拖延了接应洪天贵福等南下的时日。

10 月初,汪海洋闻洪天贵福等已进入江西铅山、新城附近,即放弃瑞金,北攻宁都,前来相迎,但洪天贵福一行在杨家牌惨败。他在宁都附近,接受了自杨家牌逃来的佑王李远继、偕王谭体元、天将胡永祥、奉王黄朋厚和扬王李明成、金王钟万信等残军,始知湖州军覆没。当时宁都离湖州军覆的石城、广昌地区仅百十里。如果洪仁玕、黄文英不麻痹大意,双方极有可能会合、重开局面了的。

湖州残军拥有一批久经战阵的太平将领。

其中特别是谭体元和胡永祥,他们的到来为汪海洋部队如虎添翼。

谭体元是随石达开西征中途归来的。在浙江隶李世贤部与敌作战。早年就与汪海洋相识。汪海洋对这个广西佬相当信任,常让他领一支人马,独当一面。

胡永祥更是人才。

胡永祥绰号胡瞎子,眇一目,而多谋善断,剽悍能战,能识诸阵图,变幻多端。胡永祥是安徽东流人,汪海洋的大同乡,亦是全椒山寨上下来的。他以善谋著称,和汪海洋的善斗,堪称是黄金搭档。汪海洋主力出阵,胡永祥必为前锋;前锋军所向无前,旗色衣甲,尽用赤色,望之如火。

10 月 12 日,汪海洋撤宁都围又重占瑞金,在搜集流失在周边的部众后,弃城东进。

闽西南贫瘠,太平军将士经常是每餐分尝红薯,一天每人也只能吃几块

10 月 15 日,进入福建的汪海洋,据福建汀州(长汀)的濯田,漫延漳平等地,不久又东据连城南阳等地,并以南阳为司令部,在南靖归阳墟煅火炮制器械,开设集市贸易,和漳州李世贤、龙岩陆顺得、永定潘起亮等部互为犄角。

汪海洋在南阳时也打了不少恶仗。12 月 17 日,在南阳马洋塘设伏,由小路抄袭把入闽的老湘军主力、帮办军务刘典部两万人,打得落花流水。

但汪海洋军活动在闽西南南阳、官庄等贫瘠山区,十几万人马挤在方圆百里地间,开始尚勉为其难,但毕竟因消耗量大,日子长久,粮食、装备都甚奇缺。全军将上经常是每餐分尝红薯,一天每人也只能吃几块。近年,在他曾驻扎的一些山村,还发现了将士所写的墙头诗,内中提及其艰苦生活:

> 福以然来自己求,各人衣衫各人筹;
> 现下无有三江地,莫笑穷汉身不周。
> 苦衷孤寡最凄凉,无衣无食无人筹。
> 父母未前做过事,万难之中一人当。

汪海洋部众虽为穷苦所困,但仍有复国的理念,难能可贵,见有太平军在南阳民宅题壁诗为证:

> 南阳地界扎雄兵,主帅开年灭妖精,
> 若是我主鸿福大,六师下剿复天京。
>
> 上帝看顾到南阳,颜开宇第苦难当,
> 不知何日天开眼,国威大胜复三江。
>
> 卖国求荣大不该,背主之义黄金爱,
> 昔日不闻杨松事,谁知天父眼恢恢。

上帝排定不可强,金爱害死李忠王,
竟□扶清乱天国,谁知被诛在南阳。

陈谭胡廖定灭清,升天行事复金陵,
若要征讨和气得,不取中原是不休。

天京失陷后,太平将帅南奔甚多,其中有天京副主帅黄金爱。黄金爱逃至南阳,被汪海洋杀死。

黄金爱因何被杀,有学者认定是汪海洋排除异己,以李秀成天京被俘事责怪。事实说明,李秀成被俘于黄金爱无关,黄金爱乃自天京失陷后,单独出城脱险。他没有随洪天贵福、李秀成杀出城门。黄金爱之死,很可能是与汪海洋争权导致的。

汪海洋借为儿子满月设宴,乘李世贤酒醉未醒,派人把他刺死

汪海洋部队的主体是江淮人众,他们的战略意向是直指安徽江西,所谓"窜江之志,百折不回",而与据漳州等地的李世贤企图下海,花旗林正扬、丁太阳立志打回老家广东去不同。1865 年 1 月,有个叛徒,原天将罗章仙向刘典告密:汪海洋想走江西,因而与李世贤意见分歧而失和。早自李世贤入粤时,汪海洋在瑞金就曾收容了不愿跟随李世贤背井离乡的三江两湖籍将士三万余人,这也引起李世贤的不满。当时李世贤因据守漳州等多个府具,仍拥有雄厚的人力和财力,兼以他原有的资历、地位,使与他本无直隶关系的汪海洋不得不听从指挥。汪海洋虽有入江北上联络捻军,重振天国旧业之志,但终因孤军作战,给养困难,所经之地荒芜,猫犬俱遭烹杀,兼摘生蔬为食。而李世贤以强化漳州布防,向汪海洋借调了三千精兵。2 月,汪海洋面临老湘军和广东地方军围攻,一败于连城新泉,丢掉南阳根据地;二败于上杭;三败于苦竹、梅林;四败于奎洋,兵力渐感不足,行文向李世贤索回旧部,但李不肯,汪海洋只得自赴漳州索回,经再三要求,李世贤才勉强放还一千人,汪很不高兴地回去。李世贤也有感触,双方关系紧张日趋表面化,路人皆知。只因强敌紧逼,漳州危急,李世贤表示友好,特地请来在汪军中的李远继打圆场。李远继来去漳州弥合彼此关系,但两千名将士仍不予送回。双方关系的裂缝越来越大。

李世贤撤出漳州,赴粤东开发。汪海洋时在粤闽间大埔等地活动,闻讯与谭体元分路前来接应。谭体元部在永定猎射凹获得大胜,以优势兵力围困老湘军,诛杀总兵丁长胜的八营四千人全部。左宗棠大为沮丧,在奏报中称:"永定猎射凹之败,新湘六营、老湘两营俱陷,宿将丁长胜死之,为臣军从来未有之事。"这是太平军在福建继歼灭张运兰部、林文察部后的又一次大捷。汪海洋部却在永定湖雷等地被阻,旋因李世贤溃败于永定河剑滩,双方未能会合,汪遂走上杭中都,迎来了李世贤叔李元茂等残部数千人。

汪海洋在中都停留多日,以候李世贤,但李世贤不至。李元茂在李世贤军中地位仅次于李世贤,与汪海洋意见亦多有相悖,在汪军中形成一股对抗力量。汪海洋为便于控制,借故诛杀李元茂。

6 月 15 日,汪海洋攻占广东镇平。广东地方军邓安邦部降者一千六百余人,汪海洋愤其抗拒,全行屠杀。他在镇平(广东蕉岭)休养生息,这时他的妻子张氏生了一个儿子,这使他大为欢心。不孝有三,无后为大。原先因无子,曾在福建山村掠取了一个四岁的男孩为子。胡永祥多次劝告汪海洋,乘敌军还未云集合围之际,早早离开此蕞尔贫困之地,但汪不听,终日酗酒。当时太平军将士早已摆脱了洪秀全的"不得饮酒"禁令了。

汪海洋在镇平三个月,却迎来了李世贤的到来。

当时李世贤泅水上岸,割去须发,密藏深山之中。据传在此期间,他曾秘密乘轮赴上海,寻找母亲和姐姐。母亲和姐姐已被洋枪队首领戈登俘房,下落不明,但他却在上海闻悉,南方太平军还有汪海洋军尚据守在广东。此说有些海外奇谈,但李世贤确实赶到了镇平。汪海洋以极其隆重的仪式出城迎接他。两人并马入城。当晚,李世贤旧部五人前来他处诉告汪的残忍,李世贤对汪海洋兼并他的余部,并杀死他的叔叔、王宗李元茂以立军威深感不安,且面露不满。汪海洋也害怕李世贤索回余部,并对他处罚,故心存疑惧,就借口为儿子满月设宴,乘李世贤酒醉未醒,派人把他刺死,并诛杀投状的五个天将。

李世贤死了。

汪海洋贴出布告,指责李世贤心存异念,用意险恶,故不得不诛杀之。

同室操戈,这里有山头权力之争,也含有个人恩怨。有胜负,但孰是孰非,只有凭人评说了。

汪海洋在镇平,这时广东境里的太平军,能与他相呼应的只剩下陆顺得部和花旗林正扬部了。

林正扬,惠州人。他在进入福建时就动摇了。在俘获张运兰时,曾面跪请求:"公能为我保降否? 若能代请示大帅不杀我,不敢害公,当率众剃发耳。"但张运兰败军之将,心有余悸,回答吞吞吐吐,不敢为他作保,于是被杀。

1865 年 8 月,陆顺得、林正扬趁广东地方军在东线受雨阻,于江西折回。联手攻占广东长乐(今五华)。陆留所部主力天将赵金福、翟明海于龙川岩下,自引军入城。在长乐保卫战中,陆顺得率余部作战,百折不挠,损失甚大。在争夺城外炮台时,他在城里的直系部队一千余人死亡殆尽,只剩下贴身卫队一百余人。林正扬与列王黄宗保勾搭,决定降敌。就先由黄宗保出城输诚,亮出归降部署。翌日,故意在城中制造动乱,列王洪桂芳前往察看,至城门处为叛军所执。林正扬花旗人多势众,趁机杀死来王卫队多人,手缚陆顺得和洪桂芳,开城肉袒跪于城门外投诚。龙川岩下余部,亦因翟明海手缚赵金福投降,全军崩溃。

10 月 10 日,陆顺得、洪桂芳在广东番禺被杀害。

据香港新闻报道,陆顺得、洪桂芳两人被杀之际,表现得相当坚强:

> 闻此二逆俱长发,年方三十余岁。当死期将至,犹且面无惧容。其廿一日早因于番禺县监狱之时,自知不免,乞禁卒为之解衣典值,尽买酒炙面饱。二逆对饮,依然谈笑自若。乃解至将军衙内捆绑押杀,一路尚敢出恶语伤人。(《上海新报》1865 年 11 月 7 日)

林正扬部万余人,按册呼名,精壮者被选入营,其余均遣散,从而结束了广东花旗北上会合太平军、辗转长达十年的战斗史。

为使全军度过快乐的太平天国春节,
一昼夜急行军三百里,夺取了嘉应州

汪海洋孤军在镇平与围城清军多次发生激烈战斗。

他杀死李世贤,以下犯上,人心不服,那些原先为李世贤部属如花旗陪王谭富就率

部叛变。他的精锐损失也不小,9 月 3 日和 9 月 27 日,全椒山寨的铁杆王宗汪大力、天将刘添保也相继战死。9 月 27 日,汪海洋放弃镇平,北走平远。这时,他收容了由湖北赶来的鲍超部哗变将士一万余人,军力有所恢复,仍具颇强的战斗力。北上途中,他们打了不少胜仗,有一次还在兴宁罗冈在当地山寨呼应下设伏全歼追军。

当时,汪海洋曾打算越五岭,经江西,北上江淮与捻军会师,旋接到派去联络的使者归报,约定会于江、鄂之交,于是计划取道江西吉安、袁州再过长江,清军为防汪海洋北上,扼守住了五岭南北。汪海洋千辛万苦寻路,仍徘徊在江西龙南地区。11 月 15 日,汪海洋在铁面山为江西地方军击败,损失几万人马。在他军中的李远继、黄朋厚和李明成在被打散后,携带家眷降敌。清军放回了李远继、黄朋厚,让他们潜伏在汪海洋司令部里,提供情报,充做内应。李明成被遣散,但他没有回广西老家,却辗转各处。1867 年在上海租界游荡,被引渡与上海当局,仍被处死。

12 月 8 日,汪海洋由兴宁、龙川。一昼夜急行军三百里,直取广东嘉应州(今广东梅州);且决定在此城休整,筑城浚濠,建栅实隍。此时年关已近,为使全军度过一个快乐的太平天国春节,他将本部人马置于城心,霆军反正部队黄矮子、欧阳辉守卫城郊,互为犄角。

清方各路人马云集城下,左宗棠亦匆匆赶来,在三河坝设立前敌司令部,以刘典为前敌总指挥,指挥前线各军,调兵遣将,在嘉应州城的东、西、南、北、东北、东南、西北、西南八面布下金锁阵围困。

汪海洋针锋相对,主动出击,乘敌军尚未合围时出击。1866 年 1 月 10 日,亲率步兵数万,骑兵四五百,开出北门,在黄竹洋、双板桥等地,以正面主攻与侧翼迂回相结合的进攻型战术,由洋枪队为前导,骑兵殿后,打垮围城的清军,阵斩清军都司、太平天国叛徒——比王钱桂仁。钱桂仁是汪海洋守杭州时的老同事,杭州失陷前降敌做内应的。钱桂仁被阵斩,见于《左宗棠奏稿》。但据《江表忠略》笔记,钱桂仁是被俘杀的。当时汪海洋捉了钱桂仁,恨他出卖杭州,为虎作伥,把他处以点天灯极刑。所谓“点天灯”,是太平天国的酷刑,是把犯人用白布缠全身上,倒置于旗杆,浇以桐油,由脚掌点火,活活烧死。

1 月 15 日,左宗棠一行抵达广东大埔,在松口设大本营,完成了对太平军的合围。刘典因强攻不能取胜,就指使原太平天国列王、都司萧雅泗(黄四)为联络,要他设法与黄朋厚等搭线。萧雅泗害怕嫌疑,婉言推辞。刘典加以说服,要他努力去干。经过萧雅泗努力，找到了黄朋厚。黄朋厚答应只要有重要情报，一定前来告诉。

汪海洋见围城已成，决意一搏，以打破左宗棠所设的"八门金锁阵"。2月1日，汪出兵数万，自为中路，左路胡永祥，但右路统帅没有用谭体元或汪起贤，却用了黄朋厚。

汪海洋三路人马猛扑城东塔子坳，志在必胜。

谁知早在其出伏前夕，黄朋厚已与萧雅泗在城外单骑洽谈，把汪海洋的军事布局和战术情报全都送给刘典，要他大作准备，集中兵力，且只须防中路和左路两路。

这场战斗打得相当激烈，双方都动用了洋枪洋炮，是一场冷热兵器交叉的战斗。当时汪海洋动用了全部主力，他对李远继和不久前归来的襄王刘官芳有疑惑，仅安置在城西，不让参加战斗，但却放松了对黄朋厚警惕，致使右路太平军就地不动，便于清

天 朝 春 节

太平天国创造了天历，有自定的春节。它比传统春节要差几天或十几天。

太平天国和他的各级干部都很重视自己的春节。在天京度春节时，臣下要分批向天王朝贺，诸王内眷则向赖后朝贺，各官衙相互拜年，官员和将士各着新衣，外出者骑骏马五七人同行，马前各有举衔一人，擎红罗伞一人，马后跟随牌尾一二人，行进中必呼"升官发财"。头目夫人所谓贞人者，亦窄袖艳装，用彩线结辫盘额上，抹粉涂脂，乘马而行，亦有几个牌尾在前引导。军民采购年货，街道打扫清洁，但不准祭祀祖先，商店不许开店营业，后期则多打破禁令，有的地区还允许民间"迎神看灯"。在浙江绍兴，自除夕之夜始，闭城三日，请梨园唱戏。

春节时期，常因度岁，统帅自己放假，再不主动出击。由此习俗常自我贻误军机。如1854年2月，北伐军在天津静海、独流度岁，丧失顺利突围时间。1861年初李世贤攻打湖州，因春节全家团圆，就留部将李尚扬在湖州城外集体过年，独自一人回溧阳王府过年。1862年1月，太平军分五路进攻上海，主帅李秀成却中途赴苏州度岁，前线没有统一指挥官，步调不一。1863年1月，谭绍光率军攻常熟南门、东门的叛军，正得手时，时逢春节来临，即留军攻城，自返苏州度岁。1864年冬，陈得才等自汉中援天京，因要欢乐度岁，过了除夕和春节，初五才出兵。1866年冬，春节即要来临，汪海洋才下定决心，非要攻下一城为度岁。在攻下嘉应州城迟迟未行，也是为度春节，而贻误时机。

军集中兵力对中、右两路的进攻。

汪海洋怒发冲冠,身先士卒,不幸,头颅中弹,抬回城后不久便伤重身死。

汪海洋之死,是南方太平军余部最大的损失。

有关他的死,诸说不一,说法多多。

左宗棠说,汪海洋系在阵前被清军的枪子从头偏左偏出两眉之间击入,立即坠马,抬回城时已气绝。

刘典说,汪海洋系在佛子高回军时,见丁太阳前来追赶,口犹大骂,被密集洋枪击中。他是亲目所睹,但不能查出为何人所击。

丘晋昕《小靖战事纪》说,汪海洋在城头督战,丁太阳报告官军,集中抬枪射击,伤脑,死。

朱用孚《摩盾余谈》说,汪海洋在鏖战时,李世贤心腹为主报仇,以洋枪偷袭,中其头颅,至夜死去。

王定安《湘军志》说,汪海洋作战身先士卒,清军以火炮对准其龙旗处,环而击之,果然击中了他,回城死去。

光绪《嘉应州志》引《谈梅》称:"汪逆方据城西梁家高楼与贼党叶子戏,闻官军大至,欣然飞骑,诣城东北,指扶顶督战。降人丁太阳见汪至,告官军,萃抬枪数十击之,汪逆伤脑堕,其走禀以旗,舁归城,是夜汪毙。"

民国《大埔县志》据调查后说,汪海洋在嘉应城上玩叶子戏,闻敌军大至,指扶顶督战,被叛徒丁太阳指示枪手用抬枪击中,伤脑,是夜死去。

而粤东民间传说是,汪海洋骁勇善战,为防暗算,每当出阵时,偕同面目相似、衣服一色者,多达几十人,使敌人不易识别;此外又说他身佩避弹珠,锐炮枪箭都不能击中,后因叛将大丹蛇(或系丁太阳绰号)指认,并以碎金块塞入火粉枪当中,才将他击毙。笔者当年在中国人民大学读书时,有一位来自丰顺的同学徐南江告,汪海洋有避弹咒,一般枪弹不能打中,是在枪膛中塞进金丸始击中的。

胡永祥坚持循汪海洋突围路线,南下潮州以图出海,出海是一驰道

汪海洋抬回州城后,身受重伤死去。为稳定军心,开始几天秘密其事,但在军中议论纷纷,投敌分子、内奸天将黄金台指使妻子前来汪馆打听消息,方才证实,随即汪馆

发下白布与诸将士披麻带孝。太平天国宗旨是"死亡"为"升天"喜庆,可此时已是哭声震天,胡永祥尤为悲痛,立誓要为汪海洋报仇。汪海洋赏罚分明、办事公道,还是得人心的。

阶王谭体元、周王汪麻子(汪起贤)和天将胡永祥等仍率余部坚持斗争。谭体元被拥戴为主帅,胡永祥为总统天将,统领全军二十余万将士。

三天后,谭体元等聚集在州城梅江南为汪海洋发丧,公布了汪海洋死讯,但汪海洋安葬在哪里,语焉不详。当时民间传说是州城四门都出汪海洋棺木。清末民初,有说汪海洋乃安葬于州衙后园荷花池,有地方人士想发狂财,即以重资雇工挖掘,但挖了多时,没有发现,就停止了。也有说汪是埋葬在州城墙里,但民初开辟新市场,推倒旧墙,开辟道路,也没有发现。

它却成为一个不解之谜。

当时,危机四伏。汪海洋没有听从胡永祥乘敌军尚未麇集,及时放弃嘉应州城的建议,耽误了突围良机,使各路清军在旬日之间,"齐集崇山峻岭之中,堵剿不须多兵,布置周密,插翅难飞,此地势然也"(刘典《从戎识实》)。而在州城里外营垒都出现了叛变、通敌的人员。谭体元扑杀了企图内应的天将黄金台等一批人,但他放松了对驻扎州西的黄朋厚、李远继和刘官芳等人的警惕,致使黄朋厚洞悉离州出走的突围路线,全盘地漏露于萧雅泗,使围城清军准备充分。

汪海洋是大将,乃是唯一能统辖全军的首领。但谭体元资历浅薄,从来只是带偏师作战,要他驾驭全军实在难以胜任。州城里外二十余万众,派系林立,成员复杂,有李世贤、丁太阳等余部,又有来自湖北金口反正的霆军,兼及福建、广东地方的草莽、游勇散兵,更因围城日久,粮草,弹药渐感缺绌。

1866年2月初,谭体元、胡永祥连续多日出城血战,目的是寻找突围之生路。

只有突围才能置于死地而后生。

谭体元主张西走,经兴宁、和平,打回广西老家去。但嘉应城西,广东地方军康国器驻乌泥坪,高连升屯嶂树坪,敌军围困重重,此路断难通行。胡永祥坚持的循汪海洋突围旧道,向南走丰顺、潮州一带越闽、浙边界,以归皖南。或者是自嘉应州南下,意欲先取潮州以图出海。出海是一驰道。当时广东巡抚郭嵩焘等还认为:

策贼必入海,飞檄总镇卓兴以舟船驻汕头,搜获夹板船十数艘,炮械火药无

算,拘贼鞫之,皆购自外洋,计将袭取台湾,不得逞,乃折而北窜。(玉池老人自叙《南海沈宝干记平发逆汪海洋事》)

见于清军在上杭、武平、永定等地已严密布防,在北上东进途中都已屯重兵,只有水南坝一线无守卫。经过商议,太平军领袖们取得统一意见,制定的南下突围路线,"想冲粤军营盘,走黄沙嶂,赴潮州,再寻生路"(《胡永祥供词》)。

它并非是高明的突围生路。

左宗棠熟悉兵法,他知己知彼,故意在水南、黄沙嶂一线不设防。八面金锁阵放其一面,然后追之,则可以歼灭全军。

鸟无声兮山寂寂,夜正长兮风渐渐。太平军南方余部的最后失败

2月7日晚间,嘉应州太平军出西南门,渡过梅江,走黄沙嶂一线。鲍超、刘典、高连升、黄少春、王德榜和刘明珍等各路清军在东西南北进入州城后,又从后面追赶前来。

左宗棠早是胸有成竹,策划在黄沙嶂以南地区歼灭太平军余部。但后来有史学家却偏信王闿运说:"环城诸军无一知者。"(《湘军记》卷十二)这是因王闿运诋毁左宗棠,故编造此说。然后又有李福泰幕客朱用孚为广东地方军作掩饰,编造"余党盘旋于黄沙嶂中,迷不得出"(《摩盾余谈》),这些都是不符史实的。

太平军出城,前军胡永祥开道,穿越黄沙嶂小径,"群众峭削,一径萦纡",谭体元、周王汪麻子等后军,因兼及辎重和妇幼家属,庞然臃肿,行履缓慢,蜿蜒于嶂北口,而为敌军追及。谭体元磨砺二千将士死斗,杖戟相撞。抗击追军,终因山路逼窄,行进被扼截于障陜之间,汪麻子饮弹战死,谭体元受伤堕崖,一个月后,伤重流浪道上被查获杀死。后军虽失败,却牵制了敌军疾追,使大部分太平军穿出了黄沙嶂南口。开路的胡永祥已穿岩度洞,闯入丰顺县北四十里之大田、北溪一带。当天,清军各路人马都已越过黄沙嶂,分头追赶,高连升、刘清亮等部直至分水坳;鲍超、王德榜和康国器等部分别出黄沙嶂左路追赶。

当谭体元后军覆灭于黄沙嶂时,胡永祥等大批人马已进抵丰顺县境的北溪坳。而北溪分水坳,实为嘉应入丰顺县间道,坳内有径渚一段悬崖,壁下临深涧,仅有鸟道

可通。

太平军走出险境,想不到却又逢死地、绝地。原来坳内仅有一条约半里许"下临深涧,峭壁十丈,一线羊肠,马不并辔"的径道,前一天已为丰顺知县钱涌清督同地方团练掘断,使急行进的太平军在北溪坳地"前锋人马皆坠涧。死尸骸积与径齐,后至者皆踏尸骸过,山上草木皆摧,残如斩伐"(《民国丰顺县志》卷五《建置志》)。经过这段短途的急行军,太平军精锐大受损害,元气不振,突围而出的十余万军民,剩下七八万众,所谓"辎重尽失,无所得食"(《团防平贼记》)。胡永祥、何明亮等候谭体元后军不至,按既定计划,率四万余众,先出北溪村趋大田,拟走潮州。眉天义曹玉科、钧天义杨侍如等四万余众留后休整待发。"越三日,复整装旅,欲计出大田,东趋韩江,讵前锋出北溪村口,望见褛婆嶂前横乱山崇迭,疑又陷入绝境,立将向导击毙折回。"(《民国丰顺县志》卷五《建置志》)曹玉科等虽一度进抵白沙坝,旋因遭到地方团练骚扰,仍返北溪村,"经旬饥不得食"(同上)。

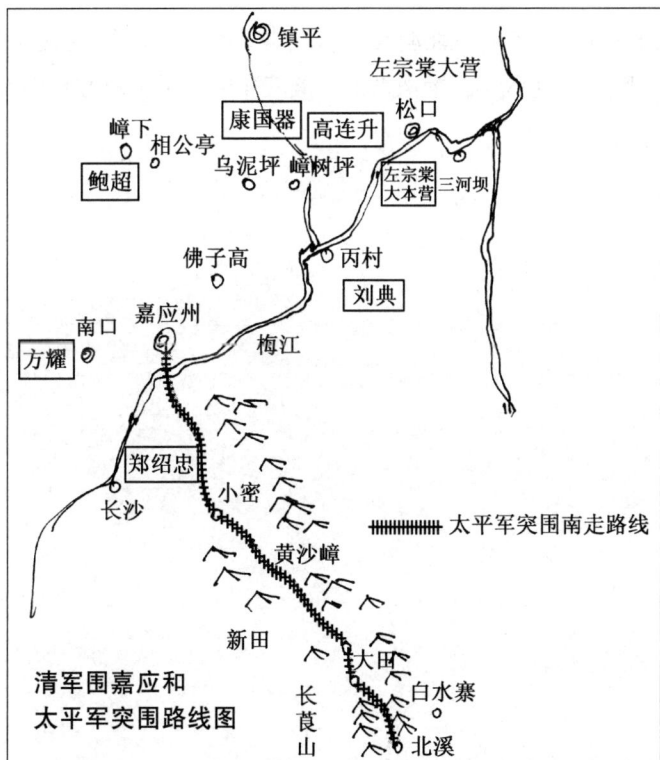

清军围嘉应和
太平军突围路线图

2月11日,老湘军王德榜等始寻路查获前来,但因畏惧太平军残部困兽犹斗,不敢相逼太甚,扎营于村外数里。因太平军人心早已涣散。饥寒交迫,闻敌军赶上,未曾对仗,就纷纷逃散。清军得悉采用招降,仍有三四万人众。2月9日,何明亮部出北溪后,在白沙坝为鲍超部追及。何明亮等仍拼死夺路,多次冲锋未了,终因创重饿羸,八千余人战死。鲍超将天将、东平王何明亮,大佐将何明辉等高级将领,以及霆营反正头目黄矮子等核对身份后全部就地处斩。另一支太平军残部溃走白水寨,为康国器追及,六千余人战死,金王钟万信、幼怀王周祉福和幼沛王谭标被俘斩。周祉福是周春的侄儿。1864年,周春在浙江的一次战斗中落水牺牲,他曾是广州社学平英团领导人之一,1855年在江西参加太平军。

2月12日,出奔大田的胡永祥的先锋部队,为清军高连升追及,激战失利。胡永祥率饥军千余继续南下,他身着黄衣走上长莨山,目标显眼,旋在山上林中被俘。

鸟无声兮山寂寂,

夜正长兮风渐渐。

嘉应州太平军突围后在丰顺北溪坳、大田、白沙坝等方圆百里之地,先后持续战斗了六天,终因地利失误、士气不振而败散。转战三年的太平军南方余部就这样宣告全部失败了。

第四十六编　不知进退，黑石渡悲剧

　　1862年，陈玉成在庐州(合肥)派出了陈得才、赖文光、蓝成春和梁成富四人率部出征西北。四人会合任化邦、张宗禹和陈大喜等部捻军行进于河南、陕西。天京失陷后，回救的陈得才、蓝成春先后在安徽黑石渡败灭，梁成富军覆于甘肃阶州(武都)，只有赖文光等几千人，加入了捻军部队，成了驰骋北中国的几十万捻军的一个组成部分，但他不是捻军的主心骨，只能是捻军领袖中的一位，而不是最高统帅；其余众人如范汝增、赖世就和邱远才等，也都只能视为参加捻军的太平天国将领。

　　1864年至1868年的捻军，仍在继续自己的事业：也就是与太平天国同心同德，为打击清王朝而战斗到底。

拥有十倍兵力的黄中庸，竟向仅有千人的安徽地方军投降

　　1864年7月，太平天国天京失陷前后，奉命前来援救的西北军会合捻军，因为沿途有僧格林沁和其他清军拦阻，此时才从陕南赶到鄂东的黄坡、蕲水等地。此后几个月里，这支拥众几十万的大军一直徘徊在鄂东、皖西地区。

　　11月初，陈得才部主力仍然在鄂东。本月1日，由湖北蕲水、英山进入安徽霍山境界。清军以逸待劳，前有安徽地方军和团练，后有僧格林沁追军。陈部前后失据，无枝可依，但他仍一意闯讲。

　　陈得才的前锋部队由黄中庸率领。

　　黄中庸全部人马一万，其中一半是家属老小。携带非战斗人员本是太平军一大特色，这也是它之所以缺乏战斗力的致命弱点。

　　清安徽布政使英翰在霍山城东黑石渡设立前敌指挥部，组织对陈得才等的防御。防线长达百十里，防不胜防。英翰听取幕僚史念祖建议，把主力部队布防在英山至霍山一线。因为此处多年以来就是英王陈玉成出入鄂东的常行区。陈得才等当然熟悉此处的地理环境。

　　英翰派史念祖率牛师韩等五营官计一千二百名人马和三百名洋枪队前往，守护通道。破例地发与将士每人五两赏银，以资鼓励。

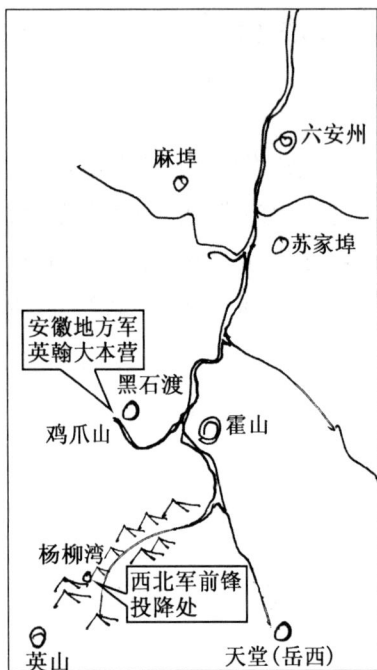

通过一日一夜的急行军,史念祖军翻越了鸡爪山,天明赴到了英山杨柳湾。

杨柳湾地处两山开阳,夹峙如屏,平地沙深及踝;在炎夏之日,山洪暴发时,又是一片汪洋,现在正逢深秋,干燥无水。

史念祖竟然算准了。

当地方军走近杨柳湾南口,听到山顶有个老头高喊:"官兵均勿再前进,几十万长毛已到了童子坳前面深沙右转处。"这时,打前哨的十几个骑兵也飞驰奔回,前来禀报。

史念祖急着问道:"前面有多少长毛?"

骑兵回答:"说不清有多少长毛,只见旌旗飘飘,峪北口布满了黄旗,望不到边,大路小径都是人头滚动,一片红海洋。"

这是指太平军将士所包扎的红头巾。

又问:"长毛头子是谁呢?"

回答:"陈得才、倪隆怀、马融和都在。现在与我军近距离不过四里,前锋大队已过童子坳;出了山谷,就能望见了。"

史念祖非常着急,派出快马赴黑石渡向英翰报告,并与五个营官商议对策。他力主战斗。说:"今日之战,相当紧迫,只有战胜,才能避免全军覆没。可是长毛百倍于我,只有用计取胜。有幸是我军后路只是一边旁通,无后顾之忧。"

他作了布置。

李光义率三百名洋枪队殿后,以防抄袭,其余一千二百人编列为四阵:营官牛师韩、刘廷干领二队傍山右直进,营官徐登善、陈鸿庆领二队顺山左直进,并嘱咐如见敌军有千人出谷,山左二队先直扑之,山右二队再折而左,两路夹攻。他说:"长毛大军百倍于我,但大都尚未进谷,先将出谷之军击溃,先声夺人,势必震惊敌胆。"

黄中庸前锋匆匆出谷,方才走出一千余人马,就遇到清军左队,不及防备,正拟退却,右队牛师韩等营又拦腰杀出,将士尽赤裸上身,衔刀挺刀。太平军远道而来,不知虚实,以为中伏,不敢迎战,被斩杀多人,谷口积尸如阜。

黄中庸行经湖北,已多次遭到截击,原意进入皖西,有个安身之地,不料还未入境,就遭到伏击,只得后撤。

太平军后路再也未进谷。

夕阳西斜,太平军聚集在谷外安排炊具,埋锅造饭。长途行军,就地掠粮,供不应求,将士多半处在饥饿窘境,又因屯地乃沙地,难以扎营建寨,只得露宿。

这是一支饥军、疲军。

史念祖部屯扎在南口杨柳深处徐家围。

天气炎热,瘟疫蔓延。而天京失陷的噩耗,更令全军丧志。

黄中庸六神无主,不知所措。只得做矮子,缩脖子,打出白旗。

一支拥有十倍兵力的太平军竟向仅有一千余人马的地方军投诚。史念祖大为惊奇,以为有诈。穿着锦衣的太平军使者朱某对他解说:"黄中庸早怀归降之心,此次又在征途中获得一个漂亮姑娘,要保护她呢!"史念祖问:"沿途多有官军,为何不降?"朱某说:"非也,沿途官军于降人多掳掠财物,勒索子女,难以自保,只有贵军能不侵犯呢!"

史念祖允诺。

11月5日清晨,黄中庸率部来降。

马融和得悉,率军分三路追赶。史念祖命黄中庸反击,以表明心迹,并在杨柳深处以洋枪设伏,阻拦追军。

马融和军本无斗志,不敢逼近。

黄中庸随史念祖至黑石渡大营,剃发、换装。

清军以逸待劳,以待再战。

出乎意外,翌日,马融和竟单枪匹马前来请降。

马融和面见英翰说:人心已散,迟则溃

马融和绰号马呆子。取名"呆子",可见其人傻帽呢!他原是陈玉成小左队头领,深得陈玉成信任,常独当一面。此人不读书,脑筋简单。有一年,马融和部联手张洛行部捻军围攻安徽颍州(阜阳),几万人马围攻了几个月没有攻下。后来被俘的陈玉成乘槛车路过颍州城下,眼见贴近城墙的树林郁郁葱葱,不禁长叹:"真是个马呆子,如此茂

林不知利用。如果迎着风向将树木点燃，使火焰延伸入城，烟雾弥漫，纵兵上城，岂不轻易能将城破了。"

英翰接见马融和使者，表示：马融和可是长毛大头目，是在军机处挂了号的钦犯。接受投降，要听候僧王拍板，才能接纳。我可作不了主呢。

马融和得到回音，很着急，匹马单骑赶到黑石渡面见英翰。他说：人心已散，迟则溃。英翰见状，同意投降。随即同马融和到马营，见倪隆淮等其他大头目宣布准降，命令立即剃发，剃发后命降人按同府同县集中一处，以便颁发凭照，遣返还乡。

这天是 11 月 7 日，马融和等部众七万余人，乖乖地缴械投降了。

当晚，英翰设宴款待。

酒过三巡，马融和见到史念祖眼熟，便问："阁下可是从杨柳湾回来的？"又说："阁下可真是大胆，孤军驻扎生地，毕竟是侥幸的呢。"

史念祖反问："我也有个不解之问，你们拥有十万之众，不战不走，竟然请降，这又是出自何因啊？"

马融和骇然发问："杨柳湾此地，两山间夹一沙滩，有水则狂浊巨浪，无水则两岸削壁，真个有崤函之固，阁下难道不懂得吗？"

史念祖再问："愿闻其因。"

马融和解说："官军已分扼对岸矣，如果以马队顺流直冲而下，虽铁阵也必会被腰斩。我军太多，没有两昼夜就难以尽渡，倘若中间崩溃，则首尾中断，全军覆没。"

史念祖听了，回顾英翰说："怎么样？我固知彼军无人才也。他们有悖于流沙不能筑堡垒，却没有见到我军后山所筑的竹营呢。霍山、六安之地，每座山都长有竹林。如果以竹条编织篱两层，层中相隔五六尺，以沙充实，则与抗拒铁骑、抵御枪炮的土垒同样具有功能，如沿途连接五六座垒，用作诸军暂驻的传舍，分路开拔，那么几十万人马可以从容引渡也。两岸倘有战事发生，官军或近截于前或追赶于后，有此沙营抵御，前后接仗都可挡住。况且，现在已是深秋，不会发生山洪暴发，所谓崤函之固安在哉！"

马融和听了目瞪口呆，过后连连拍案说："奇计，奇计！"

马融和的七万人马大都遣散，只留下两营一千人，由授游击衔的马融和统领。

此后有说马融和在福建带兵。1874 年，他告发了前来参军的辅王杨辅清。但也有说，他投降英翰后，因为声名太响，还是没有能逃过僧格林沁的鬼门关，被凌迟处死。

僧格林沁没有杀倪隆怀、范立川,却杀了前来投降的蓝成春

马融和全军不战而降。

接踵而至的是扶王陈得才大军。

陈得才是陈玉成部核心人物之一。他是陈玉成家族主要成员、金田起义老兄弟,多年留守安庆和庐州。因为陈玉成文书把他列为首位,史学家就循次列为西北远征军第一责任人。其实太平天国的一路人马同有级别的统帅大员,不分彼此,无所从属。此处并非是洪秀全、陈玉成等设立集体领导、共同负责,而是对领军的一种无知和偏见,以为这样才是强化领导呢。

陈得才有十一万人马,前锋是他的亲信、中军黄文浩。

黄文浩的万余人众在马融和议降时,乘隙夜渡沙冲走牛皮礐。在牛皮礐,黄文浩军傍山筑垒。

黄中庸、马融和等部得到安抚,这使黄文浩相当动心,他也不愿瞎摸海,骑盲马,再作无效果的战争了,见到清军游骑,就表示乞降。

他显得诚惶诚恐。

史念祖奉命前来接纳。见到有万余人马,但稍加注意,能列为队伍的牌面,不过只有四千人,其余都是缺乏战斗力的妇孺老幼。黄文浩遵命剃发,并将牌面围成外圈,以保护家眷不遭人身侵犯。

僧格林沁的蒙古骑兵尾追而来,见黄文浩等一行人众已为地方军接收,企图前来争夺人众辎重。都统恒龄严加阻止,才未发生冲突。

英翰、史念祖带着黄文浩觐见僧格林沁,说明接纳降众情事。僧格林沁立马高处远视。他说:"不止万人呢!"史念祖解说:"妇孺老弱却有一半呢!"僧格林沁骂道:"几十年反叛,一朝势败,就束手投降,未免太便宜了。"这个蒙古科尔沁亲王警告英翰等说:"今后你们不得再擅自决定接受投降事宜。"

当马融和投诚时,为表真心,曾向英翰泄露西北太平军各路人马先后行程、人数和战斗力,说:在我之后是倪隆怀,倪之后是陈得才,陈得才之后是蓝成春,蓝成春之后是赖文光。各路人马数万、十数万。殿后的是捻子各旗任化邦、张宗禹等。

他正是一肚子坏水,竭力提倡"快速招降"的鬼点子,所谓:"开诚受降,徐收徐遣,

不六七旬,可散百万豹虎,而定两省之地,此岂非天数哉!"

这对瓦解数十万太平军是一条毒计,也是一条可行之计。

当时西北太平军由鄂入皖,僧格林沁大军截腰拦击和尾追是主力,地方军扼其前路,以逸待劳,令来军进退失据,缴械投降。

他们的生死、招降与否最后拍板,尽操纵在僧格林沁之手。

英翰再不敢自专,他要向僧禀报,才能定夺。

他对马融和说:"此说甚佳,且延迟十日,才能妥善处理。"

马融和要丑表功,急着说:"彼军人心已散,各求生路,头子所以迫切请求速降,如果迟缓时刻,有这么多人,人多主意多,延迟就会产生疑惑,另外寻找出路呢。"

英翰急向僧格林沁禀告,并遵命带领头目倪隆怀、范立川等前来。

倪隆怀是羡天义、范立川是偏天义,都是陈玉成部重要将领。僧格林沁没有杀戮,同意招抚,还给两人送了一个都司,各统领一营五百人众。

翌日,祐王蓝成春心存侥幸,以为马融和、倪隆怀等得以赦免,还能当个游击或都司,也放下兵器,率本部人众五千向翼长成保投诚,由成保引见僧格林沁。

蓝成春是广西元老,拜上帝会的骨干。他本姓洪,因为洪秀全搞避讳制度,连非本族人都不允许姓洪,只得改姓为"蓝"。此人久在安徽淮南活动,有些能耐,也曾与僧格林沁部队打过仗。此次亦是未战前来投诚的。安徽巡抚乔松年曾向北京王朝报告,"贼马融和、蓝成春率领后股之贼欲窜无路,自知穷途,亦赴僧格林沁军请降"(《乔勤恪公奏稿》)。僧格林沁刚愎自用,当蓝成春随成保进帐叩见时,"王一见怒曰:'粤匪叛恶久,他省胁从,姑挠法以宥之,至籍求粤西者,势在必诛。'械蓝于营讯供。斯言一出,凡广西贼一旦散走千余人。明日,蓝供上,慷慨自言与洪杨同党,即斩首榜示。果敏(英翰)力谏不听,于是蓝众半散半奔,而数百里贼氛一旦复燃矣。"(《弢园随笔》)

《清史稿·英翰传》即采用此说:"贼首蓝成春亦降,大小头目纷纷求抚。僧格林沁以成春乃粤中老贼,斩之以徇,未至者皆散走。"

但长年以来,近代史学者为表彰太平天国英雄就义,节烈千秋,乃是据《剿平粤匪纪略》、《同治东华续录》中的僧格林沁官文奏本,说蓝成春是在霍山被部将甘怀德诱擒,献于成保后,再为僧格林沁所杀的。

蓝成春本系是在军机处生死簿上挂上号的显要角色,不投降被俘是死,投降后如无利用价值也得是死。此时此刻他正不应该投降,再遭对手凌辱,吃足苦头,最后仍遭凌迟毒刑。投降不成仍被杀死,虽系悲剧,但总不能称英勇就义了的。

兵败如山倒。

西北太平军自 11 月 1 日黄中庸降,此后十天,全军刮起了一阵阵投降风。其中颇有影响的就有:11 月 7 日,马融和降;11 月 8 日,蓝成春和范立川、陈汉泰以及倪隆淮等三批人马降;陈得才也因诸路人马不战而降,众叛亲离在长岭庵前山谷服毒自杀。在此短短期间,太平军就损失了二十万人马。

陈得才等失败原因很多,主要有二:一是全系军事行为,匆匆而来,所谓唯一目的,就是为解天京之围;天京失陷了,也就丢失了奔向;二是没有考虑到沿途的千险万难,其中最大困难就有行进途中多是缺粮无粮地区,兵无粮不行,而敌人以逸待劳,处处设垒,前后夹击。

梁成富据甘肃阶州,就此开辟了太平天国所据关内的第十八个省

启王梁成富军殿后,在行进陕西河南交界处,受到僧格林沁部队拦截,和前队陈得才等军割断了联系。

他只得就地踏步,转战于陕东豫西。1864 年 5 月,在陕南会合了石达开前锋赖裕新中旗旗帅郑永和等部。

梁成富在敌后孤军奋斗,得以自撑不败,主要是靠当地造反武装蔡昌荣的支持。蔡昌荣自称昭武王,所部主要骨干都是他的家族兄弟群,这支队伍拥有两万余人,人马远远超过梁成富军一倍有余,且土生土长,语言、习惯相通,很有战斗力。有了蔡昌荣的联手,使来自南方的梁成富接上了地气。

梁成富是广西老兄弟,是资深的拜上帝信徒。自我感觉极为良好。1862 年初,梁成富受封为启王。启王属于四等王,称二千岁或三千岁,受封之时,是太平天国所定的最低王爵,在英王部也是低级王。这使他不满,经常在军中僚属处发牢骚,以为很不公平。梁成富没有子女。不孝有三,无后为大,就掳掠童子为子。龙阳才子易君左父亲易顺鼎儿时为梁成富掳取认作养子,穿小黄马褂,称"小殿下"。据易顺鼎后来对家人介绍:启王戴的帽子穿的衣全是黄龙绣花的,好看得很。有一个丞相,戴的是红帽子。在部队营盘里,最有趣的是各种各色的服装,五花八门应有尽有。听见士兵说:黄的顶好。易顺鼎还说:他们那里的规矩真严呢,比如礼拜天,三更就得起来洗脸,虔诚礼拜,

赞诵天父上帝的恩德,无论怎样兵荒马乱,都是照样得做。(《我的父亲——五岁神童》,《宇宙风》1932 年 4 月号)

梁成富军孤悬敌后,独自为战,处境相当艰难,所部叛乱迭生。1864 年 8 月初,在襄城合军的郑永和率本部向敌投诚,唐日荣不从,东进后汇合于赖文光军。梁成富与蔡昌荣奋战陕南,一度围攻西安,占西安附近秦渡镇和周屋,攻鄠县;又据周屋焦家巷堡,清军围攻久久未下,降敌的郑永和为丑表功,挺身先登,敌军跟进,堡被攻陷。

9 月 7 日梁成富、蔡昌荣乘夜由沔阳占略阳,旋由白马关入甘肃,重入崇山峻岭。9 月 18 日占领甘南重镇阶州(武都)。

梁成富、蔡昌荣合军仅有三万人,就此开辟了太平军所据关内的第十八个省——甘肃省。

几天后,各路清军包围了阶州。

1865 年 1 月,清总兵周达武、萧庆高等部分路猛扑,城外堡垒多被捣毁。梁成富于城北山腰添筑新垒,几天后又被攻陷,围军以绝对优势占领东南北三面各垒;十天后,再占领城西两水一带各垒,完成了包围圈。

蔡昌荣派巡捕蔡三、蔡四率二千余人出城相援。二蔡转战不力,不敢回城,走西北高家村,部众多半逃散。

四川提督胡中和总统围城各路清军,把围城各路人马分处调配,梁成富、蔡昌荣处境艰难,每天上城督同将士。不久城周要塞龙王庙守将李国厚献垒出降,局势益见凶危。胡中和安排围城各军在阶州旧城山、河堤等处要塞筑营开濠以为久困之计,太平军守城部队多次前来争夺,都无功而返。

围城已近五个月了。

4 月 22 日,三官殿要塞两垒和旧城山守军打起白旗投降,龙王庙仅剩的飞坡守军亦遭全歼。蔡昌荣以四郊多垒,无从突围,在城中东西两向深挖地道,欲由地道越过敌垒出走,均被破坏未成。

5 月 15 日,胡中和与萧庆高、周达武诸军猛攻阶州城、玉皇观和三官殿,喊声震地,炮火连天。梁成富、蔡昌荣亲上一线督战,击退围军。

清军几万人马,冗日持久于一地,粮米供应渐缺,军饷亦有短绌,士气沮丧。胡中和亦甚着急。经密探得知梁成富执法严厉,曾要处理三官殿守将、监军何仕兴,何仕兴不服,遂与主帅有隙。胡中和闻之大喜,密派专使诱降何仕兴。何本已动摇,现经敌主动招降,立功封官,何乐而不为,顿时挂起白旗,献出三官殿要塞。三官殿是阶州城外仅剩的要塞,与州城互为犄角,唇齿相依,这个要塞的陷落,致使州城茕茕孑立,雪上加霜。

梁成富、蔡昌荣联军经过半年战斗,兵力大为减弱,已无还手之力。6 月 26 日清晨,胡中和发起总攻势,以地雷轰坍城墙数丈,挥军强攻上城。梁成富、蔡昌荣分别率军巷战,最后退至城南准备突围。清军连抛火弹,突围中,蔡昌荣战死,梁成富转战多时,身受刀伤被俘,押解成都,在作了供词后被杀。

第四十七编　孤军奋斗，驰骋江淮河汉

赖文光出类拔萃，但他并非是捻军最高领袖

陈得才、蓝成春等黑石渡惨败和梁成富的阶州(武都)失陷，宣告了长江以北太平军大部队的基本结束，现在剩余的西北军残部，只能是劫后余生的人马，主要是三支：

一支是遵王赖文光的部队，有几千人；

一支是俱天安、天将邱远才(丘朝贵)的部队，也是几千人。他们是见蓝成春降后被杀，投降不成，折回湖北的；

一支是德天安唐日荣的部队，他是郑永和降清后，脱离至湖北的。

三支人马，孤军作战，继续在江淮河汉游荡。他们本来就和捻军后五旗任化邦、张宗禹等首领有联手，这时因唇齿相依，联系更紧密了。

此处特别要说赖文光。

赖文光是广西贵县(贵港市)大圩镇人，是广东逃荒至贵县上社屯的客家农民。金田起义时，赖文光随父元章、兄赖文鸿都参加了团营。因为姓赖，在缺乏史料和实地调查时，多人误以为是洪秀全元配赖莲英的本家，且称之是国舅赖汉英之侄呢。

其实此赖非他赖。他不是广东花县人。

黑石渡大幅度投降潮后，僧格林沁认定西北太平军主力已大致歼灭，此后须着意关切于捻子了。在张贴捉拿悬赏布告就写有："如有擒获张总愚(宗禹)、陈大憙(大喜)二逆来献者，每一犯赏银一千两。"对赖文光、邱远才因其人马稀少，不以注意。且此时的邱远才部已由霍山麻埠镇出重围会合张宗禹、陈大喜部走河南商城、光山；赖文光也与任化邦、牛宏升等部会合走湖北了。他们的黄旗已穿插在捻军五旗里，扑朔迷离，不易辨认了。

赖文光确实是太平天国出类拔萃的人物。

在太平天国西北军溃败的大浪潮中，他不为投降风卷走，反而与捻军合作。10月29日，赖文光部在湖北广济，诱敌深入，将僧格林沁主力暂任翼长、副都统常星阿，副都统舒伦保、温德勒克西、富森保的马队，提督萧河清等步队，步步诱入山区，使马队在山高路狭处不得舒展骥足，步队又以久战所持枪膛炮筒俱发红不能再射击，而无用武之

594

地。萧河清当即被斩,常星阿等冲出重围,全军溃败。

清廷大震,原以为黑石渡战后,北方太平军已是稀散,不难消灭。由此赖文光声誉大震,也引起清廷朝野的注意。

1864 年 12 月,捻军五旗首领和赖文光、邱远才等部在河南南部会师。但双方并未作整编、改编,只是在军中称太平军为"南队"、捻军为"北队",此处虽无谁主谁次,但捻军各旗首领都给予以赖文光同样的王爵爵位。

当年捻军仅有袭张洛行爵的幼沃王张禹爵(张五孩),至此出现以有古国和地域系之的王爵:鲁王任化邦;梁王张宗禹;荆王牛洛红;卫王李蕴泰。

且也循从太平天国兵将不用单名制,过去所出现的任柱(任化邦)、李允(李蕴泰)也就不见用了。

此外也将太平天国另两支人马头领的邱远才进爵以淮王,唐日荣以德王。丘远才、唐日荣乃是太平天国六爵的中级干部,此时没有台阶而直擢王爵,可见太平军在捻军中的实力薄弱,不得不张虎皮作大旗了。

这些王爵都在此时出现,它是自称或是相互推举的。现代史家编织所谓出自"洪天贵福遥封"或"赖文光借太平天国名推封",有悖于史,那还是以太平天国为正统的理念。

再则,太平天国晚期封王过滥,但天王于王爵所系封名号,却仍有其一定规则,凡属古国和地域的名称不再采用之,这大概是避免有封土实地之嫌。早期虽一度出现有"燕王"、"豫王"名号,也因涉及地域封疆,与东西南北诸方位王有冲突而取销。而捻军后期诸王封号采取古国和地域名,乃有悖于太平天国的体制。又按,清方奏拟太平天国有梁王凌国钧和齐王张朝爵,前者仅见于 1864 年 5 月江苏丹阳城陷时被俘名录,乃孤据,似不确;后者应作力王,齐王乃清人误传。

又则,捻军后期诸首领若由太平天国某方封王,包括出自所谓赖文光所代授说,那么他们所属将士也应与上级配套,即接受太平天国规定官爵的天将、朝将和六爵等号,但自 1864 年 11 月捻军大小头领如程大老砍、程二老砍以及任化邦、张宗禹家族诸人,均自行自素,未见有冠以太平天国官爵的。

捻军自张乐行以来,大小头领"听封不听调",但亦未必都以获得太平天国封爵拜官为荣。

他们事实上和太平天国官爵无关系。

赖文光与后期捻军联手。后来史学界即认定他是太平军和后期捻军联军的最高领袖,是据《赖文光供词》中的一段话:

"其时,江北所剩无所归依者数万,皆是蒙、亳之众,其头目任化邦、牛宏升、张宗禹、李蕴泰等誓同生死,万苦不辞,请予领带,以期报效等情。"

赖在此份供词自称是领袖,亦出因是捻军五旗各不相统。旗外有旗,旗内有派。主要两大旗蓝旗任化邦和黄旗张宗禹,却因上辈宿怨,即张乐行杀死蓝旗主刘天祥(饿狼)事,始终未解,虽未发生仇杀、相互武装相见,但两旗人员难以并肩作战,因而赖文光作为解人,左右逢源,对双方都能友好相见,为彼此拥戴也就在情理之中了。

赖文光在后期捻军中的很大功能,就是能调和各旗,使各旗能一致向外,和衷共济。捻军各旗不相统属,虽说是第一领袖,但要直接指挥各旗,包括调遣、安排各旗人员,那就不行了。当年张乐行被各旗推为盟主,也只是联盟的召集人,而不是最高统帅。赖文光本是圈外人,更不在此例。

赖文光从没有,也不能有用太平天国的军制来改编捻军。捻军仍按五色旗分,大旗下设若干小旗(领众五百人),小旗分为十队。捻军将士也蓄发,但不披发,乃是将长发扎为大辫子、盘于脖子上周围。据说那头发是相当长的,围在脖子上可以起保护作用,刀子不易砍透,因为头发柔软有韧性。头扎主要是黑巾,也有其他色彩,包括黄、红;而并非如太平天国必须以黄巾、红巾,以头发长短区分等级。

僧格林沁被小童张皮绠刺中咽喉,一命呜呼

赖文光与捻军各旗联手,打了不少振奋人心的好仗。其中最大的一仗,也是震动全国的漂亮仗,就是全部歼灭僧格林沁的蒙古骑队。

僧格林沁的骑兵和由他统率的满汉兵团是清王朝的王牌军。

僧格林沁兵团实力强旺,后备充足,如果是与之正面作战打阵地战,那是必败无疑。当年捻军总旗主张乐行曾在雉河集聚集各旗捻兵几十万对抗僧军围剿,就被他打得大败,溃不成军。

赖文光和捻军各旗总结教训,采取了圈圈战。所谓圈圈战是作战避实击虚,打圈圈。

打圈圈,就是以走歼敌,在运动中消灭追赶之敌。

从 1864 年 12 月到 1865 年 3 月,捻军采取圈圈战,三战三捷。

第一战是在 1864 年 12 月,捻军诱敌设伏于河南邓州唐坡,打垮僧格林沁组织的三路追军,僧格林沁被打败,狼狈不堪,只带着几十骑卫队逃进邓州;

第二战是在河南鲁山水推磨,包抄追军,击毙绰号"黑煞神"的翼长恒龄;

第三战是在 1865 年 2 月,在河南鄢陵,设伏全歼追军 3 000,翌日,又与僧军主力鏖战两天,把他打得大败。

僧格林沁屡战屡败,屡败屡战,恼羞成怒。他调兵遣将,亲自带队猛追,远在北京的朝廷也遥感他必将中计落马,飞诏前来劝阻:"必须养足全力,俟各路马步到齐,然后足以制贼死命,断不可因急于灭贼,锐意直前,致有轻进之失。"(《剿平粤匪方略》卷二二五)

捻军日日夜夜纵马疾驰,团团转,打圈圈战。僧格林沁自仗还有三斧头,紧跟不息,自河南穷追到山东行程几千里,人不休息,马不喘息,都被拖得像一摊软泥巴,没精打采,粮食、草料经常供应不上,也有连日吃不得一餐的,人马相继倒毙于道。僧格林沁仍然一意孤行,带头追赶,以致"寝食俱废,恒触鞍小憩道左,引火酒两已觥觥,上马追贼"(《山东军兴纪略》)。有时一昼夜赶路三百里,"益督军穷追,辄数十日不离鞍马,手疲不能举缰索,以布带束腕乘肩上驭马"(《求阙斋弟子记》)。

赖文光等有意引诱。在得悉僧格林沁非常疲惫,所部将士苦于疲于奔命,赖文光仍未与他接仗。他们在寻找一个歼敌的好场所。

1865 年 5 月,捻军跑到山东曹州菏泽西北的葭密寨、郝胡同和高楼寨。其中高楼寨是尾追而来的僧格林沁大军必经之地,是天然的以逸待劳的歼敌处。北面沿黄河南岸有长长的河堰,河堰上下布满密密的柳林。捻军主力部队就分散埋伏在河堤、柳林和附近麦地,另派一支小部队诱敌。

5 月 17 日,僧格林沁军在高楼寨南解元集发现诱敌的小部队,稍有接触,捻军向北逃去,僧格林沁像吃了蜜蜂屎,昏了头,以为主力捻军将能追歼,随即传令曹州知府,预备五万头猪、五万头羊,准备召开庆功宴,为全体将士犒赏。

捻军继续引诱,又以小部队分三路摇旗呐喊在高楼寨前迎敌,稍有接触,佯作败退,且战且走,诱导敌军进入伏击阵地。僧格林沁神经兮兮也分兵三路跟进:

西路为翼长诺林不勒、副都统托伦布的左翼马队与总兵陈国瑞、何建鳌的步队;东路为翼长副都统成保、营总乌尔图拜的右翼马队和总兵郭宝昌步队;中路为翼长副都统常星阿、副都统温德勒、布西的马队。

僧格林沁在后督阵，他得意洋洋，不知已中了玄虚套。

当僧军全部进入伏击圈后，捻军各路埋伏一哄而起。来了一个突然袭击。僧军一疲二饥，本无斗志，勉强临战，仗着武器先进，竟也挣扎了两个小时。

捻军愈聚愈多，愈多愈狠。中路军常星阿等率先败退，西路军陈国瑞等部，正与中路捻军相持不下，即受到乘胜赶来的中路捻军夹击，力不能支，何建鳌毙命，陈国瑞在几十名亲兵簇拥下逃往江米集圩寨。

僧格林沁见西路人马溃败，赶到东路督战，受到层层包围。他几次指挥洋枪排击，企图突围，几次被击回，无可奈何，只得与成保、郭宝昌率残部退至附近葭密寨。

捻军得胜，呼啸而来，重重叠叠围困，水泄不通。葭密寨是个几十户人家的小村，坐落在僻野丘陵地上，周围连树木都没有呢，僧军只有抄掠民家，强夺门板、木器勉为立寨，可是粮草辎重全失，村子里又缺粮米柴薪，又无井无溪，连饮水都断掉了。

这回骄横不可一世的僧王爷，正是做了最后一回冤大头了，身临绝境，再也难要弄花斧头了，自知来日无多，勉为其难。成保等趁他在饮酒睡醒，神志稍清时前来请示对

僧格林沁

策。僧格林沁还是拿大顶，装出一副从容不迫的儒将风度。他说："不必害怕，坚持就是胜利。"

太阳从清晨冉冉升起到傍晚斜落。捻军对葭密寨四周已掘成三面长壕。成保等几次前来跪求、哭诉，抓紧时机突围。僧格林沁不同意。

首席翼长、内阁学士全顺悄悄摸进来密告：将士中已发生骚动，如果再坐地自毙，很有可能发生内变。

僧格林沁答应突围。

当夜三更，僧格林沁喝足了老酒，乘醉上马，先命游击桂锡桢率几百名骑兵开路，自与成保等随后，埋伏的捻军早已枕戈，至时群起而攻之。桂锡桢此时已与围军通气，乘机回击，僧军被打得四散五裂。僧格林沁孤身躲进麦田里，他肩中长矛，脱下帽子，但身上仍披锦袍坎肩，脚穿靴子，被捻军小童张皮绠发现，用攘刀连扎，刺中咽喉一命呜呼。张皮绠还不

知所杀的乃是大头子僧格林沁,捡起三眼花翎红顶,戴在头上,扬扬得意。

这时,远处望见的清军方才清楚僧格林沁一命呜呼。葭密寨大捷,僧格林沁所部一万五千余人全歼,其中有陈国瑞的精兵四千人。陈国瑞原先亦是太平军将领,叛降后成为清军武官,是僧格林沁难得信任和重用的一员汉将。他的亲军很是剽悍,一色红衣红裤、装备洋枪。此人生性好色,野史说他行军每驻扎住地,必定要当地提供数名妇女伴宿,不得有违。上行下效,可见陈部扰民,纪律败坏。

僧格林沁毙命的消息传到北京,清廷大为震惊,宣布辍朝三日以悼念,并追究、责罚大批官员,山东、河南两地巡抚"以陷王,皆获严谴"(《湘军志》卷十四),翼长成保逮问。惟内阁学士全顺、总兵何建鳌战死免议,陈国瑞亦以苦战,免予处分。

葭密寨战役凯歌,捻军实力大增,获得了四五千匹蒙古骏马。骑兵骤增,以骑易步,遂成为一支驰骋黄淮的骑兵部队。

八 旗 覆 灭

清朝主要正规军是八旗骁骑营与绿营。八旗骁骑营,简称旗营,约 20 多万人,其中京营总兵 10 万,驻防各地总兵 10 万。京营又分郎卫和兵卫。郎卫为侍卫皇室部队,主要选自镶黄、正黄、正白上三旗。绿营兵约 60 万人,少数驻扎京师,绝大多数分派全国各地,按营、汛驻扎。

1853 年太平军北伐,清政府能取得彻底胜利的兵力是依仗蒙古科尔沁郡王僧格林沁的八旗兵,第二次鸦片战争期间,八旗兵在天津与京东张家湾等地区惨败,基本失去战斗力,后陆续从黑龙江、内蒙古调来马队,但在 1865 年在山东被捻军全部歼灭,此后,清政府再也无力组成大支八旗。驻防地方八旗,在南方也遭太平军痛歼,如江宁将军祥厚部,杭州将军瑞昌部,都是全军覆灭。

竹 杆 标

捻军常用兵器是竹杆标,杆子用竹砍成细条,有一丈二丈长,前按矛头,矛头后边有两绕钩,用麻绳扎杆,用油漆漆了;绕钩下还扎有红缨,那是为防止杀伤淌鲜血,影响杆子滑腻。

值得注意的是,葭密寨战役胜利,相传是出自桂锡桢的反间、倒戈。桂锡桢,即桂三,山东人,早先参加山东民间武装长枪会,失败后投降僧格林沁,升至游击,领骑兵几百。据传,当僧军追赶捻军途中,桂即与捻军潜通,使捻军对追军的进止及时掌握。葭密寨大战时,因反戈一击,归顺捻军后受到重用,别率一军,转战南北,被清方称之为与赖文光、任柱并列的大头目。1866年,在河南战败,再次投降。乱世之际,若干草莽角色介于两军之间,多有反反复复,很难说清气节与否。

赖文光说:今日斩刘捉鲍,长驱西上,合张总愚攻陕西,洪大王事不足为也

在歼灭僧格林沁大军后,清王朝先后任命曾国藩、李鸿章出任钦差大臣,主持剿平事务,在此几月里,捻军领袖也曾有过几次分军和合军。

1866年10月21日,捻军在河南中牟第四次分为东捻军和西捻军。这次分军,日后由于张宗禹、张禹爵和邱远才等不再徘徊于河南、山东与东捻军呼应,而西走进入陕西,彼此相隔过远,万里赴戎机,此后地隔东西,再也没有合军。

任化邦率领的捻军蓝旗,人员众多,在分军中是东捻军主体。太平军旧部也有相当比重,赖文光始终在东捻军中,除赖文光,太平诸王还有范汝增、赖世就、唐日荣和徐昌先以及若干天将、朝将。首王范汝增是湖州军突围败于深渡时,孤身脱险前来投奔的,奏王赖世就、列王徐昌先何时参与捻军,语焉不详。德王唐日荣在湖北安陆府为赖文光处死,据传乃是因潜通敌军被发现。

赖文光在东捻军与任化邦并肩齐驱。任化邦善战,勇挡三军,赖文光善谋,足智多计,两人是很好的黄金搭档。在他们合力指挥下,与湘淮军浴血作战中打了不少漂亮仗。见于史籍记载的,就有:

1867年1月17日,在湖北钟祥罗家集,全歼曾国荃新湘勇四营,活捉统帅、提督郭松林。郭本人身中七枪,胫骨被打断,不能行走。捻军不知是郭,弃之于道,得以逃命;

同年1月26日,在湖北德安杨家河,歼灭淮军总兵张树珊及其全军。

可是,时隔一个月的尹隆河战役,东捻军却打了一个大败仗。

尹隆河在湖北京山汉水东岸,地属江汉平原,此处沿江江面窄狭,水流缓慢。东捻军拟在此渡过汉江,摆脱追敌。

追赶东捻军的是淮军主力提督刘铭传部一万人,湘军主力提督鲍超的一万六千人,都是当时清军的第一流人马。

2月18日,刘铭传跟踪追击至京山下洋港,探知东捻军驻地,就函约在臼口镇的鲍超部于次日清晨分两路合攻:鲍超所部湘军自西向东,刘铭传所部淮军由北向南。

赖文光颇有心计,在侦知敌情和明日敌将夹攻后,设法用计破之。他素知刘铭传自来好胜,且以为本部装备精良,看不起鲍超湘军,故意以箭书与刘挑战:"鲍妖勇略,非汝所及,汝何不与鲍妖合,至明日辰刻同来战,顾以孤军驻下洋港,宁非送死!"刘铭传被激,为争头功,也就不会同鲍超,遂背约先行提前一个时辰出兵,亲督

刘铭传

十八营渡河进攻。赖文光在获悉刘铭传中其激将法后,大为高兴,拟自引一军在后防堵鲍超部抄袭,使敌人两不相顾。众人无异议,只有李蕴泰持相反意见:"分兵则军单,不如合军破铭传,后再破鲍超之为稳健。"(《翠岩馆笔记》)遂自行为之,赖文光阻挡不了,只得与他合而为中军,以抵挡刘铭传自率的中路,并以任化邦等抵挡左路,牛遂抵挡右路。任化邦等将清左路军道员刘盛藻部打得大败,刘铭传急从中路抽调三营来援,仍被击败。右路牛遂也重创淮军右路,阵斩总兵唐殿魁等将校600余人。任化邦、牛遂两路获胜后,即同赖文光、李蕴泰会同攻打刘铭传中路,把他打得落花流水,所部折损过半,退过司马河去,陷入绝境。刘铭传走投无路,只得与营官幕僚,"俱脱冠服坐地待死"(《庸庵内外编》)。

捻军大胜。

但赖文光此时也产生骄傲轻敌情绪,轻视了附近的鲍超部队,他得意地对将士们说:"今日斩刘捉鲍,长驱西上,一入四川,据巴蜀之利,一上紫荆关,合张总愚攻陕西,洪大王事不足为也。众皆大喜。"(《湖北通志》)

就在此时,鲍超应约进至与尹隆河仅十里的杨家洚,见刘铭传全军崩溃,所谓"辙乱旗靡,驼马满野"(《求阙斋弟子记》),急忙分军三路,每路复分主攻和策应。捻军分路应战,但因为久战疲劳,连续作战,缺乏预备队,稍有接触,李蕴泰和赖文光的中路步队挡不住敌势而先败,左路和右路赶来接应,马队也前来助阵,但后路却为鲍超大军截断,军心动摇,阵势大乱,杨家泽、尹隆河等处几百营馆全被占据,从淮军所获的战利品亦尽都被夺回,阵亡与溺死一万余人,被俘八千余人。东捻军损失巨大。

赖文光如何被俘,真是一个谜,但他确是被俘了

尹隆河之战惨败后,东捻军在北撤途中,在钟祥丰乐河又遭鲍超部伏击,赖文光部朝将顾宗荣等6 000余人战死。但东捻军仍有战斗力,在转战湖北、河南时,仍打了不少胜仗,其中最辉煌的,是在湖北蕲水六神港全歼湘军彭毓橘部。彭毓橘和他的罗朝云等四个提督,全被击毙。不过从总体上看,东捻军在走下坡路。湘淮军采取"就地围歼之计",层层设防,千方百计把他们赶至胶莱河、运河等河网密布地区内,致使东捻军难以筹集粮草和打流通作战的圈圈战。

捻军处于劣势。

1867年11月12日,捻军主力在山东潍县松树山,一日连打三次大战,仗仗皆败,损失惨重。

屡战屡败后,又是连续打了几次大败仗。

同年11月19日,在江苏赣榆捻军先胜后败,因任化邦在阵前遭到暗杀,全军大溃。赖文光家族、王宗赖赐福率部三千人投降;任化邦死,蓝旗由其兄任定、弟任三应带领,与赖文光并肩作战。

11月23日、12月5日,捻军又先后在江苏海州和山东寿光境战败。

12月15日,捻军在山东胶州小南沟战败,奏王赖世就阵亡。捻军屡战屡败。12月24日,被逼到山东寿光海滨和南北洋河、弥河一角垂死苦斗,淮军各路人马南北推进,东西夹击,捻军多人已是连续五天没有进食,带着空肚子无力挺战,只得是全线溃退,寿光城北团练也参与追杀,首王范汝增、列王徐昌先和任定都被团练杀害,范汝增在捻军中为己所刻的首王木印也被缴获。寿光弥河之败,捻军二万人战死,一万人被俘,骡马失去二万匹。《淮军平捻记》称:"贼之精锐、器械、马匹辎重一战而尽,盖自军兴以来罕有之奇捷也。"

赖文光率余部杀出重围南下,在抢渡六塘河后,沿运河自宝应、高邮直趋扬州。沿途人数越来越少,至扬州东北的运河渡口湾头、瓦窑铺时,只剩了几百人。

1868年1月6日,赖文光在扬州被俘。

首王范汝增木印

　　晚期太平天国诸王印,除特爵军师王用金印,若干列爵三、四等王,如享王刘鬶鸠用银印,更多因军务偬惚,在原印丢失后,就临时刻以木印了。此处范汝增首王印,乃是在1864年9月15日,兵溃于安徽建口时失落于民间,解放后为国家文物部门收藏的。后范投入北方捻军,仍木刻有同样规格、文字的首王印。1867年12月,范在山东寿光海滨为民团所杀,在他身上获得此印。当时,他是以太平天国首王加入东捻军的。

　　由于清方各路人马邀功求赏,诸说不一,就其如何被俘,竟出现几个版本:

　　刘声木《异辞录》称:赖文光为淮军叶志超等败,"文光仅余数骑,过闸辄呼曰:吾官军也,为贼所败,速去板,贼至矣。及我军追及,几经解释,而后得过,遂落贼后。文光先至扬州,舟渡中,小卒跪进金带,称大王。为华字营兵所见擒以献。"(卷一)

　　王定安《求阙斋弟子记》称为扬州地方军吴毓兰俘,"赖汶光由邵伯窜至湾头,毓兰率队迎击,遇贼瓦窑铺,雨夜昏黑,贼骑数百拼死拒战。五更时,贼纵火烧屋,志在逃逸,我军冒雨直前,毓兰于火光中望见一骑,手执黄旗指挥,知为逆首,连放数枪,贼马倒毙,遂生擒赖汶光"。《淮军平捻记》同。

　　薛福成《庸庵笔记》称:赖文光抢渡六塘河,至扬州湾头"手无器械,饥疲已甚,竟入民家掠食。会大雨,吴畹香观察毓兰侦知贼无去路,夜率所部华字两营会同水师急攻之,各勇丁争取牛马财物,怀挟甚富,观察恐为贼所乘,急令撤队,时已两更,归营各释所负,复于三更出队,诸贼冒雨淋漓,阻于河水,正在彷徨饥窘之时,官军缚之如执鸡豕,生擒赖文光。"

王闿运《湘军志·平捻篇》称赖文光突渡六塘南走,"诸军至者如风雨,文光知死,下檄扬州防将吴毓兰,历诋官军将,而以毓兰为愈,使得己以为功,乘夜投毓兰营,军中传诵其伪檄,言至深痛,群帅严禁秘其事,使毓兰谬上捷,称雨中阵俘之云"。

王闿运因对曾国藩、李鸿章有所不满,偶尔稍能流露些真话,但赖文光如何被俘确是个谜,后来还经过调查,采访竟也有几说:

一说是吴毓兰伙夫流传下来的关于赖文光自投吴毓兰营的口碑:"我随四大人(吴毓兰)赴瓦窑铺,见有一长毛身穿黄袍坐于轿上,大呼曰:'我乃遵王赖文光,你们可速报吴毓兰,这一功由他得。但是他要答应不要再杀害我部下,让他们一体回家。否则我兵虽少,必与你们争个死活的。经我传于四大人,大人面允之。赖文光当晚自投我们大营,四大人很款待他,意欲要他能去北京殿供时,承认是四大人阵俘的。"(1953 年《新史学通讯》)

二说是赖文光是清军在无意之中俘获的。此说见于《扬州御寇录》,"文光匿草舍,伏卒就缚之。"据华强教授称,此说在扬州一带流传甚广。1956 年,扬州师院祁龙威在扬州民间调查,当地人众口一词:"赖文光隐蔽在一个古墓里,被土人发现了告知清军。""俘获赖文光的是一个姓戴的哨官","被扬州军营某参将的部卒所发现。"此说既有时人笔录,又有后人口碑。

三说是认为赖文光系他人出卖而被俘。有一个当时在扬州兵营服役、自称参加军事行动的人写了一本《劫余小记》,他说,赖文光既没有下檄投降,也没有被吴毓兰阵俘,而是被一个妇女出卖的:"赖文光因不能行,席地吸鸦片,被虏妇女唤兵往,华字营掩袭之,执而归。"

诸说不一,录以存疑,但他确实是被俘了的。

赖文光被杀害前留下了一份供词,有声有力,文采斐然,很有文字功底,这不是他这个久历戎行的农家子能写了的。供词特别提及他是这支捻军的最高领袖,而且是众望所归的第一责任人:"其时江北所存无所归依者数万,皆是蒙、亳之众,其头目任化邦、牛宏升、张宗禹、李蕴泰等,誓同生死,万苦不辞,请予领带,以期报效等情。"显然这不符合史实。赖文光以几千败残的太平军,要在北国黄淮之地,领导几十万捻军兄弟是很难指挥了的。此处不是赖文光要在被俘后自扬,而是李鸿章淮军为抒表其功,有意制作是他们捉拿了捻军最高统帅,完成了几十年的镇压捻军大业。

同年 1 月 10 日,赖文光被杀害于扬州城北老虎山。

据说,张宗禹等西捻军得知东捻军身处绝境,曾东渡黄河,直闯北京,军至卢沟桥,企图用围魏救赵计,调动敌军。

远水救不得近火。他们不仅无效,而且也多次使自己身陷于困境。当张宗禹军撤至山东惠民、海丰等处,李鸿章得悉捻军尚有五队,子药、烟土俱缺,"捻中大小酋目,均吸洋烟,实以烟土为性命","屡挫之后,辎重尽抛,烟土亦多遗失,逆酋设法购求,每土一两,至以金一两,银七八两易之"。而张宗禹日需洋烟二两,"无粮尚可忍饥,无烟必至索命,是断烟土视断粮路为尤要"(《捻军史料丛刊》第二集《复崇地山》),而海丰县北海口处,即是来自天津海船贩卖烟土口岸,因而李鸿章行文崇厚,要求雇用海船,配齐枪炮兵勇,赴海口巡防,严禁商船入内湾泊,以断绝烟土来源。

捻军最大的困难就是粮食、辎重等给养。

这是一支饥饿之军。

仅在 1868 年 7 月,西捻军就接连地打败仗:

一败于海丰郝家寨;

二败于直隶吴桥;

三败于山东惠民、商河;

四败于山东滨州马店;

五败于商河沙河镇;

六败于济阳。

济阳的几次战斗更惨,先是天将何光俊被俘,继后又是加入西捻军的太平军首领,自称淮王的邱远才率军八百投敌,并奉命"将功自赎",加入围剿张宗禹残军的行列。

何光俊和邱远才的一俘一降,标志着西捻军中的太平军领军人物殆尽无遗。

西捻军兵败如山倒,终于走进了死胡同。

经过多次恶战,张宗禹仍逃脱不出敌军重重叠叠的包围圈。8 月 16 日,在山东茌平徒骇河边全军覆没。曾在 1862 年为太平天国封为石天燕,后又称为梁王的张宗禹孤身出走。对于他的生死,当时就有种种传说,一个世纪后,方才确证他在河北沧州荒僻的孔家庄,度过了二十四年寂寥余生,于 1892 年病死。

张宗禹军的覆没,只是标志着有反抗清朝历史长达十五年的捻军的终结。

它与太平天国纪元无关。

太平天国纪元是从金田起义到天京失陷是十四年,如果再以洪秀全死后的第二代

大清宝钞

1857年,清廷因维持军饷再次发行纸币。

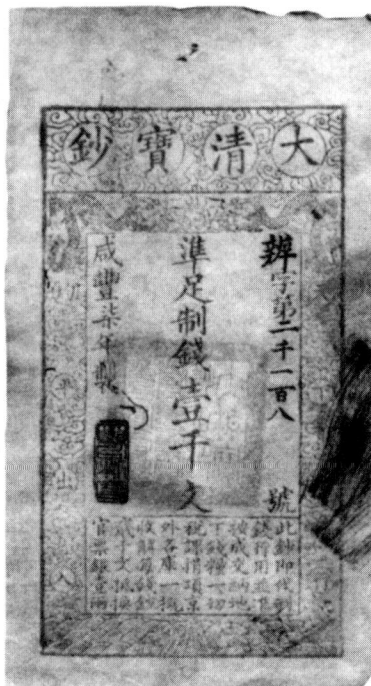

户部银票

太平天国掀起,清廷因为军费激增,采取"变通钱法",即铸发超值减重的大钱和发行不兑现的纸钞,图为户部五十两银票。

天王(幼天王)延续,那么到幼天王洪天贵福在江西被俘死,也是十四年。

十九世纪清政府镇压民众起义军费开支

项　　目	银　　两	百分比
镇压太平军	170 604 104	40.4
镇压捻军	31 730 767	7.5
镇压西北各族民众	118 887 653	28.2
镇压西南各族民众	78 736 500	18.6
镇压两广闽台各族民众	22 295 959	5.3
合计	422 295 959	100

（据沈嘉荣《太平天国史略》）

附录一 太平天国王爵表

（一）天王和前期七王

爵号	姓名	籍贯	事略	附注
天王	洪秀全（洪仁坤）	广东花县	1812年 生，称天父次子。 1850年 称太平王。 1851年3月25日 称天王。 1864年6月1日 病死。	
东王	杨秀清	广西桂平	1823年或1825年生，称天父第四子。 1851年 中军主将。 1851年3月 左辅正军师。 1851年12月 封王。 1853年12月 禾乃师赎病主左辅正军师东王。 1854年5月1日 劝慰师圣神风禾乃师赎病主左辅正军师。 1856年9月 在内讧中死。	无后。1861年秋，洪秀全以第五子承嗣。
西王	萧朝贵	广西武宣	称"天贵婿"、"天婿"。 1851年 前军主将。 1851年3月 右弼又正军师。 1851年12月 封王。 1852年9月11日 攻长沙中伤，旋死。	其妻杨云娇称为天父第五女。蒋万兴长子，过继于萧玉胜。
南王	冯云山	广东花县	1815年 生，称天父第三子。 1851年 后军主将。 1851年3月 前导副军师。 1851年12月 封王。 1852年6月10日 在全州蓑衣渡作战因伤死。	
北王	韦昌辉（韦正）	广西桂平	1826年 生，称天父第六子。 1851年 右军主将。 1851年3月 后护又副军师。 1851年12月 封王。 1856年10月 在内讧中死。	死后，爵除。
翼王	石达开	广西贵县	1831年 生，称天父第七子。 1851年 左军主将。 1851年12月 封王。 1858年 通军主将。 1859年 公忠军师。 1862年 圣神电通军主将、殿前吏部又正天僚开朝公忠又副军师顶天扶朝纲翼王喜千岁。 1863年6月25日 在成都被杀。	

608

（续表）

爵　号	姓　名	籍　贯	事　略	附　注
燕　王	秦日纲 （秦日昌）	广西贵县	1851 年 11 月　天官正丞相。 1853 年 10 月　顶天侯。 1854 年 5 月　封王。 1854 年 11 月　顶天燕，旋罚为奴，后恢复燕爵。 1856 年 10 月　在内讧中被杀。	死后,爵除。
豫　王	胡以晃	广西平南	1851 年 12 月　春官正丞相。 1853 年 10 月　护国侯(旋改护天侯)。 1854 年　封王,旋革王爵。 1855 年　护天豫。 1856 年　在江西临江病死。	

（二）后期诸王

1. 洪氏诸王表之一

爵　号	姓　名	籍　贯	事　略	附　注
幼天王	洪天贵福 （原名洪天贵,误称洪福瑱、洪福）	广东花县	天王长子。 1849 年 11 月 24 日　生。封真王。 1860 年　已以幼主下诏。 1864 年 6 月　继位,称幼天王。 1864 年 11 月 18 日　被清军所杀。	
光　王	洪天光		天王三子。王三殿下。 1854 年　生。 1858 年　已封王。 1864 年 7 月　天京陷,死。	天王次子,1850 年生,约死于 1851 年。
明　王	洪天明		天王四子。王四殿下。 1854 年　生。 1858 年　已封王。 1864 年 7 月　天京陷,死。	

2. 洪氏诸王表之二

爵　号	姓　名	籍　贯	事　略	附　注
信　王	洪仁发	广东花县	天王长兄。 1857 年 1 月　安王(同年 8 月削去王爵)。 1858 年　封王长兄。 1862 年　封王。 1864 年 7 月　天京陷,突围时跳水自杀。	

（续表）

爵 号	姓 名	籍 贯	事 略	附 注
勇 王	洪仁达		天王次兄。 1857 年 1 月 福王(同年 8 月削去王爵)。 1858 年 封王次兄。 1862 年 封王。 1864 年 7 月 天京陷,被俘杀。	
恤 王	洪仁政		天王堂兄。 1861 年 封王。 1864 年 11 月 23 日 在江西南昌被杀。	
卫 王	洪仁闻		1863 年 封王。	为杨雄清爵改封。
保 王	洪仁山		1863 年 封王。	为董容海爵改封。
巨 王	洪和元		信王长子。 1860 年 封王。 1864 年 7 月 天京陷突围,在安徽广德 服鸦片自杀。	死时年二十余岁。
崇 王	洪利元		信王次子。 1860 年 封王。 1864 年 7 月 21 日 在天京湖熟被追杀。	
元 王	洪科元		信王三子。 1860 年 封王。 1864 年 7 月 21 日 在天京湖熟被追杀。	
长 王	洪瑞元		信王四子。 1860 年 封王。 1864 年 7 月 21 日 在天京湖熟被追杀。	
见 王	洪现元		信王五子。 1861 年 6 月 下旬封王。 1864 年 7 月 21 日 在天京湖熟被追杀。	
唐 王	洪瑭元		信王六子。 1861 年 6 月 下旬封王。 1864 年 7 月 21 日 在天京湖熟被追杀。	
同 王	洪珦元		信王七子。 1861 年 生,冬封王。 1864 年 7 月 21 日 在天京湖熟被追杀。	
次 王	洪锦元		勇王长子。 1860 年 封王。 1864 年 7 月 21 日 在天京湖熟被追杀。	

（续表）

爵　号	姓　名	籍　贯	事　　略	附　　注
定　王	洪钰元		勇王次子。 1861 年 6 月　下旬。封王。 1864 年 7 月 21 日　在天京湖熟被追杀。	
汉　王	洪釪元		勇王三子。 1861 年 6 月　下旬。封王。 1864 年 7 月 21 日　在天京湖熟被追杀。	
对　王	洪春元		1861 年　封王。 1863 年 6 月 13 日　因失守天京雨花台,以失律罪,被诛。	
玗　王	洪绍元		天王族侄。 1864 年 7 月　天京陷,走香港。	
琅　王	洪魁元		天王族侄。 1864 年 7 月　天京陷,走香港。	
瑛　王	洪春魁		1835 年生。 1864 年 7 月　天京陷,走香港。	后改名洪全福。与洪门相结,从事反清活动。1902 年在广东起事,称"大明顺天国",旋失败。同年在香港病死。

3. 非洪氏诸王表

爵　号	姓　名	籍　贯	事　　略	附　　注
幼东王	洪天佑		天王第五子。 1861 年　秋,承嗣东王。	1864 年 7 月　天京陷,不知所终;民间讹传为僧,不足为信。
幼西王	萧有和		西王长子,约 1849 年生。 1853 年　天京已有幼西王名讳。 1864 年 7 月　天京陷突围,至安徽广德,病死。	晚期最为天王信任。为朝臣第一。
幼南王	冯		南王子。	外界诸说不一。或实无其人。
懿　王	蒋有福	广西武宣	西王次子。 1859 年 11 月 16 日　前已封王。 1864 年 7 月　天京陷后,不知下落。	
金　王	钟万信 (钟英)	广东花县	侍王部。 天王长婿(洪天姣未婚夫)。 1866 年 2 月 8 日　在广东丰顺白水寨被俘。	

（续表）

爵 号	姓 名	籍 贯	事 略	附 注
凯 王	黄栋梁		天四驸马。 1861 年 4 月 后封王。年幼，天京失陷后，不知所终。	
捷 王	黄文胜	广西博白	天西驸马。 1861 年 4 月 后封王。年幼，天京失陷后，不知所终。	
列 王	徐 朗	广东	见《列王表》。	

（三）特爵诸王（军师王）表

爵 号	姓 名	籍 贯	事 略	附 注
干 王	洪仁玕	广东花县	1822 年 2 月 12 日 生。 1859 年 5 月 11 日 封王。 1864 年 11 月 23 日 在江西南昌被杀害。	长子干嗣君洪葵元，天京陷后突围赴江西，后走南美圭亚那，娶妻生子。
英 王	陈玉成	广西桂平	1837 年 生。 1859 年 6 月 封王。 1862 年 6 月 4 日 在河南延津被杀害。	
幼英王			1864 年 9 月 入皖南后不详。	
忠 王	李秀成	广西藤县	1824 年 生。 1859 年 10 月 封王。 1864 年 8 月 7 日 在南京被杀。	
幼忠王			1864 年 9 月 入皖南后不详。	
忠二殿下	李容发	湖北江夏	1847 年 生。忠王养子。 1860 年 11 月 9 日 封。 1864 年 9 月 28 日 在江西铅山陈坊兵败，为清知县陈宝箴俘获收养。 约死于 1892 年。	
赞 王	蒙得恩	广西平南	1806 年生。 1859 年 封王。 1861 年 5 月 病死。	
幼赞王	蒙时雍		参加金田起义。 1861 年 因父病重，代职，称赞嗣君，后袭爵。 1864 年 7 月 天京城陷，走广东。	
侍 王	李世贤	广西藤县	1834 年 生。 1859 年 封王。 1865 年 8 月 23 日 在广东镇平内讧被杀害。	

(续表)

爵 号	姓 名	籍 贯	事　略	附　注
辅 王	杨辅清 (杨金生、 杨七麻子)	广西桂平	1859年　封王。 1874年8月　在福建晋江被捕,杀害。	
璋 王	林绍璋	广西平南	1859年　封王。 1864年7月21日　天京陷突围,在淳 　　化镇被追杀。	

（四）列爵诸王

1. 朝内宫内及沿江(天京、天浦两省)诸王

爵 号	姓 名	籍 贯	事　略	附　注
幼豫王	胡万胜	广西平南	豫王胡以晃子。 1860年　袭爵。 1864年7月　天京陷后,不知所终。	
顺 王	李春发	广东花县	1861年　封王。 1864年7月　天京陷,逃至安徽广德。	
弼 王	黄得用		1861年　封王。	
补 王	莫仕暌	广西平南	1861年　封王。 1864年7月　天京陷后,化装为乞丐回 　　乡,病死。	
助 王	黄期陞	广西贵县	天王表兄。	
尊 王	刘庆汉		1857年7月　春官丞相加侯爵。 1864年10月13日　在江西石城被俘杀。	
畏 王	秦日南	广西贵县	秦日纲族人。 1861年　封王。	
敬 王	林大居	广西平南	1861年　封王。	
就 王	黄盛爵	广西贵县	天王表兄。 1861年　封王。	长子就嗣钧(君)黄三陞。
慰 王	朱兆英		1857年2月7日　封殿前吏部正天官 　　部官领袖。 1864年5月　天京围城中与鬆王拟迎 　　降,未成。	
鬆 王	陈得风	广西桂平	1857年7月　冬官丞相加侯爵。 1864年5月　天京围城中与慰王拟迎 　　降,未成。后城破被俘杀。	

（续表）

爵　号	姓　名	籍　贯	事　略	附　注
学　王	胡海隆	广西	1860 年　吏部又正天官。 1864 年 10 月 9 日　在南京被搜获杀死。	
望　王	黄文安	广西博白	1860 年 10 月 23 日　封殿前右二守朝门亲天义。 1864 年　天京陷，在城，变更姓名，为织工十余年，病死。	
服　王	曾传忠		1862 年　初，已封王。	
铭　王	张立超			
宗　王	吉能胜		1861 年　封王。	
恋　王	赖昌永	广西平南	1862 年　封王。	
力　王	张潮爵	广西	1864 年 7 月　天京陷，出走，不知所终。	一作"齐王"，误。
誉　王	李瑞生	广东花县	天王私塾时学生。 1864 年 9 月 28 日　在江西铅山被俘。	
事　王	梁舆琛	广西平南	天京下关江岸守将。 1862 年　已封王。	
贡　王	梁凤超		1863 年 6 月 30 日　天京九洑洲失陷，不知所终。一作战死。	
心　王	侯贤提		1860 年 12 月 1 日　封京都江面水师大佐将芳天义。	
解　王	蓝泰义		1861 年 3 月　安徽无为州守将，天京有王府。	
爱　王	黄崇发		1861 年　封王。 1862 年　守东梁山。	
报　王	秦日源	广西贵县	秦日纲族人。 1861 年　封王。 1862 年 2 月 2 日　天浦省陷，战死。	
顶　王	萧朝富	广西武宣	西王兄。 1861 年 9 月　已封王。 安徽无为州守将。	
善　王	陈观意		1862 年 3 月　已封王。 安徽东西梁山守将。	
佩　王	冯真林	广东花县	南王族人。 1863 年 8 月 20 日　在天京印子山战死。	
节　王	覃瑞祺	广西武宣	先后守天京雨花台、南门。 1864 年 7 月　天京陷，走回广西，在乡务农，病死。	

（续表）

爵　号	姓　名	籍贯	事　　略	附　　注
守　王	方海宗		1862 年　初，已封王。 1864 年 3 月　守江苏句容，城陷，走宝堰。	
显　王	袁得厚		1864 年 4 月　由江苏宝堰走丹阳，丹阳陷，在高淳东坝战死。	
莱　王	赖桂芳	广东花县	天王妻弟。 1864 年 5 月　江苏丹阳陷后被俘杀；一作未死，走宜兴。	又作"柬王"。
直　王	林得英		1861 年　封王。 1864 年 5 月 1 日　在江苏溧阳战败，至安徽建平界战死。	
翰　王	项大英		江苏句容守将。 1864 年 4 月 12 日　城陷，被俘杀。	
邹　王	周林保		1864 年 5 月 13 日　江苏丹阳陷后被俘杀。	
中　王	杨友清		1863 年 11 月 12 日　在江苏高淳降清。	
梁　王	凌郭钧		1864 年 5 月 13 日　江苏丹阳陷后被俘杀。	天王从不以古国名讳封王，此处存疑。
献　王	王文发		1864 年 2 月 29 日　在江苏丹阳博洛为部属捉拿献降。	太平天国从无有"王"姓，此处存疑。
随　王	杨柳谷		1863 年 11 月 17 日　在江苏溧水降清。	
麟　王	朱雄邦		1864 年　由江苏常州撤退，同年 5 月入安徽。	
梦　王	童进泉	安徽安庆	1861 年　天王府庶务总管。 1864 年 7 月　天京陷被俘时年七十。	
梦　王	吉有余	广西	年七十余，专司天王府内语言传达。	
著　王	许茂才		1864 年 7 月　天京陷，随洪天贵福突围。	
藩　王	黄万兴		同上。	
浓　王	李秀辉		同上。	
拥　王	陈赞明		同上。	
虔　王	姚克刚		1862 年　绍兴府坐镇，见天安，忠见朝将。 1864 年 7 月　天京陷，随洪天贵福突围。	
式　王	萧三发		1860 年　江苏吴江守将。 1864 年 7 月　天京陷，随洪天贵福突围。后参加刘永福黑旗军，1895 年在台湾抗日。	

（续表）

爵　号	姓　名	籍　贯	事　　略	附　　注
开　王	赖文扬		1864年7月　天京陷,随洪天贵福突围。	
模　王	萧朝兴	广西武宣	西王萧朝贵族人。 1864年7月　天京陷,随洪天贵福突围。	
念　王	方营宗			
颂　王	张善超			
播　王	练顺森			
愉　王	宾福寿			
重　王	黄四福			
有　王	黄盛乾			
为　王	侯裕宽			
视　王	黄享乾			
问　王	孙茂升			
献　王	黄玉秀			与王文发同爵号。

附:列王表

列王,原系太平天国对诸王的通称。1864年3月,浙江杭州失陷前后,乃设置有"列王"爵者。李秀成说:"主见失算,封出许多之王,言如箭难收,又无法解,然后封王。但为列王者,因此之来由也。""后以封王,俱为列王。"按制亦能山呼"千岁"。

太平天国晚期封王之滥,莫过于列王。列王所以如过江之鲫,大抵还可以推断乃系"天将"衍变。现所记载之"列王",多是由天京护幼天王突围而出的人员。据洪天贵福供词,留在天京,未能随突围的列王还有一千余人。

爵　号	姓　名	籍　贯	事　　略	附　　注
列　王	林正扬 (林八头、 林伯焘)	广东归善	广东天地会成员。 1864年2月　由江苏溧阳突围走江西。 1865年9月　在广东长乐(五华)降。	
	林彩新	广东	广东天地会成员。 1862年　忠诚第一百六十二天将。 1864年6月10日　在江西弋阳战死。	
	傅振纲		1864年3月　在天京城中与清军潜通。	

（续表）

爵　号	姓　名	籍　贯	事　　略	附　　注
	方成宗		1864 年 4 月 12 日　江苏句容陷被俘，送安庆杀死。	
	费□□		1863 年　第一百六十二天将。 1864 年 5 月 11 日　常州城陷被俘杀。	
	陈时永	广西桂平	1864 年 5 月 12 日　江苏丹阳陷，战死	一作"格王"。
	金友顺		同上。	
	江会义		1864 年 6 月 12 日　在浙江长兴夹浦战死。	
	徐　朗	广东	天王驸马。 1864 年 7 月　随洪天贵福由天京至广德；8 月 29 日在浙江孝丰战死。	
	洪□□		1864 年 7 月 19 日　天京城陷被俘。	
	李万材		1864 年 7 月 19 日　随洪天贵福自天京突围，被俘于赴淳化镇途中。	
	邱国文		1864 年 7 月 19 日　随洪天贵福自天京至广德；9 月 15 日在徽州建口战死。	
	黄吉建		同上。	
	刘得二（刘得义）		1864 年 7 月　随洪天贵福由天京至广德；9 月 18 日降清。翌年又投归侍王，5 月 27 日于福建永定战死。	
	邱万顺		1864 年 7 月　随洪天贵福由天京至广德；9 月 18 日在浙江遂安降清。翌年又投归侍王。	
	萧雅四（黄四）	广西武宣	1864 年 7 月　随洪天贵福由天京至广德；9 月 18 日在浙江遂安降清，随刘典围剿汪海洋，阴结黄朋厚。	
	黄匡顺		1864 年 7 月　随洪天贵福由天京至广德；9 月 16 日在徽州附近战死。	
	黄益顺		同上。	
	罗□□		1865 年 5 月　随康王在福建作战。	
	黄金凤	广西	1865 年 2 月 3 日　在福建上杭茶地战死。	
	侯严威		1864 年 7 月　天京失陷，走海外。	
	黄宗保		1865 年 9 月 16 日　在广东长乐（五华）降清。	
	洪桂芳		1865 年 9 月 18 日　广东长乐（五华）陷被俘；10 月 10 日在番禺被杀。	

（续表）

爵　号	姓　名	籍　贯	事　　略	附　　注
	李海青		1866 年 2 月 7 日　广东嘉应州失陷，被俘。	
	李靖海		1866 年 2 月 7 日　由嘉应州突围被俘，送松口杀死。	
	徐昌先		1867 年 12 月 24 日　东捻军溃败于山东寿光，为民团杀死。	

2. 英王部及皖北诸王

爵　号	姓　名	籍　贯	事　　略	附　　注
顾　王	吴如孝	广东嘉应州	1861 年　封王。 1864 年 7 月　天京陷后，率众巷战，失败，回府自杀。	
扶　王	陈得才	广西桂平	1861 年　封王。 1864 年 11 月 7 日　兵败，在安徽霍山自杀。	
导　王	陈仕容	广西桂平	1861 年　封王。 1862 年 5 月　在安徽寿州遭诱捕，解多隆阿处杀害。	
然　王	陈时永	广西桂平	1864 年 5 月 13 日　江苏丹阳陷，战死。	一作"格王"、"列王"。
从　王	陈得隆	广西桂平	1862 年　已封王。 1862 年 5 月　在安徽寿州诱擒时反抗被杀。	
城　王	陈聚成	广西桂平	1862 年　封王。 1864 年　在江苏丹阳宝堰。	一作"成王"。
启　王	梁成富	广西玉林	1861 年　封王。 1865 年 6 月 6 日　在甘肃阶州被擒，解成都杀害。	
祐　王	蓝成春（蓝矮子）	广西	1861 年　封王。 1864 年 11 月 8 日　在安徽霍山降清，被杀。	原姓洪，因避讳改姓。
遵　王	赖文光	广西贵县	1861 年　封王。 1868 年 1 月 5 日　在江苏扬州被俘，遭杀害。	
奏　王	苗沛霖		1862 年　封王。 清朝秀才，创办团练，升至川北道。 1861 年　潜通太平军。 1863 年 11 月　与清军互斗，被杀。	
沃　王	张洛行（张乐行）		1811 年　生。捻军五旗奉为主，称"大汉明命王"。 1862 年 1 月　封王。 1863 年 3 月 23 日　在安徽蒙城被清军诱擒杀害。	
幼沃王	张禹爵（张五孩）		张洛行侄。张敏行第五子。 1868 年 3 月 14 日　于直隶饶阳战死。	

3. 忠王部及苏南浙西地区诸王

爵 号	姓 名	籍 贯	事 略	附 注
护 王	陈坤书 (陈狮子、 陈斜眼)	广西桂平	1862 年 1 月 已封王。 1864 年 5 月 11 日 常州陷,被俘杀。	
保 王	童容海 (童大锣)	安徽无为	1832 年 生。 1862 年 1 月 已封王。 1862 年 7 月 11 日 在安徽宁国降清。 后授清总兵,随鲍超追击太平军至 广东。	原姓洪避讳改姓。后降清, 恢复本姓。
慕 王	谭绍光 (谭孝先)	广西桂平	1834 年 生。 1862 年 6 月 以取湖州功封王。 1863 年 在苏州被叛将杀害。	
趋 王	黄章桂		1862 年 3 月 已封王。	
趋 王	胡银龙		1863 年 初,参加围攻江苏常熟。	应作"胡银隆"。
听 王	陈炳文		见《侍王部及 1864 年入赣闽粤诸王表》。	
来 王	陆顺得	广西藤县	同上。	
纳 王	郜永宽 (郜云官)	湖北	1862 年 封王。 1863 年 12 月 6 日 在苏州降清后被杀。	
相 王	陈潘武	广西	1862 年 封王。 原在苏州,后助护王守常州。	
航 王	唐生才 (唐胡子、 唐八)	湖南道州 (一作祁阳)	1862 年 封王。 原隶英王,后归忠王。 1863 年 11 月 10 日 在江苏无锡战死。	
潮 王	黄子隆 (黄摆子)	广西藤县	1862 年 封王。 1863 年 12 月 江苏无锡城陷,被俘杀。	
湘 王	黄子澄		1863 年 5 月 攻江苏太仓。	
会 王	蔡元隆	湖南岳州	忠王婿。 1863 年 6 月 封王。 1864 年 2 月 4 日 在浙江海宁州降清, 改名元吉。任通判,参加围攻湖州。	
归 王	邓光明	湖南	1830 年 生。 1863 年 封王。 1864 年 4 月 10 日 在浙江石门降。	
享 王	刘裕鸠 (刘剥皮)		1863 年 已封王。 1864 年 9 月 20 日 在浙江开化战死。	一作"裕王"。

（续表）

爵号	姓名	籍贯	事略	附注
康王	汪安钧	湖北	1863年3月　已封王。 1863年12月6日　在江苏苏州降清后被杀。	
宁王	周文嘉（独眼龙）	江西	1863年　封王。 1863年12月6日　在江苏苏州降清后被杀。	
比王	伍桂文	湖南	1863年　封王。 1863年12月6日　在江苏苏州降清后被杀。	
比王	钱桂仁（钱得胜、钱百顺、钱安邦）	安徽桐城	1864年2月　封王。 1864年3月31日　在浙江杭州降清。 1866年1月　任清军都司追击康王于嘉应州，战死。	
荣王	廖发寿（廖敬顺、廖秃子）		1863年　忠诚第一百七十一天将。 1863年4月　封王。 1864年3月13日　浙江嘉兴陷，被俘杀。	
贵王	陈得胜	江苏南京	1863年10月27日　在江苏吴江战败被俘杀。	
挺王	刘得功		1864年3月13日　浙江嘉兴陷，战死。	
郛王	陈占榜		1864年1月7日　在浙江嘉善降清。	
佐王	黄和锦		1863年　封王。 1864年5月12日　江苏常州陷，战死。	
诒王	陈志书	广西桂平	1863年　封王。 1864年4月27日　在江苏常州城守战死。	一作“治王”。
广王	李恺顺	广西	1863年　封王。 1864年5月13日　在江苏丹阳被俘，一说随侍王赴江西。	
武王	汪有维		1863年　随忠王西征。	一作“维王”。
拱王	杨张安	广西	1863年5月　援江苏昆山。	
庆王	秦日庆	广西贵县	秦日纲族人。 1862年　封王，浙江湖州南浔镇守将。	
养王	吉庆元	广西	1863年3月　已封王。 1864年8月　随洪天贵福由天京突围至广德。在走浙江途中失踪。	
奏王	赖世就	广西	1830年　生。 1863年　已封王。 加入捻军，1867年12月17日在山东胶州战死。	由苗沛霖爵号改封。
谟王	袁宏谟	安徽肥东	1863年　守江苏昆山。 太平天国败亡，出家为僧。	

（续表）

爵 号	姓 名	籍 贯	事 略	附 注
曹 王	黄金锐			
纪 王	黄金爱		1862 年 封王。 1864 年 天京副主帅,城陷,下落不明。 一说 1865 年 2 月为汪海洋杀于上杭南阳。	
劝 王	万镇坤	江苏苏州	1861 年 封王。	因进女得幸。

4. 侍王部和 1864 年入赣闽粤诸王

爵 号	姓 名	籍 贯	事 略	附 注
戴 王	黄呈忠	广西	1826 年 生。 1862 年 6 月 封王(以取宁波功)。 1864 年 随侍王至福建。翌年,漳浦陷,下落不明。	
首 王	范汝增	广西惠州	1840 年 生。 1862 年 6 月 封王(以取宁波功)。 1867 年 12 月 24 日 在山东寿光战败,为民团所杀。	
梯 王	练业坤	广西	1827 年 生。 1862 年 封王。 1863 年 8 月 22 日 在天京印子山战死。	
贺 王	秦日来	广西贵县	秦日纲族人。 1862 年 随侍王由浙江援天京。封王。 同年 11 月 11 日在江苏松江战死。	
怀 王	周 春	广东	广东红巾军领袖,参加三元里抗英斗争。 1864 年 战败投江死。	
幼怀王	周祉福		周春侄。 1866 年 2 月 8 日 在广东丰顺白水寨被俘。	
沛 王	谭 星	广东	广东红巾军领袖。 1861 年 由翼王部回归侍王。 1864 年 4 月 在江西南丰战死。	
幼沛王	谭 标	广东	谭星子。 1866 年 2 月 8 日 在广东丰顺白水寨被俘。	
陪 王	谭 富	广东	1863 封王。 1865 年 8 月 12 日 在广东镇平降。	

（续表）

爵 号	姓 名	籍 贯	事 略	附 注
感 王	陈 荣	广东肇庆	原广东红巾军。 1863 年 封王。 1864 年 7 月 在浙江孝丰,城陷被俘。	
穆 王	苏 喜		1864 年 9 月 25 日 在江西龙南被俘。	
来 王	陆顺得	广西藤县	1836 年 生。 1862 年 1 月 封王(以取绍兴功)。 1865 年 9 月 20 日 在广东长乐(五华) 为林正扬诱捕。10 月 10 日在广东番禺被杀。	
听 王	陈炳文	安徽巢县	1836 年 生。 1862 年 3 月 4 日 封王(以取杭州功)。 1864 年 8 月 13 日 在江西金溪降清, 以游击随鲍超追击汪海洋至广东嘉应州。	
宁 王	张学明		1864 年 2 月 封王。 1864 年 8 月 13 日 在江西金溪降清。	为周文嘉爵改封。
奖 王	陶金曾		同上。	
康 王	汪海洋	安徽全椒	1830 年 生。 1864 年 2 月 封王。 1866 年 2 月 1 日 在广东嘉应州因伤死。	为汪安钧爵改封。
祥 王	黄隆芸	广西	1865 年 5 月 26 日 在福建平和出走途中被俘。	
凛 王	刘肇钧	广西	1862 年 封王。 1865 年 5 月 20 日 福建韶安陷,自杀。	
扬 王	李明成	广西藤县	忠王弟。 1863 年 7 月 26 日 封王。 1865 年 11 月 在江西龙南地区降清。 1867 年 11 月 在上海被杀。	
森 王	侯裕田	广东嘉应州	1828 年 生。 1862 年 2 月 忠诚第二百十三天将。 1864 年 天京陷后走香港开设店铺,接济漳州侍王军。 1865 年 5 月 8 日 为英国殖民当局引渡,送广州杀害。	又作森王侯玉山、振王侯玉田、尧王侯管胜。
利 王	朱兴隆	广东清远	广东天地会成员。 1865 年 6 月 21 日 在广东平远降清, 改名朝安,为清千总。	

（续表）

爵 号	姓 名	籍 贯	事 略	附 注
稽 王	吴玉堂		1865 年 6 月 21 日　在广东平远降清。	
赞 王	赖阿养		1864 年 10 月　随侍王入闽。 1866 年 2 月 9 日　由广东嘉应州突围，在丰顺被搜获。	原为蒙得恩爵，由其子蒙时雍袭爵。
奉 王	黄朋厚	广西博白	1864 年　封王(或由列王改授)。 1865 年 11 月　在江西龙南降清，旋潜回充内鬼。 1866 年 2 月　广东嘉应州陷，降，授守备。	为古隆贤爵改封。
周 王	汪起贤 （汪麻子）		1866 年 2 月 7 日　由广东嘉应州突围，在黄沙嶂战死。	
阶 王	谭体元	广西象州	1834 年　生。 1866 年 3 月 7 日　在广东嘉应州附近因伤重被搜俘。	

5. 辅王部及皖南地区诸王

爵 号	姓 名	籍 贯	事 略	附 注
卫 王	杨雄清	广西	1862 年　封王。 同年下落不明(可能因犯天条)。	
循 王	魏超成	广西	1850 年　随凌十八在广东起事。 1863 年 7 月　后，下落不明。	
跟 王	蓝仁得	广西	1863 年　封王。广东天地会成员。 1863 年 11 月 18 日　在安徽建平为部属诱擒。	
吴 王	梁立泰	广西桂平	参加金田起义。 1860 年 7 月　活动于浙江孝丰、余杭。	

6. 殿右军、定南军诸王

爵 号	姓 名	籍 贯	事 略	附 注
襄 王	刘官芳	广西	广西天地会成员。 1859 年 11 月　殿右军主将通天义。 1862 年　春,封王。 1864 年 6 月 27 日　浙江长兴陷，走湖州，9 月 28 日在江西铅山陈坊被俘降清，遣归康王军为内鬼，至广东嘉应州，后不详。	

（续表）

爵　号	姓　名	籍　贯	事　略	附　注
奉　王	古隆贤		1825 年(?)　生。 1859 年　殿右军大佐将金天义。 1862 年　封王。 1863 年 11 月 9 日　献安徽石埭等三城降。	
匡　王	赖文鸿	广西贵县	1859 年　殿右军正总提枞天义。 1862 年　封王。 1864 年 8 月 28 日　在湖州战死。一作 8 月 31 日在安徽广德战死。	
堵　王	黄文金	广西博白	1832 年　生。 1859 年　定南军主将擎天义。 1862 年　封王。 1864 年 9 月 5 日　在浙江昌化白牛桥伤死。	
佑　王	李远继	广东花县	1859 年　定南军大佐将营天义。 1862 年　封王。 1865 年 11 月　在江西龙南降清，被遣回汪海洋军为内鬼。 1866 年 2 月 7 日　广东嘉应州陷，不知下落。	
孝　王	胡鼎文		1859 年　定南军正总提。 1862 年　封王。 1863 年 5 月 12 日　在江西桃墅镇战死。	
幼孝王	胡		1864 年 9 月　于安徽徽州战死。	
穣　王	黄绍忠		1864 年 8 月 24 日　浙江湖州陷，降清。	
乐　王	谭应芝	广西桂平	慕王叔。 1864 年 8 月 21 日　在浙江湖州战死。	
昭　王	黄文英	广西博白	1839 年　生。 1863 年 9 月 11 日　封王。 1864 年 10 月 9 日　在江西石城军败被俘，11 月 23 日在南昌被杀。	
侨　王	李四贵		1864 年 9 月　在安徽建口被俘。	疑为李容发。

7. 待考诸王

太平天国封王未能有精确数字，盖因领导集团的文化素质和政治修养，造成制度混乱，缺乏可行性和规范守则，也由于众多文献散佚，以致有相当数字的王爵，有爵号有事迹，而缺姓缺名。现所存的相关资料不少还是出自清方官私记载。这些资料多少也为今人深化认识太平天国王爵制度有所帮助。

有关此类待考诸王姓氏,20 世纪 40 年代,郭廷以《太平天国史事日志》在附录中特设了《诸王姓氏尚不可考》表,此表列有姓氏不可考的王爵 18 名(其中如 1864 年与扶王入陕的赫王、冯王,系误传而录);近年,罗尔纲《太平天国史》卷八《后期王爵人物表》搜集失名或失姓名的王爵 53 名(其中如定王、治王等疑误表)。本表即在前人基础上作了补充和调整,核定为 87 名。估计仍有不少遗漏。

爵 号	姓 名	籍 贯	事 略	附 注
宋 王	路		1862 年 夏,在河南、陕西交界处作战。	
郑 王	黄		同上。	疑为"遵王"赖文光。
熊 王			1863 年 10 月 27 日 在江苏吴江同里作战,落水死。	
慈 王	谭	广西桂平	慕王兄。1863 年 11 月由嘉兴回苏州在太湖被截击俘杀。	
裕 王	刘		1864 年 2 月 在浙江杭州仓前战死。	
颍 王	刘		1864 年 3 月 由杭州西援余杭,在蒋元坝战死。	
裕 王	周		康王部。 1865 年 5 月 在福建永定作战。	
进 王	刘		侍王部。 1865 年 5 月 由福建云霄撤退,至平和大溪乡战死。	
泗 王	高			1863 年 2 月 曾国藩手书日记附记。
祐 王	黄			
由 王	田	江苏南通		
幹 王			1860 年 5 月 由天浦省攻安徽全椒赤石埠。	
时 王			1861 年 9 月 据江苏苏州洞庭山。	
朱 王			1861 年 10 月 守安徽无为州。	
总 王			1862 年 1 月 攻江苏镇江。 1862 年 2 月 再攻镇江。	
亲 王			1862 年 3 月 守安徽和州西梁山。	
史 王			1862 年 4 月 在安徽黟县活动。	
世 王			1862 年 春,随堵王至浙江嘉兴新塍。	

（续表）

爵　号	姓　名	籍　贯	事　略	附　注
石　王			1862 年 3 月　与护王等攻江浦、浦口，援安徽庐州。	
八　王			1862 年 5 月　守安徽宁国府。	
桂　王				讹传白齐王封"桂王"。
千　王			1862 年 5 月　与侍王、戴王、首王、来王等攻浙江诸暨包村。 1863 年 4 月　由昱岭关占昌化。	
涌　王			1862 年　夏秋间，领军回援天京。	
德　王				
高　王			1862 年 12 月　随忠王、对王等由天京渡江至安徽巢县。	
赖　王			同上。	
勋　王			1862 年　与广王共守江苏江阴。	
律　王			1862 年 4 月　据浙江孝丰。 1864 年　援浙江湖州。	《孝丰县志》称"王老虎"当误。
董　王			1864 年　在无锡活动。	
叶　王			同上。	
弼　王			1862 年 12 月　已封王。	
燕　王			1862 年 10 月　随忠王援天京。	
京　王			1863 年 1 月　援堵王于安徽广德州。	
炎　王			1863 年 1 月　与慕王、莱王等讨伐江苏常熟叛军。	
庚　王			同上。	
普　王			同上。	通常讹传为杨辅清，但此时杨在泾县。
禄　王			1863 年 1 月　与慕王、莱王等讨伐江苏常熟叛军，后赴浙江湖州，在金丝娘桥战死。	
作　王			1863 年 1 月　随跟王战皖南。	
漳　王			1863 年 2 月　由安徽宁国至江苏句容，预备渡江北进。	
效　王			1863 年 2 月　守江苏丹阳，预备渡江北进。	

(续表)

爵　号	姓　名	籍　贯	事　　略	附　　注
齐　王			1863 年 2 月　进军江北。同年 8 月援江苏江阴。	非张朝爵，或系另有其人。
季　王			1863 年 3 月　随忠王至安徽巢县。	
维　王			同上。	一作为"武王汪有维"。
冀　王			同上。	
尤　王			1863 年 4 月　驻军安徽建德，拟攻江西饶州。	疑为"佑王"。
萧　王			同上。	疑为"孝王"。
薰　王			1863 年 6 月　守江苏丹阳，同年 7 月，助广王守江苏江阴。	
驱　王			1863 年 1 月　讨江苏常熟叛军。同年 7 月，守江苏江阴华墅。	
冶　王			1863 年 7 月　与驱王共守江阴华墅。	非陈志书之误。
区　王			1863 年 8 月　援江苏江阴，同年 10 月，援江苏无锡。	
细　王			1863 年 8 月　守天京七瓮桥，在争夺土垒时战死。	
展　王			1863 年　秋守江苏句容。	
为　王			同上。	
钦　王			1862 年　为天将，与朝将汪海洋取浙江富阳。 1863 年 10 月 19 日　在浙江余杭战死。	
根　王			1863 年 10 月　在浙江昌化、於潜一带。	
阳　王			1863 年 10 月 22 日　在江苏江阴坊前梅村。	
四　王			1863 年 12 月　由浙江湖州乌镇带炮船赴嘉兴。 1864 年 4 月　由江苏撤退入江西。	
惠　王			1863 年 12 月　江苏苏州陷，逃出。	
林　王			同上。	
赵　王			1864 年　初，在江苏江阴杨库一带作战。	
都　王			同上。	
蕡　王			1864 年 3 月　守江苏镇江宝堰。	
滕　王			1864 年 3 月　与格王攻江苏常熟。	

（续表）

爵　号	姓　名	籍　贯	事　略	附　注
职　王			1864年4月　由安徽宁国胡乐司攻绩溪。	
定　王			1864年4月　由浙江入江西德兴。	据江西《萍乡县志》。民间相传,但洪钰元也封定王,年不满十岁,时在天京。
田　王			1864年　春,由江苏入江西。	
元　王			1864年4月　与侍王、辅王由江苏东坝援天京。	
甘　王			1864年5月　江苏丹阳失守后,经东坝至江西玉山。	
刚　王			1864年7月24日　天京陷后,在方山被俘。	
方　王			1864年9月23日　在浙江常山战死。	
早　王			同上。	
礼　王			1864年9月　在江西玉山徐村战死。	
零　王			1864年　与来王同守江西宜黄。	
凤　王			1862年4月　与史王等在安徽黟县活动。 1864年9月　在江西石城战死。	
毛　王			1864年9月　匿居香港。 1865年5月　被引渡至广州被杀。	
恭　王			在天京有王府。	
祐　王				
欣　王				
歌　王				
讴　王				
捧　王				
熹　王				
如　王				
是　王				
云　王				

8. 追谥诸王

太平天国追封最高爵号是王。

但晚期并没有健全制度,无法可循,无章可依,多凭当权者感觉随意而为。为此,当曾国藩诘问李秀成:"曾天养、罗大纲何以未追王爵?"似曾国藩有情报得悉两人未能追封。李秀成也不甚了了,只能答以"其事甚乱,无可说处"。

现所知太平天国追封诸王,最早的是太平天国辛酉十一年(1861)制作,翌年旨准颁行的《太平天国》提及的瑕王卢六和觐王黄为正;其次是王定安《求阙斋弟子记·贼酋名号谱》的瑕王、觐王和其余四王(勤王、请王、求王、祝王),近年发现的洪天贵福被俘后所写诸王名单,始见有肺王、腑王。

爵 号	姓 名	籍 贯	事 略	附 注
瑕 王	卢 六	广西桂平	壮族。约1861年追封。 1848年,与冯云山同被逮捕,病死于桂平狱。	
觐 王	黄为正 (黄维正、 黄为政)	广西贵县	天王表兄。约1861年追封。 1860年11月5日 开朝王亲烈天义。	有觐王黄秉忠,似为黄为正子,袭封。
勤 王	林启容	福建莆田	约1862年追封,其子袭爵。	有勤王林始发,似为林启容子袭封。
请 王	李开芳	广西浔州	1862年 追封,其子袭爵。	
求 王	林凤祥	广西桂平	1862年 追封,其子袭爵。	
祝 王	吉文元	广西	1862年 追封,其子袭爵。	有祝王卢文从。
肺 王	罗大纲	广东揭阳	原天地会成员。 1853年7月 封冬官正丞相。 1855年 在九江战死。	一作"沛王"。
腑 王	朱锡琨		1853年10月 升剿胡侯。 1854年 在河南或山西平阳战死。	

附录二　太平天国纪年录

1840 年 6 月　第一次鸦片战争爆发。

1842 年 8 月　中英《江宁条约》签订,割让香港,开辟上海、宁波等五口岸为商埠。

1843 年　洪秀全赴广州第四次应试落第,阅读《劝世良言》,提倡拜上帝。

1844 年 5 月　冯云山进入广西桂平紫金山客家人地区,宣传拜上帝。

1847 年 8 月　洪秀全来到紫荆山。

1848 年 4 月与 10 月　杨秀清、萧朝贵分别假托"天父"、"天兄"下凡,发动民众反对传统神权和本地地主豪绅,拥护洪秀全为最高领袖。韦昌辉、石达开、秦日纲、胡以晃均也先后举族参加。

1850 年 4 月　洪秀全平在山登极,称"太平王"。

7 月　洪秀全发布对各地拜上帝信徒总动员令,命令赴紫荆山下金田村团营。

11 月 4 日　杨秀清指挥拜上帝信徒由广西平南花洲进攻思旺,打出了抗清第一枪,起义拉开序幕。

1851 年 1 月 11 日　拜上帝信徒在广西桂平金田起义,正式称太平天国,洪秀全称"太平真主"、"真主"。

3 月　洪秀全在广西武宣东乡改称"天王",呼万岁,稍后又封五军主将。

9 月　太平军攻占广西永安州(蒙山),驻屯半年,封王、建制、设军师副军师,颁布天历。

1852 年 4 月　太平军围攻广西桂林,长达一个月,未下。

6 月　南王冯云山在广西全州伤死。

9 月　西王萧朝贵在湖南长沙战死。

12 月　太平军包围长沙,未下;攻下岳州,始设水营。

1853 年 1 月　太平军攻占湖北武昌。曾国藩等筹办湘军。

3 月　太平军攻占南京,改名天京。月底占领镇江、扬州。

5 月　太平军分别组织北伐和西征。

1854 年 2 月　曾国藩湘军参战,发布《讨粤匪檄》。湘军在长沙靖港兵败,但屡败太平军于湖南湘潭。从此太平军被赶出湖南。

8 月　曾天养在湖南岳州战死。

11 月　湘军水师在湖北田家镇、半壁山大胜,击走太平军秦日纲,顺流进入九江江面。

1855 年 2 月　石达开大败湘军于九江、湖口。北伐援军曾立昌等全部覆灭。

3 月　北伐军林凤祥部在河北连镇覆灭。

5 月　北伐军李开芳部在山东茌平冯官屯覆灭。

4 月　太平军三克武昌。

本年　罗大纲在九江战死。

1856 年 3 月　石达开在江西樟树镇大败湘军,攻占全省八府五十余县。

4 月　太平军初破江南大营。

9 月　天京内讧,东王杨秀清被杀。

11 月　北王韦昌辉被杀,第二次鸦片战争爆发,英国炮轰广州。

12 月　武昌失守。

1857 年 5 月　石达开离天京赴安庆。

10 月　石达开至江西,此后西走。

1858 年 5 月　湘军攻陷九江。

8 月　枞阳会议。

9 月　太平军二破江北大营。

10 月　李昭寿在安徽滁州降清。

11 月　陈玉成、李秀成合军取得安徽三河大捷。

1859 年 4 月　洪仁玕至天京,封干王。6 月,陈玉成封英王,蒙得恩封赞王。

10 月　韦志俊在安徽池州降清。

10 月　李秀成封忠王,旋又封李世贤侍王、杨辅清辅王、林绍璋章王。

1860 年 5 月　太平军歼灭江南大营。旋李秀成东下占常州、苏州等城。

6 月　湘军曾国荃围困安庆,外国雇佣军建立。

8 月　曾国藩实授两江总督。李秀成率军攻打上海。

10 月　陈玉成军自天京出发,走北路,李秀成军走南路,两军拟攻武汉,以救援安庆。

10 月　《北京条约》签订(第二次鸦片战争结束)。

1861 年 2 月　英国海军司令何伯等访问天京,提出太平军不得进入上海、吴淞附近百里之地。

6 月 李秀成至湖北武昌附近,中途折回。

9 月 安庆失守。洪仁玕、陈玉成受处分。

11 月 曾国藩受命统辖苏、浙、皖、赣四省军务。曾国藩推荐沈葆桢为江西巡抚,左宗棠为浙江巡抚。

12 月 李秀成、李世贤分军入浙,占领杭州、宁波等浙江大部分地区。

1862 年 1 月 李秀成军再攻上海,占领浦东各县镇。上海成立中外会防局。

3 月 曾国荃湘军东下,淮军建立。

5 月 曾国荃湘军扎营天京雨花台,李鸿章淮军全部到达上海,旋授李为江苏巡抚。李秀成第三次进攻上海。陈玉成在安徽寿州被诱擒,旋遇害。

10 月 李秀成等十三王率二十万将士援天京,李世贤又由浙江率军来援,大战四十六天,失败。谭绍光军败于四江口,淮军出上海,进军苏南。

1863 年 5 月 李秀成军由安徽六安回师,在长江北岸受挫,二十万大军多被消灭。

6 月 石达开在四川大渡河紫打地(今安顺场)全军覆没。后本人在成都被杀害。

12 月 苏州失守。

1864 年 2 月 陈得才、赖文光等西北军分兵三路由汉中回援天京。

3 月 杭州失守。天京合围,粮食断绝。

5 月 常州、丹阳失陷。

6 月 1 日 洪秀全病死,洪天贵福继位,称幼天王。

7 月 19 日 天京失陷。三日后李秀成被俘,旋被杀害。

7 月 29 日 洪天贵福突围至浙江湖州,后随洪仁玕走江西。

10 月 洪天贵福和洪仁玕相继被俘,在南昌遭杀害。

11 月 陈得才军在安徽黑石渡失败,赖文光加入捻军,共同作战。

1865 年 5 月 李世贤军撤出占领半年的福建漳州等地,旋走广东大埔失败;汪海洋部在江西、广东转战。

1866 年 2 月 汪海洋在广东嘉应州(今梅州)伤死。谭体元代领其众,突围全溃于丰顺。至此长江以南以无大股太平天国军队。

1867 年 东捻军溃于山东寿光,范汝增战死。

1868 年 1 月 东捻军余部在扬州失败,赖文光被俘死。

8 月 西捻军全溃于山东茌平徒骇河,张宗禹不知下落。捻军活动结束。

附录三 人物简介

丁太阳 广东潮州人。天地会成员。后归太平军。封天将。1865 年 6 月,在福建降清,授守备。后随左宗棠西征,因吃空饷被斩。

卜罗德(1808—1862) 法国海军少将,第二次鸦片战争时期,任法国侵华舰队司令。1862 年 5 月,在南桥(奉贤)被太平军击毙。

马融和(马呆子) 陈玉成部,主将泳天义,天将。1864 年 11 月 7 日,在安徽霍山降清。

王鑫(1825—1857) 字璞山,湖南湘乡人。罗泽南门生。编练湘军,称老湘营。1857 年 9 月江西乐安病死,所部后隶左宗棠。

王有龄(？—1861) 字雪轩,福建侯官人,浙江巡抚,与曾国藩相左。1861 年 12 月,太平军占杭州,自杀。

王德榜(1837—1893) 字朗青,湖南江华人。1862 年隶左宗棠部,随军入闽,追击太平军。参加中法战争,取得镇南关大捷。

韦昌辉(韦正、韦志正)(1826—1856) 广西桂平金田村人。封北王。死于天京内讧。

韦元玠(韦源玠) 广西桂平人。随子韦昌辉参加金田起义,封国伯,死于天京内讧。1860 年 12 月,追封为开朝王伯、爵同南。

韦志俊(韦俊)(1827—1883) 广西桂平人。韦昌辉弟。封国宗提督军务,西征军主要将领。1859 年 10 月,在安徽池州降清,屡建战功,终至副将加总兵衔。晚年居住芜湖,葬于宣城。

戈登(1833—1885) 英国少校。1862 年 5 月,参加英军在上海、嘉定与太平军作战。翌年 3 月,任"常胜军"统领,与淮军联手出击,授总兵、提督。

日意格(1835—1886) 法国军官。任"常捷军"帮统,协助左宗棠湘军作战。

乌兰泰(？—1852) 满洲正红旗人。1851 年 3 月,帮办广西军务,围攻永安州。在龙寮岭大败。在桂林受重伤死。

文翰(1893—1863) 英国外交官。1854 年任香港总督驻华公使。访问天京。

邓光明(1830—？) 湖南人。李秀成部。转战浙江。封归王。1864 年 4 月,献石门降清,参与围攻湖州。

邓绍良（1801—1859） 湖南乾州（吉首）人。江南大营总兵。1858 年 12 月,在安徽宁国湾沚为太平军李世贤部击毙。

艾约瑟（1823—1905） 英国传教士、汉学家。曾两度访苏州,会晤洪仁玕、李秀成。1861 年,在天京设立教堂。

古隆贤（1826—?） 广西人。早年参加太平军。隶韦志俊部。1859 年 12 月,授殿右军大佐将金天义。1862 年,封奉王。1863 年 10 月,以皖南石埭、太平、旌德三县降清,授都司。

石凤魁（1814—1854） 广西贵县人。石达开族兄。国宗提督军务。1854 年 9 月,武昌失陷,以失守罪处斩。

石达开（1831—1863） 广西贵县北山里那帮村人。封翼王。

石祥桢（铁公鸡）（1814—1854） 广西贵县人,石达开族兄。参加西征。1854 年,回援天京,在七桥瓮阵亡。

石清吉（?—1864） 直隶沙洲人。1862 年,随多隆阿攻陷庐州,升总兵。1864 年秋,在湖北蕲水为太平军陈得才军击毙。

石镇吉（?—1861） 广西贵县人,石达开族弟。随石达开远征,自成一路,有众十万。1861 年 5 月,由广西百色折回庆远时,为土司俘,解桂林杀害。

石镇苍（1824—1854） 广西贵县人,石达开族兄。参加西征,兵败,在半壁山战死。

左宗棠（1812—1885） 字季荃。湖南湘阴人。举人出身。在湖南巡抚骆秉章幕,主军事,司奏牍。1862 年 1 月,为浙江巡抚,翌年升任闽浙总督,主持对浙江和天京失陷后太平军余部的战斗。

叶芸来（?—1861） 广西人。陈玉成部。封受天义（耆天义）主持安庆守城事务。城陷,战死。

卢六（?—1848） 广西桂平紫荆山人。早期信奉拜上帝。1848 年 1 月被劣绅王作新押送桂平县狱,瘐死狱中。后追封为嘏王。

卢贤拔 广西浔州人。与洪秀全、冯云山撰《天条书》、《三字经》。供职东王府,封镇国侯。犯天条,赴删书衙,删改六经。

白齐文（1836—1865） 美国军官。"常胜军"副统领。统领。1863 年 1 月,为索欠饷殴打杨坊,为李鸿章免职。在苏州加入太平军。复投奔戈登。1865 年又拟赴漳州投奔李世贤军。为清军逮捕,解押途中,在浙江兰溪船覆溺死。

白承恩(1833—1862) 浙江平阳人,李世贤部。参加太平军浙南战斗,与金钱会合作。后在瑞安战死。

包立身(1838—1862) 浙江诸暨人。在包村组织团练,对抗太平军陆顺得、练业坤等部。后村破战死。

冯子材(1818—1903) 号萃亭。广东钦州人。参加博白民众起义,受招抚。随张国樑至南京,升副将。张国樑死,代领其众,升总兵,守镇江孤城。1885 年中法战争,取得镇南关大捷。

冯真林(? —1863) 广东花县人。南王宗,封佩王。1863 年在天京印子山战死。

吉文元(1825—1854) 广西桂平人。参加金田起义。1853 年 4 月,授春官副丞相,北伐。翌年,在南撤后至阜城,战死。1863 年追封祝王。

吉庆元 广西桂平人。随石达开西征。返回后隶李秀成部,为扶朝天军大佐将、主将,参加上海浦东战役。封养王。1864 年,洪天贵福继位,授北方主帅,天京陷,护洪天贵福出走。

吉尔杭阿(? —1856) 满洲镶黄旗人。主持镇压上海小刀会。1855 年,以江苏巡抚帮办江南大营军务。翌年,为太平军败,在高资烟墩山营自杀。

达尔第福(1824—1863) 法国炮兵军官。1862 年任"常捷军"炮兵管带。后继勒伯勒东为统领。在绍兴被击毙。

成大吉 湖南湘乡人。湘军。1861 年升副将,总兵。1864 年 4 月,为陈得才部败于湖北蕲水。

毕金科(1833—1857) 云南临元人。都司,隶塔齐布部,攻九江。为曾国藩赏识。入江西作战。1857 年在景德镇为太平军俘杀。

吕贤基(1803—1853) 字羲音,安徽旌德人。工部侍郎,在安徽办理团练。1853 年 11 月,舒城城破,自杀。

朱衣点(? —1863) 湖北人,传为明靖江王后裔。天朝进士,随石达开远征。后脱离归回,隶李秀成部。参加上海浦东战役。1863 年在常熟兵败被俘杀。

朱兴隆 广东清远人。参加红巾军。1858 年随石达开远征,后折回,隶李秀成部。1864 年 10 月随李世贤进军福建。翌年 6 月,在嘉应州龙虎墟降清,授守备。

朱洪章(? —1894) 贵州黎平人。加入湘军,隶曾国荃部。1864 年 7 月,首先率部由太平门进入天京。著有《从戎纪略》。

朱锡琨(1813—1854?) 广西玉林人。参加金田起义。1853 年 5 月,参加北伐。授秋官正丞相,军至山西(或河南)战死。

伍桂文(? —1863) 湖南人。李秀成部。封比王。1863 年 12 月在苏州参与叛乱,后为李鸿章诛杀。

任化邦(任柱、任怀邦) 安徽蒙城人。捻军后期蓝旗首领。英勇善战,称鲁王,为东捻军第一领袖。1867 年 11 月,在江苏赣榆作战中为内奸暗害。

华尔(1831—1862) 美国人,在法军任尉官。1860 年 6 月,在松江广富林组织洋枪队,与太平军作战。1862 年 3 月,为清方改为"常胜军",任参将、副将。后调赴浙江,在慈溪被击伤,翌日毙命。

向荣(1792—1856) 四川大宁(巫溪)人。行伍出身,参加镇压白莲教、天理会。1850 年,调为广西提督。1852 年尾追太平军至南京建立江南大营。任钦差大臣督办军务。1856 年军败,死。

多隆阿(1818—1864) 字礼堂,满洲正白旗人。原隶僧格林沁,都兴阿,后隶胡林翼,授福州副都统。荆州将军,率蒙古骑兵,于安庆等地击败陈玉成。1862 年,督办陕西军务。在陕西周至战伤死。

刘典(1820—1879) 字克庵,湖南宁乡人。1860 年在长沙参与左宗棠军务,随同出征浙江,升知府。后又随同赴闽、广攻打太平军李世贤、汪海洋等部。1866 年,任陕甘军务帮办。

刘蓉(1816—1873) 号霞仙,湖南湘乡人。秀才。早年助罗泽南办团练,随曾国藩转战各地。1862 年,授四川布政使。主持对付入川的石达开军。1863 年授陕西巡抚。1866 年,因在灞桥为捻军大败,革职回乡。有《养晦堂诗文集》。

刘于浔 江西南昌人。举人。1853 年在江西办团练。1855 年统湘军内湖水师。

刘长佑(1818—1881) 号荫渠。湖南新宁人,拔贡。1852 年,随江忠源作战,由教谕逐级擢升至广西巡抚。在广西抗拒石达开部,攻灭大成国。1862 年升两广总督、直隶总督,对付白莲教和捻军。

刘庆汉(? —1864) 广西人。1853 年 5 月,随军北伐。天国后期,掌兵部,封尊王。天京陷后,护洪天贵福出走。授副军师。后军败于江西,在石城高田被俘。

刘连捷(1833—1887) 湖南湘乡人。湘军行伍出身。随曾国荃陷安庆,升道员,天京陷后,升布政使。

刘玱琳(刘昌林)(? —1861)　广西人。陈玉成部。颇识兵机、猛鸷善战。被认为是战守可持、独当一面的大将。1859 年,授靖东天军主将。1861 年,在集贤关外赤冈岭抗拒清军,兵败,被俘杀。

刘坤一(1830—1902)　字岘庄,湖南新宁人。廪生。1855 年率团练作战。随侄刘长佑入桂,对付石达开。授广东按察使、广西布政使和江西巡抚。后任两广总督兼南洋通商大臣、两江总督,为洋务派领袖之一。有《刘坤一遗集》整理出版。

刘松山(1833—1870)　湖南湘乡人,初隶王鑫部。由行伍逐级递升。1865 年实授总兵。参加镇压捻军。1870 年为甘肃回民所杀。

刘丽川(阿混)(1820—1855)　广东香山(中山)人。天地会员。1853 年联合上海各帮会所组织的小刀会起义。1855 年 2 月,由上海县城突围,至虹桥被围战死。

刘秉璋(1825—1905),字仲良,安徽庐江人。1860 年进士,授编修。为淮军襄办军务。后为侍讲学士,参与淮军进攻浙江地区。后随曾国藩剿捻。

刘官芳　广西天地会成员,参加太平军。原隶韦志俊部。1859 年,代韦志俊为殿右军主将。参加攻破江南大营之役。1862 年,封襄王,转战于皖南。1864 年,守江苏金坛、浙江长兴。湖州失陷后,随军至江西,兵败,被俘,为敌放归,潜入汪海洋军为内奸。1866 年 2 月,嘉应州陷,下落不明。

刘铭传(六麻子)(1836—1896)　安徽合肥人。在乡办团练,授千总、都司。1862 年,加入淮军,在苏南作战。1865 年北上对付捻军,升直隶提督,建议防守运河。为镇压东西捻军的主力。后任福建巡抚。台湾改省后,又为首任巡抚。

刘得义(刘得二)(? —1865)　1864 年封列王,随洪天贵福出走,在浙江遂安降清。1865 年 1 月,在漳州城外复归李世贤部太平军。李世贤兵败永定河,战死。

刘得功(? —1864)　曾开设药铺。参加太平军。1863 年封忠四朝将,后封挺王。助廖发寿守嘉兴。1864 年,城陷战死。

刘裕鸠(刘剥皮)(? —1864)　李秀成部。1861 年封第三十六天将,后封享王。1864 年,杭州城陷,随陈炳文出走。同年在浙江开化战死。

刘腾鸿(1830—1857)　湖南湘乡人。隶罗泽南援武昌。后随曾国华,1857 年,主持江西南路军事,在攻瑞州城时被击毙。

刘肇钧(? —1865)　广西人。早年参加太平军,李秀成部。1860 年总理苏福省民务。翌年,调守嘉定,多次率军东征和进攻上海。后封凛王。1864 年,随李世贤入闽,据漳浦,城陷,自杀。

江忠义(1830—1863) 湖南新宁人。江忠源族弟。随兄作战。1858 年以陷临江功,擢知府。参与对石达开的宝庆保卫战。1861 年在全州等地又败石达开,升贵州巡抚,改授贵州提督。

江忠信(1837—1856) 湖南新宁人。江忠源族弟。十六岁从兄作战。后从和春攻陷三河,升参将。1856 年在桐城战死。

江忠源(1812—1854) 号岷樵,湖南新宁人。举人。创办团练,为湖南团练之先声。1851 年,参与赛尚阿营军务,自此即与太平军对抗。1852 年蓑衣渡战役后,防守长沙,此后先后讨平两湖地区各路民众武装。被任命帮办江南大营军务,救援南昌,破格超擢为安徽巡抚。1854 年,庐州城陷,自杀。

纳尔经额(?—1857) 满洲正白旗人。进士。1853 年以文渊阁大学士授钦差大臣,驻临洺关。大败,逮捕入狱。

许宗扬(1816—1856) 广西人。1853 年 4 月,随北伐后备部队,取道六合,失火,溃回天京,翌年,率援军北伐,败回,收入东牢。天京内讧时随韦昌辉杀死杨秀清。

孙葵心(老葵)(?—1861) 捻军白旗红边首领。安徽亳州人。1860 年,随陈玉成援安庆。翌年,在合肥小蜀山为团练击伤,死。

麦都思(1796—1857) 英国传教士。鸦片战争中任英军翻译,1843 年在上海传教,创办墨海书馆。1854 年,与洪仁玕相识,指导他撰写注解新约圣经之书。

杨坊(?—1865) 字憩堂,浙江鄞县人。在上海充当洋行买办。开设泰记商行,贩卖鸦片。充四明公所董事。因助清廷办理军需,升道员。1860 年,募美国流氓华尔组织洋枪队。1862 年,为李鸿章撤去职务。病死。

杨秀清(1823—1856) 广西桂平紫荆山人。封东王。死于天京内讧。

杨英清 广西桂平人,与杨秀清联宗,称国宗。1863 年,为第二百十一天将,献江苏溧水降,被遣返回乡。

杨昌濬(?—1897) 湖南湘乡人。诸生。1852 年随罗泽南创办团练。1860 年,加入左宗棠部。在浙江作战。

杨宜清(?—1860) 广西桂平人,与杨秀清联宗,封国宗(老国宗、八国宗),参加金田起义。随杨辅清作战。1860 年,在反击韦志俊途中,于安徽石埭战死。

杨宣娇(先娇、黄宣娇)　萧朝贵妻。广西桂平平在山人。与洪秀全结为兄妹,以至为时人误称为"洪宣娇"。称天父第五女。萧朝贵封西王后,称西王娘。至南京,住西王府。天京陷,不知所终。

杨载福(岳斌)(1822—1890)　字厚庵,湖南善化人。行伍。湘军水师营官。1858年,陷九江,由福建陆路提督调任水师提督。1864年,督办江西、皖南军务,又授陕甘总督。

杨辅清(金生、阿七)(? —1874)　广西桂平人。与杨秀清联宗,封国宗(七国宗)。1857年与石达开联军入闽,后分手入赣,被封为中军主将。在江西、皖南作战,参加攻破江南大营,封辅王。1860年,在宁国大胜,切断湘军后路。1861年,参加救援安庆。1864年,退至湖州。湖州陷,走上海。1874年,遭逮捕杀害。

杨雄清　广西人,与杨秀清联宗。1862年,封卫王,长期在皖南作战。洪仁玕有诗相赠,后爵除,不知何故。

杨鼎勋(1834—1868)　字少铭,四川华阳人。由霆军转入淮军,在苏南作战。以功擢苏松镇总兵。

苏三娘　广东高州人。天地会成员。夫死,统率其众,在大湟江口参加太平军。随军北上,参加攻占扬州、镇江之战。

劳崇光(1802—1867)　字辛阶,湖南善化人。1853年任广西巡抚。组织团练。在贵州击败石达开余部。

李元度(? —1887)　字次青,湖南平江人。举人。1853年加入湘军。升道员。1860年,因失徽州被革职,脱离湘军。组建"安越军"入浙。为曾国藩劾,革职。1866年复官,升至贵州布政使。

李开芳(1826—1855)　广西武缘(武鸣)人。金田起义后,与林凤祥率军为前锋,直至南京,旋又取扬州、镇江。1853年5月,以地官正丞相率军北伐。势如破竹,直至天津杨柳青。翌年撤至连镇,后率众八百南下,在山东茌平冯官屯被围。1855年5月,因诈降被捉,在北京杀害,1863年追封为请王。

李文茂(? —1859)　广东鹤山人,天地会成员。粤剧艺人。1854年率红巾军围攻广州。明年撤围。1857年据柳州,称平靖王。后病死。

李文炳(? —1862)　即李绍熙。广东嘉应人。1853年参加小刀会起义。后降清。1860年以候补道在苏州向太平军投诚。授江南文将帅,兼理昆山县事,暗通清军,图谋叛乱,被捕杀。

李文彩(李七)(？—1872) 广西横州人。理发匠。1852年在横州聚众反清,参加大成国。1861年,在贵州加入石达开军,被封为亲天燕。后与张秀眉联手在贵州抗清。1872年兵败,在牛塘被俘害。

李明成(？—1867) 广西藤县人。李秀成弟。封忠王宗(六王宗)酬天义。1863年,封扬王。1864年,天京陷后,护洪天贵福走江西等地。1865年10月在江西定南、信丰地区降清。被遣散,但仍在上海被搜捕杀死。

李世贤(1834—1865) 广西藤县人。1859年封为侍王。

李成谋(？—1891) 湖南芷江人。湘军行伍出身。隶水师由哨长直升至福建水师提督。

李臣典(1837—1864) 字祥云,湖南邵阳人。湘军行伍出身,随曾国荃征战。1863年,授归德镇总兵。1864年,天京陷落,为曾国荃拔为首功。旋病死。

李庆琛(？—1862) 江苏地方军知府,时李鸿章将代薛焕为巡抚。薛焕为作任上最后挣扎,命率军五千进犯太仓,为李秀成击败,全军覆灭。

李远继 早年随黄文金在江西作战,授定南军大佐将营天义。1862年,封佑王。后助守湖州。1864年随汪海洋转战福建、广东。1865年10月,在江西龙南降清,被派遣潜回,充作内奸。1866年2月,嘉应州陷,不知所终。

李秀成(1824—1864) 广西藤县人。1859年10月封为忠王。

李尚扬(1825—1863) 湖南安仁人,天地会成员。1852年参加太平军,隶李世贤部。1861年,授忠裨朝将,天将。主持浙东军务。1863年,在汤溪被诱杀。

李孟群(1830—1859) 字鹤人。河南光州人。进士。1851年时桂平知县,与太平军长期作战。1857年,署安徽巡抚。翌年,兵败,被俘杀死。

李春发 广西人。天京内讧后,曾主持外务。1859年,任护京主将。1861年底,封顺王。天京陷后,脱身至广德洪天贵福处。后不详。

李昭庆(1834—1873) 号幼荃。安徽合肥人。随兄李鸿章至上海。进攻浙西。1865年,参加剿捻。

李昭寿(？—1881) 河南固始人。在家乡聚众造反。1854年投靠何桂珍,又杀何转投太平军。隶李秀成部,所部纪律败坏。1858年,又投奔胜保。在江北与太平军作战,擢升江南提督。因与陈国瑞斗杀,解职。后因恶习不改,交地方官管束。1881年,奉密旨处死。

李星沅(1797—1851)　字子湘。湖南湘阴人。进士。1850 年 12 月,为钦差大臣,经办广西事务。因事权不一,经办无方。在广西武宣病死。

李俊良(？—1856)　广西人。封为国臣。在天京时因治杨秀清眼病得愈,封补天侯,天京内讧时,为韦昌辉杀死。

李恺运　广西藤县人。李秀成认为宗弟。1861 年,随李秀成西征,又进入浙江,任北破忾军主将、乾天义。后代黄和锦守无锡。

李恺顺　广西藤县人。李秀成认为宗弟。1860 年,任江阴县佐将,后封广王。1863 年,联络通州(南通)造反民众,坚守江阴。后江阴陷,走常州、丹阳。丹阳陷后,去江西。

李泰国(1832—1898)　英国外交官。1855 年任上海江海关税务司。1858 年参与侵华英军,起草《中英天津条约》、《中英通商章程善后条约》。随威妥玛拜会太平天国当局。1859 年,为南洋通商大臣任命为总税务司,驻上海。1862 年,为清政府组成"阿思本舰队"。后因内争,舰队解散。

李容发(李荣发)(1845—1892)　李秀成养子。1860 年封为忠二殿下。1861 年随军占浙江绍兴,后独率一军沿海塘进攻上海浦东。天京陷后,随洪天贵福走江西,兵败,为陈宝箴收养。配以婢女。后病死。

李鸿钊(李鸿昭)　广东天地会成员。1854 年,参加围攻广州,后北上在江西加入石达开部,随同远征。1860 年脱离,辗转一年,在江西并入李世贤军,入浙江,封锦天义。守台州,城陷,被俘杀。

李鸿章(1823—1901)　号少荃,安徽合肥人,淮军创始人。

李续宜(1823—1863)　号希庵,湖南湘乡人。李续宾弟,同师事罗泽南。李续宾死后代领其部。1861 年,授安徽巡抚。

李续宾(1818—1858)　号迪庵,湖南湘乡人。罗泽南弟子。加入湘军。1856 年,罗泽南死,代领其部,陷武昌、湖口和九江,以浙江布政使加巡抚衔。在三河战死。

李朝斌(1821—1892)　湖南善化人。行伍。参加湘军水师。1861 年因陷安庆,积功至总兵。1863 年秋,率太湖水师增援李鸿章。

李瑞生(？—1864)　广东花县人。洪秀全蒙馆学生。参加太平军。封誉王。晚期奉命外出催粮。天京城陷,出走,在江西铅山陈坊被俘。

李锦贵(？—1861) 广西上林人。壮族。1855年,树旗反清,自称明义将军大司马,蓄发变服。1859年,加入入桂太平军,被封为澄江县大令、精忠大柱国体天侯。非常忠于石达开。病死。

李福猷(？—1863) 原系草莽,加入石达开远征军,颇受信任,封人台左宰制,1862年入云南。1863年3月奉命由昭通入贵州。石达开军覆后,南走广东,在连州被俘,解广州杀死。

李鹤章(？—1881) 字季荃,安徽合肥人。随父兄办团练。1862年,率湘军马队至上海,为前敌总统。翌年西进,援常熟,攻陷太仓、昆山、江阴、无锡和常州等地,以功擢甘凉兵备道。

李瀚章(1821—1899) 字小泉,安徽合肥人。1853年为湘军管理粮台。1859年,升道员。1865年,升湖南巡抚。后又署湖广总督,为淮军筹措饷需,镇压捻军。

严树森(？—1876) 字渭春,四川新繁人。举人。为胡林翼赏识。1862年升河南巡抚,率军与捻军作战。1864年,太平军陈得才等回师入湖北,被弹劾阻击不力,降为道员。

吴云 字平斋,浙江归安(吴兴人)。1860年苏州知府,太平军占苏州,逃亡上海。按江苏巡抚薛焕指令,派人潜入苏州,策划徐佩瑷、熊万荃和钱桂仁组织叛乱。后未遂。1862年,李鸿章至上海,去职。

吴煦(1809—1872) 字晓帆,浙江杭州人。幕客出身。1860年,以苏松太道署理江苏布政使,开设"茂记"等银号,策划成立"会防公所"和洋枪队。1862年,李鸿章至上海,去职。有所藏文书,后被编为《吴煦档案选编》七辑。

吴长庆(1834—1884) 字筱轩,安徽庐江人。1854年,开办团练。1862年,随李鸿章至上海,后又随其镇压捻军。1880年授浙江提督。奉命率部赴朝鲜对付兵变。

吴文镕(1791—1854) 字甄甫,江苏仪征人。进士。为曾国藩座师。1853年由云贵总督调任湖广总督。督师作战,兵败,在黄州堵城,投水自尽。

吴如孝(吴汝孝)(1815—1864) 广东嘉应州人。曾为广州十三行商人司会计。参加金田起义。1853年,随罗大纲守镇江。后守镇江多年。参与攻破江南大营。1857年从镇江撤出。1858年守庐州,后授前军主将,隶陈玉成部。1861年封顾王。1864年封东方主帅,天京陷后,自杀。

吴定彩(？—1861) 广西人。李秀成部。1859年授平西主将,助守安庆。1861年城陷,战死。

吴健彰(1815—1876) 广东香山人。广州十三行商人,后捐官为候补道,与美商在上海开设旗昌洋行。1848 年,任江海关监督。1853 年小刀会起事后逃往租界,将海关管理权交与英、法、美。为清廷革职查问。

吴毓兰(？—1882) 字香畹,安徽合肥人。创办合肥东乡团练。1862 年随李鸿章至上海。攻打太平军。升知府。1868 年,捕获赖文光。

何伯(贺布)(1808—1881) 英国海军军官。1859 年任英国侵华舰队司令。1861 年,由上海到武汉视察,照会太平天国不得进入上海附近百里,后又在上海阻止太平军夺取上海。

何文庆(？—1863) 浙江诸暨人。创建莲蓬党。1861 年,引导太平军进入浙东。封志天燕、志天义。1863 年,转战各地,病死。

何松泉(？—1863) 浙江诸暨人,何文庆子。随父响应太平军别引一军破天台、临海(台州),后降清,被诛杀。

何明亮 广东天地会成员,自称平东王,参加太平军,封天将。1865 年随汪海洋作战。1866 年 2 月,由嘉应州突围,在北溪白沙坝被俘杀。

何桂清(1816—1862) 字根云,云南昆明人。进士。1854 年为浙江巡抚。1857 年升任两江总督。1860 年,太平军破江南大营,在常州逃跑,至苏州、上海,被革职拿问。1862 年,为李鸿章、曾国藩等所劾,终为处决。

何震川 广西象州人,举家参加太平军。为殿前右史,每日记洪秀全言行。1854 年 3 月,封夏官正丞相,与曾创扬等删改"六经"。

邱二嫂(？—1851) 广西贵县人。天地会成员,1849 年 9 月起事,一度加入太平军。脱离后战死。

邱远才(邱朝贵、邱老虎、邱麻子) 广西人。陈玉成部俱天安、朝将。随马融和等西征。黑石渡之役后,与捻军合军,为西捻军主要领袖之一,称怀王(又作淮王),1868 年 7 月,在山东济阳降清。

邹鸣鹤(？—1853) 字钟泉。江苏无锡人。进士。1851 年为广西巡抚,办理团练,对付太平军。后被革职。1853 年参与筹商南京守御事宜,城破,被杀。

况文榜 贵州镇远人。江苏地方军总兵,1862 年加入淮军,为李鸿章信任,后官至四川提督。

汪义钧(王义钧)(？—1862) 浙江镇海人,加入太平军,封附天侯。1862 年 3 月,率本部攻定海,先胜后败,战死。

汪丙育(? —1863) 浙江余姚人。余姚十八局头领之一,加入太平军。镇守象山,封附天侯。战死。

汪有为(? —1863) 1862年随太平天国扶朝天军进军浦东,守川沙。1863年,封天将,参与苏州叛乱集团,献城降清,终为李鸿章所杀。

汪有维 太平天国将领。1862年封武王,隶李秀成部,参加无锡大桥角之战。

汪安钧(? —1863) 湖北人。1862年,留守杭州,封康王。参与苏州叛乱集团,献城降清,终为李鸿章所杀。

汪宏建 李秀成部。1860年太平军占苏州,任佐将,管理吴县民务。1863年,任苏福省天军主将,谋通清军,后不详。

汪起贤(汪麻子)(? —1866) 李秀成部,1862年封周王。1864年随军至江西。1866年,汪海洋死后,与胡永祥、谭体元率军突围,在黄沙嶂战死。

汪海洋(1830—1866) 安徽全椒人。1853年在安徽加入石镇吉部,随石达开远征,中途折回。随李秀成攻杭州,驻守,为浙江天军大佐将、主将。1864年2月,封康王。赴江西。后进入福建,广东。1866年1月,在广东嘉应州伤重死去。

沈枝珊(? —1863) 江苏吴江盛泽人。1860年,为太平天国盛泽师帅、军帅,后封锡天福,总办盛泽厘卡。1862年,派船为谭绍光部运粮带路进攻湖州。盛泽陷后被杀。

沈葆桢(1820—1879) 字幼丹,福建闽侯人。林则徐外甥、女婿。进士。1856年,以在署广信知府有功,升道员。1861年为曾国藩推荐,升江西巡抚。1864年,俘洪天贵福、洪仁玕。后历任总理船政大臣、两江总督兼通商大臣。

张芾(1814—1862) 号小浦,陕西泾阳人。进士。1852年为江西巡抚。后罢官,在皖南管理团练,与太平军作战。1862年出任陕西团练大臣,在渭南劝谕回民军时,被杀。

张钊(大头羊) 广东天地会成员,广东鹤山人。1848年在西江从事反清斗争。一度加入太平军,后被招抚对抗太平军攻打浔州、桂林。反覆无常。1853年在容县为团练所杀。

张曜(1832—1891) 号朗斋。顺天大兴人。由监生捐县丞。在固始办团练,1861年,升河南布政使。1862年由文职改任总兵,参加镇压捻军。1870年升广东提督。

张玉良(? —1861) 字璧田,四川巴县人。1854年隶向荣大营,由千总逐级升总兵。1860 年,以收复杭州,擢提督。1861 年在杭州被太平军击毙。

张乐行(张洛行、老乐)(1811—1863) 安徽亳州雉河集(涡阳)人。地主,兼营槽坊、粮行,包运私盐。1852 年,因贩私盐聚众。1854 年与龚得树、苏天福等联手起义反清。1856 年在雉河集为各旗捻首推为盟主(大汉明命王),并接受太平天国的征北主将、沃王。1862 年,雉河集失守,走西阳集被俘,杀害。

张运兰(? —1864) 字凯章,随王鑫作战。1857 年代王鑫领军。1861 年授福建按察使。1864 年,在福建武平,被俘杀。

张国樑(张嘉祥)(1823—1860) 字殿臣,广东高要人。天地会成员。1851 年隶向荣军,由把总递升,对抗太平军。1855 年升漳州镇总兵,帮办江南大营军务。1858 年,调任江南提督。1860 年,军败,在丹阳溺死。

张宗禹(小阎王) 自幼读书,参加捻军。1862 年,封石天燕。1864 年,与太平天国赖文光等合军,称梁王。1866 年 10 月,在河南许州(许昌),或杞县、中牟分军入陕西,称西捻军。在西安灞桥十字坡全歼陕西巡抚刘蓉部湘军。1867 年 12 月,为东援赖文光等,渡黄河直趋北京,军至芦沟桥。翌年,军困黄河、运河和徒骇河间。失败。

张诗日(? —1867) 湖南湘乡人。罗泽南部。1856 年改隶曾国荃。1862 年,随军围天京,以提督记名。参加攻陷天京太平门、神策门。1866 年,攻打捻军。

张树声(1824—1884) 字振轩,安徽合肥人。廪生。1853 年在家乡办团练。1862 年,加入淮军,赴上海。参与东征。历任江苏巡抚、两广总督。

张树珊(1826—1867) 字海柯。安徽合肥人。1853 年随兄办团练。1862 年加入淮军赴上海,参加北新泾、四江口等战役。东征,授右汀镇总兵。1867 年,为捻军于湖北德安击毙。

张禹爵(张琢、五孩)(? —1868) 张乐行兄敏行第五子,自幼过继与张乐行承嗣。袭爵为幼沃王。所部建红旗着绛衣,人称"红孩儿"。1866 年分军后为西捻军领袖。1868 年 6 月在山西陵县为流弹击中死,亦有称在河北饶阳或山东阳信战死。

张亮基(1807—1871) 字采臣,江苏铜山人。举人。1852 年,湖南巡抚。在长沙抗拒太平军,在任山东巡抚时,因对抗太平天国北伐军不力,勦戌军台。1862 年,又以总督衔署贵州巡抚,与石达开部战于叙州。

张继庚(? —1854) 字炳垣,江苏江宁人。廪生。1853 年在天京两度组织叛乱,被捕,车裂处死。

张朝爵 广西人。原隶杨秀清部。1853 年随石达开赴安庆安民,后主持民务,1858 年,封谢天福。与叶芸来组织城防,抗拒湘军围困。城陷,走天京。后封力王。

张遂谋 隶石达开部。1855 年为春官又正丞相。天京内讧后,鼓动石达开出走。被任为新设之元宰,为石第一副手。随石至广西庆远(宜山)。

陆建瀛(1792—1853) 字立夫,湖北沔阳人。进士。1853 年以两江总督钦差大臣,督师九江抗御太平军东下。退奔江宁(南京),革职,太平军初破江宁,被杀。

陆顺得(1832—1865) 广西藤县人。李秀成部。1860 年为殿后军大佐将,率偏师初攻上海。旋升认天义、南破忾军主将。1862 年 1 月,以破绍兴功,封来王,率部围攻包村。1864 年,西走江西、福建。1865 年,据广东长乐(五华),被俘,在番禺遇害。

阿礼国(1809—1897) 英国外交官。1846 年任上海领事。迫使上海当局扩充英租界。1853 年,多次向驻香港英国公使文翰武装干涉太平天国;伙同法、美领事,强行夺取上海海关。

陈开(1822—1861) 广东鹤山人,天地会成员。1854 年领导天地会(红巾军)围攻广州。翌年与李文茂联军攻占肇庆,进据浔州(桂平),建立大成国,称平浔王。1861 年在贵县被俘。

陈荣(? —1864) 广东天地会成员。1854 年由广州撤围后北上转战各地。1856 年,会同太平军占吉安,参加太平军。后随石达开远征,中途折回。1861 年加入李世贤军。封感王。1864 年 7 月,在浙江孝丰战死。

陈湜(1831—1896) 字舫仙。湖南湘乡人。1861 年,为曾国荃部参加攻陷天京。

陈玉成(1837—1862) 广西桂平人。1859 年 6 月封英王。

陈仕荣(? —1862) 广西桂平人。1861 年 2 月封殿前军大佐将倚天义,导王。1862 年 5 月,与陈玉成同在寿州被诱捕,为胜保解多隆阿营杀害。

陈仕保(? —1854) 1853 年,任太平天国夏官副丞相,与曾立昌等率北伐援军。途中至山东临清李官庄,附和南下。在安徽凤台展沟集战死。

陈仕章(? —1857) 广西桂平人。1856 年随太平天国秦日纲等援镇江,攻破江南大营。9 月,封迓天侯。1857 年在江苏溧水兵溃被俘杀。

陈志书(? —1864) 广西桂平人。太平天国李秀成部,守常州。1860 年,封谒天安、谒天义。后封谠王。1864 年在抗御淮军时中炮身亡。

陈时永(? —1864) 广西桂平人。1860 年随陈玉成救安庆,封效天义。安庆失守，东走。封然王。镇守江苏丹阳。1864 年，丹阳失陷，为部属杀害。

陈阿林　福建同安人。上海小刀会成员。1853 年，参加起事，称左副元帅。所部为上海小刀会主力。1855 年 2 月，上海陷后，走香港、新加坡和泰国。

陈坤书（陈狮子、陈斜眼）（？—1864）　广西桂平人。参加金田起义。隶李秀成部。1860 年，随李秀成破江南大营，取苏州。为忠诚七天将，搜捕内奸。1862 年 1 月，封护王，守常州。1864 年在常州抗拒淮军围攻五个月，城陷，被俘遇害。

陈国瑞（1837—1882）　湖北应城人。初参加太平军，后投奔清军，以作战凶悍闻名。多次打败捻军和苗练，授总兵，隶僧格林沁部。1865 年，在曹州高楼寨全军被太平军歼灭，侥幸逃命。因恃功桀骜，屡次被劾、革职，与李世忠（昭寿）私斗，谴戍黑龙江。

陈宗扬（？—1854）　广西平南人。参加太平天国。至天京升冬官又正丞相。1854 年，因夫妻同宿犯天条，被斩首示众。

陈炳文（1833—？）　安徽巢县人。茶馆跑堂出身。1853 年参加太平军，隶李秀成部。随同转战。1862 年，封听王，先后镇守杭州。1864 年，率军赴江西，在金溪降清，授参将，改名虎臣。随鲍超追击汪海洋。升总兵。晚年住青阳。

陈承镕（1824—1856）　广西桂平人。游民。参加金田起义。1853 年，升天官正丞相、佐天侯，为朝官之长。因得罪杨秀清，重杖二百。1856 年，向天王告密杨秀清要篡位，参与内讧。后与韦昌辉、秦日纲同被处死。

陈得才（？—1864）　广西桂平人。陈玉成部。先后守安庆、庐州。1861 年冬封扶王。与赖文光等西征，后回救天京，在安徽霍山受阻，所部瓦解，服毒自杀。

陈得风（？—1864）　广西桂平人。参加太平军。1862 年封鬈王。1864 年天京围急时里通湘军，被发现锁拿，为李秀成用银解救。天京陷，被俘杀。

陈潘武　广西人。早年参加太平天国。1853 年，任天京总典买办，职同指挥。1857 年，为地官丞相加侯爵。1860 年为殿前户部正地官，辅陈护书守苏州。后调赴常州。常州陷，下落不明。

青麐（？—1854）　字墨卿。满洲正白旗人。1854 年，授湖北巡抚，守武昌，为太平军所攻克，走长沙，被清廷处死。

林大居　广西平南人。为萧朝贵发展参加太平天国。1855 年，封襄天侯。1861 年，封敬王。

林凤祥（1825—1855）　广西桂平人。参加金田起义。与李开芳为前锋，直至江宁

(南京),又同率军北伐。升天官副丞相,直至天津静海、独流,封靖胡侯。1854 年南撤至河北连锁坚守。后在东连镇被俘,在北京被杀害。1863 年追封为求王。

林正扬(林伯焘、林八头)　广东归善人,天地会花旗头目。曾隶石达开部,后脱离,封天将。1864 年入福建,在武平歼湘军张运兰全部。1865 年 8 月,在广东长乐(五华)降清。

林则徐(1785—1850)　字少穆,福建侯官(福州)人。进士。鸦片战争时被革职充军新疆。后重新启用。1849 年在云贵总督任上告病回籍。1850 年 10 月,起用为钦差大臣,赴广西,途中病死。

林启容(1821—1858)　福建莆田人。参加金田起义。隶杨秀清部。1854 年,守九江,屡败来犯湘军。封贞天侯。1858 年 5 月,城陷战死。1863 年,追封为勤王。

林绍璋(1825—1864)　广西平南人。参加金田起义。1854 年初以春官又副丞相,参加第二次西征,在湘潭大败,被革职。天京内讧后,参理朝政,授中军主将,主持天京城事务。1859 年封章王。一度代洪仁玕掌管外务。1864 年,天京陷,在湖熟桥镇战死。

林得英(？—1864)　1852 年在汉口参加太平军。1861 年,封直王。主持天京江防。1864 年 4 月,拟由江苏金坛走安徽广德,在金坛丁山战死。

林彩新(？—1864)　广东人,天地会成员。1855 年在江西参加太平军,隶石达开部,随石远征。脱离东返,1861 年,隶李世贤部,1862 年授第壹佰陆拾贰天将、列王。1864 年在江西弋阳战败,溺水身死。

林福祥(1814—1864)　号季薇。广东香山(中山)人。参与广州三元里抗英。1861 年 9 月,为浙江布政使,太平军克杭州,被俘,送进招贤馆。1862 年,前往左宗棠营,被收押审讯,处死。

英翰(1828—1876)　满洲正红旗人。举人。1862 年,与捻军作战,升知府。1864 年,升安徽布政使。在安徽阻击太平军陈得才部。

范汝增(1840—1867)　广西人。太平天国李世贤部。1860 年,为讨逆军主将进天义。1861 年 12 月,与黄呈忠占宁波。1862 年 3 月,封首王。在浙东抵抗老湘军和英法雇佣军。1864 年 9 月,在进军安徽建口时,兵溃,北上加入捻军。1867 年在山东寿光为民团杀死。

欧阳利见(1825—1895)　号健飞。湖南祁阳人。湘军水师。由行伍升总兵,划归淮军。后任浙江提督参加中法战争。

虎嵩林　四川成都人。随向荣尾追太平军至南京,升宜昌镇总兵。子虎坤元随同作战。江南大营溃败,退驻珥陵。

呤唎(1840—1873)　英国军官。1859 年来上海。次年辞去军职,在商船上做大副。在苏州谒见李秀成。1861 年赴天京教练太平军炮术。多次赴上海采办军火。1863 年夺取"飞而复来"号(萤火号)兵船至无锡。1864 年返回英国。著有《太平天国革命亲历记》《太平军真相》等书。

罗大纲(罗亚旺)(？—1855)　广东揭阳人,天地会成员。早年在浔江活动,1851年参加太平军,为左二军军帅。所部常为前锋,直指南京。又东征镇江,升冬官正丞相。1854 年,参加西征。1855 年在九江江面战死。追封肺王。

罗孝全(1802—1871)　美国传教士。1844 年至广州传教,1847 年向洪秀全、洪仁玕传授圣经。1860 年至天京,封接天义、通事馆领袖(首席翻译)。1862 年 1 月,离开天京,在上海发表攻击洪秀全等言论。

罗苾芬(？—1856)　广东嘉应州(梅州)人。太平天国韦昌辉部。北王府簿书,掌一切文案。升地官又正丞相。天京内讧时,因为韦党被杀。

罗泽南(1808—1856)　湖南湘乡人。号罗山。理学家。1852 年创办团练对付太平军。1854 年,攻陷岳州,授知府,陷武昌,授浙江宁绍台道。1856 年,在武昌城外伤重死。

罗荣光(1834—1900)　字耀庭,湖南乾州(吉首)人。由武童加入湘军。1862 年,加入淮军,攻打上海周边地区。1865 年,攻陷漳州,升总兵。1900 年守大沽口,抵制外国侵略军。

罗绕典(？—1854)　湖南安化人。拔贡。1852 年为湖南巡抚,因防守长沙功升云贵总督。

罗琼树(罗矮子)　广东揭阳人。帮办其弟罗大纲在军中事务。参加西征。1856年任秋官正丞相。天京内讧时参加韦昌辉杀杨秀清事。1861 年,封幄天福。

和春(？—1860)　字雨亭,满洲正黄旗人。1853 年,隶江南大营,署江南提督,陷庐州。1856 年,代向荣为钦差大臣。1860 年,江南大营覆灭,在浒墅关自杀。

金国琛(？—1879)　字逸亭。江苏江阴人。罗泽南门生。后随李续宾、李续宜与太平军作战,1859 年,随李续宜解宝庆围。

周春(周培春、豆皮春)(? —1864) 广东番禺人。参加三元里反英斗争和围攻广州之役。1855 年 12 月，在江西新昌(宜丰)加入石达开部。任指挥。随石达开远征。1862 年，回归后隶李世贤部，进军浙江。封怀王。1864 年，转战福建，失败，投湖自杀。侄周祉福袭爵，称幼怀王。

周天受(? —1860) 字百禄，四川巴县人。1851 年随向荣作战。在江西、浙江作战，授总兵、提督。1860 年 9 月在宁国战死。

周天培(? —1859) 四川巴县人。行伍。录向荣、张国樑。1858 年授总兵。1859 年授湖北提督，在江浦战死。

周天爵(1772—1853) 字敬修，山东东阿人。进士。1850 年，署广西巡抚、钦差大臣，对付天地会和太平军。1853 年，任安徽巡抚，对付捻军。病死。

周凤山 1853 年，以守备参加湘军。1855 年，接统塔齐布部。1856 年 3 月，为石达军大败于江西樟树镇。后随曾国荃进犯江西吉安。

周文嘉(周文佳)(? —1863) 江西人，木匠。1860 年隶陆顺得部东征上海，守青浦。1861 年，攻占绍兴，授南破忾军正总提绫天安。封宁王。1863 年 12 月，参加叛乱集团，献苏州降，为李鸿章杀死。

周立春(1814—1853) 江苏青浦人。天地会成员。地保。1852 年在青浦等地抗粮。1853 年 9 月，占嘉定，和上海小刀会呼应。称提督本标全部大元帅。嘉定陷，被俘杀。

周兴隆 湖南常德人。原在常昭太平军水师。1862 年投入清营，升游击。奉李鸿章命潜入常熟，联络叛军。后升总兵。

周寿昌(钱寿仁) 安徽桐城人。1863 年 1 月，由江苏太仓率部逃往上海。参加淮军东进。授总兵。

周秀英(? —1855) 江苏青浦人。周立春女。父死后转战至上海。1855 年，上海失守，被俘杀。

周胜坤 广西花县人。原系典当商。1854 年，升夏官又正丞相。守庐州。1856 年，守镇江汤头，战死。

周宽世(? —1866) 湖南湘乡人。雇工，加入湘军。1858 年积功升总兵。1859 年，署湖南提督。1866 年，参加攻陷嘉应州(梅州)。

周盛传(1833—1885) 字薪如，安徽合肥人。创办乡团。1862 年参加淮军，随李鸿章进入上海,东征苏、常。

周盛波(?—1888)　字海舲,安徽合肥人,创办乡团,1862 年参加淮军,随李鸿章进入上海,东征苏、常。晚年任湖南提督。

周锡能(?—1851)　广西博白人,参加金田起义,任军帅。因私通清方,被察觉,处死。

苗沛霖(?—1864)　字雨三。安徽凤台人。塾师,参加捻军,为张乐行文案,脱离后举办团练,投靠清军,渐升至川北道,亦潜通太平军。1862 年初封奏王,又降清,旋又叛,战败后为部属所杀。

庞际云(1822—1884)　字省三,直隶宁津人。曾为曾国藩家塾师。1864 年,在曾国藩幕府,天京陷后,至南京办理善后事宜,参与审讯李秀成。

庞钟璐(?—1876)　字宝生,江苏常熟人。进士。1860 年任督办江南团练大臣,攻陷江阴。太平军攻占常熟后,逃往上海。

怡良(1791—1867)　字悦亭,满洲正红旗人。1840 年,以广东巡抚兼署粤海关监督,主张抵抗英军入侵。1853 年,任两江总督,于常州设立总督衙门。1856 年江南大营破,亲往安抚军心,协助重建。

法尔思德　美国人。1860 年为洋枪队副领队。1862 年 6 月,在青浦被俘,以军火赎回,后在宁波,继续对抗太平军。

郑国魁(?—1888)　安徽合肥人。东坝盐枭头目。为道员史保悠招抚。后杀史投太平军。1862 年,又投靠淮军,参加四江口战役,升副将。策动苏州郜永宽等叛乱。官至天津镇总兵。

郑魁士(1801—1873)　直隶万全(张家口)人。行伍。隶江南大营。后授寿春镇总兵,陷舒城、庐江等地。

官文(1798—1871)　字秀峰,满洲正白旗人。1854 年,荆州将军,后授湖广总督、钦差大臣,与湘军联手陷武汉、九江。天京陷,为曾国藩等推为首功。

肃顺(1816—1861)　字雨亭,郑亲王乌恭阿第六子。1858 年任户部尚书,深受咸丰帝信任。推荐曾国藩任两江总督。1861 年,咸丰帝死,与载垣等为赞襄政务大臣。为慈禧太后、恭亲王奕䜣发动“祺祥政变”,处死。

练业坤(1827—1863)　广西人。侍王李世贤部。1860 年,授轮天义,率军入浙,守严州。1862 年春,封梯王。参加天京保卫战,在印子山战死。

胡万胜 广西平南人。豫王胡以晃子。袭爵,称幼豫王。不参与政务。

胡元炜(?—1861) 安徽庐州知府。1854 年 1 月投降太平军。在天京参与审讯张继庚案件。1861 年安庆陷,被俘杀。为清方主动向太平天国投降的最高官员。

胡以晃(1812—1856) 广西平南人。1854 年封为豫王。

胡永祥(胡瞎子)(1834—1866) 安徽东流人。1853 年 10 月,随汪海洋参加太平军。1857 年 12 月,随石达开远征。1860 年返回。1863 年,隶汪海洋部,授天将。1865 年,任总统天将,统辖大前队,为全军谋主。1866 年 2 月,由嘉应州突围,在丰顺大田长莨山被俘、杀害。

胡林翼(1812—1861) 号润芝,湖南益阳人。进士出身。在贵州任知府期间,举办保甲团练。1854 年,进援湖北,与曾国藩湘军会同作战。1856 年,以攻克武昌功,授湖北巡抚。与曾国藩设计四路进攻安徽。1861 年病死。

胡海隆(胡海龙)(1825—1864) 广西人,参加金田起义。天京内讧后,任吏部又正天官。1862 年,封学王。1864 年天京城破后三月,被清军搜获杀害。

胡鼎文(?—1863) 广西人。1860 年,任定南军正总提转战皖南赣北。1862 年封孝王。1863 年于江西饶州桃墅镇战死。

赵景贤(1822—1863) 字竹生。浙江归安(吴兴)人。举人出身,以湖州知府办理团练。屡败太平军。1862 年 5 月,湖州陷被俘,拒降。翌年冬,被杀。

赵烈文(1832—1893) 字惠甫,江苏阳湖人。监生出身。在曾国藩幕府。1862 年往南京湘军曾国荃处。著有《落花春雨巢日记》、《能静居士日记》、《天放楼集》。

威妥玛(1818—1895) 英国外交官。1854 年,乘上海小刀会起事时,夺取上海海关控制权,任第一任外国税务司。1858 年任英国专使额尔金翻译,在安庆、天京拜会太平军当局。

钟万信(钟英)(?—1866) 洪秀全大驸马,洪天娇未婚夫,封金王。隶李世贤部。1866 年 2 月 8 日,在广东丰顺白水寨被俘杀。

钟芳礼(?—1858) 广东花县人,洪秀全姐夫。1853 年,主持天京织营。1858 年,为副掌率,在天京东南龙都、湖墅战死。

郜永宽(郜云官)(?—1863) 湖北人。1853 年参加太平军,隶李秀成部,封纳王。1863 年 12 月,主持苏州降清,献城投降后,为李鸿章杀死。

侯裕田(侯管胜)(?—1865) 广东嘉应州(梅州)人。管带天京水师,封森王。

1864 年后,出走香港,开设金城泰店,暗运军火粮食,接济漳州李世贤军,为香港当局引渡至广州杀死。

胜保(? —1860) 字克斋。满洲镶白旗人,举人出身。1853 年,在江北大营会办军务,尾追北伐太平军,围困林凤祥、李开芳等部,后督办安徽军务,招抚李昭寿。以屡战无功,拥兵纵寇,被赐自尽。

洪大全(1823—1852) 原名焦亮。湖南兴宁人。道光末,为天地会招军堂主,赴永安州(蒙山),投奔洪秀全。因与洪秀全等相悖,被监禁。永安突围时被俘,为清方编织为"天德王洪大泉",送北京处死。

洪天佑(1858—?) 洪秀全第五子,被定为杨秀清嗣,1861 年 6 月,封为幼东王。1864 年,天京失陷后,下落不明。

洪仁发(1805—1864) 广东花县人,洪秀全长兄。参加金田团营,初封国宗。天京内讧后,封安王,挟制翼王,后改封天安。1859 年封王长兄,爵同西,又封信王。1864 年天京城破后,投水死。

洪仁达(? —1864) 广东花县人,洪秀全次兄。参加金田团营,初封国宗。天京内讧后,封福王,挟制翼王,后改封天福。1859 年封王次兄,爵同西,又封勇王。1864 年天京城破后,被俘杀。

洪仁玕(1822—1864) 广东花县人。1858 年封为干王,精忠军师(又副军师)。

洪秀全(1814—1864) 广东花县人。太平天国天王。

洪春元(? —1863) 广东花县人。洪秀全族侄。隶李世贤部,转战于皖南。与李世贤不协,回天京,守雨花台。雨花台失陷,处以死罪。

洪春魁(洪全福)(1836—1910) 广东花县人。洪秀全族侄。天京陷,走香港,参加兴中会属洪门会党。拟在广州起事,称"大明顺天国南粤兴汉大将军"。1903 年,准备起事时泄密,走避新加坡,后病死于香港。

洪桂芳(? —1865) 广东花县人。1864 年封列王,随陆顺得据广东长乐(五华),城陷,被俘,于番禺杀死。

洪天贵福(1849—1864) 广东花县人。洪秀全长子。1860 年后天王多用"幼主"名义颁布诏旨。1864 年 6 月,继位,称幼天王。同年 10 月在江西石城被俘,在南昌被杀。

费玉成(费玉)(1799—1862) 江苏吴江人。枪船头目,据周庄,太平天国封为镇天侯、镇天豫。清方亦授与三品顶戴。后病死,子费金绶接任加入淮军。

骆秉章(1793—1867) 字吁门。广东花县人。进士出身。1850 年任湖南巡抚。困守长沙,重用左宗棠为首席幕僚。1859 年,与石达开主力转战于宝庆等地。1862 年,授四川总督,俘杀石达开。

秦日纲(1821? —1856) 广西贵县人。1854 年封燕王。

秦定三(? —1857) 湖北兴国人。进士出身。1851 年,以贵州镇远镇总兵,与乌兰泰讨伐太平军。后尾追至南京。1857 年病死。

都兴阿(? —1875) 满洲正白旗人。1853 年,随僧格林沁对付北伐太平军。1856 年,升江宁将军。1860 年赴扬州督办江北军务。翌年,调江宁将军。1864 年,任西安将军,署陕甘总督,镇压回民。

袁甲三(1806—1863) 号午桥,河南项城人。早年任乡村塾师,考取进士。1853 年,派遣安徽佐吕贤基办理军务,后署安徽布政使,超擢左副都御史。1856 年,赴安徽,陷雉河集。1858 年,代胜保督办三省"剿匪"事宜。后又署漕运总督,督办安徽军务。因病回原籍,病死。

袁宏谟(1828—1886) 安徽合肥人。1853 年,隶石达开部。1863 年守江苏昆山,封谟王。昆山陷后,回乡遁迹紫蓬山两庐禅寺为僧,法号通元。

袁得厚 1857 年封翰天侯,后封显王。1864 年,守江苏宝堰镇,旋弃走高淳。5月,在东坝战死。

莫仕暌 广西平南人。参加金田起义。1856 年天京内讧后,授秋官丞相加侯爵。1861 年后,任番镇总管参与外事。1862 年,转任刑部正秋官,封补王。天京失陷后,逃回平南,病死。

夏福礼(? —1885) 英国外交官。1861 年任英国驻宁波领事。曾访问余姚与奉化的太平军黄呈忠、范汝增,劝阻攻取宁波。未成。翌年,伙同法军攻陷宁波。

钱江(1800—1853) 字东平,浙江归安(吴兴)人。监生。1842 年在广州参加抗英斗争,被谪戍新疆。1853 年,江北大营建立,为帮办军务雷以諴献推行厘金计,对行商坐贾设卡置局抽厘,商民大受其困,使大营饷糈充足。后因触犯雷,被捕杀。有关他参加金田起义,为太平天国封为军师、靖国王诸事,乃小说家言,实不可信。

钱桂仁(得胜、百顺、安邦、贵仁)(? —1866) 安徽桐城人。地主。1857 年,加入李秀成部。1860 年为常昭守将,组织徐佩瑗、熊万荃等叛乱集团,未遂。升受天天军主将。1864 年 2 月,封比王,助守杭州。杭州陷,降清,任都司。1866 年 1 月参与进犯嘉应州,被击毙。

钱鼎铭(1824—1875)　字新之,号调甫,江苏太仓人。1861 年,奉命赴安庆向曾国藩乞师援沪。

倪隆淮　湖南人。授羡天安,统英王陈玉成部左二队。1862 年,随陈得才西征,封天将。1864 年 11 月在黑石渡降清。

徐朗(?—1864)　广东人,天王驸马。隶李世贤部。封列王。守浙江安吉。1864 年 8 月,在孝丰战死。

徐广缙(1787—1858)　字仲升,河南鹿邑人。进士。先后任府尹、布政使、巡抚和两广总督。1852 年,代赛尚阿为钦差大臣,署湖广总督。1853 年,太平军占武昌,被革职拿问。后又发往河南差遣。

徐少蘧(佩瑗、徐老六)(?—1863)　江苏长洲人。监生。1860 年在永昌创办团练。接受太平王国招抚,封抚天侯、抚天豫,充当苏福省办理田捐总董。1861 年,与熊万荃、钱桂仁等组织叛乱集团,未成。后为谭绍光逮捕、处死。

徐昌先(徐昌光)(?—1867)　1864 年封列王,天京失陷后参加捻军。1867 年 12 月,在山东寿光为地主武装杀害。

翁同书(1810—1865)　字祖庚,江苏常熟人。进士。1856 年,帮办江北大营军务,后升安徽巡抚。1862 年,因寿州之失,系刑部狱,后改往新疆、甘肃军营效力。病死。

爱棠　法国驻华领事官。署法驻上海领事。1853 年,小刀会起事,与英、美驻沪领事联手夺取上海海关。1862 年,又与英领事会商卜海防务,阻止太平军进入上海。

郭松林(1833—1880)　字子美,湖南湘潭人。湘军行伍出身。1862 年,拨归淮军。参加攻打太平军、捻军战斗。历任湖北提督、直隶提督。病死。

郭嵩焘(1818—1891)　号筠仙、玉池老人。湖南湘阴人。进士。1852 年,促曾国藩开办湘军,积极为之筹饷。1863 年,署广东巡抚。镇压太平军余部。后为出使英国大臣。有《养知书屋遗集》、《英轺纪程》。

高连升(?—1869)　湖南宁乡人。加入湘军,由行伍升至提督,隶左宗棠部。

席宝田(1829—1889)　字听芗,湖南东安人。秀才。随刘长佑作战,援江西,解宝庆围,1864 年,追击太平军余部,俘洪仁玕和幼天王。

唐日荣(?—1867)　湖南永州(零陵)人,原隶石达开部。随同入川,隶赖裕新。

1863 年赖死后,隶中旗郑永和,郑降清后,他自领一军,称德王,与赖文光联手作战。在湖北安陆以与清军潜通为赖杀死,也有作赖为兼并计诛杀之。

唐正才(唐正财)(? —1863) 湖南祁阳人。原为贩运林木米粮商人,1852 年在岳州加入太平军,任典木匠,统水营。后隶陈玉成部,封亮(量)天福。1862 年隶李秀成部、封航王。在无锡战死。

唐训方(1810—1877) 字义渠,湖南常宁人。举人。1853 年,加入湘军,为营官。1864 年,署湖北巡抚。

唐定奎(? —1887) 安徽合肥人。与兄殿奎在家乡开办团练。1862 年,加入淮军。参加镇压太平军、捻军。1874 年,引军入台湾镇守。

唐殿奎(1832—1867) 安徽合肥人,开办团练。1862 年,加入淮军,在上海作战。1867 年为广西右江镇总兵,在尹隆河为捻军击毙。

凌十八(1819—1852) 广西信宜人。曾参加文、武秀才考试,未中式。1848 年,组织信仰上帝成员,密谋起义。1851 年,率众万余人赴金田团营,途经郁林州围攻三十五天,未下,退回,进入广东罗定罗镜圩,后遭广东巡抚叶名琛长围断粮,全部战死。

涂镇兴(? —1856) 广西人。1856 年初,任太平天国春官正丞相,率西征军一部援镇江,在镇江下蜀战死。

宾福寿(? —1864) 广西人。木工,参加金田起义,封典木匠。主持天京营造。1861 年,封为殿前工部正冬官,后封愉王。

祥厚(? —1853) 清宗室,满洲镶红旗人。1848 年,升江宁将军。1853 年,南京内城破,战死。

陶恩培(1802—1855) 浙江山阴人。进士。1854 年,湖北巡抚。翌年,因杨霈败,不及备,太平军三占武昌,自杀。

萧有和(1848—1864) 西王萧朝贵长子。广西武宣人。天京内讧后,最为天王信任,名列诸王之前。1863 年,天京被困时,更有以不遵幼西王令者,合朝诛之诏旨。天京失陷,与幼天王等出走,在安徽广德病死。

萧庆衍(? —1890) 湖南湘乡人。1853 年,参加湘军,升至提督。1864 年,参与攻陷天京。

萧孚泗(? —1884) 湖南湘乡人。1853 年,参加湘军。由行伍擢升至福建陆路提督。1864 年,攻陷天堡城、地堡城,由太平门陷天京。洗劫天王府。以掠夺过甚,还乡。

不复出。后病死。

萧朝贵(？—1852)　广西武宣人。太平天国西王。

萧朝富　广西武宣人。萧朝贵族兄。1861 年封顶王。守安徽无为州。

萧雅泗(萧雅四)　原名黄四,雇工。参加金田起义。1864 年初,封列王,由湖州突围后,降敌,授都司,后随清刘典追剿汪海洋,策划黄朋厚、李远继内应,瓦解太平军,进攻嘉应州(梅州)。

萧翰庆(1827—1860)　湖南衡阳人。1853 年,加入湘军。旋改文职,随军先后参与攻陷武昌、九江。1860 年,援湖州,战死。

黄子隆(黄摆子)(？—1863)　广西藤县人。隶李秀成部。1862 年,封潮王。守无锡。城陷,被俘杀。

黄文安　广西博白人。参加金田起义。1853 年,总理铸钱。1862 年,封望王,守朝门。天京失陷后,匿居民间,娶妻生子,后病死。

黄文英(1839—1864)　广西博白人,参加金田起义。1863 年封昭王。1864 年春,守安徽广德。与黄文金、洪仁玕等护幼天王南走,在江西石城兵败被俘,在南昌遇害。

黄文金(黄老虎)(1831—1864)　广西博白人。1850 年率博白拜上帝成员至金田团营。1855 年,在江西湖口屡败来犯湘军。1860 年,封擎天义定南军主将,参加攻破江南大营,占领常熟。又会合李世贤等军围曾国藩于祁门。后常转战于皖南。1864 年守湖州,屡摧围军。天京陷落,与洪仁玕等护幼天王南走,途中因伤重死。

黄为政(黄为正、王维正)　广西贵县赐谷村人。洪秀全表侄。为人诬告入狱,病死。1860 年,以平在山勋旧,追封为开朝王亲烈天义,后又追封为觐干。

黄玉崑(王玉崑)(1817？—1857)　广西桂平人。曾为讼师。参加金田起义。女为石达开妃,称翼贵丈。1853 年在天京升夏官正丞相。封卫天侯,掌天朝刑部。1855 年,随石达开西征。转战江西。石达开回京,主持江西军务。在吉安战死。

黄再兴(1815？—1854)　广西桂平人。参加金田团营,在诏书衙编纂诏书。1854 年,至湖北安民,与石凤魁同守武昌。城陷,以失守罪处死。

黄呈忠(1826—？)　广西人。李世贤部。1860 年升右军主将宝天义。1861 年入浙,进入浙东,攻占宁波。1862 年,封为戴王。1864 年,随李世贤南下,至福建。守漳浦,城陷,不知所终。

黄朋厚(黄十四、十四郎、小老虎)　参加金田团营。1864 年封列王(亦有作奉王)。

参加护幼天王南下,投靠汪海洋,常自领一军。1865 年,在北上江西途中,军败,降,与李远继充作内奸,派遣回汪海洋军。1866 年,嘉应州陷,匿居山洞,再次降敌,授守备。

黄和锦(? —1864) 李秀成部。1860 年,守江苏无锡,升济天义,佐王。为李恺顺赶出城,走常州。常州陷,被俘杀。

黄金爱(? —1865) 福建晋江人。李秀成部,领水师。1862 年封纪王。1864 年天京围城时,封副主帅。天京失陷时,出走。1865 年,在福建上杭为汪海洋杀死。

黄春生(? —1861) 浙江余姚人。1858 年组织本地十八局佃农抗租。与清军对抗,入四明山区,后被俘杀死。余部由其妻卢七姑率领继续战斗。

黄顺元 江苏无锡人。宰猪户。1860 年,任金匮县监军。1863 年潜通常昭团练局,旋即投敌。

黄益芸(? —1854) 广西人。草医。太平天国将领。1853 年,奉命率部为第二批北伐军,在六合因火药爆炸,受伤死。一说为秋官副丞相,率北伐援军,进入山东,兵溃,为团练所杀。

黄崇发 1862 年封爱王,守东梁山。东梁山失守,转战于赣北皖南。后不详。

黄盛爵 广西贵县人,洪秀全表兄,参加金田团营。1860 年,兄弟五人皆升义爵,旋封就王。

黄章桂 广西人。隶李秀成部,参加东征,任殿后军大佐将悦天义。1862 年初,封趋王。1863 年,参加苏南保卫战。

黄隆芸(? —1865) 广西人。封祥王。1864 年入江西、福建。1865 年,守福建云霄,撤退途中,被俘。

黄期陞 广西贵县人,洪秀全表兄。1853 年在天京任朝仪官,主持对民众宣讲道理,封相天侯。1860 年,封真神殿大学士殿前左正使相天义。与洪仁玕、陈玉成主持天京考试,封助王。

黄翼升(1819—1894) 字昌岐,湖南长沙人。行伍。1853 年加入湘军水师。1860 年,任淮扬镇总兵。1862 年,率淮扬水师加入淮军。后出任长江水师提督。

龚得树(龚得、龚瞎子)(? —1861) 安徽亳州人。贩过私盐。为捻军白旗总首领。以多谋善战著名,坚决主张与太平军合作。在湖北罗田松子关战死。

常大淳(? —1853) 进士。湖北巡抚。1853 年,武昌城破,自杀。

康国器(1811—1884) 广东南海人。1862 年,隶左系湘军转战浙江,授道员。

1865 年在广东靖溪塔下村大败李世贤军。

密迪乐（1815—1868）　英国外交官。1854 年,以翻译随英使文翰访问天京。1857
年后,先后任宁波、上海领事,曾上书本国政府,称英国助清,实为不智,且有碍英国
商务。

梁凤超（？—1863）　广西人。1861 年任天海关正佐将。江西水师主将敛天义,旋
封贡王。1863 年,九洑洲陷,不知所终。

梁立泰　广西桂平人,参加金田团营。1853 年 9 月,为殿左二十三检点,随石达开
出师安徽,后守桐城。

梁成富（　—1866）　广西郁林人。参加金田团营。隶陈玉成部。1862 年,封启
王,与陈得才等率军远征。后陈得才等兵败,率军折回,夺取甘肃阶州(武都)。在阶州
被围半年后,城陷被俘,在成都遇害。

琦善（1790—1854）　满洲正黄旗人。袭侯爵。1840 年,在赴广东任钦差大臣时,
因割让香港革职拿问。1852 年,授钦差大臣,驻河南、湖北边界,堵太平军北上。1853
年,主持江北大营。1854 年,病死军中。

塔齐布（1817—1855）　满洲镶黄旗人。1851 年,发湖南以都司用。加入湘军。
1854 年,以连升五级,授湖南提督。名位在曾国藩之上。1855 年,病死于九江军中。

韩正国（？—1862）　湖南湘阴人。1854 年,投入湘军。1862 年,率余兵营随李鸿
章至上海,同年在北新泾战死。

韩奇峰(韩老万)（？—1862）　安徽宿州人。捻军蓝旗总头领。与太平军联手作
战。1862 年,战死。

彭大顺（？—1861）　石达开部。为右一旗大军略扩天燕。1860 年 9 月,脱离石达
开回朝。1861 年在福建连城伤死。

彭玉麟（1816—1890）　字雪琴,湖南衡阳人。附生。1853 年,湘军水师营官。领
湘军水师,陷九江。1862 年,授兵部右侍郎,专统水师。1869 年,还本籍后,仍令出山,
定期巡阅长江水师。

彭毓橘（1816—1867）　字吉南,湖南湘乡人。1858 年,随曾国荃作战,参予攻陷安
庆、天京。镇压捻军。1867 年,在湖北蕲水兵败,被俘杀。

蒋文庆（？—1853）　字蔚亭。汉军正白旗人。进士。1851 年,安徽巡抚。太平军
攻安庆,逃出城门,被搜杀。

蒋有福 广西桂平人。萧朝贵次子,封懿王。位在幼西王下,诸军师王前。天京陷后,下落不明。

蒋益澧(? —1874) 字芗泉,湖南安福人,从王鑫为部伍。后随左宗棠。1862 年,为浙江布政使,在浙江与太平军作战。

蒋凝学(1816—1878) 湖南湘乡人。1855 年,以办团练,随罗泽南作战。在安徽作战。

贾瑞麒(? —1875) 广西武宣人。1851 年参加太平军。后封节王,守雨花台。天京陷,潜逃回乡。

雅龄 英国海军军官。1861 年,随何伯、巴夏礼访天京,警告太平军不得进上海、吴淞百里圈地区。

程学启(1830—1864) 字方忠。安徽桐城人。1858 年加入太平军。为弼天豫。1861 年在安庆降清,于攻陷安庆立有大功,升游击。1862 年,随李鸿章赴沪,以功升总兵。为淮军第一大将。1864 年攻陷嘉兴时,伤重死。

傅忠信 广西人。1857 年随石达开远征,升宰制。1860 年,脱离石达开本部返回,取道江西。

傅善祥(伏善祥) 江苏南京人。加入太平天国,任东王府内簿书,为东王批答文书。天京内讧后下落不明。(关于她的下落,有多家传说,不可信)

奥伦 英国军官。1862 年,任"常胜军"参谋长,代百齐文统领"常胜军"。1863 年,进攻太仓失败,辞职。由戈登接管。

童容海(童大锣) 安徽无为人。随石达开远征。1860 年,返回,隶李秀成部。1862 年封保王。同年降清,乃复姓洪。升至总兵。

温绍原(1797—1858) 字北屏。湖北江夏人。1852 年任六合知县后,屡败太平军,后升江南大营翼长。1858 年,六合城破,自杀。

曾立昌(? —1854) 广西桂平人。太平天国将领。1853 年,守扬州。后撤出率北伐援军。在山东临清撤回,兵败,至丰县黄河,投河死。

曾水源(? —1855) 广西武宣人。农村私塾教师。参加金田起义。至天京,升天官正丞相、理东王府事。后为东王杀死。

曾贞干(曾国葆)(1828—1862) 字秀洪。湖南湘乡人。曾国藩五弟。参加湘军。1862 年进围天京,染时疫,病死。

曾钊扬　广西桂平人。曾水源侄,乡村私塾教师,参加金田起义。一切文檄皆出其手。入天京后,升天官又副丞相。1854年,主持删改六经。

曾国华(1822—1858)　字温甫。湖南湘乡人。曾国藩三弟。监生。1858年,襄办李续宾军务,三河战溃,死。

曾国荃(1824—1890)　字沅甫,湖南湘乡人。贡生。曾国藩四弟,1856年,组建湘军"吉字营",1866年,围安庆,以攻陷功,升按察使。围攻天京。1863年,升浙江巡抚。攻陷天京,开缺回籍。1866年,讨伐捻军,失利。后任两江总督,病死。

曾国藩(1811—1872)　号涤生,湖南湘乡人。进士。1853年在籍时创办团练,组建湘军。1860年授两江总督,命节制苏、皖、赣和浙江等四省。1864年,主持攻陷天京,封一等毅勇侯。

曾添养(曾天养)(？—1854)　广西桂平人。参加金田团营。1853年参加西征,屡战屡胜,称"飞将军"。1854年在湖南城陵矶战死。

曾锦谦　广西博白人。参加金田团营。封卫天侯。随石达开出征。天京内讧后,又随石达开返回天京。

普鲁斯(1814—1867)　英国外交官。1857年驻华公使。筹划阻止太平军进入上海、宁波等,赞同英、法军队进攻嘉定、青浦及宁波。

富礼赐　英国驻沪官员。1861年,访问天京,与洪仁玕、李秀成等频繁来往,提出太平军不得进入上海等地一百里以内地区。

瑞昌(？—1861)　满洲镶黄旗人。参与僧格林沁、胜保等阻止太平军北伐军。为杭州将军。1861年,杭州被破,自杀。

赖文光(1827—1868)　广西贵县人。参加金田起义。陈玉成部。1862年,封遵王。1864年天京失陷后,加入捻军。屡败清军。1868年1月,在扬州被俘杀。

赖文鸿(？—1864)　广西贵县人,赖文光兄。长期在捻军作战。1862年,封匡王。1864年8月,由湖州突围,在宁国余村战死。

赖世就(1830—1867)　参加金田团营。隶李秀成部。1862年,封奏王。1864年后,加入捻军。1867年12月,在山东胶州战死。一作赖世就即赖九(赖汭铁)。误。

赖汉英(1816？—1908？)　广东花县人。洪秀全妻弟。乡村医生。1853年,封夏官副丞相。率军西征,又援扬州,拨出守军。后贬至删书衙。下落不明,一作1856年为杨秀清逼迫,投江死,亦作天国亡后,走九龙,后回乡。

赖桂芳(？—1864) 广东花县人。洪秀全妻弟。1862年,封柬王。守江苏丹阳,城陷,俘杀。

赖裕新(？—1863) 广西人,早年参加湖南李元发天地会,后赴金田团营,隶石达开部,参加远征,率中旗,任天台左宰制。独率一军行动。1863年,在四川越西厅遭土司伏击,战死。

蓝仁得(？—1863) 广东人。天地会成员。隶杨辅清部。1860年授殿中军大佐将理天安。1863年封跟王,转战皖南。守建平(郎溪),为叛将杀死。

蓝成春(蓝矮子)(？—1864) 广西人,参加金田起义。陈玉成部。1861年封祜王。1862年春,率军西征。1864年,奉命回救天京。天京失陷,在黑石渡降清,被杀死。

蒙得恩(1806—1861) 广西平南人。参加金田团营。1853年,任春官又正丞相,管理女营。天京内讧后,任正掌率,总理国政。1858年,任为中军主将。1859年6月,封赞王。颇得天王信任,但缺才情。1861年病死,长子世雍袭爵,称幼赞王。

鲍超(1828—1886) 字春霆,四川奉节人。行伍。1854年,湘军水师哨官,积功升至提督。创立霆军,为湘军偏师,独立作战。在江西、安徽等地屡胜太平军。病死。

詹启纶(1821—1878) 湖北黄安人。参加北伐军。在连镇降,充义勇头目。后调江北大营。1861年升徐州镇总兵。1864年,主持扬州军务。1865年,称病去官,在扬州地区横征暴敛,又因殴毙同伴,被判为绞监候,1878年处决。

褚汝航(？—1854) 江苏吴县人。1853年,应曾国藩招,编练水师,任总统。1854年,攻占岳州,擢道员,旋在城陵矶大败被杀。

裨治文(1801—1861) 美国传教士。曾参与将《圣经》译为汉文。1854年,随美国公使麦莲至镇江、天京,为太平天国拒绝。

慕维廉(1822—1900) 英国传教士。1861年,到天京与洪仁玕会晤,商谈在太平天国区域传教。

蔡元隆(1839—？) 湖南岳州人。1854年参加太平军。李秀成婿。1862年,守浙江海宁。翌年,封会王。1864年2月,降清,改名元吉,授通判文职,率部围攻湖州。

臧纾青(1796—1855) 江苏宿迁人。举人。开办团练对付太平军。在桐城战死。

僧格林沁(1811—1865) 蒙古科尔沁旗人。1854年因战胜北伐太平军,由郡王升亲王。1857年,筹办海防。赴直隶、山东镇压捻军。1863年,先后歼灭张洛行、苗沛霖等。1865年,在山东曹州为捻军击毙。

廖发寿(？—1864)　广西人。陈炳文部。1861 年,守浙江嘉兴。1863 年,封荣王。1864 年,指挥城军,先后击毙淮军悍将总兵何安泰和程学启。城陷,被俘杀。

赛尚阿(？—1875)　字鹤汀。蒙古正蓝旗。举人。1851 年,为钦差大臣,镇压太平军。因屡败,先后被降级留任,逮京治罪,遣戍军台。1860 年,回京,授正红旗蒙古副都统。

谭星(？—1864)　广东人。广东三合会成员,参加红巾军,后加入太平军随石达开远征。中途返回,隶李世贤部。1863 年封沛王。后在江西南丰战死。

谭富　谭星弟,隶李世贤部。1863 年封陪王。1865 年 8 月,在广东镇平(蕉岭)降,率部随征汪海洋。

谭体元(1835—1866)　广西象州人。参加金田团营。随石达开远征,中途返回,守常州、天京。封偕王。天京陷落,护幼天王南下,后归汪海洋。1866 年,汪海洋死,被推举代领其众。组织在嘉应州突围。因伤重被执死。

谭绍光(1835—1863)　广西桂平人。隶李秀成部。随征江浙和上海。1862 年 5 月,因攻克湖州,封慕王。后守苏州,为正拟叛变的汪安均杀害。

翟天凤(？—1864)　广东惠州人。天地会成员,自称平东王。1862 年,为太平军封为主将。1864 年,与汪海洋合军,在浒湾被俘杀。

翟火姑　广东惠州人,天地会成员。参加红巾军,1856 年北上,加入太平军,但仍用"花旗",隶石达开部。后返回,在广东、江西作战。

德兴阿(？—1867)　满洲正黄旗人。1856 年,为钦差大臣,主持江北大营。1858 年,因失扬州,革职留任。

德克碑(1831—1875)　法国军官,1862 年与宁波法军舰队司令勒伯勒东组建"常捷军"。1863 年率军攻陷绍兴、富阳和杭州,被授为浙江总兵。"常捷军"解散后,任福州船政局副监督。

樊玉田(毛大)(？—1864)　江苏无锡人。船民。1853 年,加入太平军。1860 年,为响导,攻克无锡。封第四百三十四丞相、城天侯。1864 年被俘杀。

潘起亮(小镜子、潘可祥)(1831—1865)　江苏南京人。天地会成员,在上海组织百龙党,又并入小刀会。小刀会起事,封飞虎将军。上海突围后,在镇江隶李世贤部。1861 年,为衡天安,任天宁关监督。封天将。1865 年 5 月,在广东大埔塔下落水死。

潘鼎新(1828—1888)　安徽庐江人,字琴轩,举人。在本乡办团练,加入淮军,随李鸿章赴上海。在浦东和浙江与太平军作战,升道员。1865 年,北上镇压捻军。

额尔金(1811—1863) 英国外交官。1857 年任全权特使来华,考察沿江新辟通商口岸,途经天京、安庆和芜湖,搜集太平天国情报。1862 年任印度总督。

薛焕(1815—1880) 字觐堂,四川兴文人。举人。参加镇压上海小刀会。1860 年,为江苏巡抚与太平军战于上海周边。1862 年,调任通商事务大臣。

薛之元(薛小)(? —1860) 河南固始人。1853 年,加入捻军,降清。旋又投太平军,封为答天豫,守江浦、浦口,又降清,更名薛成良。1860 年,因索饷未遂哗变,所部被歼,本人逃至李昭寿处藏匿,仍为李交出处死。

魏超成 广西陆川人,隶陆川拜上帝凌十八部。投奔太平军。1854 年,任十四检点,助守九江。九江陷,隶陈玉成部。1862 年封循王。

刘添保(? —1865) 安徽人。早年与汪海洋同为山盗,投奔太平军,隶石镇吉部,后返回。封天将。1865 在镇平(蕉岭)战死。

苗沛霖(? —1864) 字雨三,安徽凤台人。初为塾师为捻军张乐行文案,脱离后,自办团练,投靠清军,任川北道,亦潜通太平军,1862 年初,封奏王,后又降清,旋又败,战败后,为部属所杀。

沈桂(? —1864) 又名沈真人。安徽歙县人。天王晚期,颇受信任,幼天王登位后,参与主持朝政,议封六主帅。天京沦陷时,被湘军流弹打死。

附录四　主要参考书目

太平天国史(罗尔纲)　中华书局 1991 年版

太平天国通史(茅家琦主编)　南京大学出版社 1991 年版

太平天国全史(简又文)　香港猛进书屋 1958 年版

太平天国典制通考(简又文)　香港猛进书屋 1958 年版

太平天国战争全史(崔之清主编)　南京大学出版社 2002 年版

太平天国历史与文献(王庆成)　社会科学文献出版社 1993 年版

太平天国的历史和思想(王庆成)　中华书局 1985 年 1 月版

太平天国兴亡史(茅家琦、方之光、董光华)　上海人民出版社 1980 年版

太平天国运动史(王戎笙、龙盛运、贾熟村、何龄修)　人民出版社 1986 年版

太平天国史略(沈嘉荣)　南京出版社 1992 年版

太平天国安徽省史稿(徐川一)　安徽人民出版社 1992 年版

太平天国博物志(郭存孝)　广西人民出版社 1997 年版

太平天国时期的地主阶级(贾熟村)　广西人民出版社 1991 年版

太平天国职官志(盛巽昌)　广西人民出版社 1999 年版

太平天国文化大观(盛巽昌)　广西民族出版社 2000 年版

清政府镇压太平天国档案史料(中国第一历史档案馆编)　社会科学文献出版社

太平天国(中国近代史资料丛刊续编)(十册)　广西师范大学出版社 2004 年 6 月版

太平天国(八册)　上海人民出版社、上海书店出版社 2000 年版

太平天国史料丛编简辑(六册)　中华书局 1963 年版

太平天国资料　科学出版社 1959 年

太平天国文书汇编(太平天国历史博物馆编)　中华书局 1979 年版

太平天国印书(太平天国历史博物馆编)　江苏人民出版社 1979 年版

太平天国文献史料集(中国社科院近代史研究所编)　中国社会科学院出版社 1982 年版

太平天国史料专辑　上海古籍出版社 1979 年版

曾国藩集

李鸿章集

左宗棠全集

曾忠襄公集

刘坤一遗集

胡林翼集

刘果敏公集

从戎纪实(刘典)

异辞录(刘体仁)

清代档案史料丛编(第 5 辑)　中华书局 1980 年版

李秀成自述原稿注增补本(罗尔纲)　中国社科院出版社 1995 年版

天父天兄圣旨(王庆成编注)　辽宁人民出版社 1986 年版

稀见清世史料并考释(王庆成)　武汉出版社 1998 年版

太平天国王府(金实秋、易家胜主编)　南京出版社 2003 年版

太平天国大辞典(郭毅生、史式主编)

太平军广西首义史(简又文)　商务印书馆 1944 年版

太平天国前后广西的反清运动(谢兴尧)　三联书店 1950 年版

太平天国史事日志(郭廷以)　重庆商务印书馆 1946 年版

太平天国革命亲历记(吟唎著,王维周译)　上海人民出版社 1997 年版

太平天国在广西调查资料全编(饶仁坤、陈仁华编)　广西人民出版社 1989 年版

洪秀全传(苏双碧)　大地出版社 1989 年版

洪秀全(苏双碧)　广东人民出版社 1994 年版

洪秀全(方之光)　江苏人民出版社 1983 年版

洪秀全传(田原)　湖北人民出版社 1982 年版

洪秀全评传(崔之清、胡臣友)　南京大学出版社 1994 年版

洪秀全(小岛晋治著,成之平、罗宇译)　三秦出版社 1990 年版

洪秀全之谜(袁蓉)　南京出版社 2012 年 3 月版

后记

《实说太平天国》，杀青了。

2015 年即将过去，我总算对自己留下了一个交代，其中主要的就是著作了这部有关太平天国的通史。

本世纪初，我曾应邀写太平天国史，先后出版过两部书，一部出版于 2000 年，一部出版于 2013 年，后者是在前者基础上修订、扩充的，约 25 万字，书名都定为《太平天国十四年》，现在写成的这部书，仍遵循原有的研究思路和文字风格，但在内容上作了大面积的扩充和调整，又配上五十余幅方位示意图和相关图照，字数超过七十万字，据史说人谈事，力避学究式说教，努力给读者以阅读趣味和知识价值，使读者能在阅读中获得知识，从阅读里认知太平天国的历史事实。

因为是据史实话实说，所以也力求不先有概念，把角色脸谱化，事件公式化，由是也不循传统框架对太平天国和太平天国方方面面角色予以公式化的定位。比如太平天国领导人洪秀全，此人的角色变换，并非因科举名落孙山、跳不出龙门，就决意闹革命，扬臂一呼号召反清的，而是有相当长时间，努力改行做传教士，为了能做上一个合格的布道者，赴广州学习圣经《旧约》、《新约》，且还先后写了《原道救世歌》、《原道醒世训》和《原道觉世训》等宗教传道宣传著作。它们是"救世"、"醒世"和"觉世"之作，是化善人心的劝善之作，并不是号召反抗实施革命的战斗檄文。

实话实说是历史研究的准则，笔者不循陈规旧说，在基本肯定太平天国反抗清朝腐朽统治的同时，对当年太平天国种种发明和奉行的社会措施，不持歌颂、阿谀之美词。如圣库、百工衙、女营，进行实事求是的评述。太平天国运动不是一成不变的，而是随着时空是在不断变化的。金田起义、永安建国时的朝气蓬勃和晚期那么暮气沉闷、夕阳西下，就不能以同日而言之，因此笔者把此书按前后史事分为七卷：(一)传道；(二)创业；(三)凯歌；(四)相持；(五)衰落；(六)失败；(七)余波。它在不同时期是不同的。

过去写太平天国，为了鲜明立场观点，往往淡化太平天国的对立面，甚至对之妖魔化，因而有碍于对太平天国运动的正确认识。湘、淮军所代表的角色，也是太平天国认识一个组合部分，如曾国藩兄弟、江忠源、罗泽南、李续宾、彭玉麟和左宗棠、李鸿章，都有为各自的行为、性格、决定和影响他们的仕途和成就。以善于发现人才、使用人才为例，镇压太平天国的刽子手曾国藩，确实是地主阶级中最厉害的角色。此人善于用干部、出主意，制订行之可效的战略，湘军各路人才之佳之广，可谓将帅如云。洪秀全、杨秀清和李秀成等半知识分子和文盲终非敌手，不得不败下阵来。李鸿章亦善于用人、出主意。他虽因苏州杀降、利禄薰心而臭名远扬，但此人却正是能容纳和运用叛徒的能手，能在上海打开局面，很大程度是靠程学启打仗；在上海浦东立足，乃是能接纳吴建瀛等归降，也是因常熟骆国忠归降，才能打开缺口，杀出上海，由内线作战转入外线作战。

过去著作写太平天国，多有把与他联手的捻军纳入篇章，并以1868年为终结。本书仍是以天京陷落、或以幼天王等在南昌被清军杀害为纪元十四年，但为了有所呼应和继续，也写了天京失陷后，南方太平天国余部和远征西北的陈玉成部队的活动，因而也牵涉于与捻军合作、驰骋江淮河汉的赖文光等部的事迹。但有关捻军的活动就大面积地省略了。

本书所定名为"实话"，是历史记录，是学术研究成果的通俗化，不是文学、戏剧。因此书中所说的人和事，各有所本，不作胡说、戏说，也不作莫名其妙的推理和猜测，更不玩弄今古比拟和影射。历史是一门严肃的科学，一切有悖于史实的无根之谈都在摒除之例。

上海书店出版社许仲毅社长为本书的推出予以极大支持。早在十年前，他在上海人民出版社工作时，就曾与笔者多次谈及，此次又为写作，提出种种构思、设想。责编曹勇庆先生早在上海人民出版社时就曾责编我写的《〈品三国〉商议》一书，编审精当，设计完美，至今仍令人萦怀不已。此次我们合作得又很好。我由衷地感谢他们的辛勤劳动。今天此书将在以太平天国学自显学走向朴学之际推出，实为至幸。筚路蓝缕，以启山林，但愿它能为读者提供知识和认知。

是为记。

盛巽昌

二〇一六年三月

图书在版编目(CIP)数据

实说太平天国/盛巽昌著. —上海:上海书店出
版社,2017.8(2022.3 重印)
ISBN 978 - 7 - 5458 - 1513 - 9

Ⅰ. ①实… Ⅱ. ①盛… Ⅲ. ①太平天国革命-史料
Ⅳ. ①K254.06

中国版本图书馆 CIP 数据核字(2017)第 177121 号

责任编辑 曹勇庆　杨何林
装帧设计 汪　昊

实说太平天国

盛巽昌　著

出　　版　上海书店出版社
　　　　　　(201101　上海市闵行区号景路 159 弄 C 座)
发　　行　上海人民出版社发行中心
印　　刷　上海叶大印务发展有限公司
开　　本　710×1000　1/16
印　　张　43.25
版　　次　2017 年 8 月第 1 版
印　　次　2022 年 3 月第 4 次印刷
ISBN 978 - 7 - 5458 - 1513 - 9/K・288
定　　价　128.00 元